U0570190

国家出版基金项目
NATIONAL PUBLICATION FOUNDATION

中国社会科学院近代史研究所中华民国史研究室
总编 李 新

中华民国史

大事记

第三卷

(1922—1924)

韩信夫 姜克夫 主编

中 华 书 局

编著者名录

1905—1910 年　韩信夫　刘明逵

1911 年　郭永才　王明湘　齐福霖　范明礼

1912 年　张允侯　张友坤　章伯锋　胡柏立

　　耿来金　刘寿林　钟碧容

1913 年　胡柏立　耿来金

1914 年　章伯锋　张允侯

1915 年　钟碧容

1916 年　郭永才　王明湘

1917 年　韩信夫　范明礼

1918 年　刘寿林　钟卓安　章伯锋

1919 年　张允侯　张友坤

1920 年　钟碧容

1921 年　齐福霖

1922 年　陈　崧　王好立

1923 年　朱信泉　任泽全

1924 年　蔡静仪

1925 年　韩信夫　丁启予　陈永福

1926 年　严如平　柏宏文

1927 年　吴以群　罗文起

1928 年　查建瑜　韩信夫

1929 年　娄献阁　白吉庵

1930 年 李静之 张小曼

1931 年 任泽全

1932 年 石芳勤 徐玉珍

1933 年 江绍贞

1934 年 熊尚厚

1935 年 吴以群 刘一凡

1936 年 郭 光

1937 年 郭大钧 王文瑞 李起民
李隆基 常丕军 刘敬坤

1938 年 陈道真 韩信夫

1939 年 李振民 张振德

1940 年 梁星亮

1941 年 陈仁庚 梁星亮

1942 年 董国芳

1943 年 李振民 张守宪

1944 年 梁星亮 张振德

1945 年 齐福霖 王荣斌

1946 年 查建瑜 任泽全

1947 年 陈 敏 章笑明 汪朝光

1948 年 卞修跃 贾 维 陈 民

1949 年 江绍贞 朱宗震

审 订 李 新 韩信夫 姜克夫 齐福霖 吴以群
（以下按姓氏笔划为序）
王学庄 江绍贞 刘敬坤 朱宗震 朱信泉
孙思白 汪朝光 李振民 严如平 杨天石

杨光辉　邱权政　张允侯　陈铁健　郑则民
尚明轩　周天度　查建瑜　贾　维　梁星亮
章伯锋　曾业英

校　阅　王述曾

修　订　韩信夫　江绍贞　齐福霖　孙思源

目　录

第三卷

1922 年（民国十一年） ………………………………………… 1471
1923 年（民国十二年） ………………………………………… 1663
1924 年（民国十三年） ………………………………………… 1861

1922年(民国十一年)

1　月

1月1日　中国国民党澳洲美利滨分部党所落成,召开恳亲大会,孙中山特颁颂词。略谓:“美利滨分部成立后,同志益自策励,努力前进,建兹宏宇,蔚然大观;诸同志任事之忠且勇,矢志之远且大,方兴正未艾也。”

△　北京政府总统徐世昌令:对于直皖战争后所通缉之皖系要人段芝贵、张树元、曲同丰、陈文运、刘询、魏宗瀚六人,“据参谋总长张怀芝等呈请,姑准免予通缉讯办,以示宽大”。曲同丰交直鲁豫巡阅使曹锟随时察看,其余五人交参谋部、陆军部随时调取察看。

△　徐世昌令饬地方官民推行地方自治。

△　湘督赵恒惕公布《湖南省宪法》,令全省大庆祝三日。同日,该省议会选举事务所暨法制编纂会成立。

△　天津五万余人为提倡国货、抵制日货,在意、法、英各租界游行。武汉、西安等地群众游行讲演,开展救国运动。

1月2日　孙中山在梧州任命陈白(即陈少白)为中央银行监督。7日又任命梁长海为行长。

△　东三省巡阅使张作霖离京返奉,北京政府农商部总长齐耀珊、

察哈尔都统张景惠送至天津。

△ 直系靳云鹗第八混成旅全部自鄂省撤防，准备赴豫。5日，吴佩孚派参谋长赴保定与曹锟磋商，调曹锳五十二旅守卫辉，王承斌四十六旅守新城。豫、直二省重要车站均派得力军队扼守。

△ 北京大学、高等工业专门学校、农业专门学校、法政专门学校、医学专门学校、高等师范学校、美术专门学校、女子高等师范学校八校教职员，是日及3日连续会议，决定催索欠薪及经费，并提出分期发给办法，分函北京政府国务总理梁士诒、交通总长叶恭绰、教育部次长陈垣，声明如10日前不发清欠费，决不开课。4日，陈垣答复八校校长，允10日前发去年11月、12月两月教育费39万元。

△ 在华盛顿之中国国民代表20余人赴中国代表团，抗议北京政府与日本直接交涉山东问题：要求废除“二十一条”。下午，国民代表团总部召开露天大会，并游行示威。

△ 北京政府俄事委员会会长刘镜人与远东共和国代表阿格辽夫开始谈判通商事宜。俄方提出：一、中东路归中俄合办；二、中俄两国即日通商；三、赔偿远东政府维持库伦秩序之代价。中国提出：一、远东政府须保证外蒙不再发生骚乱；二、归还前清咸丰十年割让之六十四屯及三角洲土地；三、赔偿俄国革命以来中国商人所受之损失。

△ 香港华商银行设支行于纽约，此为中国人首次在美国设立银行。

1月3日 徐世昌任命薛之珩为京师警察厅总监。

△ 蒋介石奉孙中山电召，偕戴季陶自广州启程赴桂林，皖系代表徐树铮同行。

1月4日 广州政府国务会议议决通缉北京政府国务总理梁士诒。

△ 孙中山在桂林广东同乡会欢迎会上演讲，指出：“法、美共和国皆旧式的，今日惟俄国为新式的；吾人今日当造成一最新式的共和国”；“脱离旧思想，发生新思想”，“新思想者即公共心”；“欲改造新国家，当

实行三民主义。何谓三民主义？即民族、民权、民生三主义是也”。“民族主义，即世界人类各族平等”，“民权主义，即人人平等”，“民生主义，即贫富均等”。

△ 徐世昌令：东省铁路公司督办宋小濂免职，特派王迺斌接任。

△ 中日代表继续在华盛顿就胶济路问题进行会外谈判。1 日，北京政府外交部训令参加华盛顿会议之代表施肇基、顾维钧、王宠惠与日方代表谈判借日款赎路问题。因消息泄露，施等慑于国内舆论压力，声明不遵梁阁训令，仍依前案进行谈判。是日开第十八次会议，5 日、6 日又连续举行第十九、第二十次会议。日方坚主借日款赎路，并提出聘日本人为车务总管及会计主任；中国代表提出两种赎路付款方案，日方代表均不同意。因双方相持不下，中国代表拟请美国代表许士、英国代表贝尔福调停，日方反对，遂再次休会。

△ 上海国民外交大会召开代表大会，并发出通电，要求废除“二十一条”，解决山东问题，反对四国协定；并表示：在相当期间，以上三项如不能解决，将设法抵制日本，并否认北京政府。

△ 北京政府派唐在复赴日内瓦列席 1 月 10 日召开之国际联盟会议。

△ 北京平民大学成立，林长民为董事长，张一麐为校长。

1 月 5 日 广州政府外交部长伍廷芳致电美国总统哈定，抗议美国在华盛顿会议上支持日本，干涉中国。

△ 吴佩孚通电反对梁士诒欲借日款赎回胶济路，斥梁“勾援结党，卖国媚外”。直系萧耀南、冯玉祥、刘镇华、齐燮元、陈光远等亦先后通电响应。7 日，梁士诒发出倒填日期(5 日)之通电，否认借日款事。自是日，围绕梁士诒内阁去留问题，直、奉两系军阀间展开所谓“电战”。

△ 唐继尧通电宣布：暂在柳州设总司令部，并就总司令职。同日，滇省议会暨各团体电请孙中山制止唐回滇。

△ 华盛顿会议远东问题总委员会讨论中国所提关税案，议决要旨为：一、华盛顿会议闭会后四个月内，在上海开会修正税则，发表后两

个月以内，按新税则切实值百征五，满四年后再修正，此后每七年修正一次；二、中外会商废除厘金后，关税可值百征一二·五；三、普通货增收值百征二·五附税，奢侈品增收值百征五附税。同日，撤退驻华外军案，议决由北京外交团与中国委员三人组成一特别委员会，先行调查。同时，华会英、美、法、日四国裁军委员会特议决劝告中国厉行裁兵，并于本日将决议案觉书送达北京政府。

△　徐世昌令：叶恭绰开去劝办实业专使职务，特派曹汝霖继任。

1月6日　北京政府财政总长张弧呈准裁撤财政金融讨论会及全国所得税处。

△　北洋驻沪舰队因欠饷已将一年，是日派舰艇八艘开赴扬州十二圩监截盐税，并由蒋拯、杜锡珪、杨敬修通电，声明此系不得已，暂将两淮盐税截留充饷。17日，驻京公使团为此向北京政府外交部提出警告。18日，英、法、日三使又正式通告北京政府，英海军司令并派炮舰开往扬州监视。21日，梁士诒内阁议定，以后海军军饷按月由盐署拨发17万元，并电劝海军速归原防。26日，外交使团再次照会外交部质问此事，谓："海军行动，实牵动善后借款合同，如政府不能速将海军退出，各国当派舰实行保护盐税。"2月1日，北京政府财政部允拨20万元发给海军充饷，所欠其余30万元由苏督齐燮元担任筹拨，经各舰队司令同意，将各舰队调离十二圩。

1月7日　张作霖致电徐世昌为梁士诒辩护，并指斥吴佩孚"不问是非，辄加攻击"。

△　梁士诒通电自辩，谓吴佩孚5日通电均与事实相违，并对外声明，新内阁对于山东问题完全赞同中国代表团在华会之宣言。

△　广州政府驻美国代表马素急电广州政府报告：北京政府代表接梁士诒密电，谓已直接与日使小幡酉吉商妥借日款办法。

△　出席华盛顿会议之中国国民代表余日章、蒋梦麟电告国内各公团关于华会讨论中国山东问题情况后，是日上海各界集会并通电反对北京政府与日本直接交涉，反对向日借款赎路和起用曹汝霖、陆宗

舆。同日，天津商会等 47 团体亦为此事举行集会。

△　日本代表德川自华盛顿启程归国，中日胶济路问题会谈中止。

△　徐世昌任命高凌霨督办北京市政。

△　北京交通银行通告无限制兑现，以平息挤兑风潮。

△　华城银行开幕。该行由中国、挪威及丹麦三国商人合办，资本 1000 万元。1926 年停业。

1 月 8 日　孙中山任命顾品珍为云南讨贼军总司令，金汉鼎代理滇军总司令。

△　徐世昌令：《中俄条约》暨《陆路通商章程》已届第四次 10 年期满，现俄国正式政府尚未成立，无从提议改订新约，自本年 4 月 1 日起应即毋庸继续履行，嗣后俄商由俄国运来货物及在中国运出各货应完进出口税项，均照现行海关进出口税则完纳。

△　吴佩孚再次通电，斥梁士诒"独借日款，显系以华会闭幕在即，欲以迅雷不及掩耳之手段，施其盗卖伎俩"。同日，张作霖致电徐世昌，请以布告为梁辩护。

△　浙督卢永祥致电北京政府，请宣布胶济铁路案，"以释群疑"。

△　松沪护军使何丰林致电徐世昌，报告上海对山东问题，民气激昂，请速令驻美代表坚持原案，"以定人心"。

△　上海工人举行大规模示威游行，反对北京政府直接交涉山东问题，借日款赎路，起用卖国贼曹汝霖、陆宗舆，及举办 9500 万元盐余借款。同日，美国旧金山华侨 20 余团体举行游行并致电华盛顿会议和中国代表，反对直接交涉山东问题。

△　上海《民国日报》发表时评《讨伐徐世昌就是救国》。

1 月 9 日　孙中山以大总统名义发表《宣布徐世昌、梁士诒罪状通告》。谓："徐为洪宪枢臣，靡恶不作，近更令梁为伪国务总理，同时令代表在华盛顿向日本代表秘密商妥鲁案问题，急谋向日借款。梁本帝制罪魁，民国五年曾明令通缉，徐竟使秉伪政。"并下令通缉徐、梁，号召"共诛危害民国者"，即日由广州政府用万急电通电中外。

△ 孙中山为统一广西航政，下令取消梧州等地护商团。

△ 上海国民外交大会开紧急会议，议决否认北京政府，主张暂由广州政府代行职权，并于13日通电华盛顿会议和各国政府、各国驻华公使。

△ 华盛顿会议英、美、法、日四国组成之裁兵委员会以中国陆军现已达130余万之多，电劝中国厉行裁兵。北京外交部通电各省巡阅使、督军及师旅长等注意华会裁兵委员会的意见。

△ 吴佩孚通电反对北京政府交通部用日本技师、日本电料敷设沪宁汉长途电话。次日，叶恭绰通电声明沪宁汉长途电话事乃民国八年国会所定，非本人经手。

△ 吴佩孚密电岳阳防守军总指挥张福来，令其迅速返岳，将前敌各军竭力整顿，听命待发。张接电后专车返岳。15日，驻岳四十七旅由汉口乘车开赴洛阳。同日，驻岳直军旅长陈嘉谟、团长陈德麟均奉命到武昌商讨军事。

△ 山东各界代表通电列举鲁督田中玉罪状五条，要求北京政府罢免。

1月10日 吴佩孚据余日章、蒋梦麟电称“梁士诒电告专使，接受日本借款赎路，与中日共管之要求”一事，通电全国，指出：“查梁士诒卖国行为，铁案确凿。”并谓：“如有敢以梁士诒借日款及共管铁路为是者，则其人既甘为梁之谋主，即属全国之公敌，当共弃之。”

△ 施肇基、顾维钧、王宠惠致电北京政府外交部，询问有无在京与日使开议事。12日，外交部复电声言“无此事实”。

△ 上海学生会、江西华盛顿会议后援会通电，声讨北京政府与日本直接交涉山东问题，主张“罢斥梁士诒，以谢国人”。

△ 京奉路解往北京政府交通部之第三十四、第三十五、第四十、第四十一批款共42万元皆为奉军扣留。

△ 广州小学教员因要求加薪未遂，向该省教育当局提出总辞职。

△ 北京国立八校，因11月、12月两月经费均已发出，是日同时开学。

△ 苏俄代表巴伊开斯赴北京政府外交部第一次与李垣、刘镜人等会商归还库伦、恰克图事宜。

△ 沈鸿英部第二支队约一营人，在湖南平江城外哗变，抢劫商民，旋溃散，赵恒惕派宋鹤庚率部往剿。

1月上旬 冯玉祥部与陈树藩部激战于陕南。冯玉祥分三路攻陈，陈节节退却。12日以后，川军与陈部会攻冯军，冯军退出南郑。

1月11日 吴佩孚通电全国，迫梁士诒"自行辞职"，并声称"若有袒护梁氏者，即为吾人之公敌，当誓死杀尽，以除国奸"。同日，豫督赵倜、鲁督田中玉亦通电响应。

△ 北京政府通电宣布山东问题交涉经过，声称：一、胶济铁路始终抱定赎回自办之宗旨；二、无在北京直接谈判之事。

△ 中日代表经美代表许士斡旋，复就山东问题谈判，胶济铁路问题暂行搁置，先讨论他项问题。是日连续举行第二十一、第二十二次会议。议决胶济沿线日军于中国军警接防后六个月内撤尽，青岛日军于移交行政权后30日内撤尽。

△ 中国工会上海总部、上海百老汇路商界联合会、中国学生会，通电声讨梁士诒。同日上海南京路商界联合会、新闸九路商界联合会召开紧急会议，亦通电讨梁。

△ 北京学生联合会开会，反对北京政府允借日款赎路，赦免安福系首领，起用曹汝霖。12日，留美学生亦发出反对梁士诒电。

△ 上海全国各界联合会、江苏自治期成会、旅沪湖北自治协会、留日学生救国团纷纷通电，讨伐徐世昌。

△ 广州政府召开军事会议，确定北伐方案。决定向赣、湘出发，李烈钧部为前锋，许崇智部为后队，李福林部集中韶州。

△ 章嘉呼图克图活佛谒见徐世昌，陈述外蒙活佛哲布尊丹巴呼图克图近来极愿内属，北京政府若能助外蒙驱"俄党"，承认其信教自由及独立后之外债，可保"输诚来归"。

△ 广西全省县自治联合会开成立大会，各公团均有代表到会，其

中有邕宁青年社员男女 20 余人，手持白旗一面，上书“发挥自决精神，回复广西人格”。省长马君武讲话，提出“注意人才、经济两端”。

△ 北京政府决定派王克敏赴法国交涉庚子退款用途。

1 月 12 日 香港中国海员工人因要求加薪遭英国资本家拒绝，在中华海员工业联合总会领导下，举行大罢工。罢工人数共约 1500 人。所有香港开往广东内地轮船及到港之英、荷、法、日、美各国轮船华工均一致行动。香港英国当局极为恐慌，16 日宣布戒严令，17 日又出一通告，内中提出船主允诺之条件，以期缓和罢工，均告失败。一星期内罢工人数激增至 6500 人，沿海航务几全停顿。罢工海员自 13 日起，分批抵广州，至 19 日已达 5000 余人，广州工人热情接待，组织游行以示声援，并在省总工会倡议下，全省 27 万工人每人捐赠一日工资供罢工海员费用。27 日，上海工人组成香港海员后援会。同日，香港运输工人举行罢工支援海员，罢工总人数超过三万。2 月 1 日，香港当局用武力封闭海员工会和运输工会并逮捕工人数名。3 月 1 日，香港全市工人(包括邮局职员、银行职员、仆役、厨司、轿夫等)举行总同盟罢工，人数达 10 余万。

△ 北京国务院通电全国，宣布“鲁案”中关于胶济铁路事件“真相”:“(一)政府对胶济铁路案件，始终抱定赎回自办之宗旨。(二)此案始终由外交部电知我国代表在华盛顿会议解决，并无在北京直接谈判之事。(三)我代表来电，主张筹付现款，或发行国库券赎回自办，未变初旨。(四)关于胶济路案，国务院并无径行致电三代表之事。(五)政府并无借日款事。(六)二十八日小幡公使来贺任时，谈及胶济路事，总理只答以我辈方针，在筹集款项赎回自办……”

△ 吴佩孚通电，揭露梁士诒上台十日之罪行，指出:“请问今日之国民，孰认卖国之内阁!”

△ 鄂督萧耀南在督署召集高级军官紧急会议，曹锟、吴佩孚派代表参加，商驱梁及湘、鄂直军北上问题。同日，萧通电攻击梁士诒向日本抵借沪宁汉长途电话款，声明“对此种外债不予以承认”。

△　中日代表就山东问题举行第二十三次会议。关于胶济路延长线，日方允烟潍路由中国民间自筑，济顺、高徐线由国际银行团修筑。同日及13日，续开第二十四、第二十五次会议，中方允将胶州德国归还之租借地全部开为商埠。14日，开第二十六次会议，日方允将该租借地有关文件交付中国，但拒绝放弃在山东之土地及经济特殊利益。16日，开第二十七次会议，议决双方派代表组成委员会，订定归还胶州租借地细则。

1月13日　孙中山致电云南总司令顾品珍、北伐先遣军司令范石生等，以北伐军各路动员已经完竣，现在时机迫促，希即赶紧拔队前进。

△　北京银行公会召集与盐余有债权关系之各银行号（包括31家银行）组成“盐余借款联合团”，并决定自是日起不再承受北京政府以盐余作抵之借款，并请求北京政府不得再以盐余向中外各银行号及无论何处抵借款项，或充作担保，另决定与财政部商筹按月拨还盐余旧欠。

△　北京政府财政总长张弧宣布“绝不借日债赎路”。

△　上海留日学生救国团等七团体通电，痛斥徐世昌身兼“帝制、复辟、内乱、卖国、僭窃”五罪，理应推倒。

△　湖南长沙第一纱厂2000余工人，因向厂方（华实公司）要求发给年终奖金及双薪遭拒绝，举行罢工。赵恒惕于14日派兵镇压，并捆打杀伤工人数名。16日，赵恒惕逮捕湖南劳工会领导人黄爱、庞人铨，17日凌晨惨杀黄、庞于长沙浏阳门外，并封闭湖南劳工会及《劳工周刊》。

1月14日　北京外交联合会推代表赴北京政府外交部，要求依民意备款赎路。同日，驻华盛顿国民代表团通电力争收回胶济路。

△　北京政府交通部电促国民筹款赎路，主张“将该路归为民业，由人民筹款赎回，即由人民自行管理”，所需款项2700万元可悉行筹集商股，“如有不足，或另募内债，或添招商股，悉由银行公会等办理，政府可不经手”。

1月15日　吴佩孚致电梁士诒迫其迅速下野，惟措词较前通电稍缓和。同日，萧耀南、刘承恩、赵倜、张凤台亦电促梁士诒辞职。同日，徐世昌电曹锟，谓俟物色继任到，即免梁。17日，徐世昌按张作霖意，与曹、吴协商“去梁留阁”办法。19日，直系再次联电迫梁下野。20日，梁士诒谒见徐世昌，请退，旋于23日请假七天赴津。

△ 上海社会主义研究会、中国社会主义青年团、科学讨论会、马克思学说研究会、新文化研究社诸团体，假宁波同乡会开纪念李卜克内西大会，与会者500余人。

△ 中国社会主义青年团机关报《先驱》半月刊，在北京创刊。从第四期起改在上海继续出版，归青年团上海临时中央局主办。1923年8月15日停刊，共出25期。

△ 广东省议会通过省宪草案，全文凡15章135条。

1月16日 孙中山以大元帅名义公布《大本营条例》，凡15条。《条例》规定：“陆海军大元帅于战时执行最高统帅事务，设置大本营。”由“陆军总长、海军总长、参谋总长、大本营文官长，承大元帅之命，综理所主管各事宜”。

△ 孙中山特任刘祖武代理云南省长。

△ 吴佩孚以两湖巡阅使名义训令湖北盐务稽核所截留湖北全部盐税充军饷。20日，外国驻华使团决定直接干涉，英、日两使表示将调兵舰至武汉阻止截税。

△ 顾品珍通电就北伐军滇军讨贼总司令职，以金汉鼎代理滇军总司令，宣布出师北伐。

△ 华盛顿会议根据美国代表提议，议决重申中国“门户开放”原则，及中国铁路管理统一案。

△ 全国学生联合会代表赴北京政府外交部，要求训令施、顾、王三全权代表坚持自行集款赎路，并将废除“二十一条”要求提交大会。

△ 江苏督军齐燮元、省长王瑚通电提出赎路具体办法十一条。

1月17日 中日解决山东问题第二十八次会议，谈判矿山问题。18日，第二十九次会议，议决淄川、坊子、金岭镇三矿移归中国。同日，第三十次会议，议决：一、青烟、青沪间被德国侵占之海底电线归还中国；二、青岛、济南之日军撤退时，两处电台归还中国。

△　全国商教联合会联合京师总商会、京师农会、北京教育会、全国报界联合会、全国学生联合会共同组织之救国赎路集金会，是日开成立大会。

△　山东各界推代表赴京请愿，要求罢免梁士诒，并要求设赎路筹款会。

△　川督刘湘通电响应赵恒惕关于反对北京政府实行每亩加赋四升之主张。24 日、26 日，滇刘祖武、金汉鼎，2 月 3 日，黔督卢焘亦先后通电响应。

△　毅军军统姜桂题于北京病死。

1 月 18 日　徐树铮自广州到桂林会晤孙中山。

△　北京政府司法部派员赴美调查监狱制度。

△　田中玉通电宣布山东全省担任赎路金 300 万元。

△　徐世昌令姜桂题着照陆军上将例从优议恤，并给治丧银一万元。派荫昌前往致祭，生平事迹宣付国史馆立传。

1 月 19 日　孙中山在桂林大本营同李烈钧、许崇智、蒋介石等人会商北伐作战计划。

△　孙中山令改编援桂联军第四路司令谷正伦所部为中央直辖黔军，谷正伦为中央直辖黔军总司令；彭汉章为中央直辖黔军第一独立旅旅长；王天培为中央直辖黔军第二混成旅旅长。

△　华盛顿会议远东总委员会通过两种在华铁路议案：一、英代表吉特士提案：由中国政府声明铁路对各国平等相待，有特别权利之各国亦为同样声明；二、美代表许士提案：实行由中国统一管理之铁路制度。

△　英使奉其本国训令赴外交部催促召开交涉西藏问题会议。是日，北京政府外交部备文答复英使，提出会议讨论内容：一、否认以西姆拉会议为口实；二、照民国五年中国提案进行讨论；三、西藏为中国之完全领土，界址按自然四至，不得更动；四、西藏之外交应由中央主持；五、

中国对西藏之交通、内政有自由之主权；六、亚东、江孜两地关税款，应由中国派员监视接收；七、藏边乱事，应由中国自行派员肃清；八、中国应在西藏驻兵设警；九、驻藏之中国大员有管辖全藏内政之权；十、西藏得派代表会同中英两国之代表讨论解决藏案之方法。

△　吴佩孚派专使黄申芗抵粤晤陈炯明。

△　北京外交部、交通部会商收回外国在华建立之邮局办法，决先设收回客邮委员会。

△　吴佩孚领衔，联合苏、赣、鄂、鲁、豫、陕六省督军、省长齐燮元、王瑚、陈光远、杨庆鋆、萧耀南、刘承恩、田中玉、赵倜、张凤台、冯玉祥、刘镇华致电徐世昌，要求罢斥梁士诒。并谓："万不获已，惟有与内阁断绝关系。"同日，又联电外交使团，声明："凡梁士诒内阁任内所有对外私订条约，概不承认有效。"

△　徐世昌接吴佩孚等罢斥梁士诒电后，亲批"交院"二字。梁士诒乃持该电谒见徐世昌面请辞职。并谓："第今日之局，个人进退本极裕如，若总统持正，稍抑武人跋扈之风，国脉尚不至斲丧而尽，士诒所以徘徊者以此。"

1月20日　徐世昌令：特任财政总长张弧兼币制局督办；刁作谦兼驻巴拿马特命全权公使。

△　华盛顿会议英国代表贝尔福对胶济路问题提出调停方案："中国政府发行债券三千万，十五年赎回该路，但在五年后中国如有现款，可以提前赎回。在未赎回时间内，仿照津浦等路的成规，用中国人为局长，用日本人为工程师、会计师。"22日，美代表许士同贝尔福逼迫中国代表接受调停方案，被中国代表拒绝。25日，许士请美总统哈定亲自出面施加压力。29日，三代表得北京政府电授权签字。

△　华盛顿会议远东总委员会通过恩德华代表关税分委员会所提中国军备缩减案，劝告中国政府迅速采取有效措施裁减各地陆军及军费。中国代表未投票。

△　北京国民外交联合会、北京各界联合会等40余团体，联合发

出通电，宣布梁士诒“亲日卖国”等十大罪状。

1月21日 唐继尧在柳州设滇军总司令部，图回滇。是日，宣布委任李友勋为靖国军第一军军长，田钟谷为第二军军长，胡若愚为第三军军长，杨益谦为第四军军长。

△ 华盛顿会议远东委员会通过以下议案：一、到会诸国，凡有与中国所结条约，及各该国彼此所结关于中国之条约及约书者，均须交出，存入大会秘书处，以便查考。凡各国嗣后结立同样之条约时，签字后60天以内，亦须通知到会诸国；二、凡到会诸国与中国政府订立有开矿、筑路等各种公共事业合同，以及各种借款契约，均须于短期内交存秘书处；三、凡中国政府与他国所订各种合同及契约有上述之性质者，均交秘书处存案；四、凡与中国有约诸国而不列席此会议者，亦得承认以上议案。美国政府担任通知之责。

△ 孙中山派张秋白出席远东劳动人民代表大会。是日，远东各国共产党及民族革命团体第一次代表大会（即远东劳动人民代表大会）在莫斯科克里姆林宫举行开幕式。出席会议的中国代表团团长为中国共产党的代表张国焘，团员共30余人。孙中山派张秋白为国民党代表出席了大会。会议期间，列宁会见了中国代表张国焘、邓培、张秋白，询问张秋白“中国国民党和中国共产党是否可以合作”的问题。张秋白带去了孙中山给苏俄外交人民委员齐契林的信，对列宁和苏俄政府表示敬意。

1月22日 孙中山在桂林召开军事会议，讨论北伐出师问题。西南各省及陈炯明、唐继尧均派代表参加，皖系徐树铮亦与会。通过北伐联军分三路出兵决议，即：一、第一路李烈钧限二月初旬集中桂林，中旬向全州出发。第二路李明扬现已集中全州，应令分为两队，一由全州进驻零陵、黄沙河，一由双凤闸直入永州。第三路黄大伟拟随大本营于2月底向衡州出发。二、滇、黔各军应分路由黔边、桂边入湘，其出发期尽于3月1日以前在衡、永会合。三、川军应请刘（湘）、但（懋辛）仍由鄂西沿施鹤直下，期与湘南各军遥相策应。

△ 北京政府财政部发行特种盐余库券1400万元（亦名“一四库券”）。偿还日期为民国十二年9月，利率月息一分五厘，以盐税剩余为担保。其用途，以1100万元还各银行债，300万元作军政费。

△ 汉口江岸京汉铁路工人俱乐部举行成立大会，到会工人八九百人，中国共产党派代表参加。

△ 中华书局铅印部工人200余人，因年关迫近，要求加薪，遭资方拒绝，举行罢工。

△ 天津国民赎路集金会开成立大会，各界代表到会约百人，议定集金章程11条。

△ 张謇通电建议江苏赎路筹款办法。

1月23日 北京学界赎路集金会成立，蔡元培、王家驹任会长。25日开会确定：总务谭熙鸿、郑锦，宣传祝椿年、李大钊，交际顾兆麟、马寅初、王家驹。

△ 中日山东问题第三十一次会议，议决胶州湾盐田由中国付偿价收回，该处产盐酌量输送日本。

△ 中俄通商会议在北京举行，中方代表刘镜人，苏俄代表阿格辽夫。中国提出十二款条件，其要旨为：赤塔政府应切实保护华民；中东铁路应归中国管理；库伦、恰克图无条件交还中国；前允六十四屯交还中国，应即履行；中俄蒙三方协约应即废除。苏俄政府将所派来华代表阿格辽夫改为常驻北京代表。

1月24日 徐世昌令：特设侨务局，办理一切侨务。

△ 中日山东问题第三十二次会议，日方允将胶济路电线随胶济路产一并交还，同时撤退沿线日邮。同日第三十三次会议，关于中方对日政府及私人强占中国土地及华人财产要求赔偿问题，日方主张按“正当”法律手续办理，反对会议作任何处决，遂将双方态度记录备案。复议决：铁路之外其他未讨论问题，概由中日联合委员会解决，另定中日各三人为起草委员。

△ 北京政府国务院通电各省，宣称华盛顿会议就中国关税问题

所作决议，乃“成功”之举。

△　叶恭绰以贺旧岁为名赴奉天，为梁士诒进行活动。奉系表示华盛顿会未散，内阁不宜更易，促梁回任，并谓：“若有人敢反对，奉天可以流血为后盾。”

△　苏督齐燮元通电反对盐余库券。25 日，冯玉祥、刘镇华亦通电反对。

1 月 25 日　徐世昌令：国务总理梁士诒请假照准，特任颜惠庆暂兼代理国务总理。

△　徐世昌公布《民事简易程序暂行条例》，凡 22 条；《刑事简易程序暂行条例》，凡 12 条。

△　浙督卢永祥、省长沈金鉴对内阁问题通电表示：“卖国在所必诛，爱国必以其道。倘以‘为国锄奸’为名，反以为巧宦造机会，则我国人良知不昧，终必抵死力争。”主张继任内阁须实行：一、不借外债；二、财政公开。27 日，何丰林通电支持。

△　直系召开保定会议，布置军事：直、鲁、豫三省直军均驻扎于京汉路沿线，并于黄河南北两岸增兵驻守。

1 月 26 日　广州政府外交部长伍廷芳照会美国，要求承认在广州之中华民国政府。

△　北京政府财政部与国内外银行团签订 9600 万元盐余公债。双方规定以关税实行值百抽五所增加之收入为公债基金，分七年还清，利息八厘，每半年付息一次。此项公债主要用以偿还内债 7000 余万元，外债 2600 余万元。

△　美国总统哈定在白宫召见华盛顿会议之中、日代表，婉劝双方接受英、美调停，解决山东问题。

1 月 27 日　徐世昌授予参加华盛顿会议之顾、施、王三代表以山东问题签字画押之权。

△　中国地质学会在北京成立。

1 月 28 日　唐继尧出发回滇。因黔军各旅扼守长安，唐军受阻，乃改道向西，分为两路，一路由百色进攻滇省剥隘，一路假道贵州兴义进攻师宗。在庆远等地遇桂军残部，展开夺路夺枪之大混战。第一军军长李友勋战死，唐任命该军前敌司令龙云代理军长。

1月30日 张作霖电请徐世昌公布梁士诒办理山东问题交涉经过情形，并称："事必察其有无，情必审其虚实。……若以爱国之热诚，转而为祸国之导线，以演出亡国之惨剧，试问与卖国之结果有何差别？……愿钧座采纳卢督所陈'卖国在所必诛，爱国必以其道'二语，不致令以'为国除奸'为名者，反为巧宦生机会。尤愿钧座饬纪整纲，使天下有真公理，然后国家有真人才。倘彰瘅不明，是非不辨，则作霖必随贤哲之后，为民请命。"

△ 中日山东问题第三十四次会议，双方同意英国代表贝尔福于20日所提之调停方案。

1月31日 中日山东问题第三十五、第三十六次会议，议定将来组织两联合委员会，分别处理胶济路问题及其他问题；并议定通知许士、贝尔福牒文；山东全案条约、副约及附属了解事项。中国通知书对华盛顿会议"能予中日两国解决此重要国际问题之良机"，特别表示感谢。山东问题会议至此闭会。

1月下旬 驻广州英领事及英银行团代表访晤陈炯明，表示愿投资接通粤汉、广九两路，并请将黄埔开港。

是月 《俄国共产党党纲》由希曼（张西曼）翻译，广州（上海）人民出版社印行。至1927年3月，共再版六次。

△ 《学衡》杂志于北京创刊，梅光迪、吴宓、刘伯明等编辑，每月一册，自第六十一期起改为每两月一册。以"昌明国学，融化新知"为宗旨。共出79期。

△ 驻新疆英领事非法颁行英民国籍注册新例，诱迫华民入英籍。

2 月

2月1日 张作霖再次致电徐世昌，“请将梁士诒关于胶济路究竟有无卖国，昭示天下，以明真相”。同日，卢永祥亦致电徐世昌：“请将梁士诒经办鲁案情形，详为宣布。”

△ 中国银行运往天津之盐税银14.8万两、银元万枚，被曹锟军队截留。吴佩孚借口军饷欠缺，强行提取汉口中国银行现款150万元、交通银行130万元。3日，英、法、日三国公使致牒北京政府外交部，抗议各省截留盐税。

△ 湖南劳工会旅沪会员52人联名致函赵恒惕，提出：一、立即恢复湖南劳工会，并许《劳工周刊》继续出版；二、立即释放被捕工人；三、替被杀害之黄爱、庞人铨铸铜像；四、抚恤黄、庞家属，并发表致湖南全省工人书、致全国工人书，为黄、庞呼冤。12日，该会开会议决：一、于2月17日出《劳工周刊黄、庞被杀纪念特刊号》；二、起草宣言，并预备成立湖南劳工会上海分会；三、添募劳工会分会会员；四、募捐。不久，汉口会员亦发行刊物一种，取名《血祭》。1日至6日，唐山职工会、湖南旅沪自治联合策进会、湘西旅沪自治策进会、中华全国电器工界联合会先后通电责赵恒惕残杀劳工。

△ 南洋华侨3654人联名通电，否认北京政府，承认广州政府为合法政府，并请孙中山克日下令北伐。同日，古巴中华总会总理雷溢潮等六万侨民通电声讨徐世昌“甘心卖国”。

△ 华盛顿会议限制军备会议第五次全体大会通过处理在中国之外国邮局、撤退在中国之外国军队、统一中国铁路、裁减中国军队、中国及中国之现有成约、外国在中国无线电台移交中国等有关中国之六项议决案。

△ 北京政府交通部通电催集款赎胶济铁路。

△ 华盛顿华侨总商会通电，主张由商会、学生会发起组织“赎路

救亡会”，进行募款。

△ 吴佩孚派二十三师师长王承斌抵京，是日谒徐世昌，并访步军统领署及毅军。

△ 天津国民财政会、天津商会等团体揭露张弧发行1400万元盐余国库券内幕。3日，该会派代表10人往见张弧提出质问。

2月2日 孙中山委徐谦为高等文官惩戒委员会会长。

△ 徐世昌派王怀庆会办毅军事宜。

△ 英国公使照会北京政府外交部，略谓：“京奉路关系外债，嗣后不得运送军队及军用品，致碍收入，且为保护安宁起见三十里内，不得驻兵。”

△ 日商上海第二纱厂1400多工人，因反对厂主拒绝工人家属进厂送饭，举行罢工，取得胜利。11日起，该厂工人为反对厂主拒绝增加工资，又举行罢工七天。

△ 北京国民外交联合会27团体代表召开会议，商讨筹款赎路三方案：一、纯由国民自动筹款赎路；二、以增加关税之一部分为赎路之用；三、提存铁路余款一部分为赎路之用。

△ 驻防山东之陆军第五师师长郑士琦等致电北京政府，请明令宣布胶济路永为民办。同日，赣督陈光远通电宣布赣省认募200万元赎路，并要求确定办法。皖督张文生亦通电认筹100万元。

△ 华盛顿会议第三十次全体委员会开会，讨论关于中国要求废除“二十一条”问题。日本代表币原喜重郎声称，“二十一条”系中日两国之正式条约，反对会议“重新研究及审查”，仅表示日本同意放弃满蒙筑路借款、聘请顾问、教官等项的优先权，撤回1915年签约时日本政府对第五项之保留。次日，第三十一次全体委员会议（即末次会议）上，中国代表声明：中国对于“二十一条”始终视为事实上之压迫，不承认有法律效力，必须废止全约。美国代表声明：注重门户开放，要求利益均沾。关于“二十一条”之讨论以无结果告终，仅将三国声明载入会议记录。

△ 华盛顿会议远东总委员会通过中东铁路议案：一、中东路管理

之改善经由适当外交途径办理；二、各国承认中国代管中东路，但保留课责之权（即保留以后必须课中国对于中东铁路之外人股东债票执持者及债权者是否履行义务责任之权）。

△ 张作霖致电北京政府外交部，请拒绝中东路共管。

△ 浙江省长沈金鉴通电将全省75县划为施行自治区域，筹备县自治大会。

2月3日 孙中山下令北伐，命李烈钧率滇、黔、赣各军为第一路，兼攻赣南和鄂东；许崇智率本部粤军为第二路，联合湘军出湖南，直攻武汉。

△ 湖南长沙第一纱厂在赵恒惕派兵监护下开工。工人被开除六七百人。并宣布自3月1日起，工人每日劳动工时加至16小时，将减少技工，加用童工。

2月4日 华盛顿会议中日两国代表签订《解决山东悬案条约》及《附约》。主要内容为：一、胶州租界归还中国，开为商埠；二、德国所占之公产交还中国，日本所占有者低价收回；三、日军于六个月内撤退；四、青岛海关交还中国；五、胶济路由中国赎回，由日人任车务长，中日各一人任会计长；六、德国在山东之矿产，交中日合办之公司；七、青烟、青沪之海底电线交还中国；八、青岛盐场由中国赎回；九、青岛、济南之电台由中国赎回。

△ 孙中山任命陈德春为中央直辖第四军军长兼粤东八属各军总司令。

△ 张作霖召开吉林、黑龙江、绥远、热河代表会议，张景惠由京赴奉。

△ 北京国务会议讨论曹锟电请明令通缉陈树藩案，议决交陆军部核办。

△ 哈尔滨市民为反对中东铁路共管，支持赎回胶济路，在总商会开大会。5日，举行第一次大示威运动，沿街演说，散发传单。参加游行者逾万人。10日，又举行第二次示威运动，参加者逾三万人。

△　北京学界开赎路集金会，议决分电京内外劝募，当场认股者2000余人。

△　天津总商会发起"中华国民收路自办集金会"，是日开成立大会。

△　广州社会主义青年团、互助社、马克思经济学会举行德国工人运动领袖李卜克内西纪念会，林伯渠演说。会后工人自动举行示威，沿途散发《李卜克内西纪念日敬告中国青年》传单。

2月5日　孙中山任命吴介璋为北伐军兵站站长，赶设北伐兵站。

△　北京教育界召开教育独立运动筹备会，由蔡元培等向北京政府呈请将德国退回之庚子赔款3900余万元项内之400万元现金拨作八校教育基金。京师教育会、私立中央法政专门学校代表等，亦要求援照国立学校例，每月拨款，以资补助。

2月6日　华盛顿会议闭幕。参加会议之中、美、英、日、法、比、意、荷、葡九国签订《关于中国事件应适用各原则及政策之条约》(即所谓《九国公约》)，共九章。该约贯彻美国所主张"中国门户开放"、"各国在华机会均等"之原则。同日，签订九国关于中国关税条约，规定中国关税由中国实收五厘，但须先行组织委员会裁减内地厘金；拒绝讨论中国关税自主问题。中国代表所提取消领事裁判权、撤退外国驻华军警两案，会议决定由各国代表另组委员会到中国"调查现状"后再议。中国代表所提收回租界、租借地案，美国代表许士以主席资格反对讨论。会议还通过了镇压远东人民斗争的《四国公约》和列强争夺海上霸权、规定海军力量比例的《五国公约》。《民国日报》于3月4日全文发表会议有关文件。

△　孙中山电促滇北伐军范石生克日在曲靖集中，第一路于本月16日以前，一律开拔至师宗、罗平一带集中；第二路于20日以前一律在沾益集中，第三路从速改编整顿，准备在宜良集中。

△　齐燮元、刘湘、刘成勋、卢焘等通电揭露梁士诒以整理盐务为名，与稽核所洋员秘密结约，允废引岸。

△ 国立八校教职员代表召开会议，讨论：一、经费问题，二、基金问题，三、学制问题。有人提议中学文实分科，六年毕业，直入大学。

△ 湖南城陵矶直军第十四混成旅二团一营两连士兵哗变。将该地厘金局局长刘雷戮毙，局款抢掠一空。

2月7日 苏俄外交人民委员致孙中山函，略谓："收到了阁下的信并通过参加远东劳动人民代表大会的国民党代表与国民党建立了直接的关系，这使我们非常高兴。我与国民党代表进行了长时间的会谈。……我同他讨论了所有的关于将来我们之间相互关系的问题。在这些问题上，我们的看法完全一致。"并谓："列宁同志曾以极大的兴趣拜读了阁下的信，并热烈地同情并关注着阁下的活动。"

△ 孙中山复电全国各界联合会，告以将届期督师北伐。略谓："文自广州出发，以赴戎机，至于桂林，搜讨军实，今已部署初定，将届师期矣。"并谓："文忠于主义三十余年，本革命之精神，断战胜乎一切。此次督师北伐，亦即吾人根本改造之道耳。"

△ 孙中山复电全国国民外交大会，号召国民推翻徐世昌卖国政权。略谓："徐世昌以满清余孽，洪宪遗臣，为复辟之罪魁，实叛国之祸首。"指出，此次北伐，"特为四万万人讨卖国之贼，故不得已而用兵"。

△ 北京国务会议通过交通部次长郑洪年提案：一、从法国退回赔款中或增收关税中，各指定百分之几，作交通大学基金；二、交大开办费恢复原来所规定之106.34万元；三、交通大学经常费由58.3468万元又追加5.4万元。

△ 徐世昌又派人赴保定，劝曹锟转劝吴佩孚及长江各督，"勿再发无谓之通电"，静候奉直协商。

△ 上海大同银行正式开幕，总董事陶希泉，经理徐季凤。

△ 陇海铁路工人曾于去年11月17日因反对洋员总管若里裁人减薪，举行罢工十天。在工人坚持斗争下，当局被迫承认全部条件，工人始复工。但事后该路督办始终未践诺言。工人复于是日递警告书，同时发表宣言：一、宣布洋总管若里罪状；二、向各路乞援；三、2月10

日举行总罢工。该路督办不得已,始批准:一、准若里开去本职;二、所有要求优待条件,核准施行。

△ 留法勤工俭学学生在巴黎召开代表大会,参加者有王若飞、周恩来、蔡和森、赵世炎、向警予、蔡畅等。大会通过“吃饭权,工作权,求学权”的斗争目标。次日又到中国驻法公使馆游行。

2月8日 张作霖在奉天召集军事会议,凡营长以上均列席。会议决定:各军整理军备,演习野战;军需处添备军粮、柴草,发放军饷;各军听候动员令下即分路出发。

△ 上海香港后援会在中国劳动组合书记部开会,讨论援助香港罢工海员方法,除捐款外,并电勉香港海员坚持到底。陇海铁路工会总会致函上海香港海员后援会,表示同情和支持海员罢工并捐款援助。湖北江岸京汉铁路工人俱乐部、湖北徐家棚粤汉铁路工人俱乐部、汉口租界人力车夫会、中国劳动组合书记部武汉支部等,均先后组织香港海员罢工后援会。

2月9日 广州国务会议议决,否认华盛顿会议关于山东问题议决案之签定。10日晨,外交总长伍廷芳电驻美代表马素,命其转告大会:胶济路德人所筑,战后德国在中国之一切财产应为中国所有;北京代表无代表中国资格,其所签字,正式政府完全否认。

△ 广州国务会议通过大理院长徐谦请禁蓄婢案。24日,孙中山下严禁蓄婢令。

△ 中国工会上海总部向南北两政府发出通电,要求罢斥赵恒惕,为黄爱、庞人铨鸣冤。

△ 北京政府财政部自决定发行“九六公债”后,迭经长江各督反对,是日财政部特通电各省声明原委。同时,北京银行公会亦通电宣布“九六公债”内容及与财政部所订合同。

△ 冯玉祥致电张弧,指责“九六公债”乃“巧取民财,以求苟且图生之计,是自杀”,劝张“万不宜独自为政,作此秘密之行动,以欺国家,以虐人民。请速打消此议,以免惹国民之反对”。

△ 唐继尧进抵桂省泗城，12 日入滇。顾品珍出兵抵御。金汉鼎于 17 日发表宣言，迎唐回滇。

2 月 10 日 孙中山决定以一部分军队，出入于湘省衡山及宝庆。12 日，北伐军前锋部队进抵湘境。改“攻击军”为“讨贼军”，又改“反对吴佩孚”口号为“讨伐徐世昌”。

△ 徐世昌令：派蔡廷幹为修改通商进口税则委员会主任。

△ 北京政府财政总长张弧因各方要求财政公开，特将就任以来该部所有收支款项开列清单，呈国务院发交《政府公报》颁布。

△ 梁士诒假满，仍续假 10 日。

△ 林白水等所办《新社会报》，因登载吴佩孚搬运飞机炸弹，奉直形势险恶，及盐余公债黑幕等时局消息，被北京警察厅勒令停止发行，没收印章，并将经理移送法庭。

2 月 11 日 徐世昌公布《偿还内外短债八厘债券条例》，凡 14 条（即《九六公债条例》），定额 9600 万元。

△ 张作霖在奉天召开会议，营长以上均列席。曹锟派王承斌出关调和张、吴矛盾，北京政府派赵尔巽调停，洛阳方面亦派车庆云出关调停，当日会毕，王返保定复命。

△ 旅美华侨发表宣言，痛斥徐世昌控制下之北京政府在华盛顿会议期间“丧权辱国”、“借债卖国”以及“摧残教育”、“纵兵殃民”种种罪恶，要求广州政府和爱国者出兵讨伐徐世昌、梁士诒，实行救国大运动，组织统一政府。

2 月 12 日 孙中山在桂林接见奉系张作霖代表李梦庚，洽商共同讨伐直系事宜。

△ 广西自治军总司令林俊廷通电归附孙中山，取消广西自治军名目，改编所部为北伐军第一、第二两师，分驻黔、桂边界。

△ “全国教育独立运动会”于北京开成立会。20 日发表教育独立宣言书，内容包括：一、教育经费应急谋独立，脱离自治藩篱，明定预算，指拨款项，由教育界直接取用，共同保管，政府无取用之权；二、教育

基金应急谋指定；三、教育制度应急谋独立。

△ 北京政府外交部接参加华会代表施、顾、王三人 7 日来电，报告关于废除“二十一条”讨论情况。日本在 2 日会上反对废除“二十一条”。13 日，山东各界联合会及各法团在省议会召集会议，决定电请北京政府外交部急电施、顾、王三代表向各国宣布国民否认“二十一条”之宣言，并向日本公使提出抗议。

2 月 13 日 广州政府外交总长伍廷芳以香港当局因海员罢工，竟禁米、煤出口，近于报复，有伤两国感情，特致函驻穗英领事提出抗议。同日，英国政府电令香港总督速解决海员罢工事。

△ 章太炎、谭延闿、柏文蔚等闻北伐军出湘南，是日联名上书孙中山，建议改变战略进取江西。并谓：“南北相对，我弱彼强；乘衅为上，出赣为中，出湘为下。”

△ 赣督陈光远急电北京政府，称 2 月 3 日孙中山以大元帅名义颁发动员令，饬令各军分路出发。计第一路以李烈钧为总司令，统率滇、黔、赣各军进攻赣南，兼取鄂东，其前队已抵永州；第二路以许崇智为总司令，统率本部粤军联合湘军直袭武汉，其前队已抵宝庆、宁乡一带，情势万急，乞示方略。

△ 吴佩孚通电指责“九六公债”“名为减息，实则竭源”。21 日，再次通电反对。

△ 鄂烟酒署黄永熙电告北京政府国务院：吴佩孚训令筹款，兹将全省烟酒税作抵向某国银行借到 60 万元，解交吴。吴又令鄂省货物一概估本抽税。19 日，吴又电萧耀南，勒索 200 万元军费。

2 月 14 日 孙中山任命胡汉民为大本营文官长，孔庚为军法处长，陈少白为建设处长，林云陔为度支处长。

△ 赵恒惕告孙中山代表：“如欲北伐，请勿假道湘省。”赵并派张其锽与吴佩孚接洽，吴允助湘饷弹。

△ 北京政府交通部通电，重申赎胶济路“归为民业，由国民自办”，“业经本部今日提出国务会议议决照办”。同日，齐燮元、王瑚通

电,续陈赎路九事。

△ 浙督卢永祥通电主张财政公开,将一切内债、外债数目用途以及契约文件,分门别类登载公报;各省选派财政委员二人,组织全民财政委员会;募债增税,须交该会议决,至国会成立为止。22 日至 28 日,张作霖、李厚基、赵倜、张凤台、孙传芳、田中玉、冯玉祥、刘镇华先后通电响应卢永祥主张。

2 月 15 日 北京政府外交部通电各省,报告华盛顿会议关于中国问题议决之内容。

△ 北京政府财政部列表公布该部历次指定盐余抵借内外短期借款,自民国五年 9 月 9 日至民国十年 12 月 29 日止,共借款 145 起,共计银元 1.04 余亿元,实欠 9600 余万元。舆情大哗。

△ 吴佩孚截留河东盐税 21 万元,财政部派员交涉,吴复称系扣抵直军欠饷。

△ 国民监督财政会在北京成立。大会决定:发表宣言,反对盐余公债;调查盐余公债之内幕;警告银行公会;清查财政当局拍卖中国银行官股。大会并推举吴鼎昌等 10 余人为代表,赴财政部、银行公会交涉一切。

△ 四国银行及美银团代表访问张弧,对于"九六公债"仅以三分之一整理外债,表示不满,主张俟将来以关余为担保,发行四亿元公债,张答以时机未成熟。同日,银行公会在上海总商会宴请汇丰银行爱狄思,爱演说谓:"国际银行准备与华人银行合力共筹中国财政困难之解决法。……中国已表明外人切实监督之不可少,因中国迄未有监督公款之满意办法。"

△ 胡鄂公等编辑的《今日》月刊,在北京创刊。

2 月 16 日 北京政府财政部仿照各国遗产税制发布《遗产税税则大纲》,通令各省照办。

△ 国会议员吕志伊等 20 人通电全国,反对赎回山东铁路。大意谓:日本与中国,同为对德宣战之国家,然山东为中国之领土,且于胶济

铁路敷设契约中，明白规定不许第三国之干涉，何有对日本占领之铁路与海关盐田等进行赔偿之理？“此丧权辱国之条约，今乃视为合意之条约，宛如曩日对于二十一条欣然表示同意，结果相同”。

2月17日 北京政府外交部取消华盛顿会议筹备处，另组华盛顿会议善后会，办理一切善后事宜。

△ 北京政府特派董康为偿还内外短债委员会会长。22日，该会在银行公会开成立大会，通过九条章程，并规定该会职权为：一、清算欠款数目；二、监视偿还手续。

△ 北京政府司法部为收回领事裁判权，以华盛顿会议决议派员来华调查现状，通令各省改良司法、监狱。

△ 松沪护军使何丰林致电徐世昌，请颁布明令：一、定胶济路为民业铁路，政府不得改为国有；二、所集赎路款项，专为赎回胶济路之用，不准别用；三、所集资金，作为商股，将来所得款利照公司条例，受法律之保障。

△ 山东利津口上下游于是日先后漫溢，淹没三县一百数十村，成灾颇巨。

2月18日 北京政府教育部全体职员开索薪大会。21日、22日又续开紧急大会，决定派代表64人向财政部坐索薪金，如目的不达，即实行总辞职。

△ 陕西陈树藩军队退入川省大宁，刘湘特电邓锡侯欢迎。

△ 唐继尧因泗城方面不得手，是日抵百色。

△ 北京政府接参加华盛顿会议代表施肇基、顾维钧、王宠惠1月28日电，报告关于华会修改中国关税之决议案共八条。

2月19日 张作霖在奉天召开会议，议决：一、决定设经略副使，4月中在奉天召蒙古王公开蒙务大会；二、定六区实行联防，许兰洲为总司令，准下月初大举清乡；三、决扩充奉天兵工厂，并于吉、黑添设分厂。

△ 吴佩孚电请北京政府财政部将盐余支配公布；要求用“九六公债”发军饷，反对以盐余抵债。曹锟两次通电阻止，吴电复曹，指责曹锐

与张弧分肥。22 日，萧耀南亦通电反对“九六公债”。

△　山西督军阎锡山制定村葬办法五条，经省议会通过，作为省法令。

△　阿尔泰边境俄人要求通商，并提出 13 条办法，新疆督军杨增新派员与议。

2 月 20 日　孙中山布告声讨徐世昌卖国罪行，指出：“华盛顿会议徐世昌所派伪代表与日本协定条件，违叛民意，丧失权利，甘为国民公敌。……若再姑息，势必益恣诡谋，偕亡无日。讨贼救国，愿与国民奋起图之。”

△　北京政府司法部为预防幼年犯罪或再犯起见，特设感化学校，并公布感化学校暂行章程六条。

△　北京政府财政部公布发行特种库券条例，定额为 1400 万银元，无折扣，发行期自是日至下年 9 月 20 日止，以盐余为担保。

△　广西省长马君武电告广州政府，唐继尧已过百色，顾品珍离滇北伐，滇事由金汉鼎调解。

△　段祺瑞之代表周善培到广州联络。

△　北京政府财政部设所得税委员会。

△　驻京英使艾斯敦根据《善后借款合同》第十七条，向北京政府外交部抗议《九六公债条例》。

△　驻京日使小幡酉吉至北京政府外交部，声明胶济路日军分期撤退，请派警填防。另据日本《时事新报》载称，日本军队在青岛及山东胶济铁路沿线总数为 3000 名，外有宪兵约 500 名，驻屯青岛之军队约为四分之一。21 日，北京政府外交部电鲁督田中玉，通知胶济沿线日军即日撤退，请速挑选干练警察或军队接防。

2 月 21 日　蒋介石在桂林谒见孙中山，陈述联奉击直之军事主张。

△　马君武以“逞兵抗命，扰乱秩序”罪名，通缉林俊廷。

△　留日学生总会召开大会，通过决议：一、通电中外，否认徐世昌

政府；二、促进联省自治，成立联省政府；三、暂时承认广州政府为中华民国临时政府。

△ 北京国民财政大会通电反对“九六公债”。电文提出反对理由：一、违反约法，蔑视人民；二、此次公债为完全还清旧债之用，然此项旧债之用途，尚未审查，不得再举债弥缝；三、银行借款，皆与财政当局勾结舞弊，紊乱金融，并借此肥私，黑幕重重；四、国家财政应依预算之规定，预算收入之不足，再行举债，现在政府既未公布预算，绝无举债之理由；五、此项公债，扣至七年还清之后，本利计算共 1.3 亿余元，国民负担过巨；六、以一次发行之公债，便断绝七年以内进行要政之财源。

△ 徐世昌命令：本月 28 日祀孔，派高凌霨“恭代行礼”。

△ 驻华英、法、日三国公使电令驻汉军舰，遇必要时得派兵上陆，防止截留盐税，以保债权。

△ 北京政府陆军部航空署向费克斯公司借款 30 万英镑，年息八厘，期限九年，以盐余为担保。其中五万镑为京兰航空线建筑费，19 万镑为购机及材料费用，余为航空署经费。

2 月 22 日 吴佩孚电鄂督萧耀南，谓北京政局因安福派暗中之活动，情形一变，此时实力之充实殊为重要，望速筹军费 200 万元。萧奉令，即筹款 10 万元，发给停泊武昌之各军舰为军费。

△ 吴佩孚致电徐世昌，要求发给归附直系之沈鸿英部军费 20 万元。

△ 豫督赵倜、省长张凤台通电反对北京政府发行“九六公债”。24 日，田中玉亦通电指责“九六公债”系“自欺欺人”，“名实不符”。

2 月 23 日 直系召开洛阳会议，甘、陕、鄂、赣、苏、鲁、豫、直八省代表一致主张“对奉坚持到底”；对广州政府希其缓和北伐，不得已时，驻鄂直军拨一部分归赵恒惕指挥，以防御孙中山。同日，驻武昌二十五师炮队奉令准备赴岳。直军张福来部于 25 日移驻湘阴，并设司令部于城内。26 日，赵恒惕派唐义彬至湘阴晤张福来，声明湘军“决守中立”。

△ 朱培德、谷正伦等滇、黔军官通电，宣布唐继尧罪状，吁请孙中

山下令讨伐。同日，孙中山电滇、黔、桂三省北伐军制止唐继尧回滇，痛斥唐“违抗命令，不顾大局”；要求各军迅速“严行制止，勿任其以一己权利之私，为西南大局之梗”。

△ 徐世昌令：胶济铁路应决由人民筹款赎回，即定为民有铁路，永属民业，各地筹款于指定银行专款存储，不得腾挪提用。

△ 广州女界联合会召集会议，到者200余人，讨论女子职业解放问题，并向广州政府请愿，要求取消茶室酒楼资本家辞退女工之举。

2月24日 广州政府公布23日经国务会议通过之工会条例，凡20条。

△ 上海国民外交大会发表对外宣言，反对华盛顿会议所订《九国公约》。指出“机会均等主义”，“无异在政治上认中国为共同保护之地，在经济上认中国为共同侵略之场”。“各国当以平等待中国，取消势力范围及领事裁判权，归还租借地，撤退驻华军警，允许关税自定。各国既不解除种种束缚，而独要求全中国开放门户，则中国人民之工商业，将反为各国所排斥”。宣言声明，否认北京政府及其代表签字华盛顿会议关于中华民国之议决案。

△ 修正税则委员会在上海总商会开成立大会。

2月25日 广州国会非常会议通电宣告，北京政府在华盛顿会议上缔结山东问题之条约，系违反约法，未经国会议决，概不发生效力。

△ 徐世昌为梁士诒受各方攻击事通电自责。谓：任梁去梁乃本人主张，“责无旁贷”，并声明“内阁虽屡有更迭，而对外政策始终一致”，无何变化。28日，上海《民国日报》为此发表时评《徐世昌的救命符》，指出徐之通电“想以太师的招牌，去调解一张一吴之怒，从文字内容上看，简直不知所云”；“把用梁引为己任，再把华会吹得震天价响，再把霉烂不堪的伪统一招牌抬出……至于他的总和，或者就是‘救命符’”。

△ 徐世昌特任莫荣新为腾威将军。

△ 吴佩孚通电，历数张弧发行“九六公债”弊窦，请“立即罢黜，交付法庭，以谢天下”。

△ 吴佩孚派员从上海兵工厂提取自动制造枪弹机，计144件，运至巩县兵工厂应用。该机系民国二年袁世凯向美国定购。

△ 吴佩孚急电萧耀南，商讨七省联合武力对付张作霖问题。萧接电后即召集军事会议，并令财政厅由关税项下拨40万元送往洛阳。

△ 北京政府财政总长张弧、内国公债局总理梁士诒，呈准将整理金融公债万元票掉换成千元票。

△ 全国教育独立运动会上书北京政府教育部，要求将铁路附加赈款改用为教育经费。

△ 厦门当局与英领交涉海后滩案。双方同意：一、函件送存之日起，厦埠公民宽放抵制英货，并电各埠；二、租界大牌先行撤去；三、两个月内将短墙推却；四、海后滩管理权及飞桥办理，应待谈判后解决。3月8日，英领表示，同意太古行飞桥暂时停工，以待协议。厦门当局以英领既表示和平，遂即通告各团体取消抵制英货。

△ 西藏地方部队在川边与北京政府所派之"驻军"冲突，"驻军"因久戍康藏，连年作战，伤亡颇众，且缺乏饷械，无力抵抗，康定已被围。

△ 法国军事参议官霞飞元帅应北京政府邀请来华访问，是日到京，26日徐世昌设午宴招待。3月4日，霞飞赴天津专访段祺瑞。

2月26日 孙中山在桂林南教场检阅北伐军粤军第七独立旅等。

△ 山东济南开胶济铁路筹款大会，表决会章，推靳云鹏、吴佩孚、田中玉等为名誉会长。

△ 唐继尧率部回滇，是日进占滇边府广南。

2月27日 广东北伐军在桂林大本营举行誓师典礼。孙中山发表演说，表示："民国存亡，同胞祸福，革命成败，自身忧乐，在此一举。救国救民，为公为私，惟有奋斗，万众一心，有进无退。"

△ 旅沪四川自治期成会致电孙中山，列举唐继尧"假北伐之名，行侵略之诡计"罪行，要求讨伐。

△ 张作霖电复徐世昌，请宣布梁士诒被攻击真相，"如梁无他，则宜复职，以全中央威信"。

△　四川军军长刘成勋致书孙中山，建议“联合西南诸将帅，秣马厉兵”，“外戢戎心，内消隐患”，本人则“遥听号令”。

2 月 28 日　吴佩孚下令取缔陇海路郑州铁路工人俱乐部。

△　中东路问题经北京政府与苏俄、远东两政府代表屡次交涉之结果，协定大纲四项：一、中东铁路归中国政府管理，由中国政府特设管理机关办理；二、俄人所有该路股份由中国政府酌定时价于向后五年内收回之；三、该路未完全收回以前，苏俄、远东两政府之代表得派委员参与该路路政；四、中东铁路所负各国政府及外商之债，由中国政府完全负担，并由中国、苏俄、远东三国政府共同组织清算局整理之。

是月　吴佩孚以直鲁豫副使名义通电奉军，以“曩时川、湘有战事，托贵军暂代防务，今直军已敷分布”为理由，要求将京兆、直隶境内奉军移出关外或张家口。

△　英国外交大臣关于西藏问题向北京政府外交部提出：一、西藏外交完全自主；二、英国得修筑藏印铁路；三、赦免西藏独立运动诸人，不究其罪；四、西藏内政，完全自主。北京政府向英国外交部声明：第一项应改为外交由中国主持，第二项藏印铁路应由中英合办；第三项对于赦免西藏独立人犯可以照准，惟西藏亦须将从前拘禁之华员、华商一律释放；第四项应改为西藏内政得以自治，但须受驻藏大员之监督。

△　北京政府交通部通告，属于铁路财产之土地、房屋、轨道、车辆、船舶材料及证券等，悉为国家财产，由本部掌管，不得擅押或盗卖，如私自抵押或盗卖者，不论何种机关，一概无效。

△　由余天休主编之《社会学杂志》，于上海发刊。

△　天津裕大纺织有限公司成立，资本 300 万元。

△　湘省第一纺织厂成立，资本 280 万元。

3　月

3 月 1 日　北京政府陆军总长鲍贵卿以祝寿为名赴奉，活动组阁问题。张作霖对阁潮表示不过问。

△ 冯玉祥因陈树藩军队在陕南、鄂北纷扰，是日与萧耀南商定联防办法四条。

△ 北京政府教育部公布筹办《退款兴学委员会规程》，凡九条，规定该会专司筹划退还庚子赔款接洽事宜，并调查国内教育状况，决定退款用途及分配标准等。

△ 北京政府司法部电令各省区恢复初级法庭，限7月1日一律成立。

3月2日 徐世昌下令授予施肇基、顾维钧一等大绶嘉禾章。

△ 北京国务会议决定郑州开为商埠，任张凤台兼郑州商埠督办。

△ 赵恒惕派代表江隽到湖北商联防事宜，湘军宋鹤庚、鲁涤平部已移往湘西。

△ 接收蒙古事宜代表李垣以劳农政府代表巴伊开斯复函声明："劳农政府实无丝毫侵略蒙古之意思，并极盼北京政府与蒙人速行解决中蒙相互关系。"呈请北京国务院，据此声明，派唐努乌梁海参赞黄成埒及乌里雅苏台副参赞陈问策二人赴蒙调查，速行解决蒙事。

3月3日 徐世昌特任王正廷为鲁案善后督办，田中玉为会办。

△ 湖南桂阳徐紫隆集党数千在常宁举事，占领新田。12日，进攻蓝山县。

△ 北京教育博物馆筹办处与北京大学附设之教育博物馆合并为筹设教育博物馆委员会，拟订协同约定办法四条，经北京政府教育部核准进行。

3月4日 香港发生"沙田惨案"。自1日起，香港饮食、运输、印刷、电讯等各行业工人，为支援海员罢工，相继罢工。3日，香港英总督下令戒严，不许居民出境、外人入境，渡船亦禁开驶。是日，香港工人2000余人步行回广州，行至九龙港附近的沙田，英国军警向工人开枪射击，死三人，伤数百人。

△ 北京学界集股赎路会在美术学校开全体委员会，到会者计30

余人。推荐梦麟为北方筹款主任，张公权为收款主任。

3月5日 外国银行团警告北京政府，截留盐税如不加以制止，不但无盐余，且将有盐亏。

3月6日 署司法总长董康呈请徐世昌，以其主持之"偿还内外短债审查委员会"发现财政部弊端甚多，应即提交法院按条例惩办；又审计院审计之账簿类隔年案件，无从揭发伪证，呈请组织特别审查委员会，专司稽核逐日出入现款，倘查有不符，应依法办理。

△ 董康向北京政府呈请提审财政总长张弧。同日财政总长张弧闻风，即刻提出辞呈，避走天津。

△ 湖南督军赵恒惕电萧耀南，请将前线直军酌量撤退，如直军由汨罗向岳州退驻30里，湘军亦由白水向长沙退驻30里，以示双方退让。萧复电拒绝。

3月7日 月初，徐世昌曾派蒋雁行赴保定、洛阳，协商组阁问题。是日，蒋返京向徐世昌报告，吴佩孚为组阁问题提出三项条件：一、停止发行"九六公债"二、免梁士诒内阁职；三、同意鲍贵卿组阁。同日，吴佩孚致电徐世昌，表示不反对鲍组阁，但以去张弧为条件。

△ 吴佩孚派张福来到湘阴布置防务妥后，于月初返岳州，派四十七旅杨清臣部驻湘阴。是日，张福来移军长沙城外，赵恒惕无表示。12日，萧耀南又奉吴令赴岳与赵恒惕面商湘局。13日，吴佩孚电令张福来守湘阴，勿入长沙，免蹈张敬尧覆辙。

△ 毅军副都统白承颐在京被人戕杀。按：姜桂题病死前曾有遗书举白代毅军司令。

3月8日 香港海员罢工经过56天的斗争，取得完全胜利。6日，香港英政府被迫取消封闭海员工会和运输工会之命令，释放被捕工人，增加工资，抚恤死难者。是日，广州各工团约10万人集会东校场欢送海员，散会后举行大游行，沿途陆续有工团加入，游行人数达30余万。

△ 北京中小学教员，派代表500余人赴北京国务院请愿，要求发给拖欠之三个月薪金，国务院拒绝接见。代表又赴教育部见陈垣，陈无

法解决。请愿代表住宿教育部不散，要求三日内将积欠薪金及教育经费拨发。14日，各校校长向京师学务局提出总辞职。至18日，北京政府教育部始被迫将积欠发清。20日，教职员宣布复课。

△　曹锐又以祝寿为名，专车赴奉活动组阁问题。

3月9日　徐世昌通电催办第三届国会选举。略谓："本大总统任职已逾三年，所余仅一年有半矣。国会选举，倘能及时赶办，为时虽促，尚可不误总统选举之期……本大总统惟希望依照法律手续，得有继任之人，以维大局。"故"此次国会选举，乃全国所托命者，应如何统筹迅举，克日观成之处，端赖群谋，早绥国本，本大总统跂予望之"。

△　北京政府内务部公布《管理医师暂行规则》，凡28条；《管理医士暂行规则》，凡27条。

△　"上海非基督教学生同盟"发表宣言，声称："各国资本家在中国设立教会，无非要诱惑中国人民欢迎资本主义；在中国设立基督教青年会，无非要养成资本家良善走狗，目的在吸取中国人民膏血。因此，我们反对资本主义，同时必须反对这拥护资本主义、欺骗一般平民的现代基督教及基督教会。"

△　江西省中等以上学校教职员因欠薪未发，决定实行罢课。10日，省立九校罢课，南昌学生联合会发出传单，定11日开紧急大会讨论。

△　驻京日公使小幡酉吉以代理领袖公使名义照会北京政府外交部，质问直隶、陕西、甘肃、湖北等省加征盐斤附税事。当经北京政府电令各该省查照。

△　驻海参崴领事范其光电告北京政府外交部，谓海参崴政府抗议我国停止《中俄陆路通商章程》，请示办法。

3月10日　吴佩孚通电声明：一、反对梁士诒，乃反对其媚外，非反对其组阁；二、服从曹锟、张作霖；三、内阁失败，国会得而弹劾之，人民得而攻击之，不能疑为奉直间别有问题；四、奉直是国家元气，内阁股肱。股肱有疾，进药石以救，讵有自戕元气之理；五、奉直实无畛域之见。

△　川、滇、黔、湘、陕五省在重庆开第一次联合会，到会有川军总

司令刘湘、云南代表徐虚舟、贵州代表李仲公、湖南代表刘问之、李湘皋、陕西代表张实生、高翰音等，定名为川、滇、黔、湘、陕联合会议。会议讨论问题为：一、五省既实行自治，以后应如何促成联省自治实现；二、五省联防事宜，及对大局应如何主张；三、援鄂援陕应如何进行。

△ 董康以查债委员会名义，请地方检察厅传潘复、张弧、张仁普、张训钦、钮传善、陈威等到案。11 日，吴佩孚致董康电，颂董为“包文正复生”。

3 月 11 日 孙中山发表宣言，谓：一、北伐不能因奉直有代表而不积极进行，正式政府仍必执行为国讨贼之权；二、奉直两方如实心为国，宜服从正式政府命令，移兵为政府前驱，不得专顾个人军权地盘；三、望奉直为废去军阀盘据各省地盘之首倡；四、旧国会应解决中国纷乱政局，使中国成一永久宪法上之国家政府，巩固国基；五、以国家为重者为国友，争私人权力者为国仇。西南决不苟且结合，致蹈从前覆辙。

△ 天津 118 个团体联合通电，支持董康审查财政舞弊案，并请董将审查之结果，详细通告全国。

△ 驻京远东共和国代表阿格辽夫要求中国撤退海兰泡驻军。

3 月 12 日 徐世昌以财政总长张弧因病请辞，令给假十日俾资调理。财政次长兼盐务署署长钟世铭着暂代理部务。

△ 徐世昌令刘镇华加陆军上将衔；派米振标为驻近畿毅军司令，常德盛为驻豫皖毅军司令。

△ 皖督张文生致电北京政府，声称省长许世英不肯筹款，新安武军惟有自行筹饷。本月下旬，张又致电北京国务院，宣布截留全省烟、酒、印花等税款充饷。

△ 安徽省长许世英以政潮无法解决，呈请辞职。

3 月 13 日 孙中山以陆海军大元帅名义布告湘鄂地方长官，宣布北伐军行将动员自桂出发，取道长岳，以便会师武汉，直抵燕京，凡所经县境地方官厅，对于兵站所需夫役、品物等项，务宜联合绅耆，协同妥办。

△ 张弧电董康拒传。略谓："闻总检察厅受非法结合之国民财政会捏控，出票传敝人到案，本人受任两月，经手收支各款，无一文私弊，检厅如欲见问，请以公缄寄天津鄙寓，自当逐款奉答"；声称："倘不问情由，先行传拘，蹂躏人权，心存成见，则鄙人绝对不能服从。"

△ 唐继尧军占领蒙自，并在阿迷附近将铁路毁坏，顾品珍军背腹受敌，乃以罗佩金为昆明留守，亲往前线督战。省城人心惶恐。

△ 山东78名省议员联合致电北京政府，控鲁督田中玉强暴横施、借债营私、迫加附捐、侵权违法等罪行，要求迅予撤惩。

3月14日 广州国会召开非常会议，议决：一、暂行新刑律二百二十四条，侵害人民自由，应予废止；二、致电英国，抗议香港英国警察枪杀沙田华人事件。

△ 孙中山任命金汉鼎代理云南省长。

△ 曹锐由奉回津，以电话向徐世昌报告此次赴奉之情形，谓张作霖对于吴佩孚之"误会""刻已谅解"。

△ 英国派巴尔敦赴洛阳交涉截留盐税问题。吴佩孚决定：一、宜昌所扣之款原存大中银行，复转入中行汇京，同时政府酌拨款项交孙传芳；二、宜、汉增加附加盐税即电萧耀南暂勿实行，另行筹款；三、河东盐款将尾数解京过帐，由财政部补一支付单，令由协直饷项下扣出归还该款。

3月15日 国民财政大会通电揭发张弧、潘复勾结发行之"九六公债"营私舞弊，要求北京政府停止发行，已发行者不能认为有效，并希望全国人民拒绝收受此项公债。

△ 湖南各公团联合通电，根据湖南省宪关于"省内治安，省民共保之，省外军队非经省议会议决及省政府允许，永远不得驻扎或通过本省境内"之规定，要求驻湘直军一律撤回鄂境。

△ 北京国务院通电宣称，目前当务之急为"迅谋统一"，"厉行裁兵"，"整顿财政"，"增加关税"。

△ 北京军、政、教育等70余机关、学校，组织"京师军政教育各机

关交涉盐余代表联席会”，推沈士远、李大钊等五人为章程起草员，力争盐余。

△ 由全国商教联席会议所发起之国是会议，是日在上海举行开会式，并正名为“中华民国八团体国是会议”，通电各省区省议会、省教育会、商会、农会、工会、银行公会、律师公会、教界联合会八团体速派代表来沪，举行正式大会。

△ 美侨公会晚宴美公使许满于广州亚洲酒店，许满发表演说，认为华会结果于中国有利，望中国勿悲观，早图和平统一。广州政府伍廷芳外长演说，声明华会无我国正式政府代表出席，大为遗憾，美国只请非法政府派代表赴会，尤违反华人公意；并指出，西南渴望真和平统一，各国倘早承认，此希望必已实现，今不得已出兵求统一，各国当任其咎。

3月16日 北伐军进抵湘南边境。赵恒惕力阻北伐军过湘，策动湘各公团出面反对，并派代表赴桂林，吁请北伐军勿入湘境。

△ 北伐军第一路司令黄大伟率部自邕宁向桂林进发，是晚抵梧州。

△ 董康再次通电，表示决心彻查北京政府财政部积弊。

△ 湖南省各学校教职员因省教育厅拒绝补发积欠六个月的教育经费，举行罢课。

△ 关于交还威海卫之交涉，中英双方决定在伦敦英国外交部谈判，北京政府外交部派顾维钧前往出席。

△ 日本外务省训令驻华公使小幡酉吉，从4月上旬起，撤回青岛守备军之一部，然后撤退山东铁路沿线日本军队之一部；至5月4日为止，将所有铁路沿线日军全部撤退完毕。

△ 大英银行上海分行开幕。该行为大英轮船公司于1920年在伦敦设立之银行，其主要业务为汇兑、贴现、运输及旅行业务。

3月17日 北京政府外交、内务、财政、农商、交通五部共同规定《胶济铁路定为民有办法大纲》，凡14条，19日经徐世昌核准。主要内容为：胶济路干支各线及附属产业，由人民集股赎回，永为民有；各省区股款收齐后应即召集股东会，组织公司；一俟公司路款交清、全路赎回后，即由公司接管该路，归交通部监督。

△ 在京第三届国会议员召开紧急会议，到50余人，议决分电各地议员，于10日内来京，筹备开正式大会。

3月18日 鲍贵卿由奉到津访曹锐，辞组阁，并致电徐世昌请续假养病，“另简贤能”。徐世昌与鲍电话，劝速回京。鲍于19日到京，20日入协和医院。21日，徐再派员劝鲍组阁。颜惠庆亦向徐表示决不再代阁，如徐仍相强，即赴汤山，不再回北京。

△ 徐世昌令督办东省铁路公司事宜王迺斌现未就职，特派王景春署理。

△ 孙传芳电告北京政府川军内讧日急，夔、巫方面川军纷向重庆撤退。

△ 北京政府农商部批准由靳云鹏、张怀芝、吕海寰、赵尔巽出面（日本人操纵）组织之“鲁大公司”。该公司主要承办经营山东铁路沿线各矿。

3月19日 徐世昌派其弟徐世章赴洛阳，就鲍贵卿组阁事征询吴佩孚意见。吴答，只须去梁士诒、叶恭绰，取消“九六公债”，其余均不过问。

△ 张作霖设奉军总司令部于落垡，自任总司令，以孙烈臣为副总司令，分三路部署：以津浦线为东路，京汉线为西路，永定河为中路。集兵力共10万人。并通电声称，率军入关，愿以武力为统一之后盾。

△ 济南万余人在商埠公园集会，反对鲁督田中玉预征丁漕、河工附捐、盐斤加价。大会并向徐世昌、北京国务院、财政部等发出通电，要求罢免田中玉。

△ 上海纺织工会浦东分会举行成立大会。到会者300余人，中国劳动组合书记部代表李启汉、中共中央总书记陈独秀、《民国日报》编辑邵力子等在会上讲话。

3月20日 吴佩孚再次致电支持董康，略谓：“愿公以无偏无倚之精神，为法界树一新纪元。”

△ 北京政府与德国修订之中德新约，是日在北京换文。

△ 唐继尧率部占宜良，22日入昆明，金汉鼎逃。25日，唐军吴学显部突袭包围顾品珍总司令部，顾及将佐20余人阵亡。

△ 苏俄新任远东共和国驻京代表团副团长鲍罗廷抵京。

3月21日 张作霖致电徐世昌，陈述收回库伦、恰克图之意见。主张要求苏俄将库伦、恰克图无条件交还，由奉、吉、黑东三省派遣军队接防。如俄代表不能容纳此要求，即驱逐俄兵于蒙古境外。

△ 北京政府外交部照会日使小幡酉吉，抗议吉林六道沟日警武装部队深夜侵入垦民村庄任意拘捕伤杀村民；并电驻日公使胡惟德向日本政府抗议。

△ 中日南浔铁路借款应付利息已逾三期未付，驻京日使竟要求将该路照约接管。当经北京政府交通部电陈光远即令该路公司清偿外债利息，并改良路政。

△ 粤军第一师师长邓铿在广州被陈炯明派人暗杀，23日不治逝世。

3月22日 徐世昌令张作霖给予一等文虎章，刘式训给予一等大绶宝光嘉禾章。

△ 川督刘湘得孙中山援助，分三路进攻鄂西，北京政府国务院电吴佩孚筹防。

△ 参加华盛顿会议之王宠惠、王正廷回国，是日同车到北京。

△ 湖南各公团致电吴佩孚等直军首领，要求所有驻岳直军退出，以“完成湘省自治”。

△ 外蒙政府派代表达伦噶尔向张作霖磋商投诚条件：一、投诚后不废活佛尊号；二、此次变乱，不咎既往；三、中央须有相当保护，以脱离俄人势力范围；四、与内蒙王公享同一待遇。张允电北京政府商议解决。

△ 北京政府财政部发行之八厘公债票内，发现重号300余万，又

空白债票 300 余万，董康以此事与财政部人员皆有关系，特交检查厅审查。

△　苏督齐燮元、鄂督萧耀南、赣督陈光远均电董康，表示对于查办财政舞弊案，当尽力援助。

△　《民国日报》公布北京人口新调查，除四郊不计外，在大城以内者，共计 91.3 万余人。其中各省人约占十分之四，旗人约占十分之三。

3 月 23 日　鲁督田中玉向徐世昌提出辞职。

△　前桂督陆荣廷抵津，与段祺瑞密谈。

△　东北大风，京奉小工票车开至山海关，冻毙小工 300 余人。

△　上海公共租界工部局第 2956 号通告，公布“任何人印刷，或发行任何报纸、传单或其他项印刷物件，内载公共消息新闻或任何批评按语，而不在印刷之前向工部局注册其姓名者，罚款三百元，或予其他刑罚”。

3 月 24 日　孙中山令追赠邓铿为陆军上将，派徐绍桢致奠，给治丧费 5000 元，由广州政府陆军部会同粤军总司令部派员经理丧务，并着陆部从优拟议恤典。

△　广州外交部次长伍朝枢赴奉报聘事毕返粤，是日向政府报告赴奉会商南北统一问题。

△　徐世昌令任吴新田帮办陕西军务。

△　唐继尧率军进抵昆明，宣布自任云南善后督办。

△　中日委员在北京外交部就撤退胶济路沿线日军之办法，举行第一次会议。日本委员提出下列提案：一、关于日军撤退之日期；二、铁路沿线官有财产之处分；三、关于日军撤退以后保护居留日本人问题。27 日，举行第二次会议，双方达成协议。28 日下午，在外交部签字，青岛日军司令部发表撤兵顺序。

3 月 25 日　徐世昌令：颜惠庆给予一等文虎章；太平洋会议筹备处顾问汪大燮勋章无可再晋，着颁给“荩略匡时”匾额一方，以彰勋绩。

△ 北京银行界30余人致电代理财政总长钟世铭，催发“九六公债”。

△ 北京政府外交部呈准派驻瑞士公使汪荣宝为代表，补签上年日内瓦会议议决之禁止贩卖妇孺公约。

△ 黔军将领袁祖铭通亀宣布组织“定黔军”，并称已占领青溪、玉屏、镇远、铜仁等县。

3月26日 孙中山在桂林大本营召开紧急会议，决定变更北伐计划，下令全军回师返粤，改道赣南北伐。

3月27日 唐继尧召开全滇善后会议，各高级军官暨各机关人员、省议会各法团代表出席，由唐提出：一、废除总司令名目；二、省长民选办法；三、实行清乡。会议议决请由唐氏暂维现状，俟省议会制定省宪后，再行逐步实施。

△ 北京政府交通部所设“鲁案”善后交通委员会，开第一次会议。

3月28日 徐世昌公布《县自治法施行日期及施行区域令》，该法自是年4月1日于江苏所属江宁等37县施行。

△ 中日胶济铁路沿线撤兵协定，经中日两国委员会商议妥协，于是日午后签字，内容共11条。

△ 张绍曾电曹锟、张作霖、吴佩孚三使，提出解决国事二策：一、国会自由行使职权；二、各省共谋根本改造。

△ 皖南镇守使马联甲因旧安武军欠饷数月未发，在芜湖宣布与皖督张文生、省长许世英脱离关系，所有皖南各县丁漕税收全数截留充作军饷。

3月29日 张作霖召集吉林督军孙烈臣、黑龙江督军吴俊陞、第二十七师师长张作相，暨各旅团长等，在督署开重要会议，商决对直系出兵问题。

△ 远东共和国驻京代表阿格辽夫奉令调回本国，新派白克勤接替。

3月30日 北京政府外交部照会英、美两使：要求洋商货物交由华商在内地出售，应以华商商品论，遇有损害，不能由洋商出面要求赔偿。

△　北京政府陆军部员司因薪俸无着，全体停止办公。

3月31日　李烈钧致电陈炯明，谓："本部已进兵汝城，迫近赣界，请发兵同时进攻。"陈接电后于当日下动员令，严催苏慎初、陈炯光、钟景棠等部在三日向连山、连县、韶关、梅岭等处开拔，定于八日开始进攻。

△　上海修改进口税则委员会在总商会举行开幕典礼，到会者为中国、英吉利、日本、比利时、巴西、丹麦、法兰西、意大利、荷兰、挪威、西班牙、葡萄牙、瑞典共13国代表，计37人。蔡廷幹主席致欢迎词，要求与会各国"应请准予切实值百抽五"。

△　张作霖电告北京政府参、陆两部，添派第二十七师入关，卫护近畿。

是月　徐世昌派员赴河北正定邀王士珍来京商时局。

△　包天笑编辑之《星期》(周刊)在上海创刊。

△　崇明大通纺织有限公司成立，资本96万两，锭数1.4万枚。

△　汉口申新第四纺织厂成立，资本100万元，锭数9600枚。

4　月

4月1日　孙中山计划北伐军改道攻赣，兵分四路：任命陈炯明为攻赣总司令，李烈钧为攻赣副司令，分由大庾、临汝进兵；派许崇智为先遣军总指挥，宋鹤庚为后援总司令，由株萍、茶陵入赣。大本营移往衡州。电请赵恒惕，严防岳州直军下窜。

△　湘省军界在衡阳开会，自排长以上大半参加，用无记名投票公决对于"南北之倾向"，结果赞成广州政府者145票，守中立不准南北军假道者47票，赞成北京政府者16票。

△　广东工商界所组织之广东全省劳工尊重省币联合办事处，是

日于广州广西会馆开成立大会，议决通用纸币，不得用"纸折"。会场内外遍插"尊重省币"、"严禁纸折"、"灭绝银蠹"、"一元以上概用纸币"等旗帜。

△　北京政府农商部成立"鲁案"林矿委员会，以黄义兼委员长。

△　桂省林俊廷军与粤军在龙州开战，粤军退出雒容城。

4月2日　旧国会（民国六年国会）议员连日集会，并发表宣言，主张：一、六年6月12日关于解散国会之命令无效；二、旧国会行使职权，继续召开制宪会议。

4月3日　黔军旅长袁祖铭率"定黔军"由湘入黔，击败卢焘军，占领贵阳，驱逐黔军总司令卢焘，迎接刘显世回黔。

△　11省直系军界约500余人，托词祝贺吴佩孚生辰，云集洛阳，商讨对奉作战计划。

△　北京政府参谋部全体职员因欠薪日久，宣布停止办公，并呈请徐世昌"弥补旧欠"，"限三日答复"。

△　徐世昌据陕西省长刘镇华电称，陕南连年灾祲，凤留、宁略、西镇、褒洋、镇岚、安平等25县，灾民数逾百万，令财政部迅拨款二万元交该省长遴委妥员散放。

4月4日　世界基督教学生同盟会在北京清华学校开会，我国到会400多名代表，外国代表为40余国家之学生146人。讨论中国平民教育、加拿大农业与教育、瑞典学界与劳工、南非等问题。

4月5日　徐世昌令兼署山东省长田中玉准免署职，特任韩国钧为山东省长，田中玉专任山东督军；免去蒙藏院总裁贡桑诺尔布本职，特任熙彦为蒙藏院总裁；特任贡桑诺尔布为畅威将军；分别任命罗昌、任璜、周启濂、桂埴、史悠明为驻新加坡、伦敦、加拿大、北婆罗洲、巴拿马总领事。派夏诒霆为庆贺巴西举行百年独立纪念专使。

△　偿还内外短债委员会开会，由审查委员报告审查各债款情形，计共审查完竣41案。此次会议通过30余案，其中较重要者三案：一、将通惠银行之借款合同解除；二、不承认劝业银行之借款；三、中国银行

垫付新疆协饷库券，尚在复查中。大会并决定由董康将审查经过情形及通过各案呈报徐世昌。

4月6日　广州市金融业为抗议纸币跌价，是日起一律罢市。旋经广东省政府出面调停，发出金融业保护令，全市金融业始于11日恢复营业。

4月7日　陆军总长张绍曾通电主张由国会自由行使职权；由各省共谋根本改造。并谓：吴佩孚推重曹锟、张作霖两帅，对于时局，并无成见。

△　湘军在衡州召开军事会议，议决：一、湘军拥护孙中山北伐；二、举谭延闿为湘军北伐总司令；三、驱逐政学、研究两系人物；四、设委员会执掌湘军政。

4月8日　徐世昌令准免颜惠庆兼代国务总理职，齐耀珊兼署教育总长职；特任周自齐署理国务总理并署理教育总长。

△　孙中山自桂林启程赴梧州，北伐军大本营自桂林迁粤，孙中山指令各军集中梧州待命。临行前，孙中山对桂林各界特派代表表示：一、个人忠于革命主义，此次北伐成败利钝不计，只知发展民族；二、讨敌既为力争人格，无论如何，有进无退。厥希各处充作后盾，俾捣黄龙；三、护法为西南公意，余必须贯彻到底，使北方亦依此旨恢复国会；四、至于将来施行自治，一俟推翻恶劣政府，自有全国人民办，余即辞职。

△　云南省议会推举唐继尧为云南省长。

△　中日撤兵委员会议决关于山东撤退日兵问题：一、输送巡警队之列车，于10日午由济南出发到张店，双方委员视察各站之配置状况；二、4月12日，中日两国委员视察无线电信所；三、4月13日、14日，两国委员交接。

4月9日　奉军开始入关。自是日起每日运送六列车，每列车25节，每13节可装步兵一营，暂时集中军粮城。

△　吴佩孚在洛阳编成少年军一团。此团多系由10岁至15岁之军人子弟编成。

△　京汉铁路工人由长辛店工人俱乐部发起，召开第一次全路代表会议，筹备成立全路总工会，全路计有十四个工人俱乐部代表参加，会期三天。

△　北京大学召开非宗教同盟第一次大会。中外人士到者千余人。会上蔡元培、李大钊等人发表演说。

△　上海商业总联合会向各省商业、金融机关发出通电，反对由北京政府设“鲁案”理事会，要求立即组成国民自动之赎路总机关。

4 月 10 日　徐世昌宴请各国公使，颜惠庆及阁员均作陪。徐世昌演说“世界和平与中国之关系”，并称中国“政潮已平息，希勿误会”。各公使允电告本国政府。

△　吴佩孚提取京汉路收入款项共 328 万元。北京政府交通部令局长赵继贤函吴，请停止提取。

△　吴佩孚部在顺德(邢台)扣车备用。张福来之二十四师驻涿县，第三师由宜昌北上。

△　吴佩孚电鄂督萧耀南，嘱对周自齐组阁“暂取旁观态度”。萧耀南秉承吴意旨致电徐世昌，谓旧交通系盘踞内阁“非国家之福”，请速组织“超然内阁”，以促成南北统一。

△　奉军暂编第七旅一团第一、第二两营共千余人，进驻津浦线良王庄一带。12 日，运枪弹 16 铁闷车赴军粮城。此后，卫队旅开驻津浦线；驻廊房奉军，开赴三家店；驻小站奉军，开赴德州；第一、第五旅开赴塘沽、天津一带。

△　曹锟曾以个人名义向张作霖示意，愿在张与吴双方间调停。是日，张作霖电复曹锟，谓“解决时局，端赖你我二人提倡”，并拟通电稿，请曹会衔。该通电要点为：一、请元首颁令，军人不得干涉中央政治；二、请责令吴佩孚回两湖巡阅使本任；三、允许梁士诒、叶恭绰、张弧自动销假。张电并说明：“以上各节，曹(锐)省长来奉时大致商量妥当，请即断行。”

△　中国劳动组合书记部发出通告，5 月 1 日将于广州召开第一

次全国劳动大会，宣布此次大会内容为：一、纪念五一劳动节；二、联络全国劳动界之感情；三、讨论改良工人生活问题；四、讨论各代表提案。

△　鲁、皖、苏、豫四省自5月1日实行联防，规定砀山、鱼台、虞城为甲防，铜山、峄县、永城、灵璧为乙防，邳县、临沂为丙防，沭阳、泗县、郯城为丁防。

4月11日　周自齐至北京教育部就总长任，下午至国务院就总理任，并开国务会议。

4月12日　陈炯明调动军队，图阻北伐军回师广州。

△　张作霖请徐世昌明令召奉军入关。徐以无先例，改由参陆办公处"奉谕转电照准"。

△　张作霖致函颜惠庆，声明早已辞卸蒙疆经略使职务，对蒙案未便与闻，应由北京政府核办。

△　段芝贵到奉天与张作霖商奉军入关后之布置。

△　驻扎汉口之近畿第十二混成旅旅长葛豪接吴佩孚电令，率重炮兵二连开赴郑州，其余步兵亦限令13日分四批北上。同日，张福来之第四十八旅由岳撤防，准备北上。

△　北京政府交通部因无法偿还到期铁路支付券800万元，与经募各银行磋商，订定展期换券办法12条，徐世昌指令照办。

△　长江下游治江会在上海开成立大会，南通、靖江、太仓、常熟、崇明、宝山、如皋、江阴、海门、丹徒、武进等县均有代表列席，即日通过组织大纲，并议决请江苏省长缓筑南夹坝。

△　山东保安队于是日起担任济南、张店间胶济路防务。日本驻济南守备队第四大队及宪兵乘车赴青岛回国。

△　新疆督军杨增新电告北京政府收复科布多。

4月13日　廖仲恺致电陈炯明，劝其赴梧州会见孙中山，"面商一切"。

△　唐继尧通电广州政府及西南六省，声明"不改护法初衷，与西南一致行动"。

△ 周自齐宣布维持梁阁原状，力请阁员及秘书长照旧帮忙，“勿萌退志”。同日，周在国务会议上，提出解决财政问题三项办法：一、军警饷及各机关薪俸，就盐余分配；二、银行索欠，请徐世昌谕董康速审查各债无弊者，发九六盐券清偿；三、财政部溢发三、四年公债，查出确数、筹款交税务司，充基金补救。

△ 直系军官在保定会议，决定：“放弃天津，固守保（定）、郑（州），衅不我开，取攻势防御。”曹锟当即授吴军事全权，并称“本人亦完全听令”。

△ 吴佩孚致电徐世昌、曹锟，谓：“奉军入关，逼人太甚，佩孚为大局计，不得不有所准备。”

△ 凌晨 3 时，直隶省长曹锐以奉兵源源入关，事态严重，打电话通知直隶警务处长杨以德，暂时不能回任，所有省长职务由杨以德代理，并会省府署员、财产、眷属即刻迁入英租界。

△ 驻北京外交使团会议，就直奉备战提出四项意见：一、无论如何，不得截断京津间交通；二、天津 10 英里以内，不得作战斗区域；三、外人生命财产，绝对不得加以迫害；四、根据《辛丑条约》，离京 30 英里，绝对不许作战。

△ 北京政府外交部与苏俄代表巴伊开斯，商定恢复伊尔库茨克领事馆。

4 月 14 日 徐世昌指令批准交通部设立电政会计委员会。

△ 北京政府交通部通告：凡属国有路、电、邮、航四政范围内一切资产，不论国内外何项机关，未经该部核准擅自抵押售卖或任意处分者，一概无效。

△ 驻京荷兰公使欧登科以领袖公使名义向北京政府外交部提出警告，谓：外交团顷悉中国武装军队拟占据秦皇岛及塘沽车站，据 1901 年条约第九条，中国政府让予各国于该地驻兵之权利，以期维持北京至海通道；中国武装军队如占据此种地点，即系破坏上述条约。请严重注意此种举动所发生之结果，并希警告有关之司令部。北京政府外交部立即将此“照会”分电曹锟、张作霖查照。20 日，外交团又提出一次警

告,并声明:“如因乱事致外侨生命财产遭受损失,中国政府负其责任。”

△ 驻京英使艾斯敦奉本国政府训令,向北京政府外交部提出交还威海卫条件:一、威海卫之行政权交还中国,由中国自行管理;二、威海卫附近之青龙岛作为英舰避暑之所;三、威海卫市政由中英双方派员共同管理;四、保障外国人权利。16日,艾斯敦照会北京外交部,请合组“中英委员会”赴威海卫实地调查,以便着手交还中国。

△ 上海大中华纺织厂正式开业。该厂于1919年6月发起,10月12日开创立会,1920年7月1日在农商部注册,1921年11月试车,厂址在吴淞蕴藻浜,厂基150亩,资本200万元,有纱锭4.5万余枚,总理为聂云台。

4月15日 奉军进关部队定名为镇威军,置大本营于军粮城,所部分二路六梯队。东路三梯队,以张作相、张学良、李景林为梯队长;西路三梯队以张景惠、邹芬、郑殿升为梯队长,参谋长为杨宇霆,统归张作霖直接指挥。总兵力约12万。

△ 徐世昌令准财政部拟订发放偿还内外短债八厘债券办法。

△ 吴佩孚由洛阳赴保定,商对奉战略。连日部署军队,以近畿琉璃河、高碑店一带为第一防区,保定至顺德为第二防区,郑州、洛阳为大本营,曹锟、王承斌为正副司令,沿京汉路北接保定,迎击长辛店奉军。吴佩孚为南路司令,担任陇海方面,一方向徐州与江苏联络,控制皖、浙军队,一方沿津浦线北上,以直接攻奉军。

△ 曹锟致电徐世昌,要求派二十三师师长王承斌兼帮办直隶全省军务。

△ 曹锐自保定电北京政府,以旧疾复发,请假20日,委政务厅长陆长佑代理省长职务。

△ 上海俄灾赈济会发起举行游行大会,参加者有学生、工人、职员等三四千人。

4月16日 孙中山偕胡汉民、许崇智抵梧州。旋即召开扩大军事会议,决定“出师江西,悉命诸军集中韶关,以大本营设于韶关”。

△ 孙中山电召陈炯明赴梧州，陈因与曹锟、吴佩孚勾结，拒不前往。

△ 全国银行公会在杭州举行联合大会，讨论救济国家财政及维持社会经济，以及整理公债、划一币制、商业流通各项问题。20日，全国银行公会致函盐务稽核总所及税务司，并通电全国，宣布联合会公同议决巩固公债信用办法六项。

△ 上海浦东日华纱厂第一、第二两厂4000余名工人因要求增加工资，自是日起实行罢工。22日，厂方与工人代表议增加工资条件及补偿罢工损失，至25日双方达成协议，26日傍晚复工。

△ 曹锳由马厂退回保定；其二十六师师长一职，由张国熔代理。

△ 驻京使团以奉直将发生冲突，根据《辛丑条约》组织海陆联合军，分驻京奉、津浦沿线要区。

4月17日 直军第十七混成旅是日由保定开向琉璃河、高碑店、涿县一带。第三补充团原驻高碑店，亦开至琉璃河与第二补充团联合一气，担任琉璃河第一线之防务。张福来驻岳之二十四师亦陆续北上，驻涿县。

△ 张作霖急电北京财政部，索饷200万。18日，财政部向正金银行借款50万交奉军。目前，奉军将各旅欠饷一律交足，并发薪饷两个月。京师毅军饷亦归奉军支给。

△ 江苏各界联合会通电全国各团体，呼吁奉直"两方释嫌归好"，"勿以鲁、苏陷入漩涡"。

△ 鲁督田中玉召开军事紧急会议，声言"奉直两不袒"。然因去冬与曹锟结为亲家，近又以张宗昌在青岛活动将夺其位置，故实际决意助直，并以机关枪送吴佩孚。

△ 上海总商会请苏、浙当局宣布政策，商同皖、闽两省互订约束，勿入奉、直漩涡。

△ 江苏知名人士张謇、韩国钧、沈钧儒、黄炎培等致电卢永祥、齐燮元等，要求江、浙不介入奉直战争。

△ 武昌造纸厂存储之子弹500余万发，运至郑州。18日，吴佩孚电汉阳兵工厂赶造械弹，厂长杨文恺请萧耀南拨10万元作夜工工资，已令官钱局拨五万，是日开始开夜工。26日，萧运送机关枪十架、弹六箱至郑州。后方总粮台即设郑州。

△ 北京政府外交部照会北京外交团，申明中东路主权问题，略谓："该路主权之属于中国，不待辩而自明……各国不应于此时提议扩充技术部权限，以妨害路政之进行，有伤中国人民之感情。"

△ 北京政府外交部特派新疆交涉员樊耀南，以苏俄代表要求在《伊犁通商条约》所载通商地点外，添设通商都市，是日向苏俄提出中俄临时通商草约之双方约定，新疆以塔尔巴哈台为通商都市，俄以斜米帕拉廷斯克城为通商地，互设商务机关，兼办交涉事宜。

4月18日 北京政府司法、内务两部人员因欠薪不发，于是日起停止办公。19日，司法部人员提出要求发三个月欠薪，22日，决定将收发室锁闭，一切收发文件完全停止。农商部人员于19日因欠发工薪亦停止办公。

△ 张作霖致电赵玉珂、杨以德云："奉军入关，弟之本意为促成统一之后盾，对直对曹无丝毫恶感，将来到津，尚须与仲帅（曹锟）协商办法，稳健进行。如有以奉军名义动曹家一草一木者，均请一律严办。"

△ 驻北京之第十三师、第一师、第九师部队组织同盟，推王怀庆为总司令，对直奉守中立态度，表示如有侵害北京治安者，即以公敌论罪。

△ 田中玉强迫各县预征民国十二年之丁漕，鲁民一致反对。19日田又电催79县从速实行。

4月19日 徐世昌特派汪大燮、孙宝琦为外交部太平洋会议善后委员会副会长，任命王承斌帮办直隶军务；郑士琦帮办山东军务。

△ 张作霖通电声明率兵入关，"期以武力为统一之后盾"。同日，张以镇威军总司令名义，发入关布告。同日，吴佩孚通电指责"奉军大举入关，节节进逼"，要求"奉军一律退出关外，驻京奉军司令部同时撤销"。

△ 吴佩孚调集各军,共六师另六混成旅 10 万余人,炮 75 尊,集中京畿琉璃河一带。共分两路部署:以张国熔为东路司令,所统帅之军队为二十六师,葛豪之十二混成旅,彭寿莘之十四混成旅,董政国之十三混成旅及吴佩孚第三师之一部分,任天津一世防务;王承斌为西路司令,所统率之军队为二十三师,二十四师,第十五混成旅,第一混成旅,第三师之一部分,任京保一带防务,21 日配备完竣。直军设司令部于保定,吴佩孚自任总指挥。

△ 陕督冯玉祥率所部第十一师全部暨中央第四混成旅及督署卫队各队开拔离陕,于 26 日到达洛阳并就援直陕军总司令职。吴、冯两军既联合,一面指挥前敌,抵拒奉军;一面驻兵要隘防御豫赵(倜)。

△ 鲁督田中玉通电宣布与吴佩孚一致行动,德县兵工厂供直军使用。

△ 天津 121 团体组织 3000 人之"保卫团",并发枪械服装,昼夜巡查,保卫地方。

△ 苏俄代表巴伊开斯向北京政府提出两项条件:一、中东路准由驻蒙俄军协同防守;二、库、恰问题,现俄军即将撤退,勿庸列入会议之内。

△ 外国军舰 13 艘到大沽口,声言系以武装执行《辛丑条约》。

4 月 20 日 孙中山免去陈炯明粤军总司令、省长及所兼内务部长职务,专任陆军部长;粤军总司令一职裁撤,所属海陆军直辖于大元帅。特任伍廷芳为广东省长,魏邦平兼卫戍总司令。

△ 北洋军阀元老王士珍邀集曾任奉天都督之张锡銮、曾任东三省总督之赵尔巽,以及王占元、孟恩远、张绍曾等商议调停直奉纠纷问题,并分电曹锟、张作霖,请其各将前线军队撤退若干里,约日同莅天津晤叙,消除隔阂,一面联电各省进行"统一"活动。22 日又另致吴佩孚一电,谓"本拟奉邀,因恐洛阳重要,暂由两帅晤商后,再电约"。张作霖复电声明:"前方军队不会逾雷池一步","如仲帅(曹锟)到津,自当即日就道,共商解决。"曹锟亦复电表示:"锟夙爱和平,今彼方实逼处此,激

起部下之不谅,实无颜再为说法。”

△　奉军在马厂一带开始向前进展,直军为阻止奉军,将唐官屯、马厂、青县三站间火车轨道拆毁。

△　吴佩孚电萧耀南,命筹设总兵站费60万元。次日,鄂财厅急电各站局限七日内筹款30万元,五日内将征存之款提前解足。

△　北京政府侨务局训令苏、粤、闽、新、鄂、鲁各省特派员,照新订《国内侨务调查事项》逐一调查,按月呈报。该事项共20条,内容系调查每月出洋及回国人数、职业、产业状况。

4月21日　徐世昌令蒙藏院总裁熙彦准免本职,特任塔旺布里甲拉为蒙藏院总裁。同日,又指令《中波通好条约》既经互换,应即公布。

△　徐世昌分电曹锟、张作霖,劝双方退让,“悬崖勒马”。

△　吴佩孚、齐燮元、陈光远、田中玉、赵倜、萧耀南、冯玉祥、刘镇华联名通电,指责张作霖“借口谋统一而先破坏统一,托词去障碍而自为障碍”。

△　浙江督军卢永祥通电响应张作霖19日电,并以调人身份致电曹锟、张作霖,建议定期在天津面晤,“共商国是,以息兵争”。何丰林、李厚基、张文生等通电附和。

△　奉直两军前哨在马厂小战。次日奉军占领马厂,直军退驻大城。

△　陈炯明率部退往惠州。陈炯明部将叶举、熊略、翁式亮、陈炯光、杨坤如等联名通电,由南宁还师广州。

4月22日　孙中山偕胡汉民、许崇智自梧州抵广州,任命陈炯明为讨贼军第一军司令,许崇智为第二军司令,李烈钧为第三军司令;孙并派古应芬赴惠州促陈炯明回省。同日,许崇智、魏邦平、梁鸿楷、黄大伟、李福林等通电,请陈北伐。29日,陈炯明电复孙中山,辞北伐,只允陆军总长一职暂不辞,但仍请病假。

△　徐世昌令准署司法总长董康辞职,以王宠惠出任司法总长,王未到任以前,由次长罗文幹暂代。

△ 曹锟通电反对张作霖武力统一之说，指责奉军“无故入关”，“既无中央明令，又不知会地方长官”，促张迅令入关队伍撤回原防。

△ 张作霖电复徐世昌，表示：“此次奉军入关之宗旨，纯为促进统一之后盾”，声明“关内各军，已饬严守原驻地点，不越雷池一步，敬待钧命”。

△ 吴佩孚通电指斥财政总长张弧发行“九六公债”系“盗国通匪”。

4月23日 曹锟电复徐世昌，表示愿“严束军士，保护人民，静候奉军出关固防，以竟息事宁人之志”。

△ 张作霖通电，反驳曹锟所称奉军入关“既无中央明令，又不知会地方长官”之说，略谓：“奉军原驻关内，今年一月决计撤回，乃大总统派鲍（贵卿）总长、曹使遣其令弟曹省长先后东来，谆谆挽留，电牍具在”；并指责曹锟将“以武力为统一之后盾”通电颠倒为“武力统一”。25日，张作霖再次通电，斥责曹锟22日通电“不合事实”，“断章取义”。

4月24日 孙中山任命吕志伊为内务总长，梁鸿楷为第一师师长。

△ 赣督陈光远致电北京政府告急，谓孙中山轻兵回粤，李烈钧部已抵韶关，许崇智部已抵连州，赣边危急，乞速救援。

△ 鲁督田中玉宣布戒严令，任施从滨为总司令。

△ 浙督卢永祥电江苏省议会、上海总商会等，责苏督齐燮元不以地方为重，与吴佩孚联名通电，倾向一方，苏省治安将受影响，“苏有不靖，浙难独安”。

△ 第三届众议院议员，以全体名义通电反对恢复旧国会。

△ 上海邮务工人700余人罢工。工人提出每月增加工资五元，工作时间由每日12小时减为九小时等要求，罢工两天半，局方被迫答应每人每月增加工资二元五角，但不准组织工会。

4月25日 王士珍谒徐世昌，商调和奉直双方办法。徐世昌提出三项主张：一、奉军完全退回关外；二、吴佩孚回汉口组织巡署；三、近畿治安及善后诸问题，由曹锟完全负责。

△　岑春煊致电曹锟、张作霖调解奉直之争，主张各方撤兵，听六年解散之两院议员自由集会，一面由曹、张、吴发起召集全国会议，厘定军制，整理财政，废督裁兵，速办善后。

△　吴佩孚、齐燮元、冯玉祥等联名通电，宣布“张作霖祸国殃民十大罪状”：一、勾结叛逆，四出构兵，障碍统一；二、倒行逆施，危害国体；三、袒护梁士诒，勾通外人，贻祸祖国；四、违华会裁兵之决定，招匪为兵，负罪友邦；五、擅调军队，陈师入关，危及元首；六、盘据京师，白昼劫掠，跋扈恣睢；七、侵占直省管辖区和驻守区；八、劫掠饷械，形同盗匪；九、所有作奸犯科、亡命盗匪，无不收纳；十、残杀同类。

△　北京政府海军司令蒋拯自沪通电，反对奉军入关。杜锡珪亦通电反对张作霖。据26日联合通信社称，海军上将萨镇冰代吴佩孚来沪运动驻沪海军参加战斗，已告成功。所有在沪之“海筹”、“海容”、“晋安”、“楚有”四舰，同时奉令于三日内开拔前往秦皇岛、大沽一带。各舰官兵皆给一月俸饷。29日，海军兵舰数只已由烟台开赴秦皇岛、山海关一带，拟断奉军归路。

△　吴佩孚偕冯玉祥由洛阳赴郑州。冯玉祥留郑负后方责任，吴佩孚即赴保定指挥军队。当日，吴抵保与曹锟商洽并召集军事会议，部署战事。26日晨3时半，吴佩孚下令各军前进，由琉璃河、固安、永清三路同时进攻，限一星期攻到天津。

△　许崇智、梁鸿楷、黄大伟等致电各将领云：“奉大元帅命令，着崇智、鸿楷、大伟督率所部，北征讨贼，兹已整顿部队，即日出发，集中韶关，听候前进。”

△　奉天特设置戒严司令部，任命陈兴亚为戒严总司令。是日，公布严戒令十条。

△　张作霖电复鲁省议会及田中玉、王正廷等，谓只须吴佩孚不犯鲁，则奉军决不先越鲁境一步。

△　北京政府交通部因曹锟命令保定、长辛店间各次列车一律停

开，影响路务，交通断绝，商民亏损，电请曹准予照常通车。

北京国务院通电，宣布海军各舰饷项，除催拨盐余外，由财政部酌办。

4 月 26 日 徐世昌令奉直双方军队撤回原防，不得进入北京城，“着即各将近日移调军队，凡两方接近地点，一律撤退”。同日，徐世昌又向各省发出通电，令各省派遣军政、财政、民政三方面代表，克期来京开会。

△ 徐世昌特派梁如浩督办接收威海卫事宜。

△ 北京政府交通部电告曹锟：津浦铁路马厂至青县轨道及电报路签被直军拆毁、割断，青县附近铁桥、股道等亦被损害，均不准修理，影响至巨，请曹准予修复，并对施工工人等“妥为保护”。

△ 静海奉军第三梯队司令李景林，急电张作霖，请速送军粮；声称该前线奉直军之距离，已迫至 30 华里。

△ 下午，直军中路司令王承斌、总指挥张国熔在任邱、河间一带与奉军开火，约三小时之久。西路奉直军亦有小战。

△ 吴佩孚派人至山西，要求阎锡山派兵二旅或接济军饷 100 万。阎婉言拒绝。

4 月 27 日 吴佩孚抵琉璃河，该处有直军 3000 人，与奉军隔河对峙。

△ 凌晨 2 时，直军第一、二、三、四补充团及第十三混成旅，在固安迎击奉军骑兵，至上午 6 时止，9 时复战。涿州直军向固安东进。

△ 吴佩孚派大批骑兵由京东出通州、蓟州，奔袭卢龙，断奉军归路。并由第二十四师师长张福来率第一混成旅，张国熔率第二十六师包围马厂，使奉军首尾不能兼顾。窦店方面，奉直双方哨兵遭遇，互有死伤。

△ 河南督军赵倜任宏威军第一混成旅旅长马灿林为河南援直总司令，率混成旅全部以及豫北巡缉营赴保定助战。

△ 孙中山派温树德、陈策等接管驻黄埔北洋舰队，“海琛号”略有

抵抗，经炮台及飞机示威，各舰次第服从。是日，陈策布告宣布驻粤海军奉孙中山令，收复“海圻”、“海琛”、“肇和”等舰。

△ 奉军将领张作相、张景惠、汲金纯、吴俊陞等，通电宣布吴佩孚干政乱纪、倒行逆施、破坏统一、扰乱地方、欺世盗名、诈取勒借等罪状。表示“作相等义愤填膺，忍无可忍，用特宣告天下，剪此凶顽。”

△ 天津警察厅厅长杨以德因前方军情危急，宣布津埠戒严令六条；检查来往邮件。28 日，命保安队警队约 2000 人，携带机关枪及快炮游行示威。

4 月 28 日 张作霖通电宣布吴佩孚罪状，向直系宣战。略谓：“乃吴佩孚者，狡黠性成，殃民祸国”，“破坏和平之妖孽，障碍统一之神奸”，表示“作霖当仁不让，嫉恶如仇”，“宣战前来，自不能不简率师徒，相与周旋”。

△ 是夜 11 时，马厂方面，直军二十六师突向奉军攻击，奉军只有一团驻守，军力单弱，当被直军包围。相持两小时，奉军团长王永清率骑兵一团赶至，内外夹攻直军，直军旋即退却，至天明时马厂解围。

4 月 29 日 直奉战争爆发。张作霖自军粮城下令向直军总攻击。直奉两军分三路开战：中路，奉军渡永定河与直军王承斌部大战，奉军占固安。旋奉军另一部再渡永定河，触地雷，退回固安。西路，奉直两军在长辛店附近南岗洼一带激战，吴佩孚在涿州督战。奉军分向卢沟桥、三家店撤退。当晚，直军进攻，奉军援军自通州开至，激战竟夜，双方在良乡、琉璃河对峙。东路，奉军围攻大城，直军死亡甚众。奉军一部攻静海，误中地雷，退回静海。

△ 徐世昌令直隶、奉天等处军队近日“竟有发生冲突情事”，“着曹锟、张作霖等督饬所属军队立即停止攻击，仍懔遵前令将移调军队接近地点一律撤退，听候查办”。同日令：“现在近畿发生军事，京师首善之区，治安秩序关系重要，着卫戍总司令、步军统领、京兆尹、京师警察总监督饬所属，严重警备，认真防卫”，“如有疏虞，定惟各该长官是问。”同日令：“责成京外军民长官对于外人生命财产一律妥为保护，务令安

全,勿使稍受损害,以重邦交。”

△ 川督刘湘接孙中山及驻奉军代表电,催即日出师北伐。是晚刘召集军官开军事会议。会上一派主张暗中联络孙传芳反戈攻萧耀南,举孙为湖北督军,实行自治;一派主张支持赵恒惕举兵反对直系。多数赞成后者,并电赵。赵复电表示:“当戮力同心,一致行动,定期即日出兵。”

4 月 30 日 直奉战争西路战场,奉军增加兵力,猛烈前进,直军向涿州方面徐退。此时在奉军后方长辛店附近之三家店,也发生战斗。直军正围攻该地奉军之弹药库,奉军由丰台开来二十七师一部,激战两小时,直军退往良乡。是晚,直军改守为攻,分三路向奉军袭击,正面直攻长辛店,右翼趋丰台,左翼向三家店绕击。奉军利用重炮向直军猛轰,第一师为直军所围,势渐不支。

△ 驻京各国公使因直奉开战,向外交部提出抗议:一、京奉路照约不得驻兵,并不得断绝交通,如有以上情况发生,中国政府须负全责;二、无论何方军队不得入京;三、交战时不得在城邑上掷放炸弹等物;四、京津外人生命财产如有损伤,须由双方统兵长官负责赔偿。

△ 徐世昌批准解决山东悬案条约。

△ 孙中山在梧州行营接见美驻京邮报记者,表示北伐之目的在于推翻北廷,使中国实现真正之民治政府。并谓:“美国自来对于中国毫无攫取土地之野心,亦未利用中国衰弱以营私利,故今日否认北廷,当然事也。”

△ 粤军将领许崇智、魏邦平、梁鸿楷、黄大伟、李福林等通电敦促陈炯明出师北伐。

是月 中国劳动组合书记部以浦东纺织工人名义,召集中国劳工同盟会、工商友谊会、中华全国工业协进会等九个团体举行联席会议,为日华纱厂罢工工人组成“浦东纺织工人经济后援会”,支援该厂工人罢工斗争。

△ 大兴实业银行股份有限公司成立,股本银 100 万元,本店设江

苏常熟县，董事为杨孟龙、庞可庵、庞次淮等 11 人。

△ 武昌裕华纺织公司成立，资本 156 万两，锭数 4.1518 万枚。

5 月

5 月 1 日 第一次全国劳动大会在广州开幕。这次大会系中国劳动组合书记部发起，出席大会代表 160 余人，其中除共产党外，还有国民党、无政府党和无党无派的代表，共代表 12 个城市、100 多个工会，23 万多会员。大会讨论了工人参加民主革命、成立全国总工会、消除各地工会行帮观念及对工人阶级进行社会主义教育等问题。大会通过了中国共产党所提"打倒帝国主义、打倒军阀"口号，以及八小时工作制、援助罢工案；一致承认中国共产党为中国工人运动的领导者。大会于 5 月 6 日闭幕。

△ 安源路矿工人俱乐部正式成立，李能至（立三）为主任，并举行马克思诞辰纪念大会。

△ 直奉两军东路于姚马渡、白洋桥等处，激战多次，直军占领大城县，并乘胜进取马厂。中路战场，吴佩孚自涿州出发督战，直军克固安，复为奉军夺回，霸县旋为奉军攻占。西路奉军自黎明开始进攻，激战多时，直军退琉璃河西，与奉军隔河对峙。

△ 北京政府外交部照会苏俄驻京代表巴伊开斯，抗议苏俄政府与外蒙私订条约。

5 月 2 日 北伐军第二军在广州东校场举行北伐誓师典礼，孙中山亲临授旗。广州市各工会特发起祝捷大会，庆祝许崇智军出师北伐。

△ 直奉两军在中路激战，直军向固安、霸县奉军攻击，自晨至日中，两方死伤相继，仍不分胜负。吴佩孚调兵急攻永清，奉军败退，直军乘胜进占天津附近之胜芳桥一带，俘奉军千余人。东路奉军向杨柳青溃退，直军进攻马厂，奉军千余被缴械。西路奉直两军于长辛店附近发生炮战。

△ 张作霖电复徐世昌，诿称：“奉军入关本无战意”，指责吴佩孚“衅自彼开”，请饬曹锟等共遵息兵之命令。

△ 徐世昌派王士珍、赵尔巽赴直军指挥部，劝吴佩孚停攻，吴未允。同日，徐世昌又电孙烈臣，盼劝张作霖议和。同日，张作霖致电调人张锡銮，声称：“此次用兵，实非得已……自悔性太憨直，被请入关，误堕宵人诡计。仲帅（曹锟）如幡然悔悟，立将戎首缚送军前，交公民公判，霖复何求。”

△ 在南京之海军第二舰队司令杜锡珪派舰队赴秦皇岛，监视奉军增运军队。萨镇冰电杜告以亲率六舰分布山海关、秦皇岛、连山、龙口一带。

△ 江西督军陈光远在南昌以“煽动劳工，宣传共产主义”罪名，派军警六七十人封闭《大江报》报馆。

5月3日 直奉战场，东路直军攻占马厂、青县。中路吴佩孚率第三师一部督战，直军获大胜。入夜，吴下三路总攻击令，集精锐于西路，亲自督战，派一营兵力向长辛店诱战，奉军先胜，直军被包围，旋直军援兵到达，迂回攻击奉军侧背，奉军不支，向丰台撤退。

△ 张作霖致函京师警察总监薛之珩、天津警务处长杨以德，警告京津官商，如接济直军款项，即与吴同罪。

△ 驻北京之第一师师长蔡成勋、第九师师长陆锦、第十三师师长王怀庆等，以调停奉直两方争端为名，要求在京津间之奉军撤退，否则将实行武力调停。

△ 粤军第一师全部向韶关开拔。同日，汪精卫赴惠州，邀请陈炯明速来广州。

5月4日 孙中山以陆海军大元帅名义下令北伐。宣布出师宗旨：“在树立真正之共和，扫除积年政治上之黑暗与罪恶，俾国家统一，民治发达。所认为民贼者，惟徐世昌及共恶诸人，师行所过，如有去逆效顺者，必视同一体，其毋自贰。”

△ 直军在中路发动总攻，连克永清、安次，并乘胜追击，张作相逃

天津，直军再克杨村、落垡。下午直军攻占静海，进逼梁王庄，奉军缴械者7000余人。西路直军于拂晓攻击奉军侧背，奉军邹芬第十六师在门头沟投降，张景惠闻战败下令撤兵，乘车赴天津。奉军无主秩序大乱，第一师及第二、第九两个混成旅涌向丰台、卢沟桥溃退，直军遂克长辛店。

△ 北京政府财政部以金融危机，呈请徐世昌应否继续发行八厘公债券，是日徐指令照前案办理。

△ 北京学生联合会为纪念五四运动三周年，发表宣言，声明："誓以五四运动底精神，采取适当有效的方法，打倒中国底军阀。"并散发小册子，痛斥吴佩孚"障碍中国统一"。

5月5日 广州各界举行集会游行，庆祝孙中山就总统职一周年。

△ 孙中山特任于右任为讨贼军西北第一路总司令，陈树藩为第二路总司令；免去大本营第四路游击司令陈策职务，另任陈策为广东海防司令。

△ 张作霖下令结束西路战事。败退西苑之奉军第十六师及第二十五旅、第二混成旅，由京畿陆军第十三师勒令缴械。败退南苑之奉军第一师及第二十八师一部并各混成旅，由京畿陆军第一、第九两师勒令缴械。黄村、丰台之奉军，由直军缴械，总计约三万人。西路奉军肃清。同日，直军占廊坊，中路战事告终。东路直军继续追击败走之奉军。

△ 徐世昌电令曹锟、张作霖，迅即收兵办理善后，"奉天军队即日撤出关外，直隶各军亦应退回原驻各地点，均候中央命令解决"。同日徐又令："此次近畿发生战事……皆由于叶恭绰等构煽酝酿而成，误国殃民，实属罪无可逭。叶恭绰、梁士诒、张弧均着即行褫职并褫夺勋位勋章，逮交法庭依法讯办。"

△ 豫督赵倜通电宣布吴佩孚、冯玉祥罪状，声明对奉直战争守中立。

△ 长沙马克思学说研究社召开马克思诞辰一百零四周年纪念大会，参加者2000余人，会上毛泽东讲演《共产主义与中国》。同日，中国劳动组合书记部编印马克思纪念册。同日《民国日报》副刊专载《马克

思学说》。上海学界亦在民强中学举行纪念马克思诞辰大会。

△ 中国社会主义青年团在广州召开第一次全国代表大会，同时举行马克思诞辰纪念大会及欢迎全国劳动代表大会，到会1500余人，主席张椿年。

5月6日 孙中山偕胡汉民、许崇智、程潜、黄大伟、蒋作宾、古应芬等，由广州乘专车赴韶关大本营督师北伐。

△ 孙中山任命居正为内政部长。

△ 徐世昌特任高凌霨兼代交通总长。

△ 胶济路沿线日军撤退，我国接防事宜办理完竣。

△ 东路奉军李景林部败退，静海、良王庄为直军占领，奉军7000人降直。同日，直军进驻军粮城。

△ 驻河南直军靳云鹗部自信阳开赴石家庄，至和尚桥地方遭河南陆军第一师赵杰部攻击，退至武胜关。

△ 中华民国八团体国是会议在上海开幕。直、鲁、豫、苏、赣、湘、鄂、川、陕、闽、浙、粤等省，均派代表出席。

5月7日 徐世昌令："此次京兆、直隶等处被兵，地方横遭蹂躏"，着内务部督同各该地方长官"查明各地情形，妥筹抚恤善后办法，先由财政部拨银十万元"交各该长官散放。复以近畿地方溃兵四散骚扰，着即责成该地各军民长官"严行检查"，"妥善办理，以弭隐患"。

△ 田中玉、陈光远、张文生、齐燮元等为赵杰袭击靳云鹗事，致电冯玉祥、赵倜，愿"秉公"调解，请两方各遵防线，勿事冲突。

△ 梁士诒改名高信，叶恭绰改名曾敏勋，张弧改名孙虚曲，自天津乘"芝罘丸号"邮船赴日本。

5月8日 孙中山于大本营下讨伐总攻击令，令北伐军分三路向江西进军。任命李烈钧为中路总指挥，许崇智为右翼总指挥，黄大伟为左翼总指挥；李烈钧为北伐总司令，许崇智为三路总指挥。任命叶举为粤桂边防督办。同日，陈炯明部下叶举要求复任陈为粤军总司令暨广东省省长，免胡汉民职。

△ 湖北省议会议员汪云骏等40余人，通电各界请促成省宪。

△ 吴佩孚致电北京警厅查封《大陆》、《正言》两报，报界联合会要求启封，以保言论自由。

△ 袁祖铭致电孙中山，报告滇军张开儒部经黔境入湘，会师北伐。

△ 北京政府根据华盛顿会议中国代表宣言，电令鲁省长及“鲁案善后督办处”，开张店、坊子、高密、潍县、淄川、博山、周村、青州八处为商埠。

5月9日 孙中山在韶关举行北伐誓师典礼。

△ 孙中山急电广州政府，令募夫役5000人赴韶关。各工会应募输运夫役极众，第一批千人，11日出发赴韶关。

△ 蒋介石由上海致书廖仲恺，反对北伐，要求孙中山由韶关回广州。5月16日，廖仲恺复电驳斥，并催蒋介石回粤。

△ 陈炯明宣言，担保其旧部将领一致服从孙中山，如有一人不从，彼即自杀。

△ 徐世昌令陆军总长鲍贵卿因病辞职，着给假10日，以次长金绍曾暂行代理部务。

△ 曹锟通电宣称，此次直军胜利系“人心公理战胜强权……一俟直省全境宁谧，锟即解甲归田待罪，决不稍恋兵权”。

△ 吴佩孚电北京政府财政部索饷，声称“直军现已无以为食，请速先发二百三十万，以资维持”。曹锟亦有电索饷，谓：“此次战事发生，一切饷款均由锟与曹锐以私产出押三百万，不足又另外挪借一百八十万，今锟拟辞职归田，请归还四百八十万，以免私人负累。”

△ 北京第三届国会十一省区全体众议员通电斥责梁士诒“特赦安福，起用曹、陆，滥借外债，断送鲁案”，破坏国会选举等，并催请各省赶办选举，克期召开国会，以定国是。23日复发通电说明旧国会不能恢复之理由，请未举办选举各省于三个月内完成选举，早日召开新国会。

△ 浙督卢永祥致电徐世昌陈述召开统一会议之意见:一、取平等会议形式,无所谓南北对等和议;二、由各省人民为会议主体,不受任何方面之操纵;三、会议目的,不限于立法行政一部,在谋制度上根本改造,以图民治之实现。

5月10日 徐世昌令东三省巡阅使、奉天督军兼省长张作霖免去本兼各职,听候查办;吴俊陞调署奉天督军;特任冯德麟署理黑龙江督军;特任袁金铠署理奉天省长;特任史纪常署理黑龙江省长;东三省巡阅使一职着即裁撤。又令:蒙疆经略使应即裁撤,所有蒙边一切事宜,即由国务院暨主管各部院妥筹办理。又令:河南督军赵倜免去本职,听候查办;特任冯玉祥为河南督军;特任刘镇华暂行兼署陕西督军。

△ 孙中山电令卫戍司令魏邦平,非有大本营命令,各军不得进驻广州。

△ 广州政府各路北伐军抵南雄、始兴、仁化、坪石者,共约七万人,即日开始总攻击。

△ 北京政府教育部公布增订注音字母四声点法。

△ 北京政府司法各公署人员因欠薪半年,无法维持,联名向国务院呈请总辞职。17日,职工领得一月薪资,恢复办公。

5月上旬 孙中山致函张作霖,告以"不变初志,以践前约",并派吴忠信为军事全权代表晋谒。

5月11日 孙中山任命许崇智为粤军第二军军长,吕超为大本营参谋长。

△ 徐世昌任命宝德全帮办河南军务;常德盛署归德镇守使;任马鸿逵为陆军第五混成旅旅长。

△ 吴佩孚电萧耀南,提出解决时局三项办法:一、内阁暂局部改组,巩固中枢;二、开国是会议,召集合法国会,促成统一;三、国会未成立前,拥护现政府,维持国际地位。萧复电赞成。

△ 东三省省议会、教育会、商会、农会、工会等分别通电不承认徐世昌所下之张作霖免职令,并推举张作霖为东三省保安总司令。

△ 全国劳动联合大会连日在广州开会,各处工团均有代表赴会,会上中华工会总会提出下列提案:一、组织永久全国劳动大同盟;二、普及劳工教育;三、组织工会法;四、承认南方政府为中央正式统一政府。

5月12日 孙中山任命刘震寰为广西绥靖处督办,令其派兵赴桂林接防。

△ 吴佩孚与曹锟分率属员在保定会议,磋商关于战后收拾时局及军事等问题。

△ 银行公会函诘财政次长钟世铭上月盐余应存150万元,不拨公债基金,流用何处,请即日答复。14日复又通电责此事。

△ 奉军10余车自山海关开至滦州。到15日,奉军集中于该地有七万余人,连日在古冶、开平、滦州、昌黎一带掘战壕筑炮台,并来往运送军队及军需品,以备与直军再战。20日直军攻入滦州,奉军全部出关。直奉战争结束。

△ 吴俊陞、冯德麟等由奉天公署通电否认徐世昌本月10日调署命令。

5月13日 蔡元培、胡适、李大钊、梁漱溟等16人在北京《努力》周报上发表《我们的政治主张》。主张政治改革最低限度的目标是"好政府";"好政府"要为社会全体谋充分的福利,充分容纳个人的自由,爱护个性的发展;政治改革的三个基本要求:"宪政的政府","公开的政府","有计划的政府"。具体主张为:一、"南北两方早日开始正式议和";二、"预备一种决战的舆论做这个和会的监督","召集民国六年解散的国会";"和会应责成国会克期完成宪法";"和会协商一个裁兵的办法,议定后双方限期实行";三、裁兵;四、裁官;五、改良选举制度,采取直接选举制,减少议员名额;六、财政,应彻底的会计公开,统筹国家的支出。

△ 北京政府参陆处派蔡成勋为援赣总司令,率陆军第一师自内蒙南下,并佐以绥远第一混成旅、河南暂编第一师常德盛部,由湘入赣作战。

△ 北京政府外交部就参与华盛顿会议各国关于来华考察领事裁

判权及司法情形一事，是日致牒其美、法、意、日、荷、比、葡等国请展期一年调查司法。

△ 李垣呈报与苏俄代表巴伊开斯谈判接收库伦、恰克图事，并谓应召外蒙代表来京解决。阁议议决照办。

△ 审查短债委员会宣告结束，将潘复任内用途不明之款，移交“审核用途委员会”。

△ 北伐军抵南雄者达四万人，齐向赣境开拔。

5月14日 吴佩孚致电各省直系督军征求恢复旧国会意见。苏、鲁、鄂均复电赞成，并拥黎元洪复位。15日，长江上游总司令孙传芳通电主张恢复法统，召集民国六年国会，速制宪法，请黎元洪回任，以谋南北统一。

△ 徐世昌以张宗昌在青岛附近招集土匪，希图骚扰，下令褫夺官职、勋位、勋章，由各省军民长官通饬所属严缉惩办。又令：京师宪兵司令秦华准免本职，任命车庆云继任。

△ 本年2月以来，川军内讧，夔、巫军队退重庆，是日刘湘电辞四川督军、总司令兼省长等各职。24日再次通电宣布辞去本兼各职，声明将军民政务暂交王陵基、向楚代拆代行。

5月15日 孙中山为出发北伐之李福林部主持誓师典礼。

△ 孙中山分电赵恒惕、刘湘，训令湘川即日言和，期在武汉会师。

△ 徐世昌令察哈尔都统张景惠准免本职；任命谭庆林暂行护理察哈尔都统。

△ 旧国会议员王家襄、吴景濂等在天津息游别墅开谈话会，并在日租界设立第一届国会议员通讯处，以通声气。连日京、津、保之间，旧议员往来不绝。

5月16日 北京政府财政部通电，宣布“九六公债”改为8000万元发行，其理由谓：发行八厘债券偿还内外短债，既可救济金融，复可整理债务，且化短期为长期，变重利为轻利，并可借此腾出部分盐余补充政费。

△ 曹锟、吴佩孚、田中玉、陈光远、李厚基、齐燮元、冯玉祥、刘镇华、萧耀南、陆洪涛联名电请王士珍组织内阁，收拾时局。

△ 徐世昌任命权量暂行兼署交通次长，并派为吉会铁路督办。

△ 北京政府交通部裁汰该部附设机关九处，计：铁路卫生联合会、电气技术委员会、铁路业务研究会、铁路文书会议、铁路财政筹议会、全国铁路线路审查会、编译处、铁路职工教育委员会、国有铁路货物联运审查会。

△ 中日签订南浔铁路第三次借款合同，金额 250 万元，年息七分五厘，偿还期限 15 年。

△ 四川省长刘湘电聘骆成骧筹备创办四川大学。

5 月 17 日 孙中山任命柏文蔚为长江上游招讨使。

△ 民国八年议员又电吴佩孚，谓：吴于"民国九年曾发电痛斥旧(六年)国会分子庞杂，人格丧失，为全国所不齿，其人格视卖国党更降一等；发电距今未及二年，当不致前后判若两人，且此次旧议员勾结梁、叶、奉张，事实昭然，若赞成复旧，是与若辈宗旨本无二致，何必多此一战，使死者含冤地下"。吴接电后，否认主张召集旧国会一事。

5 月 18 日 叶举拒不就桂粤边防督办职，仍以第八区善后处长名义指挥所部军队，并于是日擅自进驻广州。

△ 徐世昌将王宠惠等呈请严饬财政当局实行财政公开办法一案，交财政部办理。

△ 北京政府审查内外短债委员会委员长董康因各债案既经审查完毕，向政府条请清理财政、淘汰财政冗员、按适中利率借款、统一发行纸币、合并中交两银行五事。

△ 冯玉祥电徐世昌辞豫督。

5 月 19 日 奉天省议会宣布东北三省实行联省自治，举张作霖为三省总司令，兼奉天省长。

△ 曹锟、吴佩孚等直系督军联名致电徐世昌促王士珍组阁。

△ 徐世昌令派陆梦熊为交通大学校长。

5月20日 孙中山由韶关至南雄督师。

△ 陈炯明所辖翁式亮、熊略、陈炯光、杨坤如、罗绍雄、何国梁、邱耀西各部70余营抵广州，分扎城厢内外。广州为陈炯明势力所控制。同日，陈部军官及各要人在陆军忠烈祠会议，并致电孙中山要求：一、仍任陈炯明为粤省长和粤军总司令，促其返粤；二、免胡汉民职。

△ 北京政府外交部向北京外交团声明，以后张作霖对外一切行为，均不发生效力。

5月21日 徐世昌公布《不动产登记条例》，凡五章125条；《财产登记通则》，凡29条。

△ 上海非基督教学生同盟在浦东中学开成立大会，到会者400余人，主席罗赤人报告开会宗旨，说明因要求精神之自由故反对基督教。

5月22日 蔡元培、熊希龄、梁启超等电复曹锟、吴佩孚，赞成恢复六年旧国会，速成宪法，善后问题各省派员开会解决。

△ 北伐军许崇智、梁鸿楷两部占领江西龙南、虔南两县。

△ 江西督军陈光远急电徐世昌，谓粤北伐军三路进逼，赣南电线已断，请拨饷械并派援军。

△ 苏俄驻京代表巴伊开斯电促北京政府开议中东路问题。颜惠庆答复称，须王景春督办回京后再作决定。

△ 广西省长马君武电广州政府辞省长职。

5月23日 孙中山派程潜赴惠州与陈炯明磋商；汪精卫亦持孙中山函，赴惠劝陈。

△ 叶举、魏邦平在广州会衔布告，声称由桂班师回粤，纯因整顿补充起见，故暂驻省城，俟补充完备，即分途出发，以重防务。未出发前，省城治安力任保护，对政治决不干预。

△ 江西第二届省议会议员致电孙中山，欢迎北伐军入赣。

△ 徐世昌任命陆洪涛为甘肃督军。

5月24日 孙中山电复叶举等，表示对陈炯明“始终动以至诚”。

△　徐世昌特任董康署财政总长；兼代交通总长高凌霨准免兼职；特任高恩洪署交通总长。同日又令，陆军第十六师裁撤，改编为第十五师。任彭寿莘为陆军第十五师师长。

△　民六国会议员王家襄等在天津开筹备成立会，议定进行方法，并发出通电声明自行集会。

△　11省民八议员联合发出通电，反对恢复六年国会。略谓："夫议员为人民之代表，断未有十年以前之选举，代表十年以后之人民，开五洲各国未有之恶例，遗中国后世无穷之乱机。"

△　岑春煊通电赞成旧国会。

△　被迫归国之留法四川学生代表黎纯一、陈毅，回川与当局接洽留学经费问题，无结果。

5月25日　北伐军分两路进攻赣州，前队距城仅50里。

△　蒋介石又电汪精卫、胡汉民、廖仲恺、许崇智等人，要求回师广州，停止北伐。廖仲恺复电解释不能回师理由，并促蒋回粤。

△　徐世昌特授萨镇冰为肃威上将军。

△　直隶省长曹锐电北京政府国务院称病辞职。

△　北京午门历史博物馆，所贮明末及前清内阁档案、试卷等物，由北京政府教育部派员督同该馆移交北京大学收管。

5月26日　叶举、魏邦平等联合致电孙中山，要求恢复陈炯明原职，撤除廖仲恺、胡汉民等职务，并在省城北部布防。

△　上海北城商业联合会致电徐世昌，促其退位，听国民自决。

△　徐世昌令准免钟世铭财政次长本兼各职，任命严琚署财政次长兼盐务署署长、稽核总所总办。又令潘昌煦暂行代理大理院院长，任聂宪藩为前军统领。

△　张作霖、孙烈臣、吴俊陞联名通电宣布：自5月1日起，东三省一切政务由东三省人民自作主张，并与西南及长江各省同志一致行动，拥护法律，扶植自治，促进统一。

△　北京政府内务部员司复因欠薪停止办公。

△ 北京政府参陆处函财政部，索50万元，为援赣经费。

5月27日 孙中山任命陈炯明“督办两广军务”，并令叶举率部赴赣。陈、叶拒命。

△ 徐世昌特任财政总长董康兼盐务署督办及币制局督办；特派蔡成勋为援赣总司令。

5月28日 孙传芳电请南北两总统同时退位，略谓：“广州孙大总统原于护法，法统既复，责任已终。北京徐大总统新会选出，旧会召集，新会无凭。所望两先生及时引退，适可而止。”

△ 徐世昌任命聂宪藩为步军统领；特派王怀庆为京畿卫戍总司令；任命胡龙骧为将军府将军。

△ 曹锟、吴佩孚在天津光园开紧急会议，电请黎元洪复职，以谋统一。同日，曹、吴联名电复旧国会筹备处，对民六议员自行集会表示支持。

△ 酝酿已久之“国是会议”于上海总商会议事厅开第一次正式会议，到会者28人，代表十四个省区。会上选举黄炎培、韩希奇为正副主席。

△ 澳门发生葡兵残杀华人事件。葡兵于当街调戏中国妇女，遭我工人痛殴，当时有三个工人被警察捕去，激起群众公愤，宣布罢工、罢市，万余人围集警署。葡兵亦大批集结，双方相持至29日上午，葡方竟下令开枪，工人市民死伤惨重。惨案发生后遂爆发了全澳大罢工。由于葡帝国主义破坏、镇压，罢工终归失败，各工会亦被解散。

5月29日 北伐军黄大伟部攻克崇义，中路军克新城（大庾），右翼许崇智部占领信丰、南康，向赣州合围。

△ 齐燮元电请徐世昌退位。

△ 徐世昌令热河都统汲金纯着免去本职，另候任用；特任王怀庆为热察绥巡阅使兼热河都统；任命张锡元为察哈尔都统；任命米振标帮办热河军务；任谭庆林帮办察哈尔军务；任命马福兴为新疆喀什噶尔提督。

5月30日　徐世昌特任张景惠为安威将军。

△　刘镇华、吴新田、阎治堂、井岳秀、刘宝善、顾琢塘、石绍明、孙积孚、田玉洁等通电拥护黎元洪复位。

△　驻京日使小幡酉吉奉命向北京政府外交部宣布撤退驻屯汉口日军之通告。

5月31日　徐世昌就孙传芳28日电请南北两总统同时退位事，通电宣称孙电所陈，“忠言快论，实获我心”，“一有合宜办法，即便束身而退，决无希恋”。

△　徐世昌特派傅增湘办理财政清理处事宜。

△　广州国民外交后援会邀集各界团体开紧急大会，共商澳门惨案对策，大会议决：一、请愿政府速行收回澳门；二、由人民方面取自动的态度与葡人断绝关系；三、不为葡政府作工；四、抵制葡货；五、通告全国揭露葡兵罪行；六、停运往澳门之蔬菜和米粮，停止供给澳门商品。

是月　武昌震寰纺织有限公司成立，资本为122万两，锭数2.6336万枚。

△　《胡适文存》在上海出版。

△　张枕绿编辑之《良晨》(周刊)在上海创刊。

△　须弥编辑之《新小说》在天津出版。

△　胡适等主编之《努力》周报在北京创刊。该刊共出75期，1923年10月停刊。

6　月

6月1日　孙中山自韶关返广州，镇抚陈炯明部，令胡汉民留守韶关大本营，任命许崇智为粤汉路警备司令，并致电陈炯明“请速来省共商大计”。

△　徐世昌令币制局总裁徐世章准免本职，特任徐佛苏为币制局总裁。

△ 陈炯明由惠州抵石龙检阅军队，事毕即回惠州。

△ 韶关大本营接许崇智由信丰来电：一、北伐军已进至距赣州 20 里之地；二、敌退出信丰及南康时，焚掠一空，人民恨敌入骨；三、我军新占领各地，粤币十足通用。

△ 王家襄、吴景濂等在天津召集民六议员 200 余人开会，发表宣言。声明：一、六年 6 月 12 日解散参众两院之令无效；二、徐世昌之选举，属非法总统，应宣告无效；三、广州政府应告终结；四、自今日始，应由国会完全行使职权。

△ 吴佩孚电北京政府交通总长高恩洪等，促其劝徐世昌“及时自退”。

△ 王士珍电复曹锟表示不愿组阁。

△ 澳门当局下令，将凡与此次反对葡兵杀害华人风潮有关之工会一律解散，各商店限是日复业，否则不任保护。

6 月 2 日 徐世昌发布辞职令。略谓：依大总统选举法第五条规定“本大总统现因衰病，宣告辞职，依法应由国务院摄行职务”，并于午后 1 时将总统印交国务院，出京赴津。是日，国务员周自齐、颜惠庆、高凌霨、董康、鲍贵卿、李鼎新、王宠惠、齐耀珊、高恩洪通告摄行总统职权，并通电两院议长及各省云：“暂以国民之资格维持一切，听候接收。”

△ 孙中山在广州巡视观音山，发觉陈炯明部有谋叛布置。

△ 孙中山致电蒋介石，谓：“粤局危急，军事无人负责，无论如何，请兄来助我。千钧一发，有船即来。”

△ 徐世昌下裁汰冗员令。同日又令：调任汪荣宝为驻日公使；中国银行总裁冯耿光、副总裁张嘉璈任期届满，准予解除职务；任命王克敏为中国银行总裁，张嘉璈为副总裁；任命常德盛为河南暂编陆军第一师师长。

△ 曹锟、吴佩孚、齐燮元、田中玉、阎锡山、孙传芳等通电请黎元洪复职。萧耀南亦通电拥黎，并请孙中山“引退”。

△ 上海全国各界联合会通电，揭露吴佩孚标榜“恢复法统”乃“善

传袁世凯之衣钵”。5日又开职员会议，议决：一、反对恢复六年国会；二、反对黎元洪上台，拥护孙中山统一中国任总统；三、要求收回澳门，要求驻澳葡领向中国道歉，恤慰死伤华人，惩办凶手；四、要求日领事道歉，惩办在汉口任意逮捕、欺压中国人之日警。

△　北京八校校长因要求经费无结果，实行总辞职。

△　澳门工会举代表陈根生、梁工侠等谒见孙中山、伍廷芳，要求派舰援助。孙、伍等表示支持。

△　中日《解决山东悬案条约》在北京政府外交部换文。9日，外交部全文发表该条约。

6月3日　孙中山通电反对黎元洪复任总统，表示应由护法政府承继法统。同日，广州非常国会亦通电宣告中外，否认王家襄等在天津筹备召集续开民六国会，声明中华民国合法大总统及合法国会均在广州。

△　孙中山任命谢远涵为江西省长，徐元诰为政务厅长，办理江西政务。

△　黎元洪电辞复职。同日，黎又以电话告周自齐，对旧议员拥护是否合法，尚有怀疑，请周力维现状，听候正当解决。

△　蔡元培致电孙中山劝停止北伐，实行与徐世昌同时下野。章太炎于6日电蔡元培，指责蔡以上主张乃“愿北军永据南省……欲作南方之李克用”。张继亦通电指责蔡元培“为人傀儡，阻挠义兵”。

△　卢永祥通电反对黎元洪复职，声称：“大总统对内为国民公仆，对外为政府代表，决不能因少数爱憎为进退，亦不容以个人便利卸责任……黄陂（黎元洪）法定任期终了，在法律上成为公民，早已无任可复。”

△　改造湖北同志会警告黎元洪“勿再傀儡登场，自贻伊戚”。同日，中华平民社通电指责黎元洪“此次东山再起，无殊自暴其罪状”。

△　张作霖宴在奉领事团，宣布东三省自治，并声明以后满蒙交涉，由奉作主。东三省议会联合会亦于是日发出内容相同之通告，并通

电赞成徐世昌下野,建议“恢复旧国会,应以上海为开会地点,俾免武人之干涉”。

△ 岑春煊以“首都无主,枢府虚悬”为理由,电促黎元洪“克日入都”就职。

△ 章太炎致电黎元洪,略谓:“宜于金陵、武昌择地复职,切勿挂系北京,自同囚锢。”

△ 广州政府为葡兵惨杀华工事向葡领提出最后警告。

△ 上海各工团执行委员会,致电广东省长,就澳门葡兵惨杀我国劳工案,提出八项要求:一、政府应严重交涉;二、调查实在肇祸原因、死伤人数;三、惩办肇祸凶手;四、赔偿损失;五、向世界各国声明葡国无理;六、赞成广东国民大会提议,收回澳门自治;七、请北京政府派军舰镇慑;八、请全国当道一致服从民意;为国争人格。

6月4日 于是晨8日,高恩洪代表北京国务院赴天津迎黎元洪入京复职。曹锟派代表熊炳琦,吴佩孚派李卓章,亦到津迎黎。是日,高、熊、李偕同直、苏、鄂、赣、豫、皖、陕、甘、鲁、绥远、热河、察哈尔12省区代表往见黎元洪,敦促即日进京复职。旧国会方面亦派代表20人赴黎宅“促驾”。

△ 江苏公团联合会通电“忠告”黎元洪,勿“重上政治舞台”。并指出:“若先生甘居炉火之上,则南中义师所指,不在曹吴而在先生。”

△ 鄂军军长孔庚致电黎元洪,劝其“勿为他人所愚,以取一时之快”。

△ 张作霖就任东三省保安总司令职。同日致电孙中山,表示与西南一致,并派王葆华赴湘考察省宪。

6月5日 广州政府内务总长居正通电列举黎元洪罪状,宣布黎“已满法定之任期……继任大总统之资格完全消失”。

△ 松沪护军使何丰林致电吴佩孚,拥护徐世昌,反对黎元洪复职。7日,何又通电主张“目前救亡之策,唯有从速制宪”,“在未经制定宪法改选总统之前,应仍由旧政府维持现状”。

△ 王芝祥、董康、高恩洪电请吴佩孚赴津促黎元洪复职。6日，董康偕严璩赴津迎黎。

△ 上海全国各界联合会、江苏公团联合会、民治急进社等，相继致电孙中山，反对黎元洪"盗窃大权"及王家襄等"冒用国会牌号"在津擅开筹备会议，吁请孙中山"乘胜赣之余威，全师北伐"，表示"誓为义军后盾"。6日，又通告各国驻华公使，声明黎元洪"不为我国人民所信任，与徐世昌无异"，孙中山"为中华民国之唯一大总统"。

△ 赵恒惕通电主张实行"联邦制"，"并予各省以自由制宪之权"。

△ 东三省议会联合会通电，赞成恢复民六国会。

△ 北京政府国务院召开会议。董康提出财政计划，建议由中外各银行合组一中外财政稽核处，所有政府应支经费，须经该处审查后方能发放。

△ 广州工会召开大会，议决请政府收回澳门，并劝国人与葡当局断绝往来。8日，广州市千余市民开大会，声讨葡兵枪杀华人。

△ 葡领事电复伍廷芳，称澳门为内部事，中国无权干涉，澳门并无任意枪杀华人事，词极蛮横。

6月6日 孙中山以"中国事实上、法律上惟一政府行政首领之资格"发表对外宣言，警告列强不可干涉中国内政，并着重指出："假使列强现承认北京之伪新总统，则其行动仍为干涉中国内政，其结果将更劣于承认徐世昌也。"7日，孙中山在广东交涉署宴请外宾时再次表示希望各国勿再扶植北方恶势力。

△ 孙中山在广州发表《工兵计划宣言》，主张解决国内问题之途径，在于恢复约法，而对裁遣军队的安置，则宜实施工兵计划。宣言要求直系军阀"应首先将所部半数，由政府改为工兵，以作停战条件；其余半数，留待与全国军队，同时依次改编"。如能履行此项条件，"当立饬全国罢兵，恢复和平，共谋建设"。否则，"决为国民一扫凶残"。

△ 广州国会非常会议宣布黎元洪罪状：一、毁法："黎于六年六月十二日竟下令解散国会，遂启南北连年战争"；二、叛国："六年宣统复

辟，黎氏徇张勋之请，将中华民国统治权交付宣统，签字盖印，首先称臣”；（三）辱国：“宣统复辟则中华民国既倾覆，元首有殉社稷之义，黎氏竟逃往日使馆躲避，受庇外人治下，污辱国体，莫此为甚。”

△ 全国各界联合会通告驻华各国公使，声明“孙中山博士为中华民国惟一之大总统……凡国际交涉，应由孙大总统及伍廷芳外交部长负责，方为有效”。

△ 黎元洪通电提出“废督裁兵”作为复职条件。电云：“民军崛兴，首置都督，北方因之，遂成定制，名号屡易，权力未移，千夫所指，久为弊病。”“督军诸公，如果力求统一，即请附听刍言，立释兵柄。”“国会及地方团体，如必欲敦促元洪，亦请先以诚恳之心，为民请命，劝告各督，先令实行。果能各省一致迅行结束，通告国人，元洪当不避艰险，不计期间，从督军之后，慨然入都。”

△ 民六国会议员联名通电要求罢免徐世昌。

△ 江西督军陈光远致电北京政府请辞职，推荐蔡成勋继任。

△ 萨镇冰、王承斌、熊炳琦、李卓章等同谒黎元洪请复职。是晚，黎邀各省区拥护自己之代表数人开茶话会表示谢意，并重申废督裁兵主张。

△ 程潜至广州白云山叶举驻地，与陈炯明部商谈，知其必叛，归报孙中山，请速回韶关。孙中山不许。

6月7日 曹锟、吴佩孚、齐燮元、岑春煊、陈光远相继通电表示支持“废督裁军”主张，请黎元洪早日复职。

△ 民八国会议员邹鲁、马君武、居正等90人联名致电黎元洪，谴责黎为“国法之罪人”，劝黎勿与“直系武人同恶共济”。

△ 王家襄等在津通电宣布国会筹备处于6月11日结束，6月12日旧国会移京正式集会。

△ 北京政府特派王正廷为“鲁案”中日联合委员会委员长；派何宗莲、唐在章、徐东藩为第一部委员，劳之常、陆梦熊、颜德庆为第二部委员。

△　澳门当局派人晤工会首领，称愿取消前年逐谢英伯出境令，请谢赴澳门调停，为谢拒绝。

△　华侨联合会、粤侨商业联合会致电广东省长，抗议葡兵惨杀澳门华人事件。同日，旅沪粤人1000余人亦联名致电孙中山同致声讨。

△　广东省议会电请陈炯明主持粤局，另电请叶举在陈未抵省前维持地方责任。

△　东三省议会联合会电请王士珍、鲍贵卿、赵尔巽等人出面调和，促使直奉双方停战，以纾民困。

6月8日　北伐军大本营发表公报：一、北伐军右翼军5日午完全占领赣州，许崇智军于6日晨入赣州城，敌残部向万安方面溃退；二、朱培德5日电称，我军与敌鏖战于潭口、李家山一带，敌大败，现正追击中；三、赣军支队长易简3日占领会昌城，夺获枪支甚多；四、李福林5日电称，李芳占领老虎头、黄村、沙田等处。

△　李烈钧、许崇智、黄大伟、汪精卫等通电，主张孙中山为中华民国正式大总统，南京为总统府所在地。

△　奉军代表张学良赴秦皇岛与直军司令彭寿莘磋商议和。

△　唐继尧通电主张“速集南北各省代表，开一联席会议，解决以前纠纷，筹议建国大计”。

△　川督刘湘通电赞成恢复旧国会。

6月9日　北京政府令全国烟酒事务署督办汪士元准免本职。同日又令：批准设长江下游治江会。

△　中国劳动组合书记部机关报《劳动周刊》被上海公共租界工部局封闭。

△　北京政府外交部太平洋善后委员会刊发广告，公开征求有关裁兵计划及善后办法。

6月10日　黎元洪在津通电宣布本月11日先行入都，暂行大总统职权，俟国会开会，听候解决。

△　第二届国会（安福国会）通电反对第一届国会在津集会，“违法

发布通电，迫徐大总统（世昌）仓皇去位”。

△ 天津商界 30 余团体致电黎元洪，反对其复职。

△ 陈光远再次通电敦请黎元洪复任。并表示“首裁督军”。

△ 广州政府外交部再次照会葡领，要求：一、由澳门当局派代表同葡领向本政府道歉；二、将杀人军警严办；三、优恤死者家属、伤者药费；四、非洲兵限日撤离澳门；五、禁止澳门赌博。

6 月 11 日 黎元洪入京就职，暂行大总统职权。同日，黎令特任颜惠庆署国务总理，并准兼署国务总理、教育总长周自齐、外交总长颜惠庆、内务总长高凌霨、署财政总长董康、陆军总长鲍贵卿、海军总长李鼎新、司法总长王宠惠、农商总长齐耀珊、署交通总长高恩洪均免本兼各职。

△ 奉直两军和议未成，是日山海关附近激战，双方均有死伤。

△ 吴佩孚分别致电孙中山、伍廷芳、李烈钧，劝“北上共商国是”。

6 月 12 日 黎元洪特任颜惠庆暂行兼署外交总长，谭延闿署内务总长，董康署财政总长，吴佩孚署陆军总长，李鼎新署海军总长，王宠惠署司法总长，黄炎培署教育总长，张国淦署农商总长，高恩洪署交通总长。谭延闿未到任前由张国淦兼代内务总长；黄炎培未到任前由高恩洪兼代教育总长。又令：国务院秘书长一职着林步随暂行兼署。

△ 孙中山在广州召集各报记者举行谈话会，阐述有关北伐问题，并揭露陈炯明实行“武人专制”，阴谋篡权，希望记者以舆论压力迫使陈部退回东江。

△ 上海各商民及各公团代表开会，议决：一、根本否认黎元洪为中华民国之大总统，不承认北京政府有合法代表中华民国之资格；二、根本否认王家襄、吴景濂等召集之国会为合法，不承认该国会对国内外一切言论与行动；三、完全服从孙中山及其政府之命令，并赞助北伐。

△ 陕督刘镇华发表通电，表示支持废督裁兵主张。

△ 中国劳动组合书记部为澳门葡兵惨杀华人事件散发传单，号召全国各工会“召开会员大会，举行示威，向各地当局请愿”。

6月13日 黎元洪明令宣布撤销民国六年6月12日之解散国会令。

△ 北京署国务总理颜惠庆电邀伍廷芳北上,“主持阁事”。

△ 北伐军攻克赣州,检获陈炯明与吴佩孚、陈光远图谋夹击北伐军的来往密电数件。

△ 湘军宋鹤庚、鲁涤平、谢国光、吴剑学、陈嘉祐通电表示,愿统率所部,拥护孙中山北伐,并推国会议员唐支厦为代表,晋谒孙中山请示方略。

△ 孙洪伊致电孙中山,反对黎元洪上台,主张八年国会行使职权,南北合为一家,设临时政治机关,实行地方分权。

△ 吴佩孚到北京贺黎元洪就职,密商国是,当天回保定。

△ 浙督卢永祥致电黎元洪,承认黎为“事实上之总统,而非法律上之总统”,并赞成废督裁兵。何丰林亦电赞成统一。

△ 沈阳各国领事联合向张作霖提出榆关战争影响国际列车安全之严重警告。

△ 东三省省议会联合会致电黎元洪主张奉直停战,并陈办法四条。

6月14日 北京政府国务院例会,黎元洪出席旁听,提出三大要案:一、通令各战区即日停战谋和;二、组织裁兵委员会;三、裁减各部预算。

△ 吴佩孚致电黎元洪辞陆军总长。

△ 廖仲恺应陈炯明电约前往惠州领取款项,甫抵石龙即被扣留,旋被押送到石井兵工厂监禁。廖被囚禁62天之久,经何香凝等营救始得释放。

6月15日 中共中央发表《第一次对时局的宣言》,指出:“中国祸乱的根本在帝国主义与封建军阀,当务之急是反对帝国主义和封建军阀。”主张“国民党等革命的民主派及革命的社会主义各团体开一联席会议,共同建立一个民主主义的联合战线,向封建式的军阀战斗”。

△　北伐军前锋进入吉安，各县属纷纷组民军响应，声势大振。赣督陈光远弃职逃走。北伐军在韶关大本营举行军事会议，决定第二期作战计划，并分配任务：一、第二军第一师及福军各部，分两路向万安前进；二、滇、赣北伐军沿河左岸，向万安前进；三、第一路军由上犹、社溪圩等处进占遂川，与以上两军实行夹击。

△　孙中山特任谭延闿为全湘讨贼军总司令。同日，委任丁惟汾为山东中国国民党支部长，王用宾为山西中国国民党支部筹备处处长。

△　叶举受陈炯明密令，于广州白云山总指挥处召开军事会议，策划围攻总统府。会议决定以熊略为攻城指挥官，指定洪兆麟部首先发动。会后，由叶举、洪兆麟、陈炯光等联名通电，迫孙中山与徐世昌同时下野。

△　黎元洪令，各省疆吏迅戢兵戎，力维国是，前方各队，一律停止战争。

△　黎元洪特任董康兼全国烟酒事务署督办；特任汪大燮为平政院院长；特任罗文干为大理院院长；特派张耀曾为法权讨论委员会委员长；特任杜锡珪为海军总司令，侨务局总裁郭则沄准免本职，持任饶汉祥为侨务局总裁；任陆徵祥为驻瑞士特命全权公使。

△　黎元洪令江西督军兼第十二师师长陈光远准免本兼各职，江西全省军队着均归援赣军总司令蔡成勋节制；江西省长杨庆鋆准免署职，特任谢远涵署江西省长；调任韩国钧为江苏省长；调任王瑚为山东省长；交通大学校长陆梦熊准辞兼职，派关赓麟为交通大学校长。

△　北京国会参众两院分电各省长，称两院定于 8 月 1 日继续开会，请转知各省在籍议员于 7 月 10 日前到京。

△　浙江督军卢永祥邀集浙江省议会及各团体举行联席会议，宣布废除督军，自称“军务善后督办”，仍以第十师师长名义维持全省治安。20 日，又宣布：一、浙江省境内不受任何方面非法干涉；二、所部各军防地，暂仍其旧；三、在合法政府未成立前，各机关均仍旧；四、合法政府成立，全国裁兵计划确定后，再实行裁兵；五、各军饷项及关于军事各

项经费，仍在国税下开支。

△　曹锟、吴佩孚召开保定会议，决定：一、南北统一，与卢永祥、陈炯明谋疏通；二、与赣、湘、川及东三省和平停战；三、改组政府，以拥黎元洪为第一期，以组织正式政府为第二期，以选总统为第三期；四、废督裁兵，设若干军区，区置军区长。

6月16日　陈炯明在广州叛变。是夜，陈派4000军队围攻总统府。孙中山幸脱险，抵海珠海军司令部，登“楚豫”舰召集各舰长，计议应变戡乱之策。随后，宋庆龄亦脱险，与孙中山会合。

△　黎元洪任戴陈霖为驻瑞典兼驻挪威、丹麦特命全权公使。

△　北京政府召开财政会议，财政总长董康报告财政收支状况，谓：预计所必须之行政费，及必不可少之军费。每月共需350万元，中央直接有收入之希望者每月亦不到100万元，所欠250万元，财政部实无法可想。会议讨论如何筹措250万元之法，决定：一、整顿盐税收入，每月可得数十万元；二、整理关税，每月亦可得数十万元。

△　徐世昌嘱前公府收发处处长朱宝仁向北京政府财政部催索积欠公府经费，共计242.7万元。

6月17日　孙中山改登“永丰”舰，亲率海军“永翔”、“楚豫”、“同安”等七舰由黄埔出发，炮击白云山叶举之总部。同日，广州政府海军全体官兵通电讨伐陈炯明。魏邦平、伍廷芳偕往黄埔谒孙中山，孙命魏率第三师协助海军收复广州，但魏按兵不动。胡汉民获悉陈炯明叛变，率大本营人员离韶关。

△　美洲华侨国民党员致电孙中山云：“闻粤变群情大愤，请速率大军，攻复广州”，“侨中民信赖我公，愿尽力接济，望公奋斗到底。”

△　黎元洪电请李烈钧、伍廷芳、章太炎来京，“共谋统一”。

△　旅京赣人代表谒黎元洪，请直军及蔡成勋一同撤回，由李烈钧主赣自治。

△　奉直双方由孙烈臣、张学良代表奉军，王承斌、杨清臣代表直军在秦皇岛英国军舰“伽柳号”上签定和约八条，附约两条，规定双方自

19 日起撤退军队，直军司令部撤回天津，不得向东三省界内进兵；奉军出关，两军于三日内撤完。

△　黎元洪令：公布《市自治制施行日期及施行区域令》；京都市定为特别市，市自治制自是年 9 月 1 日于该市施行；京都所有市政督办各职应即裁撤，市自治机关未成立前由内务总长暂行兼理市政事宜。同日令：驻瑞典兼驻挪威特命全权公使章祖申着留京另候任用。同日又令：谢远涵未到任前，江西省长着何刚德暂行护理；江西督军一缺着即裁撤，督军署结束事宜责成何刚德妥筹办理。

△　京津汽车路竣工。

6 月 18 日　黎元洪令直隶省长曹锐准免本职，特任高凌霨为直隶省长；特任张绍曾为陕西省长；特任张其锽为广西省长；署奉天省长袁金铠着开缺另候任用，特任王永江为奉天省长。

△　全国各界联合会致电孙中山，对陈炯明叛变表示愤慨，要求孙中山调海陆各军相机讨伐。同日，民治急进社通电谴责陈炯明“背叛民国，围公府，逐议员，动摇国本”。同日，美国华侨致电孙中山云：“炯明祸国，侨众共愤，请速诛，并继续北伐，侨等誓为后盾。”

△　陈炯明运动海军内变，未逞。陈并致电伍廷芳转请孙中山下野。

△　《民国日报》发表《中国女子救国会宣言》，指出：“本会以使女子对于国家负维持及发展之责为宗旨。”

△　北京政府司法部宣布取消《报纸条例》。

△　交通银行召开股东大会，改选张謇为总理，钱永铭为协理，施肇曾为董事长。

6 月 19 日　孙中山密令李烈钧等守赣，其他各路北伐军迅速班师回粤，讨平叛贼；并派副官马湘赴港，筹措粮食、燃料及军费。

△　广东省议会与各团体举行联席会议，议决“赞成统一”，“请孙中山下野”，迎陈炯明回省，并电请孙、陈双方停止战争。海军总长汤廷光要求各舰勿向广州开炮。

△ 古巴华侨国民党支部致电孙中山，要求讨伐陈炯明。

△ 东三省商工联合会通电反对“裁兵废督”，略谓：“东三省原有军队，一时断难迅裁，绝非废督裁兵四字宣言所能解决”，“所有东三省数十万军队，若非张公出而统率之，实不足以维系人心，现由三省省议会公举张公为东三省保安总司令，孙烈臣、吴俊陞为东三省保安副司令，以靖地方而维秩序”。

△ 旧议员约 90 人在北京中央公园开会，宣布不信任颜惠庆组阁。

△ 北京八校紧急会议，向黎元洪请愿，要求即日撤高恩洪代教育总长职。

△ 广西沈鸿英通电请北京政府明令任命岑春煊为广西省长。

6 月 20 日 黎元洪令特设立甄用委员会，以甄选停薪人员，特派平政院院长兼充委员长，各部次长兼充委员；特设立全国财政讨论委员会，特派顾维钧为该会委员长；筹备国会事务局着即裁撤。

△ 北伐军李烈钧部分五路进攻南昌。

△ 陈炯明部翁式亮、杨坤如等军进占韶关，大肆抢劫。

6 月 21 日 汤廷光、叶举、魏邦平三人以陆、海军联合名义布告，要求停战，并吁请“孙中山下野”。同日，广州政府海军官兵各举代表，至“永丰”舰谒孙中山，表示决心讨伐陈炯明军。各舰长并联名通电，否认汤廷光具有代表海军同叛军议和之权力。

△ 王永江致电北京政府，宣布不受奉天省长之任命。

6 月 22 日 黎元洪令：前驻湖南岳州及在湘军队着即撤防，由警察维持秩序，毋庸再行驻兵，所有撤防暨善后各事宜着责成吴佩孚、萧耀南、赵恒惕等妥筹办理。同日令：任命汪大燮兼文官高等惩戒委员会委员长。同日又令：前代部务财政次长兼盐务署署长钟世铭款项不明，着交法庭依法办理；经手参战借款之曹汝霖、陆宗舆均着交法庭依法办理。

△ 北伐军将领电复孙中山，表示即行回师广东靖乱。

△　黄埔附近乡民千余人组织义勇队，与海军共同保卫黄埔。

△　王正廷通电各省，为民办胶济铁路招股储金及一切筹备事宜，向各界劝募。

6 月 23 日　驻京各国公使暨代办拜会黎元洪，递交照会，承认北京政府。

△　孙中山派郭泰祺、刘成禺至香港令邓泽如筹集经费。同日，任命赵汉一为讨贼军别动队司令。

△　川军军实审查会曾于 20 日为召开各军事会议致电各军将领征求意见，是日，川军第一军长但懋辛、第二军长杨森复电赞成。第三军军长刘成勋复渝各法团电，亦赞同在成都举行会议。为此，成都组织军事会议筹备处，推邓锡侯、赖心辉为筹备主任，由但懋辛、刘成勋、喻培棣、何光烈、余陈唐、陈国栋等通电各方。

△　广州政府外交总长兼广东省长伍廷芳在陈炯明叛变时受惊，翌日即病，入东山公医院，旋闻叛军大肆淫掠，怒甚，病势日剧，于是日病故。

6 月 24 日　黎元洪令直隶省长高凌霨准免本职；特任王承斌为直隶省长；同日又令批准王正廷呈报筹设胶济铁路股份有限公司筹备处，交交通部查照。

△　孙中山于“永丰”舰上接见香港《士密西报》记者，申明照常行使总统职权，表示“誓必戡乱，以谢国人”。

6 月 25 日　广州全体海军士兵加入中国国民党，填誓约，以表示服从孙中山始终不渝之决心。

△　孙中山密令粤军第二军、滇军、福军及粤军第一师返粤平乱。26 日，各军由南安、信丰向南雄回师。其他各军归李烈钧指挥，暂驻赣境。27 日，粤军第一师长梁鸿楷到达信丰后，潜往惠州与陈炯明会合。

△　中国国民党海外同志非常通讯处主任陈树人等，通告海外同志，宣布陈炯明叛乱罪状，吁请踊跃捐款，支持讨贼救国。

6 月 26 日　孙中山致书刘成禺，委托全权办理和赣之事。

△ 驻津英领事要求美、法、日三国总领事急开四国领事会议，质问北京政府，何以对直军妨害铁路交通之举置诸不问。28日，四国公使开会议决由四国公使联合向北京政府外交部提出严重要求，无论中国何项军队，对于《辛丑条约》均应严守，不得任意破坏天津、山海关间之交通。

△ 新疆督军杨增新电告北京政府，新疆裁兵29营。

6月27日 黎元洪任命罗文干兼司法官惩戒委员会委员长。

△ 北京政府财政部自是日起发行“九六公债”。

△ 胡汉民自韶关抵赣州，召集北伐军前线各将领开会，决定班师回粤救难。

6月28日 曹锟通电斥责兼代教育总长高恩洪任意迟发教育经费，高恩洪负气辞职。教育界致电曹锟表示感谢，并望其“帮忙到底”。

△ 吉林头道沟日本领事分馆遭到武装袭击。30日，驻京日使小幡酉吉向北京外交部提出抗议，并云“为保护本邦人命财产起见，特由朝鲜方面派遣日警若干名，以谋应急之救济”，要求中国政府“火速督励地方官吏保护日本侨民”。

△ 广东各界推广州卫戍司令、第三师师长魏邦平为省长，魏辞不就。

6月29日 孙中山拒绝黎元洪电邀北上之请，坚持戡平叛乱。

△ 蒋介石应孙中山电召，自奉化经上海，于是日抵粤，谒孙中山于“永丰”舰。

△ “鲁案”中日联合委员会第一部委员会开会议决，青岛海关完全归中国管理，但仍用日语及保全日本特殊利益。

△ 中国代表李垣就外蒙问题与苏俄驻京代表巴伊开斯会谈，巴坚持召开中、俄、蒙三方面会议。

△ 苏俄外交部致函中国新任驻莫斯科总领事沈崇勋，通告将派越飞为驻华全权代表。

△ 唐继尧响应赵恒惕、陈炯明关于联省自治之主张，通电提议召

开联省会议。

6 月 30 日　黎元洪派陆徵祥、黄荣良为国际联合会代表。

△　孙中山下令加强黄埔戒备，防止叛军夺取长洲炮台。同日，陈炯明部用武力逼迫粤海军陆战队缴械，发生战斗，陈军溃败。陆战队收缴陈军快枪 500 余支，机关枪八架，集中黄埔。

△　吴佩孚通电军事收束，将于 7 月 1 日回洛阳“奉职治军”，并声明不干涉政治。

△　“鲁案”中日联合委员会第二部委员会“铁路股”今日开第一次会议，发表公报，谓已商决下列数事：决定铁路问题讨论之手续；估计铁路产业价值；办理铁路产业移交事务等。

是月　郭沫若、成仿吾、郁达夫主编之《创造》季刊在上海创刊。

7　月

7 月 1 日　黎元洪迁入公府办公，并发布命令，表示尊重地方自治，略称：国会“将来制定宪法，所有中央与各省权限，必能审中外之情形，救偏畸之弊害。一俟宪典告成，政府定能遵守，切实施行”。

△　北京政府内阁总理颜惠庆通电就职，表示勉维国事至国会开会，并请全国助成统一。

△　广州岭南大学校长钟荣光持陈炯明手书谒孙中山乞和。孙谓，陈军退出广州，恢复政府，可和。魏邦平亦来谒，表示愿帮助调解。孙中山提出：一、6 月 15 日袭击总统府事，陈炯明必须道歉，并惩办军官；二、广州恢复总统府。

△　陈炯明控制下的广州议会通电赞成“统一”，并请孙中山下野。

△　北京各省区自治联合会发出通电，表示对废督裁兵之意见：一、各省区召开国民废督裁兵大会，请北京政府下令永远废除督军制及军区制；二、组织裁兵委员会，限制国军饷额；三、督军等官如不解职实行废督，国民应即与宣战，实行抗税罢市等。

△ 上海工商研究会、国货维持会、全国工商协会、粤侨商业联合会、华侨联合会等八团体，发起裁兵联席会议。同日，粤绅商组织地方自治会，通电赞成统一，裁兵废督。

△ 湘督赵恒惕通电主张建设联邦制之国家，并予各省以自由制宪之权。赵另有长函致曹锟、吴佩孚，论述“联邦制对中国有利无害”。

△ 陈炯明通电赞成联省自治，并拟定“建设大纲”，通电西南各省，征集意见。

△ 安徽高等审、检两厅职员，因欠薪九个月，是日宣布停止受理民刑诉讼案件。省长许世英召集职员开会，表示愿暂筹6000元。要求职员上班，但财政厅因无款可支，“无法遵办”，后决定由城内外各钱庄担任借款。

7月2日 旅沪国会议员杭辛斋、凌钺等80人集会，发表宣言，反对“北方武人，嗾使三五不肖，冒集国会，拥黎(元洪)僭位”；并指斥陈炯明“称兵作乱，图覆国本”；主张“应由大总统(按：指孙中山)行使国会赋予职权”。

△ 孙中山在“永丰”舰召集各舰长说明应坚守黄埔等待北伐军返粤之理由，各舰长表示服从。同日，孙中山任徐树荣为别动队司令，守卫黄埔。

△ 北伐军回师入粤，决定由许崇智、李福林、朱培德、黄大伟组成三路军讨伐陈炯明，准备进攻韶关。

△ 陈炯明至石龙，部署所部堵截张开儒、黄明堂及各路北伐军。

△ 唐继尧在云南召集西南会议，到40余人，陈炯明亦派代表黄汉生参加。唐于会上提出结束护法，拟订最新同盟，研究是否施行联省自治等四项问题。次日，致电黎元洪，废督销兵，“至以后大政如何进行，宪法如何制定，并请早定大计”。

△ 北京大学校长蔡元培等以裁兵促进会理事身份具呈黎元洪，要求实现废督裁兵践言，并建议发明令：一、从是日始，无论如何情形，不得新招一兵；二、巡阅使、督军、护军使等职即日废止，并不得以督军

改任省长或总司令；三、即日召集全国裁兵会议。

△ 旅京江西同乡在江西会馆开会，到者300余人，要求：一、撤退江西客军并罢免援赣总司令蔡成勋，请李烈钧回赣维持全省治安；二、惩办陈光远、杨庆鋆。决议所有两院赣籍议员悉数退出国会，并由赣省3000万人民援助李烈钧以武力收回江西。4日，旅京赣籍省议员谒见颜惠庆，请撤回蔡成勋，颜允商曹锟酌办。5日，旅鄂赣人集会亦要求北京政府撤蔡成勋、常德盛军，任命李烈钧为江西省长。

△ 吴佩孚于是日率部返郑州，与冯玉祥、张凤台会晤。

△ 北京八校教职员代表开紧急会议，议决即日函催北京政府财政部，将所有积欠经费于最短期发清。

△ 中华海员工业联合总会上海支部正式成立。会长林伟民，副会长钟筱朋。该会简章规定：以联络感情、研究工业、维持生计、增进知识为宗旨。

△ 辛亥革命时日本调驻汉口的陆军数百人是日运载回国。

7月3日 张作霖召开东北三省军事会议，决定对北京政府守中立态度，不接受任何方面之命令及调解，并认真训练三省军队。会后张作霖向北京政府提出东三省政治十大原则，其要旨为：东三省暂时实行地方自治；东三省地方收入，全数划充地方政费；张作霖有暂行任免东三省文武官吏之权；东三省军权完全归保安总司令节制等。

△ 国民裁兵促进会在北京招待中外记者，由宣传部长林长民报告该会成立经过。

△ “鲁案”第一部委员会召开第二次会议，议决分别为青岛公有财产和海关问题设一分委员会，由中日各派委员三人。

△ 日本外务省公布6月28日吉林头道沟日领事分馆被马某部下武装袭击之经过。驻京日使小幡酉吉并为此事向北京政府外交部提出抗议。同日，北京政府国务院电吉省当局，嘱即查明陈报，又电令孙烈臣省长赶速查明办理。7月5日，日使又提出第二次警告，谓：“日本政府鉴于从来之经验，认为保护日侨一事，不能完全委诸中国方面，故

特令若干警官驻扎必要之地点”，并声明“将来遇紧急必要之时实行出兵”。7日，孙烈臣向北京政府报告头道沟案经过及处理情形。北京政府外交部答复日使称，已电令吉督迅速回吉，办理善后事宜。10日，张作霖派奉天第十一混成旅与吉林第十九旅、第五旅及吉林独立团前往讨伐。14日，黎元洪下令将孙烈臣交付惩戒，并责成吉、奉两省军警迅将肇事“匪徒”严缉重惩，妥慎保护外人。

△　中华教育改进社在山东省议会开会，来自全国各省百余人参加，蔡元培致开幕词。

7月4日　黎元洪特任齐燮元为宁武将军，萧耀南为炳武将军，冯玉祥为扬武将军，熊炳琦为昌威将军，哈汉章为廉威将军。

△　广州政府海军司令汤廷光、副司令温树德宣言赞成统一，请孙中山下野。

△　十四省以上国会议员凌钺等280人致电孙中山，略谓“应责成我大总统严令海陆军限期剿灭叛贼，恢复秩序，并将陈炯明褫夺军职，拿获到案，押往军前，处以极刑”。

△　广东国民大会通电讨伐陈炯明，略谓：“陈逆者，乃广东之祸首，亦西南之罪魁也。”“惟有联恳我省各县公民出而主持正义，组织义军，一致声讨。”

△　广西自治军第十三路司令钟明雨通电，宣布由省议会及各界推举岑春煊为广西省长。6日，广西自治军第四路司令余明健通电，要求北京政府“尊重民意，加以任命”。

△　北京政府组织之清理财政委员会召开紧急会议，由顾维钧主席，共通过16条议案。

△　全国农业讨论会在济南开幕。会员到者百余人。田中玉、许德一、黄炎培、梁启超均出席，并分别演说中国农业问题，介绍美国农业状况。

△　川督刘湘通电，声明自本年4月1日开始，将全川解省之肉税划作教育经费，独立专支，由各县教育机关直接征收。

△ 秦皇岛直军司令部撤去，所有人员均返洛阳。

7月5日 陈炯明再次派陈惺可登“永丰”舰谒见孙中山求和。孙中山以陈无诚意，严词拒绝。同日，粤军第三师师长魏邦平派人登舰，商议调停，提出：一、陈军退出广州省城，二、恢复政府，三、北伐军停止南下。孙中山允之。7日，粤军第二师师长洪兆麟亦派陈家鼎持函往谒孙中山，请孙中山重新组织政府。孙中山表示叛军如真有悔过诚意，可予以自新之路，但须陈炯明先撤出广州百里以外，将省城交还政府。

△ 滇军张开儒所属范石生旅占领广西梧州。6日，该部队在广东封川击退叶举部粤军。9日，张开儒部1.3万人抵梧州，孙中山派廖湘芸往迎。张部自梧又东下入广宁，经四会攻三水。

△ 四川第二军杨森部向忠州第一军但懋辛部进攻。7日，但军由忠州退梁山。10日退守绥定。11日，成都第一、第三两军开军事会议，推刘成勋为临时总司令，并由但懋辛通电组联合军，刘分派邓锡侯、赖心辉、田颂尧、刘斌各军往攻杨森第二军大本营重庆等地。

△ 徐元诰应旅京赣人之电请抵京，请求黎元洪下令自赣撤直兵，尊重孙中山意旨。

△ 北京政府接蔡成勋电，称北伐军至今尚未停止攻击，南昌已陷于包围状态。参陆处电请曹锟加派援军。6日，曹一面复电答应增派援军，一面连续电催董康拨款百万元，发放欠饷。

△ 旅沪赣籍同乡会、赣民自治促进会等公团致电孙中山，请明令前方各军暂行停战。

△ 桂林自治军总司令梁华堂致电黎元洪，请命沈鸿英返桂主持军事。同日，广西财政厅长杨愿公由驻梧州军队推为广西代理省长。

△ 北京政府召开国务会议，董康提出财政计划：一、固定预算为每月政费150万元，军费150万元，清室优待费10万元，预备费20万元，共330万元；二、由中国及各国银行共同设一垫款期限，定此期限为一年，一面将盐余之一部、烟酒税、崇文门税、印花税、所得税等款，贮蓄以备偿还之用；三、为监督收支起见，当组织一特别审计委员会。

7月6日 孙中山以手书致北伐军前线各将领，命北伐各军从速回粤定乱。

△ 黎元洪令派项骧、严璩为全国财政讨论委员会副委员长，沈瑞麟、孙丹林等14人为委员。

△ 黎元洪令免湖北省长刘承恩职，以汤芗铭继任。

△ 吴佩孚致电北京政府，就裁兵问题具体提出：大省置二师，中省置一师一旅，小省置一师，全国共置40师，余悉裁撤。

△ 北京政府外交、财政、农商三部合组商约研究会，电各省商会派员参加。

△ 蔡元培、梁启超等致电北京政府，请求将俄国退还之庚子赔款，拨作教育经费。

△ "鲁案"第一部委员会开第三次会议，讨论：一、裁撤日本邮局问题；二、关于海关之分科会，决定中日委员名单，中国方面有陈銮、安格联、梁上栋。

△ 远东银行在上海开办，资金5000万元，天津、南京各设分行。

△ 驻保定之直系二十三师下级军官因要求曹锟停派该师往赣及请发欠饷等事，是晚9时发动哗变。旋由曹锟发饷三个月，事始息。同日，热河亦发生兵变。

7月7日 吴佩孚电复唐继尧，反对召开联省会议，主张统一问题应由国会解决。9日，吴电蔡元培等，反对联省自治。12日，再电唐继尧，反对召开联省会议。18日，曹锟、吴佩孚又电复赵恒惕，反对联省自治。

△ 赣公团派代表赴京向黎元洪、曹锟、吴佩孚请愿，反对蔡成勋军就地筹饷。次日，赣商会、银行公会电请北京政府速撤北兵，并推罗人骥、谭章为息兵赴京请愿代表。

△ 河南教育会、农会、省工会、总商会、律师公会、报界联合会等团体致电北京政府，反对军阀增兵索饷，吁请明令颁示额定豫军，此外驻豫各军，或令他调，或另筹饷。

△ 颜惠庆、顾维钧、董康与外国使团面商延付庚子赔款事宜。

△ “鲁案”第二部委员会第三次会议日本代表允诺中国派人往胶济铁路练习实务。

7 月 8 日 黎元洪令孙传芳加陆军上将衔。

△ 安徽周松圃、李次未等组织之废督裁兵会成立。同日，四川组成废督裁兵请愿团，并通电。上海工商界 20 余团体组织之裁兵促进会，发表宣言。次日，旅沪安徽废督裁兵协会成立。

△ 是晚，“海圻”、“海琛”、“肇和”等三舰附逆驶离黄埔。孙中山下令其余各舰自黄埔上驶往新造村附近，掩护长洲要塞。

△ 上海各路商界总联合会通电反对北京政府秘密进行四路大借款，并电告外国银行团，“在中国未统一国会未完全行使职权以前，勿为借款，以长内乱”。同日，上海全国各界联合会通电，痛斥王正廷“营私误国”，“赞成新辟八商埠”，“任用袁良及亲日派”。

7 月 9 日 陈炯明部钟景棠亲率苏世安部，由鱼珠炮台向长洲炮台攻击。因海军陆战队孙祥夫所部降叛军，长洲炮台失守。孙中山命令各舰集中新造村，准备进攻车歪炮台。次日，双方炮战于车歪炮台，孙中山之坐舰“永丰号”受弹，舰尾被创。孙中山亲率“永翔”、“宝璧”等六舰冲越叛军炮火封锁，进泊省河白鹅潭。

△ 吴佩孚派参谋长李济臣见黎元洪，声明不愿就任陆军总长；并表示在国会未成立以前，应维持内阁现状。

△ 北京政府与法国公使签定中法实业银行(中法合办)新约。条约规定，该行以庚子赔款充改组之用，银行业务只限于远东方面，管理董事会设于北京，公司资本总额为 1500 万法郎。

△ 安徽阜阳县有大股溃兵约 1500 人，自中午放火烧至次日午后三时始止。幼童、妇女死伤 100 余名。17 日，婺源县有形似军队之千余人占据县城，驱逐知事。

7 月 10 日 粤海关英籍税务司登“永丰”舰会见孙中山，竟以白鹅潭为通商港口和毗邻沙面为借口，提出舰队驶离白鹅潭及孙中山离粤之无理要求。孙中山严词驳斥，指出："此为我之领土，我可往来自由"，并表示"吾只知正义公道，决不受无理之干涉"。

△　广州政府海军司令汤廷光致函孙中山，请停止攻击陈炯明，愿负责调停，孙中山复函允之。同日，孙中山电谢海外各地华侨接济军饷，并请继续支持。

△　北京步军统领聂宪藩、警察总监薛之珩、宪兵司令车庆云等向北京政府财政部合呈催饷，代理财政次长项骧已不敢到部办公。

△　浙江旅京同乡会于7日曾致电卢永祥，促其先撤退客军(北洋军)。是日卢永祥复电谓，撤防须由北京政府指定地点，方可实行。该会又召集同乡开会，决定推代表与北京政府交涉，坚决要求撤客军。

△　"鲁案"第一部委员会开第四次会议，讨论公有财产事宜。日本代表介绍青岛市内外公有财产情况。13日，"鲁案"第一部委员会开第五次会议，日本代表提出青岛公有财产之详细价目。次日，"鲁案"第二部委员会开第五次会议，日本提出铁路增加财产总目共值2818.9212万金元，由中日派定代表组织铁路财产评价分委员会以审查之。17日，一部第六次会议，中日各指派人员，组织公产分科委员会。

7月11日　孙中山慰劳海军将士，表彰车歪海战功绩。

△　汤廷光、魏邦平为调和孙、陈战事，发起召开"海珠会议"。会上提出三大纲：一、由孙中山、陈炯明通电设和议机关，商讨全国统一问题；二、对陈不能用武力；北伐军不能向广州作战，叶举不能向军舰进逼；三、双方军队暂离广州市。议决函孙、叶请先答复。次日复开议，由洪兆麟之代表黄维藩传达叶举之答复：一、许军分三路由曲江、仁化、翁源攻韶州，粤军不能不以武力对抗；二、如许军、滇军能退出南雄，再磋商。魏邦平代孙中山答复，谓先解决之问题为：一、恢复中华民国正式政府原状，始向北议和；二、叶自请处分，由孙下令赦免。会议终无结果。同日，海军各舰长对"海珠调和会议"不满，纷纷发表宣言，要求广州叛军于两日内撤离省城百里外，并将广州市交还军政府管辖。

△　北伐军与陈炯明部叛军战于韶关。北伐军猛攻数日，未能击破陈军防线，转成相持之局。

△　广州电力、自来水和铁路工人为反对陈炯明霸占广州，举行联合罢工并发出宣言。

△　新任讨贼军湘军第一路司令陈嘉祐致电湘当局声明暂不与闻湘事，即日出发赴广东边境，与北伐军协同讨伐陈炯明，并声明取消以前北京政府任命之第六混成旅名义。

△　全国财政讨论委员会开幕，委员长顾维钧演说，略谓：政府负债太重，入不敷出，已濒危境，本会以清理为入手，分四股办事，先行从事调查。

△　蔡成勋电告北京政府：沈鸿英、常德盛、周荫人等连日击退北伐军，并请吴佩孚亲临督战。曹锟又电请北京政府财政部，速筹援赣军费100万元。同日，旅沪赣民自治促进会通电痛斥蔡成勋"作福作威，勒饷增兵，一心主战"，"实为统一之障碍"，"和平之公敌"，誓不与并立。江西省南昌中等以上学校教职员联合会亦通电，拒绝直军入赣。

△　湖南长岳镇守使吴新田自陕南汉中驻地电告北京政府，陈树藩勾结川、陕土匪，进扰陕南，经派队痛击，陈军败散，陕南已告肃清。

7月12日　海军"永丰"、"永翔"、"楚豫"、"楚章"、"同安"、"广玉"、"宝璧"各舰长率全体官兵发表宣言：限广州陈炯明军退出百里之外，以广州完全归还吾政府自由处置。

△　吴佩孚电第二十三师师长张福来，岳州撤防延期履行，俟援赣军到，即加入编制。

△　北京政府派张孝若（张謇之子）前往欧美考察实业事宜。27日又令张赴日本一并考察。

△　北京成立女权同盟会。该会宗旨为要求宪法上明白规定女子与男子完全平等。北京警察厅援引《治安警察法》条例，禁止成立该会。

7月13日　甘肃省长潘龄皋因与议会冲突离职，是日，北京国务院电告甘肃督军陆洪涛，令教育厅长林锡光接印视事。

△　南路讨贼军司令黄明堂通电宣布出师讨伐陈炯明。

△　驻锦西奉军第二十七师兵变，溃散400余人。15日，江西丰城豫军杨营，亦突于夜间哗变，打毁电局，焚烧商铺百余家，刀伤多人。28日，江西丰城常德盛所部兵变。

△　湖北公民团三四百人集合于省议会请愿，随即游行，挥舞小旗，拒汤芗铭，“欢迎萧督军兼任省长”。至省长公署，前省长刘承恩被迫交出省长印信给萧辉南督军。29日，汤芗铭率卫队到汉口，往见萧耀南，遭拒。同日，拒汤派公民在督署开会，推萧耀南兼省长。萧即布告就省长职，并电告黎元洪。

7月14日　北伐军许崇智部以韶州难克，变更作战计划，一面仍攻韶关，一面分出军队由曲江抄袭翁源，以主力袭击英德，抄陈军之后路。18日，许军第一支队克复翁源。次日，由于陈炯明部分三路反攻，许崇智军失翁源，向始兴退却。20日，许军张民达部再收复翁源，旋又复失。24日，黄大伟部又收复翁源。同日，许军另一部、黄旅一部，分兵攻惠州，占领五华、兴宁两县。27日，北伐军进克黎洞、大坪。28日，陈军对北伐军下总攻击令。

△　赣南北伐军赖世璜通电责蔡成勋违令反攻，并宣布赞成自治。

△　滇军张开儒函梧州各界，对粤事守中立。

△　浙督卢永祥电唐继尧，赞同召开“各省联席会议”。

△　吴佩孚派高等顾问余道南抵京谒黎元洪，表示绝不轻诺赴赣；陆军总长主持裁兵之大权，不便久悬，应请另派信任之大员接替。

7月15日　吴佩孚召开洛阳会议，决定援赣：一、以张福来部假道平江入赣抵御赣西；二、以胡景翼之陕军第一师沿长江南下，由九江直达南昌；三、电请齐燮元拨兵一旅，就近赴赣协助赣南兵力。同时电萧耀南，整备运输，更密电北京政府，索款50万元充军费。

△　广州公路处长陈达生（陈炯明族弟）被枪击，刺客逃逸。陈于16日殒命。

△　北京政府陆军、内务、财政、农商等部职员800余人，组成索薪

团,至国务院向财政总长董康索八个月欠薪,遭董辱骂。职员愤而殴董致伤,当场有万文藻、万重成、刘逸仙等八人被捕。董提出辞职。次日黎元洪亲自慰留。17 日,董带伤赴保定向曹锟诉苦,部务由项骧代理。27 日,财政部员工因董康屡假不到部,项骧亦不负发薪责任,宣布全体停止办公。

△ 鲁督田中玉致电黎元洪,坚持征丁漕税。电谓:“今奉大令,理合即时截止”,但“东省财政,困穷已达极点”,“除支无存,兹奉令伊始,欲还原款,前已支出,无可抵补”。

△ 王孝英、石淑卿、周潘、万璞等在北京发起女子参政协进会,是日在北京堂子胡同法政专门学校开筹备大会,大会主席王孝英作报告,要求“政府解放两性之间一切限制,还女子以完全之自由,使政治社会各方面之活动与男子有同一之权力”。大会并议决:一、发表宣言;二、致电全国女界,促其一致行动。27 日,召开新闻界大会,重申要求“宪法上男女之平等”。

7 月 16 日 中国共产党第二次全国代表大会在上海举行。大会《宣言》分析了国内外形势,阐明中国革命的性质、对象和动力,提出了最高纲领和彻底反帝反封建的最低纲领。大会制定了《中国共产党章程》;通过了《世界大势与中国共产党》、《民主的联合战线》、《中国共产党加入第三国际》等决议;选举陈独秀、蔡和森、张国焘、高君宇、邓中夏等为中央执行委员,陈独秀为委员长。会议于 23 日闭幕。

△ 孙中山任命欧阳格为海军临时总指挥。

△ 蔡成勋密电北京政府,请阻止欧阳武等赴赣调解。

△ 张作霖将巡阅使署与督军署合并,正式组成东三省保安总司令部,设立七处:参谋处、副官处、军务处、军需处、军法处、军医处、秘书处。张作霖任保安总司令,孙烈臣任副司令,改驻长春。

△ 美国海军总长登白抵京,颜惠庆、李鼎新与驻京美使前往欢迎。17 日,黎元洪宴请登白及夫人。20 日,登白专车南下,临行时对记者大讲愿华盛顿会议精神在中国永远保留。26 日离沪赴马尼拉。

7月17日　浙江善后督办卢永祥发表裁兵计划书。提出：一、裁兵须先废督；二、废督裁兵以后不可改设军区。具体办法有三端：一、定军制及每省设训练处；二、定将校官俸职给银法；三、筹备被裁士兵之生计。

△　苏俄驻京代表巴伊开斯正式照会北京政府外交部，声称：苏俄政府"业经允准本代表回莫斯科，派越飞为全权，使与中国政府商议一切"。27日，越飞自莫斯科启程赴北京。

△　哈尔滨总商会、滨口商会、钱业公会等致电张作霖，反对日商在哈尔滨设立交易所。电谓日商设所，"势必垄断市场"。

7月18日　劳动组合书记部被上海公共租界工部局捕房封闭。不久，书记部即由上海迁至北京，设立总部，主任为邓中夏。上海、武汉、湖南、广东、济南等地，亦设立分部。

△　中英商业联合会会长致书各报，表示经英国政府同意，拨庚子赔款，招引中国留学生。

7月19日　孙中山派陈策、李安邦率三舰及民军数船攻前山炮台，为陈永善部击散，战舰一艘被夺。

△　黎元洪特任刘镇华为阜威将军，孙传芳为恪威将军，张福来为景威将军。

△　陈炯明部叛军潜放水雷谋炸"永丰"舰，未逞。

△　北京政府交通总长高恩洪电张作霖，饬其即日将扣留之机车50辆及货车1000辆全数交出。一面令山海关以北之京奉路英国服务人员，全数即日撤回。21日，英国服务人员全部回关内。

△　滇军张开儒率所部由黔入桂，拟赴粤与孙中山部会合，在柳州地方与桂自治军林俊廷冲突，即驱逐林军，占领柳州。23日，张电请孙中山助款。

△　四川议会电责孙传芳"带队入蜀"，并揭发孙与杨森勾结。电谓：川省既宣言自治，川事川人决之，刘、杨弄兵横池，业就荡平，勿劳远道垂念。倘其不明顺逆，助彼穷寇，摇荡我边疆，我7000万父老子弟誓

与同命。

△ “鲁案”中日第一部委员会，在外交部开第七次会议，协议事项：一、由日本委员提出青岛日本居民团体应保有之财产目录；二、中国委员对于前记财产目录发表意见，自第一项至第十四项之财产，交分科委员会审议，第十五项之财产下次再议。

7 月 20 日 护法议员旅京通讯处尹承福等通电，反对王家襄、吴景濂恢复民六旧国会。指出：“今日国会自当继续八年开宪法会议，方与维持法统之意义相符。”“王家襄初既不肯南下护法，七年七月，国会在广州续开常会，又不肯到院出席，自是绝于国会也。今以国会能在北京集会，遂与吴景濂出其把持手段，谓自今日始，国会继续六年六月十二开会……贻误国家，将酿出不可收拾之局。”

△ 黎元洪令：前海军总长程璧光着追赠海军上将，特给恤金一万元，生平事迹宣付国史馆立传。

△ 江苏公团联合会通电声讨陈炯明背叛孙中山、毁法弄兵十大罪状。

△ 北军援赣总司令蔡成勋在赣州向北伐军发总攻击令，命近畿第一师及第一混成旅，由正面追击，徐德生豫军及沈鸿英桂军由侧面进击。22 日，蔡电告北京政府，先后占领太和、万安、遂川等地。24 日，蔡又电请北京政府拨饷 60 万元。

△ 驻北京公使团领袖公使就裁兵问题向北京政府外交部提出质问，谓：“中国近日情形，不但与华府议案大相违背，即与贵国黎元洪总统鱼电主张，亦相径庭，对内对外不符之处甚多。”“北方各省且有添招新兵之事。贵当局应如何应付补救，俾国际信用不至堕落?!”颜惠庆答称，各处添招新兵之事，无不严电阻止，“藉慰友邦之望”。

△ 日本商人在哈尔滨所设之取引所(即交易所)开幕。哈尔滨总商会、钱业公会等团体于 17 日致电张作霖提出抗议。电谓：“哈埠精华以钱粮业为中坚，倘钱粮业为其所夺，势必以金钱政策垄断市场，非徒哈埠商业为所操纵，即北满命脉，且永远断绝”，“恳请严重交涉，哈埠商

民当为外交后盾。”

7月21日 黎元洪任命雷光宇为上海南洋大学校长，俞文鼎为唐山大学校长，全绍清为唐山大学分校校长。

△ 江苏督军齐燮元因呈准回籍奔丧，给假一月，乃于是日电呈北京政府，以参谋长刘玉珂代行职务。

△ “鲁案”中日联合委员会在外交部召开第二部第七次会议。会上，中国委员提议铁路评价须按交通部铁路会计规则办理，日本委员不允，另提出铁路增加财产查定标准五条，双方争议颇烈，遂决定先交分委员会，审查后再议。

△ 黑龙江省议会发表通告，云：“本省依据张总司令三省自主之宣言，实行联省自治，于七月二十一日特开紧急会议，议决在省宪未制定以前，推定本会议长梁声德代理省长职务。”

7月22日 孙中山致电慰劳北伐军将领李烈钧、许崇智、朱培德等。

△ 北京报界开会议决：一、向国会请愿取消出版法，另订报纸法律；二、请国会建议对新闻界规定邮电减费办法。

△ 章太炎、曹亚伯等在上海组织联省自治促进会，除四川、云南、湖南均有代表与会外，又有旧议员多人参加。

△ 驻京比利时公使艾维滋赴北京外交部表示，已接到本国电令，同意中国缓付庚子赔款一年。法国指定以庚子赔款大部为恢复中法实业银行之用，其中小部分用于教育方面。英国议院正就此项赔款进行讨论，亦有充作教育经费之意，不赞成全数充作政费。日本则惟欧西各国之马首是瞻。

7月23日 旅沪国会议员彭养光、杭辛斋等180余人发起组织“法统维持会”，开成立会于上海法租界尚贤堂，发表宣言，反对王家襄、吴景濂在京恢复（民六）旧国会，私戴黎元洪，诡称恢复法统之举。

△ 湘督赵恒惕派唐文彬、李正常到鄂，与张福来商订湘、鄂联防办法。25日，赵恒惕派武装警察500余名，实行接管岳州以北地方，并

接收各机关。张福来率所部由岳州回驻郑州，从事训练。岳防事宜完全终结。

△ 汉阳铁厂 800 多工人，为增加工资、改良待遇，反对当局解散工人俱乐部、无理开除 70 多名工人，举行罢工。经过四天斗争，最后取得胜利。厂主答应工人如下要求：一、承认工人组织工会。二、照发停工期间之工资。三、恢复俱乐部；所开除工人一律复职。

△ 留日学生总会为头道沟事件通电国内，抗议日本派警进驻吉林头道沟，呼吁“国人一致奋起，共同反对，挽主权而保国疆”。

7 月 24 日 北伐军黄大伟部协同黄国华旅复占翁源，与陈炯明援军对峙。

△ 奉军李景林奉张作霖命，率三支队进驻山海关附近。

△ “鲁案”第一部委员会开第八次会议。中国代表建议，将日人占据胶州时经营之事业及各项工程设施，提交华委审查。日本代表请中国给予保护市场、赛马、击球、教育、医院等各种事业订合同、租地权力，中国代表表示凡此诸事，均在青岛市政范围，须续加讨论。

△ 北京外交团以东三省、江西各省截留盐税，向北京政府提出责问；并声称“如政府无法解决，将与各省直接交涉”。

△ 北京政府陆军部直辖八机关职员派代表开会，要求财政部发欠薪。

△ 鄂督萧耀南派代表李作栋向中央索还鄂省官钱局自民国元年以来为中央所垫款项 1900 余万元。

7 月 25 日 黎元洪以高恩洪交通部务殷繁，令准辞兼代教育总长职，着派次长汤尔和暂行代理部务。

△ 张作霖以保安总司令名义致书盐务稽核处，声言从本月 13 日起，东三省之收入全部充东三省政费，不受任何方面之干涉，亦不受现北京政府之命令。

7 月 26 日 黎元洪任命李嘉品为将军府将军。

△ 陈炯明军与由江西回粤之北伐军在韶关、始兴、翁源一带激

战，洪兆麟派遣四个营抵御北伐军，并亲往北江督战。

△　全国财政讨论委员会开会议决：一、以后关税收入，除为赔款及善后借款支出者外，剩余之款全由总税务司保管，充作公债基金；二、以前之公债基金，政府不得动用；三、关税增加之一部分，作为“九六公债”基金。

△　河南教育界联名致电曹锟、吴佩孚，要求“克期指定专款，永作教育基金，不为军政各费所挪用，不使教育有破产之虞，青年有失学之苦”。

△　曹锟致电北京政府，要求每月将京汉路收入中拨80万元解送保定，作为军费。

△　浙江教育行政研究会在教育会开会，会长叶谦，教育厅长马叙伦致词。大会决议：一、以增加关税拨充教育实业支配案，公决付审查；二、请预定“庚子赔款”退还后，充教育基金案，亦付审查；三、指定学校试行新学制；四、改校长委任制为聘任制。

△　“八团体国是会议”在上海召开国宪草议委员会，到者章太炎、张君劢、温少鹤、蔡俊卿等十余人。会议决议，改原定一院制为上、下两院制。

△　众议员蔡达生列举黎元洪罪状，提出弹劾案：一、毁弃约法；二、屈于威武，淫于富贵，任人傀儡；三、今日之国会不能行使质问权，查办权，选举权，立法权，建议权。

△　四川第一军因省军攻击杨森第二军大本营之重庆，亦转取攻势占领泸州。次日，杨森通电刘湘请息兵。28日，吴佩孚命卢金山入川，助刘湘作战。

△　直隶、京兆突发大水，波及40余县，永定河两岸田地均被冲毁，南北铁路交通被阻。

7月27日　黎元洪令准兼署外交总长颜惠庆呈外交部务拟请派次长代理，着派沈瑞麟代理部务。同日又令考察欧美实业专使张孝若赴日一并考察。

△ 温树德致函孙中山劝其“早期离粤，并饬永丰四舰早期归队”。同日，“海圻”、“海琛”、“肇和”三舰驶出虎门。

△ 北京女子参政协进会在中国大学开招待新闻界大会，到会北京各通信社、各报馆记者约 20 余人。30 日发表宣言，提出：一、推翻专为男子而设之宪法，以求女权之保障；二、打破专以男嗣为限之袭产权，以求经济之独立；三、打破专治家政之教育制度，以求知识之平等。该会决定 8 月 1 日开成立大会。

△ 吉林市各界人士 2000 余人举行大会，抗议日本修筑天图铁路及在哈埠设立交易所、办滨江电车。次日，省议会又致电北京政府外交部，要求向日政府抗议。

△ 北京政府国务院召开会议，讨论日本撤兵西伯利亚后保护日侨办法。

7 月 28 日 东三省议会致电北京政府，谓日本要求筑天图路，办滨江电车，设取引所(交易所)，有碍主权，请向驻京日使严重抗议。

△ 八校教职员联席开紧急会议，讨论教育经费问题，由尹炎武主持，要求北京政府同意：八校经费于关税实行值百抽五后，按月由关税收入项下拨付 32 万元。

△ 上海美国邮局自是日起不收邮件，所有寄往美国信件，概由中国邮局寄递。

7 月 29 日 北伐军在韶关失利，全线退却。自 22 日起，双方在韶关附近激战。北伐军迭获战绩，但因久战疲劳，缺乏械弹，加以粤军第一师梁鸿楷、陈修爵部突投叛军，牵动全线，而造成总退却。30 日，各军退至始兴江口，湘军陈嘉祐所部三旅，一旅在火山，其余两旅在周田、仁化尚未加入阵线，亦退却。

△ 北京政府召开国务会议，颜惠庆向黎元洪递交辞呈。黎谓在国会未实行开会以前，现状有维持之必要，派饶汉祥劝留。新任教育部次长汤尔和因主张由关税实行值百抽五中拨付教育经费 29 万元一案未获国务会议通过，乃拂袖去职，是日赴西山，表示无复职之意。同日，

北京国务会议再将此案提出通过。

△ 众议员李庆芳提出撤销清室帝号及优待费商榷书。

△ 曹锟函催吴佩孚，派人速向意大利商人交涉订购价值564万元之军火。

△ 安徽废督裁兵会开会，决议："废督裁兵之事，必本省人自为之，不借外力。"

7月30日 孙中山任命徐天琛为讨贼军别动队司令。

△ 张作霖取消东三省盐务所，限洋员交卸，北京政府盐务署无法制裁。

△ 吴佩孚致电北京政府财政部代蔡成勋催饷60万元。

△ 颜惠庆于晨10时赴西山，声言养病，托饶汉祥告黎元洪，如阁事有办法即回，黎商王宠惠暂代，王允，颜于次日得讯即回京。

△ 王承斌就任直隶省长。与曹锟约，暂任两月，期满仍回任师长。

△ 陕军师长胡景翼因所部团长王占标擅收土匪不服解散，命令派队勒令缴械，双方开战，王占标战死，事即平息。

△ 驻京美使请中国派有学识之人才，前往参加于檀香山召开之"太平洋商业经济会议"。

△ 山东各公团电请北京政府撤王正廷，以吕海寰、赵尔巽、柯凤孙监视"鲁案"会议。

7月31日 黎元洪特任王宠惠为代理国务总理。

△ 曹锟、吴佩孚联名电复参众两院江西议员，声称自停战令颁以后，对赣"未增一援兵"。

△ 江西省议会、教育会等各团体代表40余人，是日为赣事往见黎元洪，提出三项要求：一、撤销援赣总司令，惩办蔡成勋；二、撤退所有援赣各军；三、严令阻止其他军队南下援赣。黎答称："余于赣事极望和平解决，所请三项，余均赞成。"

△ 汉口各团联合会为省长问题，召集特别会议，到者26个团体

代表。议决三项办法：一、通电全国声明对萧耀南兼省长并未与闻；二、将唐克明、石星川等少数退伍军人收买无赖于 29 日当街行凶情形，通电全国，俾明真相；三、汉口各团体一致吁请北京政府速令萧移交省长职，俾汤芗铭正式履任，以维鄂局。同日，汤芗铭在商场督办处大宴绅商各界。绅商议决，一面电京否认萧兼省长，一面组织各法团联席会议，限三日内筹备完竣，召集大会研究省长问题，如不得解决，将采取罢市停税行动。

△ 湖北高等检察厅奉北京总检察厅令，票传前省长刘承恩到案质讯，刘避入日本医院，旋逃他埠。

△ 京奉路自是日起开行直达车。

是月 大中华兴业公司上海分行开幕。该公司为旅美华侨所组织。1919 年设总公司于芝加哥，资本为美金 20 万元，现扩充为美金 50 万元(约合华币 100 万元)，上海分行主要为国内办理进口货及推销出口货。

△ 申新纺织无限公司在上海设立，股东代表荣宗锦，资本 300 万元。

△ 第二十混成旅旅长吴长植自请将所部裁撤，北京国务院复电不允，谓事关全局，应俟规定办法，再行着手裁减。

8 月

8 月 1 日 第一届旧国会在北京集会，参众两院由王家襄、吴景濂两人分任主席，宣布此次开会，“系继续六年二期常会”。会上议员姚桐豫等数十人提议，此次国会应先行从事制定宪法，暂停行使其他一切职权。

△ 王宠惠拒绝就任代理国务总理，并辞司法总长职。

△ 汤芗铭致电北京政府，叙述抵武汉接任湖北省长职遭萧耀南抗拒之经过，并云萧已宣告摄省长职务。黎元洪接电后，除派哈汉章赴

鄂外，令汤仍留鄂勿去，并电庄蕴宽令其查办此事。

△ 孙中山电复海外国民党支部，勉以续助军饷。

△ 唐继尧因贯彻废督主张，改组云南政府，于是日就省长职，撤销靖国军司令名义。

△ 赣督蔡成勋电称：成立督理军务公署，一切如督军署旧制。

△ 中国共产主义青年团旅欧总支部所创办之《少年》月刊出版。陈延年、陈乔年等负责出版工作，周恩来曾于第二期发表《共产主义与中国》。该刊约一年后改名《赤光》。

8月2日 旅沪国会议员时功玖、茅祖权等100余人发表宣言，否认北京国会，略称："王家襄等自六年国会非法解散以后，或为伪廷官吏，或为非法议员，或于七年国会正式开会延不到院，经参众两院依法宣告解职，或自行辞职，经院议许可，议员资格，久经丧失，不得组织国会。"并郑重声明："依法解职之人所凑合之伪参众两院，根本不能成立，所有一切行为，当然无效。"

△ 夜，九江常德盛部及陈光远旧部十二师一团步兵共700余人，因索饷不遂哗变，烧抢商店200余家，损失约300万元。

△ 自是夜至3日晨，潮汕平原台风过境，平地水深丈余或数尺，路轨多毁，电线不通。汕头死者数万，澄海、饶平、潮阳三县死者达7000人，伤者不计其数，不少堤围溃决，田园被淹。

8月3日 北伐军在南雄召开军事会议，决定撤退。北伐军曾于英德县属黎洞下游与陈炯明军连日激战，一度击溃陈军；1日，于马坝击败陈军钟景泰部，此后形势急转。2日，江西蔡成勋军三面包围北伐军所据之赣州；广东方面，3日晨陈军杨坤如部攻下江口。北伐军首尾受敌，饷弹不继，不能再战，决定分东西两路撤退。许崇智之第二军、李福林之福军及黄大伟部入赣东，再图入闽；李烈钧之赣军、朱培德之滇军、陈嘉祐之湘军退入湘边，再图入桂。李烈钧本人则赴沪养病。

△ 山西阎锡山偕调查团400余人，乘专车赴平定，作实行自治计划之调查。

△ 北京女子参政协进会在中国大学开成立大会，到会女会员200余人，并有各界来宾10余人参加，美国纽约《新共和报》记者毕斯烈及江亢虎、林长民、王世杰等相继在会上发表演说。北京警察厅援引《治安警察法》条例“女子不得加入政治结社及政治集会”规定，禁止成立该会，该会临时改为讲演会。

△ 驻京日使小幡酉吉照会北京政府外交部，借口“延边中国军警防卫不力”，拒绝撤除该地日警。

△ “鲁案”中日联合委员会第一部委员会在外交部开第十一次会议，议事如下：派公产委员即赴青岛调查，惟关于日本既得权利问题，双方于是否合法一层发生争执，日本委员主张凡日本所已取得之权利皆属合法，无讨论之必要。

8月4日 孙中山在“永丰”舰上会见来访之何成濬，令赴闽联络延平镇守使王永泉，请接济许崇智军子弹，与之合作驱走督军李厚基。

△ 陈炯明部占广东南雄。同日，蔡成勋军占江西赣州。

△ 江苏省长韩国钧，召集全省代表开财政会议，议决核减军费，并发行公债700万元。14日旅京江苏同乡致电韩国钧，反对发行公债，并电上海银行公会嘱勿承受。苏同乡并推代表赴北京政府财政部，阻止核准该项公债。财政次长张英华接见代表，允准查账并提交国会。

8月5日 黎元洪致众议院咨文，补行民国六年7月向国会正式辞职手续；并咨文众议院，宣布民国六年解散国会经过。

△ 黎元洪令署国务总理兼署外交总长颜惠庆、兼代内务总长署农商总长张国淦、署财政总长董康、陆军总长吴佩孚、海军总长李鼎新、司法总长王宠惠、兼代教育总长署交通总长高恩洪均准免本兼各职；特任唐绍仪署国务总理。特任各部总长：外交顾维钧、内务田文烈、财政高凌霨、陆军张绍曾、海军李鼎新、司法张耀曾、教育王宠惠、农商卢信、交通高恩洪，唐绍仪未到任前由王宠惠兼代国务总理。

△ 中华民国学生联合会总会福建理事黄东鹗通电，列举事实否认北京之国会。电谓：一、民国七年所解职之议员，均已丧失议员之资

格；二、第一届大总统任职期早满，黎元洪无职可复。

△ 长江海员为华商轮船局拒不执行增加工资之条件，在“中国海员工业联合总会上海支部”领导下举行大罢工，参加罢工者有宁绍、同裕、三北、裕丰等大小20多家轮船公司，轮船60多艘，海员3000人以上。此次罢工坚持21天，停驶轮船达40艘。最后资方被迫增加工资三成，罢工取得胜利。

△ 上海闸北各丝厂女工约一万人举行罢工，要求增加工资，减少工作时间，改善待遇，参加女子工业进德会。在警察和资本家压迫下，罢工三天后归于失败。

△ 曹锟、吴佩孚致电黎元洪，反对撤回蔡成勋军。

△ 湖北旅京各界联合会在湖广会馆开临时大会，讨论湖北省长问题，对萧耀南提出三条罪状：一、公然反对中央命官；二、以鄂人而反对鄂人长鄂；三、伪造民意，自兼省长。

△ 吉林省城四周，自入月以来，连日大雨，4日傍晚雨势更剧，至5日午刻始止。房屋坍塌者约百家左右。吉长铁路被水冲坏五六十里，火车停止通行。松花江水位高二丈有奇。满江木材漂流东下，总数约达20余万根，损失约500万元。

8月6日 陈炯明军在乐昌击败湘军，占领仁化、乐昌。陈嘉祐部已退回湘省。

△ 旅沪粤人召开公民大会，反对陈炯明。大会致电孙中山，要求孙速赴公府，行使职权，维持秩序；致电粤总商会，要求该会“速行欢迎孙大总统上陆，维持秩序而保治安”；并致陈炯明电，指责陈“甘心卖友、背党通敌”，令其“速解散叛军，恢复公府，欢迎孙大总统行使职权”。

△ 英人擅划云南边界之片马为缅甸之县治。北京政府外交部电唐继尧查复核办。

△ 曹锐“因病”辞直隶省长职，王承斌接省长印。

8月7日 6日至是日，吴佩孚曾通电反对唐绍仪组阁，并指名反对张耀曾、卢信入阁，谓张入阁“有碍川、滇、粤统一”，斥卢为“交易所诈财流氓”。8日，复致电议员金永炎，表示反对唐、张、卢组阁。

△　王宠惠致唐绍仪电邀其北上，电云：“国会重开，内阁亟待正式成立”，“授命宠惠暂时承乏，勉维现状，敬候高轩”，“唯望我公早日莅职”。

△　川军第三军邓锡侯部入重庆。驻渝领事团以德领事为代表，曾于4日出面调停川军纠纷。省军以第二军退出重庆，杨森下野，第二军不再反攻，北军不入川为条件，第二军不允。6日，第二军派员向省军议和，同意让出重庆。是日邓锡侯部入重庆，邓锡侯、赖心辉代行川军总司令行营职务。杨森退向夔、万。同日，刘成勋接任川军卫戍司令职。

△　赣省代表约同旅京及各省赣人赴北京国务院请愿，要求撤出赣省客军并罢免蔡成勋。

△　北京外交团同意发给北京政府关余50万元，于是日一次拨齐。并规定此款充留学经费与北京专校经费各半，不得充作行政经费及军费。

8月8日　王宠惠晨9时就教育部总长职，10时到院就代总理职，并发就职通电，出席国务会议。新阁员到会者还有外交总长顾维钧，海军总长李鼎新，司法总长张耀曾，交通总长高恩洪。

△　黎元洪任命张金标为陆军第四混成旅旅长。

△　北京参议院开议黎元洪补行辞职案，以黎单向众议院提出咨文不合法律手续，议决将咨文退还。

△　吴佩孚致王宠惠贺电云：“公任阁揆，苍生之幸，望勉任艰巨，以慰群情。佩孚仰望高贤，谨当以全力为公后援。”

△　程潜由沙面登“永丰”舰，劝请孙中山离粤，另谋进取。

△　陈炯明部粤军黄强、黄业兴等部由北江回省。以翁式亮守韶关，杨坤如守南雄，谢文炳守乐昌，李云复、罗绍雄守翁源，陈炯光守始兴。

△　贵州总司令袁祖铭通电宣布接受81县“公民大会”公举为贵

州省长，并“拟于本月内择日正式就职”。

8月9日 孙中山于下午离“永丰”舰，乘英舰“摩轩号”离粤赴香港，蒋介石等同行。孙中山对随行人员表示：“一息尚存，此志不懈。”并通电前方将士，令李烈钧率“各省之义军集合粤境，同心戮力，讨此逆贼”。

△ 北京众议院议员姚桐豫发表意见书，主张速在上海开南北统一会议，南北两方对等选派同数代表，共同解决时局上一切重要问题，如废督、裁兵、理财等。

△ 北京政府交通部电政司长吴佩璜通电，历述电政已濒破产，所负外债已达极点，全国电政收入及营业权，将抵押尽净，急宜开源节流以图挽救。

△ 中共中央总书记陈独秀在上海住宅被法国捕房拘捕，经中法会审官协商后，判决罚洋400元，于18日下午交保释放。

△ 张作霖委任袁金铠为中东路督办。

8月10日 旧国会开第一次宪法审议会议，参议院议员出席139人，众议院议员出席325人。修改民国六年草案之“地方制度”一章。

△ 黎元洪令准交通大学校长关赓麟、唐山大学分校长全绍清辞职，以邵恒濬任唐山大学分校长。

△ 陕督刘镇华通电声明：“现将全省商税三十五处统作为学校用途，无论军政各费如何艰窘，丝毫不得挪移，而棉捐收入，仍旧拨充留学费用，以示竭力提倡之决心。”

8月11日 黎元洪再次向国会提出补行辞职咨文。

△ 5日和7日，北京国立八校校长先后曾为教育经费问题向教育部请愿。是日，八校校长及教员数百人，又赴教育部向总长王宠惠索薪，王未见，散去，宣布次日将去国务院索薪。次日晨，王接见代表，允下星期三前解决教育经费问题。

△ 台州发生飓风，历30小时，毁坏甚大，城乡内外，一片汪洋。

△ 澳门交涉事件久未解决，葡人托商会调停，中方提出条件20

则，未得结果。

8 月 12 日　吴佩孚电促孙传芳入川，孙赶编五个混成旅赴川援助杨森，是日下动员令，并暂设援川司令部于云阳。

△　张作霖招待奉天英、美商行代表，发表演说，略谓于直奉之战，志在“统一”，并责英人不守中立，助吴抗奉。

△　改造湖北同志会张孑余、孙明哲、左国栋等通电，提出关于湖北问题之建议：一、废除省长制，改行民选合议委员制，执行省政；二、废除现有省议会及省议会法，实行普通选举；三、撤销驻防军队，组织民兵。

△　中国共产党中央委员会机关报《向导》创刊于上海。

△　苏俄政府代表越飞率随员 24 人抵京。越飞一行于 9 日抵哈尔滨时，曾对记者发表声明，强调中俄建立友睦关系之必要。是日抵京时，有 21 个民众团体集会表示欢迎。13 日晚，越飞宴请记者。

△　下午 3 时，中华民国宪法草案修正请愿团在北京开成立大会并发表宣言。发起人提出该团之要求为：一、联省民主；二、女子参政；三、贯彻信教自由；四、教育独立；五、劳工保护等项。

△　袁祖铭通电全省公民大会就任贵州省长，所设定黔军司令部即行取消。

8 月 13 日　汉阳兵工厂 2600 多名工人为要求增加工资举行罢工。军警开枪镇压，打死工人三名。工人愤而爆炸机器一部，斗争结果取得部分胜利。

△　《民国日报》载北京国务院下令严禁以下七种书籍：一、《平民宝鉴》；二、《官场揭隐》；三《政府秘密大观》；四、《新知识》；五、《民国正义》；六、《治世要诀》；七、《下士衣食》。

△　女权运动同志会在北京招待报界、学界，会议主席周敏报告开展运动之方法：一、发刊《女权运动号》；二、学理讲演；三、实地调查。北大校长蔡元培、教授曹敏、黄日葵、谭仲逵、李大钊先后发言，宣传女权运动。

△　讨贼军黄明堂率部在广东高州独立，向化州方面进展，叶举令黄强率部往“剿”，两军接战。陈炯明又调陈德春、钟景棠所部，赴高州攻黄明堂。19日，黄明堂部退向廉州，集中合浦。20日，黄强率部入北海。21日，黄明堂由高州攻阳江，陈军30营急援，22日，滇军张开儒部入钦、廉，助黄明堂。

8月14日　孙中山抵上海，随同到达者有汪精卫、陈策、蒋介石、陈群、黄龙等。在上海新码头欢迎者有40余团体，千余人。下午，孙中山召集会议讨论时局问题。

△　黎元洪派黎澍、刘钟秀二次赴沪请孙中山北上。

△　援赣军总司令蔡成勋电萧耀南，嘱萧转告赵恒惕阻北伐军入湖南境。当日晚，萧耀南宴湖南代表朱樾辛、周明，出示蔡电，请转达，并派蒋姓参谋持函星夜随朱、周赴湘。

△　庄蕴宽谒见黎元洪，详述赴鄂查办刘承恩舞弊证据，共约3450余万元，内由萧耀南手付给直系2700余万元。

△　长沙各校校长因欠发经费七个月，召开校长会议，常德、衡阳、辰州、永州各公立学校校长，亦因经费问题联名呈请辞职。此后，湖南公立商业专门学校校长任凯南与其他14所公立学校校长，以经费困难亦联名辞职。湖南省政府无法，出面慰留，并允解决经费问题。

△　北京外交团会议，决定立时照会北京政府，允加拨关税30万元，充紧急政费、海道测量费与接收威海卫公署经费。

△　“鲁案”第一部委员会第十四次会议，议决组织邮电分委员会，中国派孔祥熙等六人，日本派矢野真等八人为委员。17日，第十五次会议，中日双方同意海关分委员会之报告。

8月15日　孙中山在上海发表宣言，宣布陈炯明叛乱始末及解决国是之主张：一、护法当以合法国会自由集会，行使职权为目的；二、实施6月6日宣言所说之“兵工计划”；三、发展实业；四、尊重自治，惟不容军阀托自治之名，阴行割据。17日，又发表内容基本相同之对外宣言，宣布和平统一中国的计划。

△ 黎元洪令农商次长江天铎暂行代理部务。

△ 陈炯明回广州，在白云山召开军事会议，自任粤军总司令。陈一面规划粤省善后，一面着手于联省自治，分途联络赣、粤、湘、浙、黔、滇各省。

△ 吴佩孚电请王宠惠任总理，谓："超然内阁非公莫属，万请出任艰巨……必以全力为公后援。"

△ 赵尔巽奉黎元洪密令调解直奉矛盾，致电张作霖，希望张"顾全大局，表示让步，变更联省自治"，"将前方军务，全部收束，各路军队，尽数调回"。

△ 黎元洪特召王怀庆、聂宪藩、薛之珩等在延庆楼议警卫北京事项：一、将驻北京第九师移开北苑；二、派王怀庆所部十三师填驻于北苑；三、京师以内除游缉队、宪兵及警察外，不得驻守其他军队。

△ 广西省第一师师长刘震寰就桂省各军总司令职，调各军集邕州分三路出发，左路马晓军攻南乡，右路韦冠英由梧州攻浔州，中路刘自率部由郁林攻陆川，拟肃清全省。连日平南、南乡均有战事。广西自治军韩采凤由邕进攻柳州，同卢焘部在迁江剧战，19 日逐走卢焘，占领柳州。

△ 川籍参众两院议员为反对直军入川，特致电吴佩孚，"速止前令，撤退入川之兵"。

△ 上海八团体国是会议国宪草议委员会发出通电，表示对于国宪之意见。其要点为：一、定中华民国为联省共和国；二、列举联省政府与省政府之权限；三、国防军不超过 20 万人，分驻国防要地，岁费不得过联省政府岁出 20%；四、各省军队改为民团；五、限定何种为联省政府收入，其余通为各省收入；六、军人解职未满三年者，于联省政府及省政府皆不得当选为首长；七、现役军人不得以文字向公众发表政治意见。

△ 湖北旅京同乡 300 余人召开大会，议决派代表赴国务院请愿，要求解决省长问题。25 日，再次赴国务院请愿，并要求萧耀南交出省

长印信。

△ 苏俄政府代表越飞会晤北京政府外交总长顾维钧，是日递交国书。18日，对北京报界代表发表谈话，抨击英、法各国，并云："武力与资本及侵略主义者终必失败，而被蹂躏之弱国宜团结以抗之。"同日，北京学界蔡元培、李大钊、胡适等10余人，设宴东方饭店招待越飞。席间蔡元培、李大钊、胡适等相继发言，越飞亦有恳切之答辞。

△ 孙中山电复国民党古巴支部，告以"来沪谋中国统一计划"，并勉续助军饷，以竟全功。

8月16日 黎元洪令财政次长兼盐务署署长、稽核总所总办严璩准免本兼各职，以张英华接任，并暂代理部务。

△ 中国劳动组合书记部总部制订之《劳动法案大纲》19条，在《工人周刊》及其他报纸、杂志发表，号召全国工会展开劳动立法运动，《大纲》中心要求为：承认劳动者有集会、结社、罢工之自由权利，对工资福利、工作时间、保护女工、童工等问题，也提出具体要求。《大纲》发布后，各地工人纷起响应。唐山、郑州、长沙等地工人开大会，举行游行示威，并通电全国团体及国会，要求通过《大纲》。

△ 章太炎、谭延闿为四川内战问题联名通电，谓："吴佩孚拥众洛阳，自谓北方第二政府，特派孙传芳为援川总司令，以两师两混成旅入川，预定川事得手，设长江上游总司令部于重庆，现渝、万虽复，而吴氏侵略之志未衰，又复纠合秦、陇，规出川北，煽惑黔军，冀其响应。所以图川不遗余力者，非特报十年北伐之仇，实以铲西南自治之本。西南无川则湘孤，而滇、黔无屏蔽；粤、桂虽远，自在掌中矣。吴之兵略，只以远交近攻为主，诸公不欲自存则已，如欲自存；对手西南联省，不应徒以空言相结，其必同伸义愤，一致拒吴。"

△ 张作霖致黎元洪电，痛斥吴佩孚，略谓："仆一介武人，何仇于吴，视吴氏亦不过区区后进小子而已，乃竟敢欺我太甚。近者吴氏对于中央用人行政，种种把持，挟元首而令督军，欺人民而图私利，各大官吏苟非同系，一律排斥，内阁问题，更受其支配，太阿倒持，大权旁落，实为

中央抱恨。”

△　是晚农商总长卢信抵京，次日到部接任，并拟定罗家衡为次长，江天铎提出辞职。

△　吉林督军孙烈臣向北京政府报告，中国军队在头道沟一带已布置妥贴，当催日本自延边撤警。

△　北京政府外交部通知各国驻京公使，已派刘符诚为撤废客邮会主任委员。

8 月 17 日　孙中山宴请驻沪国会议员。黎元洪、曹锟派遣来沪之代表黎澍、李繁昌、刘成禺、孙岳等出席。

△　中国共产党中央执行委员会在杭州西湖召开特别会议，讨论同孙中山领导的国民党建立统一战线问题。会议决定有条件地接受共产国际代表马林关于共产党员和社会主义青年团员以个人资格加入国民党的提议。这次会议推动了第一次国共合作的建立。

△　旅京赣籍团体代表 200 余人，赴北京国务院请愿，要求查办蔡成勋违抗北京政府命令，不肯停战，软禁省长谢远涵，纵容九江兵变，勒索军饷等罪行，要求罢免蔡成勋之职务。王宠惠面允下令查办。国务会议即将查办案通过。赣人散后，由于直系反对，国务会议又将该案取消。

△　吴佩孚电复参众两院川籍议员，否认派兵入川。

△　四川旅沪同乡倪克明等百余人致电川中各将领，反对直军入川。25 日复集会通电再次反对直军入川。

△　北京国立八校校长蔡元培等及教职员代表，根据北京国务会议决议教育经费归交通部拨给为由，至交通部向总长高恩洪索取积欠经费，自朝至暮，毫无结果。蔡元培等八校校长因即呈请辞职，并通电全国各界。当日晚，高恩洪因避八校索薪，亦辞职赴天津。19 日，八校教职员开全体会议，决定派代表向国务院要求即日下令罢斥并严惩高恩洪，责成交通部速发积欠经费。20 日，八校教职员通电申述至交通部索薪情状。21 日，八校代表往见黎元洪，黎未见。同日，高恩洪回京

并派吴佩璜见黎，商讨取缔教职员索薪对策。22日，黎接见八校代表，声言今后经费按月拨发，所有积欠全部补发，劝各校代表“勿走极端”。代表不满。同日，蔡元培等八校校长上第二次辞呈，25日上第三次辞呈。同日，各校分别召集全体会议，议决教职员全体总辞职。30日，八校校长上第四次辞呈。同日，黎元洪指令，教育经费由财、教二部会同交通部解决，推翻由交通部解决之原议案。

△　黎元洪令派汪大燮为中国红十字会会长。

△　在日本之16名华工无故被日本政府驱逐回国。此后，22日日邮船“八幡丸”抵沪时，又载有被迫回国之华工40余人；25日又有华工23人被迫回国。据报载，在日华工总计约2500余人，日本政府已强迫彼等贮蓄，一俟其贮足回国川资，即实行驱逐。

8月18日　北京政府交通总长高恩洪指使该部职员以八校教职员代表逼索经费为由，提出总辞职书。

△　黎元洪令上海南洋大学校校长雷光宇准免本职，任命卢炳田为该校校长。

△　中日撤邮会议在交通部开第一次预备会议。

8月19日　在国会宪法审议会上，出席议员466人，有393人赞成省之权限采取概括主义，中央取列举主义。

△　王宠惠呈请辞职，由黎元洪退还，次日继续辞职，并前往西山。

△　黎元洪特任林锡光署理甘肃省长。

△　成都卫戍司令部以“造谣通敌，捏造谣言，摇惑军心”，“随声附和，颠倒是非”罪名，查封《川报》、《国民公报》两报馆，逮捕两报总编辑宋师度、李澄波。

8月20日　北伐湘军陈嘉祐部返湘，赵恒惕派叶开鑫、唐生智两旅往宜章、永兴、桂东一带防堵。26日吴佩孚电赵恒惕，促其速以重兵解除陈嘉祐、李明扬等部武装。28日，叶开鑫、唐生智两旅御战均败，陈部抵衡州。长沙紧急戒严。赵恒惕决定取消自治，投靠直系。但各方讨赵声甚高，赵仍恐吴佩孚派援不及，已将眷属送沪。

△ 越飞在北京发表宣言，愿交还库伦，并要求解决中俄边境驻兵及中俄通商问题。23日，继续同顾维钧谈判，商洽中俄会议之进行问题。

△ 河南赵倜旧部3000人攻克商丘，全城被劫，并掳去法国工程师二人、希腊教士一人。

△ 湖南学生联合会在长沙发起之“民治促进大同盟”，19日于船山学校开会，决定于是日举行市民请愿大游行，请省议会“毋为势屈，毋为利诱，务选出非军阀之人为省长”。是日长沙市民近二万人，至省议会请愿，齐呼：“打倒武人政治”，“拥护民权”等口号，由议长林支宇收受请愿书，许完全容纳其意见，众方整队离开议会游行。

△ 中国科学社第七次年会在南通正式开会。社员到者40余人。由主席张謇致开幕词，梁启超、马相伯演说。22日下午举行第一次社务会，由杨杏佛主席。

△ 川军第二军大败，杨森逃宜昌，残部窜鄂属施南一带。

△ 北京政府高等军事顾问日本中将青木宣纯请假归国，于今日抵日本门司。日报各新闻记者特往询问对华意见。青木宣纯竟主张“国际共管中国”，且断言“本年中(国)必有大乱”。

△ 香港《农报》编辑部出版《陈炯明叛国史》。

8月21日 孙中山为组织力量讨伐叛逆问题同徐树铮会谈，同意其共同攻闽要求。孙并电嘱胡汉民前往延平与王永泉商合作攻闽条件。

△ 广州政府财政次长廖仲恺，曾被陈炯明诬陷逮捕，因无证可查释放，于是晚抵沪。

△ 黎元洪特任王毓芝为全国烟酒事务署督办。同日批准该事务署督办一职“仍复旧制”。

△ 北京参议院召开第五十六次常会，议长王家襄主席，出席议员138人。拟议事项为：一、黎元洪辞职咨文；二、外交部来咨：万国议院商业委员会请派员赴会问题。结果二项均未讨论。

△ 晨，王宠惠返京，又往协和医院“调治眼疾”。张英华迄未敢到部，仅在盐务署办事，北京政府财政部事务无人主持。

△ 北京国务院秘书厅因欠薪五个月，今日午后停止办公。并议定：一、封锁国务院大小印信；二、停止收发公文及电报；三、封锁会议厅，停止办理会议各事项；四、各科处无论大小事项，一律停办。22 日下午，发一月欠薪，始恢复办公。

△ 吴佩孚电促高恩洪即日回京，毋庸辞职，并表示对于事实上之困难，当以全力为之后盾。是日高恩洪由北戴河回京，派吴佩璜见黎元洪商谈取缔教职员索薪办法。

△ 越飞之秘书库治纳诺夫访外交部秘书朱鹤翔，再次要求订期会见黎元洪。同日，北京新潮社、晨报社、马克思学说研究会、社会主义青年团、少年中国学会等 14 团体联合宴请越飞，到会七八百人。苏俄代表团并发表声明书，说明来京之目的。

△ “鲁案”第一部委员会第十六次会议，中日各通告派接收行政分委员会之委员。

△ 华人 207 名，被荷兰政府遣令出境，是日乘“安本号”轮船赴香港。

8 月 22 日 齐燮元、卢永祥、王宠惠均派代表到沪，孙中山将于下星期中与各代表谈话。

△ 护理江西省长何刚德致电北京政府辞职。

△ 北京外交团向北京政府提出五项通告：一、中国政局纷乱已极，各国在此纷乱政局期间，决不能对中国政府为财政上援助；二、外交团善意劝告中国政府，宜极力速谋全国统一；三、张作霖之截留盐税及东三省之外交状态，外交团认为违反条约，要求中国政府确实答复；四、届期外债本息，要求中国政府速行支付；五、各省兵变频发，故要求中国政府对于外人之生命财产须切实保护，并要求损失之赔偿。

△ 中国驻横滨领事为日本驱逐中国侨工事，向日警署提出质问，留日中国学生亦表示不平。

△ 四川刘成勋发表通告，谓："查川省和平之局，实为杨森一人所破坏"，"前总司令刘湘，已由成勋电饬前方，派队护送回籍，并令各军查照陆军定制一体崇敬。"

8月23日 黎元洪就国务总理问题电复吴佩孚，谓：颜惠庆在职期间"虽无殊勋，亦无大过"，然为各党所不容；"独卜少川，佥无异议"，"酝酿两旬，卒成定案"。目前，"唐揆来否，尚未可知"。即使唐肯来亦不妨暂观，如其"违众孤行"，"彼将自蹶"，"预摈何为"？

△ 上午黎元洪邀集顾维钧、孙丹林、张耀曾、张绍曾、卢信等开临时会议，讨论总理问题，决定：一、在国会未将唐阁同意案解决以前，仍挽留王宠惠代理，继续维持现状。二、催国会方面速将唐阁同意案提付众议。下午，顾维钧、张绍曾同赴医院，劝王宠惠维持现状，王不允。

△ 北京政府组织之国民监督财政委员会，公布北京政府财政情况。计政费月应支300万元，而积欠已达4000万元；军费月应支600余万元，而积欠不下一亿元。至于长短期内外债款，除大部分系担保确实者不计外，其本息全无着落者，约三亿元。加以各银行垫款5000余万元，及已到期之国库券3000余万元，合计近四亿元。

△ 女权运动同盟会在北京女子高等师范学校开成立大会，到会会员及中外来宾约计五六百人。

△ 京绥路职工因要求北京政府交通部取消太康洋行合同无效，宣告脱离交通部，遭高恩洪派军警弹压，勒令路员照常办公并令捕拿闹事者。

△ 王怀庆以军饷、政费无所措为由，辞卫戍总司令职，黎元洪慰留，王已出京。

8月24日 是晚，孙中山在上海寓所宴请报界人士，致词谓："中国现已过武力解决时期，而入舆论导进时期也。笔之为用，何殊十万毛瑟。诸君皆任笔政……请与全体国民共同奋斗进取，发明公理，宣释共和，监督武人，实现统一，斯国家之幸也。"

△ 长辛店3000多铁路工人在工人俱乐部领导下举行罢工，断绝

南北交通，粉碎军阀武装镇压，坚持两日，取得胜利。罢工工人共提出九项条件，主要有：增加工资，开除最坏之工头，争取工会有推荐工人权利等。此次罢工成为北方铁路工人罢工之起点。

△ 外交部密函内务部，请饬京师警察厅选派干员，侦查越飞行动。

△ 广西省长马君武因南宁为蒙人潜、林俊廷所据，特于是日在梧州设省署。

△ 偿还内外短债委员会会长董康赴欧美调查商务实业，由副会长接续办理结束事宜。

8月25日 孙中山在上海会见越飞的代表马林。孙感到与苏俄建立更紧密联系的必要，并要马林向越飞转达如能实现同苏俄的联盟，将在取得全国政权之后，允苏俄参加中东铁路的管理。马林劝孙中山不要单纯以军事行动收复广州，建议应开展工农群众的宣传运动及接纳中共党人加入国民党等。孙中山接受此建议，并表示加入国民党可取消打手模和宣誓服从他的旧办法。几天以后，陈独秀、李大钊、蔡和森、张太雷拜会孙中山，并由张继介绍，孙中山亲自主盟，正式加入国民党。

△ 孙中山对美国《芝加哥论坛报》记者鲍威尔谈论中国之国际地位。谓："中国之内部政潮，欲求解决，必须先从解决财政入手，尤以解决北京政府之对外借款义务为特要。""赞成外资继续参加于开发中国富源及建筑铁路。"并表示："未觅到若干解决中国财政问题之方法以前，余不准备加入北京政府。""希望将中国欠欧洲之债移渡于美国"，"美国经济情形较良，中国或可取得较宽之条件及调整。"声明："凡北京政府所合法缔结并经国会最后批准之任何借款，余绝无否认之意。"

△ 援赣军总司令蔡成勋于17日曾派兵赴西岸榷运局，强将该局收存之盐税50万元截留。是日，外交团派驻京日使小幡西吉至北京政府外交部为此提出抗议，要求中国政府对于蔡成勋及张作霖等此类违约行为，加以严重处置。顾维钧代表北京政府外交部答复云，已令张作

霖即日将截留盐税交还,嗣后不得再有此“轨外行动”,对于蔡成勋“亦当即日严加调查事实真相,一俟查清,自当执相当处置”。

△ 越飞正式照会北京政府外交部长顾维钧,正式提议召开中俄会议。

△ “鲁案”第二部委员会续开第八次会议,决定各种财产审查标准:铁路改良及增修者,须能提高效力具有永久性质、机械上或地理上有固定位置为原则。

△ 江亢虎在《东方杂志》第十九卷第十六号发表《新民主主义与新社会主义说明书》一文,提出“新民主主义”与“旧民主主义”两个概念,并对两者的不同之处作了分析;文中从三个方面概述了新社会主义的特征。

8月26日 广东省议会开会选举省长,议员议论纷纭。议长陆梦飞与议员关文渊言语冲突,陆拔手枪击之,未中,秩序大乱。次日,广东省议会开紧急会议,将陆梦飞除名。28日,通过陈席儒任临时省长,陈炯明仍为总司令。

△ 国会宪法审议会通过:一、各省于不抵触国宪范围内得自制省宪;二、地方制度章内,应规定关于省宪各原则。

△ 南浔路向日本方面借款250万元,以160万元付东亚公司旧债本息,余存路局,作为购办材料修理桥梁之用。

8月27日 越飞设宴招待中国国会议员、赈济俄灾会委员及教育界人士,赴宴者有蔡元培、胡适、陶孟和、刘式南、王葆真、胡鄂公、李季赓、邓洁民等10余人。越飞发表演说,表示:中俄两民族以平等友爱及互相尊重之精神,创始中俄间新纪元之条约。

△ 沈鸿英根据吴佩孚授意,于19日通电反对联省会议,谓“联省会议之说”乃“亡国之言”。是日,吴佩孚复电表示赞成其主张。冯玉祥、田中玉、孙传芳、萧耀南、陆洪涛相继通电响应,反对联省会议,拥护国会速定宪法,与陈炯明、唐继尧、刘成勋、赵恒惕等主张在上海开联省会议者成对抗之形势。

△ 女子参政协进会发表向国会请愿书，要求女子有被选为议员之权。

8月28日 黎元洪指令免除查办前湖北省长刘承恩。令曰："据称(刘承恩)被控各节尚无确据，惟刘承恩在任年余，并无善政，现在业经免职，应无庸议。"

△ 曹锟致电北京政府催速发表蔡成勋督办江西军务。同日，赣籍国会议员，质问黎元洪自悖前言任蔡成勋督理赣省军务。

△ 黎元洪以广东潮汕飓风成灾，令财政部迅拨帑银五万元交由该省办赈机关发放。

△ "鲁案"第一部委员会第十八次会议，中国委员依据华会条约，提出收回矿山，中国不应偿价之意见。日本委员提出盐田偿金总额为780余万元。

8月29日 孙中山复函参议院副议长王正延，解释护法要旨，略谓："来函备悉。所提拥护中华民国、拥护约法、拥护国会三事，文频年所尽瘁者，诚在于斯。"并谓："对于护法问题，以合法国会自由行使职权为达到目的，亦即如来书旨意，以主义为归。"并勉为正义奋斗。

△ 曹锟、吴佩孚致电孙中山，谓："捧诵宣言，敬领宏旨"，"倘承不弃，时惠教言，则谋国有老成，匪独一二人之幸也"云云。

△ 黎元洪以河南前督军赵倜暨其弟赵杰勾匪图乱，令赵倜着即褫夺原官、勋位、勋章，并赵杰一体通缉归案讯办。

△ 孙中山委邓泽如为中国国民党广东支部长。

△ 广东省议会通电，宣布陈席儒就省长职。

△ 周自齐、董康赴美、法、英、日。此行任务为：一、中法银行在巴黎开会，尚有许多条约待商榷；二、中国财政枯窘已极，欧洲战后，损失亦不小，考察其如何救济之法；三、前往英伦考察其司法状况。

△ 鄂督萧耀南派蒋秉忠赴湘，警告赵恒惕：一、取消联省自治主张，免碍统一；二、加派湘南防军，驱逐粤、赣军出境；并谓若再圆滑，洛方将助谭(延闿)回湘。

8 月 30 日　张英华由保定致电黎元洪，谓曹锟对内阁主留王宠惠，对军费支配，嘱向吴佩孚商，对高凌霨就财政总长职无表示。

△　顾维钧、越飞第三次会谈，次日第四次会谈，对库伦撤兵、中俄通商及日俄长春会议事，进行了广泛讨论。顾表示将于下月 2 日介绍蒙藏院长与越飞谈话。至于长春会议，北京政府不派员参加，但如涉及中国事项，非得中国同意决不承认。同日，英公使艾斯敦访顾维钧，谓越飞宣传过激思想，请中国严加监视。

△　孙中山召蒋介石赴沪，商讨对苏俄问题。

△　护法议员(即民八议员)45 人赴众议院会场，要求见吴景濂，出席会议，遭拒绝。当日致电孙中山，谓："本日赴众议院出席，初则闭门禁阻，嗣始入院，多数议员允为依法解决，乞转同人到京，一致力争。并祈通电主持。"随后发出宣言。

△　冯玉祥、萧耀南、张锡元分别致电黎元洪，对内阁问题，表示拒唐绍仪、拥王宠惠，如王难留，请择外交人才为继。

△　王瑚辞山东省长。

△　晚 7 时 40 分，甘肃固原发生强烈地震，损失甚重。

8 月 31 日　孙中山答"东方社"记者，云："北方武人与余之主张接近，确为事实，但余非知其诚意如何，决不与之联络。苟有诚意，不论为张作霖，为吴佩孚，均可引为同志，国会问题，余主张恢复民八国会，至对陈炯明，余必按宣言膺惩之。"

△　东三省省议会联合会拟定联省保安规约共 20 条，内容主要为：东三省联合为一自治区，自治区内拟定规约，军民共同遵守；自治权由三省"人民"共主之；"人民权利义务"遵照旧约法；实行军民分治；省长由省议会选举；共同立法由三省省议会联合会行之。

△　中日撤邮委员会在北京政府交通部举行第一次正式会议。

是月　大兴纺织有限公司于石家庄成立，资本 210 万元，锭数 2.4768 万枚。

9 月

9月1日 黎元洪令将第一届国会议员因政治关系被通缉之原案一律撤销。

△ 北京国务会议通过严格限制京奉全路运送军队案。

△ 北京政府组织之修改税则委员会开第一次大会。英、美、法、日、比、意、荷、丹、挪、葡等十余国代表到会。由蔡廷幹主席。会议讨论此届修改税则后之实行征收期与现行值百抽五税率。25日闭幕。

△ 孙烈臣电告北京政府，日本撤退西伯利亚驻军，吉省已派军队增防中东路线。

△ 喀拉沁王谒黎元洪，陈述外蒙王公希望政府速派兵入库(伦)，收回主权，王公愿为内应。12日，北京陆军部特组织蒙疆善后委员会，由张绍曾兼任会长。

△ 云南东陆大学兴建校舍，并推董泽为校长，王九龄为名誉校长。

9月2日 黎元洪特派蔡成勋督理江西军务善后事宜；特派萨镇冰前赴福建、安徽，李开侁前赴陕西、湖北，孙道仁前赴甘肃、新疆，程道光前赴热河、绥远，会同各该军民长官查勘烟禁；特派孙丹林暂兼扬子江水道讨论委员会会长。又令现行各项奖券、赈券无论已否届期，自奉令之日一概停止发行。

△ 黎元洪电催李烈钧北上。是日李抵长沙，将部队交李明扬统率离湘境，本人则于14日抵沪。15日在《民国日报》刊登启事，声明“在沪养病期间，不出席会，不复函电”。

△ 北京政府兼代国务总理王宠惠呈请筹设政治善后讨论会，黎元洪指令照准。

△ 在京护法议员120人于中央公园招待中外新闻记者，发表“保持资格，维持法统，促成统一”等主张，呼吁新闻界主持公道。次日，旅

沪护法议员 60 余人亦召开会议，议决留沪护法议员作北上之后援，发表声明时概用“法统维持会”名义。

△ 川军军长但懋辛、刘成勋等通电全国，宣言：一、此次川中纠纷纯为内部问题，各军将领皆本从前宣言，承命川军总司令刘成勋，执行任务；二、各将领责任，限于川省以内之善后经营，以安定地方为职责；三、从前二军所派在各省之代表，不足以代表全川将领；各省正式派遣驻川之代表，请以军民首长所在地机关负责；四、川省僻处边隅，对于全国大势，多所隔膜，尚望时赐教言，俾作南针，苟利于国，主张以公，川人决不自外于国家。同日，刘成勋致电孙中山征求川局善后意见。

△ 越飞致函顾维钧，提议根据 1917 年 7 月 25 日和 1920 年 9 月 27 日对华宣言原则进行谈判。同日，越飞偕随员 14 人离京赴长春，参加“日俄会议”。北京政府外交部派参事朱凤鸣、邓洁民等送行，另派郑延禧、王鸿年赴长春照料“日俄会议”，惟不正式参加。

△ 张作霖致电北京政府，请与莫斯科及远东代表商订任何条约时，当注重满洲人民意见。

△ 北京八校教职员代表会议议决：一、要求拨付三个月教育经费，唤起群众舆论；二、宣布高恩洪推翻阁议、摧残教育等罪状。同日，八校学生代表赴国务院请愿，要求拨发教育经费，并请将高恩洪免职惩办。5 日，教职员代表向黎元洪请愿。6 日，蔡元培等呈国务院声明，“在未经领得三个月经费以前，绝对不能负责”。同日，八校教职员第一百五十次联席会议议决，即日致函王宠惠质问。7 日，教育部会计科仅由财政部领到 10 万元，其余仍无下落。8 日，教职员代表临时会议商讨继续争取经费及宣传学生参加读书运动事。会后散发传单，号召学生“起来向政府算账，向军阀算账”。

△ 阎锡山在太原召集山西全省村范大会。各县知事、村长、村副及人民 50 万人应召与会。

9 月 3 日 孙中山复曹锟、吴佩孚 8 月 29 日电，重申“化兵为工之策，自信为今时救国不二法门”。并告诫曹、吴，“至冀守正不阿，一切依法解决，不为少数政客私见伪行所蔽，法统成立，纠纷自解，而国乃真可为也”。

△ 吴佩孚召集鄂、鲁、豫各省代表开郑州会议，讨论对奉关系、南北统一、内阁、反对联省自治、援川军事收束诸问题。决发电暗示孙传芳：一、对于援川鄂军应即从速收束；二、凡已入川境之鄂军次第撤退，彼此不得侵犯；三、溃散之川军一律禁止窜入鄂境。川、鄂边防事宜，在川讧未大定前，应依旧特别戒严，不能疏忽。

△ 中国劳动组合书记部及各地工会代表为劳动立法事在北大三院招待国会议员。主席邓中夏讲话，要求在此次制宪中“为劳工规定权利”，“希望中国的资产阶级觉悟起来与劳动阶级携手，一起打倒国际资本主义”。提出要求之要点：一、工人集会言论自由；二、同盟罢工权；三、团体之契约缔结权；四、国际联合权；五、八小时工作；六、增加工资；七、改良待遇；八、参加工厂管理事务之权；九、工人有受教育的机会。国会议员蒋羲明等发言支持工人要求。

△ 旅京江西国会议员在江西会馆开会，反对蔡成勋督理江西军务。

△ 上海青年讲演会为纪念“国际少年日”，特请北大教授李大钊在中华职业学校演讲青年问题。听众约200人。沈雁冰、杨贤江、高尚德、张国焘、张占刚等接续演说。最后大会通过：一、致电“北京民权运动大同盟”等团体，响应劳动立法及争取各种自由运动；二、中日与会青年组织民权运动同盟。

9月4日 孙中山在沪召集各省国民党负责人会议，到会53人，讨论国民党改组问题。6日，孙指定国民党改进案起草委员会委员为丁惟汾、管鹏、茅祖权、陈独秀、覃振、田桐、张秋白、吕志伊、陈树人等九人，并邀请李大钊等共产党员参加国民党。

△ 吴佩孚电请北京政府任杨森为旅长，率兵攻川。

△ “鲁案”第一部委员会第二十次会议。盐场问题交分委员会审议。日方要求公产分委员会在青岛开议，以便迅速进行，中方允俟大会休

会后在青岛开会。定本月 7 日起暂停大会，俟分科委员会议复后再议。

△　中南、盐业、金城及大陆四行联合发行纸币，并成立四行准备库。

△　“日俄会议”在长春开幕。

9 月 5 日　孙中山以黎元洪入京暂行大总统职权后，撤销民六解散国会令，是日复函旅京护法议员，支持旧国会复会。

△　孙中山分函朱培德、陈嘉祐，令其联合刘震寰、黄明堂攻取桂林。9 日，朱培德、赖世璜退出湖南，占领广西全州，向桂林进军。广西自治军梁华堂谋与陆荣廷旧部韩采凤合力抵御。

△　北京国会宪法审议会第五十五次会议，继续讨论“县制度之如何规定”。护法议员焦易堂、邹鲁、谢持等相继发言，质问王家襄民国八年在广州宪法会议已经通过之条文及审议会已经通过之地方制度各条文，审议长根据何种理由何种法律以取消之；此次会议何以不许护法议员代表进议场。王答语不得要领。众谓法律不明，所订宪法何能使国人尊信，王家襄谩骂，众哄上，殴王家襄，拉王正廷下台，无结果而散。同日，众议院警告议员，准 6 日开常会，随带徽证，否则不许入门，预防民八议员“捣乱”，已实行戒严。

△　张英华允代理财政总长职，要求三项条件：一、各机关不准动众索薪；二、交通部亏欠不负责；三、开各省代表会议讨论财政办法。7 日，国务会议讨论张之要求，决定召集各省委员及各部委员速开财政会议，并取缔聚众索薪。8 日，张到财政部代理部务。

△　吉林省派往头道沟之防军哗变，日本公使向北京政府外交部提出抗议。

△　江西南昌蔡成勋所部第一师某营，因向商店要求 50 万元充饷薪未遂，哗变。

9 月 6 日　国会众议院常会开会。到会 357 人，张伯烈以 218 票当选副议长。会上民八民六议员发生纠纷。

△　川鄂和议经刘成勋派代表陈敬循向孙传芳商谈，所商条件为：

一、川、鄂军同时撤退、两不相犯；二、渝、宜交通立时恢复；三、川鄂联防条约继续有效，由孙传芳电吴佩孚接洽。8日双方在宜昌签字。

△　曹锟致电黎元洪，要求将蔡成勋江西善后督办之“善后”字样删除。8日，蔡电辞军务善后督办职，北京政府复电慰留。12日，江西马伯祯、张小宋等数人往谒黎，要求罢免蔡。14日，江西自治促进会发表宣言，声讨蔡成勋。

9月7日　黎元洪颁令整顿财政，召集财政会议。令曰：“实行财政公开，将中央收支各款一律认真清厘，详举确数公诸全国。一面规定统一国库办法，平均分配，以为切实整顿，共同遵守之标准。”并谓：“着即召集财政会议，由京内各部署暨各省区军民长官各派员一人在京集会，迅速拟订办法。”

△　黎元洪令各官署人员“一概不得再有聚众索薪举动”，否则由军警“严行取缔，依法严办”；同日令，京内外各机关长短免票、铁路优待票等概着交通部查核，定期取消；同日令，所有奉省扣留各路车辆着即责成该省长悉数交出，克日全路通车，嗣后各省均不得再有干涉路权、妨碍交通之举。

△　黎元洪特派那彦图为蒙古宣慰使。

△　黎元洪令：9月26日“为秋丁祀孔之期，本大总统亲诣行礼，着内务部敬谨预备”。又指令，甲午海军阵亡人员合祀马江昭忠祠，派萨镇冰前往致祭。

△　北京国务会议议决恢复民国五年祭服礼节。

△　北京政府外交部分别照会驻京日使及苏俄代表，再次声明长春“日俄会议”如涉及中国领土主权与中国利益，非先得中国政府同意概不承认。

△　北伐军许崇智部由瑞金开始移动，预定经宁化、建宁、泰宁、建阳、建瓯，与延平王永泉部合攻福州。行抵建瓯，适徐树铮由沪过浙到达延平，王永泉乃调集部队与之协定作战计划，自任右路。

△　北京女权运动同盟会向国会正式提出请愿书，要求在宪法上

规定男女平等，恢复女子一切权利。13 日，上海王曾吾等响应北京女权运动同盟会之成立，于香港路开筹备女权同盟会。24 日，女权运动同盟会浙江分会成立，以“扩张女权取得法律上男女平等”为宗旨。

△ 广西桂林旅京学会通电反对陆荣廷返桂。

△ 赣省中等以上 18 校校长因经费未解决，全体辞职并发表宣言。

△ 上海全国各界联合会通电，反对旧国会非法召开会议，并选举张伯烈为副议长。

9 月 8 日 北京政府署外交总长顾维钧宴请中外人士王宠惠、王正廷、汪大燮、孙宝琦及芮恩施、福开森、辛博森等 20 余人。席间前驻京美使芮恩施陈述改造中国财政之意见，认为中国财政之完全独立，必须先得外国援助。建议开募一种宪法借款，每月借美金 200 万元，以 10 个月为限。

△ 浙江各公团以卢永祥宣告自行废督后，时愈两月，未见效绩，乃向卢永祥提出五项要求。其要旨为：第四、第十两个师原驻苏境、淞沪一带，拟请仍回原防；浙军第一、第二两个师各先裁一半，改师为旅；地方治安划分为三区，驻省军协同警卫队，切实保护人民。

△ 北京政府电苏督齐燮元、省长韩国钧，责成维持治安，特定办法六项：一、保护各国侨商；二、严剿土匪；三、审查党人；四、严禁谣言；五、严防阴谋；六、军营长官应谨慎供职服从命令。

9 月 9 日 黎元洪公布《市自治施行细则》，凡 18 条。其中规定施行“国有之城镇指京师、省会、商埠、县治、城厢及其他满一万以上人口之市镇而言”；施行事务为：“一、教育；二、交通、水利及其他土木、行政；三、劝业及公共营业；四、卫生及救济事业；五、其他依法令属于市自治事务。”

△ 黎元洪请张伯烈、褚辅成出面调停民八、民六议员纠纷。调停大要为：一、应泯除民八、民六之称，以合法者为有效；二、前在广州新补之议员为正式议员，报到后其新补议员作为无效；三、本席缺席者，以新

补议员出席；四、未经核准出席之新补议员，聘充公府顾问，月俸 400 元。民八议员仍表示反对。30 日，民八议员致函张伯烈等，谢绝调停。并声明拒绝参加政治讨论委员会。

△　北京政府财政、农商两部召集之全国关税研究会开会。各省总商会到者十余人，外交、财政、农商各部及税务处、财政讨论会均派员与会。

△　云南唐继尧前派航空处长刘沛泉赴粤，是日刘偕陈觉民、刘震寰见陈炯明，商滇、粤、桂联防及滇、粤航空联络事。21 日，唐电粤军，请粤、桂军会剿张开儒。

△　刘成勋通电，宣布成立四川省宪筹备处，本人就筹备员职。

△　上海银行公会致电北京银行公会，以"九六库券"利息延不照发，责其不向北京政府积极交涉。

△　粤汉铁路武汉、长沙段 3000 多名工人因要求当局撤换虐待工人之工头、提高工资，未获圆满答复，是日举行大罢工。萧耀南派军警镇压，毙伤 70 余人，逮捕 30 余人。11 日起，武汉各工界、工厂、京汉铁路工人，上海、河南、山东工人俱乐部、工会和劳动组合书记部分部，纷纷举行同情罢工并通电声援。14 日，北京交通部次长劳之常为解决罢工事抵汉口。罢工坚持 17 天，于 25 日胜利结束。北京政府完全承认工人条件，增加工资并开除监工张恩荣及苗凤鸣。

△　日韩工人 300 余在吉林石门强行开筑天图路，延吉、和龙两县聚众数千往阻，为县知事劝散，另派警阻止兴工。日人持刀斧与警斗，被警解散。日人又集 60 余人割毁田稼，乡民愤怒，集合民团对抗。

△　中国旅日华工被迫归国者前有四批到沪，共计 95 人。是日，上海民国路商联会致函总商会，请速筹商救济办法，以谋抵制。至 28 日，被迫害之旅日华侨已有 13 批抵沪。

9 月 10 日　北京国务会议议决，从"九六公债"关余中抽出 22 万元作为教育经费。交通部声明无款。教育界于是日在北京美术学校招待报界，指责北京政府欺骗"无枪阶级"。自是日起，八校校长离校，声明不再负校事责任。14 日，北京大学学生召开紧急会议挽留蔡元培，蔡表示与校长团取同一行动。

△ 宋大章奉令在奉天活动，是日上书孙中山报告奉方不日派前北京政府陆军次长韩麟春(系段祺瑞嫡系)“赴沪专谒先生商具体之办法，并携有小款(其事甚密)，报效吾党”。请“示以希望奉张出款，召集民八议员，执行国会职权”。是日，孙中山批示：主张“开发民智，以辅当局之设施，期达最后之效果”。

9 月 11 日 黎元洪指令：京师教育经费每月 29 万元，自本年增加关税实行值百抽五，自是日起，由关税项下拨付。

△ 黎元洪特派梁如浩为接收威海卫委员会委员长。

△ 北京政府财政部召开会议，议决以停付俄国赔款为担保，将七五库券改为 1000 万元特别库券，该券利息八厘预扣，分三年还清，11 月起还本，用途为过中秋节。次日，安格联由青岛来电同意。13 日上海银行公会特电北京公会，反对七五库券，认为乃政府“诈欺取财”。

△ 北京政府美籍顾问福开森以备忘录呈黎元洪，劝黎拒绝越飞返京，勿与莫斯科缔结商约。13 日美公使舒尔曼访顾维钧，又提出注意越飞之活动。

△ 国立八校学生读书运动代表联席会在女高师开第一次常会。议决：一、请愿国会罢免高恩洪；二、要求拨发八校经费：三、去函挽留校长团；四、要求宪法上规定教育基金独立。17 日，读书运动代表招待国会议员，王家襄到会，表示赞同读书运动，关于教育经费规定允向国会转达。次日，八校得发两个半月经费。19 日，八校学生代表赴国务院提出三项要求：一、限期发清三个月经费；二、罢免高恩洪；三、关税未加征前，确定教育基金。

△ 自是晚 7 时至夜半，浙江温州全境大风，所有对外交通全部断绝。一百多艘大船沉没，小船约千只丧失。学校、教堂等亦毁坏甚巨。

9 月 12 日 北京政府外交部正式照复苏俄代表越飞，允召开中俄会议。

△ 北京政府组织之关税研究会议决民国十三年1月1日起实行裁厘,并免除出口税。

△ 北京政府与参众两院议长商定,如民八议员扰乱,在院内以院法绳之,在院外以地方治安绳之,如举动文明,则和平待遇。

△ 陆荣廷在龙州通电就广西边防督办职。

△ 数百旅京山东人士集于北京国务院门前请愿,反对英使向北京政府所提关于收回威海卫之无理条件,要求英国无条件归还威海卫,要求“鲁人治鲁”,罢免王正廷,否认梁如浩。按:英使所提条件为:一、英国军舰得在威海卫、刘公岛避暑;二、英国继续在该地使用军舰或蓄积货物,中国不得加以限制;三、威海卫之市政,外人应有充分之代表;四、中国须设法使威海卫与内地沟通。

△ 旅京鄂籍韩道之、贺永年等1500余人向国会请愿,要求罢免萧耀南,并列举萧拥兵跋扈,反对中央,抗拒中央命官,抢夺省长印信,与刘承恩通同舞弊,滥发纸币,滥增军费等十二大罪行。

9月13日 北京大学教授、中共北方区负责人李大钊,接受记者采访转述孙中山关于解决时局之主张。略谓:关于解救时局的方法,孙先生“以为应该恢复合法的国会、护法总统、护法政府,与此同时使中央在事实上拥有强大的武装力量,以此来削弱各督军的势力,这是促进统一的最好方法”,否认督军割据的“联省自治”。并谓:孙先生认为“在逐步加强兵力于中央来实现全国统一的同时,紧接着就需要组织有力的政党。所以我目前正在改组中国国民党……归根到底要把它建成一个群众革命的先锋组织”。

△ 北京众议院议决退还唐绍仪内阁咨文,代总理王宠惠、司法总长张耀曾、农商总长卢信呈请辞职。

△ 北京政府外交部咨请国会民七年以后,同各国所签定之条约,计:一、中智通好条约;二、中波通好条约;三、中瑞通好条约;四、中德通好条约;五、国际法庭规约;六、国际邮政公约;七、九国间关于中国应适用各原则及政策之条约;八、九国间关于中国关税税则之条约;九、中日

解决山东悬案条约。

△ 张作霖向东三省军队颁布命令，自 20 日起实施新军制。废师团名目，以旅团为本位；一旅三团，一团三营，一营四连，一连 150 人；骑、炮兵各营改为相等之团；其余独立师及团概行废止；军医、军需官非专门学校出身者概不采用。结果每旅可达 6000 人以上。

△ 中共中央机关报《向导周报》在上海创刊。

△ 江西安源路矿工人为要求改良待遇、增加工资，组织俱乐部 1.7 万人举行罢工。经过五天斗争，终于使厂方承认工人所提 13 条要求。

9 月 14 日 黎元洪任命吴佩璜兼署国务院秘书长。

△ 署司法总长张耀曾谒黎元洪，亲递辞呈。

△ 徐谦不愿就北京政府任命之司法总长职，并于是日致书吴佩孚，建议吴与孙中山商订实行“工兵计划”。30 日，吴电催徐就职。

△ 唐山、京奉两铁路工人要求增加工资，改善待遇，推举代表向路局交涉，提出五项条约。是日，两路工人召开大会，到 3000 人，主席邓培报告与路局交涉经过，与会全体工人同意如路局不批准所提五项条件，则实行大罢工。

9 月 15 日 黎元洪令准免督办浦口商埠事宜孙多钰本职，特派齐燮元兼督办该商埠事宜。

△ 旅沪护法议员亢因培、凌钺、张秋白等 54 人致函各国公使，于合法国会未行召集以前，万勿借款给北京政府。

△ 直隶省议会选出吴得禄、胡国宾为正副议长。

9 月 16 日 陈炯明复任粤军总司令。

△ 陈炯明将孙中山联合苏俄之函交香港英国机关报发表。同日，美、日、英、法等国驻京公使照会北京政府，谓越飞在华宣传“过激主义”，请严厉监视其行动。

△ 湖南宋鹤庚指挥叶开鑫、唐生智、贺耀组三旅攻下武冈，19 日收编陈嘉祐部事竣，通电班师回省。

△ 旅沪江西自治同志会电全国各界，反对前美国驻京大使芮恩施提议之制宪借款，谓：此种借款"助军阀以行欺"。旅沪国会议员毕鼎琛等亦致电驻京各国公使，并通电全国公团，反对制宪借款。

△ 上海金银业工人俱乐部在迎黛路职工教育馆开成立大会。到者1600余人，并发表宣言。

9月17日 护法议员在北京头发胡同六号开会，议决：一、设护法议员办事处，推邹鲁等五人为干事；二、应邀出席国会之护法议员，在法律问题未解决之前，决不出席。

△ 江西护理省长何刚德被迫离职，蔡成勋因一部分人之要求派兵一营拥李廷玉至省公署接印。李通电宣布奉蔡成勋令"暂以帮办善后名义维持现状"。18日起，南昌、九江等处各商店门前张贴"商家要求赣人治赣"标语，各工团为驱蔡、拒李，相继罢市、罢工。同日，蔡成勋电催黎元洪任命李廷玉为省长。

9月18日 国会二届常会因遭护法议员反对，宣告停开。次日，国会通告：三届常会定于10月11日举行开会式，依法先于10月1日集会。

△ 孙中山发出《致本党同志述陈事变始末及今后方针书》。略谓："六月十六日之变，文于事前二小时得林直勉、林拯民报告，于叛军逻弋之中，由间道出总统府至海珠，甫登军舰，而叛军已围总统府，步枪与机关枪交作，继以煤油焚天桥，以大炮毁粤秀楼，卫士死伤枕藉，总统府遂成灰烬。首事者洪兆麟所统之第二师，指挥者叶举，主谋者陈炯明也。总统府既毁，所属各机关咸被抢劫。……总统府所属各职员，或劫或杀。……复纵兵淫掠，商廛民居横罹蹂躏。军士掠得物品，于街市公然发卖，繁盛之广州市，一旦萧条。广州至明末以来二百七十余年，无此劫也。"末谓："凡我同志，此时尤当艰贞蒙难，最后之胜利终归于最后之努力者，此则文所期望者也。"

△ 廖仲恺致函蒋介石，告以汪精卫同卢永祥联系经过，谓浙卢主张浙、奉与我三方，应各派军事家一人，在沪组织军事委员会，"以资联

络进行”,“请兄无论如何即行来沪商略一切”。

△ 福建李厚基对抗王永泉失利,向直系乞饷械,是日曹锟电请北京政府内务部筹拨。

△ 叶举通电撤销粤军总指挥处,陈炯明任叶举为总司令部参谋长。

9月19日 黎元洪令准免唐绍仪国务总理职,王宠惠准免兼代国务总理署教育总长,顾维钧、田文烈、高凌霨、张绍曾、李鼎新、张耀曾、卢信、高恩洪准免本兼各职;特任王宠惠署国务总理;特任各部总长:外交顾维钧、内务孙丹林、财政罗文幹、陆军张绍曾、海军李鼎新、司法徐谦、教育汤尔和、农商高凌霨、交通高恩洪;特任董康为大理院院长,未到任前着余棨昌代理;派穆湘玥前往檀香山参与太平洋商务会议。同日又令,俄国部分庚子赔款俟展缓期满一律停付,交财政部暨税务处查照。

△ 王宠惠通电全国,宣布就总理职。吴佩孚、冯玉祥、萧耀南、齐燮元、刘承恩、田中玉等各直系督军均电贺。

△ 护法议员第三次通电,声明否认北京国会。电云:“同人对于此种假借国会名义之弄法举动,认为系吴景濂及解职分子王家襄等私人行为,此四十余日之弄法,不过为其谋权利而已,于法律上国会会期任期,不生丝毫关系,应予绝对否认。”

△ 讨贼闽军游击队第三支队长姚际飞致孙中山电称,闽南北伐军完全收复浦城,知事潜逃,秩序如常。

△ 江西督理蔡成勋致电北京政府财政部,催索军饷及督理善后等款200万元。

△ 越飞照会北京政府外交部,抗议停付俄国庚子赔款及召集中东路股东会议。

△ 中美无线电借款之追加合同正式签定。

9月20日 黎元洪令准免全国财政讨论委员会委员长顾维钧兼职,特派张英华任该会委员长;任命严璩为财政次长兼盐务署署长、稽核总所总办。同日又令,着司法次长石志泉暂行代理部务。

△ 孙中山致函滇军张开儒,略谓:叛逆陈炯明“国之蟊贼,为国为党,皆当声罪致讨,有以除之”,并谓“滇军既为久经战阵之师,吾贤所统,已自不鲜,更望与朱益之(朱培德)兄合力并进……最后胜利当属吾军”。

△ 曹锟、吴佩孚电请黎元洪援助李廷玉摄护赣省长。23日,旅鄂赣人开会议决派代表赴京请愿,要求速撤惩蔡成勋、李廷玉。

△ 直隶省长王承斌通知交通部,以直隶省经费无着为由,截留天津之烟酒、印花税及电报、电话等一切收入款项。

△ 王宠惠电促徐谦来京就司法总长任。次日,徐复电谢绝。

△ 北京政府教育部召开学制会议,黎元洪到会讲话。蔡元培为主席,会议讨论内容:一、学校系统改革案;二、山西教育局所提学制系统草案;三、省区教育行政机关设立参议会案。30日闭会,通过七项学制系统案。小学分初、高两级,定四二制;实业学校改为职业学校:中学分初、高两级,定四二制,但得通融为三三制;师范定六年;高专改为单科大学;高师改师范大学。

△ 京兆、热河、察哈尔、绥远等特别区域为改省问题分别组织省制促进会,发表宣言。

△ 下午,八校教职员代表召开联席会议,八校校长到会传达北京政府已允在中秋节前发一个半月经费。29日,因北京政府失信,八校教职员代表又开会,议决派代表要求汤尔和实现9月30日前发经费之诺言,致函王宠惠约期面询究竟。散会后代表尹炎武赴教育部质问汤尔和,汤答称:一、担保10月3日发半月之经费;二、中秋节前所发之一个半月经费,由十一年八厘短期公债项下拨发。

9月21日 黎元洪特任财政总长罗文榦兼盐务署督办、币制局督办。

△ 黎元洪任命邓琢如为陆军第九混成旅旅长,李鸿程为江西陆军第二旅旅长。

△ 曹锟电请北京政府财政部发饷600万元。23日，曹又派直、鲁、豫巡阅使署军需处科长左继梧抵京，向罗文幹索款。同日，吴佩孚之军需处长亦来京索饷。萧耀南亦电财政部索饷。25日，曹锟并决定组织各省"索饷团"。为此事，王宠惠托吴毓麟前往保定说情。

△ 苏俄代表越飞抗议俄国庚子赔款停付用做库券基金，谓：中俄新约订立以前，中国政府不得处分。

△ 上海华商纱厂联合会公推豫丰纱厂毕云程为出席美国檀香山太平洋商业会议代表。

9月22日 孙中山派汪精卫携致张作霖父子亲笔函赴奉天，与张作霖商讨共同对付直系曹、吴方略。孙谓："文顷致书尊公，述此后军事进行，仍宜由西南发难，据险与敌相持，使彼欲进不得，欲退不可；然后尊公以大兵直捣北京，略定津保，以覆其巢穴，绝其归路，敌必可灭。……望力持定见，他日运筹决胜，可为预期也。"

△ 北京政府陆军部组织蒙疆善后委员会，由陆军总长张绍曾兼会长。

9月23日 孙中山函谢黎元洪，谓："前蒙遣使存问，至深感纫。息鞅海上，未能面致谢忱为歉。兹嘱郭复初兄代候起居，并承明教，希赐见幸甚！"

△ 张作霖电邀孙烈臣、吴光新到省，与奉省军政界要人会议。会议内容为：一、划一军制；二、三省"军民分治"后，保安副司令与省长职权之划分；三、应付自治各省联络之问题；四、应付北京取消自治之问题；五、整饬吉（林）、黑（龙江）军纪问题；六、布置吉、黑边防，严剿俄党之活动；七、组织联防司令部三省高等军事教练所、三省保安各分会；八、划一三省财政，改定各项预算等项。会议进行三天，25日结束。

△ 广州财政厅向中、英、法等银行进行市政借款英金200万镑。七厘半息，87.5%实收，限25年偿还。该款供收回自来水、电话、电车之用。

9月24日 日本外务省照会中国驻日代办公使，宣布日本政府决定于10月以前将“沿海洲”军队全部撤去。至于保护侨民，当另筹措置。北满日军之撤退日期，当俟中国军队能担任保护侨民为断。北京政府参陆处已电三省军事当局筹复。

△　苏俄代表就俄人员通过满洲里车站，所携带之外交文件受到查验及北京驻莫斯科代表向苏俄声明，必须俄政府担保，该项文件中，不带有宣传共产主义之性质，否则中国政府不能免验俄国外交文件事，是日照会北京政府，提出抗议。

9月25日　黎元洪公布《民国十一年八厘短期公债条例》，凡15条。规定发行1000万元以“筹付中央紧急政费”，利率为周年八厘，分五年还清，指定由庚子赔款展缓期满之停付俄国部分赔款为还本付息基金。

△　北京国务院电复江西督理蔡成勋，谓已促谢远涵赴任，不能再有变更。同日谢远涵到京，26日对记者表示：一、尊重中央命令；二、顺从本省民意。同日，李廷玉离赣赴沪。28日，蔡通电拒谢远函。

△　北京国务会议关于江苏发行700万元公债票事议决：一、发行手续由本省长官自行办理；二、实价发行；三、厘税划归政府后，不能与政府收入有冲突；四、各省不得援例等。

△　北京政府外交部照会越飞，促苏俄撤退外蒙驻军及税卡。

9月26日　黎元洪特任李根源为航空署督办。

△　是日及27日，张作霖在奉天召开东三省政治、财政、军事会议，吉、黑督军、省长暨奉天省长、高级军官50余人出席，会议通过“奉、吉、黑联省自治，为永久自治之方针”及“划一军制”、“划一三省财政”、“划一三省外交”等多项决议案。

△　北京政府外交部接北京外交团领袖公使、葡萄牙公使照会两件：一、指责越飞在华宣传过激主义，应注意侦查；二、希望中国即速实行华府决议案，即行裁兵。如中国再不实行裁兵，将来发生兵变，各国损失须由中国担负完全责任。

△　曹锟召集在京直系各代表，赴保定会议。

△ 北京政府为解决国会经费问题，向比利时银行借款 20 万元，是日签字。

△ 上海银行公会开紧急会议，致电黎元洪、国务院、总税务司及各银行公会，声明对短期公债绝不承认。29 日，又发表内容相似之通告。

9 月 27 日 黎元洪特派王宠惠兼充政治善后讨论会会长。

△ 旅沪国会议员刘积学、王文郁、丁惟汾、凌钺等 57 人联合发表致各国驻京公使函，宣布否认 8 月 1 日在京复会之国会。

△ 由各省市律师及法政学校所组织之全国司法会议，于是日在上海开幕。

△ 闽驻军旅长王永泉在延平宣布独立，并电闽督李厚基交出军民两政，即日离闽。29 日，许崇智、黄大伟等进兵闽边，占领崇安、浦城、建阳等县，通电声讨李厚基。李向陈炯明等求救。28 日，洪兆麟乃率部赴闽边防守。30 日，闽南自治军克同安。李厚基致电北京政府告急求援。

△ 奉直再战风声日高，吴佩孚连日在鄂、豫调兵北运，王士珍、田文烈、鲍贵卿今日谒黎元洪，商调解方法。

△ 中华海员工业联合会上海支部在百老汇路举行成立庆典，海员到者 200 余人。中国劳动同盟会、中国机器总会驻沪办事处、侨港华工总会等数团体到会庆祝。

△ 汪精卫、程潜抵奉天，与张作霖会晤。

9 月 28 日 黎元洪令准办理发行八厘短期公债。

△ 桂省督办刘震寰召开军事会议，决先肃清广东大河、抚河两路，恢复桂梧、邕梧交通。滇、黔军均派代表谒刘，表示一致，自治军亦派代表接洽，广西桂平镇守使韦荣昌欲在戎墟运动军队起事，被刘拿获。

△ 四川省宪筹备处开会，决定自 10 月 20 日起开始起草省宪法。

△ 鄂代表徐炯、林炳炎等赴北京，为反对萧耀南掌鄂省印向国务

院上书请愿。

△ 上海浦东纺织业工会被警厅查封。该会办事人张益章提出抗议。29日,该会发通电,宣布工人将与工会"生死与共","万望各界人士主持公道,急起援助"。

9月29日 孙中山致函浙江军务善后督办卢永祥,告以委派杨庶堪前往商议时局。

△ 孙中山委派管鹏为中国国民党安徽支部筹备处长。

△ 北京政府内务部因经费支绌,向比利时银行借款25万元。

△ 上海全国各界联合会发电否认短期公债,电云:"今既无合法政府,又无合法国会,径募公债,徒供私人挥霍,增时局纠纷,吾人……均绝对不能认为有效,祸在眉睫,务希一致主张。"

△ 北京政府交通部与吴佩孚协议撤销京汉路南段监收处,以后该路收入统归交通部,直军饷项由该部负责拨付。

9月30日 黎元洪令准免山东省长王瑚本职;特任熊炳琦为山东省长。

△ 孙中山代表郭泰祺于29日晚抵京,是日谒黎元洪答聘。10月1日黎宴郭于东厂胡同一号官邸。

△ 顾维钧主持召开之财政委员讨论会结束,顾致函北京政府办理交待并辞委员长职。

△ 北京政府交通部总长高恩洪宣布,下月起报、电各加价三分之一,新闻照加,各界多反对。

△ 国际联盟三次会议结束,中国继续被选为行政会非常任委员。

是月 日本神户国民党支部恢复。该支部创自清末,而发达于民国元、二年。章宗祥使日后,极力压制,于是该部采取去名存实之计,另以商业研究会名义代之。数年来,党员暗中仍积极奋斗,本月该部中坚党员杨寿彭等召集大会选举职员,宣告正式恢复支部。

△ 大生第三股份有限公司在江苏海门县设立,董事张退庵、张啬庵等。资本银300万元。

△ 据9月9日《民国日报》报道，现在外国在华之邮务支局有150处，其中美国一所，英国12所，法国13所，而日本邮局则不下124处。

10 月

10月1日 北伐军朱培德部克桂林。自治军梁华堂部退出。

△ 国会参众两院第三期常会在北京集会。众院到会200人，参院原拟选举正副议长，因只到97人，未足法定人数，展期举行。护法议员多人，连日来为反对第三期常会举行游行，散发传单、演讲。

△ 王永泉通电即日就闽军总司令职，所部由九里滩直下，占领闽清，离省城仅230里。南平附近10余县，均为王永泉军占领。东路北伐军黄大伟、李福林部由建瓯出发，与右翼王永泉部相呼应，经东游向古田推进。浦城、建阳西至崇安、邵武，沿闽边至长汀，均为许崇智北伐军占领。建宁、政和、南屏一带之李厚基部，由徐镜清率3000人，投许崇智军；宋渊源率领民军在永春独立。

△ 北京政府向外国银团要求提取9月份盐余。次日外国允节前(中秋节)拨给9月份盐余共277万元。

△ 北京政府交通部向日本南满铁道株式会社借日金50万元，拨付烟潍路工用款及军政各费，年息9.5%，期限二年，以吉长铁路余利为担保。

△ 北京政府交通总长高恩洪向比利时华比银行借款80万英镑，拨付吴佩孚政费22万镑，挪拨陇海铁路购买材料14万镑，余作利息折扣及汇兑费用。年息八厘，折扣87%。以包宁、京绥、绥包铁路财产及收入以及京汉路余利为担保。是为“包宁展线库券”。

△ 旅沪福建同乡会通电，拥护萨镇冰率舰入闽，“暂维大局”，同时电请李厚基离闽。

△ 旅沪江西同乡会通电反对蔡成勋、李廷玉任江西省督理及省

长职。3日,李廷玉通电自9月17日起视江西省长事。4日,李因赣人反对激烈离职,蔡成勋致电北京政府,宣布“自行兼职,以维现状”。

△　湖南省长选举总事务所通电宣布,赵恒惕依省宪法被选为湖南省长。

△　江苏旅京同乡会致电上海银行公会钱业公所,反对江苏省发行700万元公债,劝“勿承销抵押”,声明“将来苏人决无偿还责任”。3日,该会又致电省长韩国钧及省议会,望“深察民情,急谋补救,发表严正之主张”。

△　上海浦东烟草印刷工人俱乐部在宁波同乡会开成立大会,到会者1000余人。

10月2日　黎元洪令董康兼司法官惩戒委员会委员长,未到任以前着胡诒谷代理。

△　徐树铮在福建延平结合旅长王永泉并与北伐军许崇智联络,通电设立“建国军政制置府”,“自任总领”,“克日移驻福州”。宣布尊奉段祺瑞、孙中山为领导国家根本人。次日,徐电李厚基,劝李辞职离闽。

△　张作霖宴汪精卫、程潜及段祺瑞代表吴光新。对孙、段、张三角联盟之事,张谓:“中山、芝泉(段祺瑞)与余同声相应,同气相求,余等当协力同心,第一步以驱逐吴佩孚、曹锟为目的,第二步再谋新中国之建设。”

△　是日,至财政部坐索经费及薪金者有百余起,60余单位。王家襄、吴景濂、张伯烈等亲自出马坐索,总长客厅及库藏司办公室人已挤满。财政部均应允三日内发给若干以资点缀。次日,仅吴景濂、王家襄、张伯烈索得国会费28万元。

△　接收威海卫中英会议在威海卫召开。

△　驻京日使小幡酉吉照会北京政府外交部,谓:日本兵营中所收容之安福系祸首王郅隆、曾毓隽、梁鸿志“又告失踪”。小幡并建议,日本兵营中安福分子朱深、李思浩、丁士源、姚国桢四人,形状可怜,可予以特赦或“私自放走”。北京政府除提出严重抗议外,并要求引渡其余

四犯，日本公使置之不理。

10月3日 黎元洪特派孙丹林为扬子江水道讨论委员会会长；派赵锡恩前往檀香山参与太平洋商务会议。同日令，本年6月、7月、8月，浙东西各县叠遭风雨山洪之灾，“着财政部转饬该省财厅迅拨帑银五万元”，核实散放。

△ 王永泉、许崇智决定联合进攻福州，许部担任左路由建瓯进攻古田，王部担任右路由樟湖坂进攻水口。同日，许崇智、黄大伟、李福林通电宣布讨伐李厚基。

△ 闽督李厚基连电北京政府告急。蔡成勋亦电称，闽局关系甚重，赣兵单不能赴援，请速另派兵。国务院将各电转交曹锟。是日国务会议决定电催萨镇冰率部前往福建应付，并许其调遣海军。

△ 汪精卫接见旅奉日本记者团，答记者问，谓：“余之来奉，因张氏数派使至孙氏处，故特来答礼。次则基于八月十五日之宣言，关于统一问题，废督裁兵问题又求张氏对斯意见。”

△ 全国司法会议在上海江苏省教育会续开大会，到会代表21人，施洋提出11条建议。

△ 越飞自长春抵京，称病谢客，并通知北京政府外交部，6日后将到部访问总长。

△ 北京政府外交部通知驻京各国公使，新修税则定本年12月1日起施行。总税务司亦布告，12月1日起照新税则征收。16日，北京外交团恐关税增收之结果，为一党一派所垄断，通过葡公使代表向北京政府提出警告。

△ 四川军事善后会议开预备会。议决：一、缩减军队；二、废除军长制。25日四川军事善后会议正式开议。

△ 绥远都统马福祥派人赴京坐索积欠军饷。

△ 广州所有七所中等以上学校教职员，为要求省财政厅支拨9月薪俸未遂，宣布罢课，并要求教育经费独立。高师学生会开紧急会议，议决援助罢课，并召集学生开全校大会。

10 月 4 日　山海关京奉铁路工厂工人 1500 余人为反对厂方破坏工人俱乐部举行罢工，并以山海关工友俱乐部名义发表宣言，向铁路当局提出开除工贼、增加工资等六项要求。铁路当局不仅不理，反而进行武装镇压。工人极为愤怒，于 7 日一面通告全国各工团及各界人士援助，一面向当局附加三条要求：一、必须正式承认本俱乐部为正当团体；二、罢工期间工资必须照发；三、复工后不得借故开除俱乐部职员，若犯大过开除时必须通过俱乐部。12 日铁路当局被迫承认工人大部分要求，唯不承认俱乐部为合法组织。13 日，全体工人宣布复工。

△　上海各工团执行委员会为浦东纺织工会被封事，是日召开上海各工团联席会议。议决：一、援救浦东纺织工会；二、推陈国梁、童理璋二人为代表，赴交涉公署向韩国钧省长请愿，要求启封。

△　南京民权运动大同盟发表宣言，要求宪法明白规定：一、集会结社言论出版自由；二、普遍选举；三、劳动立法；四、男女平等；五、教育独立。并提出“打倒军阀”，“打倒国际帝国资本主义”等口号，决定 10 月 10 日作国民示威之举。10 日，各校学生万余人游行，手持小旗，上书“民权运动”，“打倒军阀”。

△　闽督李厚基拘禁福建银行行长刘友敏，勒令日缴万元。同日，李厚基派代表胡恩光赴保定乞援。

△　北京 40 余团体联合召开国民裁兵运动大会。林长民为主席，大会推定蔡元培、李石曾、林长民、马锦、马君武、张继、郭泰祺、王孝英、刘衡静、周垣、张耀曾、李大钊、胡适、陈炯瀛等 15 人为演讲员。

△　威海卫中英委员会开第二次会议，会议讨论海军部之需要，并讨论刘公岛将来之行政。次日开第三次会议，英代表向中国代表宣读交还土地之临时建议，中国代表请提出书面文，并保留评议权。8 日举行第四次会议，9 日开第五次会议。

△　高凌霨奉黎元洪命，赴保定向曹锟疏通由王宠惠组阁问题。

△　北京政府财政部宣布为维持“中央”紧急政费，发行“八厘短债”，以停付俄国延期赔款为基金。

10 月 5 日 北京政府国务总理王宠惠、外交总长顾维钧、财政总长罗文幹、教育总长汤尔和辞职，未准。

△ 吴佩孚致电北京政府谓：已电江西常（德盛）、周（兆瑞）两师，助李厚基攻许崇智，请速拨款。同日，吴佩孚电催海军司令杜锡珪率师赴闽。

10 月 6 日 长沙 4000 多泥木手工业工人在毛泽东领导下，举行罢工请愿，经过 21 天斗争，获得增加工资和营业自由。

△ 北伐军许崇智部占领古田，并决定进攻水口、福州。许崇智汇合延平王永泉从水口直逼福州；黄大伟与李福林出古田，从间道袭取福州；孙本戎部由大湖向白沙前进，断水口敌之后路与水口福州之交通。

△ 英帝国主义为防皖系及国民党势力在南方扩大，积极支持陈炯明，与陈订立 700 万镑借款，以使广九路延长与粤汉路衔接为条件。

△ 沈鸿英在赣南发出通电，即日班师回桂。

△ 北京政府外交部请盐务署设法阻止各省截留盐税。

△ 陈炯明派洪兆麟为援闽总司令，率 3000 人向闽边戒备。

10 月 7 日 黎元洪令准免安徽督办张文生本职，安徽督办一缺裁撤；特任马联甲督理安徽军务善后事宜。

△ 黎元洪令褫夺陆军第二十四混成旅旅长王永泉官职、勋章并通缉严惩。又令陇海铁路督办施肇曾辞职，以张祖廉署督办。

△ 上海金银业工人 1000 余人（分属银楼 30 余家），因要求增加工资、改良待遇，遭各店主拒绝，并将工人俱乐部之代表三人开除，遂罢工。8 日，工人俱乐部重提要求九条。9 日，罢工人数增加，晚间南京路商联会出面调停。劳资双方僵持不下，罢工工人坚持所要求之条件，银楼公所则以开除全体罢工工人相威胁。

△ 鲁督田中玉电曹锟、王承斌，要求将津浦路货捐截留给鲁省 1.8 万元。29 日，曹、王复电，仅允月拨鲁省一万元。30 日，田致电北京政府声称所有鲁境津浦路货捐，自 9 月 1 日起全部截留。

△ 32 名华工被日本当局驱逐归国，次日又有浙江温州 17 名伞商被逐，从长崎回国。

10月8日　福建旅京同乡在福建会馆开临时大会，议决：一、废除原督军，以萨镇冰督理福建军务；二、阻止客军（直军）入境；三、16日推代表赴北京政府请愿，并致电萨镇冰，责成其维持闽省治安。

△　川军总司令兼省长刘成勋派代表晋见孙中山。

△　川、鄂和议除继续刘湘前约外，加入划界清匪诸条，即由刘成勋派员与孙传芳共同签字。

△　北京政府外交总长顾维钧向苏俄代表越飞提出先开外蒙撤兵会议，然后召开中俄会议。14日，越飞反对在中俄会议开幕前，单独解决外蒙问题，并责北京政府袒护俄白党。

10月9日　黎元洪派陆徵祥为国际工会委员；派段书云督办徐州商埠事宜。

△　曹锟电复北京政府，对于闽事表示不肯负责。

△　闽督李厚基接王永泉、许崇智两部合攻水口之报，命史廷飏率福州防军，分乘民船30余艘，开赴水口增援。北伐军孙本戎部适抵白沙，遂拦江截击李军，击沉民船二艘。次日，李军用小火轮渡至白沙，与孙部鏖战半日，孙部退往大井，11日夜，李福林部猛攻福州，占领洪山桥（距福州10里）。

△　贵州省长袁祖铭致电北京参众两院，谓："现在国会制宪已成舆论，务望两院诸公扫不急之务，宏兹大法，确立国基。"

△　北京政府外交部派曹云祥署清华学校校长。

10月10日　黎元洪令吴佩孚、王怀庆、齐燮元均授陆军上将。

△　北京天安门举行国民裁兵运动大会，共77团体，七万余人，蔡元培主席。黎元洪到会演说，谓："兵额宜以强国为标准，军费勿过支出三分一。"当场演说者十余人。会后全体游行，举小旗，上书"减兵额救国救民"，"打倒军阀"。

△　中国共产党和社会主义青年团发动群众开展"双十节""反对帝国主义大示威"运动，提出"驱除国际帝国主义，打倒军阀，拥护民权"等口号。

△ 护法议员今日特扎庆祝牌楼,全体乘汽车散法统传单和孙中山肖像。传单有五种,上刻短文,题曰:“力争合法国会”,“三民主义”,“五权宪法”,“工兵政策”,“中华民国之由来”,各附以简单说明。护法议员在众院门前痛诋吴景濂等盗法欺民,听者甚众。

△ 江西督理蔡成勋电北京政府,称赣军援闽,已由常德胜率一师两混成旅集合待命,请速筹开拔费,以便出发。北京政府已分别电饬汉阳兵工厂赶速制造枪弹,并由德县兵工厂赶造四生的口径大炮五尊,预备援闽之用。同日,萨镇冰抵福州。福州秩序纷乱。

△ 武汉学生联合会所属中等以上 40 余校,28 个工会,及各界人士,在汉口铁路外广场举行大会,成立湖北全省工团联合会,到者约 2.5 万余人,联合会聘请施洋为法律顾问。全体一致议决:一、裁兵废督、打倒军阀;二、要求外交独立,促进中俄会议,正式承认苏维埃俄罗斯,并订立两国通商条约,打破国际资本帝国主义;三、要求普通选举,男女平权,并制定劳动法;四、要求集会结社言论出版之绝对自由。

△ 安徽省教育会学校联合会学生总会,通电指责马联甲为杀死姜高琦正凶,反对马督办皖军务。

△ 《民国日报》发表孙中山为蒋介石著《孙大总统广州蒙难记》一书(该书于 11 月 1 日正式出版)所作序及该书全文。

△ 《旭报》在上海出版,经理为庸商皓,编辑部长梁素夷。

10 月 11 日 黎元洪特任聂宪藩为宪威将军,李准为直威将军,金永炎为炎威将军,杨以德为将军府将军。

△ 国会第三届议会开会,众院到 340 人,参院到 150 人。黎元洪及全体阁员到会。“护法议员”邹鲁、彭养光、王恒、凌毅等质问吴景濂“依何法开会? 是欲统一国家,还是破坏国家”? 质问黎元洪“乃一犯罪平民,以何格出席国会”? 质问王宠惠“总理资格由何取得”? 黎以祝词遮脸而读,吴则面色时红时白,乃草草嘱唱礼。许多议员声言不承认其开会之合法性而散。“护法议员”尹承福等在众院议场前演说“法统真伪”,被便衣警卫强行挟持出院门。

△ 孙中山致函中国国民党四川支部，略谓："诸同志努力经营党务，至为欣慰。文素树以党治国之义，故视党极为重要。……欲救中国非实行本党主义不可。"并谓："今所切生于诸同志者，即在竭力宣传主义，务使群众趋于一致，以举自治之责。川中旧同志实繁有徒，更当力为团结，以厚基础，至要至勉。"

△ 孙中山复函《旭报》，谓："贵报拥护法权，作民喉舌。……倘使群伦遵循有道，斯真远胜于三千毛瑟也。"

△ 马联甲通电宣布就任皖省军务善后督理。张文生接黎元洪解职令后，致电北京政府，表示忙于裁兵，一俟事毕，再尊令北上。次日，张集兵蚌埠。17 日，旅京安徽学生 59 人联名通电反对马联甲督理安徽军务。

△ 北京政府陆军部接济李厚基炮弹 10 万发、枪弹 30 万发，由海军输送赴闽。曹锟亦电请北京政府维持李厚基地位。

△ 北京国务院会议，决定对闽下讨伐令，并电催江西常德盛一师出发。次日，曹锟致电北京财政部请速筹拨蔡成勋 100 万元，以便出师援闽。同日，曹与吴佩孚合电，请以蔡成勋为赣省长。同日，常德盛师得开拔费 10 万元，出发赴闽。海军司令杜锡珪遵命率海军第一舰队司令周兆瑞赴闽指挥。除派"楚观"、"应瑞"、"通济"等舰驶入省城外，又命驻沪海军第六、第七两连陆战队开拔赴闽。

10 月 12 日 北京国务会议决定内阁总辞职。王宠惠向阁议提出，京津保三处，对现内阁均无拥护之诚意，一切政策，亦实无实行之希望，最好即日定议，实行总辞。顾维钧、张绍曾、李鼎新、高凌霨均表示赞成，遂表决通过。

△ 北伐军李福林、黄大伟等部占领福州。李厚基由日本领事保护离福州，入马尾船政局。13 日，李厚基部下史廷飏部由白沙退至福州，亦被孙本戎部击溃。14 日，李厚基所部在水口已全部被肃清。

△ 吴佩孚电萧耀南，表示对皖事"决以武力解决"，已派冯玉祥为讨皖总司令。嘱萧"皖鄂接境，防务须特别加意"。17 日，萧耀南在督

署会议决定，由鄂军第二十五师四十九旅王启贵所部开往郑州，以为冯玉祥讨皖之助。19日，第二混成旅寇英杰部，奉吴佩孚令开赴皖省。

△ 第八届全国教育联合会在济南开幕。各省共推代表45人，田中玉致开幕词，袁希涛、胡适、何日章等演说，会议讨论内容包括学制、编订课程。

△ 日本泰兴会社与吉林省特派交涉员蔡运升在奉天日本总领事署签定修建天图铁路条约。

10月13日 黎元洪特派萨镇冰会办福建军务。

△ 黎元洪令：晋授李烈钧以勋一位。

△ 京奉铁路唐山制造厂职工会3500多工人为要求增加工资、改良待遇、承认工会、消灭包工制等举行罢工。罢工后，该局副处长孙鸿哲向美国兵营求救，美兵立刻出动，将工人解散。工人大愤，遂发出第二次宣言，要求开除张起祥、贾香圃二工贼，并对美国兵营提出质问。经过八天罢工斗争，路局同工人签定九条协议，工人最后取得部分胜利。

△ 北京政府外交部向驻京日使抗议海参崴日军私售军械于张作霖。16日，第二次提出抗议。25日，日使在外交部口头答复，否认海参崴日军官有售械与张作霖之事。

△ 江苏省议员为反对苏省700万元公债事召开会议，决定：一、向北京政府要求将江苏省公债案迅行提交国会；二、电上海银行公会及钱业公所，勿收用债券。

10月14日 黎元洪令前国务总理伍廷芳着特给治丧费一万元，生平事迹宜付国史馆立传，并交国务院从优议恤。

△ 北京72团体代表蔡元培、林长民等请愿废止《警察条例》。请愿书云：一、《治安警察条例》实大有妨碍人民之自由，如女子参政及劳工集会结社之权，皆被剥夺；二、该《条例》未经国会通过，系袁世凯时代以教令公布者；三、国庆日各团体举行国民裁兵大会时，各界人士要求取消该《条例》。

△　孙中山委任彭伯勋为古巴湾京中国国民党《民声日报》馆总编辑，李月华为总理。

△　汪精卫、程潜等自奉天返沪，汪对记者发表谈话，谓："此次孙总理令余赴奉，实抱一为民意求援之目的，以探问张意旨。"

△　陈炯明召集军事会议讨论闽事，决议由洪兆麟主持闽、粤边防。

△　北京政府接吴佩孚电，宣布援闽军队之进行：一由萨镇冰调遣各舰自海路应援；一由蔡成勋向赣东、闽北增兵；再电陈炯明由粤夹攻。

△　皖废督裁兵会致电北京参众两院，反对北京政府任命马联甲为"变相督军"。关于废督裁兵问题，主张"新旧两军"，"平均留汰"。

△　越飞答复北京政府外交部谓，不能即行将驻库伦俄兵撤去，并拒绝单独解决外蒙问题，责北京政府袒护白党。

10 月 15 日　黎元洪传见李鼎新、沈瑞麟、凌文渊、龙济光、黄培松等，就闽事进行商讨，决定：一、责成海军陆战队负责保护外人之生命财产；二、催促萨镇冰克日赴闽，维持军务；三、废督问题已次第实行，福建可乘此时机，将督军一缺裁撤；四、对于闽中战事，以和平手段解决，暂不令任何军队入闽，但张绍曾坚主令常德盛进兵。

△　黎元洪特任萨镇冰为福建省长。

△　曹锟、吴佩孚曾电萧耀南询问对闽意见，萧是日复电，主张援闽海陆军暂武装劝告许崇智、王永泉等停止军事动作，解决闽事酌量容纳其意见，如王、许不听，即武力讨伐。

△　北京政府接外蒙哲布尊丹巴呼图克图来电，要求北京政府在此次中俄会议期间，"将所有在外蒙之劳农、赤塔两方军队限期撤退"；要求保证俄人不得在外蒙地方作战及派兵入蒙；要求"劳农、赤塔在蒙先后发行之军用债票卢布 400 余万"设法收回。

△　驻扎江西南城县之常德盛军，于夜 10 时哗变，抢劫商店 50 余户，伤 10 余人，死五人，损失约 20 余万元。

10 月 16 日　吴佩孚在天津购买意大利军械，总额 470 万元，日内付齐取械。

△ 安徽督理马联甲通电，宣告对皖省“强力更新”。略谓：“联甲自矢宣告以后，即举军民权限，切实划分，军队遵令量裁，以期省库收入之适合。”又谓：“自今日宣言涤刷志虑，强力更新，外征诸全省公议，内本诸清夜天良，以求我全皖之多福。”

10 月 17 日 孙中山致函《觉民日报》之董事、记者暨执事，感佩其对讨伐陈炯明之尽力宣传，仍希奋力猛进。略谓：“夙仰贵报为吾党之喉舌，作侨界导师，大声疾呼，发聋振聩，久已尽宣传之巨责，收文字之奇功，一纸风行，万流景仰。而对于陈逆叛乱，尤能主持正义，力辟奸邪，激发人心，咸知急难，大张士气，共励同仇。……拿氏谓：‘报纸功力胜于三千毛瑟’，斯言殆可为贵报道矣，感甚，佩甚。国事多艰，仍希奋力猛进。”

△ 徐树铮、许崇智、王永泉率部入福州。孙中山任命林森为福建省长。

△ 萧耀南在督署召集特别军事会议，讨论援闽方略，吴佩孚派人列席。鄂省援闽军队，决以胡念先所部北洋第二旅及寇英杰所部鄂军第二旅共同担任。

△ 护法议员凌毅、杭辛斋对黎元洪任总统问题依院法四十条提出质问书，并要求于三日内答复。

△ 张作霖派朱庆澜任中东铁路护路司令，统辖吉、黑两省护路军队。

10 月 18 日 黎元洪再次传见李鼎新、龙济光等人讨论闽事，决定：一、闽省领事馆及各国商民生命财产，由中国军队负责保护，所有各国军舰及军队不得增派入闽；二、各国领事及洋行，对于各军不得售与军火及借给军饷；三、所有在闽之海陆军队之饷，由北京政府迅汇 20 万元，其余续拨；四、龙济光即日赴粤招集旧部，将来或将由粤出兵赴闽；五、黄培松克日赴闽，帮同萨镇冰主持闽省军务；六、李鼎新须随时入府，俾对闽省军务条述一切意见。同日，黎元洪特派常德盛为援闽总司令,节制赣、鄂各军。

△ 黎元洪派凌文渊为全国财政讨论委员会委员,温飞雄为政治善后讨论会秘书长。

△ 孙中山电令入闽各北伐军改编为东路讨贼军,任命许崇智为东路讨贼军总司令,蒋介石为总部参谋长,黄大伟为第一军军长,许崇智兼第二军军长,李福林为第三军军长。

△ 徐树铮以"建国军政制置府总领"名义,任命王永泉为福建"总抚";委以管理军民两政,并任命王永泉、许崇智、臧致平、李福林、黄大伟为建国军第一至第五军军长。19 日,福建各公团联名电请孙中山主持闽事。

△ 陈炯明与吴佩孚勾结,下令攻闽,洪兆麟、李云复、尹骥等部入漳州,旋退潮汕。

△ 护法议员宣言,要求先组织护法会议,解决法律争点,再制宪。

△ 皖省城各界代表召开讨马(联甲)大会,到者 200 余人,决议:一、反对马联甲为变相督军;二、拒绝外兵入皖境;并发通电责北京政府之政令为"奖凶助虐",要求北京政府"收回成命","立将马联甲拿交法庭归案讯办"。

△ 川鄂边界川军但懋辛部与鄂军冲突。

△ 汉口英美烟草公司 3000 多女工为抗议虐待女工,要求增加工资,举行同盟罢工。罢工 13 天,取得胜利。后因厂方爽约,于次年 1 月 2 日再次举行罢工,又得到胜利。

10 月 19 日 孙中山指示香港国民党支部组织"驻港办事处",并分函海外侨胞及国民党员筹款讨伐陈炯明。

△ 黎元洪任命潘矩盈为矩威将军,李根源为云威将军。

△ 驻沪美国商务参赞公署发出通告,华货运美实行新税率,熟丝(包括纺绸)增税 45%—55%,花边增 60%—90%,刺绣增 60%—75%。

△ 越飞要求中国派一调查委员团,彻查中东铁路弊端。

△ 北京大学学生抗纳讲义费,校长蔡元培、总务长蒋梦麟等向北

京政府教育部辞职。北京大学全体职员宣言暂行停止校务，教育部汤尔和、马叙伦当晚赴蔡宅表示挽留。

△ 晚，广州晨钟报社被炸，伤毙六人。

10月20日 曹锟电告北京政府，常德盛师不肯开拔，要求先筹发两个月军饷及服装费20万元、步枪两千枝、子弹60万发。29日，蔡成勋又电告北京政府陆军部云，常师一旅已出动，周兆瑞师已下动员令，款到即开拔。

△ 广东省政府与联华公司（即英法支那有限公司）订立《七厘半货币借款契约》，债额200万镑，用途为供给省银行铸银毫之用，偿还期定为10年，是日由广东省议会通过。

△ 由山东绅士王朝俊等联合直豫人士发起组成全国垦殖协进会，是日开正式成立会。川、湘、鄂、黔、皖、甘、晋等省人士俱有加入者，到会46人。决定取西北农垦之原料，作东南工商之发展。

△ 顾维钧致函越飞，同意11月10日起，开中俄会议。

△ 哈尔滨无线电台全部归中国接管。

10月21日 川军第二军军长杨森抵武汉，随行者有旅长王缵绪、秘书熊扬芝，中午渡江谒萧耀南。杨部在鄂西尚有郭汝栋、王缵绪、许绍宗、王正钧等四旅，共有七八千人。杨森在汉厂购步枪2000枝，弹50万发，由"复楚"轮运往宜昌。次日，杨赴洛阳。

△ 厦门海后滩悬案交涉善后办法四条，由厦门交涉员与英国领事在厦签字。

10月22日 孙中山致函邓锡侯、田颂尧等人，特派戴季陶赴四川，抚慰各北伐军并与吕超等讨论实业救川计划。戴于30日启程赴川。

△ 孙中山函促石青阳，出兵助谭延闿图湘。略谓："曩时计划图湘，组庵（谭延闿）、沧白（杨庶堪）皆望兄出兵助之，以鼓湘军之气；闻兄亦尝有斯志，函允组、沧。今已于实行期间，至盼兄速为筹备。如已决行，文亦当筹开拔款费，汇寄来川。"又谓："此时湘中人士已视兄之能否

助力,以为进止,组庵尤日夜企盼复音。……吾兄爱国若渴,当必不漠视斯言,而乘此良机,有以一展其平生抱负也。”

10月23日 孙中山致函广西滇军总司令张开儒,指示讨陈逆机宜,并言特派邹鲁赴港与各省联络策应。

△ 国会众议院开会选委员长,马骧以239票当选。

△ 开滦煤矿工人联合唐山、赵各庄、林西、唐家庄四矿工人举行总罢工。16日,3700多名工人提出要求增加工资、改善待遇、抚恤伤亡,遭英国矿局拒绝,工人继续提出条件:一、承认开滦所属五矿矿工统一组织之俱乐部;二、非经俱乐部赞同,矿局不得开除工人。20日,矿局宣布每月工资在30元以下者增加10%,工人不满,是日举行罢工。26日,马家沟矿亦罢工。秦皇岛码头工人、京奉铁路工人、唐山铁路工人、纱厂工人、洋灰厂工人,均起声援,罢工人数达三万余人;交通大学学生亦罢课,上街募捐,支持罢工。矿局如临大敌,调集英舰之印度兵及天津警察厅长杨以德之保安队,镇压工人。25日,工人在矿务局门前示威,高呼“打倒资本主义”、“免除帝制余毒”、“要求经济解放”等口号,军警开枪,工人死五人、伤50余人、被捕10余人。劳动组合书记部特派员彭礼和亦被捕,后牺牲。反动当局封闭工会、解散工人纠察队、严禁工人开会。工人英勇不屈,坚持罢工25天,后经“调停”,增加少许工资,工人于11月16日忍痛复工。

△ 井陉矿务局由直隶省公署与德人订立改办合同,其中规定:矿局主权完全归直省监督;财产估定450万两;股本原有50万两,中占37.5万两,德占12.5万两;原有财产股本发还半数,四分之一让归直隶省有,四分之一由德政府作为战事赔偿。

10月24日 黎元洪任命高全忠为福建第二师师长。

△ 北京政府外交部照会驻京日使,声明日本与奉天所订天图路契约未经中央认可,不能有效。

△ 北京政府外交部就澳门葡兵惨杀华商一事,向驻京葡使提出交涉。要求:一、严办肇事葡兵及警察;二、更换广州领事;三、惩罚澳门

总督(即予撤任),并处分肇事警察长官;四、保证以后不得再有此种行动;五、澳门警察,一律更换华人充当,以免误会;六、葡萄牙政府应向北京政府道歉;七、驻广州之葡领,应向广州省政府道歉,并吊唁被害者之家属;八、对于被害者家属,应优予抚恤。

△ 驻京美使单独向北京政府外交部声明,“奉政府训令,二五附加税,须俟关税大会后,方能由中国政府支配”。英代办照会,新税则英政府业经同意,惟声明本年11月30日后能有他国允行,本国方能照办。

10月25日 黎元洪以徐树铮“在闽省妄称建国军政制置府,并煽惑军队土匪糜烂地方,亟应从严剿办”,着即派李厚基为讨逆总司令、萨镇冰为副司令,高全忠为总指挥,“务宜迅速进剿,克期肃清”。

△ 孙中山与即将赴洛阳、保定与吴佩孚、曹锟会晤之张继谈时局,指出使国会合法,为今日之急务;总统须由合法国会选出;县民自治,县知事民选;兵工政策,变兵为工;防止国内战争,奉直调和,为目下之急务;国家建设,应有法国革命及明治维新之气魄与努力。

△ 广东省长陈席儒布告,广州市政向联华公司借款200万镑。31日,32校学生乘汽车散发拒债救亡传单,公安局饬警察查禁,人心益愤。

△ 由黄勖志、华志清、华彩苓组织之天津女权请愿团赴京请愿,要求女子有选举、参政一切之权利,是日在达仁女校召开第一次筹备会议。

△ 四川省议会通过临时省政府组织大纲。

△ 太平洋商务会议在檀香山开幕。我国代表穆藕初在会上演说我国商务与太平洋各国之关系及发展计划。谓从1880年至1920年,40年间,我国商务出口总额由157兆增加为1304兆,增加八倍以上;1880年至1920年,进口货以棉货为第一大宗,由4兆增为62兆,约增11倍;五金材料进口居次位,1880年至1920年,增加15.5倍。再次分别为煤油、机器、煤、鱼介海味、袋包等。1880年至1920年,出口以丝

为第一大宗，由 13 兆增为 77 兆，约增六倍；其次为豆类，1900 年至 1920 年，20 年间，由 5 兆增为 70 兆，增加 14 倍。此外，出口在 500 万两以上者，计有：五谷、绸缎、锡块及生铁、生皮、芝麻、茶、牲畜及肉、猪鬃、羊毛及骆驼毛。进口最大国为美国，1880 年至 1920 年，从美国进口价值由 100 万两增为 1.43 亿两，40 年间，增加 143 倍。吾国对美出口，1880 年为 900 万两，至 1920 年则为 6700 万两，40 年间，增加七倍。进口居第二位的是日本，1880 年，从日本进口为 300 万两，出口为 200 万两，1920 年，进口日货，较 40 年前，增加 76 倍，而输出华货，则较 40 年前，增加 70 倍。进出口商务，除美日外，依次为暹罗、新加坡等处，爪哇等处，朝鲜、菲律宾、加拿大、南美、澳洲纽丝纶等处，安南、俄国、太平洋各国，墨西哥及中美。在谈及吾国商务进步时，认为尚有若干障碍，必须除去，计有：第一，年来政治多故，实为发展商务之第一大障碍；第二，关税不合科学的经济的原则；第三，货币制度不良；第四，无对外银行；第五，缺乏对外航路；第六，国内交通不便利；第七，国际间政治上之侵略，亦足以妨碍吾国之商务。最后表示："我国人深愿与我各友邦为最诚挚之携手，以增进彼此商务上之利益，并以增进人类文化。"

△ 日军全部退出海参崴，苏俄军队占领。次日，日本又撤退西伯利亚及中东路沿线驻军，哈尔滨日军亦撤去。

10 月 26 日 孙中山特派邹鲁为驻港特派员，并特派邓泽如为驻港理财员，并嘱邹、邓二人相助为理，调和各人意见，以期速达歼灭陈（炯明）目的。

△ 孙中山之代表林森、汪精卫、居正、蒋介石等至福州犒宴三军。

△ 北京国会宪法审议会继续开会，议决对于县制在国宪内规定大纲。

△ 北京政府外交部俄事委员会会长刘镜人因原定之中俄会议不能如期举行，提出辞职。

△ 北京政府外交部致牒驻京各国公使磋商改革上海会审公堂办法。

△ 北京外交团通知北京政府外交部云:中国于二五附加税加增前,公布财政计划。

△ 浙江省教育会、杭州总商会、浙江省农会、杭府银行公会、杭县律师公会,联名致电北京政府,反对邮电加价。

△ 四川教育协会、农工商联合会、议员恳亲会、律师联合会、各县参议会,通讯社暨公民张正谊等5.2万人通电,否认旧国会。略谓:“查现在集合制宪之旧国会,其中分子有兼任官吏者,有业已解职者,有附和帝制者,有躬行卖国者,并有曾充非法议员者。人品既极卑污,法律又相违背,此等分子所集合之国会,只可谓伪国会,将来制定之宪法亦为一种伪宪法,吾人绝对不能承认。诸公尊崇法统,热心国宪,尚希一致否认。”

10月27日 孙中山任命伍汝康为两广盐运使,宋子文为两广盐务稽核所经理,特派廖仲恺兼大本营筹饷总局总办,邹鲁为会办。同日,孙中山致函湘军将领鲁涤平、蔡巨猷,勉以救湘讨陈。

△ 河南赵杰旧部纠集万余人向京汉路线攻击,经张福来、靳云鹗派队击散。

△ 津浦路向英国中兴公司订借60万元,在天津签字。

△ 京绥铁路车务工人千余人,因要求增加工资,罢工两天,获得胜利,每人每月增加工资两元。

10月28日 北京政府所组织之“政治善后讨论会”开幕,由国务总理兼会长王宠惠主持,会员多系“民八议员”。

△ 黎元洪令浙江省长沈金鉴着来京另候任用,特任张戴阳为浙江省长。

△ 蔡成勋因拒谢远涵到任,以暴力钳制赣人。是日,省议会开谈话会,宪兵营派来宪兵多名,并宣布:“奉司令命令,戒严时期不准开会。”

△ 武昌女教员胡敬义、李哲旺、李学蕙、谢崇端、罗颖华,共同发起湖北女权运动同盟会。

△ 远东委员团致北京政府外交部节略，关于取缔白俄问题提出四项要求：一、窜入中国边境之武装党众应立即卸其武装；二、凡由该党众取得之枪炮子弹及国家财产需设法保管，以便将来移交我共和国；三、所有避入中国之白党由中国官吏管理监视；四、所有窜入华境之白党一律遣送出境，并交与远东共和国官吏。

10月29日 黄大伟、许崇智、李福林通电，宣布奉孙中山令，就任东路讨贼军一、二、三路司令。

△ 萨镇冰致电北京政府辞讨逆副司令职，又电称，王永泉以“不进攻”为“取消制置府”之交换条件。

△ 旅沪福建同乡致电王永泉、许崇智，要求取消制置府，并劝徐树铮离闽。王于是日辞去总抚，主张民政公开(制置府已无形取消)。

△ 北京50余团体在北京大学开会，组织“撤销治安警察法大同盟”。会上决定：一、即日再向政府呈请实行废止《治安警察法》，并限期答复；二、组织永久机关，专办废止治安警察法事宜；三、各省组织分部。当场推定费觉天、谭平山起草呈文，由蔡元培、林长民、毛一鸣、刘仲介到府面递。次日，民权大同盟等发起60余团体，再次于北京大学第二院举行大会，议决向北京政府递请愿书，扩大运动规模等项事宜。

△ 上海女权同盟会经过八次筹备讨论，是日在省教育会开成立大会，到会400余人。

10月30日 黎元洪令：派杨晟、罗昌赴暹罗，参加万国红十字会议。

△ 徐树铮以在福建设置之建国军政制置府名义任命王永泉为福建总抚，统辖军民两政，因各方反对，是日通电，于军政制置府改设军民两署，任命王永泉为总司令，林森为省长，分理军民事宜。

△ 中央观象台全体职员发起创立天文学会，选举高鲁、秦汾为正副会长。

△ 安庆各界人士一万余人，在体育场举行声讨马联甲游行示威活动。

10 月 31 日 黎元洪特派冯玉祥为陆军检阅使,河南督军裁撤。特派张福来督理河南军务善后事宜。

△ 北京政府外交总长顾维钧向驻京法公使傅乐猷交涉早日交还广州湾问题。

△ 李厚基抵宁后,连日向齐燮元、杜锡珪乞援。并致北京政府电,称已与齐、杜商妥,请速拨饷,罗文幹立筹 20 万汇宁。

△ 福建各界大会,到会千余人,选举林森为福建省长。

△ 北京政府财政部公债局及银行团议决,准以"九六公债"债票交胶济路股款。

是月 吉林财政厅向日本朝鲜银行借日金 100 万元,期限半年,用于购买枪炮及整理官帖费用。

△ 美国急欲在上海、北京、广州、哈尔滨四处设立无线电台,已由美国联邦电报公司发起,组织公司,总经理为阿尔亚谷,协理为休优里,定资本 950 万美元,优先股计 360 万元,余皆为普通股。

△ 交通总长高恩洪宣布,截至今年底所负外债之总额已达七亿元以上。为偿还十二年(1923)到期铁路外债本息用,拟发行"救路公债"6000 万元,利息周年八厘,四年偿本,以邮电加价及铁路脚夫加价所征收之税额充担保品。

11 月

11 月 1 日 北京众议院以民国四年 5 月中日协约"二十一条"换文,未经国会议决,无效,请政府向中外宣布,即日移送参议院。

△ 黎元洪公布学校系统改革案,凡 29 条。规定初等教育:小学初级四年,高级二年;中等教育:中学一般初高级各三年,师范六年,甲、乙种实业学校改为职业学校,年限各地酌定,得用选科制;高等教育:大学四至六年,专门学校三年以上,用选科制;大学院年限不定。其改革之"标准"为:一、适应社会进化之需要;二、发挥平民教育精神;三、谋个

性之发展；四、注意国民经济力；五、注意生活教育；六、使教育易于普及；七、多留各地方伸缩余地。7日，教育部咨各省区遵照施行。

△　北京政府交通部实行邮电加价后因各方反对，是日再发通告详加解释。

△　湘议会以湘为自治省，通电反对邮电加价。11日，赵恒惕据议会咨文，饬令邮、电各局不得加价。

△　全国商会联合会第四届大会于汉口开幕。出席者鄂、湘、川、陕、豫、鲁、晋、赣、苏、皖、浙、闽、粤、滇14省75人。推鄂商联会长吕超伯主席。萧耀南等到会致贺。在北京参加关税会议之各省商会代表以全国商联会副会长张维镛为首，主大会移京举行，与汉会大起争执，后妥协，仍赴汉加入大会。

△　"鲁案"第一部委员会第二十二次会议。中方提出总领事馆等保留财产对案。2日，第二十三次会议。双方意见大体一致。

△　福建建国军制置府总领徐树铮在闽通电，略谓："与北京伪政府断绝往来，通告外国勿与交涉，公推浙江卢嘉帅（永祥）、奉天张雨帅（作霖）为领袖，联合有力各省区选派廉正忠勇代表各二人或三人，集议沪上，迎奉合肥段（祺瑞）上将移驻龙华，与中山先生朝夕晤聚，主持议局。"7日离闽抵沪。

△　江西督理蔡成勋在赣设"清赋督征总局"，以财政厅长为总办，委定清赋委员33人，分赴各县逼索历年地丁积欠，并由局拟定清赋章程，责令各县催办。

△　沈鸿英率部假道湘边进逼桂林。该处滇军朱培德部赶赴浔州与张开儒部联合。

△　湘工团联合会成立，毛泽东任总干事，郭亮任副总干事。该会有基层工会14个，会员四万余人。同日，粤汉铁路总工会成立。该会包括徐家棚、株萍、新汉、岳州四处工会，为全国铁路工会最早之统一组织。

△　上海金业交易所成立，资本150万元，为股份有限公司组织。

1934年9月,与沪证券物品交易所金银部(1920年2月成立)合并,形成我国惟一之金业市场。

△ 上海浦东日华纱厂3000余工人罢工,反对军阀查封浦东纺织工会。因军警镇压及工贼破坏,至25日失败。

11月2日 徐树铮因各方反对,离闽赴沪。次日闽绅商学各界大会通电,告徐已离闽,建国军政制置府取消,宣布"闽事闽人自决",请各方军队停止入闽。

△ 北京外交部照会驻京日使,各省区公私各界以路矿抵押外债,非经呈部立案者无效。

△ 山东外交协会议决,呈请北京政府对"鲁案"提出取消永租权、胶澳商埠长官署内设参议会、准鲁代表参与该案等六项要求。4日熊炳琦代为转电北京。

△ 上海浦东英美烟厂3000余工人罢工,要求改善待遇并援助日华纱厂工人。3日罢工人数增至9500余人。遭警方镇压及工贼破坏,至24日失败。

11月3日 越飞照会北京政府外交部,再次声明除苏俄外,各国均无权与闻中东铁路。要求:一、取消该路管理处,将总工程师奥斯特罗莫夫逮捕法办;二、派员彻查账目;三、与苏协商组织临时管理机关。8日,复送照会重申以上三项要求,并声明道胜银行对中东路已失去资格,其举动侵犯苏权利,有碍中苏关系。

△ 张载阳接任浙江省长。浙各界均谋抵制。军界陈乐山等通电,称卢永祥任善后督办六个月,期满之前应贯彻当初宗旨。各法团联合会主设省参议会以监督政局。旅沪浙江各团体亦致电卢及省议会等,反对北京政府任命省长,请从速宣布自治。

△ 张作霖于奉天省署宴请东三省文武官吏及各团体代表,称其政治主张"不过'保境安民'四字"。又称"不问何人,苟能促成统一,即为吾旧敌,吾亦赞助之","中央之事,吾不过问"。

△ 吴佩孚致电王怀庆,以苏俄在外蒙组织公司,开办铁路矿山电

气事业，无异“举蒙古版图归并于俄国”，请责令邮电机关检阅越飞往来函电，以了解究竟。

△ 中英谈判接收威海卫会议，因中方反对以刘公岛为英海军避暑地，英方电伦敦请示，暂休会。

△ “鲁案”第一部委员会第二十四次会议，讨论公产补偿额付款方法。4日，第二十五次会议，中方提议该款以无利息之银元国库券拨付，日方允考虑以国库券偿付半数，反对无利息及银单位。

△ 河南赵杰、宝德全等旧部流窜成匪，是日洗劫颍州（阜阳）。该部先曾请吴佩孚收编，吴仅允资遣回籍，乃叛变。10月间先后攻陷新蔡、上蔡、项城、沈丘等县，声势大增。又抓去外国传教士及其亲属多人，冀引起外交交涉。后大部窜入皖北。1日颍州守军闻风出逃，匪首“老洋人”率众数百入城，2日匪首李鸣盛率众近千入城，均大肆焚掠。城内死伤近700人，被掳千余人，财产房屋损失5000余万元，难民10余万人衣食住无着。该城倪嗣冲家藏之枪炮及大批弹药亦被掠去。

△ 中华全国商约研究会成立。该会为张维镛等所发起，附属于全国商联会。同日，北京关税研究会闭会。

△ 北京各团体代表蔡元培等再请撤销《治安警察条例》。

11月4日 冯玉祥由河南抵保定，会晤曹锟。10日抵京。14日就陆军检阅使职，所属军队驻京郊南苑。

△ 驻京日公使小幡酉吉就天图路约答复北京政府外交部，借口张志潭长交通部时已口头允许开工，拒绝将外交部之否认该约照会转达东京。

△ 杜锡珪电请闽各界大会“速向中央表示服从诚意，”并称不宜阻止援军。7日，该会致电旅沪闽同乡会，请开会公决，反对杜电。

11月5日 黎元洪指令：江苏徐州辟为商埠。

△ 日陆军第五师团假定日本四岛为中国，实行“敌前”登陆演习。

△ 中国各省区民治运动总联合会第一次职员会议，通过修订之章程大纲及宣言，该会为各省区暨蒙、藏、华侨等各团体所组织，“以发

展民治，保障国权”为宗旨。总部设于北京，各省区设支部。

11 月 6 日　孙中山致函刘成勋、陈洪范，略谓：“执事握重兵，居要地，而四川豪俊，又不后人，务望互相策勉，力规其远且大者，以图利国家，洵诸君子不朽之业也。”

△　越飞致北京政府外交部节略，谓：中国政府未履行 1919 年及 1920 年宣言所载条件，倘继续藐视苏利益，苏将不再履行宣言义务。声明两国间各项问题解决之前，所有苏在华权益并不失效。强调中东路系西伯利亚铁路之一部分，即使让与中国人民，苏对该路之利益仍不消灭。9 日又致外交部节略，重申该内容。

△　北京政府外交部答复越飞 10 月 24 日照会，声明对苏“赤、白两党”，向无偏袒；中国在黑龙江亦具固有航权，该等问题与外蒙问题不必并为一谈，盼速开中俄会议，商讨撤退外蒙苏军办法。

△　中日邮政会议之日本事务长天羽宣称，日不裁撤南满日邮，系执行华盛顿会议决议。8 日，日政府分电各有关机关，谓对南满邮局问题绝不退让。

△　“鲁案”第一部委员会第二十六次会议。中方提出公产对案。7 日第二十七次会议。日方除商科大学外，对该案均表同意。

△　上海南洋兄弟烟草公司工人 6000 余人罢工，提出承认烟草公会，增加工资等 17 条要求，公司全部应诺（惟将公会改为职工同志会），次日复工。

△　北京政府陆军部因王永泉来电表示服从，电饬该旅呈报饷械，准予补充。

11 月 7 日　北京国会宪法审议会通过未设省宪之地方，在未适用本章规定之前，其制度以法律定之。

△　李厚基偕齐燮元派给之随员数十人，携现款 10 万元及大批枪弹于 5 日抵厦门，与高全忠协谋反攻福州。臧致平先已抵厦，是晚纵兵至李处索饷，旋借端围攻，李逃至鼓浪屿日租界，高亦受伤潜逃。次日，臧以总司令名义宣布维持地方秩序。

△ 孙中山为国民党员金华衮、韩恢被杀事，电责萧耀南、齐燮元“破坏和平”。

△ 尹之鑫等78人发起之各省区民治运动联合会在京开成立会，通过章程，凡14条，其宗旨规定：“本会采互助精神，以发展民治、保障国权为宗旨，其共同进行事件列举如下：(甲)废督及类似督军之军阀；(乙)裁兵并撤退驻防式之军队；(丙)各省区实行自治制宪；(丁)纠弹贪官污吏；(戊)整理地方财政，(己)振兴地方实业；(庚)改良地方习惯；(辛)监督外交保全领土。”

△ 武昌首义纪念筹备会于武昌成立，400余人到会，推吴兆麟为主任，并通过筹备事宜。

△ 北京政府外交部致远东委员团节略，声明中国取缔白军溃兵系维护主权之内政行为，对俄内争不愿有所偏袒，拒绝该团10月28日节略所提四项要求。13日，远东委员团驳复外交部，云：俄白军自中国领土攻击远东共和国已屡见不鲜，中国政府之政策于中俄关系不能有所裨益。

△ 北京外交团以各省截留盐税，危及借款担保，是日议决再向北京政府抗议，以派员赴各省交涉并由海关代收盐税相威胁，旋由领袖公使向外交部提出。北京政府答复，谓已设法解决，保证不影响借款担保及偿还本息。

△ 各地纪念十月革命五周年。北京大学数百人举行庆祝大会，李大钊主持大会并发表演说。太原社会主义青年团等发起召开国民大会，发表宣言及通电，敦促北京政府承认苏俄。长沙各界举行庆祝大会，高挂“全世界的无产阶级联合起来”等标帜，旋被赵恒惕强行解散。武汉亦有同样集会。

△ 苏俄驻京代表越飞为庆祝十月革命五周年举行招待会。越飞因病请伊凤阁代为主持并宣读演讲稿，谓：苏俄自外蒙撤兵不合中苏共同利益，苏在中东路利益亦需保障。王家襄、吴景濂请苏遵照昔日宣言，以公平解决中东路等问题。蔡元培等演说，赞扬俄国革命。

11 月 8 日　孙中山函促驻桂滇军杨希闵等把握时机，速图广东。

△　北京众议院将政府咨请追认之九种条约付审查。计有：《中智商约》、《中瑞商约》、《中波商约》、《中德协约》、《国际法庭公约》、《国际邮政公约》、《九国间对华适用各原则及政策条约》、《九国间对华关税条约》、《中日解决山东悬案条约》。

△　四川军事善后会议闭会。会期中议决：一、川省暂取自治态度；二、推刘成勋为总司令；暂兼摄民政；三、废军长制，各师旅原有单位暂不变更，仍分期实行裁兵，积极结束；四、破除防区，统一财政，限定12 月 1 日开始实行；五、取消护商、清乡、公益等捐；六、官商合办钢铁厂；七、举办官银行，整顿交通，划一军事教育等。

△　中日合办天图铁路契约在奉天签字。资本 400 万元，中日各半。南满铁道株式会社借垫 200 万日元作为华方资本，年息六厘，期限13 年，以天图路财产及华方股票作抵。张作霖令延吉道尹布告地方，禁止人民反对。

△　“鲁案”第一部委员会第二十八次会议。中方提出青岛警备接收事项及方法案。9 日，第二十九次会议。双方意见大体一致，其实行细目委托在青之警备委员会协定。

△　林森通告就福建省长职。次日王永泉通告就总司令职。11 日，林布告施政方针：一、筹设自治机关；二、公开财政；三、蠲免苛捐；四、整顿金融机关；五、维持教育事业。

11 月 9 日　黎元洪特派张绍曾兼蒙疆善后委员会委员长，刘冠雄为福建镇抚使，陆荣廷为广西边防督办。

△　四川民政善后会议开幕。刘成勋演说，谓该会要旨为“维持现状”。11 日起正式议事，28 日闭幕。

△　鄂督萧耀南任命 23 人组成财政会议。次日议决将隶属中央之各局税款暂行挪移，再由官钱局借垫铜元两成，以凑足主客军一月薪饷。

11 月 10 日　孙中山复函福建总司令王永泉，指示方略。略谓：

“我兄与汝为(许崇智)诸君,同历艰危,死生相共,情志固结,必能和衷共济,措置裕如。文在此间一切自当留意,如有所见,必随时奉白,以资进行也。”并谓:“日来北京及闽中对文表示,于闽事已渐化敌意,此后相机应付,当可使助范……闽事若得浙助,则唇齿势成,东南形势于此可求发展矣。”

△　北京言论自由期成会成立,中外记者及著作家140余人到会。推林天木、蔡元培、胡适、李大钊、梁启超等60人为评议员。其简章称:“本会以向国会请愿,废止妨害言论自由一切法规,并另定保护言论自由条例为宗旨。”

△　粤讨贼军总司令部通告,自是日起,对陈炯明拍卖公产,包办盐务及一切公私借款概不承认,应承者以通敌论罪。

△　“鲁案”第一部委员会第三十次会议。中方提出青岛土地问题大纲。13日,第三十一次会议。日方提出回答书。

△　中国红十字会代表杨小川、王培元离沪赴暹罗,出席万国红十字大会。

11月11日　北京政府外交部答复越飞,谓已派员调查中东路之管理,请苏“再行专案声明”将该路之权益无条件归还中国,另请对红军预备侵占中东路之传闻,“迅行切实更正”。同日照会远东委员团,亦请更正该项传闻。

△　安福系罪犯朱深“逃出”日本兵营。16日,最后三名罪犯丁士源、姚震、姚国桢亦“逃出”。

△　河南赵杰旧部“老洋人”等悍匪由皖回窜,连破息县、正阳、遂平,先后围攻固始、商城、光山、潢川、西平、舞阳等县。是日,在郾城南部与靳云鹗所部激战,京汉交通中断,次日始通车。

11月12日　孙中山任命周之贞为广东西江讨贼军司令。

△　滇各公团召开万余人之国民大会,抗议英国强占片马。公决组织片马协会以为政府后盾,组织示威大游行以示民气。

△　北京成立“国民监督议会团”。该团受吴佩孚支持,其宣言称:

国会应先制宪法后举总统，否则必起而反对。

△ 旅沪闽同乡会致电刘冠雄，谓“闽人仇公，无异仇李（厚基）”，反对刘回闽。后闽各界大会亦电刘，声言：“闽人为自卫计，惟有誓死相拒。”

△ 山东各界联合会等通电，反对王正廷利用外资承办胶济铁路。又分电吴佩孚、曹锟及北京政府，以王办理“鲁案”“丧权侮国”，反对吴保王督办胶澳商埠。

11 月 13 日 孙中山复函蔡钜猷、陈渠珍，指出“解决湖南，则惟湘西是赖”。望在湘西速起兵讨伐赵恒惕。

△ 黎元洪特派李玉麟监督安徽裁兵事宜。特任胡景翼为延威将军。

△ 浙督卢永祥寿辰，各省代表赴杭祝寿。孙中山派汪精卫前往。齐燮元之代表向卢竭诚修好。

△ 湘议会开始选举省政府。至 24 日，选出七司司长各两名（交省长圈定一名）。至 27 日，选出高审、高检厅长与审计院长。长沙女界联合会通电，对女界无一人当选深表愤慨。

△ 美新银团代表司蒂芬·阿卜脱会见黎元洪，谓中国债票在外跌价，请自动整理财政以维持国际信用。

△ 英文《京津泰晤士报》陆续发表北京政府外交部泄露之外交文书，内容为北京政府上年春派员赴美、英、加等国运动破坏英日同盟之经过。

△ 赣议会电请北京政府催促谢远涵及财政厅长文群、教育厅长朱念祖等履任视事。17 日，旅京赣同乡议决组织省、厅长驻京办事处，函请谢、文主事，并派代表要求政府罢斥蔡成勋。

△ 烟台、吴淞海底电缆竣工。此为日本古河电气株式会社承修，全长 520 海里。

11 月 14 日 远东共和国与苏俄合并。18 日越飞与远东委员团分别通知北京政府，远东委员团撤销，俟后一切事宜均向越飞接洽。

△ 北京政府外交部照会越飞，抗议苏蒙订约，声明外蒙为中华民国领土之一部，无与他国擅行订约之权。17 日越飞复称，苏蒙条约并非秘密，亦无侵犯中国主权之处。

△ 越飞致北京政府外交部节略，谓 1919 年及 1920 年宣言中并未载有将中东路权利无偿交还中国之词句，对俄白军问题望中国政府勿再持中立，并谓红军欲占中东路之传言毫无根据。

△ 北京政府财政总长罗文幹与华义银行经理签订奥国借款展期合同。该项债券自世界大战以来早已贬值，德奥奸商在欧洲以低价收购该债券，并以债权人资格要求偿还或换发新券，屡被财政部拒绝。此次通过华义银行办理，王宠惠等为应付吴佩孚催索军饷并迫于各国政府压力，同意续约。王等乃将补款八万镑(合华币 60 余万元)悉数交吴，惟未通过国务会议，仅由王批准。次日，该行协理徐世一向吴景濂等告密。

△ 黎元洪据高恩洪呈，沪中国银行监理官傅宗耀“勾结逃犯，图谋不轨，煽惑路工罢业，触犯刑章”，请免职拿办，指令傅着即免职交法庭讯办。16 日，宁波旅沪同乡会通电反对交通部滥用职权，罗织人罪。何丰林、卢永祥、张载阳等先后致电该会表示同情。沪总商会及银行公会等亦分电北京政府抗议。

△ “鲁案”第一部委员会第三十二次会议。日方同意青岛电话局六个月内并用日语。15 日第三十三次会议。日方提出海底电缆新案。

△ 北京女子参政总会派定委员分赴豫、湘、赣及鄂、川、浙、粤组织分会。定下年 1 月在京召开全国大会。

11 月 15 日 孙中山在沪召集会议，审查国民党改进案。推定汪精卫、胡汉民为宣言起草人。

△ 汉口英、法、美、日、荷、丹、墨、比、瑞、挪、意、葡等国侨商及传教士在英租界召开“万国公民大会”，以豫匪掠取教士，焚毁教堂，危及外人生命财产，电请各国政府向北京政府提出抗议，要求立即救出被掳外人。又选出执行委员，组成常设监督机构。

△ 北京众议院以逾期不到会为由，将徐清和等七名护法议员除名。护法议员乃连开紧急会议，除发宣言及提质问外，决提起诉讼。

△ 北京“万国报界学会”茶会欢迎美联合通讯社社长诺伊斯。诺倡言北京报界组织不受政府及派系束缚之通讯社。后诺赴沪，亦鼓吹参照美联社不党不偏之独立精神发展中国新闻事业。

△ 北京政府教育部职员因索欠薪无结果，停止办公。次日议决如不能达到目的，三日后封存印信，六日后锁闭机关。

11月16日 黎元洪据高恩洪呈沪招商局董事会傅宗耀等“草菅人命，败坏航政，舞弊营私，侵占公产，罪情重大”，着派邵恒浚、张福运、殷泰初前往查办。18日该局股东自组股东维持会，并连发通告通电，抗议官方侵犯并谋吞商办航业。20日北京政府交通部通电，以“官督商办”为根据解释对该局之查办。股东会复电驳斥，否认“官督”。工商各界纷纷声援。23日黎复电招商局股东维持会，谓该会拒绝查办之通电“已交院查照”。

△ 孙中山在上海寓所举行家宴，招待段祺瑞所派使者何全勋。

△ 曹锟等要求维持惩治盗匪法。前此北京国务会议议决该法至是月26日期满后即行废止，曹锟、田中玉、齐燮元、韩国钧、冯玉祥、张福来、张凤台、马联甲、许世英、王承斌、熊炳琦等是日联衔致电北京政府，列述“匪风滋盛”、“纲纪扰乱”、“牵及邦交”、新法“颁布无期”、该法“无关永制”五大理由，请延长施政时期，并以各省将施行单行条例相要挟。

△ 英、法、美、意、瑞典五国公使赴北京政府外交部递交抗议照会，要求从速救出被豫匪掳去之外人，并保证外侨今后之安全。外交部急电吴佩孚尽速设法。吴次日复电陈述剿匪及营救办法，23日电令张福来、张凤台通饬各县调查外侨情况并派兵保护。

△ “鲁案”第一部委员会第三十四次会议。中方提出处分土地之答案。17日第三十五次会议。日方提出土地新对案。18日第三十六次会议。中方提出土地案之驳书。日方催定胶济沿线商埠，中方请与

外交部直接交涉。

△　法国众议院通过组织公司恢复中法实业银行案。

△　广州第八甫街失火，烧毁《国华时报》、《南越报》等七家报馆。商号店铺损失30万元以上。

11月17日　黎元洪据司法部呈《惩治盗匪法》施行期限瞬将届满，拟订强盗案件特别办法及过渡办法，是日指令由该部通行遵照。

△　黎元洪公布《胶澳商埠暂行章程》，凡12条。

△　江苏督军齐燮元、省长韩国钧联合宴请全体省议员，报告治苏方针。齐燮元指出保境安民、肃清匪患等四项方针，韩国钧提举行八厘公债及地方自治等三项方针。

△　日首相加藤于贵族院称，日政府已断然拒绝中国政府要求废除"二十一条"之交涉；又谓满洲租界地日邮不在裁撤之列。

△　苏俄远东革命委员会发表宣言，宣布中东铁路地区包括在苏领土内。

△　东三省省议会电各省属机关声明直奉政见误会已由鲍贵卿从中调和。但张作霖对归还京奉车辆及盐税等问题仍无明确表示，并以"保境安民"为职志，拒受北京政府之命令。鲍于8日抵奉，23日由奉抵京复命。

△　张作霖拟定中东路护路计划，电令朱庆澜查照。该计划略为：一、加派军队；二、于各重站添设司令；三、修筑炮台；四、接济军火；五、请俄方约束部队勿侵入路线。

11月18日　孙中山委田铭璋为中国国民党黑龙江支部筹备处长。

△　北京众议院议长吴景濂、副议长张伯烈偕华义银行买办李品三深夜入黎元洪宅，以盖印之议院公函指控罗文幹私订奥款展期合同，丧失国权，违背约法等罪，并控罗有受贿嫌疑。黎在挟迫下以手谕饬令聂宪藩、薛之珩捕罗，送地方检察厅拘押。财政部库藏司长黄体濂亦同时被捕。次日，聂、薛为自脱干系，致电曹锟、吴佩孚报告捕罗经过。

△　黎元洪公布《青岛市施行市自治制令》，凡九条；《胶澳各乡施行自治制令》，凡六条。

△　北京政府交通部解散唐山路矿大学。唐大全体学生 300 余名 13 日停课一天游行募捐，援助唐山五矿罢工。16 日，校长俞文鼎据交通部旨意开除五名学生代表，学生罢课反对，发表驱俞宣言。驻军旅长董政国调停未成。是日，俞奉部令解散学校，将全体学生武装押解出唐。学生分赴津、京、沪、汉等地申述经过，并再三通电，恳各界声援。

△　"鲁案"第二部第十次会议，决组织交还铁路准备委员会。

△　戴季陶被四川省议会选为省宪起草员，赴渝就职。是日，重庆军政各界设宴欢迎。会上戴解释孙中山对川局主张：消极的，避免战争；积极的，整顿教育、实业，以谋建国之基。

△　上海三北公司"宁兴"轮载有闽军事当局招募之游民千余名，旅沪闽同乡会阻止开船，并向何丰林交涉。次日，何令游民离船。该会电请闽军事当局停召新兵入闽；28 日，沪国民党人熊公烈等 1200 余人函该会质问，劝读李斯《谏逐客令》一文。

△　华文《醒华日报》在加拿大多伦多市出版，该报系由民国四年春创刊之《醒华周报》改组。

11 月 19 日　北京国务院联席会议。阁员诘问黎捕罗之理由及不经司法部而拘捕罗之不合法。黎元洪自认捕罗文幹违法，答愿下令自责，并嘱警厅释罗。议决：罗案应由检厅依法办理，"实则严惩，虚则反坐"。吴景濂、张伯烈偕议员多人入府阻止黎下令。同日，全体阁员（除张绍曾、高凌霨）通电宣布吴、张坐迫下令捕罗经过，并声明奥款合同曾咨院经总理批准在案（后张、高通电否认该合同曾经过阁议）。同日京师地检厅票传吴景濂、张伯烈出庭对质。吴、张借词公府非诉讼机关，罗案系总统交办，拒绝到厅。次日，王宠惠等再赴公府请黎下令，复被吴等冲散。

△　孙中山复电蒋介石，嘱克服一切困难，完成回粤讨贼任务，"万勿轻去，以致偾事"。

△ 四国新银行团代表在京会议。对北京政府提议之一亿元外债整理借款，日坚执不允。次日，议决以中国政局不稳，时机尚早为由正式拒绝，并劝北京政府速行废督裁兵，以实现和平统一。

△ 蒙疆善后委员会在北京张绍曾私宅开成立会。28日，援救蒙疆筹备会成立，张出席。推那彦图为会长，对蒙事主张武力解决。

11月20日 黎元洪令准免田中玉“鲁案”会办兼职，特派熊炳琦会办“鲁案”善后事宜。特派沈瑞麟兼外交官领事官资格审查委员会委员长。

△ 吴佩孚致电黎元洪，谓未能解职先行捕罗（文幹）“似属不成事体，殊蹈违法之嫌”。后又电请黎通电说明罗案经过，“昭示群疑”。

△ 北京众议院通过查办罗文幹丧权祸国、纳贿渎职案及奥款合同无效案。护法议员动议，吴景濂擅用院印，应付惩戒，被哄散。同日，北京国会护法议员联欢社及干事处通电指斥吴“专权乱法”，“干预行政”。

△ 张绍曾通电辞陆军总长职。自是日起，张未参与国务会议，亦未到部视事。

△ 奥款债权代表罗森达、柯索利自到检厅，声明发生疑问之支票系酬劳费，与罗文幹无干。次日交通部函复检厅：财政部拨交该部之八万镑支票已于17日如数收到。22日，英、意公使致函外交部，证明奥款签字于手续上并无情弊。

△ 梁启超致电黎元洪，谓捕罗为“蹂躏人权”，国会“以毁法为事”。25日，吴景濂、张伯烈电梁，斥其“左袒卖国者”。27日，部分众议员通电痛骂罗之“妻兄梁启超”，并电请齐燮元、韩国钧逐梁出境。又，康有为亦发表公电，谓罗于奥款“有大功而当赏”，并因吴景濂、张伯烈违法，进而攻击“代议制”。

△ 上午，“鲁案”第一部委员会第三十七次会议。日方提出码头财产与公产一并处置等五案。下午第三十八次会议。日方再提土地新案，中方提出海电及码头财产答案。双方任定起草委员：中方稽镜、孔

祥熙等六人，日方木村锐市等四人。

△　福建邵武徐镜清致电王永泉、许崇智，报告光泽、邵武、建宁、泰宁诸县相继为常德盛军攻占。时徐与延平许济部已集中大干固守。

△　川军但懋辛所部与田颂尧所部为争遂宁防地，于该县交火冲突。两部结怨已深，刘成勋调停无明确结果。

△　鲁省长熊炳琦与美商上海亚洲建业公司签订山东宫家坝堵口工程合同。该公司借垫银元 120 万元作为承包费用。

△　道胜银行致函北京政府外交部，反对苏俄代表否认该行在中东路权利及指该路总工程司违法之声明，请保护该行股东权利。

11 月 21 日　王宠惠、顾维钧、孙丹林、李鼎新、汤尔和、高恩洪通电，说明 19 日准备所下命令之内容；指责吴景濂等屡次包围黎元洪不令盖印，声明责任内阁已被破坏，惟罗案尚未水落石出，不得不“待罪”静候解决。次日，吴、张通电驳斥王等“淆乱听闻，借资抵制”。

△　罗文幹在狱呈请黎元洪速令法庭依法办理该案，并于地检厅优待室接见记者，声称不俟该案水落石出绝不出狱。黎迭次派员请罗暂出检厅，罗均未允。

△　上午，“鲁案”第一部委员会第三十九次会议。日方对胶澳商埠章程中外国人代表权问题提出抗议。下午第四十次会议。日方大体同意电报局接收日文电报等中方对案。22 日，第四十一次会议。双方议决青岛病院等归属问题，并同意电报、电话及埠头附属船舶解决案。23 日，第四十二次会议。中方提出公产评价妥协等案，并同意青岛大连无线电报问题由两国主管官厅另行协议。

△　湘劳工会纪念成立二周年。电气、机械、印刷、纺织等十余工会 1000 余人，中国劳动组合书记部等 200 余人到会。是为该会被封后第一次重大活动。

11 月 22 日　黎元洪派汪大燮、孙宝琦、黄开文、荫昌至地检厅，用总统专用之红牌一号汽车迎罗文幹（及黄体濂）出狱入公府。黎亲表歉忱。罗允暂住礼官处。是晚汪等四人向地检厅具送保单。

△ 王正廷出席北京众议院报告“鲁案”两部情况。

△ “鲁案”第二部委员会第十一次会议。中方提出铁路偿价之国库券利息作银单位。23 日，第十二次会议。中方提出德国遗留财产估价问题。27 日，第十三次会议，中方提出铁路估价为 2700 万元，日方反对以该额为讨论基础，对德遗留财产亦不允变动。28 日，第十四次会议。中方提铁路估价 3250 万，日方要求 4500 万。双方任定接收铁路准备委员，中国颜德庆、日本秋山雅之介等各九名。29 日，第十五次会议。国库券决依票面十足计算。30 日，第十六次会议。双方对铁路偿价支付方法意见已接近。

△ 安徽督理马联甲通电抨击省长许世英不筹裁兵款项，请立予罢黜，并提出新旧军共需饷款 740 万元。24 日，许通电驳斥，谓皖省军费原为 450 万，尚须减去 180 万，马所定军饷不但未裁，反而增加。25 日，李玉麟电请马、许“始终维持”，“宽筹经费”，以尽量裁军。

△ 中国赴檀香山出席太平洋商业会议代表穆藕初、赵晋卿、毕云程、赵桂芬结束会议，是日返抵上海。

△ 广州大沙头飞机厂西厂被炸，全厂及新飞机二架、旧飞机五架均被焚毁。

11 月 23 日 黎元洪特派顾维钧兼关税特别会议筹备处处长。

△ 曹锟通电，攻击罗文幹签订奥款合同丧权卖国，列举五罪：一、“追加八厘利息”；二、“滥算复利”；三、“抛弃定银”；四、“发行九折新票”；五、“滥加所得税”。请组织特别法庭，或移转审讯，彻底根究。

△ 黎元洪电复吴佩孚，责其“遥断朝政、轻折元首”，讥其亦曾请逮捕前财政次长钟世铭，并声明“辞职咨文，犹存国会，既属不成事体，正宜别主贤能”。

△ 北京国务院退回众议院查办罗文幹咨文。谓根据约法，国会对国务员只能弹劾，不能查办，该咨文“政府碍难收受”。

△ 北京政府财政部公布奥款展期合同要点：一、奥对我国无债务，该款不能不还；二、利息等条件较前为优；三、附带之购货合同价值

低廉；四、继续归案办理，又经总理批准，手续完备。

△ 全国商联会举行特别会议。推黄炎培、聂云台、蒋梦麟、余日章为裁兵劝告员，劝北京政府及各省督军裁兵。议决请愿国会速制宪法；联络全国银行团体合组财政监督机关；要求各国政府、商人于裁兵实行前停止输送军械，于财政监督确立前停止借款。次日发出通电。

△ 南浔铁路因欠日东亚会社 1000 万元不能偿还，照约由日人监督营业，日顾问兼经济监督高比良是日由沪赴赣就任。赣议会国路权断送，以该路合同未送省议会审议为由，电请北京政府交涉取消。

△ 伍朝枢在沪为其父伍廷芳开吊。孙中山、胡汉民、汪精卫诸人及黎元洪代表何丰林、北京国会代表卢宗岳、北京国务院代表刘左霖、驻沪日领事等中外人士数百人前往吊唁。

11 月 24 日 王承斌等直系督军通电响应曹锟 23 日通电，斥罗文幹误国违法，并请移转管辖。25 日齐燮元、马联甲、直隶议会，26 日蔡成勋、杜锡珪、马福祥、田中玉、熊炳琦、张锡元，27 日卢永祥、刘镇华、何丰林，以及陆洪涛等，亦纷电响应。其中卢电痛斥“坐收卖国之利者”，矛头直指吴佩孚。萧耀南于 27 日，张福来（及张凤台）于 12 月 1 日，亦通电附和曹电。

△ 北京地检厅原拟宣告罗文幹无受贿证据，见曹锟 23 日电措词强硬，乃于下午召开司法界全体大会，决定“再加研究”。

△ 东路讨贼军将领黄大伟与许崇智不和，黄应孙中山电召是日离闽，蒋介石同行。27 日抵沪。孙令许崇智暂兼第一军军长，所部四个旅均归直辖。

△ 上午，“鲁案”第一部委员会第四十三次会议。日方提出食盐出口案及矿山问题妥协案。下午，第四十四次会议。中方提出矿山、海电及土地答案。25 日上午，第四十五次会议。中方提出无线电报等使用日文对案，日方提出海电修正案。下午，第四十六次会议。双方议决青盐出口及无线电报等使用日文协定案。

△ 英使照会外交部，决于下年 1 月 1 日撤销在华邮局。

11月25日 黎元洪通电述捕财长罗文幹案经过，称阁员未解职先送法庭尽多先例。次日复曹锟电谓罗案既交法庭，应依法解决，“似不必组特别法庭”。

△ 吴佩孚致电黎元洪，声明拥护总统，称前电仅恐“程序未合，致碍中枢威信”，复致电曹锟，赞成对罗文幹案依法办理，“毋稍宽纵”。同日，王宠惠、顾维钧、孙丹林、李鼎新、汤尔和、高恩洪因吴佩孚态度软化，通电辞职，称罗案结果倘有牵涉，“仍当束身司败”。罗文幹、黄体濂仍回地检厅看守所，该厅将保结退回。

△ 众院议长吴景濂通电详述罗案始末，称内阁更迭为政治问题，阁员渎职为法律问题，“两事截然，不容牵混”。复答记者问，指王宠惠、顾维钧、高恩洪有共犯嫌疑，谓王、罗非正式阁员，故不用弹劾而用查办。同日，吴等操纵发起之“国民大会”按吴口径向国会请愿，该会曾大事张扬，但到会者实寥寥无几。

△ 蔡元培、胡适发表谈话。对罗文幹均谅解，认总统与国会所为，失法律前提。

△ 国会宪法审议会休会。该会自8月10日第四十五次会议起，共开会30次。12月30日，张伯烈向宪法会议报告审议情况。

11月26日 曹锟电王怀庆、聂宪藩、薛之珩，谓“京中近有谣言，谓锟不日入都，并造出许多妄语”，请“严饬查究”。自称“对于元首，始终竭诚拥护，决无私见”。

△ 皖裁兵协会江朝宗、徐谦、陈独秀、冯玉祥、段祺瑞、段芝贵、聂宪藩、臧致平、张敬尧、张克瑶等致电北京政府，以马联甲独揽军民两政大权，毫无裁兵诚意，请予罢斥，另简皖籍知兵大员，实行裁兵，实行分治。皖各团体及旅外皖人亦集会、通电，声讨马联甲。

△ 国民党四川支部筹备处开筹备大会，数百党人到会。议决于军、政、学等各界要人中扩充筹备员之方法。刘成勋演说，推崇孙中山以党治国之主张。

△ 杨森得吴佩孚支持，将残部编成一混成旅，驻鄂西。

11月27日 北京众议院通过查办王宠惠、顾维钧“渎职祸国”案。又提出吴佩孚侮辱总统，应依《陆军刑事条例》判处徒刑等质问书。

△ 沈鸿英占据柳州。沈军6日占雒容县，原驻自治军韩彩凤退柳州。8日沈部何才杰旅攻入柳州。韩先后得陆福祥、陆云高援助，与沈于柳州相持，屡进展出。沈以何、李(易标)两旅合攻，是日再入该城。韩被俘，沈即予释放。后双方以柳河为界各守地盘。

△ 援闽鄂军胡念先旅是日向武昌调动，该旅已拨归孙传芳指挥。孙所部第二师奉吴佩孚命已向下游运送，前队驻武穴，图由赣入闽。原驻武穴之鲁军张克瑶混成旅已赴九江。

△ 上午“鲁案”第一部委员会第四十七次会议，下午第四十八次会议。议决将青岛土地所有权问题留作悬案，对租界地及合组矿山公司意见大体一致。公产、邮电、埠头、盐业等补偿额，日方主日金1700万元，中方允1400万元。28日第四十九次会议。中方提出赔偿问题由双方政府派员解决等三案。29日第五十次会议。海电问题解决。公产等赔偿费定为1600万元。第一委员会范围内各问题完全结束，定于30日签字。

11月28日 北京政府总税务司通令各海关，原定12月1日实行之新税则因关系各国尚未一律承认，展期实行。

△ 护法议员通告，吴景濂在广州众议院时经手之账目不清，决定清查旧账，并至法院控告。

11月29日 黎元洪特任汪大燮署国务总理。各部总长为：外交王正廷，内务高凌霨，财政汪大燮兼，陆军张绍曾，海军李鼎新，司法许世英，教育彭允彝，农商李根源，交通高恩洪。王宠惠暨原阁员准免本职。罗文幹着即免职。

△ 日政府电令小幡酉吉通告中国政府，承认新税则。

△ 北京众议院请愿委员会议决，将下列各案提交大会：一、女权运动同盟会请于宪法规定男女平等；二、延吉等县代表请取消天图铁路合同；三、盐政讨论会长张謇等请对同一区域盐税不得引前清税率不同

而设立越界为私例案；四、旅京江苏同乡会请停止苏省发行公债及彻查财政；五、旅京顺直代表以省议员俱系舞弊当选，请取消资格重行复选等。

△　鲁议会电请北京政府将“鲁案”提交国会详加讨论，反对“率行照签”。

△　豫官军与匪徒激战。先是，曹锟令靳云鹗为豫剿匪总司令。中旬，匪多次攻击总司令部所在地驻马店。下旬匪势渐衰，退避豫西之郏县、鲁山一带。靳分饬各军会剿，其总司令部亦随军移驻许昌，是日起于豫西山地围攻匪军。

11月30日　孙中山复张作霖17日商时局函，主坚持一定之宗旨，始终贯彻。“此后对于大局，无论为和为战，皆彼此和衷商榷，一致行动，决不参差。迄今此意，秋毫无改”。

△　汪大燮通电就国务总理职，当日国务会议议决派黄郛为财政总长，黎元洪以黄资望太浅，未允发令。傍晚汪愤而辞职，即出京。

△　黎元洪以“鲁案”协定同意案咨付众议院。众院紧急会议，先由督办“鲁案”善后事宜王正廷出席说明经过，旋开秘密会议，佥以政府未将草案提出，国会碍难决定赞否，当由政府负责，乃如是咨复。

△　黎元洪特派熊炳琦兼胶澳商埠督办，会同王正廷接收胶澳事务。

△　众议院副议长张伯烈以汪大燮曾迎罗文幹出狱并补具保结，许世英系代办奥款合同之华义银行总裁为由，通电反对汪阁。次日复随吴景濂通电反对汪阁，并对王、罗免职之令文未根据查办理由深表不满。

△　吴佩孚通电，声言与王宠惠、罗文幹“夙昧平生”，谓“案关受贿渎职，辱国丧权，非独罗个人应受刑事裁制，即内阁亦有联带关系，理应依法负责，非仅辞职所能了结”。

△　青岛土匪肇事。因日人纵容，青接收之际匪警日急、市面萧条，田中玉、熊炳琦派员招抚土匪，是晚匪首孙百万将参加谈判之总商

会长隋石卿及监收专员茅少甫掳去。次日，王正廷以行政尚未移交、治安当由日方负责，向小幡酉吉提出质问。

是月　北京政府教育部改北京农业专门学校为农业大学，聘章士钊为校长，筹备改组。

△　辽宁纺织厂成立。资本奉洋450万元，锭数2.048万只。

12　月

12月1日　"鲁案"细目协定(即第一部)在京签字。计正文九章28条，附件十项，了解事项四项。正文大要：一、胶澳于12月10日交还，手续一个月内完竣；二、日军20日内撤尽；三、条约批准前租地，期满后续租30年，批准后租地取消；四、日保留公产领事馆计八所，居留民团计11所；五、青佐海线无偿交回一半，青济无线电台，青岛沿线电报、电话交还后自行分开；六、青盐输出，15年内年额一亿至3.5亿斤；七、公产及盐业偿价合日金1600万元，先付现金200万元，余以国库券照票面交付，六厘息，期15年，以盐、关余担保；八、矿山由中日合资公司承办，付日偿金500万日元，利息超过八厘时以半数付日；九、海关维持保税区域制度继续办理。

△　旅京鲁人、鲁各团体代表及鲁学生数百人包围北京政府外交部力阻签字。鲁籍国会议员刘敬三等向王正廷交涉，提出撤销续租、拒开商埠、国库券取消利息、无偿收回矿山、解决土地悬案等挽救国家权利之要求，未得要领。4日，鲁各界联合会开外交大会，决向英、美两政府声明不承认该协定，并电请国会否认。

△　"鲁案"第二部委员会第十七次会议。双方对铁路国库券之财政条件中存储银行等节，意见一致。2日，第十八次会议，对华盛顿条约附件各问题互换意见。4日，第十九及第二十次会议。决定铁路引渡财产范围等事项。任命一切已决问题之起草委员，中国稽镜、日本木村锐市等各三名。日方就未了问题提出最后提案。

△　广东琼州各界数千人开“琼崖全属公民大会”，以日占据西沙群岛，复谋侵占琼州，决定成立挽救西沙群岛各界联合会，电请全国合力援助，并请粤当局从速取消西沙之日人实业公司。次日，学生联合会等组织示威游行，总计不下万人。

△　直省自是日起将铁路、货捐、印花、烟酒暨各局处收款，一律扣留。

△　广东省各项税收开始实行加五征收。

△　溥仪以皇室礼仪行大婚礼。黎元洪派大礼官黄开文代表致贺，又饬拨 10 万元送交清室。

12 月 2 日　曹锟通电，以汪大燮、许世英、高恩洪与罗文幹案迹有嫌疑，谓对新阁“决难承认”。4 日，蔡成勋、王承斌亦分别通电反对汪阁。

△　川议会举刘成勋为临时省长。次日，国民党四川支部筹备处开会庆祝。熊克武主席，刘与石青阳等演说，刘表示服从三民主义。

△　浙各法团以卢永祥任善后军务督办六个月将满，通电吁请卢延长善后期。浙军政界要员亦请卢无限期留任。

△　彭允彝到北京政府教育部接任总长职。部员索欠薪不得，决继续停止办公，仅允彭用印于就职通告，即封锁。彭商请财政部先拨发一个半月欠薪，部员乃于 12 日办公。

△　俄军百数十人乘夜袭击黑省边境之札兰诺乐车站。4 日，北京政府外交部照会越飞查明禁止。11 日，越飞答复：彼系白党乔装红军所为，白党得在边界活动乃北京政府纵容所致。

12 月 3 日　黎元洪令邵章暂行代理平政院院长。

△　汪大燮通电请辞署国务总理职。

△　全国商联会第四届大会闭幕。2 日，选举吕超伯为会长，穆藕初、张维镛为副会长（穆坚辞未就）。定第五届大会于山东举行。会议期间，设审查会审查裁厘加税等案，并通过撤废常关、否认所得与营业税、取缔各省铸造铜元、反对铁路货运加价、取缔五省通用纸币、撤废货

物附加税等议案 127 起。对罗文幹案曾致电北京政府，请公平措置。

△　林虎、刘志陆抵广州。陈炯明与林约定：一、以林为援桂司令，统辖在桂各军；二、拨粤军两旅归林指挥；三、桂局定后由林主持一切。10 日，林等赴梧州。

△　美长江游弋舰队司令官菲尔普以美人施利芬用驳船押运飞机四架至汉口，有违背美总统禁运军用品之规定，率舰扣留该飞机，并将施送交美领事署讯办。该飞机系北京航空署以供福州民用为名订购，因福州形势变迁，乃辗转运汉。7 日，汉口当局以美国扣我海关已验放并装入我国驳船之物品，侵犯主权，有损海关信用，向美领事提出抗议。21 日，美领署谕令非经许可，不准将飞机交中国政府。美政府特派法官来华审理该案。

△　吴佩孚向鄂榨取饷款之洛阳财政会议开会，6 日闭会。鄂应允下年起印花税由 30 余万元加至 60 余万元，烟酒税由 80 万元加至 100 万元。

△　华洋义赈总会发起之浙灾征募大会在沪开幕，中外人士 800 余人参加。该会于上月 22 日成立，举黎元洪为会长。

12 月 4 日　黎元洪令准免汪大燮财政总长兼职，着次长凌文渊暂行代理部务。

△　曹锟电请黎元洪饬法庭速开审罗文幹案。吴佩孚亦于日前发表声明，请慎重处置罗案，勿使“刑事案”牵入政治，宣称对该案各方均无左右袒，对组织新阁不愿干预，对曹锟依然融洽。

△　秘鲁通惠总局华侨自卫会以秘众议院通过废止中秘商约，禁绝华侨入境，侨民生命财产失去保障，通电全国请急起援救。11 日，国民党驻利马总分部电请孙中山立即拯救。孙转电北京政府办理。21 日，秘华侨代表 500 余人通电，以秘排华日紧，危及三万侨民生命财产，吁请援助。

△　北京政府外交部通知越飞，已转令沿海各关及各舰队，禁止旧俄海军将领斯达尔克率领之舰队进入中国口岸。

△ 全国商会联合会致电北京国会，谓："忠告贵院同人，速本良心专制宪法，并将裁减军队、整理财政诸办法，从速议定，限期实行。"

12 月 5 日 "鲁案"铁路细目协定(即第二部)签字。计正文二章18条，附了解事项七项。其大要：一、胶济铁路及其支线并一切附属财产于下年1月1日移交，尽一个月办毕；二、铁路偿价为日金4000万元(约合华币3600万元)，以国库券照票面交付，息六厘，以铁路及其进款为担保。另有现行契约合同及债权债务之处理与职员去留等规定。

△ 黎元洪特派顾维钧为关税特别会议筹备处处长。顾辞不就。8日，改派王正廷兼任。15日，派严鹤龄为该处主任。

△ 众议院通过查办高恩洪、罗文幹案。众院以高、罗擅与比利时公司订立铁路购料合同，决咨政府声明无效，并列述舞弊卖国之四大罪状，请将高、罗褫职查办。同日，吴景濂、张伯烈通电全国。后曹锟电京汉、津浦、京绥、京奉四路局长，谓高正在查办中，凡关于四路款项出入，均须禀承巡署办理，高之部令无效。

△ 北京政府派代表周予觉赴滇，解决统一办法。是日，周予觉电告唐继尧所提召集南北联合会议条件六项：一、尊重国会自由行使职权，从速完成国宪；二、于不抵触国宪范围内，主张联省自治；三、实行废督裁兵；四、宣布民国五年以后中央所借内外债数目及用途；五、宣布民国以来中央与各国缔结各项密约；六、筹商各省善后重要事项。

△ 湘水口山铅锌矿3000余工人罢工。由蒋先云、谢怀德领导，历时21天。25日，劳资双方签字，工人获得增加工资，实行八小时工作制，承认工人俱乐部合法地位等重大胜利。27日举行庆祝大会和示威游行，工人、农民共万余人参加，高呼"罢工胜利万岁"、"工人农民万岁"、"打倒军阀"、"打倒贪官污吏"等口号。

△ 日本抗议美国在华设无线电报局。日三井物产会社与海军部订有经办无线电报事业之特约，北京政府交通部又许美仅代拉尔公司开设电报局，日以优先权被侵害，曾三次抗议。是日，小幡酉吉再赴北京政府外交部提出严重抗议，要求给予最后答复，否则将采取必要措施。

△　全国律师协会第二届大会开会，京、沪、浙、苏等20省市分会代表到会。推汪有龄等18人为代表，出席下年1月国际律师协会于马尼拉举行之大会。

12月6日　孙中山致函列宁，告以不远的将来将派全权代表去莫斯科同苏俄领导人磋商合作事宜。函中并谓："你们以前对中国的宣言在我国人民中产生了极大的影响，从而使中国人民将俄国看作中国的朋友，并使中国有从帝国主义列强压迫下获得民族解放的可能性。"末谓：苏俄同北京政府交往，将"使您置于同中国人民对立的不利地位"。

△　黎元洪特派劳之常会同王正廷接收胶济铁路。派马叙伦等五人为全国财政讨论委员会委员。派张其密等90余人为政治善后讨论委员会委员。

△　黎元洪以浙江水灾募集赈款大会会长资格，招待中外人士，共同筹款赈助浙省灾民。与会者北京外交团法国公使、武官、使馆员及各夫人167人，外国记者48人，外国银行家24人，外国绅商29人，外国顾问及其他洋员48人，各教会会员317人；中国方面有国务院及各部机关、参众两院、各校、各商会、银行、记者及在野名流等。黎元洪讲话，并自捐一万元以为之倡。孙宝琦代表浙省乡亲致谢。

△　王正廷通告就外交总长职，即日赴济南，8日抵青岛办理接收事宜。熊炳琦9日抵青。

△　许世英因受各方攻击，通电请辞司法总长，惟声明对奥款合同毫无闻见。

△　滇、桂军联盟。驻桂滇军杨希闵、范石生、朱培德等，与桂军沈鸿英之代表黄应山、自治军刘玉山、陈升平等，于藤县大湟江白马庙举行军事会议，会商讨陈（炯明）战略及合作条件。是为"白马会盟"。后刘震寰亦加入。孙中山据邹鲁呈报，任命杨希闵为滇军总司令，即在白马宣誓就职，并委任刘震寰为桂军总司令。

△　驻京日公使小幡酉吉照会北京政府外交部，谓东北有朝鲜独立军联合红军入境胁迫日侨情事，中国政府如不能随时严防，日政府当

采取适当措施。

12 月 7 日 孙中山批复天津赵从宾关于联合直系之意见，认为宜集中力量讨伐陈炯明，“此后对北方已取和缓态度，故一切急烈之举，皆当停止”。

△ 北京汪大燮内阁否认奥款展期合同，责成外交、财政两部办理。

△ 驻桂滇军通电，张开儒解职就医，推金汉鼎为总司令，未到任前由杨希闵代。同日，桂议会请滇、粤军退出桂境。

△ 沪全国各界联合会通电抨击王正廷及黎元洪、汪大燮等卖国媚日之罪行，请国民共起否认“鲁案”协定。山东公民“鲁案”后援会等亦发表宣言，列述王丧权辱国六大罪状，呼吁争取最后之补救。

△ 粤军总司令陈炯明向德保肥洋行订购之毛瑟枪 3000 支，无烟火药二万磅，炮弹 3000 发交货完毕。

△ 越飞因 4 日北京政府抗议苏对黑龙江之华轮征收捐税，致北京政府外交部节略，谓在中俄会议未解决该问题前，只能照现行章程办理。

12 月 8 日 张作霖因边防紧张，召集特别军事会议。决定由三省抽调四旅组成临时边防军，分驻满洲里至绥芬河一带。中俄边境实行戒严，驱逐中东铁路地区无业俄人，取缔经军张贴布告，禁止宣传布尔什维主义。同日，奉天官报公布划中东路沿线为特别区，以朱庆澜任长官，所有区内军警、外交、行政、司法各机关统归管辖。

△ 济南总商会等四团体以青岛土匪与日浪人勾结，乘接收期肆意焚掠，并公然于市内设立总部，日方警宪熟视无睹，电请北京政府向日使严重交涉。同日，日政府迫于中外舆论及各国侨民谴责，训令驻青司令官由比光卫对通匪、纵匪者严行惩办。

△ 署陕督刘镇华赴三原、鄠县等处，开始裁汰第七、第八两路镇嵩军，并电请北京政府补助饷款。

△ 云南东陆大学成立。次年 4 月 20 日正式开学。

12月9日 中日邮政会议签订四项协定：一、互换邮件；二、互换保险函件；三、互换包裹；四、互换汇票。均于次年1月1日起实行，在华日邮同时撤废。南满铁路附属地日邮问题由两国政府另行解决。

△ 曹锟做寿。冯玉祥、萧耀南、孙传芳、马福祥、高凌霨、张英华、吴景濂、张伯烈、边守靖等赴保祝寿。黎元洪派金永炎，张作霖派张学良，卢永祥派卢小川前往。直系要员均派有代表，另有国会议员及各界名流共数百人。吴佩孚未到，委萧耀南代为疏解。高恩洪受冷遇。寿期未正式讨论政局，曹仅表示对张绍曾组阁取观望态度。

△ 沈鸿英致电陆荣廷，请撤惩陆福祥、林俊廷，或于十日内退出南宁，否则以武力进攻。

△ 苏盐商朱乃庚等360人及部分省议员以盐政讨论会提请取消食盐越界为私条例，分另通电反对。12日，赵恒惕电请北京政府维持盐引成案。苏社事务所黄炎培等电北京政府，反对借改革盐政而增加盐税。苏籍国会议员亦通电反对淮盐加价。

△ 道胜银行监事格南抵奉，与张作霖接洽中东路问题。原定同期赴奉之英、美、法、日各银行团代表决定展期一月赴奉。

△ 京师高等与地方审检四厅职员因欠薪五月，一致停止办公。司法部允发一月薪水，13日恢复办公。

12月10日 青岛行政事宜由王正廷、熊炳琦向日民政长秋山接收。熊就任胶澳商埠督办职。同日，黎元洪宴请小幡酉吉，庆祝“鲁案”结束，并邀汪大燮陪席。

△ 安徽旅沪公民团、安徽驻沪劳工总会等各团体开联席会议，反对马联甲出任安徽督理，通电全国宣布马联甲之罪状。

△ 汉冶萍总工会成立。该总工会由汉阳钢铁厂工会、安源工人俱乐部、大冶下陆铁矿工人俱乐部、汉冶萍轮驳工会、大冶铁厂工会五个工团组成，会员三万余人，为当时全国最大之产业工会。

12月上旬 北京银行公会致函财政部及“鲁案”公署，以盐、关余为国内公债之第一、第二两种基金，清还内债尚嫌不足，反对用为“鲁案”国库券之担保。“鲁案”公署因请北京政府向日交涉将两余抽回,易他项确实担保。

△ 张一鹏集资50万元,于武进设立利民纺织公司,经北京政府财政部注册。

12月11日 黎元洪特任王正廷兼代国务总理。

△ 福建镇抚使刘冠雄离津赴宁,与齐燮元、杜锡珪等会晤。旋发《通告闽人书》,提出四项主张:一、使闽立于政争之外;二、实行军民分治;三、闽省自治;四、速立省宪。15日就镇抚使职。16日,电请臧致平、李厚基停战息争。17日,发入闽通电。随后乘“通济”舰离宁。23日,抵马江,设临时镇抚使署并与各方联络,未得积极反应。27日,经臧电催,改乘“靖安”舰抵厦。

△ 北京政府外交部驳复越飞11月14日节略,谓苏1919年宣言中愿将中东铁路无条件归还中国,毫不索偿等语,出自伊尔库斯克转来之法文电,为西伯利亚及远东外交人民委员会全权委员杨松签署,并经苏代外长卡拉罕证明无误。

△ 驻张家口美领事索克斌,与美商元和洋行经理柯尔曼驾汽车四辆私运现洋出口,不服检查,强行开车并鸣枪示威,驻卡岗兵还枪误伤柯。15日柯毙命。美使连赴北京外交部抗议。

△ 原远东外交团代表、新任苏驻东三省特别代表巴谷勤抵哈尔滨。

△ 湘工团联合会11工团之代表由毛泽东率领,同赵恒惕进行三天面对面说理斗争,利用“省宪”条文迫使赵承认工人集会、结社、罢工及工会向政府交涉之权利。

△ 李玉麟通电报告皖已裁兵27营两哨,所余新安武军12营应候中央办理。次日回京复命。

△ 赣督理蔡成勋致电陆军部,以赣省兵灾荒欠,食粮艰难,请转告各省停止采用赣米。

△ 孙丹林原称罗文幹案结束前绝不他往,是日忽称母病返籍。

罗文斡日前亦呈黎元洪，请援陈锦涛案改交平政院审理，并取保出所，随传随到，黎未准。顾维钧19日呈黎，陈明外交部对于奥款经过情形，以示清白。

12月12日 黎元洪由张绍曾、冯玉祥等陪同，至南苑检阅冯军。

△ 吴佩孚电告北京政府，豫匪劫去之外人仅余三人，正设法援救，请阻北京外交团派员赴豫。次日，北京外交团照会外交部，中止赴豫。

△ 白俄将领斯达尔克偕谢米诺夫、麦克罗夫等率海参崴出逃之舰队（计15艘），载大批难民先后抵沪，泊吴淞口外，何丰林未允登岸。海军部电杜锡珪速令该舰等出境，并不得再入中国口岸。

△ 浙各法团联合会通过筹备省自治大纲。

△ 越飞撰文论述苏俄对华政策。指出："孙中山领导的国民党为一纯正的党，它组织完整，团结巩固，在中国具有无比的重要性，可藉以联络民族主义与革命。"

12月13日 王正廷通电报告就职三条件：一、新阁同意案即日提出；二、无论形势如何，兼代只以十日为期；三、除例行公事及万不能已各项外，其他重要人员之迁调及政令之设施均暂从缓，期维现状。次日通告就兼代国务总理职。

△ 孙中山于上海私宅宴请施肇基。

△ 全国财政讨论会开会。财政讨论会委员60余人出席。会议主席张英华会长说明中国财政穷困之状况，与整理财政之入手方法。

12月14日 中国国民党国会议员王用宾、焦易堂、彭养光、冯自由、周震鳞等在北京约集众参两院议员宴会，决定：凡隶于同盟会、国民党、中华革命党、中国国民党之两院议员，而无显背三民主义之事实者，皆为民党议员；国民党议员有于一定组织团结之必要，在新组织未成立以前，暂假北巷五号为通讯处。

△ 刘成勋通电就四川省长职，宣布促成省宪、尊重民意、财政公开等十项政见。

12月15日 众议院提出张绍曾组阁同意案。反对派议员要求张先到院宣布政见，吴景濂派反驳。双方互骂，互掷墨盒并相互殴打，秩序大乱，遂流会。

△ 青岛日军司令部撤销，日军撤离。同日，黎元洪授予由比光卫一等大绶嘉禾章，17日，由比离青返日。

△ 沪总商会在“万国公民大会”马尔克等推动下发起裁兵运动。该会4日致电各省商会，提出检查裁兵、公开财政、速制国宪三项措施，请一致努力。12日会同15团体盛宴欢迎施肇基，联名发表裁兵宣言，请施转陈政府。是日分电国会两院及各省军事当局，力促实行。旋又组织裁兵、制宪、理财委员会以推进全国大规模运动。

△ 安徽省长许世英通电，赞马联甲于裁兵“精勤擘画、劳怨不辞”，请“商承中央，将第二期继续进行”，自言当负筹措经费之责。

△ 正太铁路石家庄机器厂2000余工人，在中共北京党组织领导下举行罢工。先后两次发表宣言，提出增加工资、实行八小时工作制、承认工会等14项要求。历时12日，取得胜利。27日，石家庄全体工人游行，手执“全世界的无产者联合起来”等旗帜庆祝胜利。其间，京汉铁路总工会两次通电声援。

△ 胶济铁路全体日职员因日本当局未践退职津贴诺言，愤而罢工，铁路中断。次日，要求获允，复工通车。淄州炭矿2300余日职员因同样情况于同日罢工，亦于次日复工。

△ 驻京法使照会北京政府外交部，在华法邮局12月31日撤销。

12月16日 孙中山在沪召集各省同志65人审议国民党改进宣言。该宣言由胡汉民、汪精卫起草，审议略有修正。次日，总务部长居正、党务部长谢持等，以党纲、党章及宣言业已草讫，呈请孙中山作最后之酌定。

△ 北京政府外交部向越飞提出抗议：一、远东革命委员会宣告中东铁路地区在其领土权范围之内，实属蔑视中国主权，要求详加更正；二、中东铁路系中俄合办，其财产在海参崴等处者纯系商业性质，苏无

权片面收回，请取消成命。

△ 黎元洪特任汪大燮为平政院院长。

△ 闽南保安会通电组织保安军，以黄培松为总司令。黄声言与福建镇抚使刘冠雄取一致行动。

△ 青岛市民为监视接收召开市民大会，发布宣言，并推出监收代表。

12 月 17 日 张绍曾为组阁事连日邀熟识议员到宅，讨论吴景濂、张伯烈包办说。张伯烈是日宴请反对派各团体，为张组阁疏通。吴亦多方运动，不遗余力。

△ 伍廷芳追悼大会在沪举行，到会 8000 余人。谭延闿主席，居正代表孙中山主祭。

△ 王永泉、林森通电，闽省邮电“克日取消加价”。

12 月 18 日 北京众议院通过张绍曾组阁案。上午，张邀两院议员数百人于外交大楼茶会，散发油印品并口头宣布政见，主对各省和平统一，并召集南北军事会议。下午，黎元洪派饶汉祥出席众院，说明提张组阁理由及其略历，随后以多数通过并移送参议院。

△ 交通总长高恩洪以就医为名请假十日，21 日黎元洪指令照准，并令劳之常暂行代理部务。

△ 赵恒惕通电就湖南省长职，并依省宪取消总司令名义。21 日，李剑农当选省务院长。

△ 吉省长魁升辞职，张作霖以吉督署秘书长王树翰暂代。后孙烈臣仍自兼省长。

△ 越飞答复北京政府外交部 16 日之抗议，谓远东革命委员会宣言中所称政权施及于中东铁路一语，绝未含有破坏中国主权及中东铁路一带之意。仅注意于该路技术管理及俄国人员。

12 月 19 日 闽省王永泉、许崇智、臧致平及自治军张贞等部从四面合力围攻泉州张清汝。17 日，张电许、王等求和。18 日，臧部刘长胜旅与张贞从青元山攻入泉州，张逃逸。是日，许、王所部从洛阳桥方面攻入该城。张部被各军收编。

△ 王家襄、吴景濂至国务院坐索国会积欠经费150万元。

12月20日 孙中山派汪精卫赴奉天同张作霖接洽，望促成南北统一，并共同反对“用金钱武力进行总统选举”。

△ 越飞致北京政府外交部节略，拒绝16日之抗议。谓中国政府五年来完全片面处置中东铁路，且听任该路为白党练兵场及出攻苏之根据地。苏收回境内该路财产与中国政府对该路在中国之部分办法相同。声明关于俄境内所有东路财产之决议，于中俄会议双方对中东路问题完全解决之前，暂不能取消。

△ 松沪护军使何丰林通告上海，自24日起取消邮电加价，仍照旧章收费。

△ 王怀庆通电反对废止惩治盗匪法。司法部咨复云：业经国务会议议决废止，不再展期。14日王曾函请曹锟领衔再电北京政府，重申前请。马联甲、许世英、齐燮元、韩国钧、张福来、张凤台、蔡成勋等亦曾先后电请曹锟领衔联电北京政府，以明令宣布展期。

△ 鲁省各界联合会通电反对驻青岛日领事于市内外私设警所九处，并抗议王正廷擅让主权。后熊炳琦在鲁人敦促下亦照会日领事，请速予撤销。

12月中旬 粤、湘、赣订立三省联防及剿匪章程九条。直、鲁、豫新订联防条约六条。鄂、豫、陕议定联防及清匪事宜九条。

12月21日 那彦图通电谓苏俄“决计吞噬满蒙”，“得陇望蜀，虎视狼贪”，劝国人勿“同室操戈”，应“一心御侮”。萧耀南23日，蔡成勋26日，通电响应。许世英29日通电，对外蒙事主由北京政府先行交涉，不成则由国会提出对苏宣战案。

△ 越飞致北京政府外交部节略，谓1919年宣言中并无将中东路无条件归还毫不索偿之语，已转请苏政府推究误会原因。谓白党之在华实于中俄关系有无穷之危害。促速推代表，俾早开中俄会议。

△ 齐燮元、韩国钧致电北京政府，宣布江苏下年1月1日起取消邮电加价。

△　许世英以马联甲擅令封锁金库，皖省政日趋纷扰，借词返津探亲，致电北京政府请假。黎元洪于 23 日，国务院于 24 日复电劝留。

△　皖废督裁兵会电责马联甲等袒庇新军殷恭先、旧军李传业“虚耗巨饷”、“贻害地方”，要求北京政府立予撤惩。次日，皖籍国会议员向黎元洪提出新军完全裁撤，旧军年饷减至 140 万元，保留许世英等三项要求。后马电请北京政府将裁余之新军十二营改编成师，委殷恭先为师长，未获允。

12 月 22 日　王正廷请辞兼代国务总理职，黎元洪指令照准。

△　北京政府财政部币制局呈请设立蒙古实业银行，并拟定银行章程 32 条，是日，黎元洪指令照准。

△　越飞致外交部照会，请禁止白俄海军将领斯达尔克变卖俄舰，要求将俄舰引渡苏联，并拘留不愿归国之职员乘客。

△　闽各界各团体连日召开数千人大会，拒绝“福建镇抚使”刘冠雄入闽。19 日省议会，20 日自治军黄展云、张贞等，22 日各界大会，均电刘阻拒。学生军亦电刘警告。

12 月 23 日　张绍曾、高凌霨分别通告就陆军、内务总长职，与李鼎新等首次到院参加国务会议。张、高同劝王正廷继续维持。王终以参议院速提张组阁同意案为条件，允暂留。

△　宪法起草会三读通过国权章及地方制度两章，即提交宪法会议。

△　驻京日、英、美、法四公使照会北京政府外交部，抗议北京政府不清偿到期债务，声称关余及烟酒、交通等收入不能单还内债，外债亦须顾及。

△　粤省财政厅布告，自是日起各项税收照加五征收之数收银毫八成，省币七成，省币全解省库交商会焚毁。粤军饷自是日起亦改发银毫，兵士月饷减为六元，军官薪饷亦减发。

12 月 24 日　孙中山派孔庚与四川各将领接洽，在重庆设立川、陕、湘、鄂、滇、黔六省联军办公处，谋军事上之联络，推刘成勋为筹备处长，孔庚为理事。

△　黎元洪令加马联甲陆军上将。

△　北京成立救国联合会。该会为徐谦发起，旨在召集救国会议，协议解决统一问题。推冯玉祥、徐谦等为董事。全国商联会亦派代表任董事，又推徐为总干事。该会得到孙中山等人赞同。26日，冯玉祥宴请国会各派议员领袖，赞同徐等救国主张。

△　日关东长官伊集院抵奉天，次日会见张作霖。26日返日。

△　国会蒙藏议员组成蒙藏经济协进会。举那彦图为名誉会长，贡桑诺尔布为会长，是为国会中之蒙藏独立团体。

△　川、鄂盐商反对杨森加抽盐税。杨在宜昌抽收川盐军饷，每包加一元五角，旅汉宜昌六属同乡会500人分电北京政府及吴佩孚、萧耀南，请速令停征。川盐商亦纷纷集会请愿并通电反对。

12月25日　滇军总司令杨希闵率所部在濛江誓师，讨伐陈炯明。

△　东蒙王公于长春会议，决定依那彦图计划，请北京政府速迫苏红军退出蒙境，并电请蒙藏院协力进行。次日，蒙藏院议决赞助该计划。

12月26日　孙中山任命李钺森为讨贼川军第一军军长。

△　北京政府外交部就金法郎案函复法、比等公使，决定以纸法郎偿付庚款。

△　孙传芳抵南昌，蔡成勋亲率全城文武至滕王阁欢迎。孙部先已由浔入赣。

△　湖广铁路借款第二期利息15万英镑(约合华币130余万元)因英、法、美等国严厉催索，已由11月份盐、关余分拨偿还。

△　法权讨论会会长张耀曾赴晋、豫、湘、鄂、赣、皖、苏、浙等省考察司法状况，事毕由沪北上。

12月27日　讨贼军徐镜清击败江西援闽部队周荫人部，克复福建邵武。

△　众议院通过取消邮电加价案。次日，北京国务会议议决暂行取消加价，由交通部另提新案。

△　闽各界大会通电反对孙传芳、张克瑶、周荫人等部入闽。

12 月 28 日　滇桂联军占领梧州，粤军第四师军官吕春荣、莫雄等在梧宣布与滇桂军一致行动。杨、刘随即分就孙中山委任之滇军、桂军总司令职。30 日，沈鸿英部抵梧，吕、莫等以第四师名义通电讨陈炯明。31 日滇粤桂联军誓师东下讨陈炯明。

△　孙中山函促驻闽讨贼军迅速回粤讨陈，“不可半刻迟疑”。

△　黎元洪以外债总算账之说日盛一日，与凌文渊等商定组织外债委员会，清查民国以来各项外债。该会隶属于财政部。

△　新任长江上游总司令王汝勤奉吴佩孚命，向汉阳兵工厂领山炮六尊、炮弹 20 箱、枪弹 50 箱，并携饷款 20 万元，启程赴南昌。

△　日铁道省以告示发表《中日国际联运规则》，凡 120 条，定下年 3 月 1 日施行。

12 月 29 日　北京参议院通过张绍曾组阁案。同日，护法议员第七次宣言，以国会自身未经合法，反对滥用同意权。

△　黎元洪令皖省长许世英仍留原任。

△　黎元洪批准胶济铁路股份有限公司筹备处并归该路理事会管理。

△　北京政府交通部通电，邮电自下年 1 月 1 日起“取消新价，仍按旧价核收”。

△　北京政府交通部请王正廷调停唐山大学风潮，与学生达成妥协，是日派佥事刘式训等护送学生回校上课，校长允俟后撤换。

12 月 30 日　王正廷内阁呈请辞职。黎元洪请王再代理几日，俾张绍曾选配阁员，辞呈暂置未批。

△　黎元洪公布《教育基金委员会条例》，凡 13 条。

△　黎元洪批准王正廷呈请派稽镜为代表接收胶济铁路。

△　北京政府外交部是日及次年 1 月 6 日，连收法使照会，法坚持以金法郎偿付庚款，并以撤销改组中法实业银行之协议相要挟。

△　陈炯明以形势危急、军心离散，在广州召开军官会议，胁迫军官歃血誓愿，并于次日通电拥陈。

△　岑春煊通电，赞同桂议会 7 日电，请粤、滇各军退出桂境。

△　王正廷向日本横滨正金银行借银元 30 万元作为接收胶济路费用，期限七个月，年息一分一，以该路收入作抵。

12 月 31 日　黎元洪特派熊希龄、蔡元培等九人，派张伯苓等 18 人为教育基金委员会委员。

△　意大利政府通知北京政府，同意实行关税新税则。

△　许济、徐镜清部肃清闽北。许、徐所部得福州增援，于中旬进攻常德盛军，连克将乐、建宁、邵武等县，是日收复光泽。常师被俘千余人，被缴枪弹无算，残部逃往杉关一带。

是月　孙中山派张继赴京晤越飞。

△　志信林业股份有限公司成立。股本 16 万元。该公司承领官山、伐木制材、收买木材并经营森林各种副业。董事宁紫垣、解铭臣等四人。本店设吉林汪清县。

是年　北京大学教授张竞生在《京报副刊》发表《美治政策》一文，主张节制生育。提出“实施全国避孕”，“把中国人口维持在四亿，最好减少到三亿”。

△　北京政府与德国签订互寄包裹及互换汇票协定。

△　北京政府与荷兰签订互寄包裹协定。

△　青岛日商富士纱厂成立，资本 4550 万元。

△　大同同宝煤矿公司成立，资本 300 万元。

△　南京中国水泥公司成立，资本 200 万元。

△　东三省烟公司成立，资本 100 万元。

△　大连三华商事油坊成立，资本 50 万元。

△　天津民生天记面粉厂成立，资本 61.8 万元。

△　上海信大面粉公司成立，资本 50 万元。

△　汉口胜新面粉公司成立，资本 50 万元。

1923年(民国十二年)

1 月

1月1日 孙中山在沪发表《中国国民党宣言》,宣布对时局的主张与民族、民权、民生政策。内称该党"乃以三民主义为立国之本原,五权宪法为制度之纲领"。宣言回溯自兴中会成立以来的斗争情形,并提出国家建设之计划及现时所采用之政策,其主要者为:一、修改不平等条约,恢复中国在国际上自由平等之地位;二、实行普选制度,废除以资产为标准之阶级选举;三、确定人民有集会、结社、言论、出版、居住、信仰之绝对自由权;四、制定工人保护法,以改良劳动者之生活状况,改良农村组织,增进农民生活,确认妇女与男子地位之平等;五、由国家规定土地法,使用土地法及地价税法等。同日,公布《中国国民党党纲》,规定以三民主义、五权宪法为建国纲领。

△ 滇桂讨贼联军攻占广西梧州后,是日向广东进发,讨伐陈炯明。以滇军任东路,杨希闵为总指挥;刘震寰部桂军与粤军第三、四两师任西路,刘震寰任总指挥。桂军沈鸿英部担任向北江出动。

△ 黎元洪以"废督"无成效,咨国会辞大总统职,并通电各省,略称:"复职之初,即首以废督为请","乃荏苒半年,竟无寸效","迩者辞职之书已咨国会,替人朝得,轻骑晚归"。

△ 北京政府交通部次长劳之常代表中国方面，按照“鲁案”交涉第二部协定细目将胶济铁路及其支线并一切附属财产，从日本方面予以收回。

△ 聂云台、余日章、蒋梦麟、黄炎培受全国商会联合会之推举为裁兵劝告主任，是日，四人联名发出劝告裁兵通电。4日，孙中山复函聂云台等，指出该通电理由“深切著明”，而“国民之表示主张，自以劝告当局为第一步，然而与虎谋皮，久垂明戒。故第二步之办法，不可不为积极之准备，以免徒蹈空言”。嗣后，黎元洪、张绍曾、岑春煊、齐燮元、段祺瑞等亦先后通电，对裁兵通电佯为附和。

△ 广东海丰县农民在彭湃的组织领导下，正式成立海丰总农会，选举彭湃为正会长，杨其珊为副会长，加入会员二万户，农会管辖下之人口约有10万人。农会为农民办学校、医院、合作社，领导农民进行反勒索斗争。

1月2日 孙中山在沪召集中国国民党党务改进会议，宣布党纲及总章并推定改进后之中央干部组织人员。其余本部干事、书记及国内总分支部职员，一体重新委任。改本部通讯为公报。还制定了干部会议规则、入党金常年捐规则、入党规则、上海分部组织纲要、本部各支部组织规则及海外总支部通则等。

1月3日 孙中山致电张绍曾，望真正促成和平统一。

△ 陈炯明军自广东肇庆向广西梧州反扑，因桂军取道怀集、广宁攻其侧面，陈军败退三水。

△ 北军暂编河南陆军第一师常德盛部在闽境迭为王永泉、许崇智各军所败，退至赣、闽交界之越山关。

△ 总税务司安格联复电上海总商会、银行公会、钱业公会三团体，对上年12月30日来电表示内国公债彼经管一日，对于其后发生各款，必竭力维持其已成立之优先权。

△ 台湾文化协会派人去台湾各地作巡回演讲，以启蒙台湾同胞民族意识，日本警察横加干涉，并命令解散。

△　美国驻京公使舒尔曼就侨商克门被张家口中国士兵枪伤毙命案，向北京政府外交部再提五项要求：一、杀人凶手抵命；二、惩办当事长官；三、在肇事地点为死者立纪念碑；四、优给死者家族恤金；五、中国政府道歉。

1 月 4 日　孙中山在沪通电讨伐陈炯明，宣布陈之叛国罪恶，痛辟陈军散布"客军入境，亡省可虞"的谰言；指出讨贼军的任务是"为国家除叛逆，为广东去凶残"，勉诸军将士奋勇杀贼，为民除害；并勉粤省奋起直前，以民心为士气之后盾，俾肤功早奏。

△　北京政府改组。黎元洪批准兼代国务总理王正廷及各部总长免职。特任张绍曾为国务总理兼署陆军总长，施肇基署外交总长，高凌霨署内务总长，刘恩源署财政总长，李鼎新署海军总长，王正廷署司法总长，彭允彝署教育总长，李根源署农商总长，吴毓麟署交通总长。以吕均为国务院秘书长。

△　北京政府教育部因《教育基金委员会条例》公布，废止《教育部国有教育财产处规程》。并将原设办理华俄道胜银行中国本息委员会归并办理。

△　汉口英美烟厂工人，因资方不履行上次罢工所允许之条件，全体罢工。嗣后烟厂资方以停工解雇相威胁无效，乃于 17 日与工人代表进行谈判。经交涉，资方认赔工人损失 9000 元，双方达成调停和约 13 条，21 日经双方签字，次日烟厂工人胜利复工。

1 月 5 日　孙中山复函北京政府新任农商总长李根源，嘱为护法助力。

△　孙中山复函林森，嘱在闽组织革命力量，促成大举。

△　北京政府外交部正式通告北京外交团，本月 17 日起实施切实值百抽五新税则。

△　北京政府蒙藏院职员因迭次索薪无结果，开会又被军警无理干涉，全体宣布停止办公。嗣后职员领得薪俸一个月，始于 21 日复工。

△　东三省保安总司令张作霖召集孙烈臣、吴俊陞、朱庆澜等人在

奉开对俄军事会议,决定组织边防军五个旅。一旅驻扎奉天,以张作相为边防司令;两旅驻扎吉林,任张宗昌为边防司令;两旅驻扎黑龙江,以蔡平本为边防司令。

△ 京汉铁路总工会筹备委员会在郑州召开第三次会议,讨论修改上次会议所拟总工会章程草案。会议决定于2月1日在郑州召开全路代表大会,正式成立京汉铁路总工会。

1月6日 山东各界联合会因日本于交还青岛后,仍于市内外设立警察分所九处,是日召集紧急会议,一致决定分电北京府院和外交部,请速向日本公使严厉抗议,令即将所设警所撤销。

△ 浙江丝商60余人赴法,谋发展华丝在法国市场上之销路。

△ 驻京法公使因北京政府拒绝用金法郎赔付庚款,是日照会北京政府,告以中法实业银行之债权者将受重大影响。22日,法公使为庚款事再次照会北京政府。

1月7日 北军孙传芳奉两湖巡阅使吴佩孚之命图闽,将所部开抵江西临川,准备开入福建。

△ 直系首领曹锟谋任总统,使高凌霨出面收买国会议员约400余人,每人月给"津贴"200元,本日第一次致送。给予高凌霨直鲁豫巡阅使署顾问名义。

△ 江苏省立各学校校长因反对省议会削减教育经费,与议员刘文辂发生冲突,刘向法庭控告各校长。9日,南京各校学生因反对削减教育经费,愤而罢课,并赴省议会责问;江苏29校校长王舜臣等,亦因反对削减教育经费,愤而辞职。

△ 旅宁粤人电孙中山,敦请回粤主持大计,"使我国早日统一告成,免列强野心,借口共管"。

△ 中英关于英国交还威海卫谈判,因英代表所提之交还条件15条对北京政府多方要挟,会议因之停顿,是日中方谈判代表梁如浩奉召回京,准备将此项交涉移京开议。

1月8日 教育基金委员会在北京政府教育部开成立大会,推熊希龄为委员长，蔡元培、孙宝琦为副委员长。教育部设立该会之目的，在使教育经费之筹划扩展及保管等事务，得一专管机关，以热心教育之人担任其事，以免政潮起伏、人事去留而影响及于教育事业。16日又增派张謇、王克敏、李石曾、谈荔孙为该会委员。

△ 山东省议会选举议长事争执年余，是日始由省长熊炳琦监督，选出宋传典为议长，杜尚、陈鸾书为副议长。

△ 上海总商会、银行公会、钱业公会等团体联合致电北京国务院、总税务司安格联、外交总长施肇基及英、法、美、日四国公使，反对增加关税作为整理外债之用，要求内债基金应照1921年10月整理原案及《九六公债条例》切实履行，无担保之内外债亦应统筹。

△ 滇军总指挥杨希闵电孙中山，报告联军进攻陈炯明方略和占领梧州经过，恳请孙中山及护法诸名流，“联袂返粤，遂组合法机关，对内对外，均无滞碍，护法事业得竟全功”。

1月9日 东路讨贼军总司令许崇智通电宣称，该部奉孙中山大总统令，即日由闽返旆讨贼。

△ 滇桂讨贼军攻克广东肇庆，陈炯明军败退三水、河口一带。

△ 北京国务总理张绍曾电主张联省自治之西南各省军事长官，主张和平统一。谓促成宪法，选举大典，宜听之国会；与其争联省之名，毋宁图省治之实。

△ 津浦铁路浦镇机器厂400多工人，因要求增加工资改良待遇，联合浦口码头工人举行罢工，斗争结果取得部分胜利。

1月10日 中国国民党通告即日起实施新颁宣言、党纲及总章，民国九年11月公布之总章及规约即行废止。

△ 孙中山在沪设午宴欢迎张作霖之特使冷遹。

△ 滇桂讨贼军占领广东西江三水、河口。

△ 直系军阀萧耀南、孙传芳、王汝勤、杨森、王怀庆、王承斌、张福来等在吴佩孚授意下联名电劝曹锟暂缓总统选举运动，勿急于任大总统。

△　四川省宪法起草委员会在成都成立。

△　汉口英租界隆茂花行之英国资本家及工头反对工人组织工会，挑起冲突，指使印度巡捕拘捕工人三名。平和、利华等洋行之花厂工人齐到捕房交涉，捕头竟开枪击伤李玉成头部，其他重伤者九人，轻伤者10余人，并拘工人30余人。当晚，工人在湖北省工联开会，决定11日起隆茂、平和、利华之工人3000余人全体同盟罢工，并向厂主提出七项要求。13日，由汉口商会会董赵典出面调停，经多次谈判，厂主承认工人提出之大部分条件，19日晚条约正式签字，次日工人复工。

△　上海总商会通电各省银行公会、钱业公会转各金融机关，及北京新银行团，上海英、法、美、日、意商会，要求勿再承担募借政治借款，切实履行以前各国政府在中国未统一前不作政治借款之决议。

△　日本关东厅之咨询机关"满洲经济调查委员会"在旅顺开会，制订操纵东三省金融的计划，谋新设"满洲中央银行"，资本一亿日元，并以发行金券为条件，或对朝鲜银行增加资本，以加强对东三省的金融控制。

1月11日　广州各公团会议善后，一致电请孙中山返粤主政。

△　孙中山派廖仲恺在沪与国民党各省支部干部商讨改组事宜。

△　北京京师地方检察厅宣告罗文幹案证据不足，免予起诉，罗文幹、黄体濂获释。

1月12日　驻广州之粤军谭启秀部晚间反正，围攻农林试验场陈炯明粤军总司令部，驻观音山之炮队亦响应。

△　黎元洪令准署司法总长王正廷辞职，以程克继任。

△　北京政府为处理蒙疆善后问题，并研究对俄方针，设立"蒙疆善后委员会"，是日派任唐在礼、哈汉章、王廷桢、吴廷燮、朱泮藻、程克、钮永建、洪尧、李芬九人为该委员会委员。13日，任命武向晨为秘书；23日，又以姚以价为专任委员。

△　湖南旅京同乡会致电湖南省议会，反对湘省当局加征田赋，大借外债。16日，湘省议会通电称："倘湘政府果有借债之举，自应依法

交会议决,不能单独缔结契约,凡未经本会通过者,概不能认为有效。"

△ 共产国际作出关于中国共产党和孙中山所领导的国民党进行合作的决议。指出:"国民党是现时中国唯一强大的民族革命组织","而现时工人阶级又尚未充分分化成为完全独立的社会力量,所以,共产国际执委认为:年青的中国共产党与国民党实行合作是必要的"。同时强调"中国共产党无论如何,不应与国民党合并,无论如何不应在这些运动中,隐藏自己特殊的旗帜"。

1月13日 黎元洪令"嗣后各省各军,在防区接近之内,不得擅自用兵,互相残杀",意在反对滇桂讨贼军讨伐陈炯明。同日,发布整顿学风令。

△ 黎元洪令准政治善后讨论会委员长王宠惠辞职,派张绍曾兼任。

△ 浙江各团体因省议会选举参议员有贿买选票情事,特开公民大会议决请愿撤销选举并提起诉讼。21日,杭州再次举行浙江公民大会,反对贿选。

△ 《民国日报》揭露驻湖北公安、松滋之王汝勤第八师之扰民状况:如以罚为敛,借细故或无故处罚人民,罚款每人3000串、5000串不等;又如借做寿敛财,老太太忌辰八周年,小姐四周岁,各方都要送礼,有勒送100串者;其他如强征军米,包庇烟赌,干涉行政,强迫妇女离婚,纵兵奸占妇女,冒匪行劫等等,不一而足。

△ 北京政府外交部因伯力、驿马河等处华侨商会被封闭,会长会员被捕,向苏联代表团提出抗议,要求速将被押华侨释放,各处商会即日启封,在事俄员应予惩处。18日,外交部再次提出抗议。

1月14日 粤军将领梁鸿楷、陈章甫、陈德春等以粤局"群龙无首",通电公推魏邦平出面维持,并恳请孙中山推诚倚畀。

1月15日 由于驻广州周围之各军纷纷响应滇桂讨贼联军,洪兆麟亦因局势无望,在潮汕宣告脱离陈炯明。本日陈炯明于广州通电宣告下野,次日挈心腹将领遁返惠州,负隅固守。

△　粤军第三师开入广州，由魏邦平统率，联合军警维持省城治安。

△　罗文幹案免予起诉后，因直系军阀和一部分议员反对，是日经内阁议决交司法部令京师地方检察厅再次将罗文幹、黄体濂拘捕入狱。次日，彭允彝在阁议中提出罗案交法庭再议。

△　江西督理蔡成勋拒绝黎元洪任命的省长谢远涵到任，将义宁、奉新的军队调至省城并宣布戒严，教育厅长朱念祖、省绅萧大鸣等数十人因迎谢被捕。20日，江西省议会、省城中等以上学校教职员联合会、学生联合会为此电北京政府呼吁。29日，蔡嗾使军警打伤九江各团体迎谢代表20余人。

△　海关总税务司安格联报告民国十一年度(1922)海关总收入比十年度(1921)增收410余万两。

△　汉口万国商会谋干涉中国工人运动开特别会议，由马克尔主席，讨论联合华洋各商会促中国官厅速定“消弭工潮”之办法及联合租界内各义勇队问题。

1月16日　各部讨贼军纷纷开入广州城，各军不相统属，多自设司令部，张贴布告，并竞占机关，委派员吏，多达数十处。

△　开入广州之各军将领，电请孙中山回粤主持大政。

△　孙中山在沪接见国闻通信社记者，重申和平统一之主张，并谓战事之所以限于广东局部者，在于给北方军阀觉悟之机会，至设立政府与否，则当以北方有无真正觉悟为断。

△　北京政府发布命令称：现行法令有妨于农工商之发展者，应先修改；未备者应即编订，由农商部悉心厘订，以利推行。又令：军警机关除属于军事范围及违警案件外，一切民刑诉讼，均不得违法受理。

△　苏联代表越飞率随员离京赴沪，次日抵达，寓汇中旅馆。

1月17日　桂军沈鸿英所属李易标部4000人开抵广州(自称广东第一军)，随即分占衙署，改委官吏，并会同滇军收缴各讨贼军枪械。沈部桂军分踞韶关、石龙、兵工厂、观音山一带，为包围广州之态势。沈鸿英自设大本营于石龙。其后,虎门各要隘炮台均为沈军分别攻占,于是粤省要塞多入沈军之手。

△ 孙中山任命邓泽如为广东省长,任命刘震寰为广州卫戍司令。

△ 孙中山在沪对上海各团体代表60余人发表谈话,指出:"国民不特要从民权、民生上作工夫,同时并应该发展民族自决的能力,团结起来奋斗,使中国在世界上成为一独立国家。至于国内军阀,只要人民万众一心,与他们奋斗,是不患不推倒的。"

△ 邹鲁抵广州,同日以广东讨贼军总司令名义,通告粤军将领,"请明揭义旗,通电宣告,共释干戈,一致行动"。

△ 孙中山函复廉泉,拒绝为良弼祠题楹。函称:"在昔帝王颠倒英雄,常以表一姓之忠,为便私之计。今则所争者为人权,所战者为公理。人权既贵,则人权之敌应排;公理既明,则公理之仇难恕。……况今帝毒未清,人心待正,未收聂政之骨,先表武庚之顽,则亦虑惶惑易生,是非滋乱也。"

△ 北京众议院通过收回旅大案。

△ 浙江督办卢永祥派郝国玺率军开驻衢州,监视孙传芳入闽军队。

△ 湖南长沙各业工人800人集会,纪念黄爱、庞人铨遇害一周年。同日,上海、济南等地工人团体亦开会纪念。

1月18日 粤军第一、三两师由江门调回省城后,是日粤军第一、三、四师暨警备队、海军、江防舰队各长官在海珠开会,公推魏邦平为广东讨贼军总司令。同日,广州各军设立"海陆军军警联合维持治安办事处",以魏邦平为主任。

△ 粤军师长杨坤如通电表示服从孙中山,促姚雨平赴惠州收容各军。24日,姚雨平前往惠州。

△ 孙中山电杨希闵等,嘱穷追陈逆残部,勿令稍息残喘以除后患。

△ 孙中山派王约瑟、毕少珊去西北开展革命活动,并携去致西北

地区政教领袖信函。孙中山在致马麒函中指出:“惟际此国家多故,狐鼠纵横,西北寥天,置诸化外,遂使贪污坐据为雄,挑拨自固,此真国家之厄而西北之殃也。文持三民主义以治国,首图民族之融化,更谋西北之发展,故亟欲扫除恶障,改良政治,用得达我目的。……西北一隅,实劳筹划。”

△ 黎元洪任命曹世英为陕西陆军第二混成旅旅长。

△ 北京大学校长蔡元培鉴于教育总长彭允彝为罗文幹案逢迎军阀,干涉司法独立,蹂躏人权,表示羞与为伍,是日辞职出京。

△ 上海惠工银行宣告停业清理。

1月19日 北京参议院通过宣布中日“二十一条”无效案,并咨政府照办。

△ 北京众议院通过张绍曾内阁阁员同意案(外交施肇基、内务高凌霨、财政刘恩源、司法程克、陆军张绍曾兼、海军李鼎新、交通吴毓麟、教育彭允彝)。

△ 北京修订法律馆总裁江庸因罗文幹案再议,破坏司法独立,愤而辞职。

△ 湖南省长赵恒惕电请鄂督萧耀南拨军舰两艘赴岳州停泊,并派员分赴赣、鄂,提倡赣、湘、鄂联防,隐示附北。

△ 孙中山电委胡汉民、李烈钧、许崇智、魏邦平、邹鲁以全权,代行大总统职权。

△ 粤军将领洪兆麟、翁式亮致电孙中山,表示“绝对服从”,并尽力维持潮、梅治安。

△ 北京各校学生4000人到国会请愿,反对通过彭允彝任教育总长案,众议院议长吴景濂唆指院警横施殴击,学生受伤者40余人。翌日,各校代表开会,决驱逐彭允彝,控诉吴景濂并表示不信任国会。学潮扩大。

1月20日 孙中山电委魏邦平为讨贼联军总司令,“以期统辖讨贼各军,指挥如意。望勉为难,底定粤局”。

△ 护法议员电孙中山，祝讨贼成功，请俯顺人心，正位广州，竟护法之业，奏统一之功。同时电林森，请速在广州召集合法国会。

△ 广东省长邓泽如电孙中山辞职，并荐胡汉民出任。

△ 为反对彭允彝任教育总长，北京学生联合会宣告成立。该会在通告中指出："本会自民国八年为争外交问题应运而生，年来学生运动渐趋衰竭，本会亦遂无形消灭，今因利害切身之教育问题不容袖手，经北京公私各学校代表联席会议议决，北京学生联合会自本日起正式宣告成立。"同日，北京大学全体教职员发表宣言，要求驱逐彭允彝，挽留蔡元培。

△ 苏联代表越飞在沪赴莫利爱路 29 号造访孙中山，倾谈甚久。

1 月 21 日 孙中山委任中国国民党本部各部长如下：总务部部长彭素民，副部长林祖涵；党务部部长陈树人，副部长孙镜；财务部部长林业明；宣传部部长叶楚伧，副部长茅祖权；交际部部长张秋白，副部长周颂西。26 日，中国国民党本部发出上述新任职员就职通知；同日，又委任周佩箴为财务部副部长。

△ 粤滇桂讨贼各军将领举行会议，再电请孙中山来粤，主持大计。

△ 福建总司令王永泉派代表曹勉庵携函晋见孙中山，报告闽局。27 日，孙中山复王永泉函，告以闽、粤大计俟抵粤后再告。

△ 黎元洪下令撤销福建讨逆军总副司令名义，李厚基调回北京另候任用，福建督军一缺裁撤；王永泉通缉令取消，援闽军停止前进，所有福建境内主客各军善后事宜，责成萨镇冰、刘冠雄、孙传芳会同处理。

△ 陕西癸亥旱灾救济会电各报馆转陕西同乡称，陕西亢旱成灾，哀鸿遍野，区广灾重，为数十年所未有，呼吁急为救济。

1 月 22 日 孙中山任命胡汉民为广东省长，许崇智为粤军总司令，林森为福建省长。

△ 日本正金银行北京分行向北京政府财政部交涉，要求在盐余中扣除该行所得俄发债券本息。财政部因此项债券已宣告无效，予以拒绝。

△ 苏联代表越飞在沪公开发表谈话，否认盛传“中俄防御同盟”合力对日之说。对中东铁路则云：“中东路之协议内容，将由中俄会议解决之。”同日，越飞再次往晤孙中山。

1月23日 孙中山委任居正、孙洪伊、杨庶堪、杭辛斋、覃振、张静江、于右任、吕志伊、周震鳞、廖仲恺、田桐、戴季陶、陈独秀、刘积学、张继、谢持、王用宾、詹大悲为中国国民党本部参议。30日，又委任丁惟汾、黄复生、朱之洪为该党本部参议。

△ 广州讨贼军各领袖在大沙头李烈钧处开治安及军事会议，桂军沈鸿英乘机派兵袭击粤军谭启秀与梅萼所部于观音山。沈更利用陈炯明所散布的“客军入境、广东亡省”之流言以煽惑滇军，谓魏邦平将联合广东军队，解决滇、桂军。

△ 苏联代表越飞在沪东方大旅馆宴请孙中山等人，席间孙表示愿派一军事使团去苏俄学习，考察党和政府的组织和功能，并就帮助中国革命进行谈判。经过几次会见，双方达成一项协议，规定苏俄将给予孙中山精神上、财政上的支持；孙在中国国民党取得中国政府的控制权，就担保承认俄国并与俄国结成联盟。

△ 川军旅长何金鳌宣布与第七师师长陈国栋脱离关系，并露布陈之罪状，令所部向安岳移动，在大足与陈部发生冲突，战机遂启。四川总司令兼第三军军长刘成勋免去陈国栋师长职务，委第七混成旅旅长蓝世钲查办何金鳌。

△ 东三省旅京学界同乡集会，力争收回旅大，当即组织收回旅大外交后援会为政府后盾。该会于27日发表宣言，呼吁国人“急此外患，同力合作，共策进行，以争青岛之精神来争旅大，庶乎公理昭彰，强权摧灭，还我疆土，雪我积羞”。

△ 上海中国无线电社在广东路大赉洋行屋顶开始播音，是为国内有商业无线电之始。

1月24日 北京参议院投张绍曾内阁阁员同意票，除署外交总长施肇基外，均通过。

1 月 25 日　黎元洪特任高凌霨为内务总长，刘恩源为财政总长，张绍曾兼陆军总长，李鼎新为海军总长，程克为司法总长，彭允彝为教育总长，李根源为农商总长，吴毓麟为交通总长。

△　孙中山致函张绍曾，重申实行裁兵为实现和平统一之办法。

△　胡汉民于 21 日偕李烈钧抵广州，是日就广东省长职。邹鲁于 17 日抵广州，设特派员办事公署于省长公署，未几被滇军范石生部据为司令部，至是收回省长公署，广州秩序略定。

1 月 26 日　孙中山与苏联代表越飞在上海联名发表《孙文越飞宣言》，《宣言》共分四点，其中第一点称："孙逸仙博士以为共产组织，甚至苏菲(维)埃制度，事实均不能引用于中国。""中国最要最急之问题，乃在民国的统一之成功，与完全国家的独立之获得。""越飞君并确告孙博士，中国当得俄国国民最挚爱之同情，且可以俄国援助为依赖也。"

△　孙中山发表《和平统一宣言》，建议北方奉、直、皖三系及西南各省在统一未完成前划境自守，互不侵犯。《宣言》提出裁兵计划三项纲要：一、本化兵为工的原则，裁去全国现有兵额之一半；二、由各系各省领袖赞成后签名，"敦请一友邦为佐理"，筹划裁兵方法及经费；三、裁兵借款，其用途除法定监督机关外，另由债权人及全国工农商学各团体各举一人监督之。同日，孙中山招待上海报界人士，呼吁各报开辟专栏，鼓吹裁兵。

△　孙中山委任许崇智为东路讨贼军总司令兼第一军军长，李福林为第二军军长，卢师谛为第三军军长，张国桢为第四军军长，魏邦平为讨贼联军总司令。

△　孙中山派于右任持函往晤段祺瑞，商榷要事，函称"至文对于时局意见，已于今日电达，想邀英览矣"。

△　黎元洪任命潘守蒸为湖北陆军第一混成旅旅长，寇英杰为第二混成旅旅长，刘佐龙为第四混成旅旅长，张允明为第五混成旅旅长。

△　广州发生江防司令部会议之变。桂军首领沈鸿英与吴佩孚相勾结，谋消灭国民党在粤势力，是日下午以协商地方善后及追击敌军为

名，在广州江防司令部(滇军杨如轩旅部)邀胡汉民、邹鲁、魏邦平、陈策等开会，企图乘机发动事变，将与会各要员除尽。事变发生，胡汉民、邹鲁等在杨如轩、夏声的护卫下脱险，仅魏邦平一人被拘。

1月27日 孙中山因桂军首领沈鸿英在广州作乱，延期回粤。

△ 驻广州河南之粤军第三师魏邦平部被滇、桂军缴械。次日，粤军及刘震寰部桂军均开离广州。

△ 惠州警备军司令姚雨平暨各师旅团长致电孙中山，请“早日莅粤，主持大计”。

△ 苏联代表越飞自上海搭轮赴日本。孙中山派廖仲恺同行，借便商讨实施《孙文越飞宣言》中约定事项之具体步骤。廖在日本热海与越飞多次商谈，逗留月余，于3月21日乘轮离横滨回上海。

1月28日 孙中山电潮梅善后处长洪兆麟、第六独立旅长翁式亮等准予立功自赎，并责成洪、翁等切实联络东、北两江广东原有各部军队，进讨沈鸿英所部桂军，“毋任祸粤，破坏大局”。

△ 孙中山以沈鸿英广州之变，致函张作霖，告以“特派路孝忱晋谒麾下，申请援助”。如能照前所拟数，速与汇寄，则士饱马腾，荡平逆氛，可操胜券。

△ 北京国务总理张绍曾宴请西南护法代表，表示愿以和平统一为方针，并“赞成挽留中山不赴粤，希望公开办统一”。

△ 东三省特别法院通电北京政府司法部、大理院、法律馆、总检察厅、高等检察厅和律师公会，抗议罗文幹案再议。继起响应的有湖北、安徽、奉天、河南、山东、直隶、江西及察哈尔等地方司法界。北京高等检察厅也诘责地方检察厅再行拘罗的非法。司法总长程克则采取以下手段对罗案施加压力：一、将大理院院长董康降为法权讨论会副会长以示威；二、撤去北京政府司法机关重要人物，易以亲信，以便对罗加罪；三、补送申请罗案再议理由书于法庭，以入罗于罪；四、电斥首先发难的东三省特别法院，加以恐吓，并将院长李家鏊撤职。

1月29日 孙中山所著《中国革命史》完稿，全文共分七节，概述了三民主义和革命方略的基本内容,以及兴中会成立到护法运动的斗争史,指出:“辛亥之结果,清帝退位而止。丙辰之结果,袁世凯取消帝制而止”,而护法之役“惟留法不可毁之一念于国人脑中而已,较辛亥、丙辰所得结果,不能有加也”。

△ 孙中山电齐燮元、冯玉祥,谓“粤事变化,绝非民党与政学战争,本人暂待数日,仍将返粤”。

△ 马伯援往晤孙中山于上海寓所,报告赴陕工作及其结果,并请示将来工作进行方针。孙中山告以“胡景翼既是浩然楼的同志,请你报告他,我们彼此心印。不过冯焕章的事,须当更进一步,劝其革命”。

△ 两湖巡阅使吴佩孚令郑州警备司令靳云鹗严禁京汉铁路总工会在郑州开成立大会,必要时得以武力解决。

1月30日 北京政府以陈炯明下野并请求收编其所部为北军,是日黎元洪明令特予嘉许,并冀“在粤主客各军将领互谋谅解,勿再私争”。又派丁槐为两广宣慰使;林俊廷督理广西军务善后;任命高凤桂为陆军第三混成旅旅长。

△ 北京政府财政总长刘恩源通电各省督军、省长,谓“旧历年关将届,库储并无分文”,“目下中央情形竟将破产,舍乞援各省更无办法”,要求各省筹款,于旧历年前“汇京应急”。

△ 京汉路总工会筹备处以吴佩孚来电要求工会代表赴洛计议在郑州开会事,遂派代表杨德甫、凌楚藩、李震瀛、史文彬、李焕章即日赴洛与吴交涉。次日,吴对代表声称“我已经下了命令,要制止开会”,表示拒不收回成命。谈判持续三小时,代表们不得要领而返。

△ 北京国立专门以上八校联席会议代表往见黎元洪,要求下令罢斥教育总长彭允彝。

1月31日 北京众议院议决延长会期六个月。

△ 北京政府财政部部务会议,对法国政府要求以金法郎付庚子赔款,因出入太大,议决根据法律及事实,请外交部驳复。

△ 孙中山以沈鸿英谋变,复函桂军将领刘震寰,勖从速戡乱。函

称“在鸿英向隶盗阀，久降北虏，其仇贼吾党，破坏西南，无足深怪”，粤中诸军屡请电讨，业经复电允可，“幸速图之”。

△ 到达郑州参加京汉铁路总工会成立大会的计有：京奉、津浦、道清、正太、京绥、陇海、粤汉等铁路来宾60余人；京汉路各分会代表65人；各地工会团体代表130余人；北京、武汉及各地男女学生及新闻界30余人。

△ 京汉路总工会筹备处赴洛代表返郑州后，立即在会所召集全路代表会议，报告吴佩孚的态度，代表们对于一面高唱“保护劳工”，一面尽力压迫，言不顾行、绝无信义的吴佩孚大愤，认为“无注意的必要”，经议决次日成立会仍照开。

△ 华商纱厂联合会致电北京税务处，要求实行禁止棉花出口，以维护本国纺织业用棉。

2 月

2月1日 京汉铁路总工会成立。清晨，郑州全埠紧急戒严，吴佩孚指使军警当局用武力禁止京汉铁路总工会在郑州开成立大会。京汉路工人代表和来宾不顾压迫，冲破军警封锁，拥入钱塘里普乐戏院会场召开大会，当即宣布京汉铁路总工会正式成立。下午，靳云鹗派出大队军警前往镇压，占领京汉路总工会会场，将会内文件什物抄查捣毁，工人代表住所旅馆遭军警监视，并禁止旅馆饭店供应食宿，限代表即日离郑。当晚，大会党团会议和京汉全路各分会代表会议商讨对策，决定本月4日12时举行京汉路总同盟罢工，反对军阀压迫；并决定将京汉路总工会迁往汉口江岸，设总工会临时总办公处，领导罢工。

△ 孙中山分函各路将领何成濬等，促彼等迅速讨伐沈鸿英。

△ 孙中山派陈友仁、伍朝枢往见赴北京途中抵沪之英驻京公使麻克类。英使表示：假如孙中山“要在南方建立共和国，那就很难得英国的同情和支持”。

△ 张作霖否认奉直和议传说,表示坚持东三省“自治”。

△ 吉林天图(铁路)公司在延吉龙井村成立。吉省当局委派赵延桐为董事,以开办自天宝山至图们江岸与朝鲜相衔接之铁道。该路合同原订于 1918 年,资本 400 万,中日各半,因吉林人民反对而延搁,至 1922 年日人运动张作霖另订合同,始能成立公司。

△ 日本正金银行二次来函要求扣拨俄发债券款项,后经北京政府财政部再次拒绝。10 日,上海总商会、银行公会、钱业工会分电北京政府财政部、外交部及日本驻京公使,抗议日本正金银行借端扣留盐余,要求悉数发还,保全内债。

2 月 2 日 东路讨贼军许崇智部由福州开赴泉州,取道回粤。

△ 广东潮、梅等地原陈炯明部各军,经李烈钧改编为中央直辖陆军第一、二、三、四师,以尹骥、李云复、翁式亮、赖世璜分任师长。是日尹骥等通电就任。

△ 沈鸿英部桂军袭击东莞、石龙,被刘震寰击败,陈天太部两营被缴械。

△ 胡汉民自香港上书孙中山,报告粤省情况,并谓滇军杨希闵及其部将皆能服从命令,请孙回粤主持大计。杨希闵复派其副官长叶夏声赴沪面陈一切,并迎迓孙中山回粤。

△ 中国国民党本部在沪举行第一次中央干部会议,拟成立军事委员会及政治委员会,并决议《中国国民党中央干部会议规则》,凡 12 条。

△ 因郑州军警压迫,京汉铁路总工会迁到汉口江岸办公。当晚该会工人代表在江岸俱乐部开紧急会议,决定要求撤换京汉路局长赵继贤、南段处长冯沄,惩罚干涉总工会成立活动之军警;并发出通电,吁请各方声援。

△ 北京国务院秘书长吕均擅自用国务院秘书厅公函,饬警察厅拘捕亚洲通讯社记者林超然。6 日,50 余家报馆、通讯社的代表赴国务院质问总理张绍曾,要求立即将吕均免职交付法庭;并要求国务院明白

宣布，以后行政机关不得任意函令警察厅逮捕新闻记者。

△ 北京国立五校学生代表在女高师开会，议决如下：一、各校一致宣告与彭允彝脱离关系，由评议会维持校务，无论何校，若有新校长到任，共同驱逐；二、由五校发表宣言，使国人咸知此项风潮已非从教育入手所能解决，惟有彻底澄清政治一法。

2月3日 因北京参议院未通过施肇基外交总长之任命，是日黎元洪令准署理外交总长施肇基辞职，以黄郛继署。又令调董康为法权讨论委员会副委员长，所遗大理院长缺，以余棨昌继任。

△ 孙中山委任柏文蔚、吕超、黄大伟、蒋作宾、蒋介石、顾忠琛、朱霁青、路孝忱、叶荃、吴介璋、朱一鸣等为中国国民党本部军事委员会委员。8日，又委任熊秉坤、吴忠信为军事委员会委员。

△ 津浦铁路浦镇工会决定以同盟罢工援助京汉路工的斗争，除要求恢复京汉路总工会外，并向当局提出七项要求，限三日内答复，如不答复即实行同盟罢工。

△ 安徽督理马联甲不满省长许世英坚决尽裁新安武军，勾结江苏督军齐燮元竭力排斥之，并通过北京政府阁议去许。是日黎元洪令准许世英辞皖省长职，调任航空署督办，以阮忠植护理省长。9日，皖省各厅、道、处联电北京政府以总辞职相争，拒绝阮忠植长皖。10日，北京政府又徇马、齐之意，改任吕调元为省长，虽经皖省及省外各公团、各法团与同乡会之纷纷反对，仍无效果。23日，吕调元接任省长职。

△ 北京民权运动大同盟、平民阶级大同盟、北大职员校务协进会、直隶教育改进会、马克思学说研究会、民治主义同志会、民潮周刊社、京兆自治会、少年中国学会、国民监督会团、北大学生干事会、北京学生联合会、唯真学会、社会主义青年团、劳动组合书记部、赣事报等40余团体，在北京北河沿开会，继续讨论应付时局之方法。结果决定以推翻军阀，建设真民主政治为宗旨。为达到此项宗旨，决议：一、推翻现国会；二、废督裁兵；三、教育独立；四、联络团体至相当时期开一国民大会。

2月4日 在京汉路总工会的领导下，京汉路爆发争人权、争自由的政治性大罢工，全线客货车全部停开。京汉路总工会发出罢工宣言，要求：一、撤换京汉路局长赵继贤、南段处长冯沄、郑州警察局长黄殿辰；二、路局赔偿开成立大会损失费6000元；三、所有被军警扣留之匾额礼物，以军乐队送还总工会，并将监视军警撤退，郑州分会损失由郑州地方长官赔偿及道歉；四、要求星期日休息并照发工资；五、阴历年放假一星期，亦照发工资。

△ 道清铁路（河南道口至清化）工会为声援京汉路罢工斗争，举行同情罢工。工人占领路局办公楼，向路局提出九项要求，迫使路局发给工人年终双薪。

△ 湖北全省工团联合会召开紧急会议，20多个工会的代表参加，坚决为京汉路总工会的后援。决定采取三项办法：一、由该会向全国发表宣言，敦促有关当局接受京汉路工提出的条件；二、举行慰问大会和游行示威，以壮大声势；三、必要时采取总同盟罢工。

△ 正太铁路总工会召开紧急执行委员会议，讨论援助京汉路罢工的方法和手段，议决：一、立即发出通电以作声援；二、准备实力援助，如京汉路三日内无解决，即实行同盟罢工；三、派纠察队员到京汉路正定分会一起战斗。

△ 吴佩孚电京汉路局长赵继贤，指使采取“刚柔相济”的策略，“婉言开导”工人“先行开车”，再议罢工要求；否则即“严厉处置”。是日，赵继贤发出通电，命令全路车务总分段段长、站长将已开在中途各列车，“速设法务令继续开行”。

△ 湖北督军萧耀南命汉黄镇守使杜锡钧派武装军警巡缉二营及二十五师一部分，前往汉口江岸镇压京汉路罢工。

△ 张绍曾致函孙中山，商议设立国事协商会，请孙中山及海外有力诸公迅派代表来京，一俟准备就绪，当即正式开会，即以议决之件，作为大政方案，交由政府分别进行。

2月5日 北京民权运动大同盟、中国劳动组合书记部、北京学生联合会、北大学生会、全国铁路总工会筹备会、社会主义青年团、北京各团体联合会开会，决定组织工人后援会，发表宣言，进行募捐，声援京汉路罢工工人。

△ 中国劳动组合书记部发表《告全国各工团书》，号召各工团本阶级斗争之精神，切实援助京汉路工人反对军阀的罢工斗争。

△ 吴佩孚电令湖北督军萧耀南用武力镇压京汉路工人罢工。电称："日来各路工人，受人煽惑，动以罢工要挟，此等嚣风，若不严加取缔，势将贻患无穷。除电沿线各军外，务希查明严禁，如果不服劝导，应即武力制止。"萧耀南即命令汉口警察厅通知各警察所执行。次日，萧耀南任命汉黄镇守使署参谋长张厚生为汉口刘家庙铁路的警备司令，在江岸扶轮小学设立指挥部，准备武力镇压罢工。

△ 吴佩孚电京汉路局长赵继贤，说有500工兵可以担任恢复京汉路交通，对该路"原有工人，先用好语开导，奉公循法者仍照常办事，由军警特别保护，甘心捣乱者一律开除，劫去机车者迫令交还，倘有拗违，以军法从事"，责令赵放手办事，同日，赵继贤发出布告，要挟工人"限于十二小时内立即照旧上工，恢复交通"，否则认为工人"跟本路脱离关系"，路局"另行找人做事"。

△ 郑州警备司令靳云鹗派兵拘捕京汉路郑州分会罢工负责人高彬、姜海世，胁令复工无效，即将二人上铐镣予以拘押。次日，郑州警察局长黄殿辰派警将铁路工人王宗培、钱能贵捕去。

△ 郑州军警当局指使一小撮人在普乐戏院开所谓"国民大会"，攻击京汉路罢工。又以"郑州军警绅商学各界全体同人"的名义发出通电威胁工人，宣称如"三日以内，仍不上工开车"，"凡该工人等起居饮食日用必需，概不供给，如有暴动行为，即以武力为后盾"。

△ 北京政府向众议院提出十二年(1923)公债案，众议院以未开用途，决先付审查。

△ 北京学生联合会要求罢斥彭允彝，切实挽留蔡元培等。同日，北京国立八校联席会议开会，反对彭允彝移用留学生经费买好教育部部员。

2月6日 桂军首领沈鸿英江防之变阴谋败露后，遭到粤军、滇军及粤海军各方面之反对。沈以一时计不得逞，不得不暂戢凶锋，将所部由省垣移驻广州郊外。是日沈鸿英通电称，此后地方政务由胡（汉民）省长主持，临时委派各员，进退悉惟所命，请孙（中山）、岑（春煊）回粤主持善后；省垣军队太多，已将所部移驻郊外。

△ 琼崖讨贼军副司令黄胜朱通电讨伐陈系邓本殷，电称："奉令讨贼，先后克复陵水、万宁、崖县、儋县、昌江和感恩等县。而邓本殷、吴伯仍据琼崖，爰率部誓歼此贼。"

△ 经孙中山及粤省议会等方面的催促，魏邦平被滇、桂军释出。翌日，魏赴香港。

△ 京汉路局长赵继贤偕局内各处长赴保定，与直系军阀首领谋划镇压罢工办法。

△ 京汉路南段处长冯沄向萧耀南报告京汉路罢工三日，已造成损失100多万元，工潮正火速蔓延，要求迅速以武力解决。

△ 直军第十四混成旅长时全盛于是日下午又从涿州调军队两营到长辛店，至此长辛店已集中军队八营，准备镇压京汉路罢工。当晚，时全盛派兵捕去京汉路长辛店分会干部和劳动补习学校教员史文彬、陈励茂、吴雨铭等11人。

△ 京汉铁路总工会江岸办事处发表《告全国铁路工友书》，呼吁各铁路工人作"经济的援助"和"实力的援助"，举行同情罢工，支援京汉路的斗争。

△ 全国铁路总工会筹备委员会发表援助京汉路工人罢工斗争宣言，号召"全体同胞，同申义愤，崛起援应，摧灭强敌，还我自由，在此一举"。

△ 武汉各工团派代表1200余人到江岸慰问京汉铁路罢工工人并举行慰问大会，到会者万余人。会后举行游行示威，由江岸经过租界以抵华界，历两小时许，沿途加入者3000余人，所过处商民多高呼欢迎，巡捕岗警无敢阻拦。与此同时，湖北督军代表与英帝国主义分子在

租界开会，谋划进行血腥镇压。

△　北京众议员胡鄂公等126人，为京汉路工人在郑州召开总工会成立大会竟遭军警干涉事，要求惩办京汉路局长，限政府三日内答复。

2月7日　直系首领曹锟、吴佩孚下令对京汉铁路罢工事件进行武力镇压。清晨，在京汉路长辛店方面，直军第十四混成旅长时全盛指挥大批士兵，向集中于火神庙警察局门前要求释放昨晚被捕工会干部的2000余名铁路工人开枪，工人当场牺牲者三人，重伤后不准医治而牺牲者三人，轻伤者30多人，被捕30多人。下午汉口方面，湖北汉黄镇守使署参谋长张厚生指挥两营多兵力，分三路包抄刘家庙京汉路江岸分会，向坚持罢工工人进行血腥镇压。工人当场牺牲者37人，受伤者27人，被捕者70多人。另外，工人家属被杀害者四人，非工人被枪杀者三人(其中小贩二名，拾粪夫一名)。士兵将被捕工人捆在车站电杆上进行毒打，张厚生持刀胁迫京汉路江岸分会委员长林祥谦下令复工，在遭到严词拒绝后遂将林祥谦当场杀害。与此同时，曹、吴对京汉路其余各站罢工工人也进行了武力镇压与摧残，是为“二七惨案”。二七惨案中，总计工人和工会干部被杀害者50人，重伤者近百人，被捕投入保定监狱者27人，被京汉路局开除流亡在外者1000多人。

△　晚6时，汉口军政当局宣布全埠戒严，汉口租界之“义勇队”武装出发，并置大炮于扬子街各街口，放出步哨。晚9时，省交涉署交涉员陈介电话通知驻汉口各国领事，“江岸军工冲突，恐扰各国租界，请各派兵防护”。于是租界汽笛齐鸣，各国“义勇队”扎守汉口各要冲。停泊扬子江中的外国兵舰上之海军，奉有命令预备随时登陆。

△　鄂督萧耀南派兵封闭汉口湖北工团联合会，并拘捕各工会代表数十人。同日，该会法律顾问施洋律师被督署陆军稽查处便衣逮捕，拘押于陆军审判处监狱。

△　为支援京汉路工人罢工斗争，正太铁路工人、粤汉铁路武(昌)长(沙)段机车处工人、津浦路南段浦镇工会工人举行同情罢工。

△ 武汉总商会因京汉、粤汉武长段两路罢工，商业上受大打击，特开会议决通电曹锟、吴佩孚、张福来、萧耀南、赵恒惕，请容纳工人条件，并一面致电各省商会，请出为调停。

△ 川军师长邓锡侯借调解川军第三军因改编何金鳌部冲突为名，率军离重庆，向永川方面进发。邓策动川军第二十一师、二十二师、第一混成旅，并联络吴佩孚支持下之川北刘存厚及鄂西杨森，共助第七师师长陈国栋对抗四川总司令兼第三军军长刘成勋。

△ 北京政府外交部根据国内棉纺业暂停生棉出口之要求，致函北京外交团领衔公使葡国公使符礼德，称已饬关定期截止报运生棉出口。26日，葡国公使照会外交部，称外交团对于此事“碍难同意”。驻京日使小幡酉吉亦以日人预定棉花甚多，禁止出口损失甚巨，到外交部“抗议”。

2月8日 萧耀南派出军警继续封闭武汉的工会团体，计有：扬子机器工会、汉口特别区香烟工会、武汉轮驳工会、粤汉铁路徐家棚工会、汉冶萍总工会、西式皮鞋工会、武汉调剂工会、花厂工会、人力车夫工会、西式缝衣工会、武汉蛋厂工会、武汉电话工会、汉阳钢铁厂工会和牛皮工会等。各工团既遭查封，其自办之工人补习学校及子弟学校，亦被一律勒令停办。是日晨，萧耀南借口汉口《真报》“鼓动工潮”，令军警将该报封闭，报馆重要财物被掠一空。

△ 直系军阀在使用血腥手段镇压京汉路罢工同时，采用欺骗手法，妄图诱骗工人上工。是日，郑州警备司令靳云鹗致电赵继贤称：“拟于明日再由各界邀集工人首领续开会议，准其提出合理办法，共同研究，以期根本解决，免致贻人口实。”同日，京汉铁路局发出《劝告工人书》（传单），内称“南北往来，首重交通，各项工役，赶紧上工，不咎既往，照常收用，外间谣言，切勿听从”。

△ 中国劳动组合书记部、北京铁路工人罢工后援会、北京学生联合会、北京美专、医专、法专、男女高师及其他中等以上各国立及公私立学校学生纷纷开会，声讨直系军阀惨杀京汉路工的罪行，呼吁国人奋起支援。

△ 孙中山函复桂军师长刘玉山，勉协同各友军戡定沈(鸿英)变。函称:“近来地域之谬见，浸淫全国，往往置国事党谊于不顾。兄桂人也，独能于桂军将领不法如沈鸿英者，持义不苟，痛加诛斥，高瞻远瞩，询足为吾党矜式，可与共天下事矣。粤局关系全局，幸协同诸友军努力戡定，文必竭其绵薄为兄等助，或来粤与兄等共苦乐也。”

△ 闽省政局因许崇智部返粤，王永泉与孙传芳联系加深，拥萨(镇冰)派受北廷的指使，是日借福建善后公民大会的名义，要求省长林森退职，举萨镇冰为福建自治省长。

△ 四川第一军第六师余际唐部开抵重庆。第一军军长但懋辛改称四川东防督办，并于13日移驻重庆。

△ 北京政府取消王揖唐通缉令，并准开复原官暨勋位、勋章。

2月9日 为了保存实力，避免更严重的牺牲，以图再战，京汉铁路总工会根据中国共产党北方区委的指示，决定暂时退却，宣布忍痛复工。翌日，京汉铁路总工会发表紧急通告，声明此次惨变的经过和责任，并指明工人们今后应有的态度，劝说工人忍痛复工。

△ 黎元洪颁布整顿学风令。指责学校师生“聚众干政，倡言脱离政府，解散国会”,“借口研究学说，组织秘密团体，希图扰乱公安”,并“责成内政、教育两部及京外地方长官，依法严加取缔”。

△ 黎元洪特任贡桑诺尔布为蒙藏院总裁。

△ 张绍曾召开特别内阁会议，讨论财政问题和工潮问题。为防止工潮与学潮合成一气，“主张应由政府设法消弭，决定由内务、教育、农商、交通四部各就所管部分，设法防范，勿使蔓延”;并请大总统黎元洪颁布明令制止。

△ 北京西南城各学校和东北城各学校学生4000人，分别在女高师和北大三院开联合大会，一致声讨军阀镇压京汉路罢工，要求政府严惩赵继贤、冯沄、黄殿辰及肇事军警，释放被非法逮捕之京汉路工会职员及工人，从速抚恤死伤工人及其家属。会后举行示威游行。

△ 湖南省工团联合会通电声讨军阀镇压京汉路工，组成湖南工

团援助京汉铁路委员会，发动全省各工团及各界同胞起来援助京汉路工友，并募捐救济。

△ 上海36个工团组织联合发出援助京汉路工通电，“誓为列位工友经济实力之后盾，望奋斗前进，一息尚存，勿为屈服”。

△ 关于庚子赔款法国部分改付金法郎问题，在东方汇理银行以扣留盐余和法国公使以限定2月10日12时以前答复，否则取消中法银行复业协定相威胁的情况下，是日北京国务院特别会议决定允诺法方要求，次日由北京外交部照会法国公使。

△ 滇军总司令杨希闵通电，吁请孙中山早日南旋主政。

2月10日 胡汉民自广州急电上海，向孙中山报告陈炯明部在潮汕军事情况，孙中山批复转电东路讨贼军总司令许崇智“严备击贼”。

△ 沈鸿英令粤军第四师吕春荣及梁若谷部出驻高雷，吕、梁行至罗定后决定反攻，与驻肇庆桂军张希栻部争防地，发生冲突，交火至14日，吕部不敌，向龟山方面退却。

△ 萨镇冰致电北京参众两院闽籍议员、北京、南京、上海等地福建同乡会，声称：“二月八日，福建公民在省议会开会，公举镇冰为福建自治省长，坚辞不获，俟筹备就绪，即日就职。”

△ 鄂军阀指使军警拘捕川路公司管款委员高钺后，是日由夏口县当局逼令高钺将路款300余万移交张泰阶、向藩接管，以作驻军宜昌之四川军阀杨森攻川军饷。各地川人闻讯，强烈反对。

△ 湖北汉口警察厅命令所属警署查禁工人集会，“如该管区内，遇有多数工人于庙宇、茶肆，未经官厅许可，集众会议，即行一律禁止”。

△ 全国各界联合会发出通电，谴责军阀惨杀京汉路工，提出“国人一致推翻曹、吴傀儡机关，屏逐曹、吴豢养之政客，打破曹、吴卵翼之势力，徐图建设，然后可以安居乐业”。

△ 湖北全省工团联合会发出紧急通知，动员该会所属各工会坚持隐蔽斗争，暂时忍痛复工。

△ 在京汉路复工后，正太路总工会决定该路工人是日复工。同

日，当地军警将正太路总工会无理封闭。

△ 北京政府外交部照会驻京日公使小幡酉吉，对日本正金银行借故扣留盐余，提出抗议。

△ 北京政府允准以金法郎支付法国庚子赔款后，全国舆论大哗。是日，上海总商会致电北京国务院、财政部及外交总长黄郛，务请明白宣布金法郎全案交涉经过，以释群疑，一面根据前案慎重对付。

△ 陆军检阅使冯玉祥特邀基督教会牧师刘芳到京郊军队中“布道”五日。冯部三万余人中，有基督教徒约 7000 余人。

2 月 11 日 北京众参两院议员 100 余人在众议院议场讨论工潮问题，议决建议案一件，内有：一、政府应根据约法承认工会；二、释放此次工潮之被捕者；三、抚恤此次工潮之伤亡者，撤退临时增调弹压之军警，同时恢复各路工作。

△ 北京审计院特派办理财政清理事宜傅增湘，是日向黎元洪呈报财政部发行国库券暨支出浮滥弊端八点：一、发行期限违法；二、发行毫无预算；三、不应支付军饷；四、支付用途不明；五、数起巨款不明着落；六、支付转移暧昧；七、不应支付慈善机关；八、偿还无期，坠失信用。

△ 收回威海卫之交涉，经由北京政府外交部与驻京英公使商定由威海卫移至北京举行。

2 月 12 日 两湖巡阅使吴佩孚为实现其武力统一西南各省计划，令驻宜昌之杨森军队向川东进发，并派孙传芳所部卢金山师助杨，川、鄂战衅重开。

△ 孙中山函促谢文炳速剿沈鸿英，函称“沈鸿英逆迹已著，今虽退北江，实欲与赣南北军联络，在我非速图剿灭不可。望即查明前电，邀击勿失，迟则彼与驻赣北军合，君等腹背受敌，危矣”。

△ 沈鸿英致书孙中山，佯称愿服从命令，促请还粤。是日，孙中山函复沈鸿英，劝其悔过自新，函称：“国家之事，须正当办法，乃能得正当解决，绝非挟私任术，好逞阴谋，与民治之道背驰者所能得胜；中间或能侥幸得一二胜利，结果亦终归于败，可以断言。此古今中外之成事俱

在，可资考证者也。”

△ 津浦、京奉、正太、京汉、道清、粤汉六路在北京的代表，秘密举行六路联合会议，讨论和研究继续坚持斗争的问题。是日发出通电，略称：“惟自由未得，虽万死不足以馁其志……现我们已决定仍遵前议进行。昔人有云：‘楚虽三户，亡秦必楚！’愿我同胞，其共勉之。”

△ 道清铁路工人进行同情罢工，共坚持九日，由于粮尽援绝，是日被迫复工。

2月13日 北京众议院召集紧急会议，议员褚辅成等提案反对北京政府允诺法国要求以金法郎交付庚子赔款，其损失当在5000万两以上（折银元7000万元左右），决咨请政府速将该案提交国会议决。同日，国会议员王廷弼等33人联名通电全国，以此案国家损失过大，且在中法银行有债权之中国人，颇多权要，内阁通过金法郎案颇有损削国家以附益个人之嫌，要求取消此案，以资挽救。

△ 中国国民党中央干部会议在沪举行临时会议，孙中山除发表国是意见外，宣布日内赴粤，“本部党务交各同志办理”。

△ 孙中山批准《中国国民党入党规则》，凡10条，自即日起实施。

△ 胡汉民在广州与杨希闵商讨广东军事布置事宜后，于是日电告孙中山对粤主张：一、使某部（指沈鸿英部）让出北江，而令滇军驻之，以断其与北方及陈逆之勾通；二、盼钧座速来主持大计，拟以农林试验场为驻节地；三、于未有具体计划以前，江门等处不宜轻于启衅。

△ 浦镇工会领导的津浦路南段工人的同情罢工，根据津浦路总工会命令于是日复工。

△ 北京政府外交部照会苏联驻京代理全权代表，表示愿在北京举行中俄会议。其后苏联代表复照外交部，同意在越飞回到北京后举行会议。

2月14日 川军将领杨森、刘存厚、邓锡侯、田颂尧、陈国栋、刘文辉等在吴佩孚指使下，从宜昌发出通电讨伐熊克武、但懋辛等。

△ 直系首领曹锟为谋任总统笼络议员，令边守靖、袁乃宽经手发

给议员“津贴”每人200元以度岁。

△ 吴佩孚通电呼吁国人群起力争，保卫片马领土。

2月15日 孙中山偕同谭延闿等由上海启程赴粤。17日下午6时到达香港。

△ 孙中山任命徐绍桢为广东省长。

△ 萧耀南根据吴佩孚的电令，以“迭次煽惑罢工”的罪名，是日凌晨将律师施洋枪杀于武昌洪山山麓。

△ 豫匪潘占魁纠集股匪大小90余杆（匪徒2000余人，有快枪1000余支），在鲁山、宝丰一带起事，窜扰舞阳、西平、遂平各县，烧杀抢掠，势甚猖獗。靳云鹗派兵往剿。

2月16日 北军援川军副总司令卢金山部向川东巫山进攻，21日占领巫山。

△ 东路讨贼军许崇智部回粤军队，在粤东大埔与洪兆麟部发生冲突。

△ 全国各界联合会、中华学生联合总会、学术研究会总会、中华留日学生救国会、中华女界联合会五团体通电警告国民，自起收回旅大。按：日本租借旅大原约，订于清光绪二十四年（1898）三月初三，以25年为期，至是年阴历三月初三，即公历4月17日期满。

2月17日 曹锟、吴佩孚及直系鲁、豫、苏、皖、赣、鄂六省督军联名催请北京政府任命沈鸿英为广东督理，孙传芳为福建督理。

2月18日 孙中山出席香港各工团宴会，赞扬港工界能辨顺逆，在讨陈（炯明）斗争中实与有力，希望今后益团结救国。

△ 中华学生联合会总会就直系军阀惨杀路工之事，致电黎元洪、张绍曾，斥彼等“既自命居政府之地位，应负管辖吴佩孚及军警之责任，乃事前不能加以制止，事后不能加以惩办，抚躬自问，果何颜以对国人”。

2月19日 福州举行二次闽局善后会议，王永泉列席，决定请林森退省长职，任全省公路督办，促萨镇冰接任省长。

△ 上海各行业职工为支援京汉路工人斗争，特派代表开会协议，决定成立全国各职工之团结机关——全国工团工人自救会，并向全国发出通电，募集救济金救济罢工职工之家属。

△ 英国人辛博森所办之《东方时报》在京发刊。

2 月 20 日 孙中山在香港大学发表演说，忆述自己革命思想产生的经过。同日，孙中山在香港杨西岩宅对工商界领袖演讲，希望各商家协助革命，“与余一致行动”，实现先裁兵后统一的主张，“若各商家赞成此事，和平统一之希望目的当可立见也”。

△ 孙中山电委魏邦平为广东讨贼联军总司令。

△ 川军第七师陈国栋部之朱宗悫、段荣琮两旅包围成都，23 日晨省军第一军赖心辉、但懋辛部援军赶到，成都解围。陈国栋部退往新都、金堂、淮州镇等处。

△ 正太铁路工会被直隶、山西两省当局强迫解散。

2 月中旬 东路讨贼军总司令部、福建总司令公署、福建省长公署联衔布告，发行福建省军需公债。发行额 300 万元，自民国十三年(1924)起，分五年偿还，以该省田赋为担保。

△ 中共北方区委继续讨论京汉路复工后的善后方略。会议决定：一、京汉铁路总工会迁往天津办公，由各路加选委员以加强工会组织。京汉路总工会江岸办事处立即撤销，原有罢工委员会委员一律齐集天津开会；二、各铁路同盟罢工一律停止；三、组织“二七”善后委员会，立即采取各种有效措施，办理抚恤伤亡、慰问在狱诸工友；四、在北京及其他城市、工矿区举行追悼“二七”烈士大会，编印“二七”斗争的小册子等。会后即派人到京汉路沿线各站和以外各线路传达上述决议。

2 月 21 日 孙中山返抵广州，在东郊农林试验场设立大本营，就任陆海军大元帅职。孙中山因与北方谋和平统一，虽回粤而仍不任总统，但陆海各军不能不有名义以统率，故设大本营，以大元帅名义统率之。

△ 孙中山在广州滇、桂军欢迎会上发表演讲，指出此次回粤，主

张“第一和平统一，第二扫除叛乱军队，第三化兵为工，第四精练一部分军队”。化兵为工的主张，获得奉、皖两系的赞成，唯直系不赞成。

△ 陈炯明旧部熊略向东路讨贼军输诚后，经许崇智总司令任命为东路讨贼军第一、二旅总指挥，是日熊略就职。

△ 英国新任驻京公使麻克类向黎元洪呈递国书。

2月22日 孙中山在广州粤军政各界要人欢迎会上发表演说，指出广东为中国之广东，待遇各军，决不以省界分主客，只论护法与叛国；旧隶陈炯明部队，一概许其自新，惟仍敢抗命之余孽，必先以全力肃清；实践和平统一宣言。裁兵一半为工；用全力发展广东之市政、教育、实业，树革新之模范，立全国之信用。

△ 孙中山对东方通讯社记者发表谈话称：为了促进统一，除“以西南之团结为必要”外，同时“余与张（作霖）、段（祺瑞）之三角联盟，现正进行甚顺利，当以之制吴（佩孚）”。

△ 黎元洪下令申明：“约法为立国之本，今国会已复，政府依法成立，在宪法未公布以前，凡属国民应共遵守约法，以维法治。”28日，国民党籍在京议员对此发出宣言，指出黎总统之复位，国会之复会，内阁之成立，均属权宜，本身合法与否，尚属疑问，怎可遽然发布要求国人共遵约法之令。

△ 黎元洪着由内务、交通两部会同查办京汉路工人罢工情由，并着主管部门妥拟工会法案，咨送国会议决，克期公布，俾资遵守。

△ 黎元洪特派高凌霨兼任扬子江水道讨论委员会会长；任命范源濂为北京师范大学校长。

△ 曹锐、王承斌、吴景濂及吴佩孚代表李倬章、江苏齐燮元代表孙发绪等齐集保定，再次共商倒阁。会议认为西南局势骤变，统一渐趋无望，张绍曾所标榜之和平统一，可谓完全失败，既然如此，张绍曾即不应恋栈。直系倒张在谋去黎，而为曹锟任总统铺路。

2月23日 胶济路民有公司认股人在上海总商会开会，到黄炎培、颜德清、张兰坪、方椒伯、余日章、沈信卿、穆藕初、陆达权、史量才、贾季英等，讨论决定股本总数为4000万元，除以3600万赎路外，尚余400万作为修理扩充之费。

2月24日 孙中山鉴于沈鸿英暗通直系军阀，为防沈引导北军攻粤，决定重定各军防地。是日，令桂军总司令沈鸿英所部移驻肇庆并西江北岸，上至梧州各地方，择要防守；所遗北江一带防地，由滇军总司令杨希闵派队接防；西路讨贼军总司令刘震寰所部，着驻石龙、东莞、虎门各处；东路讨贼军第四师师长吕春荣所部，着移驻罗定各地方。此外各部军队，着就现驻地点驻扎。嗣后各部军队，非奉命令不得擅自移动。

△ 孙中山在广州通电宣言实行裁兵，指斥曹、吴的武力统一政策，重申裁兵主张，并表示"决裁粤兵之半，以昭示天下"。

△ 孙中山特任沈鸿英为桂军总司令。

△ 中央直辖北路讨贼军谢文炳部袭击广东乐昌桂军沈荣光部失利，沈军26日占坪石，谢部退入湘境。

△ 黎元洪特派谷钟秀筹办胶济铁路赎路事宜。

△ 北京燕京大学主办之《燕大周刊》创刊，其宗旨"系以科学之精神，谋学术之发展"。

2月25日 孙中山宴请杨希闵、刘震寰、朱培德、程潜等各军将领，指出"主义与武力二者，终须相辅而行，希望以实力为后盾，实现救国主张"。

△ 南洋英属华侨学生联合会、南洋华侨女权运动同盟会、雪兰莪锡矿工会、南洋树胶联合会、南洋华侨各界联合会致函国闻通信社，对京汉路工人被惨杀事件表示愤慨，要求国内各界速起奋斗，驱逐惨杀工人之元凶。

2月26日 孙中山任命高雷讨贼军总司令林树巍兼广东高雷绥靖处长；派姚雨平、罗翼群、周之贞、朱卓文、吴铁城、黄芸苏为兵工局筹备委员。

△ 孙中山委任张继为中国国民党北京支部长。

△ 中华各口华人领港会议在上海举行，讨论华人领港权利问题。

到会有40余口领港公会代表80余人。会议对各口华人领港事业多被外人侵夺，提出补救办法，要求修改清同治七年(1868)引水暂行章程；以后对于中外商轮，凡雇华人为领港者，概行承保，以保国权而利民福。

△ 中法实业银行经理公司在上海、天津、汉口等处开幕。该公司系法国各银行联络组织，专为中法实业银行代理营业、清偿债项，一俟债票设法兑清，即由中法实业银行正式复业。

2月27日 黎元洪令准督办宫家坝黄河决口堵合事宜田中玉、会办劳之常辞兼职；特派熊炳琦兼任督办宫家坝黄河决口堵合事宜，张庆濡兼任会办。

△ 京畿卫戍司令王怀庆于24日上书黎元洪，索取驻京军警饷银，并以解散军警相要挟。黎接书后立即批交张绍曾转饬财政部迅速筹款发饷。时张绍曾正全力应付天津倒阁，将此事积压。王怀庆等候三日，不见答复，乃于是日辞职赴天津。

△ 暂行禁止棉花出口案，经8日北京阁议议决仍照前议自3月1日实行，但遭到外交团的无理拒绝。是日，上海华商纱厂联合会致电国务院、税务处等机关，力争实行禁棉出口，以保国本。

△ 驻日代办廖恩焘奉命照会日本政府，对日本在青岛擅自设警提出抗议，要求将青岛日警撤去。3月2日，日本外务省复照廖代办，借口青岛秩序未能认为安定，时机未到。

2月28日 孙中山特派胡汉民、孙洪伊、汪精卫、徐谦等为驻沪办理和平统一事宜全权代表。

△ 孙中山任命傅秉常为粤海关监督，仍兼特派广东交涉员。

△ 四川省军赖心辉等部攻占新都。

△ 云南督军唐继尧以内有南北分裂之虞，外有列强共管之忧为由，致电国会促请两院议员迅速完成宪法，"以范围人心，而共维国是"。

是月 直系军阀吴佩孚为实现其武力统一西南各省之计划，派定各路攻川之军队：一、湖北方面以王汝勤为鄂西援川总司令，卢金山为总指挥，杨森为前敌总指挥，率三师二旅军队，分路由湖北恩施、宜昌入夔、万；二、陕西方面以刘镇华为陕边援川总司令，吴新田为总指挥，王鸿恩为前敌指挥，率陕军及第七师军队约一师一旅由宁强、广元入川；三、甘肃方面以甘南镇守使孔繁锦为甘边援川总司令，率一旅由甘南摩天岭入川；四、贵州方面以袁祖铭为黔边援川总司令，率一师由毕节入四川叙州。以上四路人马合川中刘存厚、陈遐龄及邓锡侯、陈国栋各军，兵力约有12师11旅之众。

3 月

3月1日 孙中山特任朱培德为广州政府大本营参军长兼大本营巩卫军司令。

△ 孙中山鉴于北方绝无谋和诚意，特致电北京护法议员办事处，邀请议员速回广州，不必再与北方政府周旋。

△ 广东财政厅长杨西岩呈请孙中山明令划分军费由大本营军需处发给，并要求从各军手中收回征收机关。呈文称：广东财政“困难情形达于极点”，原因“财权未统一，各征收机关全被军队占据，解库之款绝无分毫”，而“军费现无定额，各处催支急如星火，极力筹借，苦难应付”。

△ 四川省军刘成勋、赖心辉部占领广汉、金堂；3日，占领罗江。

△ 川边镇守使陈遐龄以七年来欠饷800万，电川军总司令刘成勋索饷。陈本人赴雅安，更派一大纵队开抵邛崃境内，并称“师行在速，特电奉闻，如有不谅，阻挡本军者，亦惟力是谋而已”。

△ 萨镇冰由海军公所入福州城，在孙公祠就福建自治省长职。

△ 北京政府教育总长彭允彝在派人继任北大校长遭到拒绝后，报请黎元洪发出指令准北大教职员组织评议会代行校长职务，希图间接行使权力，当即遭到北大评议会的拒绝。该会并重新声明：一、一致挽留蔡元培校长，驱逐彭允彝；二、拒绝任何人来长本校；三、本校事务仍由原有之评议会主持。

△　黎元洪公布《县自治法》施行日期及施行区域令，规定自本年9月1日于甘肃所属之皋兰（今兰州市）、狄道（今临洮）、导河（今临夏）、天水、陇西、武都、平凉、庆阳、泾川、固原（今属宁夏）、西宁（今属青海）、宁夏（今宁夏银川市）、宁朔（今属宁夏）、中卫（今属宁夏）、张掖、酒泉、武威、平罗（今属宁夏）、镇番（今民勤）、山丹20个县施行。

△　众议员黄攻素以近来盛传曹锟为竞选总统，以每票5000元贿赂国会议员，拥曹议员每月支车马费200元，多由内务总长高凌霨接洽其事，是日，为此特向北京政府提出质询。

△　东三省特别区行政长官署在哈尔滨成立，朱庆澜任该署长官。

△　华商金清轮船公司之“金清”轮船，是晚6时驶至浙江三山头洋面时，因超载沉没，淹毙500余人，仅救起40余人。

△　驻京日本代理公使吉田参事官照会北京政府外交部称，中美间之无线电合同，侵害三井洋行之无线电合同权利，“决难承认”。美国方面则表明对日本之意见亦绝对不能通融，中美无线电台应照合同开筑。

3月2日　陆海军大元帅大本营在广州正式成立。孙中山特任程潜为大本营军政部长，谭延闿为内政部长，廖仲恺为财政部长，邓泽如为建设部长，杨庶堪为秘书长；又任命古应芬为法制局长，刘纪文为审计局长，林云陔为金库长。

△　两广盐运使伍学晃向孙中山呈报整理盐务及筹措税款情形，略称：“近因军兴，所有署辖各场均为各路军官派员接管，缉舰十余艘及盐警各队亦同时或被扣留或因缴械逃散，省内运销缉私各机关几乎完全停顿，日前虎门炮台等处并有扣留程船起盐变卖情事。至西北两江区域，此时非军队密布即盗匪披猖，运道益形梗塞。”

△　北京学界与各团体联合会为促进废督裁兵，联合举行农历元宵节提灯游行大会，遭到军警镇压。是日晚游行队伍分三路出发，从沙滩北大一院出发的东北路提灯群众行至前门大栅栏和南路从高师出发的群众行至西河沿东口时，突遭预伏该处武装军警的血腥镇压，学生和市民受重伤者约30余人，受轻伤者90余人，被捕20多人。3日，北京

学生联合会为此通电全国，否认国会，反对北京政府。

3月3日 黎元洪任命余棨昌兼司法官惩戒委员会委员长。

3月4日 孙中山令准福建省长林森辞职，调大本营任用，任命萨镇冰为福建省长。

3月5日 孙中山训令广东省长徐绍贞，“司法独立，宜不受地方行政干涉。现在广东司法官吏，应一律由大元帅委用”。同日任命陈融为广东高等审判厅厅长，陆嗣曾为广州地方审判厅厅长。

△ 广东东路讨贼军第八师师长徐汉臣、第十五旅旅长黄定中纵兵抢掠鹤山沙坪，擅捕县长李一谔，大本营将徐、黄撤职查办，所部军队改为大本营直辖陆军第四旅。是日，孙中山任命陆军少将张振武接充该旅旅长。

△ 滇黔联军总司令唐继尧以武力助刘显世回黔。是日，黔军总司令袁祖铭通电称：唐继尧以滇、黔各将领推唐为滇黔联军总司令、刘显世为副司令之名义，率重兵压黔境，护送刘显世回黔主政。滇军兵分两路，一路由唐继虞率领约3000人入兴义；一由吴学显率领2000多人入盘县。10日，滇黔联军占领镇宁、安顺。

△ 北京政府拖欠内外债，本息无着，又酝酿发行十二年公债，并计划将原定之债额1200万元扩充为8000万元，而未恤金融界之困难，是日，北京银行公会向政府提出严重抗议。

△ 上海华商纱厂联合会以救济棉业衰敝及维持纱厂金融起见，推举聂云台、穆藕初于是日赴京，向当局陈述拟组织中华棉业银公司，发行债券3000万两，请政府担保，以资救济。8日，由农商部提出阁议，经议定暂交外交、财政、农商等部及税务处会核。19日，众议院开会，部分议员疑农商部有弊，提议反对，时财政部亦反对，此案竟遭搁置。

△ 旅鄂川人弭兵会通电反对吴佩孚提取川人在汉口所存之川路股款300万元，充杨森及鄂军援川之用。

△ 北京国立农业大学开学。该校设有农艺、森林、畜牧、园艺、生

物、病害虫和农业化学七系，章士钊任校长。

3月6日 孙中山为贯彻裁兵主张，是日在广东开始着手裁兵。办法是限各军于半个月内将该军营数驻地、官兵姓名造册呈报，再由大元帅派员点验，倘有虚额，不准再招，其老弱及无枪支者，均一律裁汰。

△ 孙中山令准魏邦平辞去粤讨贼军总司令职。

△ 孙中山委任杨仙逸为大本营航空局长。

△ 黎元洪特派黄郛兼充外交委员会委员长。

△ 黎元洪颁发明令称：自此以后，“所有统兵各将领，务期袍泽一体，永远脱离政争；至奔走政治者，尤应各循正轨，以尽其爱国之忱，切勿假借武力，希图自重”。

△ 陈炯明派人携款至广州，图运动士兵叛乱，并发电诋毁孙中山。广州各地出现招兵告示，以抵制孙中山之裁兵计划。

△ 驻闽、赣边境之直军孙传芳、周荫人部5000余众，开入福建延平。

3月7日 孙中山令滇军总司令杨希闵兼广州卫戍总司令。

△ 驻重庆之川军第一军但懋辛所部发生内讧，战斗剧烈，晚大火。重庆下半城被焚。

△ 北京张绍曾内阁以金法郎案文件咨众议院，推诿责任于前任内阁。29日，前任国务总理颜惠庆函张绍曾，指出中法协定无一字涉及金法郎，彼任内并未决定，张阁致国会咨文所称“维持颜阁原案”实为撒谎。

3月8日 曹锟、吴佩孚以南方又组织大本营，派代表项致中、李倬章入京，迫国务院明令孙传芳督闽、沈鸿英督粤，以抵制孙中山。是日，张绍曾内阁因部分阁员反对发布闽、粤两令，全体辞职，以获取全国同情。

△ 张作霖召集东北三省文武官员120余人在奉天（今沈阳）开重要会议，对下列各项问题进行讨论并作出决定：一、东三省军制之划一；二、三省各新旅分别调防；三、各旅添设随营工厂，寓兵于工；四、三省各

添一镇守使；五、加派步兵两旅、马队一旅驻锦县、绥中以维安宁；六、划定三省边防防区；七、各边防区增加驻军；八、三省政治应力求划一，边区各设治局及各要镇酌量改为县治；九、三省地方官不称职者，须严行淘汰，补充人才，而澄清仕路；十、撙节三省财政开支，减低军政各费；十一、精简军政机构；十二、划一三省外交，在奉设外交署，添委督办；十三、收回旅大交涉，应依原约以和平办法据理力争；十四、整理三省金融，商办私立各银行不准发行纸币。会议于10日结束。

△ 连日来川军杨森及直军卢金山、宋大霈部与省军但懋辛、石青阳部在川东发生激战，因忠县杨春芳、范绍曾两部倒戈，攻击但军后路，是日，杨森军占领万县，但军退往重庆、成都。

△ 北京政府司法总长程克，因罗文幹案指责东三省特别区高等审判厅厅长李家鏊于职务外干预政事，呈准将李免职，调陈克正继署。

△ 滇军总司令杨希闵以广东省银行所发纸币低折，商民交困，于6日向大本营请示如何设法维持。是日，孙中山指示："纸币低折，重苦吾民，皆由陈逆（炯明）等滥发于先，复不能维持于后，致滋纷扰，言之殊堪痛恨。查恶币之害，由无固定基金，以致信用全失。应俟财政统一，别筹根本整理之方。枝节补救，殊未有良策以善其后也。"

3月9日 孙中山任命黄镇磐为广东高等检察厅检察长，区玉书为广州地方检察厅检察长。

△ 《陆海军大元帅大本营公报》在广州创刊，大本营秘书处发行。

△ 广东省长徐绍桢为恢复粤省交通，保护商旅，提出规复以前之"保商卫旅营办法"，于7日呈报孙中山，是日经批准暂行试办，并饬令各军一体保护。

△ 黎元洪批令：慰留张绍曾内阁总辞，"尚望勉为其难，毋萌退志"。同日并发通电称："元洪受国民之托，万不能使中枢瓦解"，"已敦促阁员即日视事"。

3月10日 北京政府外交部分致照会于日本外务省和驻京日使馆，声明取消民国四年5月25日关于中日条约及换文（即"二十一条”)，并接洽收回租期届满之旅顺、大连两租借地。

△　张绍曾内阁再上辞呈，黎元洪再度退还，张因此决定在其私宅召开非正式阁议，以图曹锟、吴佩孚转圜复职。

△　孙中山嘉勉中央直辖桂军第三师师长陈天太讨贼有功。

△　杭州省立第一师范学校学生200余人晚膳中毒，死学生22人、校役二人，全城学界、官厅及沪、杭医界派人赶往救治。

3月11日　吴佩孚致电张绍曾，声称“此间计划，拟先改编陈炯明所部，与沈鸿英、孙传芳联合驱逐元帅府出粤，计不出两星期，即可奏功，布置妥协，并非大言而夸。一俟成为事实，再由中央下一命令，以一事权”。

3月12日　孙中山发表“裁兵谈话”，指出“革命的成功与否，就古今中外的历史看起来，一靠武力，一靠外交力”，此次回粤“主张第一和平统一；第二扫清叛乱军队；第三化兵为工；第四精练一部分军队”。只有“先裁兵后统一，那才算是真统一；如果先统一后裁兵，便是假统一”，而裁兵“是在化兵为工”。

△　孙中山任命陈树人为广东政务厅厅长，免去谢良牧厅长职务；任命盛延祺为“肇和”军舰舰长，欧阳琳为“永丰”军舰舰长，潘文治为“楚豫”军舰舰长，宋复九为“肇平”军舰舰长，周之武为海军总轮机长。

△　桂军将领李易标通电要求准予率部肃清陈炯明逆党，意在插足广东东江地区。14日，孙中山指令李易标“整饬戎行，静听后命”，未允所请。

△　川军第二军第四师师长杨春芳、第六师师长周西成在万县发出通电归附杨森，决分兵取道长寿、涪陵会攻重庆。

△　政学会之李根源、杨永泰、谷钟秀、张耀曾、杨肇甫等在北京太平湖宴同党，宣布宪政会组织法，该会经费由黎元洪承担。

△　依据解决山东悬案条约，青岛盐田自日本方面接收完竣，由“鲁案”中日联合委员会第一部之盐田分委员会主任委员吴大业与日方委员订约签字。

3 月 13 日 黎元洪令准川边镇守使陈遐龄改铸川省土司印信。

△ 国会护法议员发表宣言，指出张绍曾内阁辞职庚(8 日)电，有“粤中有僭名窃位之行”一语，措辞失当。

△ 上海华商纱厂联合会因棉花出口增加，市价渐涨，棉纱滞销，市价大跌，特开紧急会议，讨论对付办法，一致赞成部分停工。自本月 19 日起，各厂纱锭实行停工二分之一，或者夜工完全停止。该会并分电本外埠一致实行。17 日，天津各纱厂开会，一致赞成停机半数。

3 月 14 日 孙中山任命陈策为广东海防司令，杨廷培为广东江防司令，苏从山为长洲要塞司令，谢铁良为鱼雷局局长，陈天太代理中央直辖桂军第一军军长。

△ 福建总司令王永泉致电张绍曾称，萨镇冰就任福建省长，闽局完全倾向中央，本无镇抚之必要，要求北京政府裁撤闽镇抚使，将刘冠雄调回北京。

△ 康有为致电张绍曾内阁，力劝张应与曹、吴通力合作，以武力对付广东，主张以孙传芳督粤，以沈鸿英帮办军务。

△ 日本外务省分致复文与东京中国公使馆和北京中国外交部，拒绝取消民国四年“二十一条”换文与收回旅顺、大连之接洽。

3 月 15 日 张作霖的代表成济安谒孙中山，转达奉张关于收拾政局办法及表示倾慕之诚意。18 日，孙中山派路孝忱赴奉报聘。

△ 黎元洪令改河南沘源县名为唐河县。

△ 北京政府农商部设立“修正法规委员会”，商会代表加入者七人。农商总长李根源称该会以“除兴业障碍，保人民权利”为宗旨。

△ 北京政府交通部重申限制各商路公司“不得招募外股，擅借外债，倘有私行募借或竟发生纠葛，本部概不承认，一经查实，并予该公司以相当之处分”。

△ 北京蒙藏院总裁贡桑诺尔布通电全国，呼吁速息内争，注意边患。

△ 刘冠雄以萨镇冰及其本人名义在福州张贴布告，宣布就办理

福建善后事宜职。次日，萨镇冰另出一布告，声明彼系就自治省长职，福建非脱离南北关系，必陷入政争之漩涡。此次就职，系为桑梓负责，南强北胜之议，均非所与闻。

△ 张作霖为加强东三省军事联络，在奉天、长春、齐齐哈尔、哈尔滨建成无线电台，其中哈尔滨电台于本日与欧洲通电讯。

△ 驻河南宝丰、郏县之张国信部2000余人（即吴佩孚收编之土匪“老洋人”）在郏哗变，由舞阳窜扰西平、遂平两县，攻陷富庶村镇70余处，焚掠奸淫，无恶不作，各县当局惧匪来攻，竟闭城不问。24日张匪攻项城、沈丘，城几失守。

3月16日 滇黔联军占领贵阳，袁祖铭率部出走。

△ 上海总商会致书吴佩孚，谓目下裁兵为全国一致主张，劝吴停止川战，不再干涉政治。

△ 中英威海卫交涉移京办理后，是日由梁如浩与英代表进行第一次接洽。

3月17日 孙中山特任李烈钧为闽赣边防督办；特任蒋介石为大本营参谋长，蒋以眼疾辞未就。

△ 孙中山在广州举行招待会，粤垣各界主要人物参加，孙在会上就化兵为工、禁赌与澄清吏治发表演说。

△ 广东大本营金库裁撤，所有事务归大本营财政部办理；金库长林云陔免职，另有任用。

△ 四川邓锡侯、田颂尧、陈国栋等部被赖心辉所率之省军第一、三军及边防军围困于三台、阆中一带，后邓等经过苦战于是日占领梓潼，20日占绵阳，22日占领罗江。

△ 刘显世电吴佩孚，告袁祖铭败退，望承认刘治黔。19日，吴电复刘，“甚佩黔人治黔，慎望勿为大云南主义之伥”。

△ 北京政府外交部照会英国公使麻克类，请派员会勘片马界线。

3月18日 原粤军第四军军长及八属总司令陈德春“勾通逆党，希图扰乱大局”，大本营驻江门办事处及各将领奉孙中山令，于是日拂晓将陈德春部全部缴械。

△ 中国国民党福建支部在福州成立，黄展云任支部长。

△ 全国商会联合会在北京甘石桥会所开评议会，对下列各案进行讨论，并有所议决，其要旨为：一、日本政府拒绝废弃“二十一条”及协商接收旅大，应警告国人一致对付案；二、黑河、伯力、驿马河、赤塔、上乌金斯克等处华商商会被苏联政府封闭并逮捕会长，应通电一致援助案；三、速组修改农商法规预备会案。

△ 浙江地方实业银行召开股东大会，决议将官股划出。以杭州、海门、兰溪三行划归官股，改名为浙江地方银行。商股部分另行招股补足200万元，就上海、汉口原有两行继续营业，并即日推设分行于杭州等处，改名为浙江实业银行。

△ 北京政府外交部曾电滇省当局，谓片马案已向英国公使提议勘界，请担任办理中英界务，并希预筹一切。是日，唐继尧复电外交部，同意担任办理勘定片马界务，并主张宜照清光绪二十年(1894)薛福成所订约签字成案图及光绪三十二年(1906)七月十一日清外务部照会英公使嘉成案办理划界。

△ 哈尔滨市民在道外公园举行群众大会，议决：“(一)对日本拒不交还旅大，通电各国政府国会及各报馆宣布委曲情形，请主持公道，予以援助；(二)‘二十一条’未取消、旅大未交还以前，全国人民请求当局或自动与日人解除商约，绝对不与往来；(三)东路问题，本俄农政府1919年之宣言，东路无条件交还我国，今则一致要求其履行。”大会当即发出通电，会后举行游行。

3月19日 孙中山令李烈钧率部移驻闽南，以所遗潮、汕防地归许崇智回粤军队驻扎。李部系收编陈炯明部之尹骥、李云复、翁式亮、赖世璜、苏世安等五师而成。

△ 孙中山任命李易标为中央直辖第五军军长，沈荣光为中央直辖第六军军长。

△ 张绍曾决定徇曹锟、吴佩孚之意，下达闽、粤督理令，实行内阁

总复职。

3月20日 黎元洪特派沈鸿英督理广东军务善后事宜，杨希闵帮办广东军务善后事宜；任命林虎为潮梅护军使兼粤军总指挥，陈炯光为广东陆军第一师师长，钟景棠为广东陆军第二师师长，黄业兴为广东陆军第一混成旅旅长，王定华为广东陆军第二混成旅旅长，温树德为驻粤海军舰队司令；又特派孙传芳督理福建军务善后事宜，王永泉帮办福建军务善后事宜；任命臧致平为漳厦护军使。

△ 黎元洪特派李根源为全国国货展览会总裁，张英华为印制局总裁，徐佛苏为全国财政讨论委员会委员长。

△ 黎元洪公布“国币型式”，前为龙凤及十二年造字样，后为嘉禾及壹圆字样。

△ 北京国务总理张绍曾派王宠惠、杨天骥赍函赴粤，敦劝孙中山取消大元帅名义，离粤北上，徐商善后。王、杨抵沪后，先访浙督卢永祥，托其疏通。卢请先取消闽、粤两督命令，王、杨遂留于沪上者久之。

△ 我国留日学生为取消“二十一条”及收回旅、大，在东京神田区神保町青年会召开大会，到会400余人，当即议决：一、打破军国主义；二、取消“二十一条”；三、收回旅顺、大连；四、巩固中日国交等。会后全体出发赴麹町区永田町中国公使馆及霞关日本外务省面递上项决议时，遭到日本警察马队残酷镇压，留日学生受伤者60余名，被捕20余名，但学生们不为军国主义者所屈，冲过警戒线前往中国使馆递交了决议书。

3月21日 北京众议院通过决议，促请政府拒绝接受关于取消“二十一条”要求之日本复文，并请政府通告日本，对彼复文甚不满意。

△ 黎元洪特任林俊廷暂行兼代广西省长。

△ 黎元洪宣布迪化南关一带辟为商埠。

△ 孙中山任命罗翼群为大本营军法处长，旋罗呈请辞职。28日，孙中山令准免罗本职；次日将军法处裁撤，所有军法事宜归军政部兼理。

△ 孙中山令广东交涉员傅秉常即与驻广州英总领事交涉，请香港政府放逐陈炯明等逆首离港。

△ 王文典等发起“继续恳让庚子赔款会”在北京开成立大会，并发表宣言。略谓：1914年5月，伍廷芳、王文典等在上海发起“恳让庚子赔款会”，呼吁各国政府支持减免此项非人道之赔款，或免利息。后因欧战关系，该会未能进行，赔款也因故缓付五年。至上年底止，缓付期已满，故再为继续之运动。

3月22日 孙中山任命赵士北为大理院长，30日又令赵暂行兼管大本营司法行政事务。

△ 北京政府署外交总长黄郛呈请辞职。25日，黎元洪予以慰留，给假十日，以外交部次长沈瑞麟暂代部务。

△ 驻欧十国公使因使馆经费被欠多月，由驻法公使陈箓领衔联合电呈北京外交部总辞职。电称：“馆费积欠迄今十月，挪借已穷，维持无术，税款指拨使费之议，是否实行？如无的款，请准箓等退避贤路，或每馆酌留馆员一人看管，以资结束，免贻国家之羞。”

△ 全国学生联合会在上海法租界三益里开评议会，通过对于现时政治的态度案，要求全国学生联络国内外被压迫之民众，打倒北洋军阀和抵抗国际帝国主义者。24日，法租界当局徇官厅之请，禁止该会在沪开会并将三益里会所封闭。评议会被迫易地进行，在选出理事成立临时理事会后，于27日闭会。

3月23日 广东陆海军大元帅大本营因黎元洪下督闽督粤令，召开高级军官会议筹商对付方策。

△ 孙中山任命王均为大本营巩卫军第一混成旅旅长。

△ 黎元洪以闽局已定，令刘冠雄、朱泮藻即日回京，“所有善后事宜均应责成该省军民长官妥筹办理”。

△ 黎元洪令江西省长谢远涵开缺，特任徐元诰为江西省长，徐未到任前由陶家瑶署理。又特派谢远涵为江西全省官矿督办。

3月24日 桂军总司令沈鸿英向孙中山表示愿遵照2月24日移

防命令,将应行移驻各队陆续开拔集中高唐、新街一带,准备领出号衣及开拔费后,即行移驻西江。

3月25日 沈鸿英、杨希闵通电辞绝北京政府任命,以释群疑。同日,滇、桂军会衔布告辟谣,谓勿为浮言所动。

△ 上海各团体五万余人举行国民对日外交游行大会,主张根本否认"二十一条",如约收回旅大,并以团结一致及经济绝交为抵制日本手段。全国各省各埠先后响应。

3月26日 孙中山训令中央直辖第五军军长李易标,将该部驻扎广州市内观音山之军队,克日另择市外适当地点移驻;嗣后观音山开放为公园,不得再行驻扎军队。次日,李易标将所部驻观音山之邹团移驻市外小坪,并将第五军司令部移驻石井。

△ 孙中山委任谢持为全权代表,执行中国国民党本部党务事宜;令邓泽如速行恢复中国国民党广东支部。

△ 中国国民党中央干部会议在沪举行第二次会议,决定改组东京支部及进行北方宣传工作。

△ 黎元洪特派王正廷筹办中俄交涉事宜。次日,北京政府外交部通知苏联政府转饬越飞回京开议。

△ 黎元洪令准绥远固阳设治局改为固阳县。

△ 黎元洪令撤销李思浩通缉原案,并令回籍办赈。

△ 许崇智之东路讨贼军由闽开抵广东大埔,前队抵达五华。

△ 川军杨森所部攻占四川梁山,省军但懋辛部退重庆。

△ 是日为我国应按照中俄条约收回旅大之日,全国各省各埠之各界公民纷纷集会,要求撤废"二十一条"和收回旅大。同日北京各界公民5000人冒雨在天安门开大会,并决议:一、国民自动否认换文,收回旅大;二、整理内政;三、开全国国民代表会解决;四、抵制日货;五、援助工会复活;六、相当时期宣布与日本政府间断国交。会后各界冒雨参加游行,并派代表往见外交团。大会并通电全国一致力争收回旅大取消换文。

3 月 27 日　孙中山派谭延闿往晤沈鸿英商开拔事，饬广东财政厅筹 10 万元为沈部桂军之开拔费。次日，沈电孙中山称，已分饬所部陆续开赴西江一带，并于肇庆设立桂军总司令部。

△　黎元洪派张维镛为全国国货展览会会长，王文典为副会长。

△　全国商业联合会、商约研究会、京师总商会等三团体在北京开会，成立内外债审查会。

3 月 28 日　川军邓锡侯、刘斌所部联合陈遐龄的边军再次包围成都。次日，刘成勋在成都召开重要军官会议，30 日发出通电辞川军总司令及省长职。刘成勋并电川军第八师师长陈洪范、第九师师长刘文辉速入省城维持一切，并任调停。

△　黎元洪令准江苏警察所所长一职另委警佐充任，不再由县知事兼充，但县知事仍处于监督地位。

△　各省军阀及驻外使领纷纷向北京财政部索款，是日财政总长刘恩源避债不到部，库藏司人员不敢到司办公，在他司借坐。

3 月 29 日　孙中山特任杨希闵为中央直辖滇军总司令。次日任命杨池生为中央直辖滇军第一师师长，杨如轩为第二师师长，范石生为第三师师长，蒋光亮为第四师师长。

△　程潜、刘震寰、朱培德、卢师谛、刘玉山、梁鸿楷、周之贞、李济深、郑润琦、吕春荣等联名通电，反对北廷督粤伪令，并声明“倘彼曹吴等不谅此志，徒恃暴力以相侵凌，则潜等不得已为主义而战，固所愿也”。

△　黎元洪任命张福运为北京交通大学校长，刘式训为唐山大学校长。

△　北京政府农商部以近来“罢工风潮日趋激烈”和“调解劳资冲突，预防工业流弊”为由，于是日公布《暂行工厂通则》，凡 28 条。

△　交收“鲁案”未了各事之中日最后协定，是日在青岛签字。按“鲁案”胶济铁路之移交，虽自本年 1 月 1 日开始进行，然实际自 2 月 1 日起始由中方人员接管，而各项附属财产及中日细目协定所未明白规

定之各项问题，迟至上述最后协定签字之时，方获全部解决。

△ 江西督理蔡成勋电告北京政府，报告九江绅商以该埠扼沪、汉咽喉，又有南浔铁路，诚为水陆交通中心，各种货物转运趸积之所，呈请重开九江商埠，以推展商业，并杜绝外人觊觎。并称现已按《自辟商埠开办章程》第三条之规定，就九江龙开河滨、兴洲一带公地及附近民地自辟商埠，委前赣南道尹陈富元为局长，蔡成勋自兼督办。

△ 河南匪势猖獗，北京政府参陆处电靳云鹗“当筹根本肃清之法，毋使死灰复燃”。

3月31日 孙中山特任刘震寰为中央直辖西路讨贼军总司令；任命韦冠英为中央直辖西路讨贼军第一师师长，严兆丰为第二师师长，黎鼎鉴为第三师师长，伍毓瑞为第四师师长。

△ 安徽督理马联甲将存放安庆军械局旧军火变卖给上海协记洋行，搬运时发生爆炸，计炸毙役夫50余人，炸伤30余人。

是月 袁祖铭部黔军3000余人由湘西入鄂省宜都，由鄂当局拨给枪械，准备开拔援川。

△ 湖南自修大学发表创立宣言，其创设宗旨在取古代书院的形式纳入现代学校的内容，为一种“平民主义的大学”。该校暂设文、法两科。

△ 河南教育厅召集施行新学制会议，议决国民小学、高等小学改为完全小学，自本年8月起，旧有中学一律改为初中（省立15所，县立14所），师范学校（男五、女一）一律改为六年毕业，高中先于省城设一校。旧有省县立甲种实业学校10处，改为六年毕业（前三年普通科，后三年职业科）。乙种实业学校共50余处，经核准者改为职业学校，否则改为小学。旧有法专、农专及留学预备学校，8月改建中州大学，先招文理两科。平民教育，先于省垣组织平民教育促进会，再事推广。

4 月

4月1日 中国国民党广东支部正式恢复。

△ 黎元洪特派丁槐与孙中山之代表汪精卫、徐谦、张继等在上海洽谈南北对等会议事。

△ 江西督理蔡成勋下令戒严司令部、警务处，封闭省垣江西民权运动大同盟，并将负责人刘子池、袁玉冰拘捕。

△ 安徽芜湖各公团开对日外交后援会，讨论对日外交方针，议决抵制日货并通电全国一致力争，务达收回旅大、取消“二十一条”目的。

4月2日 孙中山特派古应芬为大本营驻江门办事处全权主任，所有留驻江门水陆各军队，概归节制调遣。

△ 黎元洪公布《县自治法》，自本年10月1日起，于直隶省（今河北）所属天津、临榆、玉田、昌黎、高阳、滦县、蠡县、安国、交河、束鹿、赵县、定县、磁县、永年、冀县、徐水、清苑、大名、宣化、怀安、蔚县、静海、大城、抚宁、定兴、深县、沧县、文安、获鹿、邯郸、河间、易县、正定、柏乡、深泽、赤城、卢龙、邢台、吴桥、枣强、丰润、遵化42县施行。

△ 北京政府推翻所拟整理内债基金原办法，计划停付内债基金本息一年2400万元，而以1400万元付外债，1000万元充作政费。消息传出，内国公债持有人均感不安，是日联名致函上海银行公会建议组织债权团，向北京政府争取付息还本。

△ 北京政府财政部印花税处总办李景铭以财政部印刷局长薛大可、库藏司长胡仁镜违章串同滥印印花票破坏税则，向京师地检厅提出控告。5日，财政部被迫下令停印；18日下令免去薛大可、胡仁镜职务同付惩戒，以为搪塞，薛已先期避往天津。

△ 北京参议院开议不信任张绍曾内阁案，经审查后改为弹劾案。同日，众议院议决政府现拟之“整理公债案”，非经议会通过，不能认为有效。

△ 两湖巡阅使吴佩孚擅加鄂省田赋、丁漕三分之一，凡百杂税增加一倍有奇。旅沪鄂人组织拒税团，是日派人赴鄂西施鹤、鄂北襄郧以及武汉、鄂东一带运动市民拒税，并组织拒税请愿团分赴北京、保（定）、洛（阳）、广州等地请愿。26日，鄂省商联会及武阳夏三商会代表18人赴省财政厅，请取消赋税改征及教育附加税两案。

△ 广州学界40余校学生万余人为废除“二十一条”、收回旅大举行大游行，并推派代表至大元帅府谒孙中山呈请愿书。孙亲自接见，略谓：“吾人拒绝廿一条及收回旅大问题，已于五年前进行运动，且数年来南方历次革命军兴，都系为斯而战，盖直接与北方战，间接与欺凌我者战也”，“诸君此后之责任，时时向人民作宣传工夫，唤醒国人精神，从根本上作工夫，一致把害国殃民者打倒，实现一真正民意之良好政府，然后可以外交不致失败。”

△ 河南西华地区140余村之农民二万余人在杨村开各界联合大会，以农民名义发出宣言，电达外交当局及驻京各国公使，一致力争收回旅大并警告日本政府反省。

△ 苏联代表团在接获北京政府外交部上月28日关于特派王正廷筹办中俄交涉事宜节略后，于是日将驻京苏联全权代表越飞自日本复电照转北京外交部，对王正廷任命表示欣然同意。

△ 美国驻京公使舒尔曼访张绍曾，不满日本方面“三井洋行有三十年无线电专利权”之主张，要求即日承认美商费德礼公司开始无线电台建筑工程，否则“或再难援助中国”。

4月3日 广州陆海军大元帅府由农林试验场滇军司令部迁往广州河南士敏土厂。

△ 桂军将领李易标借口所部系中央直辖军，与沈鸿英军移防无关，调北路所部二团回驻广州白云山。

△ 川军邓锡侯反攻至成都，“中立派”各将领以成都为首善之地，万不能作战场，遂推由此次未与战事之（新）第九师师长刘文辉等调停，刘成勋方面之但军、赖军和平开出，由刘文辉入城卫戍。4日午，但、赖

军退后，刘文辉部入成都。川北战局暂时结束。

△　黎元洪特派刘冠雄为闽粤海疆防御使；任命洪兆麟为广东陆军第三师师长。

△　上海银行公会以“公债为国家命脉，人民身家所寄托”，电北京政府请求取消推翻内债基金案之计划，以维护国家信用，安定金融。

△　山东各界为否认“二十一条”、收回旅大事，在济南公园开国民大会，二万多人参加。大会通过组织对日外交后援会；通电全国，宣布日本破坏东亚和平罪状；严行监督北京政府强硬交涉；与日本断绝经济关系；共起民众运动，全力对付外交等五项办法。会后整队赴省署请省长熊炳琦代电中央，据理力争。熊炳琦出见，竟以“如有轨外举动，余必以武力对待”相威胁。

4月4日　孙中山任命梁鸿楷为中央直辖广东讨贼军第四军军长，李济深为中央直辖广东讨贼军第一师师长，郑润琦为中央直辖广东讨贼军第三师师长。又任命马伯麟为虎门要塞司令。

△　台湾人民在日本东京神田中华青年会举行反对日本统治台湾大会，到会者500余名。

4月5日　黎元洪令准蒙藏院副总裁易次乾辞职，以潘毓桂继任。

△　北京政府总税务司安格联致函财政部，主张将关余拨入整理内债基金项下，以维持信用。

△　沈鸿英电岑春煊，俟中央接济确有把握及陈炯明确能合作，与桂省联络布置妥当，方能正式拜督理命。

△　上海面粉业公会在市内倚虹楼开同业大会，因麦价高昂，粉价低贱，亏耗堪虞，公决暂以阴历三月初一(4月16日)起，一律停机一月，以便节省开支，维持营业。

△　赣省教育会发起之江西实施新学制讨论会开幕，14日结束。决议：一、关于省会各小学、各县小学校决议案；二、农专、法专、医专改办为江西大学；第一甲种工业学校改为工业专门学校；第二甲种工业学校改办窑业专门学校，迁往景德镇；体专仍照原案。

4月6日 北军第十二师师长周荫人率一混成旅入福州，王永泉让予驻地。

△ 北军第十八混成旅赵荣华部于学忠支队、杨森部李钺生旅占领重庆，但懋辛军退往泸州。

△ 东路讨贼军许崇智部之前锋，回粤途中在大埔、潮州交界之高碑，与尹骥部发生激战。

△ 孙中山发出清理庶狱训令，要求广东地区在三个月内办理完竣。

△ 东三省收回旅大后援会在北京中央公园开成立会，到会者甚众。为避免吉省当局的干涉，吉林各团体则组织国货维持会进行收回旅大之活动。

4月7日 孙中山令闽赣边防督办李烈钧率所收编陈炯明部各军(第一、二、四、五师)移驻闽边，让潮、汕与许崇智军屯扎。10日，李烈钧电孙中山报告彼已率部抵达饶平附近，即向南靖前进，“数载相随，惟知尽忠”。

△ 黎元洪代表丁槐自上海电告北京，迭与孙中山之代表孙洪伊、徐谦等会谈，商讨和平统一中国之办法。

△ 总税务司安格联离京请假回英国，在西报登广告，表示对公债基金仍负责保管，所有假期内事务由总务科税务司包罗暂行代理。

△ 上海对日外交市民大会执行委员会邀本埠各团体、各商帮公所及各公司之代表开会，讨论对日经济绝交计划，通过《对日经济绝交大纲》等议决案。

△ 哈尔滨傅家甸附近松花江之新堤决口，淹毙3000余人，无家可归者数千人，冲毁村庄20余处。

4月8日 黎元洪令准外交总长黄郛辞职，特任顾维钧继署。

△ 驻防青岛之“海筹”、“永绩”、“建康”等舰及“列字”艇，由舰长许建廷率领驶至上海高昌庙，会同驻沪各舰于是日通电宣布赞助联省自治主张，拒孙传芳入闽，公推林建章为海军领袖。浙江卢永祥(11日)、奉天张作霖(13日)、厦门臧致平(14日)先后致电林建章，赞成联

省自治主张。

4 月 9 日 粤警备军军长姚雨平奉孙中山密令，将驻惠阳县城之翁辉腾所部缴械，是日并派队向海丰、汕尾等处进发，以肃清盘踞该地的陈修爵等部逆军。

△ 桂军首领在新街行营召开军事会议，随后赴韶关在沈荣光司令部再开军事会议。北军代表沈锡荣亦出席，催促沈鸿英就广东军务督理职。

△ 桂军将领李易标等致电孙中山，指责广东财政厅长杨西岩擅卖农场、佛寺、旧军署等公产以筹措军政费用，要求即日罢杨职。

△ 上海舰队领袖林建章电孙中山，宣布海军同人“本联省自治主旨，以闽人治闽为联治之先河”，矢志卫国保民，实现和平统一。

△ 孙中山明令褒扬前云南总司令顾品珍、靖国军第二军军长赵又新，均追赠为陆军上将。

4 月 10 日 孙中山令准大本营参谋长蒋介石辞职，特任张开儒为大本营参谋长；派陈独秀、谭平山、马超俊为宣传委员会委员，6 月 1 日该会正式成立，陈独秀任委员长。

△ 侵粤直军 6000 人，由南雄直趋韶关。

△ 直军于学忠、张允明两支队经两日激战，是日攻占四川江北县。次日，张允明支队攻占璧山县。

△ 直军运大批军队赴榆关、热河增防，奉、直形势趋紧。

△ 张作霖致电孙中山谓：报载奉省有图谋复辟之说，深恐引起一般误会，请代为宣布，转饬各报更正。12 日，孙中山复电允为剖白复辟谣诼，冀本爱护共和初衷，进而为解决大局之盛举。

△ 上海徐家汇东亚同文书院学生 40 余人，为争废“二十一条”、收回旅大发表宣言后，竟被该院日人院长谬认为不正当行为，将学生代表四人斥退。是日该校全体中国学生为反对此种无理压迫，决离该校。

△ 江苏徐州各界开对日外交国民大会，到会三万余人，公决电北京政府并分电全国，一致力争收回旅大并取消“二十一条”。会后全体游行。

△ 驻秘鲁使馆代办罗忠诒再电北京政府，谓秘鲁工党煽惑群众并要求秘鲁政府驱逐华侨，没收华侨财产，废止中秘商约，请速谋挽救。

4月上旬 孙中山召集各要员到元帅府开财政会议，讨论筹款办法，杨西岩、邓泽如、孙科等列席。财政厅长杨西岩在会上发言称：省库收入，除省内所辖各机关及香山、顺德、南海、番禺各县略有解缴外，其余各属俱为军队截留，虽三令五申，仍不照向章将税收缴库，而各方追饷又急如星火，几至无法应付。应严令各军司令立将征收机关交回地方长官，勿令盘据。

△ 陕督刘镇华根据吴佩孚电令实行“援川”，由第七师师长吴新田担任总指挥。援川军共三支队：一、由第七师第十四旅长兼陕南镇守使刘宝善率所部经镇巴，直入川属之太平一带；二、由驻广元之陕西第五混成旅王鸿恩，率全部由川北直入成都；三、由驻宝鸡之陕西第四混成旅长罗玉山率全部先集中汉中，亦由广元入川。

△ 天津特派交涉员祝惺元调查存津意大利枪械私运赴奉情形，向外交部报告称：此项意械，于本年1月间由意商达利洋行出面售与日本枪炮商池野。彼时适有奉天派来购械之吴子坚等来津，与池野缔结购械合同，计步枪1.3万支（附枪刺），炸弹800颗，大炮12尊，在津交货。嗣为津领事团所闻，派警拘吴等，吴等闻风先逃，未成事实。池野2月赴奉，与奉张磋商，遂改由日人代运赴奉，由奉方给予保险费2.5万余元。已运奉者，系储津之一部，由渔船运往葫芦岛。

4月11日 粤讨贼军将领刘震寰、周之贞、陈策、朱卓文等电孙中山，北军侵南雄，请速下令讨伐。

△ 胡汉民、孙洪伊、徐谦代表孙中山接见北京政府代表王宠惠、杨天骥，表示北京政府真欲言和，须：一、自行取消闽、粤各令；二、调回孙传芳入闽军队；三、立停川战。如此三项不能办到，说明黎元洪、张绍曾殊无代表北方能力，无可言和。

△ 黎元洪令准将谋杀前海军总长程璧光之凶犯张柏青（张梓樵）判处死刑。

△ 北京参议院开会，讨论不信任张绍曾内阁案，以94票对21票通过。

△ 邓锡侯经田颂尧、刘文辉、唐廷牧、陈国栋、刘眷藩、彭耀远和陈遐龄等推举为“四川联军总指挥”，是日通电就职。

△ 湖南各工团为收回旅大、废止“二十一条”联合发出通电，呼吁全国同胞联合而起，共谋抵抗。如日人不从，则誓与断绝邦交，抵制劣货，务必做到废止“二十一条”，以保障国权而维持东亚和平。

△ 山西太原各界人士三万余人，为力争收回旅大及不承认“二十一条”，在文瀛湖公园举行对日国民外交大会，会后全体游行。

4月12日 孙中山特派廖仲恺为劳军使；任命刘玉山为中央直辖第七军军长兼第二师师长。

△ 黎元洪任命陈蓉光为厦门商埠督办。

△ 北京政府海军部派军学司长李景曦、军法司长郑宝菁南下调查沪海军独立事，于是日抵南京，当即与齐燮元、杜锡珪会商借拨省款发放各舰欠饷，并疏通长江上下游各舰艇勿遽加入沪舰队行动办法。14日，北京阁议通过自5月份起，每月在两淮盐余下，由扬州稽核所划拨40万，专顾舰饷。15日李、郑由宁抵沪调查。

△ 孙传芳率北军抵福州。

△ 武汉召开国民大会，各界五万余人参加，大会议决四项：一、通电全国，组织国民外交委员会；二、对日绝交，其办法为不买日货，不用日币，不供给日本原料，华人不为日本做工，组织对日外交委员会，督促对日绝交之进行；三、用英文通电世界各国政府与国民，请其主张公道；四、用国民大会名义，直接警告日本政府。会后分三大队出发，举行示威大游行。

4月13日 孙中山发布军事调度与编组命令：广东讨贼军第一师师长李济深、中央直辖第四独立旅旅长张振武及现驻新兴第一独立旅旅长余六吉等所部，均归广东讨贼军第四军军长梁鸿楷指挥，并由大本营驻江门办事处全权主任古应芬节制调遣。又令将中央直辖第二、第三两师，改编为中央直辖第七军。

△　冯玉祥为协饷事赴保定后返京，已得曹锟允许该部不调往热河，是日冯宣布愿专保卫京师治安，不加入任何内争。

△　北京国立八校继续向教育部索薪（已积欠五个半月薪水），教育部职员亦开会讨论向彭允彝索薪。

4月14日　黎元洪特派刘恩源兼充整理内外债委员会委员长，赵椿年、文群为副委员长。

△　章太炎在上海联络孙中山、唐继尧、刘成勋、熊克武、赵恒惕、谭延闿、刘显世等人之驻沪代表，发表以孙中山等人署名通电，谴责直系军阀的穷兵黩武政策。旋赵恒惕声称此电未经本人同意；唐继尧亦称并未与孙会衔通电。

△　驻汕头之"肇和"舰舰长盛延祺命令该舰驶往厦门，因水兵要求发清欠饷不服从命令，致起冲突，盛及副舰长、总炮长等人被水兵枪杀。

△　孙传芳在福州督署邀请王永泉、萨镇冰等开善后会议，划分驻兵区。次日，孙传芳、王永泉宣布就福建军务督理和军务帮办职。

△　山东陆军第一混成旅旅长张克瑶于赣边与赣督蔡成勋发生冲突后，是日发出辞职通电，反对北廷之武力统一政策。电称"若谓武力可以致统一，即无异强权可以代公理，藉非至愚，其谁信之"。

△　北京政府财政总长兼盐务署督办刘恩源呈准收回青岛盐业偿价，已商由四国银行垫付。

△　美日在华矛盾加深，是日两国互换文件，宣布取消1917年11月2日所订之《蓝辛——石井协定》。

4月15日　桂军沈鸿英在新街就北京政府所任命之督理广东军务职，公然称叛，并通电迫孙中山离粤。

△　黎元洪通电呼吁"早销兵气，以仁义为感召，以法律为依归"，实现和平统一。

△　张绍曾赴保定参加军官学校毕业典礼，与曹锟商讨时局，并为倒阁风潮向曹求援。

△ 孙中山函复北京学生联合会,告以即将北伐,并勉励学生“极力从事宣传,使北方民众皆晓然于吴佩孚之恶而亟思去之”。

△ 全国银行公会第四届联合会议在汉口华商总会开会,讨论议案10项,其中关于维持公债基金案,议决在内外债未整理实行以前,各在会银行不得单独或联合承募或购买政府发行之新公债,并由各地公会登报公告之。19日,会议结束。

△ 山东鲁大矿业公司在天津开成立会,推选靳云鹏、潘复、王占元、赵兴基(赵尔巽之侄)、柯劭忞五人为董事,吕海寰为监察,并由董事互选靳云鹏为总理,潘复为协理。该公司将接收经营淄川煤矿、场子煤矿和金岭镇铁矿。

△ 《新江苏日报》在南京创刊。

4月16日 沈鸿英称叛兴兵。拂晓,沈军李易标部六七营分三路直扑广州市:一路由白云山向农林试验场滇军总司令部及观音山猛扑,杨希闵率滇军迎战,孙中山并亲赴农林试验场偕杨督队将敌击退。二路扑攻造币厂,为卢师谛击退。三路进攻流花桥为刘震寰部所阻。沈鸿英本人则自任中路,沿粤汉路南犯。沈荣光出英德、四会,直攻三水。西江一带之沈军,亦先后叛变。

△ 孙中山下令褫夺沈鸿英桂军总司令职,并着各将领督饬所部分途兜剿。

△ 孙中山电许崇智,告以沈鸿英叛乱进攻省城,命东路讨贼各军向翁源、英德出击,以断逆贼与江西之联络。

△ 孙中山电驻沪代表胡汉民等嘱严质北廷嗾沈(鸿英)乱粤破坏和平之责任。

△ 黎元洪令准陆军检阅使冯玉祥咨请,追赠滦州起义烈士王金铭、施从云为陆军上将,并由陆军部各从追赠本官,按照阵亡例从优议恤。

△ 上海各华商纱厂发表联合宣言,三个月内各该厂棉纱不解交易所,以实销为主,谋维持市价,免受任意操纵之弊害。

△　全国商联会因华侨遭到秘鲁、巴西、厄瓜多尔、荷兰和海滨俄政府当局的排斥虐待，特派出代表向北京政府外交部恳请迅速分别严重交涉，以资挽救。

△　驻河南胡景翼陕军一营，在长葛与当地红枪会开仗，陕军伤亡甚多。

4月17日　刘震寰军攻克广州市郊沈鸿英军据点瘦狗岭。

△　孙中山任命廖湘芸为虎门要塞司令，派陈兴汉管理粤汉铁路事务。

△　张绍曾之代表王宠惠在沪电北京政府，报告与孙中山驻沪代表胡汉民、孙洪伊、徐谦等接洽情形，谓“中山先生委派和平代表驻沪，原以谋时局之解决，而履行其历次之宣言。唯北方一面标榜和平，一面进行军事，全国舆论，皆难谅解”。要求仿辛亥、民八上海和会为先例，先停止军事行动及敌视之行为。

△　中国国民党党员李希莲上书孙中山，报告在奉天活动情形。李于3月19日赴奉，本月15日返沪。是日报告到奉之结果大概，谓“长江柏烈武（文蔚）方面，黄河刘荣棠方面，山西阎（锡山）方面，陈伯生方面，各方面联络已承允诺而赞许之”。

△　吴佩孚命北军张克瑶一旅，由赣赴粤，助沈鸿英。

△　浙督卢永祥调所部第四师第七旅第十四团全部步兵三营及机关枪二连，炮兵二连，增防衢州。

△　厦门皖军臧致平反对孙传芳督闽，宣告独立。

4月18日　孙中山派军政部长程潜前往三水，指挥左路军队进剿沈鸿英桂军，以朱培德暂行兼代大本营军政部长。

△　东路讨贼军第三军军长李福林追击沈鸿英部桂军至广州郊区龙眼洞，刘震寰军收复小坪。沈军攻势顿挫。

△　臧致平电李烈钧，欢迎李率部驻闽南，协御孙传芳。

△　福州市民因王永泉部军队出发拉夫，全城罢市。

△　陆军检阅使冯玉祥部五旅长往谒黎元洪，请任薛笃弼为崇文

门关税监督，黎因崇文门税收关系总统府经费，拒允所请。次日，薛笃弼辞司法部次长，以为要挟。

△　驻皖之新安武军 40 营裁竣。是日，黎元洪颁令嘉奖马联甲、吕调元、李玉麟、殷恭先等人。按：新安武军原为张勋定武军之一部，复辟失败后改为新安武军，归属倪嗣冲，至是全裁。

4 月 19 日　滇桂粤讨贼联军击败广州之沈鸿英军，占领白云山、石井兵工厂等要隘，沈军败退广东新街。

△　孙中山在广州大元帅府召开军事会议，杨希闵、刘震寰、朱培德、李福林、卢师谛等将领参加，议定进剿沈鸿英叛军计划。

△　孙中山电上海议和代表，指示北方如犹言和，必先罢免吴佩孚，否则和议立可停止，免堕术中。

△　广州大本营中央直辖军陈天太部与沈军张希栻部在肇庆冲突，陈部得滇军助力于 22 日占领肇庆。23 日，陈部一个团叛变，与沈军勾结逐陈，肇庆再为沈军所占。25 日，孙中山派陈策、周之贞率部以全力争该地，复占肇庆。旋以梧州东下之沈军后援开到，肇庆再陷沈军之手。

△　孙中山任命陈同赀为钦防司令；朱和中为广东兵工厂厂长。

△　黎元洪派陈绍唐帮办接收威海卫事宜。

△　张作霖在奉召开军事会议，决定俟孙中山在粤得手后再定方略，暂先固防。

△　刘显世在贵阳自任贵州省长，通电宣布 18 日由滇抵黔，21 日就职视事。被逐之袁祖铭亦于 23 日通电宣称“决于铜仁设立省长行署，遥领大权，指挥一切”。

△　杭州各界公决对日经济绝交，停进日货。因闻商号中有私运日货情事，是日发出第二次传单，重申警告，请一致坚持。

△　江西南昌各校学生及各界人士三万多人，为否认“二十一条”及收回旅大，举行对日外交后援游行警告大会，以期唤醒同胞，与全国国民一致共图经济绝交，以为政府后盾。

4月20日 孙中山下令褫夺附逆军官李易标、沈荣光本职，令曰："沈逆鸿英称兵作乱，业经明令讨伐。……所有附逆军官李易标、沈荣光等甘心从乱，扰害地方，均属罪无可逭。中央直辖第五军军长李易标、第六军军长沈荣光，着即褫夺本职，并着各军长官饬令前敌将士将沈鸿英、李易标、沈荣光悬赏购拿，务获惩办，以申国法而快人心。"

△ 讨贼滇军克复广东新街。同日，胡思舜部攻占三水县北境之芦苞。

△ 孙中山特任罗翼群为大本营兵站总监。

△ 蒋介石抵广州，随孙中山参佐军务。

△ 黎元洪明令任命陈炯明旧部：特派洪兆麟为汕头防务督办，叶举为惠威将军；任命钟鼎基为将军府将军，尹骥为广东陆军第五师师长，李云复为广东陆军第六师师长，赖世璜为广东陆军第七师师长，苏世安为广东陆军第八师师长，杨坤如为广东陆军第九师师长，翁式亮为广东陆军第十师师长。次日，又任命陆宗宇为广东陆军第四师师长。

△ 北京学界为收回旅大、废除"二十一条"，举行游行，演讲排货。次日开始检查日货，见有陈列日货之商店，则劝其即日停止出售，陈述旅大问题之原委及对日经济绝交之必要。学生态度恳挚，商人多为所动。

4月21日 陈炯明军林虎所部向广东五华、紫金猛进，次日抵五华，为许崇智部讨贼军所阻。

△ 陕西对日外交国民大会为收回旅大、废除"二十一条"，在西安莲花池大体育场开会，法专等50余处学生七八千人与会。大会决定：一、通电政府合全国一致力争；二、电达日本政府与国民；三、电达各协约国。会后由各法团、各学校外交后援会分途演讲，听众约10万人。

4月22日 孙中山在广州接见报界记者，介绍进剿沈鸿英叛军情况。谓连日战斗白云山一役最烈，我军伤亡1000人，沈军伤亡2000余，被俘千余。我军已占肇庆、英德，当乘胜攻韶(关)。

△ 黎元洪任命胡翊儒为山东陆军第七混成旅旅长。

4 月 23 日　北京众议院开议参议院咨送之不信任张绍曾内阁案，决交全院委员会审查。25 日，众议院全院委员会以 222 票对 95 票将此案否决。

△　孙中山任命陈可钰为广东宪兵司令。

△　张绍曾代表王宠惠、杨天骥由沪抵粤，往谒孙中山，并致送张绍曾敦请孙中山北上之书信。

△　东三省省议会联合会发出通电，痛斥军阀武力统一之迷梦，倡议弭兵息争。

△　北京政府教育部批准中等学校学生在学时期限制结婚案。

△　锦州本关外双岔山军械库焚毁，损失子弹 5.5 万发，步枪 2300 支，毛瑟枪 11 支，炮弹 400 发，军服及其他军用品若干。

4 月 24 日　孙中山派宋子文为中央银行筹备员。

4 月 25 日　沈鸿英桂军得南雄调来北军数千之助，利用地势使用火车头数辆配备机枪向北路联军冲锋，联军退至新街附近。次日，联军改变战法，击退北军，仍追击沈军至银盏坳。连日来两军在银盏坳、军田之间相持。

△　粤讨贼联军攻克广东清远，旋失。30 日，联军再克清远，桂军沈荣光部败退。

△　驻汕头之“肇和”、“永丰”、“楚豫”、“肇平”四舰长官田士捷等通电响应沪海军。同日，温树德派“海圻”、“海琛”两舰驶往汕头，监视驻汕四舰，防其他往。

△　上海邮差 400 人同盟罢工，要求增加工资减少工时并废除储金制度。后邮政司与罢工邮差代表商讨，答允所提条件，罢工结束。

4 月 26 日　孙中山亲赴广东北路前线督师。

△　杨森电告鄂省当局称，刘成勋、但懋辛联合滇、黔力图反攻，滇军唐继虞率胡汝骥、吴学显 1.5 万人，由赤水进驻纳溪；刘显潜、吴心传各军亦向秀山进发，请迅拨子弹 30 万发，以资防堵。

△　冯玉祥、王怀庆、薛之珩、聂宪藩、车庆云、马龙标等北京军警

将领，会同旅团长、处长、科长等百余人前往国务院索薪，向张绍曾、刘恩源面陈军警界窘迫状况，要求立即筹拨一个月经费143万元，当场勒令财长刘恩源出立笔据，限下月3日、5日、7日分三期分发。同日，北京政府陆军部、教育部、总统府等机关代表，亦纷纷到财政部索薪。

△ 北京国务院会议，承认日本正金银行所持有之俄发债券。

△ 陕西省议会开紧急会议，向省政府严重质问，反对直军第二十师阎治堂部借开拔之名强向商会派索开拔费20万，并拉民车转运麦米出关。

4月27日 据《申报》报道：自我国对日经济绝交后，侨日华工被驱逐回国者，总计不下500余名，日昨“长崎丸”抵沪，又有21名华工被驱回国。

4月28日 孙中山复函李烈钧，望所部早日图赣，以断沈鸿英逆军之去路。

△ 黎元洪派邓萃英、秦汾、李建勋、谢冰为出席万国教育会代表。

△ 四川省军但懋辛部由合川、永川、铜梁根据地向重庆之杨森军反攻，川战重开。杨军、北军除分路防御外，并约成都之联军右翼向但军后方夹击。

△ 岑春煊复电沈鸿英，为沈叛攻广州出谋划策，并向沈自荐其子岑德广任粤造币厂长。

4月29日 曹锟通电否认对奉备战。次日，张作霖通电响应，解释奉直并未备战。榆关、热河一带形势骤然和缓。

4月30日 粤桂滇讨贼联军攻克源潭，沈鸿英败退。吴佩孚令北军方本仁部从赣南增援沈鸿英。

△ 黎元洪特派杨坤如兼惠州清乡督办。

△ 吴佩孚因张克瑶旅援粤停滞赣边不进，现又加派岳兆麟为援粤军后路总指挥。

4月下旬 甘军陇南镇守使孔繁锦所部援川军进占四川平武。

是月 中华教育改进社统计报告本年度(1922—1923)全国小学生

数为660.1802万人，中等学生数为18.2804万人，专门以上学生数为3.4880万人，共计681.9486万人。

5 月

5月1日 广东讨贼联军占领军田、银盏坳。

△ 广东省长徐绍桢电北京众议院议员陈家鼎，说明西南局势，并告以沈鸿英称兵谋叛，已被完全击退。

△ 福建王永泉部与粤军孙本戎等部在莆田交战，王军败退，次日粤军入莆田。

△ 唐继尧所部滇军分由泸州、纳溪出动，助熊克武、但懋辛。

△ 黎元洪公布《修正国会组织法》第二十一条第二项，其修正条文如下："前项会合时以参议院议长为议长，众议院议长为副议长，正副议长均有事故时，以两院副议长临时代理。非两院有总议员五分三以上之出席，不得开议；非出席议员三分二以上之同意，不得议决。但关于议宪程序，以两院议员总数过半数之出席开议，出席议员过半数之同意议决。"

△ 北京政府代理外交部长沈瑞麟因使、领馆经费久无着落，提出辞呈，以去就力争使领馆经费。

△ 济南社会主义青年团召集各职业工人500余人开会纪念五一节，并发出传单号召工人、学生"快快起来，振刷精神，联合被压迫人民"，"打倒军阀、打倒国际帝国主义，为自由而战，为解放被压迫人民而战"。

△ 上海各工团在北四川路青年会操场开纪念"五一"大会，陈炳生主席报告五一节历史及纪念宗旨；陈国栋报告上海工团现状；杨德甫报告吴佩孚、萧耀南惨杀京汉路工人情形；朱耀臣报告上年沪地罢工历史。

△ 北京各团体联合会在天安门召开国际五一劳动节纪念大会，

到 40 余团体，30 余学校，约五六千人。会议议决六事：一、农工集会结社自由；二、打倒军阀吴、曹、萧；三、释放京汉路罢工被捕人员；四、恢复铁路及各业工会；五、废止《治安警察条例》及罢工刑律；六、实行八小时工作制。

△ 湖南安源工人二万多人集会纪念五一劳动节及庆祝安源工人俱乐部成立一周年，湖北、株洲、醴陵等地工团代表及学生参加。首由俱乐部主任刘少奇报告开会宗旨，次由大会总指挥陆沉整队出发游行。

△ 中国国民党东京支部为宣传“三民主义”、“五权宪法”，发挥海外国民党精神起见，发行《三五》季刊，是日创刊。

△ 上海百老汇路商界联合会以北京政府拟借外债四亿元，供政客军阀之挥霍，助长内乱，残杀同胞，特通电反对。12 日，国会议员刘荣棠、王用宾等数十人致函外交团，反对北京政府向外国秘密借款。

△ 浙江教育厅拟订施行新学制标准及规定事项，经呈报教育部准予试办。其大概为：各县自十二年度起，至少筹设一所幼稚园，原设蒙养园改办幼稚园。原设国民学校一律改为初级小学，高等小学国民高小之学校改办完全小学或初级小学。凡省立之普通中学、初级师范、甲种实业，将其全部或一部分别改组。

△ 华侨创办之中国邮船公司上海分公司，以行驶太平洋旧金山至中国班营业不佳，亏本 300 万元，是日停业。

△ 北京政府将驻苏联赤塔、黑河、伯力、海参崴、双城子、庙街等领事一律改称代表。

△ 越飞在日本致电孙中山，转告苏联政府对越飞、孙文在上海讨论长期计划之答复，苏联准备援助 200 万金卢布及帮助建立内部军校。

△ 驻京日本公使照会北京政府外交部，日政府提取庚子赔款一部分，充中国留学生费。19 日，北京政府议决将日退庚子赔款部分，定为部派及特约官费生留学费，有余再量助他校官费生。

5 月 2 日 粤北路讨贼滇军进占源潭。

△ 孙中山令刘震寰、刘玉山、陈天太等部讨贼桂军集中石龙，巩

固东江下游，以防陈炯明部之蠢动。

△　孙中山任命陈天太为中央直辖第七军第三师师长。

△　四川杨森部及北军攻占但懋辛军根据地合川、铜梁。

5 月 3 日　粤北路讨贼联军攻占琶江口，是日孙中山亲赴前线劳军。

△　孙中山以此次对沈鸿英桂军作战，北江一带民团亦能乘胜出奇，协同兜剿，特令省长徐绍桢详查，所有得力民团立功较著者，一律传令慰劳，并呈报战绩，以凭核办。

△　孙中山派汪精卫赴奉报聘，是日致函张作霖盼助饷需，共讨曹吴。函称："尊见以协和（李烈钧）回赣，组安（谭延闿）回湘，乃与鄙意不谋而同。所以迟迟，徒以财政过绌，不能因应咸宜。……如公处此时能助此额，协、组皆可立发。"

△　张绍曾、李根源在北京国务会议上主张下令讨伐孙中山并备就令文送总统府，黎元洪拒绝盖印。

△　黎元洪公布《商标法》，凡 44 条。

△　依附曹锟之参议员张端主张咨请众议院迅速共同组织大总统选举会，选举大总统、副总统，以撑持时局，挽救国家。

△　陇社在兰州开成立大会，举杨思、张维为正副社长，水梓为评议长。

△　阿富汗代表帕拉他扑到北京，与外交部商议中阿恢复历史上关系。

5 月 4 日　北京学生联合会在女高师开会纪念"五四"，各校学生 2000 余人到会，会上强调应继承"五四"精神，作政治运动。提出：对内打倒军阀，裁兵，否认现政府，否认现国会，拥护人权和教育独立；对外则应起来作国民的自动外交。会后，分为两队，一队去教育部，一队去彭允彝宅示威，"驱逐彭允彝"。

△　湖北省议会开会，将省财政厅所颁赋税折价加征办法予以否决。咨文指出：此办法"实属贻害商民，应请贵署严令克日取销，照旧征

收,免滋苛扰”。

△ 驻京英国公使麻克类、法国公使傅乐猷、美国公使舒尔曼、日本代办吉田伊三郎访张绍曾,对直奉再战提出警告,并催结到期外债。

5月5日 孙中山命令裁撤广东之四邑两阳香顺八属绥靖处,是日将处长周之贞免职,改任中央直辖广东讨贼军第二师师长。

△ 粤东线陈军杨坤如部开向石龙附近,刘震寰令所部第二师严兆丰回防石龙。

△ 粤北路讨贼滇军第二混成旅胡思舜部克复黎洞、连江口,沈鸿英与北军向英德溃退。

△ 黎元洪令免海军练习舰队司令杨敬修本职,任命杨树庄继署。

△ 黎元洪公布《整理内外债委员会章程》,凡12条。

△ 北京政府农商部公布《矿业保安规则》,凡13章58条。该规则自公布后三个月施行。

△ 青岛市面辅币充斥,价格日落,商民受亏,影响甚大,是日胶澳商埠督办熊炳琦电请北京财政部转饬造币厂勿滥发辅币,以维持青岛金融。

△ 济南马克思学说研究会在省教育会举行马克思诞辰105周年纪念大会,王尽美等400多人参加。会议指出“欲改造社会为人类谋幸福,非马克思主义莫属”。

△ 新南社发表《发起宣言》和《组织大纲》,内称:“南社在民元以前惟一使命是提倡民族气节,因为要提倡民族气节,不知不觉形成了中国文字的交换机关。新南社是脱化文字交换而蕲求进步到‘国学整理’和‘思想介绍’的。”该社的宗旨为:一、整理国学;二、引纳新潮;三、提倡人类的气节;四、发挥民族的精神。该社定于10月10日成立。

△ 张家口美侨克门案,照美公使舒尔曼所提条件办理,察哈尔都统张锡元亲到美使馆道歉,大体了结。

△ 驻山西五台晋军第三混成旅第六团官兵,因不满阎锡山的残酷统治起事,杀死警佐县吏10余人,并将数千无辜囚民释出后将狱舍

焚毁,起事官兵与龙泉关驻军会合后逸出。

5月6日 晨2时50分,津浦路北上特别快车在距山东峄县(今枣庄市峄城区)临城站(今枣庄西)十公里离沙沟四公里之处,被巨匪孙美瑶部千余人毁轨劫车,乘客二百数十人被掳往匪巢抱犊崮,其中有外国乘客男女26人,英国人罗斯门被击毙。是为“临城劫车案”。

△ 粤北线杨希闵率讨贼联军攻占英德,沈鸿英军向北溃退。

△ 程潜下令粤西江讨贼军总攻肇庆。同日,孙中山赴三水县慰问伤兵。

△ 省宪同志会在北京开成立大会,到会员230余人,汤漪主席并报告宗旨,顾维钧等发表演说,大会通过宣言及简章,推定丁佛言、林长民、李肇甫、骆继汉、汤漪、吕复、吴宗慈、褚辅成、马骧、雷殷等为书记及会计员。

△ 北京国立法政专门学校改为北京法政大学。该校分政治、经济、法律、商业四科,并设有预科和研究院。

△ 据《申报》披露:云南全省种植鸦片之地,约占全省农田之20%,其烟土之产值约占农产总值40%。省官厅对种植者以缴纳罚金为名,实则与征收烟税无异,烟农恃为护符,产额年盛一年。

5月7日 孙中山改组大本营及广东省政府,免去内政部长谭延闿、建设部长兼财政部长邓泽如、广东省长徐绍桢本职;特任徐绍桢为大本营内政部长,叶恭绰为财政部长,谭延闿为建设部长,廖仲恺为广东省长,邓泽如为两广盐运使。

△ 陈炯明系林虎部,趁讨贼军正全力与沈鸿英桂军作战之际,是日向梅县讨贼军许崇智部进攻。

△ 黎元洪令免吕均国务院秘书长职,任命薛笃弼暂行兼代;又令派胡惟德、刘式训、刘镜人为外交委员会副委员长。

△ 北京政府农商部公布《修正公司注册规则施行细则》,凡37条。

△ 北京各界在天安门召集对日经济绝交国民大会,三万余人参

加。大会通过之决议案有：一、根本否认“二十一条”；二、据理收回旅大；三、通电全国自本日起与日本经济绝交；四、警告日本国民，促日政府还我旅大，以维两国邦交；五、请各国公使主张正义等。会后分四队游行，冯玉祥所部军队 1.5 万人亦参加。

△ 南昌各界五万人集会，纪念“五七”国耻日，会后举行游行。同日，常德商民全行业罢市，宣言不卖日本货；安庆全城商店一律闭市，加入游行者达万余人，并开始检查日货。

△ 留日学生在东京集会纪念国耻日，主张即时抵制日货，旋全体整队赴驻日使馆，强迫廖恩焘代办即日辞职，并宣称：“三月二十日我国学生举行收回旅大运动，当时日警逮捕学生，并有受伤者数人，使署何故不严重抗议，实属有忝厥职，此种无用之外交官，即应逐回本国以减国家之耻辱。”廖氏被迫当日缮就辞职电稿，即晚拍发，北京政府外交部于 9 日电廖先行归国，再筹办法。

△ 上海工商新闻社发行之《工商新闻》创刊。该刊以研究广告学术及鼓吹工商业为宗旨。

5 月 8 日 孙中山任命伍朝枢为外交部长，同日派吕超为代表赴四川，调解川军内讧，劝一致对付北洋军阀。

△ 袁祖铭奉吴佩孚命，率黔军由綦江入黔牵制援川滇军；杨森部与北军于是日占隆昌，次日占泸州，滇军退富顺。

△ 黎元洪以临城劫车案发生，下令将“山东督军田中玉、省长熊炳琦着交陆军内务两部议处，所有肇事地点文武官吏，均即先行撤任听候查办，并责成该督军省长迅将被掳人等先行设法救回，务令安全出险”。

△ 张绍曾总理因倒阁风潮辞职，经黎元洪慰留。10 日，张绍曾在私宅开非正式国务会议，讨论临城劫车案、军警饷项案及财政总长刘恩源辞职案。

△ 北京政府农商部公布《商标法施行细则》，凡 37 条。

△ 苏州城内各肉铺以县署不允免去屠宰税带征教育经费，举行罢市。

5 月 9 日 粤北线讨贼滇军占领韶关,沈鸿英率残部退始兴。

△ 陈炯明旧部在粤东江复叛,陈修爵进占龙门,图袭增城;杨坤如攻石龙。叶举、洪兆麟于次日到惠州,成立陈系粤军总指挥部,通电攻击孙中山借政府名义“卖产骗财”,并率部进扰增城、石龙。

△ 唐绍仪由香山抵广州,谒孙中山后赴港。唐主张孙中山与黎元洪会晤。

△ 北京政府财政总长刘恩源因无法筹得军政各费,辞职避往天津。

△ 北京政府以比、意、美、日、西、法、英、荷八国要求以金币付还庚子赔款,咨众议院请求公决。

△ 北京政府外交部照会驻京日使,禁止日本人与华人在西沙岛合办垦务。

△ 北京、天津、武汉、广州、上海、南京、长沙、南昌、济南、杭州、福州、兰州、安庆、芜湖、南通、镇江、扬州、松江、苏州、无锡、常州、嘉兴、湖州、温州、金华等地举行集会游行,纪念“五九”国耻,一致要求废除“二十一条”,收回旅大,实行对日经济绝交。

△ 英、美、法、意、比五国公使于是日发表声明,限北京政府于三日内全数救出临城被掳外侨,逾限依时要求赔偿。北京政府派沈瑞麟分访各国驻京公使,说明政府处理此案方针。

5 月 10 日 孙中山因陈炯明旧部在粤东江复叛,派蒋介石赴东江视察,调北路滇军增防东江,命李福林率部赴仙村、横朗布防。

△ 孙中山以前东路讨贼军第一军军长黄大伟受北廷嗾使与陈炯明勾结,运动军队,希图扰乱治安,破坏大局,下令予以通缉。

△ 新疆省长杨增新为“造就吏材,以裨治理”,呈报设立“缠文缠语研究所”。是日黎元洪指令内务、陆军、教育三部查核办理。

△ 上海茶商团体接获祁门茶商来函,反对江西当局征收过境茶税(每引六元),并请上海茶商一致反对。

5 月 11 日 粤东路讨贼军占领增城之联和(墟)、福田(墟),次日占领龙华(墟)、龙溪(墟)。

△ 与沈鸿英桂军相勾结之李耀汉部由广东阳江进占开平、恩平、新兴各属,并遣徐东海部进窥江门,以牵制攻肇庆之讨贼联军。

△ 中国国民党中央干部会议讨论对临城劫车案应取之态度,决定对内重责北京政府与军阀,对外表示歉忱。

△ 全国商会联合会推派代表江经沅等四人前往临城劫车匪巢,商释放中外被掳之人。

△ 黎元洪令裁撤蒙疆善后委员会;特派冯玉祥为西北边防督办。

5月12日 粤东线陈炯明军攻占大埔三河坝,许崇智部讨贼军退往高陂。同日,叶举率熊略、杨坤如、练演雄各部分三路犯石龙,图由此进窥广州。

△ 四川熊克武、但懋辛所统之第三军攻占成都,邓锡侯退新繁,陈遐龄退雅安。

△ 黎元洪令免刘恩源财政总长职,特任张英华继署。

△ 北京政府农商部公布《矿工待遇规则》及《农作物病虫害防除规则》。

△ 山东督军田中玉自枣庄电北京政府,报告临城劫车案同匪方接洽情形。略谓匪方昨提条件,"非先解豹子谷之围,不开谈判,并不愿与官厅人员接洽,须由外人或地方绅士居间,方足以资保证"。

△ 招商局"泰顺"轮在由香港驶沪途中,经汕头附近花灯柱海域,被匪扮乘客伙劫。

5月13日 粤东线讨贼军刘震寰所部攻占博罗,旋陈军翁式亮部赴援反扑,博罗复陷。

△ 北京政府代表交通总长吴毓麟、山东督军田中玉偕美国人安特生(曹锟私人代表)、交涉员温世珍(齐燮元代表)在枣庄和临城劫车案匪方孙美瑶、郭其才正式见面,进行官匪谈判赎放外侨及改编匪军为官军问题。议决官兵后撤30里,解除抱犊崮之围后,匪方即释放被劫外侨。政府方面并应允收编匪兵为官军。

△ 山东省长熊炳琦为临城劫车案电北京政府，据吴旅长（长植）报告，彼奉郑士琦帮办谕，准匪方所求，于覃（13）日午前10时，吴旅王团及峄县保卫团，撤至马厂峨山口待命。

△ 上海各路商界联合会报告：据确实调查，现时中国实欠国内及各国外债总额为26.6亿元，其中清政府覆灭前实欠为10.218亿，余则为民国以来所借。

△ 山东武城东司庙庙会，突来土匪五六百人包围会场，绑架“肉票”二百六七十人而去。

5月14日 孙中山特派魏邦平为西江讨贼军总指挥；特派周震鳞为大本营劳军使兼督率中央直辖第一第二两师事宜，任命尹骥为中央直辖第一、第二两师指挥。

△ 吴佩孚所遣“援粤”豫军，因鄂商会拒绝筹款哗变，抢劫汉口刘家庙，商民损失颇重。

5月15日 粤东线陈炯明军黄大伟、钟景棠部占揭阳；林虎部攻占梅县。

△ 周震鳞奉孙中山之命赴厦门，与张作霖、段祺瑞、卢永祥及驻闽各军代表会议。

△ 四川熊克武、但懋辛所部省军攻克德阳；16日克复中江，17日再克三台。

△ 山东宫家口黄河坝工完竣，放水入引河。

5月16日 粤西江讨贼军总指挥魏邦平抵广利，召集军官会议，下令撤肇庆西门之围，致书沈军旅长张希栻，限两日内退出。

△ 讨贼桂军刘震寰部黎明鉴师为陈军练演雄所败，由粤宝安退深圳广九路一带。

△ 黎元洪任命李根沄为广东陆军第三混成旅旅长，关澄芳为广东陆军第四混成旅旅长。

△ 北京政府农商部商标局成立。

△ 北京众议院全院委员会通过对张绍曾内阁不信任案。

△ 绥远都统马福祥电京称：察绥陕联防办法，兹已商订条件，在绥远签字。

5月17日 北路讨贼军攻克粤西北连县，桂军沈荣光残部退往广西边境。

△ 北京政府撤退临城剿匪军队，解除抱犊崮之围，而匪方因内部意见不一幡然变卦，拒不交出被掳外侨，并向田中玉提出五项条件：一、第二十旅撤回济宁，第六旅回原防；二、滕、峄两县绅耆担保事后不背盟杀降；三、指定东凫岛为双方会议地点；四、匪众编成两旅；五、邹县上村等五处，改编后许其自由行动。

5月18日 粤讨贼联军经12天围攻，于是日攻入肇庆，沈军旅长张希栻率残部退梧州。

△ 近期以来北京政府财政部滥发印花税票抵塞军政各费，据是日之调查，总计印花拨作抵押品，前后约达3200万元之巨。

5月19日 孙中山电调邓演达部到广州担任大本营卫队。

△ 沈鸿英电曹锟、吴佩孚报告军情，准备即行反攻，并乞加拨饷械。

△ 上海总商会接获棉兰中华总商会、爪哇梭罗中华总商会及黑河商会来电，要求收回旅大、撤废“二十一条”，“务乞力争，愿为后盾”。

△ 日本驻京代办饬驻沪日总领事设法向各国领事及中国官厅，要求严厉取缔排日运动及抵制日货等，并要求将宣传排日运动之公私团体一律发封。

5月20日 孙中山将广东西江、北江两路军队调集石龙，并任命程潜为东江讨贼军总指挥。是日，东线讨贼联军再克博罗。同日，西江讨贼军克悦城、禄步。

△ 孙中山令中央直辖滇军总司令杨希闵严行禁止各师旅部自行处决人犯，所获奸细务令解至总司令部办理；各处之无兵而犹称某某司令等名目以招摇舞弊者，着该总司令严行拿办。

△ 川省军第一军之喻培棣、张冲、余际唐等部攻占绵阳。邓锡

侯、陈国栋及刘存厚部向保宁、昭化、广元退却;杨森部及北军则由东路推进,占安岳、遂宁、资中。

5月21日 孙中山令大理院兼司法行政事务赵士北呈报减刑办法,称"此次申令清理庶狱,重在平反冤狱,省释无辜。凡在疑狱,从宽免刑,轻罪可原,迅予开释。至于减刑一节,除真正命、盗要案外,宜详加审查,视其情罪之轻重,与在监执行刑罚之久暂,分别等差,呈请减免"。

△ 附曹(锟)议员连日来谋划去黎拥曹,先后提案者20余起。黎元洪自知不可久留,遂于是日致函国会两院,谓两度咨请辞职,未承开议,补任期间亦未解释,深望转告同人,查明总统选举法,准备选举。

△ 黎元洪令裁撤建安护军使和泉永镇守使,任命王永泉兼兴泉永护军使,周荫人为闽北护军使。

△ 北京参议院通过《国际邮政公约》。

△ 汉口商界举行对日大游行,130余帮五万余人参加,要求收回旅大,否认"二十一条",对日经济绝交和抵制日货。31日,武汉航业界举行水面对日大游行;同日,武昌商界80余帮四万余人举行对日大游行。

△ 安徽全省学生联合总会通电揭露皖省私种鸦片,流毒民生。皖省以阜阳、涡阳、蒙城、合肥、霍邱、亳县种植最多。马联甲、刘朝望、吕调元等朋营奸利,借查勘烟苗为名,派员按亩收税,每亩四至六元不等,总额约近200万元。

△ 第六届远东运动会在日本大阪举行,26日结束。中国、日本和菲律宾三国运动员参加,中国运动员余怀安跳高破远东纪录,足球比赛中国获第一名。

△ 驻江西临川李家渡镇之河南陆军第一师辎重营营部及第四连士兵哗变,径赴各街大肆抢劫,复纵火。被抢被焚毁商店计34家,损失甚大。

5月22日 粤西江讨贼军吕春荣部获陈策江防舰队之助,克德庆,沈鸿英桂军逃往都城(今郁南)。

△ 粤北路讨贼滇军在曲江大桥一带与北军接战,北军败退周田。

△ 孙中山下令褫夺代理警备军军长及第一师师长杨坤如本兼各职,悬赏购拿,务获惩办。

△ 山东督军田中玉至北京列席国务院会议,报告临城官匪交涉情形,并力主剿办。

△ 直隶召集中学会议,议决省教育厅所提施行新学制标准案,所属中小学均自本年起施行。

5月23日 粤西路讨贼军进占封川江口,沈鸿英桂军退往梧州。25日,孙中山电魏邦平等指示战略:西江余孽即可肃清,为顾念广西百姓疾苦,避免两粤兴兵,应于粤边暂取守势,以待从逆者之觉悟。

△ 孙中山密电许崇智,令其固守潮汕,并转电海军将士与许协同一致,毋使洪兆麟得逞。

△ 蒋介石抵广东博罗,会同刘震寰等,议决作战计划。

△ 四川省军各将领连日在成都凤公祠会议,决定一面逼刘文辉离省,一面出师东征。是日各将领联名通电,声讨吴佩孚嗾使杨森祸川。同日,刘文辉通电解除所任成都卫戍司令职务,回叙府(今宜宾)防次。

△ 北京政府外交部照复外交团,棉花出口禁令7月1日解除。

△ 京沪航空线京津一段通航。

5月24日 粤东线讨贼军攻克深圳,乘胜追至淡水(墟),陈炯明部退惠州。

△ 国民党为临城劫车事件电北京外交团,谓此案全在不裁兵不统一之故,希望撤销对北京政府的承认,并予中国人民以另行建设全国公认政府之机会。

△ 黎元洪任命张廷谔为国务院秘书长。

△ 香港国民银行沪行开幕。该行是先施、永安等大公司合资组织,向香港当局注册,资本200万元,专营银行一切业务。

5月25日 骚扰广东新会、开平一带之陈炯明军李耀汉部，经讨贼军水陆各军兜剿，于24日纷向宅梧退却。是日，孙中山电江门大本营办事处刘纪文传令嘉奖有功将士，以策有功。

△ 李烈钧所收编的陈炯明军尹骥等四个师由闽南倒戈回粤；是日，林虎率队攻占潮州，次日占领汕头，许崇智率部退向揭阳。东江战事逆转。

5月26日 福建闽清、永泰民军首领黄炳武与北军孙传芳、王永泉军交火，起初黄部颇占优势，后北军以炮火压制，黄部被迫退却。

△ 北京政府署财政总长张英华于是日通电申述当前财政之窘困情况，并说明其财政方针为"以舆论为方针，以公开为主旨，以酌剂平均为定则，以维持国信为本图"。

△ 中华职业教育社于上海开第六次年会，同时全国职业学校联合会举行第二次年会，议决建议以各国退还庚子赔款酌拨为职业教育经费等案。

5月27日 黎元洪商税务处会办蔡廷幹，向代理税务司包罗指借沪海关建筑费120万两，分四个月拨交，每月以17万元充制宪经费，以13万元充使领经费。

△ 安徽督理马联甲、省长吕调元电北京国务院，截留凤阳、芜湖两关及烟酒印花等税，以弥补皖省代中央垫饷400余万之需。

△ 山东临城劫匪本月17日未按协议，于官兵撤除抱犊崮之围后交出被掳外侨，官匪交涉因之宣告决裂。21日，官军再度包围抱犊崮山区，严密封锁。劫匪见事态严重，乃于25日央请被掳之美侨鲍威尔下山向郑士琦要求重开和议，但双方条件不洽作罢。是日，官方派侦察机两架飞往抱犊崮侦察，劫匪们震惊之余，再度央请鲍威尔下山，磋商和议。

5月28日 粤东线讨贼军分三路攻惠州，陈炯明军退入城内，讨贼军占飞鹅岭。陈炯明命熊略、练演雄分兵抄出后方，袭陷博罗，进窥石龙，广州震动。

△　北京政府航空署所属之航空教练所改为航空学校。

△　上海吴淞同济医工专门学校改称同济大学。

△　厦门集美大学学生反对校长叶渊，全体离校。

5月29日　孙中山任命林云陔为中央银行行长。

△　孙中山电麦造舟、赵泮生，嘱向加拿大政府抗争所公布之新移民条例；委任刘芦隐为中国国民党加拿大总支部总干事。

△　黎元洪令准山东陆军第一混成旅旅长张克瑶辞职，任命雷长禄继署。

△　直方代表王承斌、陆锦，奉方代表孙烈臣、于冲汉及张绍曾派出之调人李际春，在榆关举行初步会晤。是日会议，双方仅谈及防守问题、恢复奉张地位及担任军饷各事。

△　北京政府年来财政艰窘至甚，军政各费均无法支应，署财政总长张英华为救眉急，提出发行民国十二年公债案于国务院会议，经阁议议决，是日咨众议院请求同意。同日，该部通过发行“法统恢复纪念”印花700万元，以应付端午节前应发之薪饷。

5月30日　孙中山抵东莞石龙，在车站设行营，当晚召集军事会议，决定亲率部队进攻博罗。

△　黎元洪特派李济臣帮办河南军务善后事宜。

△　东方商业银行上海分行开幕，该行系华侨所创办。

5月31日　广州海军舰队司令温树德谋叛，孙中山将温免职，并改委各舰长，舰队暂由孙中山直接管辖。

△　北京国务院会议，承认爱沙尼亚和拉脱维亚两共和国。

△　北京医学专门学校经教育部呈报批准改组为大学，以严智钟为校长，在大学组织未完备前，即以严智钟为医学专门学校校长。6月3日，北医教职员以彭允彝此举实系借以摧残医校，向府院呈请收回成命，并推代表八人向严智钟提出忠告，劝勿为彭允彝所愚。

5月下旬　张作霖拒绝康有为赴奉讲学，斥康系“复辟罪犯，久稽刑戮，来此何为”。康于2月中旬赴洛阳，向吴佩孚游说。5月抵津，与靳云鹏、严修、潘复等酬酢。康“主统一，斥联治”，认为和平统一诚好，如不能，武力统一亦可，否则强藩割据，财源耗竭，共管之说将现目前。

△ 驻防陕西华县赤水镇之陆军第二十师阎治堂部第四十团焦营士兵两连，突于夜间哗变，将赤水镇大小商店百余家，抢掠殆遍，并绑架“商票”10 余人。

6 月

6 月 1 日 孙中山赴东江前敌督师，出巡期间派胡汉民代行大元帅职权。同日，孙急调朱培德部主力前往东江增援。

△ 许崇智军在广东揭阳为陈炯明军所败，退往梅县。次日，陈军叶举部攻占兴宁、五华，许军退老隆(今龙川县)。

△ 陈炯明系邓本殷部在海南岛海口五公祠“誓师”称兵，计有军队六营。

△ 长沙市民和学生在市内小西门外河街，为收回旅大及废除“二十一条”游行演讲，适日轮“金陵丸”由湘潭到埠，日兵与学生发生口角，日舰“伏见号”即派水兵登陆向人丛开枪，惨毙市民王绍元、学生黄汉卿，重伤市民九人，轻伤 30 余人，造成“六一惨案”。当晚长沙外交后援会开紧急大会，议决罢市、罢工、罢课三天，对被难者表示哀悼，并决定“对日九条”，请省政府向日领事交涉：一、废除中日所订条约；二、撤销日领；三、限日领交出凶手，由湘政府惩办；四、解除日舰武装；五、永禁日海军入境；六、收回码头；七、日政府向我道歉；八、抚恤死者；九、赔偿伤者保险费与医药费。

△ 北京银行公会举行临时会议，王克敏主持，请财政当局维持公债整理原案及“九六公债”优先权，反对发行民国十二年公债。

△ 四行储蓄会(盐业、中南、金城、大陆)之津、沪、汉三处开市。

△ 吉林延吉县教育会电北京政府报告日本人在延吉非法强设警察，私自管理垦民，并任意干涉当地教育，请政府严重交涉，并请国人共

起援助。

6月2日 沈鸿英、邓如琢得方本仁所率新到北军之助，并联络乐昌陈炯明系谢文炳旅，在北线分三路进攻，占广东韶关城北20里之长坝，讨贼滇军杨池生部退守韶关。

△ 粤西江沈鸿英军邓瑞征部得冯葆初及梧州方面援助，以江口为第一线向肇庆方面发动进攻，孙中山令魏邦平前往抵御。

△ 孙中山任命滇军第二军军长胡思舜为东江右岸指挥官，并授予作战方略。

△ 长沙全市学生罢课、工人罢工、商人罢市，各界13万人举行游行，抗议日海军"六一"暴行。同日，湖南省议会开紧急会议，决定咨请政府派兵解除日舰"伏见号"武装，扣留该舰，再行交涉。省长赵恒惕下令各属设法"防止排货暴动"，傍晚布告"倘再有假名检查骚扰，即以军法从事"。同日晚，汉口日本领事增派日舰赴长沙。

△ 日本驻京代办吉田伊三郎照会北京外交部，日本政府已任命芳泽谦吉为驻京全权公使。

△ 北京外交团由英、美、法、意等七国组成武官团赴枣庄调查临城劫车案，北京政府陆军部派梁上栋同往。

6月3日 粤讨贼军朱培德部顾德恒旅抵达苏村，与讨贼桂军会合，进攻博罗。

△ 驻闽海军陆战队改编为混成旅，杨砥中任旅长。该旅系海军总司令杜锡珪去岁派杨砥中入闽招募，适李厚基兵败溃逃，经杨呈准将李部收编，又经陆续招募并由保、洛助以枪械，共编成12营。

△ 关于英国交还威海卫事宜，自2月11日中英双方商定由威海卫移京进行后，至此中英谈判大体完结。

△ 湖南省交涉司杨宣诚为"六一惨案"向长沙日领事抗议，除要求"伏见号"日舰立即离去，并提示：一、撤换日领与舰长；二、开枪日兵以军法治罪；三、水兵上岸侵我主权，须日政府道歉；四、抚恤死者伤者；五、保证以后不再发生此类事件。次日，日本驻长沙领事答复，措词含

混，除表示歉忱外，丝毫不得要领。

6月4日 粤东路讨贼联军朱培德、胡思舜部夺回博罗。同日，北路沈鸿英部及北军攻陷韶关。

△ 孙中山特任熊克武为四川讨贼军总司令，刘成勋为四川省长兼川军总司令；任命赖心辉为川军讨贼军总指挥。

△ 长沙市民、学生开会追悼被难同胞王绍元、黄汉卿。因闻日舰"安宅号"开来长沙，众情愤慨，数万人整队到省署请愿，要求照省议会解除日舰武装决议案执行。

△ 湖南常德学生在码头检查日货，日清公司及"湘江"轮日人竟寻衅殴伤学生13人，并开枪示威。

△ 新学制课程标准起草委员会在上海开会，议订小学、初中各科纲要及高中课程总纲，并刊布新学制课程标准纲要一册。

6月5日 孙中山以广东西江讨贼军左翼于四会、清远作战及围攻肇庆追击沈鸿英军通过广宁大湾等处之际，各该地民团均能出奇应敌，协同兜剿，收效颇多，明令广东省长廖仲恺一律传令慰劳。

△ 孙中山任命余和鸿为墨西哥中国国民党支部正部长。

△ 粤北路沈鸿英军进至马坝，次日占河头。

△ 福建民军黄炳武部被孙传芳军击溃，闽清失陷，黄退守永泰。

△ 长沙"三罢"结束。省长赵恒惕为控制民众反日斗争，宣布省城戒严，委叶开鑫为戒严司令，并派军队保护日侨。长沙总商会组织临时保安队，"协助军警维持秩序"。北京政府决照会于驻京公使。

△ 全国学生会通电抗议日本帝国主义在长沙所犯暴行，呼吁"全国同胞一致奋起，共同团结，敦促当道使之严重交涉，严办凶手。一面消极与日人经济绝交，努力进行，坚持不懈；一面积极的作澄清政治运动，内除本国军阀政客，外攘国际资本主义，以为根本解决"。

△ 京师中小学教职员因校费无着，曾到教育部坐索，而教育部无人负责，迫不获已，经议决是日起全体罢教。

6月6日 张绍曾内阁召集会议，以黎元洪拒绝批准任命官员（指拒绝盖印任命薛笃弼为崇文门监督），破坏内阁权限，提出总辞职以倒黎元洪。当晚张绍曾离京赴津。

△ 黎元洪令免马龙标京师军警督察长职，以张拱辰继任。

△ 粤西江桂军邓瑞征、冯葆初率三旅之众，在都城与讨贼军战甚剧。10日，桂军攻陷都城。讨贼军退守德庆。

△ 孙中山赴粤东江博罗视察阵地，商肃清东江右岸敌军，定三日内向惠州施行总攻击。

△ 长沙日侨借口地方秩序不宁，将妇孺尽行移入军舰，日领使署文卷亦移置舰上。

△ 据《民国日报》报道：豫北内黄、安阳两属交界之神伯顶山，近日出现股匪3000人，匪首朱迪华自称皇帝，并自认是崇祯八世孙，在该县附近张贴“大明文治元年示谕”，骚扰地方。后经安阳县知事杜鸿宾约同水冶镇守望社勇并驻彰德陕军一营前往掩捕，匪首逃匿，余众被击散。

6月7日 黎元洪为内阁辞职事通电辩白，声称彼与内阁在制宪经费、崇文门关税监督的任免等问题上的分歧，“纵复责为失检，亦此数端，偶摅意见，初非拘束，旋复听从”。同日，黎派金永炎、刘治洲赴津向张绍曾“谢过”挽留，但无效果。

△ 北京军警官佐200余人，借口内阁已经辞职，饷项无人负责，到总统府向黎元洪索欠饷。经黎应允于端午节前解决，始散去。

△ 四川省军赖心辉、熊克武击退杨森部和北军西上先头部队，攻占资中，次日攻占内江。

6月8日 直系津派政客积极进行倒黎活动，边守靖抵京与吴毓麟密议，决定三策：一、令王怀庆撤退军队；二、雇游民数千人围黎宅；三、冯玉祥率兵入城，以维持治安为名，逼黎元洪去位。是日，有自称“公民团”者，在北京天安门前集合数百人，举行所谓“国民大会”，发表演说，认为此次政潮，当由黎元洪负责，要求黎“克日退位，以让贤路”。

△ 北京参议院常会通过延长会期至本年10月10日案。13日，

众议院常会亦复通过延长会期案。

△ 粤北路沈鸿英部桂军伙同北军攻陷英德，旋被讨贼滇军击退。

△ 湖南省当局借口长沙外交后援会中有激烈分子，恐生枝节，下令将该会改组，并通缉郭亮。

△ 安徽涡阳义门集驻防之安武军第三旅一团二营士兵两连哗变，击毙连长一名，市区被掠，损失约20万元。

6月9日 粤东江讨贼联军第二次向惠州城施行总攻击，守惠陈炯明军得知潮汕方面援军即到，于11日改守为攻，联军总攻失败。

△ 北京警察全体罢岗，以索饷迫黎元洪去职。因北京外交团干涉，警察于当晚6时复岗。

△ 北京政府驻外各使节联合电告，使费积欠一年，多次电催外交部，竟置不理，"与其沦落异城，玷辱国体，不如早日回国"。

6月10日 粤北路讨贼滇军与沈鸿英部桂军及北军在沙口激战，晚滇军占大坑口，敌退乌石、马坝。

△ 孙中山致函广东财政厅长叶恭绰，嘱解决东江讨陈军费之困难。函称："东江军事，日前石龙之溃，几误大事，今则危机已过矣，西江、北江皆不足虑。此后胜负所关者，仍在东江一着，东江一解决，则西北江必可同时解决。现敌人正集中数路之力，来救惠州；然我兵之集中此地者尚不薄，所虑者则财政之困乏耳。对于此事，深望兄与诸同人之尽力。倘财政之困难能解决，则军事敢说必有把握。"

△ 连日来黎元洪为挽救危局，邀顾维钧、颜惠庆组阁均失败，是日黎宅召集"名流会议"，讨论解决时局办法，亦无结果。

△ 北京军警官佐三四百人，到东厂胡同黎元洪私邸索饷，由侍卫武官长荫昌接见。略谓：总统现正从事组阁，在内阁未产生以前，军警饷项自无从发放。索饷军警坚持不去，邸内电话即被军警派人监视，不许传接，自来水管亦被堵塞。后经荫昌再三劝慰，至傍晚始允暂行退回。同日，"公民团"千人在天安门前示威，要求黎元洪退位，随后到东厂胡同围宅。黎元洪派员往召步军统领聂宪藩、警厅薛之珩等前来弹

压,保护住宅,聂等坐视不理,“公民团”至夜始自行散去。

△ 黎元洪以北京军警暨“公民团”联合包围宅邸滋闹,急电曹锟、吴佩孚解围。电称:“元洪依法而来,今日可依法即去,六十老人,生死不计,尚何留恋! 军警等如此行为,是否必陷元洪于违法之地? 两公畿辅长官,当难坐视,盼即明示。”

△ 四川省军赖心辉部占领隆昌,杨森败退荣昌。

6月11日 北京军警千余人又闯入黎宅索饷,王怀庆要求黎即日给饷,否则须有相当处置。同日,众议员彭占元等162人通电劝黎速走。黎元洪致函参众两院,报告数日来军警及公民团滋闹情形。

△ 孙中山委任阮炎为檀香山中国国民党支部长。

△ 粤东路讨贼军许崇智部由汕头前来增援,加入进攻惠州作战。

△ 日本政府因长沙案派“樫”、“桧”、“柳”、“枞”四艘驱逐舰来华,是日由上海港向长江进发,以张声势。19日,“樫字”驱逐舰由汉口抵湘“保护日侨”。该舰较“安宅”更大,市民得悉,众情忿激。

6月12日 中国共产党在广州举行第三次全国代表大会,出席代表30多人,代表党员420人,20日结束。大会的中心议题是国共合作问题。大会接受共产国际执行委员会于本年1月12日通过的在中国实行国共合作的决议,决定全体共产党员以个人名义加入国民党,以建立各民主阶级的统一战线。大会选出的中央执行委员会,推选陈独秀为委员长,毛泽东为秘书,负责中央的日常工作。

△ 粤北江讨贼滇军张武旅叛变,牵动全线,杨希闵率部退至英德之河头站。

△ 粤西江讨贼军再攻都城,沈鸿英部桂军退守长冈。14日,桂军向都城反扑,联军退守德庆。

△ 四川省军占领荣昌,杨森部及北军退守永川。

△ 陆军检阅使冯玉祥、京畿卫戍司令王怀庆向黎元洪辞职,不再负责维持治安,以迫黎去位。“公民团”亦续围黎宅滋闹。

△ 山东临城劫车案,官匪双方经一个多月的谈判,于是日签订条

约,被掳"外票"全部获释,被掳"华票"于24日方获释。至本月下旬,这批土匪被正式改编为山东新编旅,以孙美瑶为旅长,郭其才、周天松为团长,指定峄县郭里集为其驻防地。

△ 英、美、法、日四国公使向北京政府质问山东督军田中玉扣留盐税事。27日,北京政府摄政内阁会议,决令田中玉归还所扣盐款。

6月13日 黎元洪因不堪北京军警当局的压迫避往天津。临行前下七道命令:一、准张绍曾辞国务总理职;二、特任农商总长李根源兼署国务总理;三、免署外交总长顾维钧、内务总长高凌霨、署财政总长张英华、海军总长李鼎新、兼陆军总长张绍曾、司法总长程克、教育总长彭允彝、交通总长吴毓麟八人职务;四、特任金永炎署陆军总长;五、裁撤巡阅使、巡阅副使、陆军检阅使、督军督理,所属军队归陆军部直辖;六、声讨北京政变中发纵指使之人;七、自民国十四年1月1日起裁废全国厘金,进口税改为值百抽12.5%。同日,黎所乘专车抵津,因总统印信未交出,直隶省长王承斌将黎扣留于津站,逼黎在代拟之三份电稿上签字:一、向国会辞职文;二、令国务院代行总统职权文;三、声明临行时所发命令无效。黎元洪被迫签字并电京交出总统印信后,始得于14日凌晨4时由车站回宅。

△ 北京政府陆军检阅使冯玉祥、京畿卫戍司令王怀庆于黎元洪被迫赴津后通电复职。同日,曹锟致电王、冯等,令协力维持北京治安。

△ 福建督理孙传芳离闽北上,先后到洛阳、保定求援,吴佩孚、曹锟允助孙武力统一福建。

△ 上海各路商界总联合会对北京政变迫走黎元洪发表重要宣言,并提出国民自决办法三项,即一、全国各界发起召开国民会议,组织国务委员会处理国事;二、通告中外,誓不承认曹锟继任总统;三、在政局未定以前,国民不得将应缴之捐税缴解北方当局。

6月14日 北京政府内务总长高凌霨等宣告"大总统因故离京,已向国会辞职,所有大总统职务依法由国务院摄行"。同日,黎元洪则在天津租界通电,声明所发辞职由国务院摄政之通电,系由王承斌胁迫而成，非出己意，应属无效。

△　北京国会议员190余人，因反对曹锟纷纷避往天津，准备迁地集会。

△　孙中山闻黎元洪被曹锟逼离北京，北方政局剧变，即回省，在大元帅府召开紧急会议，商讨对策。

△　湖北应城土匪大掠县属市镇，架掳男女百余人及意大利籍传教士梅神甫，土匪释出梅之仆人，令向汉口官吏索赎金百万元。22日，该股土匪之一部在鄂边被鄂军潘守蒸所部包围，余股窜入河南。

6月15日　国会议员童杭时、吕志伊、丁超五、李文治等475人因黎元洪被逼离京，张绍曾内阁解体，电请孙中山大元帅“速正名位，复总统职”。同日，孙中山派刘成禺去京并致函护法各议员，劝他们持正爱国，“各尽所能，力持正义，其有以兵力金钱图窃国权者，当以去就相抵抗，文必为诸公后盾”。

△　曹锟发表通电，对黎元洪离京事表示置身事外，并称已电在京军警当局“保卫国会，维持治安”；“现大总统既已向国会辞职，自应听从国会依法解决”，暗示国会从速大选。随后，孙传芳、王永泉、萨镇冰（19日）、吴佩孚（22日）、阎治堂（24日）等通电响应，表示拥戴曹锟，并赞成国务院摄政。

△　孙中山特任胡汉民为大本营总参议，伍朝枢为大本营外交部长。

△　《新青年》季刊在广州出版。

△　晚9时，四川打箭炉（今康定）发生强烈地震，此次人民死亡之数约在1300人。

6月16日　北京参众两院开合会，通过自13日以后黎元洪所发命令无效案，及赞成国务院摄行大总统职权案。因拥曹驱黎有功之各议员，收到曹锟所赠“节敬”500元。次日，议员丁佛言、郭同等纠正16日两院合会之人数不足三分之二，指出以过半数表决系属非法。

△　黎元洪自天津咨参众两院，特任唐绍仪为国务总理，依法征求

同意;唐未到任前暂任李根源兼署。咨文日期倒填为 13 日。

△ 孙中山巡视北江战线,至英德之巫村,杨希闵等来谒,即会商战事。孙于夜半回到广州。

6 月 17 日 孙中山特任蒋介石为行营参谋长;准林云陔辞中央银行行长职,由副行长宋子文代理。

6 月 18 日 粤北江沈鸿英军右翼谢文炳部攻陷英德,战事益趋不利。大本营开军事紧急会议,决定:抽调东江滇军赴北江助战;限各机关速筹军饷;派员分赴北江各乡劝民团协助。

6 月 19 日 黎元洪致函国会指出 16 日两院决议非法,并声明其职权未经国会正确之解免,无论以何种途径举选继任,概为非法。22 日,政学系及民党籍、东三省籍及褚辅成派等 200 余名赴津议员发表声明,斥 16 日北京两院合会为非法,所作决议无效。

△ 川军师长颜德基通电宣布北廷十大罪,并声明就孙中山任命之四川讨贼军第二路司令职,与杨森脱离。23 日,颜德基与张威在忠县截取北军运送之军械,并于 26 日进袭万县,旋为宜昌来援之北军击败,颜、张等部退回忠县。

△ 北京劝业银行所发行之钞票,因给北京政府财政部垫款太多,发生挤兑风潮。张英华急由天津赶回北京,极力设法解决。

6 月 20 日 孙中山赴博罗巡视。次日,往白沙堆晤刘震寰及东江各将领,决以许崇智三旅专任攻惠州,悉调滇军赴北江增援。

△ 上海总商会开临时会员大会,讨论应付时局案。23 日议决:一、宣布否认现在北京高凌霨等之非法摄政及不承认曹锟有候选总统资格;二、通电全国军民长官维持地方秩序,加意保护外人,大局问题听候人民解决;三、现在国会议员不能代表民意,所有一切行动不能认为有效;四、关于以外种种建设问题,组织民治委员会,继续讨论进行方法。

△ 安徽全省学生联合会对曹锟等图谋窃国,导致北京事变极为骇愤,致电孙中山指陈造谋附逆诸奸罪状,并乞爱国同胞速即奋起声讨。

△ 熊朱其慧、陶行知等发起组织之南京平民教育促进会成立，推举袁希涛、蒋维乔为正副会长，办理平民教育（至年底计办有126校，学生5000余人）。

△ 台湾嘉义人李思祯在厦门组织“台湾尚志社”，发行杂志《厦门尚志号》，开展抗日运动。

△ 黑龙江黑河县商会及市民等因海兰泡俄员勒收过江票费，激起公愤，组织黑河道区沿江市民经济联合会，并于是日实行对俄经济绝交。

△ 驻防开封南关火药局张福来之第二十四师九十五团三营十二连士兵哗变，在南关大街挨户抢劫后逸去。

6月21日 北京摄政内阁通过高徐、顺济铁路改订正约案。次日，与日本兴业银行签订高徐、顺济两路垫款合同。

△ 直隶省长王承斌致电吴毓麟、高凌霨、王毓芝等，要求三事：一、军警严密监视议员，不得令议员出京；二、妥速进行大选，以法定正统名义，号召中外；三、不许制宪。

6月22日 陈炯明自香港抵汕头，与林虎、黄大伟、洪兆麟及叶举代表开军事会议。

△ 前广州军政府外交总长兼财政总长、广东省长伍廷芳逝世一周年，孙中山明令褒扬伍廷芳“非惟民国之元勋，实乃人伦之楷模”。

△ 长沙日本士兵无故拘捕在江岸散步之小学生钟振翮，诬以投石及断日船缆索，勒写笔据，并强迫交涉司前往保学生之邓承玮科长签字证实，次日晨始将钟、邓释放，群众闻讯情绪益忿。24日，长沙外交后援会、学生会向省议会请愿，要求弹劾交涉司杨宣诚撤免邓承玮。

6月23日 孙中山由博罗抵达石龙，商议时局，并讨论党事。

△ 北京摄政内阁发布第一道命令，“任命高培枢为江西浔阳道道尹”，上署“大总统令”，下注“国务院摄行”，由内务总长高凌霨、海军总长李鼎新、司法总长程克、交通总长吴毓麟四人署名。

△ 川边镇守使陈遐龄迭次接到驻防甘孜旅长朱宪文、驻巴安（今

巴塘)司令王政和驰报,藏兵进扰玉隆、巴安,川边紧急。是日,陈遐龄电请北京政府迅予接济。

6 月 24 日 孙中山任命胡思舜为中央直辖滇军第五师师长。

△ 粤西江沈鸿英部桂军由都城反攻,进占德庆,讨贼联军退守禄步。广州大本营即调李师杨旅兼程往援。

△ 黔军袁祖铭部攻陷四川荣昌,次日杨森部再占永川。

6 月 25 日 北京摄政内阁因临城劫车案命令免去兖州镇守使兼山东陆军第六混成旅旅长何锋钰本职,调张培荣继任;调任徐鸿宾为曹州镇守使兼山东陆军第三混成旅旅长;又任命张培勋为第五师第九旅旅长。

△ 据《民国日报》报道:中国劳工同盟会、南洋烟草职工同志会、湖北工团联合会、京汉铁路总工会、湖南劳工会驻沪办事处、旅沪粤侨工界会、中华海员工业联合总会上海支部、中华劳动联合会上海支部、上海机器工会等团体,对北京政变通电提出以下主张:一、颠覆北京伪政府,铲除北洋军阀;二、由国民储金悬赏缉捕曹、吴、萧、冯及其余党;三、致电驻华外使,请其截留关余、盐余,不供北京伪政府使用;四、对于在北京伪政府威胁或豢养下之所谓国会议员者,给以严重警告,命其从速离京;五、全国各界依罢工罢市罢租抗税等手段,以减少北洋军阀之势力,并到处组织平民军队,请孙大元帅指挥讨贼。

6 月 26 日 孙中山特派姚雨平为惠州安抚使。

△ 午夜,北京故宫大火,计焚毁建福宫、德日新斋、中正殿、延春阁、广胜楼、静宜轩、香云阁等处,计 130 余间,所藏古物尽毁,损失在千万元以上。

6 月 27 日 国民党中央干部会议在沪举行第四次会议,讨论应付时局问题,决议电促在京国民党议员南下。同日,孙中山亦请议员联袂出京南下,并派汪精卫驻沪招待,刘成禺等北上欢迎。

△ 孙中山赴北江前线督师,抵连江口。

△ 孙中山以训令颁布临时军律六条,规定将抢劫财物者,冒充军

队及不知会警察擅自拉夫者,未奉长官命令、不知会警察擅自逮捕商民或入铺屋搜索者,不经由兵站擅自封用船渡者,强占商民铺屋者,掳人勒索及打单吓诈者,一律枪决。

△ 广州江防司令部所属之陆战队、督察队因与陈炯明暗中勾结被解散,为首分子被处决。

△ 孙中山发出训令,要求各军长官,凡有截留各属厘税饷捐等项迅即交回财政厅办理;应领军饷,由该长官造具清册,呈报大本营核发。

△ 留京议员张益芳赴津,促褚辅成等驻津议员参加制宪。褚等以惩办主持政变之军警长官为条件,众议院议长吴景濂不能接受。同日,奉天籍参议员王秉谦致函参众两院,诉说拥曹议员之罪恶,并希望两院议员本救国精神,彻底觉悟。

△ 浙江军务善后督办卢永祥致电北京宪法会议,欢迎国会议员南下制宪。

△ 苏联政府代表团照会北京政府外交部称,越飞奉调回国,派加拉罕代理外交人民委员为驻华全权代表。8 月 6 日,北京政府外交部复电同意。

6 月 28 日 曹锟贿选筹备处成立,由筹备员高凌霨、吴毓麟、王毓芝、边守靖、刘梦庚具名,是日在京宴请东三省议员,为曹锟疏通。7 月 1、2 两日,高凌霨于北京袁家花园分宴议员,发出请帖 800 份。

△ 援川北军卢金山部攻占泸州。

△ 广州大本营为截断沈鸿英桂军赖以运输物资的西江交通线,决定设立西江船舶检查所,派琼海关监督兼交涉员黄建勋为所长,并令外交部长伍朝枢照会各国领事查照。

△ 北京政府财政部向中国实业银行借款 10 万元;外交部向北京银行界借款 60 万元。

△ 全国商会联合会京兆事务所为免陷入政治漩涡,是日发出通电,声称:“只求地方聿安,奚问政归谁属。况全国鼎沸,政客纵横,同此一邱,夫复何择?”

△ 美国全国教育联合会发起之万国教育会议在美国旧金山举行,7月6日结束。中华教育改进社派蔡元培、范源濂等八人出席会议。会议议决成立“世界教育联合会”、“改良乡村教育”等案。

6月29日 广州政府大元帅孙中山、外交部长伍朝枢发表对外宣言,要求列强勿承认北廷军阀政府,“宜保留承认,待有能代表全国又为各省拥戴之政府产出,然后再予承认”。

△ 孙中山任命魏邦平兼广东西江戒严司令。

△ 孙中山电嘱汪精卫,如与段祺瑞接洽之事遇有障碍,“则对国会、对黎、曹皆主不问,并请速回”。

△ 四川省议会电孙中山,反对吴佩孚武力统一之迷梦,主张实行孙中山和平统一宣言。

△ 京师地方审判厅以罗文幹案“伪造文书罪不能成立,受贿等情弊均无实据”,第二次宣布罗文幹、黄体濂无罪,罗、黄被释出狱。

△ 北京政府海军总司令杜锡珪因海军欠饷迭电北京催索罔应,是日通电各方宣告离职,藉为最后之要求。7月6日,北京政府财政部拨给海军欠饷17.5万元,杜遂打消辞意。

△ 北京政府外交部照会日本使馆代办,要求速撤换长沙日本领事,并惩处拘学生逼供之责任者。

6月30日 孙中山发出指令称,湘粤联军总司令张开儒所部之新编军队,“此等名称并未经任命,应立即取消”。

△ 孙中山训令四川讨贼军总司令熊克武等将领,以黎元洪亡走,北变突起,令该总司令等“迅率所部,扫清残寇,奠定川局,然后会师东下,申讨国贼”。

△ 粤北江讨贼滇军击溃附沈粤军谢文炳部,是日复占英德。

△ 湖南省长赵恒惕以沅陵镇守使蔡钜猷在辖区增兵截税并与反赵势力通声气,下令将蔡调任湖南陆军讲武堂监督,所遗镇守使缺裁撤;蔡部军队第九旅归第二师鲁涤平改编,第十旅归第一师宋鹤庚改编,游击队归宝庆镇守使吴剑学改编。随后,蔡部军官开会,电省留蔡。

7月3日，蔡钜猷电湘省当局，声言曾受孙中山任命，已电孙请示去就。

△ 中国科学社发出说帖和计划书，请政府于退还庚款及加抽关税款项中拨出100万元，作为补助学术团体，开办研究所、博物馆之用；并另拨300万元作为基金，以便本国科学事业得所依藉，以图发达。

是月 根据中国邮务局所发表之《民国十一年之邮务报告》所附各省当局所调查之户口表，我国总人口当在4.4亿以上。又据内务、外交两部所作外侨在华人数调查，计日侨为7537人，英侨6762人，俄侨6721人，德侨2971人，美侨3911人，法侨2155人，意侨1125人，澳侨764人，比侨264人，荷兰侨民76人，其他国籍389人，平均以侨居上海者为最多。

7 月

7月1日 粤东江讨贼联军攻克永湖、淡水，陈炯明军退平山（今惠东）。

△ 胡汉民代表孙中山赴粤东江督师。

△ 北路沈鸿英桂军暨北军由河头分两路向北溃退，讨贼联军是日占领粤北之河头。

△ 北京政府外交部为交涉日舰从长沙撤走事，派参事施履本去长沙调查，专办“六一”交涉。

△ 非直派议员因制宪无望纷纷出京，大选派加紧活动，是日王毓芝、吴毓麟、屈映光等赴天津，对去津议员诱以甘言重币，冀能就范。

△ 吉林延吉县教育会学董张斌被驻延吉天宝山之日本警察无理拘押，经延吉道尹陶彬向日本领事多次交涉，日本领事乃于是日将在事之驻天宝山日警巡查部长久保田撤换。

△ 上海各工团发起之“全国工界救亡大会”在闸北全皖会馆开会。会议认为：国会南迁为解决现局之枢纽，并组织“工界监视国会团”，以应付今后之时局。

△ 中共中央理论机关杂志《前锋》月刊在广州创刊。

7 月 2 日 粤西江沈鸿英部李根沄、李耀汉、沈荣光等分三路向讨贼联军进攻，次日占领禄步。4 日，联军得梁鸿楷部及江门援兵助战，始将桂军击退，夺回禄步。5 日，沈部桂军以主力 3000 来援，又占禄步，并向肇庆进迫。

△ 全国各界联合会发出对时局宣言，其要点为：一、拥护约法，承认合法国会议员南下制宪；二、责成护法总统团结西南、东南，组成正式政府，戡乱讨贼；三、委员制决不适用于中国，督责民八合法国会监督护法总统实力戡乱，以扫除政治障碍，消灭军阀。

7 月 3 日 粤北江讨贼联军占领大坑口、韶关，沈鸿英桂军及北军向南雄、始兴退却。

△ 日前川军赖心辉、石青阳、吕超等 14 名将领发表宣言推戴刘湘为四川善后督办后，是日杨森率同二军将领发出通电，公推刘湘为四川善后督办，并立请就职。

△ 四川省军与杨森军、北军在内江激战，省军败退资中、资阳。

△ 北京学生联合会致函北京外交团领袖公使转各国使节，请各国撤销对北京政府之承诺，并勿为任何方式之借款与现政府及省当局。北京摄政内阁遽令警厅将该会查封。13 日，全国学生总会通电反对摄阁指使警厅查封北京学生联合会，要求全国人民及早觉悟，起而自主自决，打倒国际资本主义，铲除封建余孽之恶军阀，方可完成真正独立国家。

△ 汉口租界人力车工人 500 人，为反对利通车行老板增加车租而罢工。次日，车行主被迫让步，罢工结束。

△ 英国政府提出所谓“补救中国乱局办法”，妄图干涉中国内政，内有：一、以国际军队占据京津铁路；二、以外员编练中国警队，归中国政府管辖，但若中国政府不负责任，则归列强管辖；三、在中国口岸外举行国际海军示威行动；四、征收附税，以应付国际共管下之军民行政经费等。

7月4日 孙中山宣布广东之西江为戒严区域，并公布《西江沿岸警备区域临时戒严条例》、《西江船舶检查所组织条例》及《西江船舶检查所执行规则》。

△ 孙中山复函徐谦，表示不愿受议员选为总统并反对委员制。指出："中国现局堕落，一至于此，乃革命不彻底之所致。……从今以后，我行我素，再从事于彻底之革命，此外之事，一概不理。此志能达，不怕他来什么内患外忧，倘兄不信，请一观今日之俄国。惜乎今日中国之志士不从根本上去做工夫，而只识反对曹锟做总统，吾不知曹与黎有何择焉？至兄所倡之委员制，更比曹、黎又下矣。"

△ 闽粤联军（许崇智留闽之何成濬、孙本戎、张贞等部、闽南臧致平之刘长胜部及闽南自治军）分三路图潮汕；李烈钧亦令所统率之赖世璜、苏世安两部入粤，合力进击陈系粤军。5日，孙本戎占饶平，7日张贞占浮山，至10日前后闽粤联军已迫近潮汕。

△ 陈炯明由广东梅县率林虎部8000人取道兴华援救惠州，讨贼联军刘震寰、许崇智等部纷向博罗以西溃退。孙中山急调北江讨贼滇军蒋光亮、胡思舜两部赴东江增防。

△ 曹锟属下之要员分赴各省为"大选"筹款和疏通意见，直鲁豫巡阅使署仅留陆锦应付。是日，张怀芝赴天津代曹锟向各系疏通意见。8日，温世霖南下向民八议员疏通，但无效果，旋匆匆回津。

△ 梁启超致书曹锟，反对以武力、金钱及其他卑劣手段争取总统职位，力劝曹锟悬崖勒马，并以袁世凯下场相戒。

△ 陕军胡景翼师奉吴佩孚命援川，是日胡率部一团抵汉口。

△ 上海南市木行主以营业疲滞，决扣发运木船水手三个月工资，引起水手同盟罢工。是日，全体水手在南市竹码头里街庆安公所开紧急会议，公决须木行主照全年工资算足，方允开工。随后，木行主挽人调停，将三个月工资如数付给并照发五厘五花红。8日，水手复工。

△ 上月驻宜昌日本领事借口有人向日舰"嵯峨号"投掷石块，向宜昌当局交涉，宜昌县知事除发布"取缔排日十条"，并于是日亲至日舰"道歉"。

△ 北京外交团为北京政府农商部在上海设立商标局一事，向北京政府外交部提出抗议，要求中国商标法未经列强认可以前，不得设立商标局。

△ 日本僧人水野晓梅为调查发还庚子赔款事到达长沙，表示愿调停6月1日日舰肇事案。次日，水野往晤省长赵恒惕，声言愿以个人资格，先疏通此次误会，以便两方开始谈判。7日，水野再谒赵，劝长沙解严，日侨复业，日舰必撤。

7月5日 孙中山任命石青阳为中国国民党四川总支部长。

△ 杨度电曹锟，提出解决时局主张，要求“暂请孙公（中山）北来，主持国是”。国民党人士对杨度是否为孙中山之代表颇有疑问。是日，孙中山电上海干部会议，说明“杨度本奉有密命与直系接洽，特无代表名义耳”。

△ 吕超就任四川讨贼军第一军总司令，刘成勋将川军第十师刘眷蕃部及川北清乡军吕镇华部，拨归吕超节制。

△ 由香港开往广州之广九路慢车，在南岗站北十里许之红岗炮台山坳被土匪截劫，讨贼军官佐卢任华等三人与匪交火时牺牲，乘客数十人被匪掳去。

△ 据《申报》报道：豫南匪祸猖獗，鲁山境内大杆皆为数百人，小杆各有数十人，统共有匪数千。近日鲁山驻军调走，土匪更肆无忌惮，道路截断，烧杀奸掳，日有数十起，农不敢耘田，商不敢运货。南阳县境内，被匪攻破镇砦，死伤被拉，抢掠财物，焚烧房屋，尤不胜记载。

7月6日 孙中山抵韶关犒师，与滇军将领杨希闵等商议追击叛逆方略及统一财政办法。

△ 川军杨森部许绍宗旅在川南陈石场烧酒房地方与省军赖心辉、张冲部接战，杨春芳、潘文华两师复由左右翼夹攻，双方激战两昼夜，互有胜负。是日晨，直军张允明旅从隆昌驰援，赖军战败，向富顺、泸州退却。

△ 张作霖在奉天开会研讨时局，次日结束。对于时局，奉张决定

待时机成熟，再图发展。黎元洪代表韩玉辰、浙江代表卢永祥之子卢小嘉、湘省代表周新谷、四川代表钟宏材、广东代表汪精卫等与会。

△　中国工程学会在上海四川路青年会举行年会。该会七年前成立于美洲，此次为成立以来在国内举行的第一次年会。

7月7日　孙中山发出训令，严饬参谋长张开儒迅将湘粤联军等所有私立名目、滥发号令一律取消。8月8日，军政部长程潜将奉令查办情形呈复称，关于湘粤联军名义业经遵令取消，护沙队名目系他人假借。8月10日，孙中山批准此案"从宽免议"。

△　粤北路讨贼滇军王均部攻占乐昌，谢文炳残部向九峰、坪石溃退。次日，谢部退入湘边，被湘省收编，谢离军。

△　离京议员褚辅成等发表声明，以在京议员不足法定人数，如召开宪法会议或组织总统选举会，显属非法，绝不予以承认。

△　直系政客于化龙由天津携款10万赴沪，专为运动各团体反对国会南迁。

7月8日　拥直派30余政团在北京中央公园(今中山公园)开联席会议，决定：一、请国会议员维持国会，完成宪法；二、促政府召集全国和平统一会议；三、由本联席会议向全国各团体征求和平会议组织之办法；四、希望国会于制宪后选举总统。会后并发表通电。

△　沈鸿英部桂军得广西林俊廷部之援助，攻陷粤西江肇庆，讨贼联军退至河口。

△　山东招抚之孙美瑶旅由省长郑士琦派员点验成军，全旅共2700余人，归郑士琦管辖。孙美瑶通电宣布所有未释旧票悉数交郑释放。

△　中华学艺社(丙辰学社改名)在沪开第一次社员会。该社有社员600多人，均系东西洋留学专门学生及国内大学专门学校毕业生。该社刊物有《学艺杂志》。

7月9日　孙中山为"孙(洪伊)曹(锟)联合说"复电上海中国国民党中央干部会议，略谓"沈鸿英未叛以前，本有与曹接洽和平统一之举，后得鸿英电底，证实犯粤之事，曹实主谋，遂电伯兰（孙洪伊）及杨度，与曹决绝久矣”。指出今日“尚未与其人有若何之接洽，彼方制造空气，勿遽信之”。

△　南洋砂劳越咪厘埠（今马来西亚沙捞越米厘）一华工与当地人发生口角被英国殖民地警察逮入警署，华工同业前往陈情，以及未明肇事原因前往围观者有百余人，而警官竟令警士开枪，当场惨毙华侨 12 名，重伤 40 余名，赴医院不治者二名。孙中山于接到砂劳越国民党分部刘友珊等来函后，于 9 月 19 日令饬外交部长伍朝枢向英国驻广州领事提出抗议，要求抚恤伤亡并惩办凶手。

7 月 10 日　孙中山之和平代表孙洪伊向孙转达曹锟齐（8 日）电，表示愿意响应孙中山号召，召开南北和会，实行工兵政策，实现和平统一。

△　孙中山致函四川石青阳，对近日沪上之联省政府、委员制等说，认为“断不能根本解决中国之大局”。今日所患者“吾人之心志不坚，患得患失，不肯牺牲耳。深望蜀中同志勿忘素抱，务要恢复昔年手枪炸弹时代之革命精神，从今日起，再去开始奋斗”。

△　高凌霨摄行大总统令准署财政总长张英华辞职，任命王克敏署财政总长。

△　高凌霨摄行大总统任命孟昭月为陆军第十混成旅旅长。

△　高凌霨、王毓芝包办大选，拟备空头银号存折多份，一面交在京各议员，一面令各议员纳质图章一颗，俟总统选出，取还图章，再行发给现款，公然交易，骇人听闻。是日，离京议员褚辅成、刘恩格等 295 人致电留京议员，吁其慎保晚节，迅速离京，共策国计。

△　陈炯明军林虎、洪兆麟以臧致平军三犯粤境，占饶平袭黄冈为由，电限臧 48 小时内撤兵，“否则唯有用兵”。因臧答复未得要领，次日林、洪即率队反扑。李烈钧所率赖世璜、苏世安两部复叛投林虎。

△　北京国会之国民党籍议员，因直系与变节之议员狼狈相结，控制国会，是日发表告别北京之宣言，即日赴沪。宣言声明：“在法律下得不到救国之路，只有超越法律之上而求之，即不得护法，只好革命。”

△　湖南省议会要求省政府收回发行省库券30万元之成命，赵恒惕咨复议会允撤回。

7月上旬　新疆省长杨增新与阿富汗国王签订临时局部通商条约，咨请北京政府外交部查明，以凭核办。

△　天津、汉口、上海等地日商民先后开会，谋对付“抵制日货”办法，决定一面向中国当地官吏提出“禁止排日”的要求，一面派代表回日本报告情形，请日政府对中国作“断然的处置”。

7月11日　粤西江沈鸿英桂军弃守悦城，向德庆溃退，讨贼联军之舰队进抵悦城。

△　山东省议会就交涉接收威海卫事宜，电请北京政府拒绝英方所提“土地永租，操纵财权”等严酷条件。

7月12日　孙中山电复孙洪伊，答复曹锟（齐）电请求合作事。指出“前此我揭出和平统一之主旨，仲珊（曹锟）亦尝赞和，乃其见诸事实者，则乱闽祸川扰粤，以及种种行动，无一而不与和平为敌”。“徒务空言，天下其孰能信之”。

△　滇军总司令杨希闵以师长杨池生、杨如轩有暗通沈鸿英及北军嫌疑，将两杨扣留，即日解广州大本营惩处。孙中山以两杨第一次在北江剿敌功绩不无可纪，故宥未深究，两杨遂得以离穗赴港。

△　蒋介石辞去行营参谋长离粤赴港。14日，孙中山以杨蓁代理行营参谋长。

△　粤西江讨贼军占领德庆，沈鸿英桂军退都城。

△　川军杨森部攻陷泸州。同日，省军颜德基部则攻占垫江。

△　湘西沅陵镇守使蔡钜猷发出通电，宣布与湖南省长赵恒惕脱离关系，就任孙中山所委湖南讨贼军湘西第一军军长职。

△　段祺瑞拒绝援助曹锟，是日语刘成禺：“他们要钱要官我都不管，如根本危害国家，吾决不忍坐视。”

△　东三省籍议员联合蒙古籍议员60余人，通电北京及各省，表示为完成制宪，将联袂赴沪。

△　济南理发工人反对官厅拟定的《理发营业取缔规则》19 条，进行罢工。15 日，济南东南乡、三元宫两区区长接受理发工人所提条件后，次日始恢复营业。

7 月 13 日　湖南省长赵恒惕接获蔡钜猷通电后，于是日开军政会议，颁讨伐令，决以武力解决湘西问题，并要求省议会通过戒严案。

△　驻江津之川军第二军第六师周西成部（原系黔军），反戈袭击重庆。周令所部毛光翔旅率王团协同新招之杨寅亮部，直攻重庆南岸铜元局而占领之；另派一团直趋重庆上游铜罐驿渡河，潜袭重庆要隘浮图关；周本人率兵一团赴上游以拒泸州下援之兵，旋川军第三师邓锡侯、第七师陈国栋等部由北道兼程赶至，与周部隔江对战，周部不支，于 20 日退出浮图关、铜元局。杨森为解重庆之围，令郭汝栋之十七旅和黄骥之四十四旅急攻江津，并于 20 日占领之。21 日，周西成军被迫向綦江、南川退去。

△　前滇军师长杨池生被解职赴香港后，是日电孙中山辩诬，并对孙偏听暗通北军之说表示不满。电称“个人去留无关大计，惟诬人以不义之名，是不可不辩。……偏听生奸，独任成乱，公之大业，误于此矣”。26 日，杨池生、杨如轩通电数杨希闵罪，谓杨希闵与沈鸿英等商谋害魏邦平，事定一任省长，一任督理，故有江防之变，“经池生等庇护，魏得不死”；并谓杨希闵托李根源转陈北廷，编滇军为北军，“经池生等反对而未果”。

7 月 14 日　孙中山特派杨希闵、叶恭绰、程潜、杨庶堪、廖仲恺、邹鲁为统一广东财政委员。

△　川省军将领赖心辉、石青阳、吕超、余际唐、喻培棣、何光烈、彭远耀、蓝世钲、张冲、郑英、陈万仞、张成孝、王丽中、刘国孝等联名通电揭露吴佩孚以援川为名，利用川人亡川；表示对于川军，无论其为友军与否，皆视为一体，均不与敌对，如此后尚有川军加入敌军方面攻击省军者，是甘心卖川亡省；凡北军、黔军及时觉悟，立刻出境，仍不失亲善，如再利用川人祸川，则我前敌将士，亦惟有拼命作战。

△　湖南省议会根据省长赵恒惕的要求通过在讨蔡(钜猷)期间省城戒严案,并于翌日实行。赵恒惕任命湖南第一混成旅旅长叶开鑫为省城戒严司令。

△　离京国会议员在沪集会,发表对内、对外两宣言。对内宣言指出:"首都已陷于无政府状况,国会在此危乱之区,不能自由行使职权,爰自六月十三日起相率陆续南下,开会于沪上,别谋建树,完成宪法。"对外宣言称:自六月十四日起,"北京免职各国务员,对于贵公使所发文书,所订契约,断然不能发生效力,全国国民誓不承认",并请"扣留每月应拨之关余盐余,俟正式政府成立,再行交出"。

△　高凌霨摄行大总统核准《西北边防督办公署组织暂行条例》,凡11条。26日,新疆省议会致电参众两院,反对该暂行条例,请将新疆一省划除西北边防督办管辖范围之外,以维边局。9月下旬,高凌霨等函新疆议员,准将新疆划出西北边防督办公署管辖范围之外。

△　驻古巴公使刁作谦因使馆经费无着,电外交部请裁撤驻古巴公使,归并驻美使馆兼办,本人请解职回国。

△　长沙群治法政专门学校经北京政府教育部、司法部认可改为大学,并推广添设北京及上海两地群治大学。是日,上海群治大学校董会开会,讨论校董会章程,并拟先办文法两科。

△　上海闸北丝厂反对厂主无理延长工时一小时,停工一日,闸北四区警署二分所将女工六名拘去。次日,全国工团工人自救会函请警厅释放,16日被拘女工获释。29日闸北各丝厂停工者占十之三,丝厂女工进德会要求厂主增加工资,减少工时。

△　留日学生总会在东京开评、干两部联席会议,议决各案:一、请外交团撤销承认北京政府案;二、电促国会议员南下择地集会速制宪法案;三、对此次祸国罪魁曹锟、吴佩孚等主张彻底惩办案;四、儆告对于取缔排日运动之各省长官案;五、向各国宣告排日运动之真相,免遭友邦误解案;六、向日本国民说明排日理由案;七、对长沙"六一"事件,促湘省政府须持强硬态度案。

7月15日 粤北路桂军沈鸿英部及北军退出南雄,讨贼滇军进占南雄、始兴。同日,西江讨贼联军第一、三两师协同舰队进占都城。

△ 中央直辖滇军总司令杨希闵电大元帅孙中山,以滇军改组,请加任命。电称:"第一军军长,拟由希闵兼领。第二军军长,请以第三师师长范石生升任。第三军军长,请以第四师师长蒋光亮升任。至第一师师长请以赵成梁升任。第二师师长,请以第四旅旅长廖行超升任。第三师师长,请以第五旅旅长杨廷培升任。第四师师长,请以第八旅旅长王秉钧升任。即请钧座加以委任,并颁给军长关防,以专职守。"同日,杨希闵在通电中称:"黄毓成、金汉鼎暗与北方曹吴私订密约,而杨如轩、杨池生两师长受彼蛊惑,经召集全体军官会议决定,已于九日将二杨免职。"

△ 湖南省长赵恒惕为谋安抚附粤之政客与缓和助蔡钜猷之各部军队之态度电孙中山表示拥护,请孙主持大计组织联省政府,实行和平统一,并同时电知西南各省竭诚推崇。18日,湘军师旅长宋鹤庚、鲁涤平、谢国光、吴剑学、田应诏、李佑文、陈渠珍、叶开鑫、贺耀组、唐生智、刘铏、唐荣阳等亦联名致电孙中山,恳请"组织联省政府,内以巩固西南,外以奠定大局"。

△ 浙江自北京政变发生后,省议会及各团体谋再次宣布自治,推举起草员拟出《自治大纲》。是日,浙江各法团代表通过省《自治大纲》七条:一、浙江省应时势需要,宣布自治,特制定本大纲,在本省宪法未实施以前实用之;二、浙江省设临时议会,为临时立法机关,临时议会法另定之;三、浙江省军务善后督办、浙江省长以下各机关,均仍其旧;四、浙省宣布自治后,应设执行省宪筹备处,筹备省宪进行事宜,筹备程序及实行日期由临时议会定之;五、已在本省施行之各法令,除与本大纲抵触及由临时议会修正或废止者外,悉属有效;六、本大纲自宣布之日起发生效力;七、本大纲需修正时,由临时议会修正之。

△ 清宫大火后,废帝溥仪决定将众多太监资遣出宫,计被遣散者1734人,仅留年老者15名分守宫内各紧要处大门。

7月16日 孙中山特任谭延闿为湖南省长兼湘军总司令。同日，任命蔡钜猷为湖南讨贼军湘西第一军军长，陈渠珍为湘西第二军军长，谢国光为湘南第一军军长，吴剑学为湘南第二军军长，宋鹤庚为湘中第一军军长，鲁涤平为湘中第二军军长。同日，孙中山特任李烈钧为江西总司令兼江西省长。

△ 孙中山命令取消大本营巩卫军，任命朱培德为中央直辖第一军军长，王均为中央直辖第一军第一师师长。

△ 粤东江讨贼联军总攻惠州，激战竟日，未下。

△ 粤西江讨贼军在封川江口与沈鸿英桂军剧战，歼敌一部，余众退往梧州。

△ 滇军内讧后，孙中山下令改编驻粤滇军：一、中央直辖滇军第一师师长杨池生、第二师师长杨如轩，均着免本职；二、任命杨希闵兼中央直辖滇军第一军军长，范石生为第二军军长，蒋光亮为第三军军长；三、任命赵成梁为中央直辖滇军第一师师长，廖行超为第二师师长，杨廷培为第三师师长，王秉均为第四师师长；四、金汉鼎串通黄毓成暗降吴佩孚，妄冀作乱，着即免去大本营高级参谋本职，与黄毓成一并通缉。

△ 日本新任驻京公使芳泽谦吉抵京就任，声明日本对华政策未变。芳泽以中国无总统，仅以本人署名公函致北京政府外交部，声明已到京，暂缓呈递国书。随后芳泽与北京外交部为此事发生交涉，双方各发文件以明真相。后经外交界之调解，8月2日芳泽先将本人到任并抄录国书副本咨照外交部，倒填7月19日日期。顾维钧即于当日以外交部名义复照，提明国书正本另行接洽。顾又倒填日期为7月24日之就职通告，于上项公文往来后送日使馆，并于8月2日过访芳泽，芳泽于次日回访。呈递国书交涉了结。

7月17日 粤东江讨贼军收复浮山、东陇、澄海等处。同日，陈炯明军洪兆麟部反扑，经激战又陷浮山。

△ 曹锟派鲍贵卿赴奉，以上台后恢复奉张东三省巡阅使职务为饵，请张援曹。是日，鲍贵卿、李际春再次往见张作霖乞请。张拒绝援

曹，要曹解甲归田或杀高凌霨、吴景濂等五人以谢天下。

△　天津怀远银行正式开幕。该行系陈光远、李盛铎等创办，资本500 万元，杨庆鋆任总理。

7 月 18 日　粤西江讨贼军占领梧州。17 日，美国军舰“潘邦加号”护送美孚油轮抵梧，梧州镇守使冯葆初及各公团请美舰长出任调人，经与魏邦平接洽，允沈鸿英桂军于 24 小时内退出。讨贼军遂于是日占领两岸炮台，梧州城内则由桂军之输诚部队黄绍竑、冯葆初驻扎。

△　陈炯明粤军 3000 余众直趋博罗，包围惠城之许崇智及刘震寰军一部调往博罗增援；其时困守惠城之陈军开北门冲出，被刘震寰部敢死队数百乘机扑入，经剧战敢死队被逐出。是晚陈军夜袭刘部，刘部退十余里。

△　湘军将领谢国光、吴剑学、宋鹤庚、鲁涤平于 16、17 两日在湘乡开会后，于是日会衔通电要求调和湘局，声称已联电蔡钜猷，劝告“严饬军队，谨守原防，不得自由行动”；要求长沙方面“本息事宁人之旨，勿遽用兵，另图解决”。

7 月 19 日　孙中山特派李济深兼西江善后督办。28 日，将大本营驻江门办事处及西江筹饷督办一并裁撤，所有西江流域由梧州至江门以及四邑各处地方之一切善后事宜，责成西江善后督办切实办理。8 月 11 日，又特派程潜、廖仲恺、古应芬、邹鲁为西江善后委员，负责协助督办处理善后事宜。

△　孙中山指示讨贼滇军将领速增兵平定东江，“西北江已肃清，东江尚危，宜速增兵定之，如轻敌，恐稍有挫失，则西北又有事矣。潮汕初有进步，现颇滞。我能于十日内下惠、潮、梅，则北方亦无从捣乱。若持久，则即不败于兵，亦必败于财政。滇军年来辛苦，不可失之。于十日内战事平，则财政即可整理”。

7 月 20 日　孙中山公布《中国国民党总支部通则》，凡 15 条，《中国国民党支部通则》，凡 10 条，《中国国民党分部通则》，凡 10 条，《中国国民党通讯处通则》，凡七条，《中国国民党海外总支部通则》，凡七条，

《中国国民党海外支部通则》，凡39条。

△　陈炯明军林虎部攻陷广东饶平之黄冈及闽南之平和，俘臧致平军500余，分路包抄诏安、云霄。

△　高凌霨摄行大总统任命王汝勤为长江上游总司令。

△　北京政府谋向英商克利斯浦财团借款300万镑。是日，国会议员褚辅成等致函英公使，请阻止克利斯浦财团向北京政府贷款。

△　北大校长蔡元培携眷由沪乘法国邮船赴欧去比利时，拟在比专攻美育。

7月中旬　长沙之日本商人先后复业。肇事日舰"伏见号"、"安宅号"亦于本月底借换防为名驶离长沙。

7月21日　袁带、陈永安率众数百偷袭广东石岐附近之小榄，缴防军之枪械，响应陈炯明。孙中山调李福林所部三营往剿。

△　上海之沪、宁、苏三帮鲜肉业，因反对官办屠宰税罢市，屠夫停宰，除租界外尽皆停售。鲜肉业要求上海县知事取消官办成命。31日，县当局允准屠宰税捐款仍归三帮包认，年缴税额三万元，另加教育费3000元。8月2日，鲜肉庄复业。

7月22日　曹锟因王克敏及外交系诸人之劝告，发促国会制宪电，声称"宪法为国家大本，宪法一日不定，国家一日不宁"，国人望成宪法"更逾畴昔"；又称彼"服勤国家，垂四十年，民国肇造，未尝一日自逸，私人权利，夙不敢争，耿耿寸衷，惟知有国"。随后，吴佩孚、张福来、张凤台、熊炳琦、田中玉、齐燮元、韩国钧、冯玉祥等先后通电，对曹电表示响应。

△　上海吴淞大中华纱厂因亏损宣布停工50天，该厂工人为事关众人生计，致函上海工人自救会，呼吁予以实力援助并向厂主要求妥筹善后。

7月23日　陈炯明以两路援军俱已开到，在东江进行反扑。从河源开抵之黄凤纶、陈炯光两部，由泰尾进逼博罗；从三多祝、平山开抵之邓本殷、胡汉卿各一部，由淡水、龙冈进逼平湖；惠州城内陈军则反攻飞鹅、馒头各岭；驻龙华之熊略、练演雄两部，亦由永清进逼正果，战事剧烈。

△ 顾维钧就北京政府外交总长职，同日通电为就职辩解，电称“行使约法赋予之职权，维持国际现有之地位，惟吾力之是视，不敢告劳，求其心之所安，不能有二”。25日，旅沪国会议员田桐通电驳斥顾之通电，认为中国外交家不应为外人作宣传家，“数年以来，国人认熟解洋语、善着洋服、惯食洋餐之人为外交系……夫外交家者主观的也，非客观的也，外交家之所由来，即爱国男儿精神之所勃露者也。以上三者为构成洋奴之要素，不能谓为构成外交家之要素，摹仿外人之声音笑貌，仰其鼻息，体贴入微者，未有能知国家大事者，洋奴之技，西崽之才，正与外交家相悖谬”。

7月24日 孙中山令免谭延闿大本营建设部长职，特任林森为建设部长；林森未到任前着财政部长叶恭绰暂代。

△ 福建军务帮办王永泉命高义、杨昭化等部于中旬由涵江向闽南讨贼军何成濬所部驻地莆田、仙游进窥，是日将何部龚师曾旅逐出占领之。

△ 川军邓锡侯与北军于学忠支队分左右两路攻占合川，省军张冲部退往安居镇潼南一带。

7月25日 谭延闿受命离粤去湘西，与蔡钜猷、陈嘉祐等接洽联合倒赵恒惕。

△ 湘军第一、二两师及一混旅所属团长17人通电拥赵恒惕讨伐蔡钜猷，声称：湘为西南一部分，决不附北，始终拥护省宪，同心对外，服从长官命令，维护政府威信。

△ 福州海军练习舰队司令杨树庄奉杜锡珪令，率领“海容”、“应瑞”、“楚同”、“楚观”、“江元”五舰及“定安”、“华乙”两运船，载陆战队杨砥中旅2000人于是日出发攻厦门。臧致平在漳州闻警，亲率队回援。30日，海军占领金门，8月1日舰队入嵩屿，陆战队在浮宫登陆。臧致平一面令厦门海军人员饶子和、曾省三赴舰与杨树庄议和；一面乘各舰无备，命胡里山炮台向各舰轰击，“海容”、“应瑞”等舰负伤。杨部陆战队亦因寡不敌众，退回运船，海军舰船遂于8月2日撤往金门。

△ 熊克武在成都通电就四川讨贼军总司令职，并与刘成勋、但懋辛、赖心辉、吕超、石青阳、喻培棣等将领联名发出讨贼通电。

7月26日 孙中山再次赴东江督师。次日，在博罗许崇智总司令部召集各部高级军官开联席军事会议，筹谋夺取惠州计划。

△ 安徽督理马联甲到南京，与齐燮元商苏皖联防及对浙军事。

△《京津晚报》因刊载揭露"直系"的消息，编辑曾青云、发行吴凤鸣被京师警察厅拘去，该报被勒令停刊。同日，警厅又查封民治通讯社并传去社长刘鸢如。30日，曾、吴、刘经报界同人营救，获准保释。

7月27日 粤东江讨贼军向白芒花、平山一带进攻，以截阻惠城与海陆丰之交通，是日占领白芒花，直达平山。陈炯明由河源率部猛攻淡水以救平山。8月1日占淡水。驻守白芒花之讨贼军以后方危险，退守永湖之东山。

△ 孙中山任命路孝忱为中央直辖山陕讨贼军司令。

△ 杜锡珪派"靖安"舰装载军火由南京驶往闽省，接济攻厦门之北军。是日该舰官兵反对祸闽，在吴淞口起义加入沪海军，并通电声明此次起义之原委。该舰共有官兵、学员300人，所运赴闽军火有新式快枪80支，子弹25万发，军用品200余件，过山炮一尊，舰用炮弹700发。

△ 冯玉祥在北京旃檀寺陆军检阅使署召集阁员、名流、军警头目、津保系要人开会，谋改组内阁。

△ 山东各界联合会电北京国务院、外交部，反对梁如浩所订中英威海卫条约，谓该条约"丧权辱国，不啻断送，鲁人誓不承认，请勿签字"，并推邵次明等十人赴京请愿。

7月28日 高凌霨摄行大总统特派刘湘为四川清乡督办。

△ 川军杨森部郭汝栋、黄骥两旅，攻占省军周西成所在之綦江，周部退向南川。

7月29日 孙中山在博罗轮船上召开军事会议，同各高级将领会商攻惠(州)方略。

7月30日 高凌霨摄行大总统派陈调元为苏皖鲁豫四省剿匪总司令。

△ 福建王永泉所部攻占泉州，闽南讨贼军总指挥何成濬退安溪。

△ 湖南省长赵恒惕代表首斌、邹礼赴鄂求援无结果，是日晚同赴洛阳向吴佩孚乞援。

7月31日 湖南省长赵恒惕通电全省军官，决维护省宪，“敢有称兵抗命、违宪乱法，以及招引外兵、嗾使土匪蹂躏湘境者，即为湘民之公敌，誓必竭全力以歼除之”。

△ 王怀庆、聂宪藩、薛之珩同赴国务院催饷。目前仅冯玉祥军每月从崇文门税款得饷10万元，其余军饷皆无着。

△ 鲁南郯城八里港村遭大股土匪围攻，次日土匪将围寨攻破，村民惨遭匪祸，被焚数百家，杀戮千余人。8月12日，山东各界联合会电省长熊炳琦责问：“军政长官不保民于前，而又漠视于后，其职责何在?”

是月 四川省军总指挥赖心辉以各将领战功卓著，经呈报川军总司令刘成勋核准予以分别升转如下：现任第二混成旅长张冲升任第三师师长，遗缺以第八混成旅旅长郑英转任，递遗第八混成旅旅长缺，以现任第一独立旅旅长郑世斌升任，又递遗独立旅旅长缺，以川南清乡军第三旅旅长蓝文彬转任。现任川东边防军总指挥汤子模升任第四师师长，现任川南清乡军总司令蓝世钲调任第七师师长，遗缺即行裁撤。现任川西清乡军总司令张成孝，调任第十一师师长，遗缺即行裁撤。周西成升任川东边防军第二师师长，归石青阳节制。

△ 广州飞机制造厂研制的第一架双翼双座侦察教练机试飞成功。孙中山亲为该机命名为“乐士文号”。

8 月

8月1日 中国共产党发出《对于时局之主张》，指出军阀势力与列强相勾结是中国危机四伏的根本原因。反对当前的所谓拥黎、拥段、国会南迁制宪、团结西南联省自治及借助列强等错误主张与态度。主张“由负有国民革命使命的国民党,出来号召全国的商会、工会、农会、学生会及其他职业团体,推举多数代表在适当地点,开一国民会议”;如果国民党不能肩此重任,“如此我们主人翁的国民断不能更袖手旁观,例如上海总商会所发起的民治委员会即应起来肩此巨任,号召国民会议以图开展此救国救民的新局面”。

△ 沈鸿英桂军、直军3000余人开抵南雄边界,连营数十里。是日杨希闵令滇军第一师赵成梁部开赴韶州大桥、周田、大塘等处布防;次日,复饬滇军第五师胡思舜部前赴韶防。

△ 陈炯明系洪兆麟部占领福建云霄,次日到达漳浦。

△ 重庆江北之熊克武省军被北军击退,是日直军攻占忠县。

△ 张作霖、朱庆澜委派滨江镇守使张焕相兼任中东路地亩局长,向路局收回沿路地亩管理权,但旧处长俄人关达基抗不交卸,驻哈尔滨之英、法、日、美领事亦干涉中国接收,将该局文卷封锁,并向北京政府外交部交涉。

8月2日 海军第二舰队司令杜锡珪电北京政府索海军欠饷六个月,以否则再有“靖安”舰等事件发生,彼不负责任。

△ 北京大学国学研究所集合校内外学者组织风俗调查会,调查全国风俗。其方法为:书籍之调查、实地调查及征集器物。该会印制调查表格三种,通函各省区教育厅,请转发所属各校着手调查,以资研究。

△ 苏联新任中东路长官白尔罗夫到达哈尔滨。

△ 北京双桥无线电台开始与世界各地通电讯。该电台系由北京政府海军部与日本三井洋行缔约建成,于上月底竣工。北京当局拟由日、美合办中国无线电事业,以了结中日、中美无线电交涉。

8月3日 孙中山以梧州克复,粤西江军事已结束,命令撤销西江沿岸警备区域临时戒严条例,宣布解严,并裁撤西江船舶检查所,以利商务。

△ 四川讨贼军第二路颜德基部攻克邻水。

△　四川省议会为反对直系军阀目无法纪，嗾使军警逼走黎元洪，少数辞职阁员寡廉鲜耻，摄行总统职权，部分议员趋炎附势，主张改选总统借拥曹锟登台等恶劣行状，是日致电孙中山，主张一致声讨曹锟、吴佩孚，并“希从速组织政府，以奠国本，而系人心”。

△　北京政府之教育、司法等八机关召开机关官吏联欢会，讨论索薪办法，决议：一、因索薪而发生该管长官之非法处分，当依文官保障法一致联合极力抵抗；二、达到各机关苦乐平均目的，“要饿大家饿，要吃大家吃”，不达目的不止。

△　黑龙江督军吴俊陞在省城将前在庆城收抚之胡匪 800 余名尽数击毙。4 日，吴在致东北当局的密电中声称：该匪等归诚后复掯留人票 200 余名勒赎不放，且有俟官枪发放后密图逃逸消息，“始拟将该匪首等严加惩办，从者分别安置”；3 日下午“令传该匪首等到署，立予逮捕，随督队伍，驰往该营，拟分别讯明，酌量留遣。正站队时，不意该匪竟用手枪连向王营长玉射击，致受透子伤四处，穷凶恶极，实所罕见。……遂一面督队严剿，一面将所逮首领悉予处决，乃该匪复负隅死力抵抗，直至夜十余钟，始将该匪悉数歼毙”。

△　据《申报》报道：北京万国拒土会书记阿士匹兰日前致函《泰晤士报》称：目下闽、粤、滇、黔、湘、皖诸省，烟土已成省政府专卖之品。现中国除山西及沿海数省外，类皆种植罂粟，鸦片产额已达 1907 年之三成，每年约为 7000 至一万吨。

8 月 4 日　孙中山复函胡汉民、程潜、廖仲恺、杨庶堪，谓：“文在外专注军事，无暇分神于其他，一切政事，统由展兄代行；至其例外发生之事，请四兄会议定之。”

△　孙中山特派闽南民军领袖宋渊源为闽南宣慰使；派焦易堂为陕西、河南军事特派员。

△　曹锟在保定光园开军事会议，其军事计划为：先平福建的臧致平，以断浙卢之右臂。对奉取守势，由冯玉祥、王怀庆担任。守势既固，即以全力对浙，分四路包围，一路由皖攻湖州，二路由苏攻嘉兴，三路用

海军攻宁波进绍兴，四路由闽赣攻金衢。攻浙兵力，除闽皖苏赣各出一师外，另于汴洛津保调四个师，凑成八师，志在必胜。

△　高凌霨摄行大总统令裁撤财政会议筹备处、财政清理处、全国财政讨论委员会、整理内外债委员会，另设财政整理会，特派颜惠庆为会长。10日公布《财政整理会章程》，全文16条。

△　沈鸿英部桂军及北军3000余人犯粤，是日占南雄，次日占始兴，进迫韶关。

8月5日　川军杨森部由富顺之何家场、三多寨等处向白马庙、龙会镇之讨贼军但懋辛军进攻，8日杨部攻占白马庙铁门坎等处。

△　林支宇、鲁涤平、陈强、刘铏等开"湘乡会议"，作出三项决定，谋调和湘局：一、各将领联电劝蔡钜猷去职；二、拥护省长；三、谭延闿回湘只准以劳军使名义暂驻衡州，遇相当时期率部赴粤。11日，林支宇以调停无效，避往汉口，通电表示反对战争。鲁涤平则宣布中立，将所部移往安化。

△　蒋介石奉孙中山之命，在沪约会苏联代表马林及张继、汪精卫、林业明等，筹组孙逸仙博士代表团赴苏联考察政治、军事及党务，并洽商有关苏联援助问题。

8月6日　桂军将领李易标抵广东龙川见陈炯明，加入陈系粤军，归叶举节制。

△　段祺瑞在津向东方社记者发表谈话，赞成各方合作，反对武力统一，并指责北京(驱黎)事变为临城第二。嗣后，直系津派议决对付段派办法，警告段勿再活动，并密布侦探严查段党门首出入之人。

8月7日　中央直辖广西讨贼军第一军总指挥黄绍竑、驻梧州中央直辖广东讨贼军第一师师长李济深及驻梧州西江海军部队，奉孙中山密令将桂军冯葆初部缴械。冯降附大本营后仍驻梧州，阳奉阴违，暗通沈鸿英桂军，意图复叛，故收缴其枪械以除隐患。梧地治安改由黄绍竑维持。

△　陈炯明系粤军陈修爵等部由龙华(属广东龙门)进攻增城，讨

贼军卢师谛部溃退，县长挟印逃，增城为陈军攻占。

△ 广东财政厅长邹鲁以广东土地税收入不多，且民间争夺土地，豪强胥吏因缘为奸，而纠纷甚多，为平息纷争，增加土地收入，报请成立“广东全省经界总局”，以厘正经界，确定民业，并随附《广东全省经界总局规程草案》。是日经孙中山核准，并令大本营财政部长叶恭绰、广东省长廖仲恺转饬该厅遵照办理。

△ 谭延闿在湖南衡阳宣告就孙中山所委湖南省长兼北伐讨贼军总司令职，并组织公署，委任军长、师长多人。

△ 驻京法使傅乐猷向北京政府外交部催促核准金法郎案。10日，赴沪之国会众参两院议员致电法国国会及驻京法使，要求对于金法郎案及其他有关中华民国国库负责之条约，概行停止谈判，避免“助虐军阀，贾怨国民，贪一时之利益，而贻永远之祸灾”。

△ 浙江海门、温岭沿海一带发生大风潮灾害。温岭东乡淹毙人口有姓名可查者2018人，无家可归之灾民有4735户，计1.656万人。南乡淹毙人口有姓名可稽者1102人，无家可归之灾民有3582户，计1.3153万人。其残缺无可辨认的尸骸及随潮卷入大海者尚不在内。海门所有轮埠码头五个及靠近沿江一带的市街房屋，均被大浪卷入海中，城内外未被海潮冲去者，屋瓦墙垣亦皆被风吹倒。海门江面被毁船只数以千计。生命财产损失严重。

8月8日 孙中山任命陈嘉祐为湖南讨贼军湘东第一军军长。

△ 陈炯明系林虎部刘志陆攻占闽南漳州，臧致平军刘长胜部不战而溃。同日，讨贼军许崇智部刘志达旅在漳州哗变。

△ 中央直辖滇军所属游击司令董鸿勋觊觎广东香山、顺德两县烟赌捐税收入丰富，以剿袁带为名派队侵占，遭到该两县县长朱卓文、周之贞及陈策部抵抗。11日，孙中山以董鸿勋无故称兵，扰害地方，训令杨希闵着即勒令解职听候查办，同时并免去董的大本营参军职务。17日，周之贞等率队反攻顺德城，滇军溃退。24日，董部开回广州，旋奉滇军师长廖行超令，调赴翁源。

△ 驻陕西之直军第二十师师长阎治堂因谋争夺陕西督军，反对陕督刘镇华；又因克扣所部军饷，引起部下鼓噪。是日直鲁豫巡阅副使吴佩孚令阎解职，以杨清臣（第三师第五旅旅长）暂代师长。阎治堂心有不甘，当向保定曹锟请示，随后阎得曹锐电，嘱暂缓交卸。陕西暂编第一师师长胡景翼、陕西军务帮办第七师师长吴新田、陕南镇守使刘宝善、陕北镇守使井岳秀均先后为阎向吴缓颊。吴见情形如此，乃令阎暂留军中自效。

8月9日 粤西江讨贼军总指挥魏邦平以广东西江各地已收复，于4日提出辞职。是日，孙中山特派魏邦平为琼崖实业督办，准其辞去西江讨贼军总指挥及西江戒严司令等本兼各职。

△ 高凌霨摄行大总统任命王鸿恩为陆军第二十二混成旅旅长。

8月10日 粤北路讨贼滇军第一师韦杵旅攻克始兴，沈鸿英桂军退南雄。

△ 广州大本营财政部所拟《广东省银行纸币整理办法》经孙中山批准施行。该办法规定：省银行纸币自令行日起，限两个月内一律送交整理纸币委员会检验盖戳。凡经盖戳之纸币，一律十足兑现。检验办法为：凡送来纸币一百元由委员会将其中五十元公开销毁，其余五十元俟盖戳后分别交回本人及政府。其交回本人办法为：凡票面一元、五元、十元者按十成发回二成，其票面五十元、一百元及二毫、五毫者，按十成发回一成，余即交回政府。

△ 北京外交团领袖公使葡萄牙公使符礼德，将十六国为临城劫车案所提通牒交北京外交部，要求赔偿被害人之损失，保障外人安全及惩办山东军事当局和路警有关人员。外长顾维钧收到上述通牒之后，即通知内务总长高凌霨，并于当日下午召开特别阁议，议决应付此案之方针为：对于赔偿，当无异议；对于田中玉、何锋钰之免职，及其他一切处分，以事关中国政府用人行政之权，未便即准；关于该路警长张某及当日车上警官赵某等之处分，可以照办；至组织特别路警，由外人训练及指挥，关系中国主权甚巨，颇有干涉中国内政之嫌，万难承认等。

8月上旬 月初，直军卢金山部攻占四川忠县，熊克武讨贼军颜德基部退涪陵与周西成及泸州退出之汤子模会合，势力又趋雄厚。川军重庆方面以邓锡侯率两师与此路相持于南川、涪陵、垫江一带。

△ 援川直军赵荣华、卢金山及袁祖铭、杨森、邓锡侯、陈国栋等会衔电北京摄阁，请拨印花税200万元充饷。

△ 陈炯明代表李钟岳在津分别谒保(定)洛(阳)要人，请饷领械，并劝出兵"平粤"。

△ 英、日、美、法四国借口保护在华外侨，在长江上下游共泊有舰只达37艘之多。

8月11日 杨森率领杨春芳部川军攻入内江，次日拂晓省军张冲、余蕴兰奋力反攻，夺回内江，进踞椑木镇。适直军在椑木镇渡河援杨，张冲等猛烈反攻，用大炮将浮桥轰断，直军损失甚重。

△ 川军第三师罗泽洲团向邻水之省军颜德基部进攻，次日颜部退往大竹、渠县。

△ 高凌霨摄行大总统特任林锡光为甘肃省长。

△ 美、英、法、日四国驻京公使因近日盛传江苏、浙江两省有将开战之说，是日照会北京政府外交部，要求保护在苏、浙二省外国人之生命财产；将上海划出战争区域之外，否则外交团当取适当手段以自保。14日，北京摄政内阁会议决定致电苏齐、浙卢，望维持两省和平，勿用兵，免外人干涉。

△ 美、英、法、日四国公使照会北京政府外交部，以要求"遵守华盛顿会议决议，保障中东路有关各国之利益"为由，阻挠中东路地亩局收回地亩主张之实施。随后，奉省当局对中东路地亩问题，向中外记者发表谈话称：此次中国主张收回之中东路地亩并非条约规定之附属地，而是帝俄时代非法霸占者，并违法委任中东路地亩课管辖，故中国不能不速行收回。31日，北京政府外交部答复四国公使，声明俄国违反1920年条约，以土地公产运用于政治，中国不得不收回。

8月12日 陈炯明系粤军自漳州迫厦门，王永泉军亦由同安攻厦，臧致平对厦门商界宣言决死守。

△ 云南宁洱（今普洱）发生地震，损坏城垣20余丈，公私房屋震塌420余间，压毙一人，伤数十人。后又连震五次，过此仍逐日震动，半月始息。

8月13日 孙中山以曹锟贿选有部分国民党籍议员参与其事，从事不法活动，是日委任李执中、邵力子等五人为惩戒委员，组织惩戒委员会，负责审查事宜。

△ 河南省自治筹备处长刘积学被省长张凤台召至公署予以拘捕，随后吴佩孚电张，令将自治进行各事中止进行。

△ 汉口银行公会议决在制宪未成，正式政府未产出前，各银行不得投资于任何军阀。

△ 苏联驻华全权代表加拉罕抵哈尔滨，随后即与东三省当局接洽中俄会议事宜，北京筹办中俄会议公署代表包世杰奉王正廷之命，于21日赴奉迎加拉罕入京。

8月14日 驻四川酆都原隶川军四师杨春芳所部贺龙独立旅，反戈归附省军石青阳。贺龙经石青阳委为川东边防军第一混成旅旅长。

△ 四川省军赖心辉部克复隆昌，继占富顺。

△ 吴佩孚利用北军、黔军在川境支持杨森图川，是日省军将领赖心辉、石青阳、吕超等联名通电，促北军、黔军立刻出境，仍不失为亲善，如再利用川人祸川，惟有与之拼命作战到底。

△ 高凌霨摄行大总统令准王克敏辞去财政总长职，以张弧署财政总长兼盐务署及币制局督办。

△ 鲍贵卿为直奉作斡旋，向张作霖转致直系曹锟疏解条件五项：一、京奉火车营口盐款，仅将名义归奉中央，实际收入仍为奉有；二、恢复奉张官职，仍由中央任为满蒙巡阅使兼管辖察热绥三特别区行政事务；三、返还掳获之奉军械十分之四；四、恢复奉张原官后，并允奉张出而同意组阁；五、遇必要时，奉军进关，驻屯京畿一带。次日，张作霖将条件交文武两派首领提出意见，文治派认为应抱定“保境安民”四字，拒

绝联好;武人派则认为是饵惑手段,应严行拒绝。

8 月 15 日 孙中山特任古应芬为大元帅府行营秘书长。

△ 孙中山电臧致平及闽南同志,告以即亲督许崇智、蒋光亮两军赴援,“公等稍能坚持,则敌必全灭于闽粤之间”。

△ 孙中山令四川所有讨贼各军,着统归川省讨贼军总司令熊克武节制调遣。

△ 杨森等部川军分三路进攻成都,是日夺得安岳,17 日攻占乐至,占领入省垣大道之广元寺。

△ 四川熊克武、刘成勋在省城军费统筹处筵请省中各界,宣布发行纸币 200 万元,以充作战费用,每月发行 50 万元,以造币厂余利及自流井盐税作为日后兑换基金。29 日,四川省署发出布告,核准川军总司令部、讨贼军总司令部发行纸币的咨请,此项纸币由四川官银号发行。

△ 北京政府财政部增印铜元票向银行抵押借款,到期因财政部无款备赎,此项无准备金的铜元票遂暗中流向市面。是日,北京市面发生铜元票挤兑风潮,铜元票跌价,至月底始暂告平息。

△ 全国学生联合总会第五次评议会在广州举行。该会理事长杨文炤报告会议筹备情形及此次会议之目的。随后评议会主席韩觉民致词指出:该会主张打破国际帝国主义,打倒封建式军阀,创建真正民治的政府,望国民共起图之。孙中山在大会上发表演说,指出学生在革命中的“先知先觉”作用,应研究中国乱象之原因,及用何种方法以解决将来之危局。中国今日之先决问题在扫除军阀,整理内政,继续革命。

8 月 16 日 蒋介石率“孙逸仙博士代表团”自上海乘日轮“神田丸”赴苏联考察。该团成员有沈定一、张太雷、王登云等。19 日,蒋介石等一行抵大连,换乘火车于次日抵长春。21 日抵哈尔滨。24 日搭车赴莫斯科。

△ 粤北路讨贼滇军第一师韦杵旅攻克南雄,沈鸿英桂军向大庾

岭溃退。

△ 因谭（延闿）、赵（恒惕）冲突，长（沙）衡（阳）交通阻断，赵恒惕派兵在湘潭以上沿江设防，长沙紧急戒严。是日，鄂督萧耀南电赵，询问有无实力保障全湘，可否由鄂接防湘阴、岳阳。

△ 高凌霨摄行大总统改派陈箓为国际联合会代表。

△ 苏、浙士绅鉴于时局紧张，传闻两省将有军事行动，是日在沪成立苏浙和平协会并选出干事会。当选干事者：沈信卿、张仲仁、袁观澜、张一鹏、黄炎培、黄伯雨、史量才、钱强斋、穆抒斋、穆藕初、姚紫若、华蘅卿、袁履登、邬志豪、毛西峰、章一山、方椒伯、盛竹书、徐建侯、陶拙存、徐申如、虞洽卿、李徵五、王晓籁。该会以主持和平，发抒民意，力图保全两省治安为宗旨。

△ 苏联代表加拉罕在哈尔滨会见中日俄三国新闻记者，发表声明称：一、此次来华之目的，系为观察远东事情。俄国与中日两国壤地相连，互相会议通商，殊为必要。苏联政府放弃帝政时代的侵略政策，务求亲善态度，愿中国自古文明大开，国民爱和平，吾人尊重中国主权；二、中国人系最亲爱之同盟者，中俄两国宜协力一致，共登世界之大舞台。中东路问题，当由中俄两国解决，不许他国置喙；三、日俄会议须以对等资格相见，毫无降格以求通商之必要。

△ 湖北天门县皂市镇被匪焚劫，全镇房屋被毁三分之二，被掳居民 200 余人，英法教堂、医院亦毁。

8 月 17 日 孙中山特派中央直辖讨贼军第四军军长梁鸿楷兼广东两阳、三罗等处安抚使。

△ 北京政府外交部以原任驻日公使汪荣宝不愿赴日，是日派施履本为驻日代办。

△ 全浙女界联合会在杭州成立。该会以贯彻废止一切不平等法律之主张藉谋女界幸福，并服务社会为宗旨。

8 月 18 日 中国国民党中央干部会议在沪开会，讨论对于国会态度，根据孙中山来电所示精神，主张开宪法会议，以团结议员。

△ 北京各政团借甘石桥俱乐部讨论组织总统选举会问题，当场推定 12 名代表，持各政团公函，向众议院议长吴景濂商定日期，召开总统选举预备会，以便举行选举总统。

△ 吴佩孚派咨议蒋某偕湘赵代表首斌赴鄂，是日往谒萧耀南陈述吴决至必要时助赵驱谭出境，目前暂听湘人自决。

△ 孙中山致函在德留学之邓家彦，嘱游说德国人士促成中德提携。函称：此间须与德国资本实业家及其政府订一大建设计划，“中国以物资人力，德国以机器科学，共同合作发展中国之富源，改良中国之行政，整顿中国之武备。总而言之，即借德国人才学问，以最速时间，致中国于富强，此步达到，则以中国全国之力，助德国脱离华塞条约之束缚”。“倘德国志士有此见地，促成中德两国之提携，其功业必比于俾斯麦者尤大也，而兄又为成此事业之中介，则功业亦当在四万万人之上矣”。

△ 香港、澳门大风为灾。香港康乐道水深数尺，大树倾覆，电线多断，房屋损坏不少，船舶被损毁多艘。

8 月 19 日 赵恒惕成立护宪军总指挥部，自兼总指挥，以抗谭延闿、蔡钜猷。委任陈渠珍为护宪军第一路指挥，攻蔡（钜猷）后路；唐荣阳为第二路指挥，攻蔡北路；唐生智为第三路指挥，攻蔡正面；贺耀组为第四路指挥，攻蔡东路，是为赵军右翼。刘铏为第五路指挥，防守湘乡；叶开鑫为第六路指挥，攻击湘南正面，是为赵军中路。杨源浚为第七路指挥攻湘南侧面，是为赵军左翼。

△ 四川省军张冲所部攻占大足，直军宋大霈部向铜梁、永川溃退。

△ 《江浙和平公约》经江苏、浙江当局齐燮元、韩国钧与卢永祥、张载阳及松沪护军使何丰林签字后正式告成。月初，苏浙和平协会发起人张一麐等为消弭战祸，杜绝谣传，吁请苏、浙当局签订和平公约，经张奔走宁、杭、沪，面商当局，至此终取得一纸书面公约。

△ 安徽各团体在省城教育会开省宪筹备会成立大会讨论制定省

宪，省长吕调元竟派出军警数百人强行制止。

8月20日　孙中山令惠州安抚使姚雨平仍兼中央直辖警备军司令。同日向姚发出训令称："我军此次出征东江，在伐罪救民，歼厥逆魁，余无所问。所有胁从官兵应予招抚收编，以安反侧而示宽仁。"

△　四川省军周西成乘杨森派军队在前线三路失利，贺龙在酆都宣布独立袭攻长寿之机，联合汤子模、颜德基等部二次围攻重庆。直军、川军纷纷调兵援救，后袁祖铭调回黔军，始于27日将周军击退，重庆解围。

△　北京外交团路警委员会讨论临城劫车案善后之铁路警备问题，英国公使提案为：一、以外国军官设护路行政局于交通部，握全国路警权；二、各路设护路办事处，用外国军官管辖；三、组织护路常备队，分配各路直接由护路行政局指挥；四、此项经费为宽筹起见，各路会计及路务总管以外人充任。提案遭到法、美公使的反对；日使以未奉政府训令，不参加表决。此项提案遂为多数通过。

△　在奉领事团会见张作霖，指责哈尔滨中国当局奉命将中东路地亩课移管，违反华府会议主旨。张答以中东路于必要土地之外占据广大土地，随意管理，是明明侵害中国主权，中国加以整理，自属至当，列国干涉，殊觉无谓。又称：因铁路管理之关系上，望再向孙烈臣督军接洽。22日，领事团前往会见孙烈臣，经协商同意将中东路地亩问题提交哈尔滨董事会处置。

8月21日　福州马尾海军舰队二次图攻厦门臧致平，海军陆战队再占金门，以作根据地。

△　四川讨贼军总司令熊克武委任石青阳为讨贼军第三军总司令，汤子模为第一师师长、周西成为第二师师长，均归石青阳节制。

8月22日　张作霖在东三省保安司令部召集紧急会议，商定对俄交涉方针。与会者有孙烈臣、吴俊陞、张作相、张学良、杨宇霆、王永江、张寿增等。议定六项方针为：一、承认劳农政府问题，决定与列国取同一步骤；二、中东路地亩问题，原应由中央政府交涉，然于东省治安亦有绝大关系,但决不变更既定方针;三、经济绝交问题,此乃地方人民所执之自卫手段,惟静待对方改变态度,此问题自可停息;四、修好及条约问题,为东省最所希望,如有必要,则于设置领事馆之事,不予反对;五、黑龙江航权问题,盖若不出本流以外,不必另加协议;六、国境问题乃中俄交涉上之烦琐事项,如俄国变更其从前侵华态度,认为真有商议国境问题之诚意,自当另与商议。以上各项,认为须与中央政府共商办法。

△　陈炯明党羽陈永安率部攻占香山县属之前山,滇军败退香山城。旋经陈策率舰队收复前山,陈永安逃往香州(今珠海)。

△　广州大本营兵站总监罗翼群以兵站各项支出至少日需2.6万元,而每日领款仅1.2万元,不足支出之半数,办理为难,吁请大本营按日如数拨足经费,否则"惟有随同全部一律请予解职待罪,免误全局"。

△　山东旅京同乡会为山东开辟八埠问题特具呈国务院指出:"五六年来,日人占领青岛,豢养无数土匪,输入巨额军火,致沿铁路一带,伏莽遍地,路绝行人,佥以土匪未肃清前,万不能轻言开埠。"

8月23日　孙中山为便利指挥东江军事,迁大本营于石龙,开始第三次东征。

△　张作霖在沈阳召开军政大会,讨论军队之编制、剿匪、防边及充实军械、扩充航空等,政界之政治教育、保甲及整理财政、澄清吏治等问题。关于直奉和议问题,决定拒绝,对孙(中山)、张(作霖)、段(祺瑞)三角同盟仍固守前约。

△　川军第五师师长何光烈因列名中立派之调停川战通电,被熊克武运动其部下旅长李伯阶软禁。是日,何光烈在顺庆发出通电,宣布卸职,师长职务暂交第九旅旅长李伯阶代理。

△　湘省长赵恒惕向各路"护宪军"下总攻击令,谭、赵两军在衡山附近激战。次日,护宪军中路蒋锄欧团击退吴剑学部第十七、十八两团,占领护湘关,25日占衡山。谭部湘中第一军军长兼前敌总指挥宋鹤庚对所部军队(贺耀组、唐生智两师)失指挥能力,弃职赴汉转沪。

△　据《民国日报》报道:湖南学生会发表对于湘事宣言,指出:"中

国人民要想不受外国与军阀的宰制，实现民主政治，建设独立国家，除用民众的势力，继续不断的革命，别无途径。”“联省自治实际就是联督割据，其结果只是保存军阀的势力，延长人民的痛苦。”“湖南自治的结果，只是赵恒惕专政，金钱选举，贿赂公行，非法抵借，杀死黄、庞，解散外交后援会，捕杀学生，以媚日人，投降吴佩孚。”“我们的口号是反对联省自治！打倒封建军阀！继续民主革命！人民团结起来！”

8月24日　陈炯明系林虎、洪兆麟部从闽南开到东江，又得李易标、谢文炳两部从北路加入，是日陈军分三路向讨贼联军扑犯。左翼淡水方面陈军猛冲至广九路附近，联军被迫退却；中路李易标及惠城守军分路从泰尾进攻博罗，占飞鹅岭、笔架山等要隘，又分兵一路绕出苏村，将联军前后方水陆通路隔断；由龙门攻正果的陈军则进向石滩。孙中山急调驻广州之滇军蒋光亮部应援，蒋索饷不应命，乃改调李福林、吴铁城两部增援。

△　留京国会议员开两院谈话会，在吴景濂等人的操纵下通过“临时支给预备费方法案”，使议员在常会亦得出席费，以招徕议员进行“大选”。25日，离京国会议员联合通电，指责该项决议案非法。27日，国会议员彭养光等向检察厅控告吴景濂行贿害国。

△　山东省财政厅巧立名目设局征收产销税，遭到各地商人一致反对。长山税局被焚，分所长周锡禄被殴毙；胶县县署、税局被捣毁，伤数人；博山停装火车，潍县、高密均罢市，税局长逃。是日财政厅电各税局长返济南，产销税被迫停办。

△　北京江苏会馆开临时会议，决议电齐燮元、卢永祥、何丰林，对江、浙签布和平公约表示钦佩，但近三月内两省调动之军队仍未回防，不免怀疑，请速恢复原状，以昭信守。

△　中华教育改进社在京举行第二次年会，计到会500余人，决议案130件。是日与会全体人员一致反对外交团护路委员会借临城案干涉中国铁路警察及会计权，一面发表宣言并推熊希龄、黄炎培、张伯苓到外交部、交通部分头接洽，另向外交团表示上述反对态度。

8 月 25 日　鲍贵卿奉曹锐之命，携条件赴奉与张作霖接洽奉直和议，鲍返津后是日派专人将携回之张作霖函送赴保定。

△　北京政府交通部公布《交通部铁路警备处规则》，任命该部次长孙多钰兼铁路警备处处长，王赓、梁上栋为副处长，聘瑞典籍曼德中将为总教官，以抵制英公使在外交团所主张之外人护路案。

△　全国商联会对“临案”通牒发表声明：一、电请北京政府除赔偿外，概行拒绝；二、公布救护经过；三、全国组织国民后援会，以为政府后盾；四、国民督促政府剿匪。

△　在河南新郑县城内东南隅住户李锐宅旁园圃中，因凿井至三丈时发现东周铜器，先后掘得 70 多件。

8 月 26 日　孙中山至粤东平湖，同杨希闵商议作战计划。同日，电李福林速来博罗督战，又命廖行超率部赴博罗解围。

△　孙中山函大本营财政部长叶恭绰，告以闽方讨贼战况及东征形势，令筹紧急军费 30 万解应急需，俾早日结束东江军事。

△　粤讨贼滇军胡思舜部进抵东江淡水，陈军向白芒花退却。

△　中华全国平民教育促进会在北京召开成立大会，到 20 省代表 600 余人，会议举出董事 40 人（每省二人）。选出熊朱其慧、张伯苓、蒋梦麟、陶行知等九人为执行董事，熊朱其慧被推举为董事长，晏阳初为总干事。

△　北京学生联合会因外交等问题开会决议：一、对外交团议定之变相共管铁路案，绝对反对；二、对中俄外交问题，欢迎俄代表加拉罕来京，采用国民外交方式，由国民自动承认苏联，希望中俄会议后，履行 1920 年之对华宣言，抛弃帝俄时代所订一切不平等条约与权利；三、坚持无条件收回威海卫；四、国会期满后，请各省撤回所选之代表，反对贿选总统。

8 月 27 日　湖南鲁涤平率中立军五团在湘乡不许“护宪军”叶开鑫部通过。次日，鲁率二师全体军官再发中立通电，宣布“划出本师原属各防区为缓冲地点，凡区域以内所有保持秩序、清查盗匪之务，仍由涤平等担负完全责任”。

△ 黔军袁祖铭击退围攻重庆之讨贼军周西成部。援川直军支队长于学忠任重庆沿江司令兼城防司令。

△ 博罗告急，孙中山命古应芬回广州催蒋光亮部增援。

△ 留京国会议员赵正印等通电反对英公使所提护路要求，以该项主张“不独干预我内政，攘夺我路权，而且破坏华会条约，破坏东亚和平，关系重大”，应同心同力，拒绝交涉。

8 月 28 日 孙中山复函谭延闿，勉以“猛力毅进，解决湘局”。

△ 北京摄政内阁开会，公推高凌霨临时主持院务。

△ 湘省长赵恒惕虑后方不稳，派鄂军夏斗寅部于是日夜间围攻长沙陆军讲武堂，缴取学员枪械，激战至天明始平息。

△ 致中银行之京、津两行亏款倒闭，京行经理张毓文先期逃匿，津行总经理杨惠廉、协理胡景诚、经理管凤冈等潜逃。致中津行系本年 6 月成立。

8 月 29 日 粤东江连日大风雨，陈炯明军攻博罗不得进，讨贼军刘震寰部困守城下。孙中山复调滇军范石生全部来援，并饬杨希闵击退左翼淡水陈军。

△ 袁祖铭部黔军攻占四川璧山，向大足、铜梁进攻。

△ 湖南省长赵恒惕以“附逆毁宪”罪名免去衡阳镇守使谢国光、宝庆镇守使吴剑学本兼各职。

△ 全国学生联合总会第五次评议会在广州闭会。会议通过请孙中山组织政府行使总统职权决议案及该会今后运动目标和进行计划案等多项议案。

8 月 30 日 高凌霨摄行大总统下令责成有匪省份之军民长官合筹剿匪事宜，督同地方长官大举清乡，期于最短期内肃清辖境，务绝匪源；令派徐海镇守使陈调元为苏皖鲁豫四省剿匪总司令，王为蔚、张培荣、李传业为副司令。

△ 广西督理林俊廷派兵东下图梧州，西江讨贼军第五师黄绍竑

决先发制人，在海军浅水炮舰舰队配合下攻占广西藤县。

△ 湖南"护宪军"叶开鑫所部蒋锄欧、刘重威两团攻占衡州（今衡阳市），谭延闿退耒阳，谢国光退祁阳，吴剑学退宝庆。

8月31日 中国国民党中央干部会议在沪举行临时会，反对黎元洪南下及在沪以政府名义发号施令。

△ 讨贼湘军将领张辉瓒率朱耀华、黄辉祖两团由易家湾猛扑长沙。赵恒惕仅有兵两营，不能御敌，又因湘潭及刘家台兵变，遂于9月1日晚率同鄂军司令夏斗寅及省署各司长出走醴陵。朱耀华团占领长沙后，当由张辉瓒、方鼎英出示安民，并电迎谭延闿及宋鹤庚、鲁涤平、刘铏、林支宇回省。

是月 河南近一月来，霪雨为灾，山洪暴发，受灾最著者为豫东之西华、汜水，豫南之商城，豫西之巩县、宝丰、洛阳。京汉、陇海两路被洪水冲断数处。

△ 陈炯明系邓本殷指使所部在海南岛澄迈、临高、儋县对讨贼军的家属和乡里居民进行报复，计屠杀乡民600余口，焚掠5000余家。

△ 罗文幹案经京师高检厅审核，以上诉理由不充驳回，且七天抗告期限已过去，该案确定无罪。

△ 陕西督军兼省长刘镇华聘请傅铜为国立西北大学筹备处处长，并指定地址及筹就30万元为开办费。

9 月

9月1日 孙中山命令到达东江石龙各军及抵苏村之福军、滇军攻击前进。孙所乘座船由苏村向博罗开驶，夜泊第七碉。

△ 高凌霨摄行大总统派朱兆莘为国际联合会全权代表，准驻奥地利公使黄荣良辞去国际联合会全权代表兼职。

△ 袁祖铭通电就吴佩孚所任援川各军前敌总指挥职。

△ 众议院议长吴景濂以金钱"奖励"议员出席，议员趋之若鹜。

是日晚，23政团在北京甘石桥俱乐部会议，到70多人，一致要出席费，并推钱崇恺、万钧、葛庄分赴各政团劝不领者，并设宴款待，务使之往领出席费。

△ 广西陆荣廷将边防督办交谭浩明接理，本人回武鸣原籍。

△ 北京政府交通部向华比银行借款合同在京签字，借款总额为170万元，月息一分三厘五，本息以正太铁路全部余利之三分之一为抵。

△ 北京政府交通部规定，火车运邮件自是日起，一律实行收费。

△ 北京政府外交部派徐善庆代办驻墨西哥使事。

△ 日本发生大地震，被灾地域，东从千叶县起，经东京、横滨、横须贺、镰仓、箱根、伊豆直到静冈止，计一府六县，面积二万方里。震后大火，日本精华除大阪、神户、长崎、名古屋外，几乎尽付一炬。人民死亡约20万人。日本军国主义分子和浪人借口"韩人纵火"惨杀韩人，旅日华侨及共济会领袖王希天等数百人亦遭惨杀。

9月2日 蒋介石所率"孙逸仙博士代表团"抵达莫斯科，随后在苏参观、访问，历时两月余，于11月29日从莫斯科启程归国。

△ 川军邓锡侯、陈国栋两部攻占合川，熊克武、但懋辛部省军退往顺庆、遂宁。

△ 苏联代表加拉罕到达北京，各团体及外交界人员前往车站欢迎。次日，加拉罕在京发表对华宣言，重申前两次宣言之原则与精神依然为苏联对华关系之原则，并指出中苏两国亲善之必要。

△ 晚21点15分，甘肃固原（今属宁夏）发生地震颇剧，历时10分钟之久。

9月3日 中国国民党中央干部会议在沪举行第七次会议，讨论黎元洪南下问题，决定反对黎元洪以总统名义组织类似政府之一切机关；重申孙中山前电，劝国民党籍民八议员在沪勿争出席。

△ 京畿卫戍司令王怀庆、察哈尔都统张锡元、绥远都统马福祥、热河都统米振标、口北镇守使谭庆林等通电索饷，并催促国会速办大选。

△ 河南陆军第三混成团团长郭振才率部在河南桐柏县柳树庄将杆匪刘排长包围，将意籍梅神甫救出，同时救出肉票 500 余人，多系湖北枣阳、京山、天门等地被匪掳去者。梅神甫因受枪伤甚重，于救出后次日死亡。

△ 日本驻台湾总督田健治郎离任回国，由内田嘉吉继任。

9 月 4 日 孙中山特派大本营出勤委员赵西山前赴陕西传谕同志各军将领，迅速协同一致讨贼救国。

△ 高凌霨摄行大总统令免教育总长彭允彝、农商总长李根源本职，以黄郛署教育总长，袁乃宽署农商总长，又以陆军次长金绍曾代理陆军部部务。5 日，李根源、彭允彝抗议摄政内阁非法以阁员任免阁员。

△ 湘中立军将领鲁涤平在湘潭致电谭、赵两军长官提出和平办法：一、由各战区两方指挥，互相约定先行局部停战；二、停战后再商定地点，由各处派员会商办法。

△ 四川讨贼黔军周西成部再攻重庆南岸，与黔军袁祖铭激战数日，后袁部援军开到，10 日周部主动撤往綦江，重庆第三次围解。

△ 中俄交涉署督办王正廷在北京北海静心斋欢迎苏联代表加拉罕。王在欢迎词中希望苏联追随美国之后尘。加拉罕在答词中对王说表示拒绝，并声明苏联与中国将建设绝对平等之关系。

△ 北京政府派驻日代办前往日本外务省慰问震灾，令财政部迅筹 20 万元汇交日本政府，为中国政府捐助之款；并由各地长官劝谕绅商广募捐款，尽数拨汇。又令外交部转饬驻日长崎、神户领事就近调查侨日商民被难情形；由内务部、财政部商拨款项，派遣专员会同红十字会携带衣服食物药品，迅即驰赴东京一带设法援救。

△ 孙中山致电日本摄政皇太子，对日本遭受震灾表示“十分真挚的同情与吊慰”。

△ 甘肃海原(今属宁夏)地震，连续六七次，官署民房震倒颇多，城墙亦被震裂。

9 月 5 日 孙中山复国民党中央干部会议电，指示应付政局变化之意见:“一、黎(元洪)南下,据浙卢意,只承认其私人资格,似未能遽组政府。闻此次乃由段系利用,亦未便置词,以拆台为取得吾党同意故也。由党宣布反对非宜,似以不理为是。二、川湘为吾党支配,搭台当不能得多数赞同,团结西南,必联其当道,力唱党义,方为正办,余均苟且,不能共肩救国之任。”

△ 陈炯明系邓本殷部乘讨贼军集中东江苦战之际,攻陷北海。广州大本营令“永丰”舰前往增援。

△ 黔军袁祖铭部攻占四川璧山。

△ 广州大本营外交部长伍朝枢照会北京外交团,要求摊分关余,并拨还民国九年3月以后西南应得之积存关余。7日,由广州英领事杰弥逊将照会转往北京。28日,外交团答复广州大本营称,对关余问题正在考虑。

△ 港绅英籍华人何东爵士曾分致函电与南北各方要人,提议召集各省领袖南北名流联席平等和平会议,共谋息争恤民,解决时局纠纷。是日,孙中山复电赞同,表示“届时当躬亲列席”。在此之前,唐继尧、张作霖、卢永祥、黎元洪曾先后有函电答复,表示赞成。

9月6日 湖南讨贼军收复衡州,赵军退往攸县、醴陵。

△ 绥远混成旅改编为陆军第二十三混成旅,北京摄政内阁任命王麟庆为旅长。

△ 北京政府派新任驻日代办施履本赴日慰问地震巨灾,并办理被灾华侨善后事宜。汤尔和、江庸亦代表红十字会及救济会赴日。

△ 苏联正式照会北京政府外交部介绍苏联成立情形;苏联的全称为“苏维埃社会主义共和国联盟”,苏联代表团之全称为“苏维埃社会主义共和国联盟特派驻华全权代表团”。同日,顾维钧外长会见加拉罕。

9月7日 粤陈炯明军李易标、谢文炳、陈修爵等部万余人围困博罗。是日,陈军进犯淡水,被讨贼滇军第五师胡思舜等部击退。

△ 袁祖铭部黔军攻占四川铜梁、大足。

△ 北京众议院常会通过“国会延期案”，议员职务应俟下次依法选举完成、开会前一日解除之。对此，京中各界反响甚烈，谓“国利民福之件，无一桩决定，独于自身任期，两点钟通过三读，窜改定法，堕丧人格”。京中各报亦一致抨击，《京报》记者王懿年因此被京师检察厅传讯。

△ 日清公司之“宜阳丸”、“云阳丸”两轮由宜昌开往重庆，载有北军“援川”之大批军火，是日驶经涪陵四川讨贼军第一师汤子模防区时不服驻军检查并开枪击毙官兵六名。汤部官兵当即将“宜阳丸”截住，检获手枪数十支、枪弹百余万发、炮弹三百多发。“云阳丸”则乘间鼓轮逃逸。“宜阳丸”及日人驾驶员二名被扣留，押运军火之军械处长张运玑被捕。随后汤子模令成渝交涉员向驻川日领事严重抗议，并要求赔偿此次所受损害。

9 月 8 日 孙中山亲率援军杨廷培一部，由石龙开赴东江前线增援，是日下午到达苏村。同日，东路讨贼军胡思舜、许崇智等部攻克白芒花。

△ 广东省长廖仲恺函滇军师长廖行超，为广东教育机关呼吁经费。函称：教育机关职员欠薪半年有奇，而粤征收机关尽归握师干者掌管。再三筹思，求于军队给养无碍之中，谋学界一息命脉，决于花筵捐附征四毫。惟贵师以有碍饷源，欲行阻止，但舍此更无可为教育费，请兄令花捐局不得干涉省署批准之加捐。

△ 离京国会议员褚辅成、汤漪等 483 人在上海联名通电，指责众议院议长吴景濂等利用国会包办大选，其条件为选举曹锟为总统者每票 8000 元，其对议员人格，极尽侮辱。重申留京议员自 6 月 13 日以后一切决议无效，所有常会开会或总统选举会根本不生效力。

9 月 9 日 四川省军第五师第九旅李伯阶部攻占合川。

△ 吴佩孚分致孙传芳、王永泉、王献臣一电，谓“臧（致平）果诚意休兵，应令将武装全数解除，否则仍合力会攻，免留后患”。

△ 北京学生联合会在中央公园开会欢迎加拉罕。学联代表致词

希望中俄两国之真实亲善出现,以抗拒其他帝国主义者对我国所施之压迫与侵略。加拉罕致答词称,以全世界情形而论,两国实有不能不亲善之理由,为保持两国之生存计,及促进世界和平计,皆觉有亲善之必要。

△　招商局“新昌”轮由粤驶沪,当航行至莲花山附近时,有头等舱“搭客”40 余人持枪将乘客、船员财物劫掠一空,并掳乘客九人,换乘驶来接应之贼船逸去。

9 月 10 日　粤东江博罗守军杨廷培部冲围而出,攻占铜鼓岭,陈炯明军向派尾、响水退却,博罗解围。孙中山进城抚慰,并订定追击计划。

△　孙中山任命孙祥夫为海军陆战队司令。

△　留京议员开“总统选举预备会”,众议院议长吴景濂恐人数不足,再度流会,遂虚报出席人数为 436 人,宣称已达法定人数,决定 12 日开会选举总统。但此次实到会者仅 431 人,不足成会人数。12 日,众议院议事科科员秘书孙曜通电全国,揭露此次预选会议虚报人数实况。

△　哈尔滨《松江日报》创刊。

9 月上旬　广东石龙大水成灾,水退后又遭大火,总计各街店户被水冲塌或被火毁者约六七百家,损失逾百万,失所难民数万。

9 月 11 日　黎元洪偕陈宧等雇乘日轮“长府丸”由津抵沪,谋组织政府。

△　黎元洪自沪致电孙中山,谓:“元洪忝受国民付托……责任不可以不尽,业于九月十一日到沪,勉随国人之后,力图靖献。……惟望共伸正义,解决时局。海天南望,伫候教言。”

△　粤东江讨贼滇军杨希闵部克复平山;朱培德、吴铁城部夺回增城。陈炯明军由河源退往海丰。

△　讨贼湘西第一军蔡钜猷之刘叙彝部占益阳,护宪军唐荣阳归附蔡钜猷,攻入常德。护宪军贺耀组、唐生智部败退湘阴、岳州。

△ 南京总商会电请上海总商会就近忠告黎元洪，切勿从事破坏和平之政治运动；并劝告江苏军事当局，不得借口有所行动。次日又为此致电杭州总商会，请就近劝告浙江当局。随后杭州总商会复电称：浙省军事当局对于黎莅沪视为个人行动，对地方则抱定保境安民宗旨。

△ 高凌霨摄行大总统派张竞仁为财政整理委员会专门委员长，周诒春为秘书长。该会以整理外债名义，拟向新银团或其他外资之集合体借一大款，除还去各债外，尚余若干为度日之费。

△ 天津《京津泰晤士报》因揭载军阀阴谋，被直隶省长王承斌禁止在天津华界发售并不准寄递。是日京津各报驻沪记者李士林在"一江春"宴请各团体，到会之30余团体代表通电呼吁为该报争回自由。

9月12日 黎元洪在沪杜美路26号寓所召集广东代表汪精卫、浙江代表邓汉祥、奉天代表费行简、湖南代表钟才宏等举行会议。黎说明目前有组织政府的必要，希望各省予以帮助。汪精卫对黎此说不予支持，各省代表表示须请示本省长官才能回答。

△ 粤北路讨贼滇军赵成梁部进占南雄。14日，沈鸿英部及北军复陷南雄，滇军退守始兴。

△ 湖南谭、赵两军在易家湾激战，赵军获胜。谭军黄、朱两团当晚退往宁乡、浏阳。次日赵军占长沙。

△ 《申报》揭露曹锐、王承斌为曹锟筹措贿选经费，手段恶劣。一为借惩办贩卖金丹（毒品）为名，勒罚巨款；一为向各县勒借军饷。前者自谓至少可得500万元，后者派定共借200万元。

△ 复辟祸首张勋在天津英租界松寿里寓所病死。

9月13日 孙中山在博罗召集杨希闵、许崇智、刘震寰会议，讨论总攻惠州城计划。会后接黎元洪自沪来电，遂决定返广州。

△ 广东西江陈炯明系之黄志桓等部攻廉州（今合浦），企图阻挠孙中山调遣西路讨贼军增援攻惠州。

△ 原东路讨贼军第二师师长吕春荣叛投陈炯明，吕部下旅长莫雄及梁若谷通电与吕脱离关系，仍一致拥护孙中山。次日，吕春荣在遂

溪宣布就任陈系粤军第二师师长兼高州善后处长职。

△ 松沪护军使何丰林以黎元洪抵沪，人心惶恐，发出布告保境安民，严禁破坏秩序；倘有破坏治安，扰乱秩序之行为，无论何人，概予拿办。

△ 京绥线鸡鸣山煤矿发生火灾，七百尺及八百尺矿洞全焚，工人千余名尽熏毙或遭活埋。

9月14日 湖南谭延闿部讨贼军克醴陵，向攸县、茶陵、株洲活动。是日，驻军湘中暂持观望态度之鲁涤平本日发表通电，主张谭、赵两方在长沙开和平会议。

△ 广西林俊廷、张其锽、刘日福、陆云高、蒙仁潜、李宗仁、陆福祥、韩彩凤等通电声称“军民长官集议，推陆荣廷督办广西全省统一事宜”。随后陆复电，谓年老请另举贤能，惟有事见商，亦可助力。

9月15日 根据曹锟、吴佩孚保荐，高凌霨摄行大总统任命沈鸿英为陆军第十七师师长，邓锡侯为陆军第三十师师长，陈国栋为三十一师师长，唐式遵为三十二师师长，潘文华为三十三师师长，袁祖铭为三十四师师长。又任命彭汉章为黔军第一师师长，王天培为黔军第二师师长。

△ 高凌霨摄行大总统派陆徵祥为国际保护劳工会委员，萧继宗为第二委员。

△ 高凌霨摄行大总统以各县旧监狱专以禁锢为事，殊不合今日之用，下令改良旧监狱，筹设新监狱，于后凡有犯罪者务于在监授以相当工艺，使之出狱以后得以复为良民。

△ 湖南省长赵恒惕两电鄂督萧耀南，谓已饬湘鄂路局恢复武长路车，以利运输，请速拨大批弹药运湘接济，并请转电洛阳速派援军。

△ 东北大学举行开学典礼。该校由奉天省长王永江兼任校长，暂设文法理工四科，计划日后添设财政、商业等科。

9月16日 厦门臧致平派兵分五路攻泉州，次日围攻惠安，旋经王永泉派队击退。

△ 上海对日市民大会在总商会大厅举行第二次提倡国货大会。干事长冯少山在开会词中称：该会对反对“二十一条”、收回旅大而为经济绝交之进行，仍抱初衷。迩来时开提倡国货大会，并非放弃以前主张，实是从消极方面而为积极进行，要求切实提倡国货，不买劣货，为律己之标准。

9月17日 孙中山在广州大元帅府召集特别会议，讨论黎元洪来电，以黎此次南下，绝无切实解决时局之方法，徒供政学系等政客之玩弄，“吾人惟有努力贯彻救国主张”。

△ 苏联代表加拉罕于本月8日致函孙中山，希望在实现中苏两国人民之间建立最紧密关系的伟大任务中，得到帮助。是日，孙中山复函加拉罕，指出：“我们两国的真正利益要求制定一个共同的政策，这一政策可以使我们生活在和其他大国平等的条件下，并可以使我们摆脱凭借强力和以经济上的帝国主义方法而行动的国际体系所强加在我们身上的政治与经济的奴役。”次日，孙中山又致书加拉罕，说明蒋介石赴苏使命，并盼加拉罕前来广州。

△ 北军、川军攻占四川涪陵，讨贼军周西成、汤子模部向南川、綦江退却。江路复通。

△ 四川讨贼军总司令熊克武调集大军向泸州杨森部发动猛攻。

△ 高凌霨摄行大总统以漳厦护军使臧致平“破坏统一，负隅抗命”，李崇寅、田德润、邢蓝田、曾少乾、艾庆镛、张保之等“朋比附乱，扰害地方，均属内乱重犯罪”，命令将臧等“一并褫夺官职、勋章，通缉惩办”。

△ 福建督理孙传芳受吴佩孚之怂恿，由汉口回福州任事。

△ 张作霖所派参与中俄会议之代表吕维东（奉天省议会副议长）、沈成章（警务处长）、祁彦术、杨倬（外交顾问）等抵京。

△ 华威银行上海分行开幕。该行为中国、挪威两国商人合组，资本额1000万元，总裁刘焕，副总裁曼德，董事长江天铎，行长谭海秋，副行长哈斯伦。

9月18日 孙中山再赴东江前线，抵石龙。

△ 李根沄率所部4000人脱离桂军沈鸿英投孙中山，被编入讨贼滇军第三军蒋光亮部。

△ 湖南赵恒惕军蒋锄欧团攻占株洲，谭军谢国光部向渌口、醴陵溃退。

△ 陕西讨贼军第一路司令张藩致电孙中山，以曹、吴窃权祸国，决率秦中将士组织陕西讨贼军，为国除贼。

△ 北京摄政内阁会议通过张弧以“九六公债”加入内国公债整理案内及农商部提请裁撤边藏及青海劝业专员、川边矿务督办等案。

△ 全国学生联合会发表宣言，否认北京之非法摄政内阁及非法国会，敦请孙中山重组政府，行使大总统职权。

△ 中俄交涉督办王正廷与苏联代表加拉罕商谈中俄会议事，加拉罕要求中俄先行复交，王未应允。

9月19日 广东陈炯明系粤军第二师吕春荣进犯阳江，孙中山调陈策部前往抵御。

△ 讨贼滇军朱世贵部由广东英德开赴韶关转始兴，抵拒北军。

△ 闽王永泉、王献臣、黄大伟、林虎、洪兆麟等围攻厦门各军，伙同海军计划对厦门发动总攻击，因内部有矛盾中变，臧致平得以暂时维持地盘。是日，林虎、洪兆麟所部开回粤省，援救惠州。

△ 孙中山批准大理院兼管司法行政事务赵士北关于清理庶狱的报告，将广州及茂名等30厅庭所系罪名均非重大、情节皆有可原的人犯639名，依照减刑办法，明令宣布减刑，立予释放。

△ 财政整理委员会在京开幕，会长颜惠庆演说，谓依缓急轻重之序，巩固财政信用，先整理债款，将既往无切实担保之债务，为通盘整理计划，报告政府，早日定案。

△ 直系封锁贿选消息，钳制舆论，是日封闭北京《社会日报》，并捕去记者林万里等三人。同日，中一通讯社亦被封，编辑李国华被捕。

△ 甘肃银行在兰州开幕，委任牛载坤为经理。开幕后将官银号

旧票一律按市价收回。

△ 汉口实行抽收卷烟特捐，是日纸烟业大同行五家、小同行 80 余家因反对无效停市。22 日，经县署调停后开市，卷烟值 100 元抽印花税 20 元。

9 月 20 日 孙中山赴东江飞鹅岭筹攻惠州。大本营鱼雷局长谢铁良、航空局长杨仙逸、长洲要塞司令苏从山等为攻惠作准备，在博罗前方梅湖炮台附近船上安放水雷时发生爆炸，谢、杨、苏及军官佐随从员役 30 余人当场牺牲，攻惠计划受挫。27 日，孙中山令追赠谢铁良、杨仙逸、苏从山均为陆军中将。

△ 北京政府外交部拨付美商克门因伤毙命之恤金 2.5 万美元，该案全部了结。

△ 北京平市官钱局因借款难成，铜元票无款兑现，加之抵押之铜元票到期不赎，多流入市面，挤兑风潮再起。与此同时，中南、边业、劝业、保商、华成、察哈尔兴业六家银行，亦发生挤兑。同日，京畿卫戍司令王怀庆以平市官钱局内容复杂，黑幕重重，呈请北京当局将贪墨官吏一一逮捕，依法惩办，并查封彼等财产抵作铜元券基金。

△ 张作霖电令朱庆澜先切实调查中东路铁道用地情况，再清权限。

△ 浙江“全浙教育会联合会”在鄞县举行会议，于 25 日结束，通过“促进平民教育”、“组织全浙教育参观团”、“普设阅报社”等 13 项决议案。

9 月中旬 湘赵恒惕军唐生智部入长沙后，除捕杀谭系多人外，并杀鲁涤平师副官岳某、唐荣阳部参谋长钟某、副官长向振祺等 200 余人。宋鹤庚、鲁涤平住宅亦被抄。长沙知事及商会会长均逃往汉口。

9 月 21 日 直系鄂军第二十五师四十九旅两个团进驻岳州南、汨罗北桃林寺黄沙街一带，旅长陈德麟移驻岳州。又鄂军第五十旅陆续开往岳州以北城陵矶。该师骑兵团一营于 28 日开赴岳州。

△ 前广东省银行行长兼广东财政厅长程天斗因侵吞军饷案，由

大本营组织特别军法会审，经查明侵吞公款达380余万元。本月8日，程天斗被判处死刑，财产充公抵补亏空。承审官又以程往昔奔走国事，不无前劳可念，报请“予以减免，俾其自新”。是日，经孙中山批示准予特赦。程于缴纳罚款40万元后，获释去港。

9月22日 孙中山派汪精卫赴奉天接洽军国要事。

△ 赴沪国会议员在上海继续举行常会，众议员签到131人，列席者85人，请假者63人；参议院到场议员51人，请假者41人，共计两院实到议员136人。仅议工人监督议员团等五团体请愿一案。24日，国民党籍议员凌钺在《申报》上刊登广告，反对政学系、安福系政客的活动。

△ 湖南谭、赵两军在长沙附近及易家湾相持激烈，中立派鲁涤平电商双方停战一星期，并在中立军驻地湘潭姜畲地方交换意见。

△ 高凌霨摄行大总统任命史俊玉为苏皖鲁豫四省剿匪副司令，前经派之副司令李传业准其无庸充任。

△ 陆军检阅使冯玉祥在北京南苑召开军官会议，所部旅、团、营长与会，决议保境安民，不干预政治，不参预内争。

9月23日 粤东江陈炯明军由三多祝向平山反扑，讨贼军许崇智部退回白芒花，陈军复占平山。同日，马鞍、横沥一带陈军改守为攻，滇军胡思舜部退回三栋，前此被讨贼军切断的惠州与汕尾间的交通恢复。

△ 四川熊克武部讨贼军前敌总司令赖心辉率一、三两军合组之同盟军，取道璧山进入巴县西里，直抵浮图关，日夜猛攻，周西成部亦分兵渡江来会。

△ 直军援助湘省赵恒惕之枪支150箱，枪弹400箱，炮弹200箱，是日由汉阳兵工厂拨往。

△ 北京政府财政部决定此次京中各机关发薪三成，军警发六成五。据《申根》报道，京中“灾官”平均本年仅领过薪金两个月又四次三成。警察有白日站岗，夜间拉车度日者。

△ 北京政府外交部以俄国侨民居留我国各地者往来无定，难免

不有“过激派”混杂其间，于华人治安问题关系甚巨为由，通电各省按所规定之《取缔俄民留居规则》办理。

△ 山东巨匪范明新率匪众2000余攻陷河南西华县城，掳去东城福音堂外国女传教士二人，绑走“肉票”200余人，内有高小学生90余人。

9月24日 广东滇桂讨贼各军拂晓向惠州城发动第三次总攻击，仍不克。

△ 北京政府外交部将关于临城劫车一案复文交北京外交团领袖公使葡萄牙公使符德礼，同时致送署名于前次照会之各国公使。复文分三大部分，关于赔偿问题，对受害人允酌予抚恤，但累进计偿理由欠明晰，予以驳斥；关于保障问题，声明护路为目前中国内政要举，现中国已自动整顿；关于惩罚失职官吏问题，认为此属中国内政权限，负责人已按法惩处。

△ 金融界对北京政府的中秋节关垫款164.4万元，是日签字，由中南、盐业、金城、汇业等行共同垫出。此款由华比银行出面担保，日后由汇丰从盐余中拨还。

△ 北京政府海军部全体部员，同赴海军总长李鼎新住宅索薪。众人诘问每月盐余用途，李默不能答，反电告军警机关拘捕科长林鉴殷等五人。众人回署开会，一致议决全体辞职，并于25日发出通电表示“誓不与此惨无人道之总长共事”。李则以公然侮辱长官，无力维持为词提出辞职。高凌霨摄行大总统明令予以慰留，并着部员限期到部办公，否则一概开革。随后，经杜锡珪来京调停，全体部员于10月2日恢复办公。

9月25日 孙中山自白沙堆回博罗。

△ 前川军第二军军长刘湘22日由叙州抵重庆，意在调和息战。熊克武不许，于是日调叙、泸右翼军进攻重庆。刘湘遂助杨森军协谋防御重庆。

△ 山东临朐县城突被大股土匪攻入，围县署，攻警所，闯入监狱

将押犯放出，并在城中肆行劫掠，天明始饱载而去。

9月26日　粤东江讨贼军占领龙华(镇)及龙门(城)。同日，许崇智从横沥赴博罗谒孙中山，孙命许为东江作战中央军总指挥，杨希闵任右翼，朱培德任左翼，分途击敌。

△　孙中山任命马伯麟为长洲要塞司令；又命令撤销鱼雷局，所有鱼雷事宜暂归长洲要塞司令管理。

△　广州市内各打饷馆(系广州当地代货主向海关交纳关税，从中获取佣金的报税行业)，对粤海关以该行瞒税处以罚金10万元不服，进行罢业。其后经调处，该行允“报效”军费四万，另借款二万了事，10月1日复业。

△　北京政府署财政总长张弧呈请辞职，摄政内阁予以慰留。

△　北京参议院开会，到142人，以102票通过众议院移交的延长众院任期案。次日，北京摄政内阁议决国会延长案，准作开会选举总统的交换条件，依两院议决公布。

△　曹锟偕同参谋长陆锦等在保定公园剧场观剧，刺客向曹所在包厢投炸弹两枚，均未击中，炸伤楼下观众三人。

9月27日　孙中山自博罗返回广州。

△　浙督卢永祥通电反对北京当局贿买大选，声称“不但永祥愚戆，未敢承认，凡有血气，谅亦同深愤慨”。

△　北京地方检察厅为铜元票风潮，正式票传平市官钱局前任监督魏联珉、李士炯到厅候讯。

△　北京外交团会议，对北京政府外交部关于临城案复牒，决定先各向本国政府请示；又以川、湘发生战事，策划由外舰组织“长江警备舰队”。

△　宜昌杨森新编团哗变，直军王汝勤派队镇压，变兵向小溪、当阳窜走。

9月28日　吴佩孚致电北京摄政内阁，反对众议院延长任期。30日，吴再电北京摄政内阁，反对发表众议院延长任期令。

△ 上海丝茧女工总工团开紧急会议，再发哀告书揭露女工受资本家压迫情形：一、工作时间长达14小时，近更强迫加工三小时；二、每日工价四角，借口押金扣留二角，动辄处罚将押金充公；三、做工稍不如意，惨加酷刑。呼吁各界同胞合力援救。

9月29日 广东讨贼军黄明堂部张旅，在廉州（合浦）被粤桂军申葆藩、冯铭楷部围困一月余，是日开城投降。

△ 北京政府外交部派江华赴四川，调查周西成部扣留日轮"宜阳丸"案。

9月30日 孙中山以财政机关弊窦易生，特派古应芬秉公查办。自运署、财厅、市厅、公安局、官产处各机关公款出纳各件，一律查核。又以兵站部设立数月，人言啧啧，特派许崇智查办。

△ 孙中山任命陈友仁为大本营航空局局长。

△ 高凌霨、吴毓麟、熊炳琦、王承斌联名函北京参众两院，要求先选曹锟为总统，然后再制定宪法。

△ 驻沪各省代表联席会议通电否认曹锟贿选总统，指出离京议员列名讨曹者，已达480人，议会开会已不合法定人数，曹锟如果非法窃取总统，全体国民应一致讨贼。

△ 武昌师范大学成立，教育部派张继煦为校长，开始授课。

△ 山东德平西北乡王家寨子，突被土匪五六百人攻入，大肆抢掠，焚烧房屋，屠杀人民，被害300余家，死亡600余人，临行又择富户乡民架去，小刘家庄等处被匪害死者亦有三四百人，统计此次匪祸废命者1000余人，被绑架150余人。

10 月

10月1日 广东省长廖仲恺、滇军总司令杨希闵、东路讨贼军总司令许崇智、西路讨贼军总司令刘震寰联名通电反对曹锟贿选，指责"曹锟以金钱勾结非法议员，准备大选，希图盗窃名位"。表示"讨贼救国，义无反顾，去此奸宄，惟力是视”。

△　东三省保安总司令张作霖通电反对曹锟贿选，表示赞成浙江军务督办卢永祥反对贿选之通电，若少数不肖议员不顾国家尊严和个人人格，违法图财，所选之总统，“根本上谓为无效”。

△　江苏省公团联合会通电，主张根本“否认北京非法国会”，略谓：“私开非法伪选会，无论选举何人，概为私生之非法伪总统，与安福会之选徐世昌者同论。”

△　四川讨贼军总司令熊克武、川军总司令刘成勋暨全川将领通电反对曹锟贿选，吁请全国共起声讨，并表示“出师戡乱，愿效前驱”。

△　北京甘石桥俱乐部为曹锟贿选发支票，每名 5000 元，规定总统选出后三日即行付现。大选派议员纷往领取，共发出支票 573 张。同日，众议院电催居津、沪议员即日回京，并声言大选“果有非法干涉，则会内无论解决何项问题，概归无效”。

△　北京政府内务部通告，本年 10 月 7 日即夏历八月二十七日为孔子圣诞节，所有文武机关团体，均放假庆祝，并准各项人员前往孔庙自由行礼。

△　粤许崇智所部东路讨贼军第四师师长张国桢部收复河源，陈炯明部向老隆（龙川）、回龙溃退。

△　驻京日使芳泽谦吉向外交部提交抗议照会，要求中国政府训令速释“宜阳丸事件”被扣之日人。外长顾维钧表示该案不至稽延。4 日，海军总长李鼎新向顾维钧建议，由外交、海军两部会衔照会驻京各国公使，请各国将派往长江之军舰从速撤退，各国在华侨民统由中央会同地方军队保护。

10 月 2 日　孙中山以军用浩繁，大本营急需款用，令广东省长廖仲恺于所属各县设立筹饷局，速办正杂税捐，切实计划，严重监督。

△　徐绍桢奉孙中山之命在洛阳会晤吴佩孚，再次试探合作之可能性，吴以与孙中山“在根本观念已距离甚远”为由而加以拒绝。

△　为保护曹锟贿选，京师军警各长官联席会决议保护办法五条：

一、派侦探赴上海、天津、保定等处探究各方反直情况；二、在进京火车上安置侦察；三、各车站添派军警；四、清查各旅馆；五、注意旧官僚或军士有无与反直派方面暗通声气之行为。

△ 旅沪川民自决会、上海工商友谊会、旅沪赣民自治促进会等群众组织分别发表通电，严厉谴责曹锟贿选总统。

10月3日 众议院议员邵瑞彭以贿选支票5000元一张为证，向京师地方检察厅控告高凌霨、王毓芝、边守靖、吴景濂等10月1日晚在甘石桥俱乐部为运动曹锟为大总统向议员行贿之罪行。同日，邵并通电自述5000元支票之来由，同时将行贿支票制版，向各报发布。

△ 北京众议院决议，咨请摄政内阁否认金法郎案。同日，参议院决议：将长久缺席之参议员杨庶堪、张继、曾继梧、胡汉民除名；通过《中国智利通好条约》。

△ 松沪护军使何丰林通电反对曹锟贿选，指责受贿议员丧失人格，称颂卢永祥、张作霖之反曹通电“辞严义正，实获我心”，表示对总统选举大事“难安缄默”。

△ 中华民国参众两院国民后援会、中华全国民主协济会、浙江公民大会、大华文化社等团体分别通电，强烈反对曹锟贿选总统。

△ 北京甘石桥俱乐部决议，5日上午10时开选举总统会议，对入场之议员及参观人员严格检查。

△ 孙中山训令广东省长廖仲恺预办米粮100万斤，以备攻克惠州后救济灾民。

△ 吴佩孚派葛云龙在岳州(岳阳)设立警备司令部，由萧耀南部第二十五师编两混成旅进驻。吴自兼司令，萧任副司令，葛任参谋长。

△ 山东省议会议员李长德等68人联名电北京摄政内阁，谓省长熊炳琦久离职守，“日夜驰驱于京保洛间”，“不知其在京任何职作何事”，并称熊在鲁省民怨沸腾，请将熊调离鲁省。

10月4日 广州陆海军大元帅大本营总参议胡汉民、秘书长杨庶堪、外交部长伍朝枢、内政部长徐绍桢、财政部长叶恭绰、建设部长林森联名电孙中山，历数曹锟祸国殃民之累累罪行，吁请全国军民同志奋起诛彼元恶，请孙中山、段祺瑞共谋建设。

△ 高凌霨摄行大总统公布第一届众议院议员改选令：民国十二年10月为第一届众议院议员改选年限；第二届众议院议员选举日期另以教令定之。

△ 高凌霨摄行大总统任命张之江为陆军第七混成旅旅长，李鸣钟为第八混成旅旅长，宋哲元为第二十五混成旅旅长。

△ 北京众议院召开宪法会议，出席议员551人，足法定人数。黄赞元报告修正宪法情形后，吴景濂以地方制度章各条分付表决，二读通过。

△ 北京甘石桥俱乐部为曹锟贿选总统活动通宵，发给贿选议员之支票增至600余张，支票有“秋记”、“孝记”、“兰记”、“洁记”四种。

△ 旅沪各省同乡会召开联席会议，一致反对曹锟贿选，议定若北京议员不顾民意，竟行选出曹锟，则一、通告全国反对；二、一致罢税；三、为曹锟、吴景濂铸铁像。

△ 贵州省长刘显世通电称病去职，遗缺命督办唐继虞暂代。

△ 北京外交团领袖公使符礼德代表十六国驻京公使到外交部向外长顾维钧递交“临案”第二次通牒，要求维持8月10日第一次致中国牒文中所提及的旨趣及结论。顾接牒文阅毕，答称“中国政府及人民委曲求全之苦心，竟不为外交团所谅，深为惋惜”。

10月5日 北京国会开会选举总统，场内外军警、侦缉队、保安队密布。军警要人王怀庆、聂宪藩、薛之珩、车庆云亲自出马。因不足法定人数，三次延长时间，始到590人，曹锟以480票当选总统，是为“曹锟贿选”。

△ 高凌霨摄行大总统通电全国，宣布曹锟当选总统。

△ 孙中山为开展东北各省党务，特派孙天孙为国民党大连支部长，张晋为哈尔滨支部长。

△ 吴景濂、张伯烈电保定祝贺曹锟当选总统。同日，高凌霨在国

务院召集紧急会议，筹备曹锟就职典礼，并议定各机关推举两人赴保定祝贺，由袁乃宽带领前往。

△ 北京政府外交部照会各国驻华使馆称，10 月 5 日，国会依法选举曹锟为大总统。

△ 中央直辖滇军第二军军长范石生电孙中山，反对曹锟非法窃取大总统，表示“当率滇南子弟，敬从海内群贤之后，声罪致讨，歼厥渠魁”。

△ 上海各路商总联合会、中国工会等组织分别发通电，声讨贿选产生的总统曹锟。

△ 湘省和平会议在湘潭姜畲附近野鸭塘召开，督军谭延闿、省长赵恒惕双方之代表出席，鲁涤平为主席。美国领事阿其森、舰长克福尔亦出席。谭方提出：一、服从大元帅（孙中山）之主义及命令；二、省宪废除；三、湘军团结一致对外。赵方提出：一、谭延闿离湘；二、蔡钜猷去职；三、惩办朱耀华；四、各军回原防；五、修改省宪。双方意见不合，议无结果。

10 月 6 日 苏联政府应孙中山之邀请，派鲍罗廷到中国帮助改组国民党，是日鲍抵广州，鲍、孙就改组党和建设军队问题作长谈。

△ 旅沪国会议员 158 人在湖北会馆召开紧急会议，发表宣言称：“此次毁法乱纪之祸首曹锟，伪称当选总统”，“使神圣议会变为交易市场”，呼吁全国人民一致声讨。

△ 旅沪各省区同乡会及上海各团体召开市民大会，到会 60 余团体，3000 余人，一致反对曹锟贿选总统，反对国会非法延期。大会决议：通电中外否认曹锟为总统；组织永久机关，执行议决案；联合全国各机关，实行国民罢税；与北京政府断绝经济联系；一致通电各省声讨曹锟，敬告西南、东南各省准备讨贼；没收受贿议员之财产。

△ 吴佩孚电贺曹锟当选总统，谀称“我大总统，名高海宇，功在国家，法统重光，遂作华盛顿之第二，共和有庆”。

△ 高凌霨摄行大总统派李家鏊为驻俄外交代表；令准中国银行

总裁王克敏辞职，任命金还为中国银行总裁；直隶天津市定为特别市。

10月7日　曹锟自保定电北京参众两院、国务院各部及巡阅使王承斌、检阅使冯玉祥等，略谓“值此国家多故，民力困穷，宪法未成，统一未就”，“承国会选为总统，不敢推辞”。

△　国民党为曹锟贿选窃位发表宣言，宣布该党“誓奋一贯之精神，伸大义于天下，为国家存正气，为国民作先锋，务使积年混秽恶浊之稗政，悉推陷而廓清之”。

△　上海劳工同盟会、学生联合会、商业维持会、各旅沪同乡会等数十团体分别召开会议，发表通电，否认贿选总统曹锟，号召全国人民一致讨贼。

△　全国商会联合会致电警告高凌霨并转经办贿选诸人，促令速将发出之贿选支票一律停止支付，以减轻罪名，藉求国民谅解。

△　广西讨贼军第一军总指挥黄绍竑部协同海防舰队攻克江口，陆云高部向鹏化溃退。黄部夺获大炮八门，步枪数百支，击沉“大鹏”兵舰。同日，李宗仁部攻克桂平。

10月8日　孙中山明令讨伐曹锟，略谓曹锟诱迫议员非法窃取总统，罪迹昭著，“我同胞将士护国护法已历年所，岂能容庇国贼妄干大位，兹特宣布罪状，申命讨伐。我全国爱国将士无问南北，凡能一致讨贼者，悉以友军相视，共赴国难，以挽垂危之局”。同日，孙中山又令护法各省区长官将此次附逆议员一律查明，通缉惩办，以昭炯戒，而立国纪。

△　孙中山电告上海汪精卫：“本日下令讨曹，通缉附逆国会议员，并电天津段芝泉先生、奉天张总司令、浙江卢督办，约共讨贼。”

△　北京宪法会议三读通过《中华民国宪法》，该法分国体、主权、国土、国民、国权、国会、大总统、国务院、法院、法律、会计、地方制度、宪法修正解释及效力，凡13章140条。

△　吴景濂乘专车赴保定，向曹锟呈送当选总统证书。吴毓麟、熊炳琦、王承斌、边守靖等贿选要人由天津赴长辛店与吴同行。

△ 吴佩孚电贺北京参众两院，谓“总统既经选出，大法又复完成，此诚国家否去泰来之大转机”，称颂两院有“继往开来之功”。

△ 浙江各团体纷纷集会，通电反对曹锟当选总统，主张严惩受贿议员。杭州大街小巷遍贴“内乱犯曹锟贿选总统，浙人誓不承认”之标语。

△ 皖督马联甲、皖省长吕调元、浙督卢永祥、浙省长张载阳联名签订《皖浙和平公约》。该公约系仿照《苏浙和平公约》签订，凡四条，主要规定两省所属军队各仍驻原防，两军民长官负责不令客军侵入或驻扎两省区域。

△ 议员邵瑞彭于天津致函京师地方检察厅，声明本人告发高凌霨、王毓芝、边守靖、吴景濂等为运动曹锟当选总统，向议员行贿，请依法起诉一案，“决不申请撤销”。

△ 章太炎发表声讨曹锟之意见，认为曹锟贿选，已构成内乱之罪，无论如何，曹锟不能为总统。“曹既当选，此后惟有回复戡乱原状，足以褫其名义，或于西南再设军政府，或各省攻守同盟”。

△ 冯玉祥电贺曹锟当选总统，谀称曹为总统，“群情鼓舞，各界欢腾，天日增辉，风云绚采”，从此四海永清。

10月9日 北京众议院常会决议：一、咨请政府依华会决议，向法国政府收回广州湾；二、请政府对北京私立各校经费优重补助。同日，参议院常会决议，本届三期常会已满，改为临时行政委员会。

△ 高凌霨摄行大总统令：何成濬、范熙绩附逆臧致平破坏统一，扰乱地方，着一并剥夺官职勋章，通缉严办；特任杜锡珪为瀛威将军，袁祖铭为闳威将军；任命杨树庄为将军府将军。

△ 高凌霨摄行大总统令甘肃兰州定为特别市。

△ 高凌霨摄行大总统令上海南洋大学校长卢炳田免职，任命陈杜衡为南洋大学校长。

△ 北京政府外交部照会驻京法公使傅乐猷，声明金法郎案被众议院否决，中国政府刻正筹划善后办法。

△　北京政府内务部电饬各省区军警长官督率所属严防地方：一、严饬地方军警，竭力巡防；二、取缔一切谣言，以安人心；三、维持市面金融，免滋纷扰；四、重视商学各界之团体行动，以重秩序；五、整顿各属部务；六、赈济失业游民。

△　国民党中央干部会议在沪举行临时会议，遵照孙中山8日之讨伐令，组织惩戒委员会，推定李执中、彭介石、邵力子、黄元白、于恩波、董耕云、丁超五为委员。

△　旅沪国会议员江浩等171人联名发表宣言，否认北京议会通过的宪法，谓"此项宪法，乃贿选之副产物"，"愿与父老昆弟共弃之"。

△　前陆军总长鲍贵卿、天津镇守使赵玉珂奉曹锟之命由津赴奉天，向张作霖游说，劝张与曹蠲除旧怨，拥曹为总统，曹以恢复张之东三省巡阅使，并援助张当选副总统为条件。张窥破曹谋和系缓兵之计，毅然拒绝。13日，鲍、赵无获返回。

△　全国商会联合会致书各省市商会，谓众议院延长任期一案，违反约法，殊为国民立法史上之污点，应一致否认。

10月10日　曹锟由保定入京，在怀仁堂正式就任总统，发表就职宣言，宣布其政纲在振兴教育与实业，财政节流，减军费，节军饷，人才统一，谋全国统一，保护外侨。

△　北京摄政内阁全体阁员联名通电，谓"大选告成，元首正位，群情望治，气象一新。谨于十月十日大总统就职以前，宣告摄政终止"。晚，高凌霨等将国玺、总统印信及总辞呈送总统府交给曹锟。

△　吴景濂等贿选派国会议员在北京众议员宪法议场举行公布《中华民国宪法》典礼，并通电全国依法公布。此即中国宪法史上所称的"曹锟贿选宪法"。

△　国民党在广州开恳亲会，讨论党务改革事宜。孙中山特派林森、谢英伯、胡汉民、廖仲恺、杨庶堪、林云陔、谢良牧、陈树人、苏无涯、徐苏中、孙科11人为党务讨论会委员。

△　上海百余团体组织国民讨曹游行大会，参加者8000余人，沿

途广散传单，上书“下半旗，讨曹锟，诛猪仔，惩政客。打倒万恶军阀，否认延期国会”，并用各省区旅沪公民大会名义通电，请各国尊重我国“人民之公意”，对曹锟所有一切外交交往概行拒绝。

△ 南京学生联合会发起召开讨曹市民大会，到会 40 余校，市民数千人。大会通电全国一致否认 10 月 5 日选出之总统，申讨辱国之曹锟及廉耻丧尽之猪仔议员。

△ 杭州各民众团体召开大会，愤怒声讨贿选总统曹锟及受贿议员，到会 6000 余人。大会决议：一、电举孙中山为讨贼军总司令；二、要求张载阳省长通电全国否认曹锟为总统，如不赞同，停止纳税；三、铸曹锟铁像于西子湖滨；四、拆毁受贿议员之房屋。会后整队游行，并捣毁受贿议员张复元住宅。

△ 安徽芜湖学生高举“不承认曹锟做大总统”的横幅游行示威，怒将受贿议员吕祖翼、彭昌福住宅捣毁，并在其门上大书“人民的公敌，猪仔议员的窠窟”。19 日，北京政府电饬督军马联甲严办该案。22 日，马电告国务院称，已将防护不力之警察署长署员一律撤惩，厅长袁乃奎亦予撤换。

△ 苏联全权代表加拉罕在京招待北京大学教授蒋梦麟、顾孟馀、李大钊等 20 余人。11 日，加拉罕招待北京学联，谈称“此次来华唯一之使命，即在解决中俄外交悬案”，“建设两国在国际上之新纪元，目前种种进行，似未得贵国谅解”，“请贵会加以相当援助，俾促成中俄之亲善”。学生代表发言表示愿与苏联友好，共谋对付“两国共同之敌人帝国资本主义”。

10 月 11 日 孙中山发表致列强宣言，略谓：曹锟用种种非法与贿赂手段获选总统，“举国反对”，“中国人民全体视曹锟之选举为僭窃叛逆之行为，必予以抗拒而惩伐之”，请列强与其驻北京之代表，避免足使僭窃者可作为国际承认或赞助之任何行动。同日，孙中山对东方通讯社记者谈称，对曹锟贿选除通电声讨外，将从速组织北伐军，从事讨曹。

△ 孙中山电上海国民党本部，“令各部即行裁员，废除正副部长，

各部各设主任一人，干事书记各二人，准备改组，所余职员，听候遴用。原设于上海之总理全权代表及总理办公处，亦一并裁撤”。

△ 孙中山在广州国民党党务讨论会上讲述“过去党务失败之原因”：一、党中缺乏组织，党人误以为党员绝对自由；二、党人受“革命军起，革命党消”之愚，革命精神因此消失；三、本党基础未固，因为党之基础在于军队，而本党无庞大之党军。

△ 浙江省长张载阳及督办卢永祥接曹锟就职通电及摄政内阁宣告终止电后，当即商定：本省反对贿选，对于伪政府命令当然不受，除饬浙江公报处停止转载命令外，并与北京政府各院部即日停止公文来往。

△ 杭州学生救国团电各总司令、督军、督理、护军使、镇守使及各师、旅长声讨曹锟，请共举义旅，誓师讨贼。

△ 张作霖在奉天对联合社记者谈：“北京如不对奉天取攻势，余亦不愿有攻势之活动。”“曹锟之当选，显然违法，曹秉国政，决无成功之望，惟余固切望曹能成功”，以实现“何东爵士之和平会议办法”。

10 月 12 日 曹锟特任高凌霨兼代理国务总理。同日，曹锟发布《告诫官吏令》及《剿匪保侨令》。

△ 孙中山派邓演达为惠州安抚委员，预筹安抚事宜，以便联军攻克惠州后，使人民“不至以饥乏之身，复感兵燹之苦”。

△ 吴佩孚派巡阅使署参谋长、河南军务帮办李倬章入京贺曹锟当选总统。是日，李向曹转陈吴意，新内阁对收拾人心十分重要，务要慎选，以外交人才组阁为宜。

△ 京师地方检察厅驳回议员邵瑞彭告发吴景濂、边守靖等贿选总统之诉状，谓原告人已出京，无从传询，原告不到，“支票不能证明为边守靖所发，且议员王烈亦否认有过付支票事，依法不能起诉”。

△ 湘军总司令谭延闿电孙中山，报告已遵照讨伐曹锟令，“通饬各军将领誓师讨贼，并通缉附逆各议员，以赴国难，而张挞伐”。

△ 英、美、日、法四国公使照会北京外交部，抗议中国政府将关余拨充整理内债基金，要求将来此种关余不得再专供抵偿内债，当兼充清

理中国政府所担保之外债及义务之用;占用关余,“外债实有其超乎内债之上的一种自动优先权”。

10 月 13 日 旅沪国会议员致函北京外交团,略谓曹锟毫无治理地方能力,致使临城、河南等处事变发生,“此次非法当选,除北京受武力压迫外,全国人民一致反对,将来酿出事变,可以想见”,请各公使“以公正眼光”,“鉴及全国多数人民意见,不予承认”。

△ 广州各界集会通电声讨曹锟,要求孙中山出师北伐。

△ 吴佩孚电曹锟,请任命颜惠庆为国务院总理。

△ 北京众议院咨曹锟,谓金法郎案已被审查否决,应行作废,请查照办理。

△ 山东督军田中玉因临城劫案被迫辞职后,是日在京赴府院表示,个人去留无问题,惟用人行政,受外人干涉,有损国家主权。

△ 湘军中立派第二师师长鲁涤平召团长袁植赴湘潭姜畲开军事会议,因袁反赵恒惕态度不明,途中被师部卫兵刺死。谭延闿部朱耀华团即入湘潭解散袁部,袁部二营及中立军叶琪团加入护宪军。17 日,赵恒惕通电称袁植以身殉宪,追赠袁为陆军少将。湘省和平会议破裂,战事又起。

△ 云南督军唐继尧通电,谓为消灭破坏约法的不呈之徒,以修内政,特派重兵肃清余孽,并联洽川、黔友军一致行动。

10 月 14 日 曹锟令准山东督军田中玉辞职,山东督军遗缺着即裁撤;特派郑士琦督理山东军务善后事宜;特任荫昌为庄威上将军,张怀芝为丰威上将军,刘冠雄为熙威上将军,田中玉为益威上将军,马联甲为联威将军。

△ 北京财政部为应付急需用款,发行国库券 150 万元。该券由懋业银行独家承受销售,按八扣交款。由道胜银行经收之盐余项下每月拨出 7.5 万元偿还。分 20 个月还清。

△ 湘省谭、赵两派停战期满,长沙备战繁忙。赵恒惕非正式通告外国人,请暂离长沙。同日,第四师师长唐生智赴湘东指挥护宪军何

键、邹鹏振、刘重威、蒋锄欧、李品仙、刘兴等六旅准备攻株洲。

△ 新南社在上海成立，柳亚子当选为社长，邵力子、陈望道、胡朴安当选为编辑主任，吴孟芙、叶楚伧、陈布雷任干事。并出版《南社社刊》，其《成立布告》称："新南社的精神，是鼓吹三民主义，提倡民众文学，而归结到社会主义的实行。"

10 月 15 日 孙中山在广州国民党恳亲大会上发表题为《国民党员不可存心做官发财》的讲演，重述"以党治国"的主张。谓："以党治国，并不是用本党党员治国，是用本党的主义治国"，"到了全国的人心都归化于本党，就是本党的革命大功告成。"

△ 北京政府外交部向北京外交团送交"临案"第二次复文，其要点为：一、本政府赞同赔偿，但其性质及公平数目，留待讨论；二、被指与该案有关的四员官吏，业已免职在案；三、关于改良护路办法，为目前内政应负之责，对使团提交之种种计划，虽难承认，但对外交团关怀路警问题，深为感纫。

△ 驻京 13 国公使及三国代办入总统府觐见曹锟，祝贺曹当选总统，罗马主教刚恒毅亦同往。日使芳泽虽还未呈国书，亦随同觐贺。领袖公使符礼德代表各公使致贺词，申明各国一致愿助中国完成统一，恢复国内治安秩序。

△ 湖南讨贼军湘东第一军军长陈嘉祐电孙中山，表示愿遵大元帅令，整勒队伍，讨伐曹锟。

△ 广东省长廖仲恺因滇桂军及各军驻防地均设护商机关勒抽保护费，小船经过亦抽二三百元，是日电请孙中山撤销各军私设护商机关。

△ 法国驻上海总领事以设于法租界内的全国学生联合总会办事处"近以收回威海卫事散发传单"，"并劝告国民抵制英货"，妨碍租界治安，令法租界捕房将该办事处查封。

△ 天津《大公报》报道，曹锟贿选经费经王承斌、吴景濂、高凌霨等结帐后，其报销帐大纲共分九类：一、各政团党费 324.2 万元；二、特

别票价141万元;三、普通票价304.5万元;四、特别酬劳费32.4万元;五、宪法会议出席费57.2万元;六、常会出席费20余万元;七、各议员费190余万元;八、招待处临时费120余万元;九、秘密费70余万元,及其他费用共计1356.7万余元。

10月16日 孙中山复函黎元洪邀其赴粤。黎元洪托郭泰祺持致孙中山函赴粤,函谓:"非通力合作,不足以扶持正义,刬除强权,谨追随左右,力图靖献。"是日,孙中山复函,称:"来示所谓非通力合作,不足以扶持正谊,刬除强权,洵今日之笃论也。追随之说,岂所克当!公我天职,斯时固未遑遐逸也。海上清豫,能否命驾来游是邦,拥篲清尘,伫候教益,匪特私幸,民国实利赖之。延望维劳,至深企祷!"

△ 孙中山召开政务会议讨论筹款充北伐经费问题。

△ 四川讨贼军熊克武、赖心辉部攻占重庆。袁祖铭退长寿,刘湘退垫江,杨森、赵荣华退万县。自9月23日浮图关激战开始至是日重庆克复,刘、杨部死伤4000左右,熊、赖部死伤3000左右。

△ 北京外交团领袖公使符礼德至外交部质问顾维钧,为何任意变更对田中玉处理之议定事项,要求48小时内撤销田中玉益威上将军之命令,并威胁称,若中国政府如无满意答复,使团将另定对华态度。

△ 直隶省议会电曹锟,请将当选总统后所遗直鲁豫巡阅使暨直隶督军两职乘时裁撤。

△ 陆军检阅使冯玉祥咨财政部,谓该师自豫入京,"三旅之众,饷项全然无着",请发10万元固定军饷,以安军心。20日,内阁决议,在崇文门关税下及盐余款下各拨10万元给冯部充饷。

10月17日 孙中山批准《大本营筹饷总局组织办法》及《总局及各属分局简章》等条例。总局由省长主其事,凡各县筹饷局缴解款项统由总局核收,并听候命令指拨,以支援军需。

△ 北京政府税务处会办蔡廷幹奉曹锟之命访各国公使,说明授田中玉上将系虚衔敷衍。美使称:"美国开国以来,只有五个上将,欧战后只授白尔兴上将一人,中国名器虽滥,亦何至此?"使团对曹均表愤怒。

△　曹锟调任王天培为黔军第一师师长，彭汉章为黔军第二师师长。

△　江苏督军齐燮元电曹锟，请特赦安福党人张敬尧、张树元、吴光新、刘询、魏宗瀚、曲同丰、陈文运等。略谓"该员戎行久寄，悉属可用之才"，请恩施特沛，予以自新。

△　青年会全国第九次大会在广州岭南大学开幕。到各地青年代表135人。本届大会主题在于讨论"人格救国"。

△　吴佩孚派马济赴岳州任两湖警备司令部参谋长，代葛应龙管理入湘之北军。

10月18日　孙中山委任鲍罗廷为国民党组织教练员，协助完成国民党的改组。

△　孙中山令护法各省区长官将贿选议员一律查明通缉惩办。

△　孙中山公布《广东都市土地税条例》。该条例规定每年征地价税为：有建筑宅地征千分之十，无建筑宅地征千分之十五，农地征千分之八，旷地征千分之四。教育、慈善机关、寺庙、庵观、福音堂、公共墓地、公立劝业场、公立免费公园免征土地税。

△　曹锟公布裁员令，命令国务院会商各部长官妥速筹议，将骈散机关、闲冗员缺认真删并、甄汰，量财力之盈亏，定政费之多寡，限一个月办妥。

△　曹锟派蔡廷幹再访外交团领袖公使符礼德，陈述任命田中玉为上将之令在先，免田之督军令在后，系铸印局在刊发时将次序颠倒，请外交团消除误解。同日，高凌霨受曹锟令在《政府公报》上刊登关于田中玉任免"命令次序倒置"之声明。同日，高凌霨电田中玉，请田自辞益威上将军，以解外交难题。田以此事关系国家体面，严加拒绝。

△　旅沪国会议员电全国反直各省军民长官，谓曹锟"贿选造成，大盗窃国"，"请齐树义旗，大张挞伐"，"民国存亡，胥在于此"。

△　代总理高凌霨召开国务会议，决议：一、恢复民国三年预算原案；二、由曹锟电各服从中央之省区，按照成案解款接济中央财政；

三、各机关经费超过民三预算者一律核减；四、恢复民国元年各机关官制，冗员一律停职；五、不在民国元年官制之内的新设机关，一律裁撤；六、发行民国十二年欠薪公债。

△ 陈炯明向粤军下达总攻击令，粤军总指挥林虎率刘志陆、陈炯光等猛攻回龙、河源，是日粤军攻占河源，孙中山之联军退往龙门、博罗。

△ 北京政府承认日正金银行擅付俄国发行债票利息，此举将使国库现即增加已付两重利息 12.7585 万镑，而此后 37 年(俄债票为善后借款之一，至 1960 年还清)尚须无故多支付两重本利 500 多万镑，合华币 1000 余万元。按：民国二年袁世凯向英、法、俄、德、日五国银行借款 2500 万镑，因正式票未印就，先以预约证交五国银行。正式票印成寄往俄国，俄国未将预约票及时收回，后俄国革命发生，革命政府将该预约票贱价卖给了日本正金银行。

△ 苏联驻北京代表加拉罕向外交部提出书面抗议，谓本月 15 日满洲里地方当局拦阻俄国邮车，警察肆意殴捕车中差役，中国关员强行搜索空车，并开枪威吓机师，要求立即查办此案，从速答复。27 日，满洲里地方当局向驻该地苏方代表致函道歉，承认税关人员及警兵行动失常，允予切实调查。

△ 湘赵恒惕通电指责谭延闿所提和平条件不惜牺牲大法，更滥委司令，将中立区变为叛薮，议和之地竟成杀场，本人惟有督率将士，再整戎行。

△ 豫省收编的土匪“老洋人”和张得胜在鹿邑、夏邑等县同时叛变，掠劫奸淫，地方惨遭蹂躏。25 日，河南督理张福来除调派所部各军追歼外，并通电请邻近各省派兵防堵，以求全歼。

10 月 19 日 孙中山正式委任廖仲恺、汪精卫、戴季陶、张继、李大钊为国民党改组委员会委员，负责国民党本部的改组工作，并请孙洪伊密电北京，促李大钊即刻赴沪会商。

△ 驻京法公使傅乐猷照会北京外交部速承认金法郎案，否则法

国将采用其他办法办理。

△ 江苏督军齐燮元电曹锟并内务部，谓江苏省民国十年所选众议院议员，与法统并无抵触，请准勿庸再选。

△ 闽督孙传芳电北京政府陆军部，谓“闽省各师旅病亡假革，缺额甚多，拟向直隶河间一带招募新兵四千名”，请迅转交通部饬津浦、京奉、京汉各路局备车，将新兵运闽。

△ 张作霖之代表张九卿抵京，向曹锟面交张作霖之亲笔信，函称奉方希望和平，不愿作战。并要求对直鲁豫巡阅使人选须慎重安排。同日，曹锟派曹锐赴奉与张作霖谋和。

10 月 20 日 曹锟颁布《实施宪法令》，饬国务院迅与各省切实筹商，贯彻实施宪法。又令：派王嵩儒暂行兼充筹备国会选举事务局局长。

△ 孙中山在广州青年会全国大会上发表题为《国民以人格救国》之演说，谓：“青年会宗旨为道德，而国民党之奋斗为人格，故代表国民党表示欢迎。”希望青年会改变“以不问政治为标帜”的主旨，要关心政治，“勿忘余之三民主义”，使“青年会成为造成人格之唯一学校”，俾“四万万人全得此学校之陶冶”。

△ 云南省长唐继尧电章太炎，反对曹锟贿选，声明“对此次大选，认为无效”。主张“此时唯有实行联省自治，组织联省政府，一面戡定祸乱，一面整理内政，庶地方不失安谧，国家不致分崩。救国要图，似无逾此”。

△ 自曹锟下裁减冗员令后，一般谘议、顾问大起恐慌。是日，陆军部谘议邀同内务部之谘议、顾问开会，商议对付办法，若政府不付清欠薪而裁汰，则不惜一切从事抗争。

△ 江苏省商会电北京外交团，略谓民国成立至今，军阀争雄，内乱不已，内外债共达 25 亿元，大半用于兵费，现兵额已达 130 余万人，居世界各国常备兵之首，而土匪如麻。若政府再借外债，请外交团告知银行团，在中国未完全统一前，不得再给中国借款，否则各国侨民在中

国之安全,中国人民不负责任。

△ 社会主义青年团中央机关刊物《中国青年》在上海创刊,恽代英任主编。

10月21日 孙中山以胡汉民告病假,令在出巡期间由大本营秘书长杨庶堪代行大元帅职权。

△ 孙中山偕苏联顾问鲍罗廷及诸幕僚巡视虎门要塞,悉调海防诸舰会于虎门。22日,廖仲恺电告高州失陷,孙中山率各舰回广州。

△ 孙中山令大本营军政部长程潜创办中央陆军教导团。

△ 江苏督军齐燮元、省长韩国钧联名再电曹锟,坚持民国十年所选出的新议员有效,无庸再选。并请中央令各省速选议员,如期召开下届国会。

△ 唐生智部在湖南株洲与谭延闿部激战,赵恒惕率刘秉璋旅赴株洲督战援唐。

△ 鲁涤平通电,略谓曹锟窃位,赵恒惕引入吴佩孚之北军祸湘,和平绝望,本人正式就任湖南讨贼军湘中第二军军长兼陆军第二师师长本兼各职,即日誓师讨伐。

△ 旅沪各省区公民代表召开大会,议定该会宗旨为彻底救国,讨伐国贼,并决定该会为各省区公民大会中央执行委员会。

△ 前署国务总理、财政总长周自齐在北京病故。26日,曹锟令给治丧费1000元,"平生事迹,宣付国史立传"。

10月22日 孙中山任命广东海防司令陈策兼理盐务缉私各舰主任,"务将进口私盐严密截缉,如有军人胆敢包庇,应由该司令严加惩办",以保盐税充军饷。

△ 曹锟令直隶督军一缺裁撤,特派王承斌兼督理直隶军务善后事宜。

△ 广东工会联合会等工商学界82个团体联名致书孙中山,略谓曹锟祸国殃民,罪大恶极,"敬恳大元帅早定北伐大计,组织革命政府,以革命统一中国,实现真正民主国家"。

△ 旅沪国会之参众两院行政委员联席会决议：为共讨贿选总统曹锟，分派代表赴各省联络，冯自由赴粤，潘大道赴川，刘重赴湘，吕志伊、张光辉赴滇、黔，吴昆赴奉。

△ 全国教育联合会第九次会议在云南昆明举行，共到 15 省区代表 22 人，推由云龙为大会主席。11 月 5 日闭会，期间开大会 10 次，通过议案 31 件。

△ 安庆各校学生全体集会游行，声讨贿选总统曹锟及受贿议员，并抄毁受贿议员张伯衔、何雯两家住宅。省长吕调元令警察厅长潘怡然出动军警镇压，拘捕学生四人，打伤 80 余人。同日，省教育会、学校联合会、学生联合会通电吁请皖省旅外同乡会援助。23 日，北京政府电饬皖省府赔偿议员损失，撤教育厅长，惩办鼓动学潮之人。同日，被捕学生由陶行知保释。

△ 上海银行公会、钱业公会电北京财政整理会，反对美、英、日、法四国公使要求将关余全部作外债担保基金，请该会向政府建议，全力维持内债基金原案。

△ 驻京法使傅乐猷到北京政府外交部要求尽早了结金法郎案，并谓法总理普嘉莱来电，催办前黄郛照会所允议案，否则，11 月法国召集国会，恐发生重大问题。

△ 驻日代办施履本就日本地震后日本青年团、自卫团残杀中国留日学生事件向日政府提出抗议，要求日政府从速调查实情，严加处置。

10 月 23 日 孙中山电令四川讨贼军总司令熊克武、省军总司令刘成勋，嘉奖克复重庆有功将士，并饬督率各军，迅速扫荡，肃清川境，并力中原。

△ 曹锟特任杨森为森威将军，刘湘为嘉威将军；修订法律馆总裁江庸免职，特派程克暂兼。

△ 粤军陈炯明部右翼林虎部攻陷河源，左翼叶举部攻陷平山，滇军蒋光亮部溃退。是日，联军大本营行营撤回石龙，陈炯明部乘机再逼近广州。

△ 谭延闿军吴剑学、朱耀华两部攻克长沙，赵恒惕退岳州。同日，谭军张辉瓒部攻克株洲。

△ 北京《晨报》载，曹锟下裁员令后，政府又添设六个机关：一、全国军需监署；二、最高咨询机关（其名或顾问院或元老院未定）；三、垦务牧政渔业公署；四、扩充统一会；五、剿匪机关，分辖各省警备队；六、善后处。

△ 豫匪"老洋人"股匪500余人劫掠郑州南官亭车站，欲截京汉列车未遂，车站站长及眷属被掠走。

10月24日 孙中山派廖仲恺、邓泽如召集特别会议，商讨国民党改组问题。

△ 孙中山特派中央直辖广东讨贼军第四军军长梁鸿楷兼高雷钦廉各军总指挥。

△ 代总理高凌霨呈准取消安福系魏宗瀚、陈文运、刘询、吴炳湘等之处罚；张敬尧、张树元、曲同丰等人须请示段祺瑞后再定。

△ 北京政府法律馆馆员一致反对程克兼任总裁，是日晚全体辞职，郑天锡亦辞总纂职。

△ 北京教育部自彭允彝去职后，部务无人负责，员工薪水积欠多月，各种公文积压数月未办。是日，部员将公文封送国务院，高凌霨允积极筹款，始各退回。

△ 湖北全省外交协会因极力宣传抵制日货，提倡国货，大招日人之忌，是日被湖北督军萧耀南下令查封。

10月25日 国民党临时中央在广州举行改组特别会议，筹备国民党改组事宜，并筹备召开全国代表大会。廖仲恺宣读孙中山指派的中央委员名单：临时执行委员胡汉民、林森、廖仲恺、邓泽如、杨庶堪、陈树人、孙科、吴铁城、谭平山；候补委员汪精卫、李大钊、谢英伯、古应芬、许崇清，聘鲍罗廷为顾问。

△ 旅沪参众两院议员通告宣布参加北京贿选总统之全部议员名单，共556人，此数距法定选举人数尚差25人，故此次总统选举根本不

能成立。

△ 王承斌通电就任直隶军务善后督理。曹锟令王仍驻天津，以监视榆关，保定另设一留守司令，归王节制。同日，曹锟裁撤帮办山东军务事宜一缺。

△ 驻京日本公使芳泽赴外交部向顾维钧递交国书。

△ 粤讨贼联军分三路袭击龙华陈炯明粤军，激战竟夜，攻占龙华镇及龙门镇，粤军溃退平陵。

△ 中央直辖西路讨贼军总司令刘震寰电孙中山，谓曹锟贿选，罪恶昭彰，请孙以大元帅权宜监国，速正大号，俾中外晓然于正统所在。

△ 杨森、刘湘自重庆败退万县后，奉吴佩孚指示，约集保宁刘存厚、黔边袁祖铭及邓锡侯、陈国栋等，在万县会商反攻计划，共推刘湘为四川善后督办，袁祖铭为前敌总司令，主持反攻重庆。

△ 川军田颂尧、张邦本、王鸿恩及直军等部围攻绵阳，省城震动。省军总司令刘成勋急令所部驰援，是日激战，将田、王等部击退，刘军复克梓潼。28 日，刘成勋令一周内收复剑门关，田、王奉吴佩孚严令退川北死守。

△ 皖省贿选议员张伯衍等 12 人见曹锟，诉说彼等因选举总统，原籍房屋财产被学生抄毁，请迅令地方长官拿获首犯，立即枪毙，否则皖籍议员全体出京。曹温谕慰藉，除允严惩肇事人外，议员所受损失，允由政府从事偿恤。

△ 豫督张福来通电张国信（“老洋人”）受招抚复又叛变蹂躏豫省之罪行，并告以正派部队赴鹿邑、柘城一带进剿。

10 月 26 日 北京参众两院开会，曹锟委派海军总长李鼎新为代表出席会议。王枢、陈纯修等反吴景濂派议员认为根据宪法第四十九条规定，吴已失去议长资格，应另推临时主席。但吴景濂强据主席台，拥吴派议员反对讨论议长问题，与会者一哄而散。

△ 驻京日使芳泽赴外交部质问中国政府财政、交通两部以无线电权转让美国，毁弃信约，妨害日商权利，日方无论如何，坚持日三井物

产会社在华无线电之专利权。

10月27日 曹锟任命唐在礼为交通部铁路警备事务督办;免钱方轼署财政次长兼盐务署署长本兼各职,任命项骧继任。

△ 孙中山任命宋子文为两广盐务稽核所经理;廖仲恺为大本营筹饷局总办,邹鲁为会办。

△ 吴佩孚的代表李倬章谒见曹锟,面呈吴数电,请速发表颜惠庆组阁令。同日,齐燮元亦电曹请令颜惠庆组阁。

△ 吴佩孚收编之河南樊钟秀部,被吴派往援粤,自6月南下,分驻赣州及粤之南雄,不愿加入战斗,深受赣南镇守使援粤总指挥方本仁之压迫,欲将樊部缴械。是日,樊率部反戈,投向孙中山。

△ 北京教育部全体部员通电全国,谓自6月政变摄政内阁以来,教部无人负责,政务悉归停滞,部员欠薪已逾八个月,曹锟任总统后仍无解决办法,若政府再不发欠薪,将自决办法。

△ 粤陈炯明军向联军反攻,攻占广九路平湖站,蒋光亮部溃败。林虎率部攻占博罗,直逼石龙,惠州城解围。孙中山急电范石生由增城驰援樟木头,营救蒋部。

△ 驻京法使傅乐猷访北京政府兼代国务总理高凌霨,要求立即承认金法郎案。

△ 驻京日公使芳泽赴外交部访顾维钧,声明日本在华无线电之专利权断不能放弃,中国政府如擅让与美商,应即取消。

△ 四(平街)洮(南)铁路竣工。

10月28日 国民党临时中央执行委员会正式成立。首次会议决定,开始着手国民党的改组工作:起草宣言、党纲、党章草案;办理各分部登记,设立广州市党部;统一宣传机关;出版《中国国民党周刊》及设立讲习所等工作。并决定1924年1月在广州召开第一次全国代表大会,每省派代表六名(选举三人,孙中山指派三人),海外支部代表12人。推胡汉民、汪精卫、张继、叶楚伧、戴季陶组织临时执行委员会上海执行部,派廖仲恺前往组织。推廖仲恺、孙科、邓泽如为财政委员。

△ 孙中山令大本营参军长朱培德，现在出发东江，所有参军长职务势难兼顾，应免去本职，俾专任中央直辖第一军军长，督战前线。同日，孙中山委任李烈钧为大本营参谋长，张开儒为大本营参军长。

△ 孙宝琦挈眷离京赴沪，料理汉冶萍事务，曹锟派蔡廷幹赴天津将孙追回，面请孙组阁，经力劝，孙允诺。

△ “永翔”、“同安”、“楚豫”、“楚同”四炮舰宣布中立，当即离开广州开往汕头。海珠炮台之陆战队随“永翔”舰长赵梯昆逃走，海珠之海军司令部各员，亦逃散一空。停泊广州效命孙中山之炮舰仅剩“永丰”一艘。

△ 安徽平民教育促进会组织安庆各界代表、各校学生、各机关人员召开万人大会，晏阳初讲演普及平民教育的意义。会后举行大游行。

△ 南洋烟草公司经理简照南在沪病故。

10月29日 粤讨贼联军败退石龙，刘震寰奉孙中山令率李烈钧、范石生军一旅到达石龙，布告各军不得擅退，违即枪决。30日，孙中山赴石龙督战。

△ 孙中山为解决经费问题，在广州大本营召集绅、商、学、报各界会议，决议成立广东善后委员会，筹款300万元至500万元。

△ 北京政府财政次长贺德霖向驻京法使傅乐猷交涉汇理银行扣放盐余案，贺力争不能因金法郎案扣及善后借款，此系截然两事。法使仍要求财部用金法郎付款，否则，法国只得收回赔款，中法实业银行一案，别无办法。贺答以该案众议院已否决，碍难办理。

△ 四川讨贼军总司令熊克武部占领涪陵、长寿，进攻万县。

10月30日 曹锟向众议院提出，任孙宝琦为国务总理，请依法予以同意。

△ 北京众议院副议长张伯烈发表声明，依法解除副议长职。

△ 海军舰队司令温树德在汕头通电宣布服从北京中央政府，将留粤之“永翔”、“楚豫”、“同安”、“豫章”各舰本日驶往汕头归队。

△ 北京外交团领袖公使符礼德照会外交部称，近来通商各埠，俄

国难民来数日多，于租界治安有关，请中国政府将俄难民案提交国联讨论安置办法，或与俄国政府接洽，设法遣送回国。

10月31日 孙中山自东江石龙返广州，并向前线将领颁布训勉电令，促奋力作战。

△ 曹锟免饶汉祥侨务局总裁职，任命毕维垣继任。

△ 驻京法公使傅乐猷就金法郎案照会北京政府外交部称：法国国会将于11月13日开会，金法郎案将在国会讨论。中国政府对该案应履行黄郛照会内承认之条件，否则，法政府将另取相当手段。11月2日，外交部复照法使，谓金法郎案本部愿早日解决，来照所称各节，已咨国务院财政部，俟复到即开议。

△ 驻京美国公使舒尔曼访外长顾维钧，询问无线电案中日交涉情形，谓中国既将无线电设置权予以美国，日本不应异议。

△ 天津电车公司以亏本过巨为理由，加价20%，全市商民学生群起反对，并组织学生在东南马路一带劝阻同胞勿坐电车。警察厅出动大批警察和保安队弹压，将学生和群众驱散。

是月 少年中国学会在苏州开会，决议反对教会教育。此为收回教育运动之始。

△ 冯玉祥上书曹锟请设言官，略谓欲整顿吏治，及时使民情上达，赏罚严明，不致有蒙蔽之虞，非设此制度不可。

11 月

11月1日 曹锟特任周荫人为荫威将军，孟昭月、张俊峰、梁克发为将军府将军。

△ 高凌霨将齐燮元等关于民十(1921)国会议员选举之新议员有效电交国会事务局核办。同日，众议院多数议员认为此举违法，拟提最高弹劾案与军人干政之惩戒案。

△ 上海《新闻报》载中国军队及军费状况：全国军队有名称可指

者共52师又102旅又220营，兵额为128.5万人。每月军饷(不含军事费)1540余万元(其混成旅、游缉队、卫队、巡防营、独立旅、混成团、独立军等名目繁多，额数亦多寡不同，均未列入)。

△ 北京国务院秘书长张廷谔致函财政部，略谓该院经费仅领数成，现在非但员司差役薪水无着，即区区办公所需之纸张笔墨，亦无着落，务请在盐余发放时，拨给该院经费一月。

△ 北京新任铁路警备督办唐在礼往葡使馆晤领袖公使符礼德，说明嗣后中国政府对于外侨交通之安全，自当极力保护，以符各国之期望，请以此意转知各国公使。

△ 国民党临时中央执行委员会举行第二次会议，决定出版《国民党周刊》办法。

△ 北京国立八校因经费积欠已逾九个月，教职员生活陷入绝境，无法维持生计。是日，八校教职员代表召开联席会议，决定各校召开全体教职员大会，讨论索薪办法。各校校长表示竭力向政府交涉，请再维持10天，“届期如仍无头绪，亦只好任其关闭”。

△ 日本国民对华谢赈团臼井一行等五人，由日本驻京公使芳泽谦吉领赴外交部，拜访外交总长顾维钧，对中国各界人士团体捐款赈济日本地震灾，表示感谢。3日，该团由芳泽带领晋见曹锟表示感谢。

11月2日 孙中山任命黄绍竑为广东讨贼军第一军军长。

△ 总税务司安格联休假期满由英回华，受到上海总商会、银行公会、钱业公会等团体欢迎，并与之商议维持内债基金办法。安格联表示对“维持关余担保内债之优先权”问题，“凡系本人所经管之内债以及外债，自当始终维持”。

△ 驻京英、法、日三国公使以孙中山发行广东省公债用盐余款作抵押，违背善后借款合同之规定，向北京政府外交部提出抗议。

△ 湖南省长赵恒惕得岳州马济指挥之直军及海军“永安”、“拱辰”两舰援助，在长沙渡河向谭延闿军蔡钜猷部进攻，蔡部纷向宁乡、湘潭等地溃退。

△　河南督理张福来由开封到许昌设剿匪司令部，督剿“老洋人”、范明新、张得胜等巨匪。旅长苏世荣为汝宝总指挥，镇守使马志敏为南阳总指挥，旅长田维勤为汝属总指挥，张本人及师长靳云鹗居中调度。

11 月 3 日　孙中山亲赴石龙督战，参谋长李烈钧随行，抵石龙后当即召集范石生、胡思舜、卢师谛三军长开会，令诸军坚守博罗。4 日，滇军及许崇智、刘震寰部纷纷后退，孙中山严令制止无效。后孙中山赏范石生部二万元，令其猛攻惠城，牵制粤军后方。

△　孙中山任命杨虎办理海军事务。

△　吴佩孚电告曹锟、冯玉祥及各省督军、省长、镇守使等，谓前被豫匪范明新掳去的两女英教士，经各剿匪军营救出险，是日抵洛阳。

△　江苏督军齐燮元电各省督军、省长，谓民国十年各省依中央通令选举之众议员，应为有效，“无庸另选”，并请各疆吏一致赞同此议。4 日，山东督理郑士琦、省长熊炳琦亦电北京政府，主张民国十年所选议员有效。

△　安徽省立各校教职员代表 28 人往省府见省长吕调元，请拨教育经费，与吕发生争执。吕乃指挥军警将代表殴伤 10 余人，省教育厅长江暐在场劝解，亦被打伤。同日，省教育会通电历数吕之罪行，请各方声援。教育厅长江暐愤而辞职。学生罢课，要求惩吕。同日，吕调元电北京政府，诬称教职员为乱党，蓄有野心，要求立即将学校解散，务请电饬督理马联甲协助镇压，并请通缉陈独秀。

△　北京学生联合会致函外交团领袖公使符礼德，表示中国人民愿与各国友好，但外交团依据“临案”所提出未经解决之护路问题，断不能承认友邦之要求，请切勿再据“临案”而提出共管中国路警之要求。

△　湘赵恒惕分兵向谭延闿部反击，邹鹏振、蒋锄欧两旅攻湘潭，贺耀组旅攻易家湾，叶开鑫旅攻湘乡，唐生智部攻朱亭。是日，谭军蔡钜猷部退往常德。

△　据《新闻报》载，财政整理会清查财政、交通两部无担保之外债总数约七亿元，其中财部四亿元，交部三亿元。全国新旧外债约 17 亿

元，每年利息均以六厘计，需付利息一亿元以上。

△ 广州财政厅长邹鲁偕夫人许剑魂赴香港筹款，登岸时遭凶手枪击，邹幸免，许当场身亡。

11月4日 陈炯明粤军与讨贼联军在樟木头激战，孙中山亲临前线督阵，树黄色大旗一面，上书“帅驾亲自督阵，各宜奋勇向前”。联军士气大振，将粤军击退20余里。

△ 曹锟令免修订法律馆总纂郑天锡、署纂潘元枚本职；任命高种、吴炳枞署修订法律馆总纂。

△ 北京国会反吴景濂派议员在北京江西会馆开会，由议员胡源汇提出否认吴景濂之议长资格案，与会议员均表同意。

△ 章太炎、于右任、方声涛等复唐继尧否认贿选之上月号（20日）电，表示响应。

△ 山东省议会电各省议会，请力争收回威海卫之交涉，略谓英人强租之威海卫，期满收回，绝无条件可言。本年组织的中英委员会，华方代表梁如浩甘心媚外，抛弃接收本题，擅订苛酷条件24款，丧失领土，损害主权，务请各省协电中央，严拒英人要求，惩办梁如浩。

△ 松坡图书馆在北京成立。创办主任梁启超为该馆募捐达七年之久，藏书三万余卷，中西图书分为两馆，中文书藏快雪堂，西文书藏石虎胡同七号。

△ 扰乱直、鲁、豫、皖10余年之巨匪范明新，被陕军田维勤旅击毙于汝南团山城。

11月5日 国民党临时中央执行委员会在广州举行第三次会议，由廖仲恺主持讨论中国国民党党章草案及经费预算。

△ 北京众议院开会，讨论孙宝琦内阁案，多数议员以吴景濂任议长期满，主张另推临时主席。吴景濂率数十警卫入场强占议长席，反吴派议员王枢等欲将吴推开，议场顿生混乱。吴之警卫乘乱行凶，打伤反吴派议员数人，议员一哄而散。

△ 曹锟特任王用中为毓威将军，殷本浩为恺威将军；免天津镇守

使赵玉珂本职，命王维城继任。

△ 杨度等 70 余人发起在北京成立全国和平统一协会，通过会章，并发表长篇宣言，声称该会旨在鼓吹和平，号召国民促成国家之统一，拟具和平统一方案，解决一切政治、法律、军事诸问题。18 日，该会推李经羲、王士珍、张謇、杨度、何东、唐绍仪、王芝祥、汪大燮、朱启钤、钱能训、赵尔巽 20 余人为理事，拟定何海鸣等 30 余人为干事。

△ 广州大本营外交部通牒北京外交团，要求收管粤海关关余税款。略谓：我国关税，除拨偿外债外，所余尚多，其中一部分为粤省税款，北京政府以取自西南者为祸西南，实非公允，粤省关余应归本政府使用。

△ 北京国立八校呈国务院，请饬财部速发积欠薪饷，否则不负保管校产责任。

△ 安徽全省学生联合会通电控诉省长吕调元同督理马联甲沟通一气，摧残安徽教育，令警兵横施殴捕学生之罪行，并决定全体罢课，誓与吕、马斗争到底，请皖旅外同乡会及全省人民援助。

△ 北京政府电饬驻美公使施肇基向国务卿休士接洽美国在华设无线电台问题。日、美两国在华设无线电台专利权之争，拟在华盛顿由日、美直接商洽，然后中国再加入协议。

△ 荷兰、西班牙、美国、法国、英国、意大利、日本、比利时八国驻京公使联名照会外交部，坚持依《辛丑条约》之规定，必须以金币付庚子赔款。

△ 美、英、法、日四国公使照会北京政府外交部，抗议中国东北当局设置特别地亩管理局，接管中东路地亩。外交部即饬东省特别区长官公署查复。12 月 17 日，中东路护路司令朱庆澜咨复，谓我国收回铁路地亩，实为保护中国行政主权，该路地亩处违背续订合同第六条，“勿庸第三国鳃鳃过虑”。

△ 日本驻京公使芳泽谒见前清逊帝溥仪，申谢清室助赈日地震灾。

△ 绥芬镇守使张宗昌部第三旅第四十四团在绥芬哗变。张作霖

急令张宗昌及滨江镇守使张焕相、东路司令朱庆澜、洮辽镇守使阚朝玺等率兵一体严剿。

11月6日 曹锟在总统府召见全体阁员，告以从汇理银行收回之盐余，不准作他用，全交公府，俟筹足300万元之后，统作分配。

△ 北京政府复电吕调元、马联甲，对吕在皖摧残教育、镇压学生大加赞许，并令督理马联甲“相机协助，如教、警两长不能得力，即予撤换”。

△ 四川讨贼军总司令熊克武、川军总司令刘成勋通电缉拿勾引北军蹂躏川省残害川民之叛逆刘湘、杨森、邓锡侯、陈国栋、袁祖铭。

△ 陈炯明粤军全力向讨贼联军反扑，联军败退。孙中山凌晨3时于帅府召集高级官员会议商议对策，杨庶堪、李烈钧、程潜等出席。同日，右翼讨贼军总司令许崇智部击退粤军，追击至樟木头、鸭子步、深圳等地。

△ 北京政府外交部通咨各省军民长官，请迅令所属军队严行剿办土匪，限期肃清，勿徒停止外人游历，转滋口实。

△ 北京众议院议员蒲伯英等90余人发表请定期开会推举临时主席意见书，指出前议长吴景濂于10月10日任期已满，仍不解职，直接违背宪法。

△ 湘军唐生智率刘兴、李品仙两旅攻占衡山。7日，占领衡州，谭延闿部退守宝庆。

11月7日 孙中山由石龙返广州，行营仍设石龙。同日，改组上海国民党本部为驻沪执行部。

△ 孙中山以军费支绌，令廖仲恺、孙科于广州市内再向各房东、业主借用租金一个月份，此项借用租金准予满一年后加二归还。同日，孙中山任命石青阳兼理中央银行四川分行行长。

△ 曹锟公布《县自治法施行日期及施行区域令》，规定自治法自民国十三年(1924)4月1日于直隶省所属东光等47县实施。

△ 曹锟下手谕三道：一、着外交总长顾维钧与财政总长张弧速会

同法、比两国公使商筹解决金法郎案；二、着国务院彻查铜元票案；三、着财长张弧速筹发放军饷一月。

△　北京甘石桥俱乐部完成曹锟贿选后，反对吴景濂之保定系议员是日召开大会，高凌霨、王毓芝、程克等内阁成员亦出席，议定将俱乐部改为“宪政党”，并以“实行宪政、谋南北统一之实现”为党纲。

△　吴景濂电话催询天津直隶督理兼省长王承斌，谋另组新党以对抗宪政党，王表示消极。

△　总税务司安格联在京向顾维钧、张弧报告对华态度，谓各国对华空气极坏，中国债票在外国市场均跌，关税会议难即召开。

△　英国前任驻中国公使朱尔典在伦敦中国协会上谈中国乱事说：“可保全中国者，仅有两端：非各党派有合力之同意，即中国有如墨索里尼其人者出现。”

△　豫匪“老洋人”从汝州突围后，是日攻陷洛阳附近之宜阳县城，掳去肉票数百名。吴佩孚急调陕西镇嵩军出关助剿。

△　广州市中小学因经费积欠已达三个月之久，是日一致停课。

△　哈尔滨俄人举行庆祝十月革命六周年大会并游行，地方军警向游行队伍开枪，打伤俄人四名。

11 月 8 日　国民党临时中央执行委员会在广州举行第四次会议，由廖仲恺主持讨论党纲、宣言及召开广州市党员大会等项事宜。

△　北京内阁会议否认金法郎案，由外交、财政两部会核。同日，财政部函外交部，金法郎案仍照 10 月 3 日众议院通过办法，按 1905 年换文办理。

△　孙中山令四川讨贼军总司令熊克武，将四川省每年应解中央之税款，全数拨充作讨贼军费，统由该总司令委员经收，随时册报大元帅核销。

△　陈炯明粤军占领博罗，滇桂军相继退却。9 日，孙中山再赴石龙，饬各军不得后退，并组织反攻。11 日，孙中山移行营于石滩车站，组织对粤军反攻。

△ 国会反对吴景濂派议员王枢等80余人在京开会，认为吴之议长资格已消除，决议令吴将民国八年之后的帐目完全交出，由议员组织审查委员会进行审查；在议长未选出之前，设置临时行政委员会。

△ 吴景濂求见曹锟，诉说其帮助大选之苦及始终拥护总统之诚，请曹设法清弭院内推翻议长之风潮。曹以院内事"无权干涉"答之，吴悻悻退出。

△ 瑞典新任驻京公使艾维娄福向曹锟呈递国书。

△ 黎元洪离沪往日本养病。

11月9日 孙中山令兼理中央银行四川分行行长石青阳，迅将分行事宜积极照章筹备就绪，开始营业，并将办理情形报查。

△ 曹锟晋封侯连珠为镇国公；派胡祖舜赴欧美考察政治事宜。

△ 北京外交团领袖公使符礼德入总统府见曹锟，对护路、剿匪交换意见。并劝曹对金法郎案勿再坚持，否则将失去国际同情。

△ 北京国立八校全体教职员因政府积欠薪饷九个月，实已无法维持，是日再开大会。英文《导报》主笔、北大教授柯乐文提议组织特别委员会，要求日、英两国公使以庚子赔款月拨20万元为八校及中小学经费。最后议决：若本月12日前政府尚无解决办法，八校一律关闭。

11月10日 孙中山赏朱培德、杨希闵部各5000元，令向陈军反攻，再退者枪决。

△ 曹锟派薛笃弼前往京师平市官钱局彻查该局滥发铜元票舞弊情况；免许世英航空署督办职，派赵玉珂继任。

△ 吴佩孚代表佟有方谒见曹锟，面呈对西南各省武力统一之军事计划一册，曹即将吴之军事计划交各部主管妥慎核议。

△ 北京内阁会议决议：以庚子俄赔款停付一部分为担保，向银行商垫使领馆经费；苏、皖、鲁、豫剿匪经费，由津浦路局先垫支三个月。

△ 旅沪国会议员成立"国会议员同志会"，通过会章。该会以澄清政治力图建设为宗旨。

△ 赵恒惕部湘军刘重威旅9日攻占宝庆，讨贼军吴剑学部退祁

阳。是日,唐生智部攻占常德,周朝武部退往沅江南岸。

△ 意大利驻京公使翟录第照会北京政府外交部,谓河南南阳土匪猖獗,意国教堂教士势极危险,请电饬豫督张福来派兵前往保护。

△ 广州当押店全行业罢市,反对公安局长吴铁城强令向该行业借款五万元。

△ 北京教育部全体职员因经费积欠已久,决定定期拍卖书籍物品,并发布告称“本部现经政府遗弃,公家事物,私人生计,均陷绝境,乃谋自决”,所有房屋器具、书籍陈设,一概定期拍卖。

△ 北京财政部训令各省区财政厅,将各银行状况及详情调查明晰,造册送部,同时电告各省区调查各该省积欠岁款,并商询将来汇款办法。

△ 北京国立八校教职员开会,北大校长蒋梦麟报告奔走 30 万元教育借款经过,该款由中华汇业银行承借,由正金银行每月拨盐余五万元,并决定自 12 日起,各校照常上课。

△ 赣省平民教育会组织南昌各校学生大游行,参加学生约 7000 人。沿途高呼“平民教育万岁”,并散发传单,上书:“你认得字么,快去教人,你不认得字,赶快去读书。”

△ 安徽省长吕调元以《民治报》发表吕镇压学生的报道,将该报编辑人员管曙东、王兰田、陈紫枫逮捕。

△ 淞沪警察厅长徐国樑在英租界云南路遇刺重伤,刺客李达生自称系国民党人,因徐曾杀害党人多名,故为复仇。13 日,徐死亡。

11 月 11 日 曹锟特任吴佩孚为直鲁豫巡阅使;齐燮元为苏皖赣巡阅使,萧耀南为两湖巡阅使,王承斌为直鲁豫巡阅副使;派彭寿莘帮办直隶军务善后事宜。

△ 曹锟召集高凌蔚、顾维钧、张弧入总统府,商速承认金法郎案。顾、张均主张暂缓,高以法使限期 13 日解决,不能再延。张弧始终未认可,曹锟大怒,准张辞职。

△ 粤陈炯明军分四路向讨贼联军进攻,林虎部攻石滩,洪兆麟部

攻石龙,熊略部攻樟木头,翁式亮、练演雄、叶举、钟景棠部攻平湖。

△ 鲍罗廷在广州与中共在粤干部、陈独秀之代表谭平山会晤,鲍详述关于改组国民党之计划。17日,鲍再与谭会谈,希望中共注意激励群众与中共党员参加国民党的改组。

11月12日 国民党临时中央执行委员会第五次会议决定"应付时局问题":由临时中央执行委员会召集各区分部执行委员及组织委员在广东支部开特别会议,讨论组织义勇军,以高师为训练地点,请党中军人同志训练。

△ 粤陈炯明军攻入石龙,逼近石滩,孙中山、许崇智、刘震寰退守石滩,苏联军事顾问巴夫罗夫阵亡,广州震动。省中官眷纷纷往香港运送行李,彻夜不绝。同日,孙中山电湘谭延闿克日来援。

△ 曹锟令免张弧署财政总长职,特任王克敏暂署财政总长。

△ 北京国务院通电饬各省军民长官,注意防护各国侨民,以免外人有所借口。

△ 据《新闻报》载,外蒙库伦政府设财政、司法、外交、陆军、内务五部,并有平政院、制度院。预定国防军20万,现有12万,俄兵一团司警政。俄政府将喀山游牧之成吉思汗遗族10余万遣送南部,我北疆日益严重。冯玉祥迭请运兵赴蒙,但军费难筹。

11月13日 曹锟特任署财政总长王克敏兼盐务署督办和币制局督办;任命周荫人为陆军第十二师师长,靳云鹗为陆军第十四师师长,曹士杰为陆军第十六混成旅旅长。

△ 旅京江苏同乡会干事与苏籍国会议员开会,反对曹锟任命齐燮元为苏皖赣巡阅使,认为此命令违背约法及新宪法,苏人决不承认。

△ 港绅何东爵士由齐燮元介绍,赴武汉、洛阳运动和平,是日由沪抵汉。鄂督萧耀南对何东所倡和平主张颇表赞成。14日,何东由汉赴洛阳,与吴佩孚会晤三次,吴对和平运动无赞助之意,认为"深信必经过此番武力,始能收和平之效"。21日,何东回汉口。

△ 山东昌邑土匪于双龙在距县城南80里之张家堡教堂掳劫法

人主教罗光汉及神甫一人，中国助教师五人，作为人质要求官府收抚。

△ 吴景濂恋栈众议院议长席，但与反对派无法疏通，遂下令将众议院大小议场一并封锁。

△ 谭延闿接孙中山援粤电率部向广东省境进发，唐生智部进占郴州。同日，邹鹏振部攻占常宁，继而向桂阳推进。除蔡钜猷在湘西尚有一隅之地外，湘境皆为赵恒惕所控制。

△ 北京国立八校代表蒋梦麟、俞同奎、郑锦、许绳祖致函苏联代表加拉罕称，八校“经费困难，势将停顿，请贵代表团在中俄会议未开之前，将庚子赔款全部放弃，尽数发展中国教育，拨其中一部作八校经费及基金之用”。

△ 上海各路商界总联合会为反对金法郎案致北京政府外长顾维钧，谓“此案为王克敏卖国政策，早经国会否决，万无改以阁议承认之理”，务请据理力争。

11月14日 孙中山在广九路石滩车站召集杨希闵、范石生、许崇智、刘震寰开军事会议，决定以对付粤军之全权授于滇军，当即特任杨希闵兼滇粤桂联军前敌总司令。

△ 曹锟特任王怀庆为靖武上将军，冯玉祥为扬武上将军，王承斌为匡武上将军，齐燮元为宁武上将军，萧耀南为炳武上将军，阎锡山为同武上将军；特任杨增新为阗武将军，白宝山为郁武将军，马玉仁为衡威将军，朱熙为缉威将军，杨春普为煦威将军，宫邦铎为振威将军，张仁奎为杰威将军，方本仁为粹威将军，岳兆麟为淑威将军，萧安国为良威将军；陆洪涛、郑士琦、张锡元、沈鸿英、彭寿莘均授陆军上将衔。

△ 吴佩孚派代表孙发绪谒曹锟，请曹勿顾虑，提早发表孙宝琦组阁令，以维政局。

△ 陆荣廷通电就任广西善后督办职。

△ 湘赵恒惕部蒋锄欧旅攻克永州（今零陵），湘省战争暂告平息。谭延闿率部退至粤边，得孙中山令其援粤之电，星夜向广州进发。

△ 法国驻京公使傅乐猷照会北京政府外交部，催促速承认金法

郎案。同日,法使至外交部催办。

△　驻哈尔滨苏联政府代表拉基金致函东省当局,谓流亡东省特区内白党之残余军队及其所组织之团体,迭次图谋用暴力颠覆苏联政府,要求对其严加取缔,巩固两国亲善之谊。

11 月 15 日　孙中山以战事紧迫,财源益艰,是日令各军将领及大本营军政部长程潜、财政部长叶恭绰、两广盐运使伍汝康、广东财政厅长邹鲁、广州市长孙科等竭力筹措饷项,以供军需,毋得稍涉稽延。

△　国民党临时中央执行委员会第六次会议决议组织义勇军,由廖仲恺起草义勇军组织法,并议定用中央执行委员会名义登报招请教练员,其条件为:"一、国民党员或志愿入党者;二、年龄在二十岁以上四十岁以下者;三、曾在本国或外国陆军大学、军官学校毕业者;四、能当义务,不受薪金。"

△　北京政府财政部就美、英、法、日四国公使抗议关余案咨复外交部:一、关余担保偿还各种债务之优先权,应以各债务指定以关余担保之先后为序;二、各项外债,因原定抵押品失效,不能如期付款者,须待将来财政好转再付本息。

△　苏联代表加拉罕就北京国立八校函请苏联政府将庚款全部拨作教育经费事照会北京外交部称:"本代表特代表苏联政府将庚子赔款俄国部分之全部尽行拨为贵国教育经费,首先拨于国立各大学,并速拨交一部分给北京国立八校,希望中国政府亦承认该款不得作他用。"

△　湖南省长赵恒惕以第二师师长鲁涤平破坏省宪,刺杀护宪派团长袁植,实行叛乱,是日下令免鲁本兼各职,责地方军民长官严缉务获,依法惩办。

△　《新闻报》就军费发表评论,谓中国军费占岁出 80%,为各国所无,非裁兵不能立国。而军费开支非用于练兵,多为统兵者中饱,彼等资财大者数千万,小者数百万,至于士兵,则欠饷累累。士兵不免哗变抢掠,故养兵如养匪。

△　徐州白枪会图谋攻城劫狱,营救会首张传孝等,被守城军警击

散，县府遂将张传孝等四人于南门外枭首示众。

11月16日 孙中山令滇粤桂联军前敌总指挥杨希闵速派遣主力分途增援第一线，寻粤军主力以歼之，以“肃清东江，进图大局”。

△ 孙中山致函犬养毅，批评日本政府对华政策，劝告日本政府帮助中国革命并首先承认苏俄。

△ 北京内阁特别会议议决裁员办法：各机关凡非实缺人员，除考试及格分部任用者外，一律裁汰，其积欠薪水，另议办法。如被裁人员有法外举动，即依法惩办，断不姑容。

11月17日 曹锟特任杜锡珪为海军总司令；任命杨以德为卫威将军；调李景曦署海军第二舰队司令。

△ 北京内阁再次讨论裁员办法，决定由财政部首先实行，其他各部各机关依照财政部办法办理。财政总长王克敏已确定裁汰标准，凡民国元年官制所未规定之员缺，一概裁撤。

△ 浙督卢永祥电唐继尧，表示赞成唐提出的曹锟贿选为无效，以联省自治为前提之主张。

△ 旅沪参众两院议员在湖北会馆开会，反对承认金法郎案。

△ 北京国立八校教职员代表开会再讨论经费问题，因本月10日北大校长蒋梦麟奔走议筹维持校务之30万元借款，财政部仅拨发12.6万余元，尚包括公立中小学经费在内，校务已无法维持，一致决议，自18日起，含悲忍痛将八校同时关闭。

△ 上海公共租界工部局组织外侨委员会，纪念上海开港八十周年。按：1843年11月17日，英国东印度公司根据《南京条约》在上海正式开港，设立租界。

11月18日 由保定派操纵国会议员组成的宪政党在北京开正式成立大会，到350余人，王毓芝为临时主席，通过党章。推选王毓芝为总理事长，高凌霨为首席理事，程克、刘梦庚、常耀奎为理事。并决定在直、鲁、豫、苏、鄂、皖、闽、赣、陕等省分设宪政党支部，由党中之各该省议员回籍担任组织，为国会改选作预备。

△ 粤陈炯明军分四路猛攻广州，其编组为：一、右路：第一军林虎、第二军刘志陆、第四军李易标，共1.4万余人，归刘志陆指挥，由联和市、龙眼洞前进，攻击徐洞、白云山、瘦狗岭一带；二、第三军尹骥、第六军杨坤如，共一万人，归洪兆麟指挥，沿广九路南岗、乌涌一带前进，攻击车陂、石牌一带；三、钟景棠、练演雄等部攻击虎门；四、谢文炳、陈修爵、谢毅等部攻增城。陈军并占领瘦狗岭、石牌等地，距广州仅10余里，其前锋已迫近广九车站。

△ 滇桂粤讨贼联军向陈炯明粤军猛烈反击，朱培德指挥中央军与林虎部激战龙眼洞，从江西归粤之樊钟秀率豫军2000人适由韶关乘火车抵达广州黄沙车站，即向广九车站增援，随后湘军谭延闿等部增援，协同联军作战，将粤军击退，广州转危为安。

△ 驻京法公使照会北京政府外交部催办金法郎案，并提出以承认金法郎案为批准关税会议协约之交换条件。

△ 全国商联会电北京政府外交总长顾维钧，反对承认金法郎案。谓此案关系国家一亿至数亿元之损失，中法买办王克敏若承认该案，"是我四万万国民之公敌"，望决勿苟同王之主张。

△ 中共广东干部与社会主义青年团干部在广州开会，鲍罗廷亦出席，讨论国民党改组工作，决议中共应加强在国民党内的工作。

△ 北京《京津晚报》与民治通讯社因16日转发天津《大公报》文章《金法郎案内幕之大披露》，言及内有受贿情事，是日被高凌霨令警察厅查封，并逮捕两社经理及编辑。

△ 湖南省长赵恒惕令各县知事一律兼任本县剿匪指挥部法官，拿获真正匪盗，着先行处决，随后呈报。各地散枪，着各知事妥为收集，以为团练之用。嗣后知事考成，即以治匪列为第一项。

△ 北京召开追悼美故总统哈定纪念大会，外长顾维钧致词，称赞哈定"为中国之平等机会、中国主权不可侵犯及中国在各列强认为自主国之一切特殊限制之解放"作出了贡献。并在中央公园立"美故总统哈定纪念碑"。

△　康有为在陕西万国道德会分会讲演，略谓现在世界有势力的宗教，不过孔、佛、耶、回而已，“至以中国此时情形而言之，尤宜实施孔教”。

11 月 19 日　孙中山在广州大本营主持召开国民党临时中央执行委员会第七次会议，讨论组织训练义勇军办法及开办国民党讲习所诸问题。并决议在党纲中规定：三民主义及五权宪法之内容及解释，当以孙中山学说为断。

△　北京国立师范大学、农业大学、工业大学、美术专门学校、女子高等师范五校因政府积欠经费过巨，教职员薪饷无着，被迫同时停闭。

△　安徽省《民岩报》、《新建设报》、《劝业日报》、《民声报》、《商报》、《安庆新报》、《皖钟报》、《通俗教育报》、《皖铎报》等联名电督理马联甲并函省长吕调元称，以“教潮首犯”罪名被捕的《民治报》经理管曙东、编辑陈紫枫仅因直言无隐，报道此次教潮，并非有罪，请予释放，以重人权，而维舆论。

△　浙江省议员陈邦达等电斥王克敏甘冒不韪，谋求财长，“首先承办金法郎案，媚兹一曹而自绝全浙，忍弃祖宗庐墓而徇身中法银行，丧心病狂”，“望速自图，毋贻后悔”。

△　驻京美公使舒尔曼访北京政府外长顾维钧辞行，已定由沪转西贡再往云南调查西南政局，预计明年 1 月回京。

11 月 20 日　孙中山令讨贼联军各将领乘胜追击陈炯明、林虎残军，“务扫庭穴”，“奠安大局”。

△　国民党本部公报发表《中国国民党党纲草案》。总纲明确指出：“吾党之目的，在于中国领域之内构成一民有、民治、民享之国家，使全体国民得于国际上、政治上、经济上遂其有价值之生存。揭为‘三民主义，五权宪法’之主张，以奋斗之精神，图其实现。”

△　北京政府派王正廷、刘彦、沈其昌赴日本调查前次日本地震后日人虐杀华侨及留学生案。

△　北京国务院参陆处以湘、鄂、川三省军事吃紧，电直鲁豫巡阅

使吴佩孚，该三省所有前方军务仍由吴指挥节制。

△　张作霖令奉天军警当局饬所属严禁现洋出境，如经捉获，除将所贩之现洋充公外，对犯者加重惩处。

△　援川黔军总指挥袁祖铭电萧耀南称，对四川熊克武军反攻的总攻击命令已下，梅山一带正激战，请速拨弹百万发。萧即令拨枪弹千箱、机枪弹30万发运川。

△　北京外交团领袖公使符礼德访北京政府交通总长王毓芝交涉护路案，谓自外交使团提出护路案后，中国政府一再延宕，殊不能令使团满意，应请中国政府速行决断。

△　驻京日公使芳泽访北京政府外交总长顾维钧，强硬坚持日本在华享有建无线电台30年独占权。

11月21日　孙中山特任许崇智为粤军总司令，刘震寰为桂军总司令，谭延闿为湘军总司令，鲁涤平为湘军总指挥，任命宋鹤庚为湘军第一军军长，鲁涤平为湘军第二军军长，谢国光为湘军第三军军长，吴剑学为湘军第四军军长，蔡钜猷为湘军第五军军长，陈嘉祐为湘军第六军军长。

△　曹锟令准署航空署署长潘矩楹辞职，任命航空署督办赵玉珂兼署长职。

△　安徽省长吕调元派怀宁县知事关婴棣为代表向各校校长道歉，并完全承认教育界拟定的八条办法，令教育厅送还各校校长之辞呈，令财政厅发一个月经费，通电更正本月3日不实通电。皖省教潮遂告平息。

△　河南督理张福来再赴许昌指挥剿匪。23日，豫匪“老洋人”向鄂边逃窜，攻破鄂、陕、豫三省交界之经商要地淅川李官桥，杀死200余人，架去肉票300余口，损失50余万元。

△　北京政府外交部照会日公使芳泽，谓中国政府尚未接收双桥无线电台，故该电台合同中之日本在华无线电独占权之效力尚未发生，中国对合同中关于日本30年独占权不能承认。

△ 中国文艺协会在上海成立，推选袁寒云、包天笑、周瘦鹃等九人为审查员，余大雄、周南陔、江红蕉、严独鹤等20人为干事。该会宗旨在于“研究文艺，砥砺道德，本互助之精神，谋文化之发展”。

11月22日 国民党临时中央执行委员会第八次会议决议，推谭平山、陈树人、谢英伯为临时中央执行委员会秘书，组织秘书处。

△ 曹锟指令顾维钧加委驻俄外交代表李家鏊为驻俄全权公使。

△ 北京高凌霨内阁决议，路警督办直隶国务院，设护路督办处，不另设公署，每月经费1.5万元，由吴佩孚、王承斌各拨军队一旅归督办处指挥，两旅长兼督办处会办。

△ 湘省长赵恒惕电令湖南各县知事，限在阳历年内将1924年之田赋及军用特捐扫数解省。

11月23日 孙中山令粤军总司令许崇智将所有东路讨贼军所属全部及广东讨贼军第四军，广东讨贼军第一、二、三师，高雷、钦廉、连阳三绥靖处，虎门、长洲两要塞，海防司令部等各部队，以及姚雨平、朱卓文、李天德、徐树荣、李安邦等部“编练整顿，节制调遣，期成劲旅”。同日，孙中山令桂军总司令刘震寰，“所有属于桂军范围各部队，着统归该总司令编练整顿，节制调遣”。

△ 孙中山为解决军饷问题，命令大元帅府外交部照会北京外交团，要求将粤海关“关余”拨还广州政府，否则将自行提取。

△ 孙中山电令嘉奖四川讨贼军总司令熊克武、川军总司令刘成勋克复重庆，并“着该总司令等督率各军，迅速扫荡，肃清川境，并力中原，以副本大元帅伐罪吊民之意”。

△ 孙中山任命蒋尊簋为大本营参谋处主任。

△ 北京高凌霨内阁续开裁员会议，议定裁员方针：一、实缺人员或见过命令、部令署派者不裁；二、曾经总统命令或指令交部酌量任用者不裁；三、凡经高等文官考试及普通文官考试及格，分发各部者不裁；四、积资提升者不裁。各机关取缔兼职。关于经费问题，由财政部统筹解决。

△ 北京政府外交部就各国一再催逼庚子赔款须交现金事答复北京外交团，申明不能以现金付款。

△ 中华国民教育促进会会长熊朱其慧及该会执行董事陶行知、四川董事晏阳初分赴武汉各校各团体演讲平民教育。

△ 英、法、日三国公使照会北京政府外交部，就湖南省军事长官强行将拟向盐商抵押借款之大宗盐斤擅行取去事提出抗议，请中国政府保护湘省盐号，防军人强索，以符善后借款条约。

11月24日 中国共产党三届一中全会在上海召开，通过《国民运动进行计划决议案》等文件。25日，中共中央发出《第十三号通告》，要求共产党员积极帮助国民党改组，并通知各地党组织，争取做到每省有一名共产党员当选为国民党代表，出席即将举行的国民党第一次全国代表大会。

△ 孙中山特派许崇智兼滇粤桂联军前敌副指挥，井上谦吉、朱润德为大本营参谋处军事顾问。

△ 孙宝琦在北京就组阁问题发表谈话，略谓："余之组阁一事，众议院尚未投同意票，倘成事实，则余惟有遵守宪法，开诚布公，与天下英才共谋建设"，"照此做法，即是余之所谓执政方针。"

△ 北京国立八校校长联名呈请国务院、教育部指定俄退庚款为教育基金。

11月25日 国民党临时中央执行委员会发表《中国国民党改组宣言》，说明该党改组主旨在加强组织与训练，提出："关于党纲章程之草案，务求主义详明，政策切实，而符民众之渴望；而组织训练之点，则务使上下互通，有指臂之用；分子淘汰，去恶留良。"同日，公布《中国国民党章程草案》，凡61条。

△ 国民党临时中央执行委员会发表《敬告军人》宣言，期望各地各派系军人合作奋起，在孙中山亲自领导改组后的国民党旗帜下，打倒卖国军阀，与国民党协同并进，共为建设统一、独立、自由的新中国而努力。

△　孙中山任命吕超为四川讨贼军第一军总司令，石青阳为四川讨贼军第三军总司令，汤子模、郑启和、周西成分别为四川讨贼军第一、二、三师师长，贺龙为四川讨贼军第一混成旅旅长。

△　孙中山派叶恭绰持亲笔信赴奉天，联络张作霖讨伐曹锟，函称“屡蒙我公资助”，“广州得转危为安，从此广东内部平定可期，而北伐计划亦可从此施行矣”。

△　孙中山在广州大本营对国民党员讲演《过去党务失败之原因与今后努力之途径》，说明国民党改组的用意“就是希望吾党造成一中心势力”，革命成功的因素是“革命精神”，“人民心力”，并强调指出国民党员只有学习俄国的方法、组织及训练，方有成功的希望。

△　北京国务院通电各省整顿地方政治：一、土匪溃兵尽先剿抚，务早肃清；二、整顿财政，所有冗员一律裁撤；三、对于商民认真保护；四、扩充民团，改良警察；五、普及教育；六、提倡实业。

△　北京《晨报》载，苏联驻华代表加拉罕函北京政府外交部声明：一、私越边界之官员人民，两国政府应令从速禁止；二、中东铁路之俄人利益，在租期未满之前，仍请保护俄国应有之正当权利；三、阿穆尔江(黑龙江)航行权，属于中俄两国，俄政府仍愿遵守，务请派员与驻满洲代表商议航行办法。

△　英国皇家北兰夏联队第一大队抵天津。自欧战后，英国白种人联队屯驻华北者此为第一批。

11 月 26 日　粤讨贼联军分兵三路向陈炯明军反攻，陈军从石滩、石龙败退惠州，增城之围解除。至此，陈军进攻广州之战事遂全告失败。

△　孙中山电令嘉奖防卫增城有功人员，尤对增城命令传达所长胡谦及增城县长黄国民率疲困之兵，居无险之地，守援绝之城，当方张之敌，团结军心，守土安民，终能扭转战局，深表嘉许。

△　国民党临时中央执行委员会第十次会议决议，义勇军学校定名为“国民军军官学校”，以蒋介石为校长，陈翰誉为教练长，廖仲恺为

政治部主任，并由廖仲恺筹备；推定执行委员林森、邓泽如、吴铁城筹备召开全国代表大会事宜。代表名数每省六名，其中由孙中山指派三人，各省党员互选三人，海外支部12人，合计代表144人。大会费用总预算五万元。

△ 曹锟令免闽粤海疆防御使刘冠雄本职；任命卢香亭为陆军第二师步兵第三旅旅长。

△ 曹锟宴请16国驻京公使及代办。宴后某重要外宾向曹建议，速组一裁兵预备会，由曹自兼会长，以吴佩孚、齐燮元等辅之，裁兵100师，留50师常备兵，以裁减之军费导淮及修理国道。曹表示将研究办理。

△ 山东督理郑士琦电曹锟及国务院，谓昌邑土匪于双龙劫教士案发生后，营救教士正亟谋进行。但该土匪多为教徒，教士有与土匪勾结要挟招安之嫌，请向外交团交涉时说明。

11月27日 国民党临时中央执行委员会举行第十一次会议，制定全国代表大会议事日程纲要及国民军军官学校筹备事项。

△ 北京内阁决议裁员办法：一、宪法上无明文设置之独立各机关，除平政院应依法办理外，其余视其职务轻重繁简，或裁撤或减少经费；二、附属各院部之骈枝机关，悉行裁撤或归并；三、各机关经费以民八预算为标准；四、各机关人员除实缺外，酌减额外人员，以考试分发甄用合格等项人员派充；五、被裁人员之欠薪，由各机关开具体清单咨送财政部妥筹办法。

△ 孙中山下令剥夺刘湘、杨森、邓锡侯、陈国栋、袁祖铭所有官职荣典，并着各省军民长官饬属一体协缉，务获惩办。

△ 孙中山令省立广东高等师范学校改为国立广东高等师范学校，任命邹鲁兼校长，并委以改进广东教育之责。

△ 曹锟令那彦图、陆洪涛、曹锳、蔡成勋、聂宪藩均晋授陆军上将，赵玉珂、熊炳琦、薛之珩均授上将衔；特任李厚基为全威将军，井岳秀为岳威将军，李鸣钟为刚威将军，张之江为洸威将军，刘富有为勇威

将军，褚恩荣为荣威将军。

△ 北京政府财政部裁减冗员，凡在实缺考取积资等官职以外之人员，均裁汰，所有顾问、咨议、参事上行走、佥事上行走、办事等名目概撤销，各司会办、秘书厅办事及各科副科长、办事员种种职缺，亦一律取消。被裁汰人数达 900 余，每月省经费约 10 万元。

△ 湘军谭延闿部第一、二两军联合滇军围攻粤北始兴，血战三昼夜，高凤桂、方本仁两部溃败。12 月 2 日，谭军攻克南雄，继之分兵向江西南康、信丰、虔南、梅岭等地进攻。

△ 湘军第五军军长蔡钜猷电孙中山，谓该部已退往湘西，子弹久罄，无法补充，恳拨大批子弹迅由湘南运给，并请促谭延闿即日督师反攻。

△ 山东各界联合会代表及山东旅京同乡会代表赴国务院请愿，要求无条件收回威海卫，撤惩与英国交涉的督办接收威海卫筹办善后事宜梁如浩。高凌霨表示服从民意，梁与英人商谈之条件，政府不予承认。

△ 湖南水口山矿局工人俱乐部被军队占用，全矿 3000 余名工人罢工，并包围俱乐部。军队开枪镇压，打死一人，伤二人。工人向矿局严重交涉，要求军队立即撤出俱乐部，惩办凶手，抚恤死伤工人，罢工期间照发工资。30 日，赵恒惕派兵封闭俱乐部，严办工潮首领，强迫工人复工。

11 月 28 日 孙中山加派林云陔、冯自由、徐苏中、林勉直、谢良牧为中国国民党临时中央候补委员。

△ 北京众议院开会再投孙宝琦内阁同意案票，反吴景濂议员以吴之议长资格已消除，提议开谈话会，推年长者张玉庚为主席。正议之间，吴率亲信议员及院警荷枪拥入会场，强占主席台。会场顿时大乱，两派互殴，双方打伤多人，各自向京师地方检察厅提起诉讼。

△ 北京政府外交部照会驻京日使芳泽，抗议日本地震期间留日华侨被杀案，要求日政府赔偿、惩凶。

△　北京政府财政总长王克敏下令裁员：一、全体裁减津贴，自总长始，每月2000元；二、顾问及咨议改名誉职；三、兼差人员限10天内自行呈明，兼职不兼薪；四、雇员、录事等裁减一半。

△　张作霖在奉天召集高级军政人员会议，讨论奉直议和方针及军事计划，决定：一、议和前，直奉各军从山海关、喜峰口等地各退20里；二、热察绥三区都统由奉保荐，中央任命；三、恢复奉方巡阅使以下各职权，旧官吏不得更动；四、推孙烈臣为奉方代表，议和地在天津；五、自民国十三年起，增加军饷；六、改定奉军驻防地点，务期调动迅速；七、奉天设陆军大学；八、边防军分六区，每区驻二旅，省防军各省分二区，每区驻一旅。

△　安徽《通俗教育报》因关于学潮之记载，“秉笔直书，未稍隐讳”，被省长吕调元下令停办。29日，吕又以皖省学潮捣毁议员家宅为由，令警察厅将全省学生会解散。学生会代表迫于被镇压之危，纷纷逃往外地。

△　武昌、汉口、汉阳举行平民教育集会大游行，参加者达四万余人，陶行知、晏阳初到会演说。

△　共产国际执行委员会主席团在莫斯科开会，通过《关于中国民族解放运动和国民党问题的决议》，认为以孙中山为首的国民党是一个“符合时代精神的民族政党”，“共产国际曾经而且还将指示中国共产党、工人阶级和劳动农民必须全力支持国民党”。

11月29日　国民党广东支部长邓泽如及林直勉等11人联名上书孙中山，“弹劾”共产党，反对国民党改组。孙中山在信上批示，谓改组国民党是本人的主张，“陈独秀并未与闻其事，切不可疑神疑鬼”，并指出“俄国革命之所以能成功，我国革命之所以不能成功，则各党员至今仍不明三民主义之过也，质言之，民生主义与共产主义实无别也”。

△　曹锟下裁员令：中央机关除平政院应依法办理外，统一善后委员会、政治善后讨论会、京兆河道管理处、运河工程局、水路测量所等机

关均着一并裁撤。外交委员会、筹办中俄交涉事宜公署、航空署、全国水利局、侨务局、蒙古宣慰使公署、关税特别会筹备处、赈务处，政务现尚无多，规制亟宜缩小，均应就原定经费，酌量裁减，另行核定。农商部所辖试验制造各场所，成绩甚鲜，即责成该部考核裁并。各部院现有官吏，除实职人员外，应按照事务繁简，酌定额外人数薪等，就考试、分发、甄用等项人员遴选派充，另定简章办理，总以经常政费不超出民国八年度预算为度。此后各部院用人行政，务须恪守此令。

△　廖仲恺、鲍罗廷奉孙中山之命由广州赴上海，向上海国民党本部人员解释关于国民党改组的诸问题。

△　北京参议院函国务院催发院费，谓政府积欠该院议员岁旅费已达 100 多万元，议员纷纷催发欠薪，请政府特别提议予以解决。

△　北京外交团领袖公使葡萄牙公使符礼德请假回国，自是日起由荷兰公使欧登科继任领袖公使。

11 月 30 日　反吴景濂派议员在北京西安饭店开会，以吴在议院强据议长席位，指使院警殴打议员，决议请司法总长程克撤换袒吴之北京地方检察厅长龙灵，并函国务院，“饬主管饥关将吴景濂及一般正凶，严拿惩办，以维法纪”。

△　整顿路电会议在北京召开，到各省区代表 40 余人，交通总长吴毓麟主持会议，吴称这次会议意在改变“入不敷出，行将无法维持”的困境。

△　吴佩孚电曹锟及国务院，催促速发何佩瑢长鄂令。高凌霨持吴电见曹锟，曹谓旅京鄂人及武汉各法团反对何氏长鄂甚烈，余当另物色无劣迹之鄂人长鄂。

△　日公使芳泽谦吉与北京政府外长顾维钧再交涉中日无线电问题。日使仍坚持拒绝移交北京通州双桥无线电台，同时亦坚持日在中国无线电 30 年独占权不变。交涉无结果。

12 月

12 月 1 日 孙中山令杨希闵、谭延闿转饬所属，将广东北江各军队所封用各盐船，一律即行交回盐商收管应用，庶便运销而裕饷源。

△ 孙中山任命冯自由为广东宣传局局长，原局长邓慕韩免职；任命马超俊为广东兵工厂厂长，原厂长朱和中准予辞职。

△ 曹锟特派汤芗铭兼任督办武阳夏三镇（今武汉市）商埠事宜；派杨敬修为闽粤海疆防御使。

△ 北京众议院议长吴景濂再发议程召集众议院会议，谋通过孙宝琦内阁案。反吴派议员探知吴派议员在会场武力布置严密，恐在会场内不敌，遂雇用车夫、乞丐、杠夫等千余人号称“公民团”，手执反对吴景濂之小白旗到众议院请愿，阻止议员入场。中立派议员见势不妙，多不入场。“公民团”虽被军警驱散，但拥吴派议员终因不及法定人数而流会。

△ 北京外交团开会讨论伍朝枢函请将广东关余划归粤政府问题，结果一致否认，即电知粤领事团警告孙中山：“一、任何方面如有干涉中国海关之事，本外交团均不予以容纳；二、如有上述情事发生，本外交团即当采取相当强迫手段，藉凭办理。”

△ 上海总商会、银行公会、钱业公会联名电孙中山，请勿将广州开放为自由贸易港，谓此举影响公债基金太大，况整理内债案中之八厘军需公债，系南京临时政府发行，如令此亦动摇，实有反创共和国者之意，望能保全关税，使商民免遭受损失。

△ 吴佩孚援川军分三路合攻重庆，左路由合川，右路由忠州，中路由长寿。杨森通电宣告两星期可克重庆。

△ 北京国立八校“读书运动会”发表宣言，宣布该会改名为“国立八校学生教育基金运动会”，并声明此后“凡关于庚子赔款之退还，华府会议增加关税之拨充，皆在运动之列”。

△ 北京国立师范大学、农业大学、工业大学、美术专门学校、女子高等师范五校得北京政府教育总长极力奔走,筹得部分经费,宣布复课。

△ 漳厦护军使臧致平部旅长李崇寅在厦门禾山勒索款20万元,将乡长100余人扣留。后被扣者认缴八万元,始得释放。

△ 梁启超在北京松坡图书馆为江苏铜山县年仅22岁的萧一山所著《清代通史》作序。

12月2日 孙中山在大本营庆祝广州防卫战胜利,并欢宴湘、豫、滇、桂、粤各将领。席间孙发表演说,勉励各军将领实行三民主义,要"能够替主义去牺牲,然后才扩充到兵士"。同日,孙中山任命孔庚为湖北讨贼军总司令,刘鸿逵为湖北讨贼军第一路司令。

△ 高凌霨代总理电嘱各省,推荐在野名流来京,共组"国事商榷会"。该会附属于国务院,专门讨论国事疑难问题。凡该会议决之件,作为施政方针,交由政府顺序执行。

△ 曾琦、李不韪、张子柱、李璜、胡国伟、何鲁之、梁志尹、周燮元、郑振文、王建陌等在法国巴黎郊外玫瑰城共和街正式成立中国青年党。推选曾琦为党务主任,张子柱为宣传主任,并通过党纲,发表宣言,宣称该党以国家主义,全民政治,社会政策,内除国贼,外抗强权,跻国家于独立自由为宗旨。

△ 湘军第六军蔡钜猷部猛攻湘南,谋打通赴粤之道路,是日在武冈与蒋锄欧旅激战,蔡部不支,退回洪江。

12月3日 国民党临时中央执行委员会第十三次会议在广州举行,孙中山主持。决议:一、全国代表大会代表除由孙中山每省指派三人外,由上海本部介绍六人,由本委员会介绍若干人,以备孙中山指派;二、大本营党务处、宣传委员会及广东宣传局均裁撤,归并本委员会办理;三、委员会经费由广州市政厅垫支,由党归还;四、未经委员会核准以前,党员不能自由发表关于党务意见于报纸。

△ 孙中山在广州兵工厂宴各机关长官,谈及许崇智离粤事,略

谓:“外间谓许崇智去粤由我负责,其实不然。潮梅丧师,石龙溃退,败军之将,责备何足奇?许之去实因他为粤军总司令,他见所部屡败,无法收拾,故命令一下即去,我已着人找他。”

△ 拥吴景濂派议员陈子斌等数十人联名质问政府,谓本月1日众议院门前千余名鸠形鹄面之乞丐“公民团”,盈街塞途,散布传单,破坏议员开会,“政府闻之而不立予查究,是否步袁、段之后尘,为解散国会之准备”,要求政府三日答复。

△ 北京外交团电广州政府,声言如广州政府径行收管广州关余,当以强硬手段对付。同时,外国军舰近20艘集中黄埔,准备驶入省河进行威胁。

△ 北京国立八校学生教育基金运动会派代表分别谒北京政府外长顾维钧、财长王克敏、教长黄郛、财政整理会长颜惠庆,请其一致援助将俄退庚款全部拨充为教育基金,同时致函北京银行公会,请勿允政府将俄退庚款抵押他用。

12月4日 曹锟指令准黄郛辞外交委员会委员长兼职,外交委员会委员长职务由外交总长兼任;特任杨清臣为骧威将军,葛树屏为斐威将军。

△ 北京政府财政、外交两部以俄退庚款为基金,发行国库券500万元,给驻外使领馆为欠薪经费。5日,北京国立八校教职员联席会议一致反对财政部挪用俄退庚子赔款,分别致函王克敏及北京银行公会,力争该款只能作教育基金专用。6日,财政、外交两部与教育界协商,教育界被迫妥协,议决再加发100万元国库券作教育经费,分16个月发给。

△ 滇军总司令杨希闵于石滩电孙中山,谓刘玉山、刘震寰、许崇智、卢师谛等部每遇战事,辄令滇军出马,致使云南子弟损失极多。

△ 中俄交涉督办王正廷奉派赴日调查地震中华侨被惨杀案,是日途经奉天,对张作霖谈:中俄交涉诸问题,与日本的利益关系密切,“东京政府之意向,认为有倾听之必要,故余有此东京之行”。

△ 许崇智、叶恭绰、廖仲恺与汪精卫由沪同往杭州会晤浙督卢永祥。

△ 川军总司令刘成勋、四川讨贼军总司令熊克武电呈广州孙中山，报告日轮“宜阳丸”、“云阳丸”装运军火，驶经戒严区内，不服检查，击毙官兵六名，于 9 月 7 日被反杨森之周西成部截击之真相，请孙中山据实向日本交涉，并要求日方赔偿损失费 100 万元。

12 月 5 日 孙中山令大本营外交部就截留广州关余事复照北京外交团，谓中国海关始终为中国国家机关，本政府辖境内各海关，自应遵守本政府命令。且关税之汇交北京不啻资助其战费，以肆其侵略政策。截留关余，“乃完全中国内政问题，无与列强之事”。

△ 国民党临时中央执行委员会开第十四次会议，决议：电催蒋介石速赴粤就任军官学校校长。

△ 曹锟特任吴佩孚为直鲁豫巡阅使后，曹将巡阅使印信交保定派军事处处长陆锦掌握，陆竟以代巡阅使自居，用此印信向各方追索使署旧欠经费。吴得悉，甚愤。是日，吴自洛阳电曹锟，请速将印信送往洛阳。6 日上午，吴又电曹请裁汰一部分使署人员；下午再电曹请将保定使署撤销，使署即设洛阳。保洛分裂自此开始。

△ 孙中山令熊克武、刘成勋将川省解中央税款扣充军费，随时册报大元帅府报销。

△ 全国路电会议决议：假冒军用包运货物、藉口军务勒迫挂车、军人无票乘车，此三者严加取缔。嗣后各路每次另挂三等车一辆，以供军人乘用。

12 月 6 日 孙中山电旅沪参众两院议员，略谓今法律效力，悉被蹂躏于暴力之下，“继此而谋救国之策，舍革命之外，必无真能成功之望。至盼患难与共之国会同人，舍国会之奋斗，助革命之进行”，并告以粤中军事颇称得手，“全粤肃清，即当提兵北伐。实力之助，宣传之功，惟诸君之力是视”。

△ 曹锟特任赵荣华为彝威将军，免陆军第十八混成旅旅长兼施

宜镇守使赵荣华本兼各职；裁撤施宜镇守使、荆州镇守使二缺，改设荆宜镇守使，任卢金山兼荆宜镇守使；于学忠为第十八混成旅旅长；杨树庄为海军练习舰队司令。

△ 吴景濂再发议程召开北京众议院会议，谋通过孙宝琦组阁案。吴由卫兵多人拥入会场，反吴派议员均不出席，结果因人数不足流会。同日，前往甘石桥俱乐部领取津贴之宪政党议员300余人均签名同意组织“临时行政委员会”，与民治社协力推倒吴景濂。

△ 中俄交涉事宜督办公署照会驻京俄代表团，要求讨论恢复中俄邦交诸问题。7日，俄代表团将该照会退还，并附函称，对中国外交部以外机关之文书，该代表团不能收受，俄代表团与该署不能发生关系，中方此举表明中国政府不准备恢复中俄正式邦交。

△ 武汉总商会欢迎何东爵士。何讲述为中国实现和平奔走各方联络之经过，谓和平会议发起后，得到孙中山、唐继尧、刘显世、段祺瑞、张作霖、齐燮元、萧耀南等赞同；所提实现和平宗旨为：一、息兵；二、统一；三、裁兵；四、理财。15日，何东返沪。16日，何之秘书谈称，川粤军事失利，武力统一计划殆已失败，和平运动表面已一致。

12月7日 孙中山以中国国民党中央执行委员会已在粤成立，取消沪本部与中央干部会议，另组驻沪执行部。12日，沪本部复电孙中山，告以该部定15日起办结束，月底取消。

△ 孙中山接见《字林西报》记者，谓“两广关税收入年约千万元，此本两广人民之钱，故当为两广所有”，并表示广州政府决不畏列强炮舰而改变截留关余之主张。

△ 吴佩孚派驻岳州之两湖警备司令部军务处长葛应龙在驻地召集湘省绅商会议，运动湖南取消省宪，投归曹锟政府，并当场宣布赵恒惕附北电文，内称宪法已公布，湘省宪与国宪有相抵触之处，俟各省遵国宪修改后即行修改。

12月8日 国民党临时中央执行委员会第十五次会议请孙中山自兼军官学校校长，孙不允，仍决以蒋介石为校长。

△　北京政府致电孙中山，略谓：内政上虽然不无意见不同之处，而对外必须一致，粤海关事关重大，务望慎重处置，勿启各国干涉之端。

△　北京政府财政总长王克敏与中国、交通、盐业、金城四银行签订借款 100 万元合同。该款专为兑换铜元票用，利息一分，自 1924 年 3 月起，每月以盐余 10 万元摊还。

△　北京外交团照会北京政府外交部，谓"各国政府因有爱于中国促进和平统一之诚意，信誓立约，禁售军用品于中国，以免延长内乱。倘有第三者违犯此项公约，准由该犯事地方之官厅提付使团，按照国际公法从严判处"。

△　北京政府外交部复照苏联驻京代表加拉罕，谓俄退还之庚款，不能按俄方要求全部拨充作教育基金，应俟将来中俄会议解决。

△　北京政府外交总长顾维钧就日人惨杀华侨案照会日使芳泽谦吉，提出三项最低要求：一、日政府迅速调查事件真相，依法严惩杀人凶犯；二、按次发表调查结果及处罚情况；三、对被害华侨之家眷给相当之抚恤或安慰费。

12 月 9 日　孙中山在广州大本营对国民党员发表演说，谓国民党"此次改组，乃以苏联为模范，企图根本的革命成功，改用党员协同军队来奋斗"。过去经验表明"军队战胜为不可靠，必须党人战胜乃为可靠"。俄国经验"殊可为我党师法，各党人个个能为实行主义奋斗，不汲汲于握兵权，但监督之使为己用而已"。

△　国民党中央干部会议在沪举行第十次会议，讨论改组问题。由廖仲恺报告改组意义及措施，并成立上海临时执行委员会，推举汪精卫、居正、张继、叶楚伧、戴季陶、胡汉民、谢持为委员。

△　鲍罗廷在沪与中共干部会晤，鲍建议由瞿秋白参加国民党上海执行委员会。

12 月 10 日　孙中山就广州政府截留关余事发表对外宣言，谓直系以北京政府作傀儡，扰乱地方治安及经济，列强不应要求粤税汇京。本政府行使其固有之权，管辖此税。中国海关所担负之债，向无不足偿还之处，若中国各处关税不足偿还外债，本政府愿任补偿。

△ 曹锟特任邓锡侯为骠威将军，陈国栋为骞威将军，田颂尧为章威将军，唐廷牧为烜威将军。

△ 北京国务院召开全国财政会议，王克敏报告称：财政紊乱枯竭，积欠内外债已达20亿元，收入关盐税已无余，可为中央用者仅烟酒印花岁入二三百万元。除山西省外，各省亦欠债累累，中央亟欲与各省协同统筹计划，谋正本清源之良策。中央政费每月定300万元。定明年二三月再开第二次会议。

△ 北京政府外交部照会英、美、法、日、意五国公使，查询五国军舰是否占据黄埔粤海关，因何事故，请查实情。11日，使团照复外交部，谓“保护海关收入，为使团义务”，但现军舰仅集中广州湾，并未登陆。

△ 宪政党宣布到该党部领津贴之参议员135人，众议员316人。该党决议：吴景濂如再发开会议程，党员出席与否，须一致行动；吴若不发开会议程，用全体名义以过半数议员通过即发通知，自行开会。

△ 陕西督理刘镇华电北京政府，谓“陕西年来水旱频仍，土匪肆虐，师旅饥馑，人民无日不在水深火热之中”，请拨巨款，设法拯救。

△ 督办接收威海卫筹办善后事宜梁如浩，因与英国缔结威海草约，丧权误国，举国反对，是日向外交部自请辞职。

12月11日 孙中山令湘军总指挥鲁涤平、滇军总司令杨希闵、湘军总司令谭延闿、滇军第一师师长赵成梁，传令嘉奖北江大捷之前敌作战将领及官佐士兵，并勉其“再接再厉，共襄大业”。

△ 广州大本营外交部长伍朝枢奉孙中山之令复电上海商会、银行公会、钱业公会，解释扣留关余之原因，说明“西南虽提取关余，于公债基金仍无影响”，并称：或不得已，辟南方港口自由贸易，虽牺牲税收，亦于商务有裨益。

△ 鲍罗廷向孙中山面陈国民党改组之详细计划：一、将改组之计划广向人民宣传；二、精细制定国民党总章；三、以广州为党的核心，上

海为第二中心;四、尽早召开国民党全国代表大会;五、大会以后,建设地方党部。

△ 曹锟令安徽省长吕调元着开缺,特派吕调元督办安徽全省铁路事宜,特任马联甲暂行兼署安徽省长;江西省长徐元浩、署江西省长陶家瑶均着开缺,特任蔡成勋暂行兼任江西省长,特派陶家瑶督办江西九江商埠事宜;京师军警督察长张拱辰免本职,任命宋锡金为京师军警督察长。

△ 北京国务院就英、法、美、意、日诸国因广州当局议定取消海关,改广州为自由贸易口岸,各派军舰集泊海面,并拟派陆战队登岸之事,电令援粤前敌各将领:海关税早充赔款及借款担保,不容任何变更,若外兵登陆,有关领土权,除向公使团质问外,希慎重将事。

△ 北京众议院开临时会议,两派议员为吴景濂任议长问题吵成一片,吴见势不佳,急摇铃散会。

△ 吴佩孚电告湘省军事当局及各将领,声明已就任直鲁豫巡阅使,湘省军事已告结束,今后不再遥控湘省军政。

△ 北京外交团决议再次照会北京政府,声明孙中山坚欲占据海关,今为中外利益计,有维持海关安全之必要。

12月12日 曹锟令河南省长张凤台免职,特任李济臣署河南省长;特任刘宝善为耀威将军,时全胜为将军府将军。

△ 北京外交团领袖公使欧登科电广州领事团领袖英国驻广州总领事杰弥逊,声明依条约规定,列强对于关余之用途并无议决之权,公使团亦无分配关余之权,至于以海关税收入偿还国内公债事,公使团与之毫无干系,故不能再有表示。

△ 吴佩孚援川军向重庆发动总攻,中路杨森亲率所部从涪陵溯江西上,北路袁祖铭、邓锡侯所部从江北强渡长江进攻,南路唐式遵、杨春芳部从江津分道进击。

△ 上海红十字会分别电广东大本营大元帅孙中山及江西督理蔡成勋,谓“粤边战事,伤亡相继,亟应组设医院,从事救护”,请即电令前

敌各军,照约保护救护队。

△ 苏联驻华代表加拉罕致函北京政府外交部,谓近来华军屡有攻击俄尼布楚县各村落之事,并私将婆尔维斯卡村交界碑迁移一里半之地,请中国政府对此活动严加取缔。

△ 南京东南大学失火,烧毁校舍精华,理、化实验室及图书、标本均被焚。

12月13日 曹锟令蒙藏院副总裁潘毓桂免职,以沈学范继任;任命曹士杰为将军府将军。

△ 北京国务院通电饬各省长官,嘱令对"公民团"严加制止,切望饬警厅设法防范,以维治安。

△ 拥吴景濂派议员开会,决议:一、公函质问高凌霨不发岁费之原因;二、请吴景濂向银行团借款,先行发岁费。

△ 苏联驻华代表加拉罕照会北京政府外交部,略谓中国政府擅将俄国退还之庚款作维持驻外使领经费,违背俄代表关于将该款拨作教育基金之声明,俄代表团对此提出严重抗议。

12月14日 曹锟令刘镇华晋授陆军上将;特派驻瑞士全权公使陆徵祥就近签字于第四届国际劳工大会修改欧战和约关于劳动部分条文。

△ 英、美、日等列强派军舰17艘驰入广州白鹅潭示威,对广州大本营扣留关余事进行武力恐吓。

△ 北京公使团申明对粤截留关余之态度:一、公使团不干涉中国内政,但需保护庚子赔款担保品之安全;二、使团决不允许孙中山截留关余,以保护中国关税行政之完整。

△ 川军杨森、刘湘、袁祖铭、邓锡侯等部再克重庆;讨贼军熊克武、但懋辛部从重庆败退璧山、綦江。胡若愚之滇军、周西成之黔军亦南退。

△ 北京参议院开会反对金法郎案,要求高凌霨、王克敏、顾维钧到会质询,高等三人均托辞不到。同日,参议员王家襄等120余人联名

函国务院质问金法郎案,谓该案已被众议院否决,政府只有依法办理,绝无游移余地,报载王克敏有变相承认说,请五天内明确答复。

△ 北京铜元票舞弊案主犯、前币制局督办张英华家宅被查封,张闻讯逃往天津。

△ 北京政府财政总长王克敏提出整理铜元票收回押品三项办法:一、押款尚未全交或借词不交者,应即全数追回,如违罚办;二、押款已交清者,少数应清算本息,立予偿还,将押品收回,大数则分期偿还若干,将押品取回若干;三、拨付军警之押品,应商定付款收回日期。

△ 唐在礼就任路警督办职,同时声明:命令上为交通部路警督办,条例上隶属国务院,范围不清。交通部又设路警总局,权限更不明。护路军队,各有本职,调遣不灵,责重权不属。因总统及各方督促,勉先就职。

△ 北京政府教育部电告各省省长,本年度选派留外学生,因多数省份学费无着,应暂停办理。

12月15日 孙中山任命由赣来归之北军高凤桂部为中央直辖第一师,高任师长,着归湘军总司令谭延闿节制指挥。

△ 曹锟以近年各机关时有聚众滋扰罢公要挟情事,是日下严肃官纪令,饬各该长官随时告诫,严行制止,如有违抗情事,即会同地方军警长官严重惩办。

△ 曹锟令国务院根据薛笃弼查办铜元票舞弊案报告,将所有舞弊案当事人按名严缉依法惩办;币制局即行裁撤,由财政部接收办理。

△ 以蒋介石、沈定一、王登云、张太雷组成的孙逸仙博士代表团赴苏联考察完毕,是日回到上海。

△ 北京航空公署督办赵玉珂向王克敏索经费10万元,王答无款。赵拉王入总统府,曹锟不见,二人遂在怀仁堂发生冲突,王被赵殴打,经陆锦等劝止。同日,王克敏以“财政困难,各方需要,无以应付,自陈才力不及”,向曹锟辞职。16日,曹将原呈送还,加以慰留。

△ 北京参议院开会,继续要求高凌霨、王克敏、顾维钧到会质问

金法郎案，高等又以开国务会议为辞拒不出席。参议院行政委员会委员赴总统府见曹锟，亦被拒之门外。大会决议通电反对金法郎案。

△ 北京政府教育部通电各省，谓各省留外官费学生因官费积欠年余，流离失所，衣食无着，请速汇款救济。

△ 台湾日本当局出动军警，将“台湾独立团”成员 69 人逮捕。该团拟仿英国与印度之制度，建立台湾自治政府，以摆脱日本统治。

12 月 16 日 广州各界人民 2.4 万余人召开全省公民大会，决定收回关税主权和抵制英美货物，会后前往沙基游行，并向大元帅府请愿。孙中山接见代表，表示“三日后用正式手续提取关余”。同日，大会电驻北京各国公使，说明将广州关余收回以建设广东，全属内政范围，请诸公使主持公谊，切勿逾轨干涉。

△ 中国国民党上海执行部成立，并划上海为七个区，成立七个分部。

△ 宪政党开会讨论推倒众议院议长吴景濂办法，决议：一、以后众议院开会，本党党员一致出席，如吴景濂退席，宣布散会，本党同人即在议场开会；二、派代表向参议院借议场开会；三、以后自由开会以本党众议院议员 300 名以上署名。

△ 参议院议员谷嘉荫等 160 人联名通电痛斥中法实业银行总裁王克敏以自身利益计，不惜滥用财政总长职权，秘密计划承认金法郎案之卖国罪行，表示彼等职责所在，不能对此坐视，并敬告国人，一致主张，誓死反对。

△ 《赣浙和平公约》由两省绅商代表极力运动，11 日浙督卢永祥、省长张载阳在和约上签字，是日赣督兼省长蔡成勋亦在和约上签字。该和约规定：一、两省军民长官，以保境安民为职志；二、两省军队各驻原防，不相侵越；三、若客军侵入两省区域，应由两省军民长官各自负责，设法防止；四、该公约两省军民长官签字后，由两省商民公证宣布。

△ 山东“临案”首犯孙美瑶自被收编后，与鲁督派往枣庄监视孙

部的稽查新军执法营务处处长吴可章发生冲突，吴急密电请郑士琦派兵。是日，郑派大队人马赶赴滕县，并急电兖州镇守使张培荣相机应付。17 日，孙电郑表示认过，郑复电抚慰，风波暂平。

12 月 17 日 孙中山电美国国民，谓关余问题为中国内政，而美国政府以“多于他国之军舰，合力为毁中华民国之谋”，是“摧残自由，蹂躏人权”，“吾人为自由而战，深愿美国有一如法将拉义脱之人，以予一臂之助”。

△ 孙中山令廖仲恺、孙科转饬公安局：前令（11 月 7 日）向广州市内房主借用一个月租金，声明不满五元者免借，现因军费亏缺过巨，不满五元者仍应一律照借。同日，又令廖仲恺、孙科再向广州沿岸各码头借捐租一月，以供军饷。

△ 广州大本营外交部特派员傅秉常致函驻粤英领事，质问外舰麇集广州水面之理由。

△ 广东总工会电孙中山，谓“关余为我粤应有，以粤款整理粤政，外人实无干涉之权”，务乞坚持收回粤关余之目的，勿为强权所屈。

△ 北京政府外长顾维钧出席参议院大会，说明金法郎案情况，谓该案前外交总长黄郛确曾承认，该案焦点在于对条约之解释，此约关系八国，现政府尚在“慎重考虑”中，但最后仍须与国会一致商酌，并已电告各国公法学家，征其意见以作参考。

△ 直鲁豫巡阅使吴佩孚电北京参议院谷嘉荫等参议员，表示赞成参议院 16 日反对金法郎之通电，并主张该案应由政府公开解决。

△ 海军舰队司令温树德电告吴佩孚，粤舰全部离汕头开往青岛。

12 月 18 日 北京众议院开会。吴景濂仍占据议长席位，拥吴派议员欲以“金法郎案”攻击高凌霨代内阁，从而通过孙宝琦为内阁总理。反吴派议员激烈反对吴占议长席，议员黄翼以墨盒掷出击伤吴头部，两派议员遂在会场武斗。吴景濂誓死不退席，令武装警卫拥入会场，打伤多人，将黄翼捆绑禁于密室。同时封闭会场门道，强迫议员投孙内阁赞成票，但投票者甚少，吴见此况，将票锁入柜内，不予开箱。

△ 北京众议院议长吴景濂通电痛诋高凌霨煽动国会议员反对其任议长，阴谋破坏国会开会，并自称为“反对金法郎案最力之一人”，决不能“违法去职”，“在职一日，决当从两院同人之后监视政府，使卖国举动无从实行”，“虽以身殉法律，殉国会，殉国家，皆所不惜”。

△ 吴景濂以众议院议长名义领衔发表反对金法郎案通电，谓“若以金法郎折算，则我国损失当在一亿二千万元左右，倘八国同时援例，则损失之数更属不赀”。该案既经本院否决，通知政府在案，高凌霨代揆以来，有变相承认金法郎之说，故通告中外，务请共相援助，使违约坏法卖国营私之徒阴谋不能得逞。

△ 北京众议院议员牟琳等 323 人联名通电，指控吴景濂任议长期已满，为强霸议长席位，指挥武装院警在议场殴打议员之罪行，并揭露吴以议长名义领衔发反对金法郎案之通电的阴谋，谓金法郎案同人已于 10 月初旬全体一致否决，政府如有违法承认情形，自当依法弹劾，并科以应得之罪。吴假借该案，以议长名义领衔，使同人不便开口，以图夺取议长之目的。

△ 北京国务院为金法郎案通电申辩。略谓：参议院 16 日通电，借金法郎案痛诋政府，与事实全不相符。金法郎案为全国所注目，如果承认，当必立时宣露，何能秘密？此系外交要案，政府更无所用秘密承认，亦不必变相承认。对此事造谣鼓煽之人，政府定饬军警严密查拿，根究严办。

△ 海军舰队司令温树德率全体官佐士兵通电宣布北归，略谓：“海军原为护法南来，现在法统重光，任务将告结束，率队北上，微特为护法始终之表示，且为南北统一之先声”，愿南方同志，早息纷争，速促国家统一。

△ 北京国务会议决议，赵玉珂之航空署经费照军警每月所领成数一体支配，王克敏之辞呈由曹锟指令慰留，王、赵冲突案和平了结。

△ 南昌学生联合会以传闻各国舰队有共管长江上游之说，特通电各地外交后援会、学生联合会，请一致反对，并电北京外交部，如公使

团正式提出,请誓死抗议。

12月19日 孙中山特派赵杰(前亲奉河南督军赵倜之弟)为豫鲁招抚使,同日任林云陔为广东高等检察厅检察长。

△ 广州大本营外交部长伍朝枢、财政部长叶恭绰致函总税务司安格联称:"奉大元帅令,本政府管辖地方内,本年各海关一切税收,除对于以关税作为抵外债及赔款应按比例押扣清还外,所余之款须妥为保管,候本政府命令支付。"

△ 兖州镇守使张培荣奉山东督理郑士琦密令,在枣庄中兴公司以调解招安旅旅长孙美瑶与稽查新军执法处处长吴可章之冲突为名,将孙诱入宴会,当即捕拿就地处决。同时被诛者11人,孙之兄孙美松逃走。23日,郑士琦印"免死证"2500张送枣庄分发孙部,将该旅2000余人缴械资遣回籍。

△ 北京内阁总理兼内务总长高凌霨令京师警察总监薛之珩将众议院警长及警卫一体撤换,薛当即令张汝霖为警长,率新警百余名到众议院接职,被原警卫长汤步瀛拒绝。20日,高凌霨再次严令薛之珩强行执行,新警始得入院。

△ 吴佩孚电告河南军民长官,谓新任河南省长李济臣因身任参谋长职,亟须出巡清乡,故在洛阳接省长印,所有省府各机关暂留开封。

△ 众议员黄翼被吴景濂送检察厅后,是日由议员王枢等保释。同日,黄翼向京师地方检察厅控诉吴景濂霸占议长席位,指挥院警行凶,私擅捕禁议员,要求检察厅立即"严捕正凶吴景濂","以戢凶焰而重人权"。

△ 王正廷在日发表声明,谓华人在日被杀惨案,"事实上不能由本人亲自调查,且明知亲自调查,亦无所得",故决定委托日本民间律师代为调查。

△ 汉口俄租界宝善里日商木多洋行副班诬称厨师田仲香偷窃金表链一挂(金表链实系被该行大班携往上海),私用毒刑拷打。次日,田身亡,该行诡称田畏罪自杀。

12 月 20 日　孙中山致函广州海关监督，要求自即日起将粤关税收入陆续缴纳于广州政府。

△　曹锟任命憨玉琨为陆军第三十五师师长，张治公为陕西陆军第二师师长。

△　高凌霨代内阁向曹锟总辞职，谓众议院 16 日通电和吴景濂 18 日通电虚构丑诋政府承认金法郎案，谣诼繁兴，无法解释，不得不避退贤路。曹锟阅后即将原呈交国务院秘书长张廷锷退还高凌霨，予以慰留。

△　高凌霨代内阁全体成员联名通电，指责吴景濂 18 日通电以金法郎案“悬揣虚构，集矢政府”，特郑重声明，政府从未承认金法郎案。

△　北京政府内务部声明撤换众议院院警真相。略谓：众议院院警已失去保护议员及议会之职能，屡有武装闯入议场殴打议员情事，围困司法官吏，拘禁黄议员多至七八小时之久，据谷芝瑞等 358 名议员之请，本部职责所在，将原院警全部撤换。

△　吴景濂通电斥责内务总长高凌霨突派武装警察数百名占据众议院，违背院法第八十六、八十七条关于院警由议长委充指挥监督之规定，越权干涉议院，破坏国会，其居心在于阻止孙宝琦内阁案通过，而达其承认金法郎案之卖国目的。

△　北京政府驻法国公使陈箓电告外交部称，法外交部派员到使馆申明，法国交还广州湾与金法郎案须连同解决。外交部即电饬陈箓对法国无理要求严加驳复，此两案各为一事，绝不相涉。

△　廖仲恺电蒋介石，谓鲍罗廷有要事相商，军官学校亟待开办，盼到沪结伴返粤。

12 月 21 日　孙中山在广州岭南大学发表演说，勉励学生为重建中华民国努力，并告诫学生们应立志“要做大事，不可要做大官”。

△　曹锟特任马麒为锐威将军，任命马麟、马廷勷、刘郁芬、鹿钟麟、宋哲元为将军府将军。

△　北京众议院院警被高凌霨强行撤换后，是日吴景濂携带众议

院案卷及帐簿仓皇潜逃天津，并以众议院议长名义通电声言此后众议院任何举动，皆属非法无效；孙宝琦内阁案不能通过，应由政府负责。

△ 前财政次长贺德霖函陈国务院，声明张弧财长任内洽商金法郎案之经过。略谓本人在与法使谈及金法郎案时，始终坚持依照众议院决议，按 1905 年换文办法办理，均咨商外交部在案。

△ 驻京法使派参赞通知北京政府外交部，谓接胡祖舜等四议员来函拒绝承认金法郎案，本使无权与国会交涉，恕不答复；并声明法政府仍主用金法郎付款，不因议员反对而变更态度。

△ 谭延闿在广州召集湘军将领开军事会议，决议湘军回湘，蔡钜猷得孙中山军援湘，即全军赴乐昌拒沈鸿英、赵恒惕，如得胜即乘胜回湘。

△ 日警残害华工田仲香案，激起汉口日租界帮日华工公愤，是日数百华工包围日警所，要求再验尸，日警武力驱逐，打伤华工六人。

12 月 22 日 曹锟特任施从滨为恂威将军，张怀斌为丕威将军，张培荣为迅威将军，潘鸿钧为廓威将军，吴长植为卓威将军；任命徐鸿宾、孙宗先、胡翊儒为将军府将军。

△ 北京参议院决议查办黄郛、王克敏关于金法郎案之罪，并咨请政府派员彻查，如罪状确实，即交法庭讯办。23 日，府院协商，以宪法规定，对国务员只有弹劾权，无查办权，饬秘书厅将咨文退回。

△ 吴佩孚援川军分兵三路向永川、綦江、璧山进攻，杨森部逼近綦江城下。

△ 湖南赵恒惕军向溃退湘西的蔡钜猷部发动总攻，蔡部全体军官声明蔡已下野，请赵勿再追逼。23 日，蔡部旅长刘叙彝、田镇藩及全体团营长通电，表示拥护赵恒惕。

12 月 23 日 国民党上海执行部召开党员大会，到 3000 余人，汪精卫报告孙中山关于改良党务宗旨，胡汉民、廖仲恺均发表演说，并选出张拱辰等三人为出席 1924 年 1 月 15 日在广州召开的国民党全国代表大会之代表。

△ 张伯烈函北京众议院，谓宪法初颁，内务部竟违法逐警，占领议院，蹂躏国会，“造意于议员，实施于内长，上无道揆，下无法守”，特辞众议院副议长并议员职。同日，吴景濂致函众议院，声明其议长资格并未消灭，为反对高凌霨等卖国当局，不能违法解除议长职务。

△ 武汉国民外交委员会开紧急会议，讨论日警残害田仲香案。决议通电全国，请一致声援；并向政府所派交涉员陈介提出六项要求：一、取消日本在我国领事裁判权，并解除日本在汉军警武装；二、撤换日本驻汉领事；三、惩办日本驻汉警察所长；四、日本木多洋行副班依法抵死；五、由日政府派员向汉口各团体谢罪；六、抚恤田仲香家属。

12 月 24 日 孙中山发表关于粤海关关余问题宣言，谓关余之处分，为中国内政问题，“而列强借保护其尚未确定权利之名，集军舰于省河，实无异帮助北京政府，以压制本政府”。宣言并重申：“北京政府系属非法，且为全国所弃，当然无权处分本政府辖境内之关税余款。”

△ 孙中山任命黄明堂为中央直辖第二军军长。

△ 孙中山电催蒋介石赴粤复使俄之命，并商讨对时局之主张。谓：“兄此行责任至重，望速来粤报告一切，并详筹中俄合作办法。台意对于时局政局所有主张，皆非至粤面谈不可，并希约静江、季陶两兄同来，因有要务欲与商酌也。”

△ 广州工会联合会、新学生社等 70 余团体举行示威，发表对内对外宣言，坚决要求收回关税主权，抗议帝国主义者的侵略行为。

△ 北京众议院开会，拥吴景濂派议员马骧提议解决内政部撤换院警违法事件，反吴派议员主张组织行政委员会，两派大闹，秩序混乱。中立派议员调停无效，即散会。

△ 驻京意大利公使照会北京政府外交部，谓南阳、老河口等地土匪猖獗，均系“老洋人”部下，该地有意国教会教堂、医院、孤儿院，恐遭土匪烧掠，请万急设法保护。

12 月 25 日 孙中山以鲁涤平辞湘军总指挥职，令改任湘军第一军军长宋鹤庚兼任湘军总指挥。

△ 武汉国民外交委员会就日警残杀华工田仲香案召开群众大会,各团体、各学校及市民二万余人参加大会。大会一致通过督促交涉员陈介依武汉国民外交委员会所提六条件向日领事严重交涉。

△ 曹锟任命李彦青为平市官钱局督办。

12月26日 孙中山接见李福林。李转告在香港遇陈觉民、金章代表陈炯明来求和。孙中山表示:"陈炯明如果有悔过之诚,应即来省见我请罪。"又谓:"然陈若今日有悔悟,立即今日通电表明其悔过之诚意,斯犹有商量余地,若徒以他人辗转传达,为口头之求和,则余不能停兵以待也。"

△ 武昌各工厂工人及劳动界召开大会,决议就汉口日人残杀田仲香案组织工界外交委员会,实行对日绝交。同日,武汉商界田案外交后援会电北京政府外交部,请对日严重交涉。

△ 河南省长李济臣通电称,豫省行政公署迁往洛阳办公。

△ 孙传芳电浙江省议会,声明闽军决无攻浙之意,闽军调动,纯为冬防,保境安民。

△ 北京政府驻苏联全权代表李家鏊离京赴任。

△ "老洋人"股匪由河南新野沿白河南下,窜至湖北襄阳东北乡,大肆焚抢。

12月27日 孙中山以李鸿祥受曹锟、吴佩孚密令潜来香港,阴遣党羽,希图煽惑军人,实属甘心附乱,罪不容诛,着地方文武严缉,以儆愚顽而肃国纪。

△ 曹锟指令:朱深、梁鸿志、方枢免予通缉,曲同丰撤销察看,张敬尧免予查办。

△ 北京内阁会议决议:根据国会否决金法郎案原案,驳复美、英、法等八国关于用金法郎付庚子赔款之要求,国会选举仍依旧法办理。

△ 孙中山在广州大本营宴请皖系要人曲同丰、陈文运。

12月28日 孙中山致电上海许崇智、廖仲恺,谓:"东江敌势渐蹙,北伐及建设大计,诸待筹商,盼速回粤。"

△ 曹锟饬军事处分电各省，谓“老洋人”股匪由豫窜鄂陕，为害地方，鄂、豫、陕三省军民长官即转饬各军勿分畛域，协力兜剿，凡有将此贼歼尽者，赏洋一万元。

△ 北京政府外交部依据《辛丑条约》照会法、意、比、日、英、美、荷兰、西班牙八国公使，驳复各国关于用金法郎偿付庚子赔款之要求，声明中国政府主张以1901年和约第六款暨1905年协定付款。

△ 广州税务司奉总税务司之令，答复孙中山本月20日截留关余命令，声明总税务司除中央政府外，不受任何方面之训令。

△ 吴佩孚电令直隶省长、直鲁豫巡阅副使王承斌，今后无论何项团体，若有集会索薪或罢工情事，须严重取缔或惩办。

△ 孙宝琦、钱能训、汪大燮等分别电齐燮元、卢永祥，请保江浙和平，而杜争端。

12月29日 北京众议院开会，反吴景濂派推选张映兰为临时主席，拥吴派推选陈世录为临时主席。陈抢占议长席，张则占据总统席，双方为议长问题、院警问题大吵大闹，互相谩骂，一片混乱。中立派议员调解，劝双方各推代表在院外开协商会，谋解决诸问题。

△ 张作霖派张景惠到北京接洽直奉议和事宜。

△ 吴佩孚电曹锟，谓政府纵不能解散宪政党，亦当谕令政府人员退出政党而由议员为之。

12月30日 孙中山在广州对党员讲演“国民党今后奋斗方针”。略谓：“这次国民党改组，变更奋斗的方法，注重宣传，不宜专注重军事。”宣传奋斗之效力大，军事奋斗之效力小。吾人要再图进步，希望革命主义完全成功，便要恢复武昌起义以前之革命方法，即注重宣传。

12月31日 孙中山在广州基督教青年会上演说，表示：“我不再寻求西方列强的支持，我的脸转向了俄国。”

△ 孙中山任命叶恭绰、郑洪年、廖仲恺、杨西岩、伍学焜、赵士觐、孙科、梅光培、吴铁城为财政委员会委员。

△ 湖南赵恒惕军叶开鑫部攻占湘西洪江，蔡钜猷率部逃往贵州

境内，后辗转入粤，编为湘军第五军。

是月 月底，戴季陶在沪闻悉国民党改组将容纳共产党员加入及召开全国代表大会之消息，即电辞临时中央执行委员。廖仲恺自粤赴沪劝说，戴表示绝不任中央委员，亦不出席代表大会，意甚坚决。

是年 北京政府贸易进口总额 9.23402887 亿(银)两，出口总额 7.52917416 亿(银)两，入超 1.70485471 亿(银)两。

△ 北京政府全年共发售确有担保之内债共 600 万元，外债共 2199.7081 万元。本年还偿 1970.8461 万元，年末负债滚存 2.61828171 亿元。

△ 中国银行发行纸币增至 8900 万元。

△ 北京政府修正国家地方两税划分原则，以关税、盐税、印花税、烟酒税及其他消费税带有全国划一性之租税者，为国家税；以田赋、契税及其他省地方税为地方税。

△ 全国华商共有纱厂 55 家，布机 8581 台，有纱锭 149.3672 万枚。

1924年(民国十三年)

1 月

1月1日 北京政府总统曹锟发布众议院议员改选令,规定各省众议院议员初选于4月14日举行,复选于5月14日举行;蒙古、西藏、青海选举于5月20日举行。同日发布减刑、免刑令。

△ 孙中山在广州大元帅府接受军政官员及各界的祝贺,并主持授勋典礼,授予民国十一年(1922)6月陈炯明叛乱时防守观音山粤秀楼卫士姚观顺、黄惠龙、马湘等62人"十一年讨贼有功卫士奖章"及"阵伤奖章"。孙中山致训词,重申年内"扫除军阀,统一民国"之决心。

△ 上海《民国日报》出版元旦增刊《中国国民党改组号》,发表去年制定之中国国民党改组重要文献:《中国国民党改组宣言》、《中国国民党党纲草案》、《中国国民党章程草案》、《孙总理演说改组原因》。

△ 前广东香山县中央游击总司令兼县长朱卓文,于前山接防时与海防司令陈策部开衅弃职后,又于是日晨率大队潜入香山袭击陈军,抢掠百姓数百家。晚,陈策率部驰往西鸦搜索,亦焚毁数百家,死伤百姓甚众。6日,孙中山特令许崇智派参谋处长冯轶裴率军前往,严厉制止双方再斗,并委派李仙根署理香山县长。

△ 浙江省公布自治程序及自治会议组织法。

△ 湖南教育界在长沙召开平民教育运动游行大会，号召有钱者快办学，识字者快教人，不识字者快读书，并往省署及省议会请愿，请求支持经费。15日，湘省平民教育促进会成立，李剑农代表省长演说，各界代表要求政府负责筹办经费。李剑农、罗先闿被选为该会董事。

△ 汉口工界外交委员会成立，到50余工厂代表百余人，对日警勒毙田仲香一案要求惩凶、赔偿，并决定对日实行经济绝交。7日，汉口交涉署致函日总领交涉。12日，日领复文，全盘否认。

1月2日 北京多数议员以曹锟发布众议院议员改选令，又因高凌霨久未发给国会岁费，共谋倒高阁运动。

△ 孙中山令谭延闿、樊钟秀各以所部防守白云山，以捍卫广州之安全。

1月3日 孙中山对收回粤海关关余问题一再表示严正态度，各国知武力恫吓无效，是日乃由驻京美使舒尔曼出面调停。

△ 孙中山任命钟明阶为桂军第四军军长，王汝为为中央直辖滇军第四师师长。

△ 孙中山以中央直辖滇军第四师师长王秉钧、参谋长吴震东、第三军总参谋长禄国藩有私通北敌情事，明令免去三人本兼各职，听候查办。5日，又令滇军总司令杨希闵及第三军军长蒋光亮严拿究办。6日，蒋光亮通电宣布王秉钧等与曹锟、吴佩孚密使李鸿祥暗通款曲，得贿八万，以通电不加入战斗并辅助曹、吴统一为条件等项劣迹。

△ 国民党临时中央执行委员会第二十二次会议，议决答复美国三藩市总支部陈耀垣之来函，说明国民党改组实行“联俄”政策。略谓：“当俄国革命之初，施行共产制度时，确与吾党三民主义不同。至俄国现在所施行之新经济政策，即是国家资本主义，与吾党三民主义相同。故非吾党学习俄国，实俄国学习吾党。”

△ 北京政府外交部照会苏俄代表加拉罕，要求交还库伦、恰克图。

1月4日 孙中山在广州大元帅府召开重要会议，到各省代表、大本营各部总次长、各军总司令等 60 余人，议决最短时日在粤成立中华建国政府；出师北伐；统一财政。

△ 曹锟特派各省省长为各该省众议院议员选举总监督。

△ 孙中山以广东全省田土业佃保证照费收入，前经明令专拨为国立高等师范经费在案，是日训令大本营军政部长程潜、广东省长廖仲恺应即通饬各军、各行政长官，无论何项机关不得任意提借，并着各县军警认真协助，以维教育。

△ 湘西蔡钜猷被赵恒惕战败后，所属田镇藩、刘叙彝旅溃散及半，移居会同、黔阳一带，是日通电投赵。22 日，赵任田镇藩为暂编第十七旅旅长，归贺耀组节制；刘叙彝为暂编第十六旅旅长，归叶开鑫节制。

1 月 5 日 北京众议院议员叶夏声等提出内务总长兼代国务总理高凌霨、署财政总长王克敏等辱国丧权，渎职滥权弹劾案，称金法郎案构成外患罪；内务部滥用职权，违法撤换院警，擅行扣留岁费，封闭报馆等，均系犯罪行为。后复提出补充弹劾案，称高嗜吸鸦片，挑拨国会内部纷扰；近复突下改选众议员之令，图使国会消灭，统一无期，以便其卖国丧权。要求治高以失职之罪，立予免职，交付惩戒。

△ 孙中山接见驻京美公使舒尔曼，同意以粤海关关余用于广东治河工程。同日，孙中山令派姚雨平为广东治河督办，原任汤廷光免职。

△ 广州大本营财政委员会正式成立，以统筹整理财政为宗旨，廖仲恺、叶恭绰等为委员。8 日，孙中山指令《财政委员会章程》核准施行。

△ 山东旅京同乡外交后援会反对日人欲在张店、淄州、坊子、青州、博山、潍县、胶县、高密开埠之无理要求，讨论反对办法，推定国会议员于均生等为代表，赴北京政府外交部请求阻止。

1 月 6 日 江、浙、皖、赣、闽旅鄂同乡会在汉口举行恳亲会，到万余人，中国银行行长洪岑西主席。五省同乡代表演说，希望组织恳亲社，主持五省永久和平，并盼推及全国。

1月7日 北京众议院代表万钧、景耀月、李载赓等五人赴财政部向王克敏交涉岁费，无结果。

△ 北京政府教育部告诫各校整饬学风。9日，教育总长黄郛在京招待新闻界，声称国立各校“学风败坏”，其原因为：一、“五四”以来，学生干政，习染成风，积重难返；二、教育经费支绌，教具设备难以满足学生要求；三、受政局变迁及世界潮流影响。

△ 沪国民对日外交大会总部致书全国各界，为无故被汉口日警勒毙之厨工田仲香一案吁请声援，要求依法解决。

1月8日 孙中山特任曲同丰为北洋招讨使，陈光逵为中央北伐讨贼军军长，柏文蔚为北伐讨贼军第二军军长。

△ 孙中山派范石生、朱培德、李福林、张国桢为禁烟会办，廖行超、夏声、王南微、周鳌山、罗桂芳为禁烟帮办，协办禁烟事宜。

△ 曹锟令准免湖北省省长汤芗铭职，特任督军萧耀南兼署。

△ 陈炯明部在横沥（位于广东东江沿岸）附近与联军小有接触，是日，孙中山召军官讨论东江战事。

△ 众议院议员万钧等270人致函高凌霨，请即饬京师警察厅将去年违法新派来众院之警卫长及巡官、长警等务于9日上午撤回，所有院内秩序暂由旧日长警负责。

1月9日 北京众议院讨论曹锟上年10月30日所提孙宝琦组阁案，以250票通过。又决定组织行政委员会，人选抽签决定，包括各派人物。

△ 中俄会议督办王正廷致函驻京苏联代表加拉罕，不同意苏联代表欲以中俄恢复邦交为中俄开议先决条件，主张恢复邦交在会议中同时解决。

△ 曹锟令准国务院秘书长张廷谔辞职，改任河东盐运使。

△ 驻京法使傅乐猷照会北京政府外交部，声称依据黄郛任内所许，仍请用金法郎偿付庚子赔款。

△ 去岁 12 月因淞沪警察厅厅长继任问题未能解决，江苏督军齐燮元联合闽、皖、赣，欲以武力对浙。太湖附近苏、浙军队陆续增防，闽军北移浙边温、处两州，东南局势颇有一触即发之势。苏、浙两省绅商代表张一麐、黄以霖、黄炎培、金润泉、盛竹书、陈其采等分别于 8 日集沪。是日赴宁晤齐燮元商谈和平。12 日又赴杭晤卢永祥商谈。2 月 1 日，盛竹书、沈田莘、张一麐、黄炎培、史量才、余诚格等在上海集议，请闽、浙、苏、皖各省同时撤防。

1 月 10 日 晚，高凌霨召集国务会议，决定提出内阁总辞职。会后即向曹锟总辞，并发出通电。

△ 曹锟任命洪式闾为国立医科大学校长；特派马德润署修订法律馆总裁。

△ 以张孝若为首的中国实业团出席伦敦总商会宴请。席上该会会长演说，希望中国工商各界左右政治。张表示，英为制造国，华为原料国，通商前途未可限量。2 月 19 日，实业团抵达美国波士顿考察，由州长兼哈佛大学校长接待。张在宴会上演说，谓美国先进，中美应谅解互助。

1 月 11 日 湖南岳州商会、县议会等法团因岳州警备司令部军务处处长葛应龙从中疏通，通电要求取消自治。14 日，马济由汉口专车赴湘，代表吴佩孚促湘取消自治。

△ 孙中山训令财政部长叶恭绰通缉挟款逃港之中国银行行长凌骥，并令中国银行监理官陈其瑗将该行地址、物业查封变卖，以偿公款。

△ 滇军王秉钧旧部王汝为之第七旅旅长杨青圃率部 1600 余人围攻石围塘蒋光亮第三军军部，与第六师胡思清部激战，相持一夜，胡部不支逃广州，杨旅于 12 日占领石围塘。

1 月 12 日 曹锟令准免张绍曾国务总理兼陆军总长职；准免高凌霨代国务总理、内务总长职；准免署外交总长顾维钧、署财政总长王克敏、海军总长李鼎新、司法总长程克、署教育总长黄郛、署农商总长袁乃宽、交通总长吴毓麟本职；特任孙宝琦为国务总理，顾维钧为外交总长，程克为内务总长，王克敏为财政总长，陆锦为陆军总长，李鼎新为海军总长，王宠惠为司法总长，范源濂为教育总长，颜惠庆为农商总长，吴毓麟为交通总长；特派高凌霨为税务处督办；特任张绍曾为树威上将军；任命王继曾为国务院秘书长。

△ 大元帅孙中山令准财政部为救济财政，调剂金融，发行有利支付券，总额定为毫银300万元，劝令殷富商民认购，以广东全省沙田登记费、民产保证费及印花税等项为还本付息基金，月息一分，25个月内本息还清。

△ 国民党中央临时执行委员会议，讨论筹划第一次全国代表大会事宜，其中最重要的工作为草拟国民党政纲。该项政纲草案曾在上海执行部第一次会议中提出研究，参与研究的有胡汉民、廖仲恺、瞿秋白、汪精卫等。随后，广州四人委员会（廖仲恺、鲍罗廷、胡汉民、汪精卫）外加瞿秋白，又对政纲问题讨论15小时。

△ 曹锟特派曹锳督办热河林垦事宜。

△ 美国丝业协会在纽约安司得旅馆举行的五十二周年年会上，提出筹款改良中国育蚕事业计划。会长郭司密谓：已资助广东岭南大学、南京金陵大学设育蚕所，上海已设生丝检查所，现准备在厦门大学设一养蚕科。中国用土法缫丝，不合美国丝厂之用。美国希望中国增产丝额与日人竞争取利。

△ 湘省沅陵镇守使蔡巨猷为赵恒惕所逐后，唐继尧欢迎其入黔，指定铜仁、镇远各属为暂驻之地。是日，蔡率周朝武、邓黑七、蔡泽南、卢鑫所部由芷江首途，取道晃县至黔。抵铜仁后，唐任蔡为靖国联军第七路总司令，令肃清铜仁、镇远等地土匪。蔡又接孙中山令调入粤，决定留大部军队驻黔，本人亲率卫队若干及秘书、参谋等人入粤。

△ 豫首巨匪“老洋人”（张国信）部在鄂边苦战多日，粮弹用尽，分股回窜郾城、确山，越京汉路，声言回豫度岁，是日在郏县城外被其部属丁保成击毙，余部东窜。

1月13日 北京政府新任国务总理孙宝琦对寰球通讯社记者发

表政见称:一、以宪法统一中国,着手内政之清明;二、增加二五关税,以从事内外债之整理;三、收回领事裁判权,以增进国际地位。

△　范石生、刘炎等奉孙中山命武力调停石围塘滇军内讧,令蒋光亮去职,王汝为第四师开往东江,胡思舜继任军长,所部驻守石围塘,是夜风潮完全平息。

△　孙宝琦内阁除外交顾维钧、交通吴毓麟、教育范源濂、海军李鼎新四部系属孙12日所列原名单,其他五部悉由曹锟定名。孙谓:王克敏在国会中有查办案,长财政舆论不洽。曹谓:王能筹款,非王莫属。最后曹径填命令,促孙副署,立即发表。孙以形同傀儡,实受保派王毓芝等迫逼,且税务督办孙原拟自兼,又被高凌霨所夺,是日突赴海淀承泽园休养。后经颜惠庆力劝,孙始决定就职。

1月14日　孙中山出席广州商团和警察举行的联欢会,并发表演说指出:即将召开的国民党第一次全国代表大会,目的在于"筹备一个新方法,再来建设中华民国,为中华民国开一个新纪元",勉励大家和政府始终合作,共同促成革命事业。

△　议员李载赓、叶夏声、万钧等21人对王克敏复长财政向北京政府提出质问书。略谓:"查王前以金法郎案利诱当局,迭长财政,为私人营牟利益,不惜丧权卖国,违法渎职,掀动政潮,蔑视民意,经本院议员依法提出弹劾查办在案……政府究竟有何不得已之苦衷,非留用王复长财政?"

△　王克敏以孙宝琦原拟阁员名单无其名,遂和王毓芝、李彦青等商量后,为刁难孙宝琦,提出辞财政总长职。15日,阁员(除范源濂)七人及冯玉祥联名致函敦劝。

△　闽农民反抗杨增福勒种烟苗,征收烟苗捐。是日,军务帮办王永彝抽调安海、南安驻兵一团,会同杨部分路进攻惠北各乡,枪杀农民千余人。

1月15日　孙宝琦内阁正式成立。阁员除教育总长范源濂、财政总长王克敏外,余七人均就职。下午举行第一次国务会议,议决特派吴佩孚兼任督办直鲁豫汽车道路事宜等案。同日，曹锟明令公布。

△　桂军沈鸿英部受吴佩孚嗾使，由连县分两路进攻粤省北江。沈鸿英亲率黄汉功旅直扑阳山，次日占领；沈荣光部3000人由砰石进攻乐昌。湘滇联军朱培德、赵成梁、宋鹤庚各部迎击，击败沈军，17日克复砰石，沈荣光部退湘边宜章，联军何克夫、吴剑学部亦于同日克阳山。沈鸿英部败退至小江后，即调何才杰等部赶至连县反攻，又派收抚之土匪出没于英德车站。19日，联军调滇军第一师赵成梁部两营由翁源驰往助战。

△　四川省军熊克武为渝军刘湘、杨森战败，13日退出铜梁、璧山，是日在内江南津驿召开军事会议，商请刘成勋、赖心辉等赴潼川作战。席间石青阳不发一言，刘、赖虽不愿再战，又不能不听命。

1月16日　孙中山令免广东海防司令陈策职，遗缺由冯肇铭代理。

△　北京众议院开会，凌鸿寿主席，请孙宝琦内阁全体出席宣布政见，孙复本日忙，下次出席。又通过查办王克敏案。王潜行出京，表示不入孙阁。

△　曹锟任命郑金声为绥远陆军混成旅旅长，唐福山为陆军第三混成旅旅长。

△　曹锟据陆军总长陆锦呈报，第七混成旅旅长高凤桂等临敌畏缩，抗命潜逃，是日指令褫夺高等之官勋。

△　广州各界在总商会会议，决定成立广东财政统一促进会，促各将领于一个月内将一切代管财政之机关交回政府。

△　蒋介石由沪抵粤复述使俄之命。蒋谓："苏维埃政治制度乃是专制和恐怖的组织，与我们中国国民党的三民主义的政治制度，是根本不相容的。"孙中山阐述了联俄容共的决策。

△　吉林穆林煤矿公司正式成立，由吉林当局与白俄资本家谢吉斯合办，资本600万元，俄方出资300万元，中方以矿区作资。

△　广州米行工人因要求增加工资等条件不遂罢工，拒阻各米店取货。21日善后会召集米行劳资双方调停无效。27日，广州商团开

会，决定以实力保护起卸米粮。

1月17日 苏联代表加拉罕致函王正廷，指责北京政府按列强意旨干涉苏联、庇护白党等活动，重申中俄会议必须在承认苏联、恢复中苏邦交后始能开会，并表示在中俄会议中一切问题皆按1919年及1920年宣言精神解决。18日，王正廷宴加拉罕，商开中俄会议。20日，中国代表李家鏊赴苏。

△ 中国国民党巴黎通讯处（巴黎区分部）成立。筹备员周恩来报告筹备经过，临时通讯处主任李富春报告党务发展情况，聂荣臻被选为通讯处处长。

△ 胶济路火车驶至金岭镇，突然发生火灾，焚车四辆，死百余人。24日，车行至潍县西朱刘店忽又起火。济南总商会等各团体电北京政府国务院，请严惩该路局长严堃。

△ 厦门银行派黄世金与筹饷局会办来玉林合股，要求漳厦护军使臧致平准其包办鸦片公卖，每月可获利48万元。事为商会会长洪晓春等所悉，要求平分鸦片公卖之利。银行派拒绝，洪晓春当即由商会副会长蔡雨春撰“铁血团”传单散发，借名反对苛捐杂税，鼓动市民于是日罢市。银行派见事态扩大，始允两派合作，成立公卖局，承包公卖。洪以目的已达，动员市民开市。

△ 北京政府财政部天津造币厂向日本三菱洋行借款行平银23.5041万两，银元三万，年息一分二厘。

1月18日 广州大益、太和、广东、文明、吉祥、中国、东山七家火柴厂工人代表1400余人，赴省署及滇军总司令杨希闵、滇军军长范石生等处请愿取消苛捐。次日，范石生以滇军警卫团长苛抽火柴捐摧残工业，致函杨希闵请明令撤销。

△ 孙中山任命朱世贵为中央直辖滇军第四师师长。

△ 中日盐务会议在北京开幕，讨论“鲁案”细目协定中有关青岛盐输出办法，日本委员提出输出数量、税率等意见，中国委员允提对案后再讨论解决。

△ 北京政府交通总长吴毓麟邀宴冯玉祥、王毓芝、李彦青及孙宝琦、王克敏、颜惠庆等阁员，席间冯力劝王克敏就任财政总长，王谓：“国会弹劾审查之际，不便就职。”次晨，曹锟召王，谓：“弹劾案嘱人疏通，由我来负责。”

1月19日 孙中山主持国民党第一次全国代表大会预备会，廖仲恺报告国民党改组要点在于修改党纲，订立党章。自上年10月国民党临时中央执行委员会成立，着手筹备改组事宜，至是日止共开会28次，议决案件共400余件，至此，改组国民党和召开第一次全国代表大会的一切准备工作已全部完成。

△ 孙中山任命陈兴汉兼理广三铁路管理局局长。

△ 晨，停泊上海之美国花旗公司轮船“腊斯登号”船主、机师枪击所雇中国伙夫，贺永庆当场死亡，贺福允、叶阿元、贺阿友三人重伤。华工13人被捕交捕房关押。事后，海员工会上海支部发出呼吁书，要求各界同伸正义，保障民权、国体。

1月20日 中国国民党第一次全国代表大会在广州开幕，到各省及海外代表165人。孙中山任主席，胡汉民、汪精卫、林森、谢持、李大钊为主席团成员。孙中山致开会词称：十三年以来，革命主义还没有成功。我们失败的大原因是受了满清官僚“革命军起，革命党消”的言论的欺骗。宣告“此次国民党改组，有两件事：第一件是改组国民党，要把国民党再来组织成一个有力量有具体的政党；第二件就是用政党的力量去改造国家”。要大家“团结起来，为党为国，同一目标，同一步骤，像这样做去，才可以成功”。下午孙中山在大会上作《中国之现状及国民党改组问题》的报告，并提出《中国国民党宣言案》。称这个“宣言系此次大会之精神生命”，决议交付宣言审查委员会审查。宣言审查委员会以胡汉民、戴季陶、茅祖权、李大钊、恩克巴图、叶楚伧、王恒、黄季陆、于树德九人为委员。临时中央执行委员会提出《组织国民政府之必要案》，孙中山在说明中指出：此次大会目的之一，就是立即将大元帅政府改组为国民政府。大会通过该项提案。

△ 晚，孙中山举行宴会，招待出席国民党一大代表，席间称革命“既要有主义，更要讲究方法”。孙盛赞俄国革命成功是“因为俄国人立志稳健，眼光远大”，“经验多而成功快”，强调应学习“俄国的好榜样”。

△ 彭湃致函社会主义青年团中央委员长刘仁静，建议党中央和团中央多派共产党员和青年团员到农村开展农民运动。

1月21日 上午，国民党全国代表大会通过谭平山、廖仲恺、谢持、孙科、张秋白、王法勤、彭素民、邓泽如、刘芦隐为党务审查委员会委员。谭平山作临时中央执行委员会报告。下午，沈定一、韩麟符分别作浙、直两省政治及党务状况报告。继由戴季陶、胡汉民报告宣言审查结果，并解释修正及增加各要点。针对右派反对改组及部分党员对民生主义缺乏了解，孙中山即席作《关于民生主义之说明》，称“近来俄国内政进步之神速，与前大不相同”，“就利害而言，本党与之联合，将来必能得中俄互助之益”；并称：“共产主义与民生主义毫无冲突”，“就是非而言，本党既服从民生主义，则所谓社会主义、共产主义与集产主义，均包括其中。”

△ 曹锟令准教育总长范源濂辞职；特任张国淦为教育总长。

1月22日 国民党第一次全国代表大会讨论临时中央执委会提出之《中国国民党章程草案》。孙科在说明中称：一、“旧党章之中心在上级党部，新党章之中心则在下级党部。”二、“新党章对于纪律视为一最重要之事，特别专章规定，必全体党员大家遵守。”主席林森指定谢持、何世桢、谭平山、丁惟汾、廖仲恺、茅祖权、孙科、李大钊、朱霁青、萧佛成、汪精卫、张知本、戴季陶、居正、于右任、毛泽东、石瑛、邓泽如、谢英伯19人组成党章审查委员会。继由陈觉梦等作海外支部党务状况报告。通过《纪律问题》及《收回海关权益问题》两项议案。关于纪律问题，胡汉民在说明中强调指出：“纪律实为革命胜利之第一必要条件”，“国民党之组织原则，当为民主主义的集权制度。”汪精卫在《海关问题》说明中主张先收回关余，进一步收回海关。柏文蔚在会上作军事报告，决定通电慰问前敌将士。

△ 吉林省公署代表、财政厅厅长孙其昌与日本驻吉林总领事代表深泽暹、中东海林实业公司代表吉植庄三签订《合办中东海林采木公司合同》，资金为日金350万元，双方各出半数，地区以北满林场和大海林林场为限。

△ 北京国立八校教职员联席会议议决索薪。次日派正、副主席往见教育总长张国淦表明要求。2月1日，该会继续讨论催发年关欠费。

△ 孙宝琦在阁议提出为曹汝霖、陆宗舆消除参战借款案之处分，阁员无表示，未获通过。

1月23日 国民党第一次全国代表大会通过《中国国民党第一次全国代表大会宣言》。宣言第一部分为“中国之现状”，总结过去革命斗争的经验，批判立宪派、联省自治派、和平会议派及商人政府派的错误，指出“国民党则夙以国民革命、实行三民主义为中国唯一生路”。宣言第二部分为“国民党之主义”，以革命精神重新解释三民主义：民族主义主张“中国民族自求解放”，“中国境内各民族一律平等”；“承认中国以内各民族之自决权，于反对帝国主义及军阀之革命获得胜利以后，要组织自由统一的（各民族自由联合的）中华民国”。民权主义主张国民享有选举、罢免、创制、复决、罢官诸权，民权规定于宪法，以五权（即立法、司法、行政、考试、监察）分立原则是已。民生主义主张“平均地权”，“节制资本”；反对土地权为少数人所操纵，主张“由国家规定土地法、土地使用法、土地征收法及地价税法”。“凡本国人及外国人之企业，或有独占的性质，或规模过大为私人之力所不能办者，如银行、铁道、航空之属，由国家经营管理之；使私有资本制度不能操纵国民之生计”。并指出：国民党“对于农夫工人之运动，以全力助其开展，辅助其经济组织，使日趋于发达”。第三部分为“国民党之政纲”，包括对外和对内政策22条，主要内容为取消不平等条约，废除军阀所借外债，确定人民的自由权利，改善人民生活等等。宣言通过后，孙中山对宣言旨趣作了说明，重申对内要打倒军阀，“把受压迫的人民完全来解放”；对外要反抗帝国主义侵略,"将全世界受帝国主义所压迫的人民来联络一致,共同动作,互相扶助,将世界受压迫的人民,都来解放"。31日,《中国国民党第一次全国代表大会宣言》正式发表。

△ 上午,国民党全国代表大会通过出版及宣传问题案,由孙中山指定戴季陶、胡汉民、叶楚伧、李大钊、冯自由、黄咏台、黄右公、刘成禺、白云梯为宣传问题审查委员会委员。

△ 北京参议院开会,谷嘉荫主席,孙宝琦出席报告行政方针称:一、奉行宪法;二、尊重国会;三、促成和平统一。又答复郑江灏等质问,说明金法郎案经过,表示对该案之处理当尊重国会意见;王克敏虽有嫌疑,但无凭证。

△ 沪华界卷烟业为反对卷烟特税一致停业。24日,集同业1600余人赴龙华何丰林护军使署请愿。25日,又集同业800余人,推派总代表往上海县公署及商会请愿,要求撤销捐局。

△ 去冬以来江浙局势紧张,继赣浙和平公约成立后,杭州公团及浙省代表迭次联衔致电闽督孙传芳请签订"闽浙和平公约"。是日,孙口头表示:和平公约为疆吏私订盟约,不便擅行,当候呈中央核准。

1月24日 上午,国民党第一次全国代表大会宣读苏联驻华代表加拉罕致大会贺电及孙中山复电。复电称:"本会目的,在继续辛亥革命事业,以底于完成,使中国脱除军阀与夫帝国主义之压迫,以遂其再造。"并谓:"本会深信,全世界之自由民族,必将予以同情,而俄国人民来此先声,尤为吾人所感激。中俄两国人民行将共同提携,以进于自由正义之途。"继通过孙中山所提"厘定各种考试制度,以为宣言补遗案",并通过孙科提议以大会名义电贺英国新内阁首相劳工党首领麦克唐纳。汪精卫就党章已审查完毕各条先行报告;黄馥生作缅甸仰光支部党务报告。下午,大会通过刘伯伦提议"制定党歌"案,由中央执行委员会编定。

△ 孙中山决定设立中国国民党陆军军官学校,派蒋介石为军校筹备委员会委员长。2月1日,又任王柏龄、李济深(由邓演达代)、沈

应时、林振雄、俞飞鹏、张家瑞、宋荣昌为筹备委员，在省城南堤二号设立筹备处，6日正式成立。校址设在广州黄埔岛，以广东陆军学校和海军学校旧址加以修整。

△　曹锟特任财政总长王克敏兼盐务署督办。

△　孙宝琦内阁举行政务会议，讨论维持年关财政等问题，谓年关至少需400余万元，不敷尚巨。财政总长王克敏、教育总长张国淦均出席。

△　苏、浙接洽和平代表集议，要求苏、浙两方及皖省定期同时撤防。代表黄以霖、盛竹书、张一麐、金百顺、史量才、黄炎培、陈其采、沈泽春发表报告书，说明本月9日、12日先后分赴宁、杭访晤齐燮元与卢永祥，齐、卢双方均遵守去秋所订江浙和平公约，双方均表示并未添兵；卢称人不犯我，我不犯人。当经黄以霖等提议，决由两省军民长官会衔布告，始终遵守和平公约。

△　孙中山派刘毅为粤闽湘军招抚使。

1月25日　国民党第一次全国代表大会通过宣传审查委员会叶楚伧报告《出版及宣传问题案》审查结果。汪精卫代表章程审查委员会续作党章审查报告。孙中山获悉列宁于21日逝世，提出紧急动议中止会议议程，建议致电莫斯科，对列宁逝世表示哀悼。并发表讲话称："俄国革命在中国之后，而成功却在中国之前，其奇功伟绩，真是世界革命史上前所未有。"称赞列宁是"革命中之最好的模范"，重申学习列宁领导的俄国革命精神，"应该把党基巩固起来，成为一有组织的、有力量的机关，和俄国的革命党一样"。大会决定电唁苏联党及政府致哀，休会三日以志哀悼，广泛宣传列宁生平及事业，并通令各机关下半旗三日志哀。

△　熊克武集中主力于潼川，准备暗袭渝军。刘湘得悉，调少数军队佯攻成都，而以全力猛攻潼川。28日，杨森、袁祖铭部占潼川，熊军大败，精锐丧失殆尽，半夜逃往成都。

△　张作霖召集的东北三省军政国民会议开幕，孙烈臣、吴俊陞、朱庆澜、王永江等出席，讨论整顿防务等事项。会议认为，直系欲与奉

系议和，往返磋商数日无确信，为防备计，饬驻防各隘军队严重防守，并于京奉线增兵一旅，以资“保境安民”。

1 月 26 日　北京学生联合会、马克思学说研究会等四团体，借北京大学第三院大礼堂举行遥祭列宁大会，到会 5000 人。马叙伦任主席，高尚德报告列宁生平事略。大会通过顾孟馀提议，要求北京政府承认苏联；并电苏联政府及列宁家属表示悼慰等。加拉罕致书感谢大会，并申列宁遗志。

△　孙中山令饬广东各县严禁地方士绅团防阻抗驻军。

1 月 27 日　孙中山在广州国立高等师范学校开始系统讲述三民主义。此后每周演说一次：民族主义六讲，于 3 月 2 日讲毕；民权主义六讲，起讫于 3 月 29 日至 4 月 27 日；民生主义于 8 月 3 日开始讲述，同月 24 日讲完四讲后，因准备北伐而停顿。

△　滇军第四师师长王汝为在石围塘与军长蒋光亮开战，经调停后王率部回防，路经石龙，蒋光亮命其第七师攻击。是日王率残部入惠州，投附陈炯明。

△　上（海）、宝（山）平民教育促进会筹备大会在上海举行，到 80 余人。主席沈信卿致开会词，谓“该会由熊希龄夫人朱其慧发起。上海交通便利，教育发达，然普及仍不易。闸北毗连宝山，上海、宝山联合进行平民教育，俾两地平民尽能识字”。熊朱其慧等相继演说，王伯秋报告南京初试平民教育之经过，黄炎培报告施行平民教育先以《千字文》为课本。最后通过该会简章。3 月 12 日，上宝平民教育促进会成立。

1 月 28 日　国民党第一次全国代表大会讨论《中国国民党章程草案》审查报告，方瑞麟提出增加“本党党员不得加入他党”的规定，有 10 余人附议。李大钊代表共产党发言，阐明国共合作的必要，指出“若想完成此国民革命的事业，非有一个统一而普遍的国民革命党不可”，“我们以此理由，不但自己愿来加入本党，并愿全国人民一齐加入本党，这种发展本党的责任，是要先进诸同志与我们共同担负的”。“我们若脱离了国际的组织，不但于中国国民党没有利益，且恐有莫大损失”。“有我们在中国国民党的组织与国际的组织的中间作了联络，使革命运动益能前进，是本党所希望亦是第三国际所希望的”。“本党总理亦曾允许我们仍跨第三国际在中国的组织，所以我们来参加本党而兼固有的党籍，是光明正大的行为”。江伟藩和黄季陆等发言，反对李大钊的跨党主张。廖仲恺发言指出：“此次彼等（指共产党员）之加入，是本党一个新生命。”汪精卫称：“党员跨党一层，可不必过虑，如党员违纪一律绳以党纪。”胡汉民亦称：“不必再在章程上用明文规定何种取缔条文，惟申明纪律可也。”最后表决，否定方瑞麟的提议，通过共产党员、社会主义青年团员以个人资格参加国民党，并通过《中国国民党总章》，规定孙中山为总理，党员须服从总理之指导，以努力于主义之进行。

△ 下午，邓鸿业、李次宋、宋聘三、丁超五、陈飏生、李国瑞、梁如久、刘士木在国民党全国代表大会上分别作山西、安徽、河南、福建、西贡、荷属八打威、荷兰棉兰、神户暨横滨党务报告。

△ 孙中山致电英国首相麦克唐纳，望其改变对华态度。

△ 留沪议员在湖北会馆开会，通过林长民、汤漪等所拟之《反对宪法宣言》，否认曹锟宣布的新宪法。30日，林长民、章士钊、张我华等八人联名发表《关于改正宪法草案由国民公决之宣言》，同时宪法起草委员长汤漪亦发表题为《完成中华民国宪法案，以俟国民公决宣言书》。

△ 孙宝琦抵洛阳，与吴佩孚商讨应付时局之对策，并洽谈南北统一计划。

△ 曹锟通令各省区军民长官，认真查禁烟毒。

1月29日 上午，国民党全国代表大会通过谢持所作党务审查委员会报告及于树德所提用“一大”名义建筑黄花岗七十二烈士碑，款项由各代表负担案。黄季陆所提“请采比例选举制为本党政纲之一”案，毛泽东、宣中华等表示反对，决议“将本案保留，等明年大会时作为必须之提案”。下午，通过孙中山所提“感化及收养游民土匪，使能获得从事于社会有益工作之机会及努力宣传军队，使其了然自身地位，变反动为革命”案，谭熙鸿所提“对于广东人民自革命以来因革命而受经济上之牺牲为数甚大,应有一种诚恳表示”案,石瑛所提“对于海外各同志为国为党奋斗应有一种诚恳表示”案等。

△ 孙中山任命杨庶堪继廖仲恺任广东省省长,廖仲恺改任大本营秘书长,廖未到任前,由谭延闿兼代。

△ 广州海陆理货员工会及米业工会总理严月胜夫妇被暗杀。30日,国民党第一次全国代表大会通过请政府严缉杀严月胜夫妇之凶手并抚恤案。

△ 驻京英使麻克类请北京政府外交部令各省取消纸烟特捐。

△ 北京政府外交部因上海各公团之请,照会外交团再次提出收回上海会审公廨管理权的要求。

1月30日 国民党第一次全国代表大会通过廖仲恺临时提出的国民党之政纲对外政策部分增加:一、收回租界;二、在中国领土内之外人,应服从中国法律;三、庚子赔款当完全拨作教育经费。大会选举中央执行委员24人:胡汉民、汪精卫、张静江、廖仲恺、李烈钧、居正、戴季陶、林森、柏文蔚、丁惟汾、石瑛、邹鲁、谭延闿、覃振、谭平山、石青阳、熊克武、李大钊、恩克巴图、王法勤、于右任、杨希闵、叶楚伧、于树德;候补中央执行委员17人:邵元冲、邓家彦、沈定一、林祖涵、茅祖权、李宗黄、白云梯、张知本、彭素民、毛泽东、傅汝霖、于方舟、张苇村、瞿秋白、张秋白、韩麟符、张国焘;中央监察委员五人:邓泽如、吴稚晖、李石曾、张继、谢持;候补中央监察委员五人:蔡元培、许崇智、刘震寰、樊钟秀、杨庶堪。下午,代表大会闭幕,孙中山致闭会词,指出此次大会“是重新来研究国家的现状,重新来解释三民主义,重新来改组国民党的全体”。此后大家要分途奋斗,“把三民主义、五权宪法宣布到全国民众”。

△ 曹锟特派陆荣廷暂署督理广西军务善后事宜,林俊廷为钦廉边防督办。

△ 北京外交团反对商标法,向北京政府外交部提出承认商标法的四项条件:一、商标公报用英文;二、商标局聘外人为顾问;三、反对更换代理人;四、反对六个月期限。5月27日,北京政府农商部允诺商标

局雇用洋员，惟主自行选聘，不受使团推荐。

△ 台湾在厦门之爱国同胞组成的尚志社，在厦门召开台湾人学生大会，通过决议反对台湾总督府之压迫政策和对议会请愿者之无理拘禁。尚志社将决议分寄台湾、东京及国内各地。

1月31日 中国国民党第一届中央执监委员第一次全体会议是日起至2月6日在广州举行，到会32人，孙中山主席，推定廖仲恺、戴季陶、谭平山三人为常务委员。议决中央党部之组织，设秘书处、组织部、宣传部、工人部、农民部、青年部、妇女部、调查部、军事部。2月4日决定各部人选：组织谭平山，宣传戴季陶，工人廖仲恺，农民林祖涵，青年邹鲁，妇女曾醒，军事许崇智。按照决议规定，广州为中央执行委员会所在地，其余特别区如上海、北京、汉口、哈尔滨、四川，则派遣中央执行委员去各该地组织执行部，指挥监督各该地党务。中央执行委员及各地执行部之执监委姓名与其管辖区域如下：一、中央执行委员会：中央执委廖仲恺、李烈钧、戴季陶、谭延闿、杨希闵、邹鲁、柏文蔚、林森、谭平山，候补执委邓家彦、李宗黄、林祖涵、彭素民，中央监委邓泽如，候补监委刘震寰、许崇智、樊钟秀、杨庶堪；直辖广东、广西、云南、福建。二、北京执行部：中央执委李大钊、石瑛、于树德、王法勤、丁惟汾、恩克巴图，候补执委于方舟、张苇村、韩麟符、张国焘、傅汝霖、白云梯，中央监委李石曾，候补监委蔡元培；直辖直隶、山西、热河、察哈尔、绥远、河南、甘肃、新疆、青海、内蒙。三、四川执行部：中央执委熊克武、石青阳；直辖四川、贵州、西藏。四、上海执行部：中央执委胡汉民、汪精卫、叶楚伧、于右任、张静江，候补执委邵元冲、沈定一、茅祖权、毛泽东、瞿秋白，中央监委：张继、吴稚晖、谢持；直辖江苏、安徽、浙江、江西。五、汉口执行部：中央执委覃振，候补执委张知本，直辖湖北、湖南、陕西。六、哈尔滨执行部：中央执委居正，候补执委张秋白，直辖东三省、外蒙古、北方、国外。另，设莫斯科通讯处。

△ 曹锟特派张景惠督办全国国道筹备事宜。

△ 沪纸烟业因反对特税罢业多日，经总商会、县商会等调解，是

日江苏省署复电两商会，略称：年关逼近，不难勉徇商情，但恐一经松动，以后益难就范，且税款有关教育，事在必行；如贵会果有其他办法，当令展至年外启征。2月3日，沪烟业复业。

是月 中共中央委员长陈独秀发表《国民党与共产主义者》一文，声明："共产主义者加入国民党……决不是因为想赤化国民党利用国民党来做共产主义运动而加入的；因为共产党的目的使命及革命的动机，都截然和国民党不同，是断然利用不来的。"

△ 亨丰机器面粉股份有限公司在汉口硚口成立，资金银20万元，郭恕、刘济民等为董事。

△ 国立北京医学专门学校改组为国立北京医科大学。

△ 北京师范大学校长范源濂到校任职，并成立董事会，以梁启超、李石曾、熊希龄、张伯苓、邓萃英、陈宝泉、范源濂等九人为董事。

△ 江庸就北京法政大学校长职。

2 月

2月1日 国民党中央执行委员会举行第二次会议，决定组织对外委员会，以邹鲁、廖仲恺、于树德为委员，就第一次全国代表大会宣言之立场对收回租界、取消领事裁判权、关税自主、庚子赔款四项展开宣传工作。

△ 孙中山令饬各军政长官将督办经管之财政机关，于本月6日以前一律交还广东省财政厅等政府主管机关接管。

△ 北京国务院预备实施新宪法，特设宪政实施筹备处，是日公布该处办事规则八条，并令各部亦增设宪政实施委员会。此后，各部宪政实施筹备委员会相继成立。

△ 广州总商会举行各界代表大会讨论供应军饷问题，议决由广东善后委员会、广州总商会等联合发行善后短期手票50万元贷与政府，以应旧历年关军政所需各费。3日，孙中山令准责成广州市长督饬

进行。4 日，财政局将手票 32 万元发给各军供伙食饷项。

△　粤琼崖各界召开全琼公民大会，抗议日人侵占西沙群岛，要求北京政府令广东省长取缔何瑞年等勾结日人在该岛开设之实业公司，并向日本公使严重交涉，限日本人、台湾人于短期内悉离该岛。

△　贵州省长刘显世复职，并聘唐继虞为省署参赞。

2 月 2 日　曹锟特派戴陈霖为参加瑞典京城万国邮政大会全权代表。

△　曹锟令准免陇秦豫海铁路督办张祖廉职，由赵德三继任。

△　陕西省长刘镇华呈请北京政府教育部核准，将法政专校并入西北大学。

2 月 3 日　孙中山任命蒋介石为中国国民党本部军事委员会委员。

△　吴佩孚派议员何雯由北京到杭州访卢永祥，拟以副总统授卢，以取得合作。嗣后卢派人去洛阳向吴表示谢意，但称：不能出卖人格拥护总统曹锟，并劝吴放弃武力统一政策，如公开讨论时局，愿意相助。

2 月 4 日　孙中山令国立广州高等师范学校、广东法科大学、广东农业专门学校合并为国立广东大学，派邹鲁为该校筹备主任。

△　北京外交团在荷兰使馆集议中国不承认以金法郎偿付庚子赔款问题。荷使欧登科主张提交国际法庭公断，法使傅乐猷反对。法使拟就驳复北京政府外交部公文，于 10 日经使团会议通过，坚主用金法郎偿付。11 日，荷使将该照会送达北京政府外交部。

△　广州军人持手票购物，商民因未见商会公告，大为惊疑。有滇军二人持手票至某店购物，该店拒用，发生口角，店主即鸣笛召商团团丁，击毙军人及行人各二名。商店自是日起罢市。8 日，财政部、军政部另订劝销手票办法，由叶恭绰、廖仲恺、杨希闵等会衔布告，劝商民复业。10 日，全市复业。

2 月 5 日　基督教联合大会在南京金陵女子大学举行。各地基督教高等教育机构代表 225 人到会，分宗教教育、暑期学校等 20 组讨论，决定扩充联合会会员范围等案，于 7 日结束。

△　驻厦门旅长臧致平闻在厦台湾籍人有联络民军王献臣袭厦消息，令军警搜查台人枪械，台民开枪抗拒，被击毙七人。是日，日正副领事偕日警长即向臧致平面提通牒，要求撤换警察厅长，优恤死者，缉捕凶犯。8 日，日舰两艘到厦示威。10 日，臧致平复文日领署，日人认为不满意。17 日，台游民同时在六处放火，军警往救，被击毙五人，后由美领出面“调停”解决，内容秘不宣布。

2 月 6 日　国民党中央执行委员会举行第三次会议，孙中山主持，出席中央执监委员、候补执监委员 25 人，通过《各省党务进行计划案》、《中央执行委员会及上海、北京、哈尔滨等执行部组织及预算案》、《海外党务分案》等议案。其中《海外党务分案》决定于中央执行委员会内增设海外部，统辖海外加拿大、三藩市、古巴、檀香山、墨西哥、澳洲、菲律宾、安南、暹罗、缅甸、日本、香港、南洋、英国、印度、美国、法国、南非 18 个总支部的工作。推举林森担任海外部部长。

△　孙中山令：滇军第四师师长王汝为率部降敌，着即严缉惩办。

△　孙中山致函莫斯科通讯处赵世炎等，告以召开国民党第一次全国代表大会、改组国民党事。

△　全国总工会在北京成立。

△　驻日公使汪荣宝与日本外务省对华文化事务局局长出渊胜次在东京订立《关于以庚子赔款办理对华文化事业之协议》。主要内容为：庚子赔款资金主要用于为中国人所办之文化事业；在北京设立图书馆及人文科学研究所；在上海设立自然科学研究所等；日本在山东已设之学校、病院及其他日本各团体在华经营之文化事业，其补助费在有关山东项目下之资金支出。

2 月 7 日　王正廷因办理“鲁案”善后，曾于民国十一年 10 月向青岛商民借款 15 万元，迄未归还本利。商民迭催无效，拟罢市。是日，鲁省长兼胶澳商埠督办熊炳琦电北京政府农商部、财政部催还“鲁案”善后借款。

△ 全国铁路工人代表大会在北京秘密召开，九条铁路代表20余人参加，正式成立全国铁路总工会，以孙云鹏为委员长。成立宣言中提出四项宗旨。大会号召工人阶级努力促进国民革命，反抗军阀、官僚之横暴及外人之侵略。大会并决定加入万国运输工人运动联合会。

2月8日 蒋介石、廖仲恺奉孙中山命积极筹办黄埔陆军军官学校，是日召开校务筹备会议，由筹备委员长蒋介石主席，讨论招生事宜。

2月9日 孙中山在大本营再次召开统一财政会议，决定：调查全省收入总数、类目、各军截留税收情况及各军实有人数和饷项。会后，孙中山忿然曰："吾下命令将各军征收机关交回，竟置命令于不顾，成何体统！彼辈(按：指滇军)取之尽锱铢，用之如泥沙，而余则成为众怨之府，吾当有以处之。"

△ 孙中山令滇军总司令杨希闵转饬第一师：勿得违令擅提粤汉路附加军费。

△ 渝军刘湘、袁祖铭、杨森部由中江进驻金堂，围攻成都，与省军熊克武、但懋辛、周西成、汤子模、刘成勋部激战七昼夜，渝军获胜。是日，杨森部首先攻入成都。刘成勋西退新津，熊、但南退仁寿，旋赴自流井出泸州，周、汤东退资阳、资中、内江。

△ 吴佩孚邀请张敬尧到洛阳，以缓和与皖系之关系。13日，张至洛阳。

2月10日 陕督刘镇华令所部镇嵩军麻振武侵夺郃阳(今作合阳)县高峻部防地，发生战争。刘即电免高峻旅长职。17日，刘又令第一师柴云陞、第三十五师憨玉琨部分路向澄城、白水两县进发。高峻为保存实力，21、24两日相继退出澄城、白水，后至西乡一带，暗与陕北井岳秀、杨虎城联络。镇嵩军进入澄、白大肆奸淫抢掠，诬栽勒索，居民损失约800万元。

△ 齐燮元、冯玉祥等因直系各派倾轧内阁，拟发起召集巡阅使、督军会议进行解决。吴佩孚以"此举有军人干政嫌疑"，竭力反对，致会

议未举行。是日，孙宝琦在阁议上对于齐、冯发起会议之主张认为可扩充范围，提出召集吴佩孚、齐燮元、卢永祥、萧耀南、冯玉祥、孙传芳、杜锡珪等共商和平统一会议。

△ 吴佩孚电曹锟，举高恩洪为胶澳督办。

△ 黄埔军校分配各省区招考学生名额，拟定招学生 324 名：东三省、热河、察哈尔共 50 名；直隶、山东、山西、陕西、河南、四川、湖南、湖北、安徽、江苏、浙江、福建、广东、广西每省 12 名，共 168 名；湘、粤、滇、豫、桂五军各 15 名，共 75 名；国民党先烈家属 20 名，尚余 11 名。另招备取生 30 名至 50 名。因各省多在军阀统治下，不易公开招生，故预先委托国民党第一次全国代表大会代表回籍后代为招生。

2 月 11 日 孙中山因财政不能统一，决定停止北伐。原定滇粤桂联军入东江平陈炯明，湘豫联军入赣北伐，滇军因据有省会及北江征收机关，税收极丰，又有大量烟赌各税，一旦尽赴东江，财源将为湘军所夺，因此必欲湘军共同参加东江之战。湘军洞悉其情，坚持滇军将所占各征收机关交还政府，方能入东江作战。是日，滇军蒋光亮被迫通电宣布已于本月 9 日将该军在广三路附近经营财政之总机关财政处撤销。同日，湘军由北江返广州转东江。

△ 孙中山任命何应钦为大本营参谋处军事参议。

△ 孙中山令饬各军不得借词截留禁烟收入款项。

△ 孙宝琦在私宅邀集阁员讨论“和平统一”运动等问题，主张赴各省游说，但为阁员反对。

△ 北京众议员林树椿等 182 人联名向众议院提出速组总统选举会选举副总统案。

△ 驻京荷兰等八国公使至北京政府外交部，将坚持用金法郎偿付庚子赔款照会面交顾维钧，其大意为：一、根据辛丑和约第六款，赔款乃金货债务，不能用银货或纸币交付；二、不能改变原来之数额与品位；三、即使按照 1905 年协定采用电汇方法，亦仍不失其用金之意义。故中国政府应依照金法郎价格，购买电汇票以为偿付。

2月12日　北京国会议员叶夏声函汤漪、林长民反对毁宪，主张行宪。

△　鄂督萧耀南委托英国陆军中佐麦德格代表武昌市政筹备处向英商借款5000万元，建筑武昌商埠，25年还清，以市政收入担保。28日，武昌各善堂开会反对，认为借款用途含混，建筑商埠应自汉口起，决定：一、谒萧阻止签字；二、联合商会等一致反对；三、发传单并游行等。

2月13日　国民党中央执行委员会举行第五次会议，通过组织国民政府之必要案，并定办法：一、通过党报及党人所办之报刊努力宣传；二、通告各级党部转告所属党员一致为本党宣言而奋斗，以获得人民之同情。

△　广州大本营财政委员会通电各军，请派员会同组织筹饷局，从速交出财政机关，以统一财政。

△　孙中山令饬各军对法庭处理诉讼事件毋得干涉，以维司法而肃军纪。

△　驻京英使馆因丰台车站英稽查员白赛尔被军人陈国贤殴打负伤，派员赴北京政府外交部要求惩凶。

△　谭延闿在湘军总部誓师，出发东江。

△　北京政府海军总司令杜锡珪电北京政府报告温树德部海军侵占烟台杜部练营，请予制止。18日，再电政府抨击温树德，称温部意在谋乱，要求严办。

△　驻京英使馆参赞访北京政府外交总长顾维钧，抗议各省征收卷烟特税，要求饬令阻止。25日，英使麻克类至南京访齐燮元，商议卷烟税事，坚主值百抽五。江苏省议员龚廷鹗等为此通电反对外人干涉省政。4月14日，驻京英使麻克类又向北京政府外交部要求取消苏省卷烟税。25日、26日又分别向外交部抗议江西、绥远举办卷烟税。

△　北京众议院召开特别委员会审查弹劾王克敏案，以王未经议会讨论，违法发行使领库券500万元为弹劾案之主体，金法郎案为附体，应予成立。当推廖伯劲起草审查报告，以便提交全体会议通过，并

声明此案系在现阁以前构成,应按普通官吏违法治罪。

2月14日　北京国务院会议决定:一、金法郎案,慎重处理,对于驻京八公使11日所提照会,拟待征集各方意见后,再行驳复;二、同意发还上海德荷水线公司财产。

△　孙宝琦发起和平大会,是日分电孙中山等反直各派领袖派员参加。孙中山未予置复。孙宝琦除迭电张作霖,并派代表赴奉游说。张征求孙中山意见,孙认为北京政府以和平为招牌,谋离间反直同盟,盼张警惕。孙并电汪精卫,嘱其回粤后赴奉说明上述主旨。

2月15日　北京众议院开会,投票表决弹劾王克敏案,因宪政党袒王,表决无结果。16日,王携辞呈见曹锟,以众议院即将通过弹劾案。请准辞职。曹即派王毓芝疏解,弹劾案终未通过。

2月16日　孙中山特任蒋尊簋为中央军需总监。

△　北京大学教授丁西林、蒋梦麟、陈大齐、马叙伦、陶孟和、李大钊、胡适、郁达夫、沈尹默、江绍原、顾孟馀、汤尔和、张竞生、李石曾、周作人等47人,联名致函北京政府外交总长顾维钧、中俄交涉督办王正廷,请速恢复中苏邦交。参议员雷殷等多人及北京各团体,先后继起促顾、王先承认苏联,再行会谈。

△　金百顺、张一麐、陈其采、黄以霖、史量才等苏浙和平代表,联名致函卢永祥,谓卢允将夹浦浙军先退数十里一事已转达各方,现齐督燮元已允将宜兴警备队撤退,皖督理马联甲亦允将广德驻兵撤退,均将于月内同时实行,深愿各方践约。

△　曹锟任命张林为热河陆军第一混成旅旅长。

2月17日　孙宝琦特派代表劳之常抵沪,决定即赴浙与卢永祥协商和平统一。27日,劳邀集苏浙和平代表张一麐、黄以霖、史量才、盛竹书等协商和平。

2月18日　吴佩孚电令赵恒惕取消自治,并称:如不取消,湘省军、民两长当分别正式任命。赵于是日复电谓:废弃省宪一事,拟于本年4月内召集大会,届时改议自治法,以求解决。

△　孙中山致函外蒙库伦国民党党部，介绍中国国民党中央执行委员白云梯前往商办党务。

△　孙中山令统一财政委员会即日办理广三路附近财政统一事宜。

△　湘军一部由广州开赴增城。22日，广州大本营军务会议议决，先肃清东江，后北伐，限期一月，湘军全部参加作战。同日，湘军一、二两军继续出发，前锋集中横沥、增城、石龙等处。高凤桂、赵成樑、韦杵、何克夫等部担任肃清北江敌军。

△　北京众议院开会，何畏等以王克敏查办案被搁置，提出“阁员审查案”交付讨论，欲作法理上之依据，以查办王克敏。

2月19日　孙中山令广东省长廖仲恺、广州卫戍司令杨希闵等即饬粤省商团团长陈廉伯、副团长李颂韶、区克明等，将所有枪支、子弹造册呈报广州市公安局，随时受该局检查。

△　上海全国工人自救会等13工团因闻苏联代表团加拉罕等不日离京南下，特联合筹备欢迎会。

△　孙中山令湖北讨贼军总司令孔庚称：现在川战方急，务即淬励部属，会合川军，早定川局，进规武汉。

△　四川省军熊克武、但懋辛部攻泸州，与渝军第四师杨春芳部作战。27日克泸州。

△　渝军刘湘、袁祖铭、杨森等因熊克武部向成都东南部活动，图截断成都、重庆联络，以攻取重庆，在成都举行军事会议，决推杨森留守成都主持省务；刘湘、袁祖铭负责南路，由自流井向泸州追击熊克武、但懋辛；邓锡侯、陈国栋仍负责东路，追击周西成、汤子模。同日，邓、陈部克资阳，23日，进攻资中。周、汤退驻永川、荣昌，图扰重庆。刘湘、袁祖铭电重庆北军于学忠、宋大霈、张允明三旅夺回永川、荣昌，周、汤乃改道至泸州，与熊克武、但懋辛联合。

2月20日　孙中山令设广东筹饷总局，抽收全省防督经费，裁撤大本营筹饷总局，并特派范石生为广东筹饷总局督办。

△ 国民党中央执行委员会第七次常务委员会通过《办事关系条例》,中央党部乃在广州正式成立。

△ 孙中山为统一粤省财政在大元帅府再次召集各军总司令、各军军需主任开财政会议,决定:一、各军一律限期将占领之征收机关交出;二、各军军饷照军额之多寡分别支配,嗣后各军对于税饷一概不准占收。广东全省防务经费责成广东筹饷总局督办范石生切实筹办。

△ 北京政府派吴毓麟赴洛阳,旋转南京,调解海军杜锡珪、温树德间之纠纷,并疏解齐燮元、吴佩孚之间对浙江问题之歧见。

△ 吴稚晖、黎锦熙等发起组织之上海国语师范学校开课,校长为吴稚晖。

△ 广州手票由商团、警察挨户劝销,窒碍难行,公安局与总商会议定派销办法,是日起一律实行。办法规定以商店有无铺底为标准,按其租额派销,定为无铺底者租额一元,派销手票二元;有铺底者租额一元,派销手票四元;自业铺户则照目前征收租捐办法,按每月缴纳警捐额数派销加五倍,作为应缴一个月之租捐额数。

2 月中旬 吴佩孚与日人勾结,冀得青岛盐输出权,连电北京政府要求另设盐业专卖局,取消已立案之永裕公司。盐务署长项骧据此主张取消该公司,改由官办。盐务署职员认为政府已收受永裕保证金 20 万元,批准承办青岛盐输出业务,法律上绝无取消之理,反对官办。至此,中日盐务会议停顿。

2 月 21 日 北京国务院会议讨论对粤办法,决定:一、派员入粤检查军队;二、责成财政部拨援粤用费;三、决以武力解决孙中山;四、宣慰粤省商民。

△ 王正廷因中苏交涉发生变化,由上海返回北京,访加拉罕进行磋商,表示可先承认苏联,再开正式会议,解决悬案,意欲以此阻止加拉罕南下访孙中山。加拉罕赞成先议交涉协定大纲,以示互让。

△ 蒋介石两次向孙中山请辞黄埔军校筹备委员会委员长职,并不顾孙中山劝阻于是日离粤去沪。23 日,孙中山派廖仲恺代理黄埔军

校筹备委员会委员长。

△ 曹锟令福建暂编第一师师长张毅兼任厦门镇守使，同时明令撤销臧致平所任漳厦护军使一职。

△ 哈尔滨市民因中东路局长沃斯特罗乌莫夫对局务长期专制，并演出侮辱华人戏剧，是日三万余人集会，要求驱逐该局长。但署理督办东省铁路事宜之王景春认为加拉罕正在商订中俄条约之际，若立即逐沃，恐与订约有碍，不宜即行驱逐。

2月22日 孙中山在大本营召开军事会议，商定东江作战方案。出席计有：谭延闿、宋鹤庚、鲁涤平、谢国光、吴剑学、陈嘉祐、杨希闵、范石生、蒋光亮、刘玉山、陈天太等30余人。经讨论议决：一、湘、滇、桂、粤各军集中石龙、增城，一俟布置妥帖，即下总攻击令，中、左、右三路同时进击，从3月1日起至30日止，限一个月肃清东江；二、限令高凤桂、赵成栋、韦杵、何克夫等，担任肃清北江边界逆军，限二星期竣事；三、严定赏罚。又严定军律八条。

△ 北京政府财政整理委员会开会，颜惠庆、顾维钧、王正廷、张嘉璈、黄郛等出席，外人安格联、韦尔敦、宝道亦参加。颜惠庆报告称：整理财政基金，惟恃海关二五附加税，而二五附加税被阻于关税会议；关税会议又被阻于金法郎案。目前自应从促进关税会议入手。颜并谓，目前政府负债数目极巨，财政部到期无抵押之外债约5.8亿余元，以关税、盐税担保者每年应付9700万元，交通部尚欠债二亿余元，加以中央政费及其他支出1.9亿余元，而目前全年收入不足二亿元。由此可知，二五附加税即能实现，差额仍极巨大。

2月23日 孙中山偕谭延闿、宋鹤庚、鲁涤平至黄沙检阅湘军，作《救国救民之责任在革命军》演讲，希望湘军变成革命军，将中国改造成俄国式的新国家。并发湘军军饷10万元。

△ 北京政府教育部公布《国立大学校条例》，凡20条，规定大学校长由教育总长聘任，设董事会，由例任董事（校长）、部派董事及聘任董事组成，董事会议决议事项由校长呈请教育总长核准施行；附则三

条，规定私立大学应参照本条例办理。北京大学、女高师等校纷纷反对，指出设董事会之举乃是教育总长张国淦旨在让政客控制大学，进而使学校牵连入政治漩涡，弊端丛生。

△ 吴毓麟在洛晤吴佩孚及温树德。温称：当其率舰北归时，北京政府曾允月拨海军军饷 15 万元，由胶澳关拨放，并拨还欠饷 60 万元，又允任命为海军总司令，嗣屡经请求，现仅拨欠饷 50 万元、月饷五万元。吴毓麟即电曹锟转述吴佩孚意，催促从速任命温树德为渤海防御使，高恩洪为胶澳商埠督办。

△ 中国留英学生在伦敦成立退款兴学研究会，以促进英国政府退还庚子赔款兼讨论用途为宗旨。25 日蔡元培由巴黎赶至伦敦，与该会人士商讨展开争取庚款兴学事宜。

2 月 24 日 中国国民党在广州举行追悼列宁大会，廖仲恺主持，军、政、工、商、学、警各界人士五六万人参加。祭坛正中，高悬孙中山手书“国友人师”祭幛一幅。孙中山主祭，鲍罗廷致谢词。

△ 吴毓麟到南京访齐燮元，转述北京政府意见，劝齐与吴佩孚达成谅解。晚吴又邀杜锡珪交换对海军之意见，商定：一、温树德名义上归杜锡珪节制；二、温为渤海防御使，由胶济路按月拨饷五万元。

△ 日本东亚兴业会社集资 40 万元，在上海组织大兴信用会社，收买虹口区吴淞路一带土地、房屋，开辟商业市场，是日举行创立会，选大东银行分行行长市村等五人为理事。

△ 沪闸北商界联合会等团体举行联席会议，一致主张力争废止北京政府于民国七年(1918)与日本政府所订电话借款密约，决定致电江苏省长韩国钧吁请力阻密约实行。

2 月 25 日 王正廷与加拉罕会商，加允诺中东铁路用中国资本赎回，并允将该路一切股票、债票移归中国。王提出《解决中俄悬案大纲协定草案》13 条及《暂行管理中东铁路协定草案》11 条。加拉罕向北京政府外交部声明，中国政府与道胜银行所议变更中东路权事，一概无效。

△ 国民党上海执行部举行首次会议，于右任、叶楚伧、瞿秋白、茅祖权、谢持、何世桢、邵力子、孙镜到会。胡汉民任主席。推定胡汉民、汪精卫、叶楚伧为上海执行部常务委员，胡汉民为组织部长，毛泽东为秘书；汪精卫为宣传部长，恽代英为秘书；于右任为工人、农民部长，邵力子为秘书；叶楚伧为青年、妇女部长，何世桢为秘书；茅祖权为调查部长，孙镜为秘书。以后历次各部联席会议，均由胡汉民任主席，毛泽东任记录。3 月 1 日，国民党上海执行部正式成立。

△ 北京政府外交部照会日使芳泽，对于去年 9 月 1 日日本地震时杀害我侨居日本之华侨 356 人之事，虽前已照会要求惩凶、抚恤和赔偿，但拖延至今仍未有见复，特催结此案。

△ 孙中山派邓演达赴浙江奉化挽蒋介石回粤。翌日，国民党中央执行委员会函蒋：立即归粤。廖仲恺亦电蒋应即回粤。

△ 湘军斥候队在苏村附近与陈炯明军中路步哨发生接触。陈部已在苏村及苏村下游增防，湘军宋鹤庚部 6000 人调往中路凤屯冈一带。滇军第五、第六两旅出发协防。左翼陈炯明部在深圳已开始活动。湘军吴剑学部任前锋，驻横沥，滇军胡思舜协防。27 日，左路湘军陈嘉祐分布增城、正果各要隘。

2 月 26 日 曹锟特派曹锐督办直隶全省官矿事宜。

△ 吴佩孚委任脱离孙中山之前驻粤滇军团长杨池生为援粤总参谋。

△ 吴佩孚乘广州湘军东调、粤西北防务空虚之际，派马济联络陆荣廷进兵梧州。陆派韩彩凤为攻梧总司令，率队数千人，由桂省平乐东攻梧州。孙中山令桂军第一军军长黄绍竑派兵防堵。是日，韩部与黄部在白马一带激战。

△ 桂军申葆藩部奉林俊廷命退出阳江、阳春，集中廉州。林经宋以梅接洽，向孙中山输诚，获得饷械，准备向桂省发展。

△ 北京政府教育部令准国立北京工业专门学校改为国立北京工业大学。

2 月 27 日 福建督理孙传芳借校阅军队之名，率部由福州出驻延平，由军务帮办王永泉代理闽省督理职务。孙向王索饷 40 万元，并借调王部劲旅一团。孙部李生春、卢香亭两旅仍留驻福州助王。实系孙故布疑阵，欲驱逐王永泉，统一福建。此举引起浙、赣二省恐慌。

△ 吴毓麟由南京到济南，与督办郑士琦、省长兼胶澳督办熊炳琦商谈。吴谓：此次调停杜（锡珪）、温（树德）海军风潮，吴佩孚、齐燮元均有相当谅解，风潮可望平息。又谈及胶澳督办问题，熊谓：“余之兼任督办与否，不成问题，最感痛苦者，为吴使（佩孚）对于鲁省军民各政每加干涉。”郑士琦对吴佩孚之欲以潘鸿钧为第五师师长深表不满。

△ 国立自治学院在上海筹建完成，院长张君劢主持开学典礼。董事会代表沈恩孚致词，称该院宗旨为养成有道德之政治人才。章太炎出席演说，谓：就国宪立论，省治乃现今中国政治之惟一途径。

2 月 28 日 曹锟令准免两湖巡阅使萧耀南陆军第二十五师师长兼职，以陈嘉谟继任；准免督理直隶军务善后事宜王承斌陆军第二十三师师长兼职，以王维城继任。

△ 北京国务院会议决定，依吴佩孚之请，任刘存厚为四川督理军务善后事宜，田颂尧为帮办，邓锡侯署四川省长，刘湘署川藏边防督办，袁祖铭署川黔边防督办，杨森为川东护军使。后因四川二军驻京代表反对，此项命令搁置未发。

△ 北京外交团由荷兰公使欧登科领衔照会北京政府外交部，以商标局聘用外国顾问为条件，承认北京政府所订之商标法。

△ 驻粤滇军第一师第二旅旅长洪汝钧在南雄宣布脱离孙中山，是日率部到达大庾，归附吴佩孚所委前敌总指挥、前滇军第二师师长杨如轩。

2 月 29 日 沈鸿英因迫于吴佩孚派陆荣廷联合马济统一全桂，乃多次派代表向孙中山输诚。孙中山见其有悔过之意，予以收容，是日任命沈为桂军总司令，并拨款二万元、子弹数十万发，助沈返桂。

△ 川边镇守使陈遐龄与刘成勋发生冲突，是日陈通电称：“刘成

勋通电解职，所辖三军各部，已由刘湘督办改委在案。今刘成勋自称督办副使，于本日拂晓竟派兵侵我原防，犹复在邛蒲本道增兵，向各邑移动，不得已立派大军进攻新邛，歼此凶顽。"

△　曹锟任沙克都尔札布为伊克昭盟盟长。

△　赣省直军方本仁部袭南雄边防军高凤桂部，高部电请广州政府派樊钟秀部赴援。

△　山东周村兵变焚掠，发生大火，死300余人，伤400余人，居民无家可归者数千人，毁商店及住宅200所，财产损失值百万。

2月下旬　广州国民党中央党部分日召集各地代表开会，咨询各地党务进行计划，遂草成各省党务进行计划草案，内规定：各特别区之范围和组织由所在地之中央执行委员或执行部自行决定和直接办理之；各省设临时省执行委员会，由所在地之中央执行委员或执行部派员筹备，派出之筹备员应于一星期内启程前往筹备，并派定各省临时执行委员会筹备员如下：山东王乐平，直隶李永声、于方舟，察哈尔恩克巴图，山西苗培成、韩书麟，绥远乌勒吉，内蒙白云梯、克兴额，湖南夏曦，热河陈镜远、韩麟符，福建许卓然，江苏刘云昭、张曙时，湖北刘伯垂，安徽李次宋、曹似冰，浙江沈定一，江西赵幹、邓鹤鸣。其余未派各地由所在地中央执行委员或执行部决定。

是月　吴佩孚函电诘责湘军总司令兼省长赵恒惕对取消自治之无诚意，又派岳州军务处处长葛应龙及军法处处长谭道南等驻长沙，包围赵恒惕；同时秘密组织人员反对省宪活动。赵迫不得已，通电各军官务于3月1日前齐集长沙开军事会议，讨论善后。嗣后，吴又提出"湘省北归条件"30条，命葛应龙交赵恒惕，期在此会议中讨论附北问题。其主要条件为：一、取消省宪；二、直军驻防湘西（按：湘西为出产烟土及云、贵烟土之出口要道，月有税银200余万元，为湘军惟一财源）。赵认为绝对不能服从，自治不能取消。

△　原陕军第一混成旅第一团赵树勋部驻守豫省卢氏县，每月勒索巨额钱饷达三万元左右，县民缴款稍迟即拘押严刑追缴，激起卢氏各

民团之反抗。继去年8月全县保卫团、守望社、红枪会、硬肚队等10万人围城后,是月初,四乡民团又集聚围城驱赵,并发出宣言,声明驱逐陕军理由。时赵团已编入镇嵩军张治公之第二师,即由张治公前往调解,至是月中旬民团始解围而归。嗣后赵团之军饷因乡民不纳而仰城中商民,城中富户早已远迁,所遗贫民万难供给,而赵团反增添军额,并占据广地,大兴土木,每天索钱拉夫。4月初卢氏城内人民暗向四乡民团求救,集合数万人,第三次围住县城,要求赵团离卢。卢氏县民围城一月,誓死必达驱赵目的。

△ 中央信托股份有限公司在上海设立,经营信托业务,附设储蓄部,资金300万元。田时霖、田祈原、王晓籁等为董事。

△ 广西林俊廷因马济、陆荣廷得吴佩孚支持,不能立足,派温雄飞去粤磋商。孙中山表示欢迎,助其回桂统一。

3 月

3月1日 北京政府全权代表王正廷与苏联驻华全权代表加拉罕在北京会商修正《解决中俄悬案大纲协定草案》。中苏交涉第一阶段结束,王缮成公文,报告曹锟、孙宝琦、顾维钧。

△ 驻京法公使傅乐猷赴北京政府外交部,催促解决金法郎案,并威胁称:“此乃最后之催促。”

△ 北京国务院会议讨论金法郎案,孙宝琦主张据约再驳,顾维钧以再驳亦无济于事,不如交国际公断。王克敏声称避嫌,不发表意见。

△ 北京国务院会议决定:一、任命温树德为渤海舰队司令;二、温树德所属各级军官名单交杜锡珪呈中央任命;三、任命温树德为海军少将;四、温部舰队糈饷商由鲁省督长妥筹拨付;五、吴佩孚保高恩洪为胶澳督办一职,须等熊炳琦辞职呈文到京后再行办理。

△ 孙中山就刘成禺、冯自由、徐清和、谢英伯四人秘密集会谋议反对共产党员跨党之事通知国民党各同志,“以后不得再起暗潮,如有

疑问，当来直问总理为是”。

△　孙中山在国民党中央执行委员会议上提名邵元冲在伦敦筹设党部，以逐渐发展欧洲各国党务。会议通过孙之提议，由中央执行委员会即行函邵办理。

△　孙中山委派胡汉民、汪精卫、瞿秋白、邵力子为上海《民国日报》编辑委员会委员，并以叶楚伧为委员长。

△　马君武、冯自由等在北京组织国民党同志俱乐部，以对抗国民党之改组。

△　吴佩孚急电湘省当局，改派谭道南为两湖警备司令兼督办川鄂湘善后事务全权代表，掌管有关南北问题及湘省附北问题等。

△　齐燮元、韩国钧在军署召集江苏政务会议，讨论卷烟特税等问题。多数认为不平等条约只限于进口税及内地子口税两种，今苏省所推行者乃营业特税，系省内单行条例，外商不应有所借口。倘本省径与外人另提办法，是自损主权。决议不受外人干涉，积极推行。

△　熊炳琦通电辞胶澳督办职，并向吴佩孚声明此后海军用款须尽由青岛筹措，山东省府不能供给。

△　闽海军警备司令杨树庄召集驻闽各舰长会议，反对温树德任渤海舰队司令，并推“海容”舰长陈世英赴宁见杜锡珪。

△　中国银行对钱庄开始举办领用纸币办法。其后，浙江兴业、中国实业、四明等银行亦相继仿行。

3月2日　孙中山通告党员，阐释中国国民党改组容共意义。略谓：“顾有好造谣生事者，谓本党改组后，已变为共产党。此种谰言，非出诸敌人之破坏行为，即属于毫无意识之疑虑。欲明真象，则本党之宣言政纲俱在，覆按可知。”“至于社会主义青年团之加入本党，在前年陈炯明叛变，本党经一度顿挫后，彼等认为共同革命，非有极大之结合，事不克举，故欣然同趋一致，以期有益于革命之实行。本总理受之在前，党人即不应议之于后。来者不拒，所以昭吾党之量能容物，而开将来继续奋斗之长途。”“在党言党，惟有视能否为本党、为主义负责奋斗而定其优劣耳。”

△　蒋介石自宁波函告孙中山遵命回粤，并建议任命许崇智督粤、胡汉民长省。

△　北京政府财政窘迫，自春节后未发第二次政费，军警界索欠饷三次。孙宝琦要求王克敏助国务院费用 10 万元，王拒不通融，欲以财政困难倒孙。是日，孙赴天津筹款。

△　北京政府财政部答复议员质询称：第一次世界大战后德国对中国赔款及德华银行复业两问题，正在考虑中，尚未作最后决定。

△　山东省议员国进修等 10 余人奉吴佩孚令分赴北京、洛阳，进行倒熊（山东省长熊炳琦）活动。

△　杜锡珪密电北京政府、国务院及海军部，不同意任温树德为渤海舰队司令，谓：“北归舰队既有名义，何以亟亟予以渤海舰队司令。”4 日又电重申。

△　北京各界人士在中央公园开东京大地震期间留日被难侨胞、侨日共济会会长王希天等 341 人追悼大会，到会者数万人。

△　湖南省外交司长杨宣诚赴北京会同外交部向日使交涉去岁 6 月 1 日长沙日本“伏见”舰水兵枪杀中国人民案。

3 月 3 日　湖南省议会通过议长林支宇辞职案。10 日选欧阳振声为议长，次日续选王上仁为副议长。

△　陈炯明军袭东江中路苏村，被宋鹤庚部击退。

△　江西驻军将领杨以来、岳兆麟、吴金彪、方本仁等联名电请北京政府设法阻止孙传芳自闽侵入江西。

△　赣南直军方本仁部突袭南雄高凤桂部，被高部击溃，退赣南。

△　四川第三军刘成勋部与陈遐龄军在藏边激战，陈军入雅州。吴佩孚令杨森援陈。

△　英美烟草公司在南京召开各埠分公司经理会议，坚持反对卷烟特税，声称如有擅行认税者，即取消其经理职务。

3 月 4 日　国民党上海执行部发表声明，驳斥上海《新闻报》上月

29日载文《粤政党提倡共产中之政潮》所称“国民党已加入共产党”、“总理又提倡共产主义”云云“悉属传言错误”。声明:“国民党之惟一职任,在领导全国国民作反抗军阀及帝国主义之运动”,“国民党之主义,依然是三民主义。”

△ 驻京法使傅乐猷见顾维钧,要求参预中东路会议。5日,法使向顾维钧提出“警告”,要求中东路问题之决定,应慎重考虑法国意见。

△ 日本外务大臣松井庆四郎面告驻日公使汪荣宝,金法郎案宜与法妥协;并训令在京公使斡旋。嗣因中国反对金法郎案极烈,无法进行斡旋。

△ 熊克武部四万余人自泸州退江津,沿途遭刘湘、袁祖铭、邓锡侯袭击,逃亡十分之三,军心涣散。是日,熊率部由江津退綦江,准备入黔。

△ 闽海军警备司令杨树庄命林永谟为驻东海陆战队总指挥,率舰四艘占领投北之温树德驻地东山县。

△ 北京国立北大、师大、法大、医大、美专、工大、农大、女高师八校依中日文化事业协定规定,派遣学生46名赴日考察,为期一月,每人旅费500元,由日本就庚子赔款支给。

3月5日 孙中山令饬各军不得擅征捐税,如有敢犯者,军官免职治罪;奸商承办者,除没收产业外,应一体严行治罪。

△ 曹锟令准湖北陆军第一混成旅旅长潘守蒸免职,以孙建业继任。

△ 张作霖所派代表袁金铠、张寿增晤孙宝琦,说明张作霖赞同《解决中俄悬案大纲协定草案》,希望从速承认苏联。11日,张电袁敦促政府从速签订该项协定,并举行中俄正式会议。

3月6日 孙传芳回师福州,驱逐王永泉。5日,孙令闽北护军使周荫人在水口(位于闽江左岸)截留王永泉所运之军械,毙王部耿团300余人,孙并暗将所借王部一团缴械。同时又令李生春、卢香亭两旅开出福州,佯赴延平(今南平),暗扼附近要隘,就近歼灭王部。李、卢所部即以后队任先锋，反攻王部所驻洪山桥兵工厂，将王部缴械，入驻福州。王永泉与其弟王永彝率部走福清。

△ 北京政府外交部电令驻美公使施肇基向美政府探询中国召集关税会议之意见。

△ “中日电报协约”首次会议在北京举行。中国委员长为交通部电政司司长祝书元，日本委员为日使馆参赞太田及递信省事务官牛泽等，商议南满铁路沿线“租借地”和“附属地”日本电报局与中国电报联络问题、电话通讯联络问题等。

3 月 7 日 孔祥熙奉孙中山之派自粤抵沪，即日北上赴奉天访张作霖。郭泰祺亦将赴天津访段祺瑞。

△ 孙中山特任曲同丰为北洋招讨使，是日离粤北上，将赴津、奉与段祺瑞、张作霖有所商谈。

3 月 8 日 北京国务院会议讨论《解决中俄悬案大纲协定草案》，王正廷报告交涉经过，决定将草案交各部签注意见。自 8 日起国务院连开特别会议多次，将各部对于外蒙撤兵、废除旧约、中东路赎价、取缔白党等问题的意见，迭令王正廷访加拉罕要求修正。

△ 何香凝在广州主持召开第一次庆祝“三八”妇女节大会，提出打倒帝国主义、封建主义、争取妇女解放口号，参加者 2000 余人，会后游行。同日，国民党中央妇女部发表文告，呼吁妇女们团结起来，打倒外国帝国主义和军阀政治，促进中华民族之独立与民主政治之实现，争取全国妇女同胞的平等与福祉。

△ 曹锟任命张毅为福建陆军第一师师长。

△ 全国各地集会悼念革命导师列宁。是日，上海各工团假上海工团联合会开追悼列宁大会，到全国工界救亡大会、上海纺织工会、海员工会、丝纱女工协会、中华劳工会等 20 余工团。9 日，湖南省民众千人假省教育会开追悼会。23 日，香港各工团及天津各校学生及天津青年会等分别举行追悼会。30 日，北京各界在中央公园集会追悼列宁，大会由李大钊主持，散发《纪念列宁》小册子，首篇为李大钊所撰《列宁

不死》一文。

△　闽北护军使周荫人进入福州后，派兵南下追击王永泉，并分电厦门镇守使张毅、王献臣协同袭击。

△　章太炎电湖南省议会及赵恒惕并各军官，反对取消省宪，指出"若欲修改省宪以阿附洛阳而求瞬息之安，则终为自杀矣"。责洛阳吴佩孚借口"省宪抵触国宪，以未施行之宪法，而责人以抵触，是于国宪阴为规避，阳作奉行，其罪不容于诛矣"。并指吴抵触国宪数端：不废跨省之巡阅使；常驻国防军于非国防地带之岳州、常德、湖北、洛阳。20日、21日章又两次电湘议会。

△　留日学生因闻日本以庚子赔款30万元拨作留日补充经费之说，官费生与自费生相争不休。驻日使馆无法处理，呈请教育部核定分配办法。是日，北京教育部公布留日学生补助办法：一、学生额数为320名，以各省众议员名额及担负赔款金额之比例为分配标准；二、每名每月得支学费日币70元；三、各省应得名额，在留日官、自费生中各补半数，若系单数则自费生得多补一名。

3月9日　国民党上海执行部、中共上海执行部、社会主义青年团等30余团体代表300余人在沪举行追悼列宁大会，胡汉民主席，瞿秋白报告列宁史略，叶楚伧、邵力子、福朗（德人）等演说。大会结束时全体高呼："列宁主义万岁！"

△　张作霖派毛钟才至广州晋谒孙中山，孙以晚宴款待。

△　湘省议员刘思范、唐国珍、伍岳等18人为反对取消省宪，向省府提出质问书。略谓：外间纷传北方密使频来，希图撤销吾湘省宪，当局态度不甚明了。如果属实，则吾省3000万人民，势必冒险以索偿此不惜头颅代价所得之省宪。湘省自治又为联省自治命脉所关，特提出质问书，即请于三日内答复。

△　王永泉率部逃至峡兜渡乌龙江时，遭李生春约集之海军截阻，3000余人被俘。11日，王与其弟逃入泉州，集所部各旅开军事会议，谋联络臧致平再图反攻闽北。但因周荫人军已南下追逼，民军又急谋报

复，王不得已将所部交旅长杨化昭，准备归附臧致平。

△ 日本政府因温树德提取胶济路盈余充舰饷事，急令佐世保第一舰队炮舰21艘驶往青岛。

△ 国会议员张伯烈等在京发起全国法团行宪会议，是日召开第一次筹备会。叶夏声主席，到会者120余人，推叶夏声、张树枬等为常任筹备委员，并通电全国法团于4月8日在上海会商实行既成之宪法，纠正一切违宪行动。

△ 豫军在韶关肇事，强借用具，伤毙人命，抢掠财物，激起公愤。附近商团千余人入城，豫军亦架炮示威。是日，全市罢市。11日，豫军总司令樊钟秀亲往处理，允惩凶恤伤，迁出占住之商店。13日，各商店复业。

3月10日 孙中山召开军事会议，决定分兵三路进攻惠州：湘军宋鹤庚第一军任中路，湘军陈嘉祐第六军任左路，桂军刘震寰任右路。

△ 曹锟令准陆锦辞陆军第九师师长兼职，任命第十三混成旅旅长董政国继任第九师师长，冯玉荣为第十三混成旅旅长。

△ 北京政府外交部为召集关税预备会议事照会北京华盛顿会议有关各国公使，略谓："华会九国关于中国关税税则之条件，原定俟该约施行后三个月内，应由中国政府择定地点，定期召集特别会议，议定撤除厘金，增收二五附加税"；该约"旨在救济中国财政，但至今已届两载，各签约国尚未完全批准，以致特别会议不能如期召集，中国财政上种种计划无法进行，内外各债亦无从整理"。为此，中国政府提议，先行召集预备会议，为将来特别会议作准备。

△ 孙中山任命杨虎为北伐讨贼第二军第一师师长。18日令准杨虎辞办理海军事务职。

△ 北京政府交通部津浦路局向英商祥泰木行借款40.9958万元，年息八厘，用作购买枕木、桥梁、道岔木。

△ 北京政府院部会议讨论华洋义赈会导淮及设导淮督办案，因苏、皖、鲁三省人士反对甚力，决定不设导淮督办，由全国水利局主办导

淮事务，辅以导淮委员会。

△ 上海闸北祥经丝厂失火，烧死女工200余人，伤84人。

3月上旬 孙中山因防陆荣廷东窥，调桂军第七军刘玉山部开往西江地区之三罗。西江为粤军第一师李济深、第三师郑润琦防地，李、郑认为西防陆荣廷，南御陈炯明，足有实力可与周旋，不必另派军队，遂由郑润琦到省谒孙中山，请收回成命。孙以命令既下，碍难收回。郑返回西江后，即与李济深、梧州之黄绍竑会商，议定如有他军过境，当即以武力阻止。

△ 孙中山应谭延闿请求，令滇军将广州飞来寺制弹厂转交湘军，以资全力进攻东江。滇军迫于形势，即将该厂交出。杨希闵为此颇不满，辞东江总指挥职。

△ 江西督理蔡成勋及军务帮办赣北镇守使吴金彪等因闽督孙传芳屯兵延平，有侵犯该省之势，迭电请北京当局设法制止，并饬令孙督将闽边新增队伍即日撤回。

3月12日 北京国务院会议讨论中苏交涉问题，审议《解决中俄悬案大纲协定草案》，王正廷出席报告11日晚与加拉罕磋商经过。各阁员对中东路估价问题讨论最久，多数认为此事太复杂，留待将来组织专家委员会办理；关于俄蒙协约及外蒙撤兵两大问题，王云曾与加一再磋商，加氏认为既有第五条"苏联视外蒙为中国之领土"，并有"尊重中国主权"之规定，俄蒙协约当然失效，各阁员则认为应有明文规定，决令王与加再行磋商作文字修改。

△ 北京外交团讨论中国财政问题，决定：一、照会北京政府速行整理无担保及担保不确实之外债；二、要求迅速偿还逾期外债本息，并追索利息；三、委托安格联查明增加关税实额，以便充作外债担保；四、在中国未整理外债以前，不给予财政援助。

△ 道胜银行管理公司代表贝蒂海函北京政府外交部，抗议中苏两国商议赎回中东路一事，谓此乃违背1896年所订合同。

△ 伍朝枢奉孙中山派离沪赴奉，将向张作霖说明北伐迟缓之原

因及国民党改组之意义，并请张资助。

△　驻京法使傅乐猷照会北京政府外交部，干涉中苏关于中东铁路问题之谈判，略谓："1920 年 10 月 2 日贵国政府与道胜银行缔结管理中东路合同，如不取得道胜银行之许可，不得有所变更。""对于中东路之任何变更，若不经合法股东之考虑者，法国公使馆或其他代表中东路各股东或债权人之其他公使馆必行提出抗议。同时各项债权之要求及其他关于利息上损失之请求，亦必相继而至，则贵国政府财政状况将愈趋于纷乱。"

3 月 13 日　王正廷与拉加罕续议《解决中俄悬案大纲协定草案》，加拉罕同意第四条改为"苏联政府根据其政策及 1919 与 1920 年宣言，声明前俄帝国政府与第三者所订立之一切条约、协定等项，有妨碍中国主权及利益者概为无效。中国政府同时声明，中国与第三者所订立之一切条约、协定等项，有妨碍苏联政府主权及利益者概为无效。两缔约国嗣后无论何方政府，不订立有损害他缔约国主权及利益之条约及协定"。关于外蒙撤兵问题，将 3 月 1 日所定的第五条改为"苏联政府承认外蒙为完全中华民国之一部分及尊重在该领土内中国之主权。苏联政府一俟蒙古撤兵之条件（即期限及彼此边界利益与安全）在本协定第二条所定会议中商定后，即将苏联军队由蒙古尽数撤退"。

△　驻京法使访北京政府外交总长顾维钧催请解决金法郎案，声称奉本国政府训令，金法郎案不解决，则关税协定不能批准。

△　英国公使麻克类奉政府训令，要求重审在丰台殴伤京奉路洋稽查毕尔塞尔之军官陈国贤，并允由英使馆派员观审。陈原经陆军军法处判决监禁 10 个月，后改判监禁 28 天。27 日，英使麻克类向北京政府外交部声明，中国政府对陈国贤殴伤英员事，处理失当，有意庇护。

△　孙中山任命林若时为广东海防司令。

△　湘省重要军官叶开鑫、唐生智、贺耀组等抵长沙，应赵恒惕之请参加军事会议，讨论吴佩孚要求取消省宪等问题。陈炯明代表亦到长沙，鼓吹联治。

△　王永泉被民军高义、杨汉烈、陈国辉等逼迫离泉州逃往上海，余部第二、四两旅交杨化昭。

△　全国商联会致电新疆总商会，请调查开采该省石油矿，内称："顷准大阪中华总商会函称，兹见《朝日新闻》记载，新疆有极大之石油矿发现，现美、英、日等国均思染指，设吾国不自开采，恐偌大利权，又被外人攘夺。"

3月14日　王正廷与加拉罕拟妥《解决中俄悬案大纲协定草案》15条、《暂行管理中东铁路协定》草案11条及中俄协定附件七种，各以两国全权代表名义签字，待双方政府批准后签定正约。

△　广州大本营直辖第三军军长卢师缔调第六路罗伟疆部沿宝安一带袭击陈炯明军练演雄部，练部由深圳率队抗拒，不支。是日卢部占据宝安附近之大鹏。

△　臧致平在厦门召开军事会议，决定乘孙传芳、周荫人与王永泉冲突，联合各属民军及王永彝残部大举反攻，围攻漳州，恢复闽南。是日下午，下令封船。15日下午，集合出发部队5200余人于南普陀前磐石炮台，次晨炮轰屿仔尾投陈炯明之赣军赖世璜部，渡海进攻，赖部败逃，臧部登陆，20日攻占石码。

△　蒋介石致函廖仲恺反对联俄政策，认为"俄党殊无诚意可言"，"决不信吾党可与之始终合作"；并认为孙中山"回粤已阅十五月，为时不可谓不多，而对于民政、财政、军政，未闻有一确定方针发表"，表示不满。

△　上海闸北市民因争水电商办，迭向江苏省署呼吁无效，罢市二日。省长韩国钧被迫允许4月底移交商办。

3月15日　北京国务院会议讨论中俄协定草案，顾维钧、陆锦、王克敏力持反对意见。顾、王声称：俄蒙协约仍未废除，外蒙撤兵仍附有条件，归还俄国教堂财产恐他国效尤，均不能允可；庚款充教育基金、中东路赎价两事亦难承认。其他阁员亦主慎重，决定令王正廷再商加拉罕修改。中苏交涉顿起变化。

△ 孙中山致电胡汉民请就任大本营秘书长，并偕蒋介石同来。

△ 驻京英使麻克类赴北京政府外交部催签威海卫条约。

△ 天津北洋大学学生因代理校长冯熙运拒绝学生改良学制和组织董事会的要求，又开除请愿代表四人，是日全体罢课。直隶省长王承斌派军警包围学校，搜捕学生代表。17 日，225 名学生赴京请愿，提出三项要求：一、去冯熙运；二、被开除之四代表回校；三、从速组织董事会。21 日，北京警察侦缉队押送请愿学生回津。京、津学界群起声援，组织驱冯后援会。北京军警侦悉学生将游行，于 29 日上午包围北大、师大，游行未成。

3 月 16 日 苏联代表加拉罕致紧急照会于王正廷，限三日内正式签定《解决中俄悬案大纲协定》，并声明三日期满所议协定即失效，一切随此而产生之后果，由北京政府负之。

△ 孙中山通告担任公职之国民党员：一要严守三民主义；二要实行国民党之策略；三要刻苦自励与民同甘苦。

△ 何成濬以孙中山命令回粤，乃率部由厦门突围，渡海挺向漳州。

△ 孔祥熙、伍朝枢在奉天会见张作霖。19 日、20 日张与伍商讨双方合作反直事，表示愿以实际行动表达对粤之诚意。

△ 山东日人经营之坊子煤矿发水，淹死工人 75 名，被难家属要求日人如约抚恤。潍县驻军派兵一营前往弹压。

△ 山西省太原步兵第五团密图推翻阎锡山，其中营长二人因隙向阎告发，阎密令立往捕获，当晚 9 时将所获叛军尽数枪毙。

3 月 17 日 北京国务院会议，仍坚持废除俄蒙协约，撤除驻蒙苏军，拒绝交还教堂产业，令王正廷向加拉罕商议修改协定。

△ 曹锟令免帮办福建军务、兴泉永护军使兼第二十四混成旅旅长王永泉本兼各职，听候查办。7 月 10 日，又据闽粤边防督办孙传芳呈准撤销王之查办案。

△ 湘省议会议长欧阳振声、副议长王上仁就职，发表演说表示全

力拥护省宪，不为一党一派之议长。湘省议会旋讨论章太炎电，议决电复章，表示议会与3000万人民坚决护宪；并将章电抄送各军官查照。

△ 孙中山令："禁烟督办杨西岩办理不善，流弊滋多，着即免职，听候查办"，派邓泽如继任；并严令禁烟督办收入及一切公款，军人一概不得干预，政府自有权衡，倘敢违犯，定必严办。31日孙中山又令，据财政委员会查明，杨被控"办理不善"，尚无实据，免职查办令应予撤销。

3月18日 王正廷依据国务院会议方针，驳复加拉罕照会，以"草案商议未毕"为由，声明交涉破裂，责任应由苏俄负责。晚，王与加会见，希望续行磋商，加态度强硬，谓对于业经签字之草约，不能再有变更。

△ 岳州警备司令部警备处长葛应龙及军法处长谭道南嗾使岳州各团体反对省宪，是日又以湖南总商会名义在岳州发出"反对省宪"通电。

△ 吴佩孚电曹锟主张速签中俄协定。

△ 曹锟令准免山东省长熊炳琦之胶澳督办兼职；特派高恩洪为督办胶澳商埠事宜。

△ 北京政府外交部因上海总商会请求，派员晤外交团领袖荷使欧登科，接洽收回上海会审公廨。

△ 桂军刘玉山第七军第三师陈天太部由河口出发至羚羊峡，守峡李济深第一师开枪阻止，陈军还击。

3月19日 加拉罕函复王正廷，指责北京政府在其答复中置既成局面于不顾；指出中俄协定体现1919年、1920年向中国表示友好之原则，苏联废弃一切帝俄时代在华之特权，北京政府反而拒绝此协定，此实由列强干涉之所致。声明中苏交涉已终结，《解决中俄悬案大纲协定草案》不能修改，16日所提出之三日限期后，所订协定之约束即无效，此后非无条件承认，不能恢复邦交。警告北京政府勿自陷于不可挽救之错误，影响中苏关系。晚，顾维钧访加拉罕，直接磋商修改协定，亦无结果。

△　曹锟任命杨池生为滇军第一师师长，杨如轩为滇军第二师师长。

△　驻南雄之高凤桂部入赣投北，赣南镇守使方本仁调高部驻赣州。

△　北京政府外交部为商标法事件复照外交团，允将注册期限展至明年 6 月，英文商标法可在政府公报发表；惟拒绝聘用外人为顾问。

△　孙中山电许崇智、蒋介石，谓：东路尽调回省，湘军集中东江，日内开始向潮梅进攻，乃高凤桂忽又投北，北江告急，省中东路部队无人主持，望速回维持大局。

△　滇军总司令杨希闵因湘军扣留禁烟署总务厅长黄士强，并饬该署尽将收入交湘军，乃令驻东江中路马嘶等处滇军廖行超全部返省，与湘军对抗。21 日，滇军收缴部分湘军兵械，在广州城内巷战数小时。29 日，又在增城县西南之仙村镇冲突，湘军宋鹤庚抽调增城部队集中石滩。

△　淞沪警察厅长、上海县知事等向闸北水电公司筹备处宣布江苏省长批示，准闸北水电厂于 5 月 1 日商办，并有护军使何丰林保证。

3 月 20 日　曹锟令北京政府外交部接办中苏交涉，迅与苏俄代表继续商议进行。王正廷奉令即于是日停止中苏交涉。24 日，外交部接收中俄交涉公署。

△　北京国务院通电公布中苏交涉之争议诸点及磋商经过。翌日，王正廷通电申述交涉经过。

△　曹锟令准免张福来陆军第二十四师师长兼职，以杨清臣继任。

△　孙中山派蒋介石为陆军军官学校入学试验委员长，蒋未回粤前暂由李济深代理；派王柏龄、胡树森、张家瑞、邓演达、钱大钧、彭素民、宋荣昌、简作桢、严重九人为入学试验委员。

3 月中旬　吴佩孚密电赵恒惕，略谓：关于军事会议一切，责成葛应龙、马济及谭道南负责；国宪已公布，湘宪与国宪多所抵触，应将其取消，毋庸借词修改，免生枝节。

3月21日 孙中山派范石生为财政委员会委员。

△ 孙中山委臧致平节制闽南民军。

△ 何香凝主持国民党中央妇女部召开的妇女党员大会，决定组织贫民妇女生产保护医院和创办三所妇女劳工学校。28日，妇女部通告全国妇女界，号召参加国民党，共同为国家努力奋斗。

3月22日 北京政府外交部驳复加拉罕19日照会，为北京政府拒绝14日已签订之协定辩护，并表示准备继续谈判，早日缔结中俄协约。

△ 曹锟指令陆军总长陆锦将陕西第一独立旅改编为陆军第二十六混成旅，并任命田维勤为该旅旅长。

△ 臧致平约集各属民军并联络王永泉残部经数日战斗，于是日攻占漳州，赖世璜率余部向永定撤退，逃往汕头。23日何成濬亦随臧入漳州，自称民军总司令。

△ 周荫人率部入莆田，急速解散莆田、仙游王永泉部降军。

△ 湘省议会开会欢迎来省之各军官，赵恒惕亦参加。欧阳振声致欢迎词，谓："去年本会议决，以实力制止毁宪行动，各军官根据议案作守法之战。大难初平，军官必能服从省长，本会当作政府后盾。"赵答："尊重贵会主张，力图善后，务使成为真正自治。"

3月23日 孙中山就闽局召开军事会议，决定任方声涛为福建民军总司令兼福建省长，乘时建设革命营地；并助已攻入漳州之臧致平军饷15万元。

△ 广州桂军总司令刘震寰奉孙中山令前往西江，制止陈天太和李济深冲突，并派陆兰培第二独立旅前往三水，以武力调停。

△ 王正廷通电对于国务院会议所坚持之废弃俄蒙条约、外蒙撤兵、归还旧俄之教堂财产三点加以辩白，以释不明真相者之责难。

△ 吴佩孚电国务院、外交部，请及早签定中俄协定。

△ 九江平民教育促进会开成立大会，到千余人，主席吴金彪。25日，3000余人游行，手持"教育普及，快来识字"纸旗。

△ 广东大学经费运动会邀请各界代表在高师集会，请求赞助争回关余及庚款，以利大学之兴办。议决：一、由各团体联名发表宣言；二、由各团体联名通电中外各界及各国政府；三、宣言、电文发表后，到沙面举行示威，要求各国领事赞成。

3月24日 孙中山在广州对滇军讲演《革命成功始得享国民幸福》。略谓：北伐是救国救民的当务之急，革命成功，便可享美国人、法国人、日本人那样的福。中国地广人多，人民聪明，中国改造好了可以超过他们。大家为国奋斗，造成世界上第一好国家，才是大志气。

△ 孙中山任命吴铁城为广东省警卫军司令。

△ 上海等各埠举行对日外交周年大会，纷电日本要求废除"二十一条"，交还旅顺、大连。上海市民举行之周年大会决议致电日本国民，谓日本"不肯交还旅大，丧失中日亲善之诚心，永植世界和平之障碍"，上海市民"誓不承认"。26日，东京华侨留学生冒雨举行收回旅大示威大会；福州学生2000余人游行，要求收回旅大。27日，济南各界万余人集会游行，坚持对日经济绝交，力争收回旅大，并电北京政府，要求速与日交涉收回旅大。

△ 孙中山令准禁烟督办邓泽如辞职。26日派鲁涤平继任。

△ 日使芳泽就中国违背《山东协定》移用胶济路款项供给海军温树德部月饷事，向北京政府外交部提出第四次抗议。

△ 湖北樊城驻军鄂军补充旅第一团一营，去岁由长沙调往协同张联陞部第十七混成旅剿匪，因欠饷达九个月之久，于是日在樊城哗变，大肆劫掠，地方损失18万元，商民被戕害者74人。张联陞得讯，追获90余名严办。

△ 湘省议会因叶德辉发表论省宪书及两致章太炎书反对护宪，是日咨请省政府拿办。31日，省议会决定再催拿办。

△ 北京大学发表宣言反对北京政府教育部所颁《国立大学条例》；该校评议会并具呈教育部，指出大学内部行政，自有校长总负其责，无须有董事会。

3 月 25 日 孙中山与张作霖来使杨大实晤谈，指出："粤中并未施行共产，对奉对直政策并未变更。""国民党共产、赤化，皆逆党造谣。请电雨亭（张作霖）弗可信。"按：张作霖以外间"传闻粤中实行共产及对奉与反直各政策略有变更"，特派杨大实来粤调查，并与孙中山磋商反直计划。

△ 加拉罕复顾维钧 22 日照会，就签字问题、责任问题、列强干涉问题、期限问题等进行驳斥，并声明中国非先承认苏联，两国交涉不能继续。

△ 广州各界召开大会，主张立即承认苏联。

△ 曹锟授杜锡珪为海军上将，赵玉珂为陆军上将。

△ 孙中山致电墨西哥总统，要求取消苛待华侨条例。4 月 28 日，墨西哥政府允将该项条例取消。

△ 留英学生退款兴学研究会自伦敦分函国内教育界，主张国内宜速组织一委员会讨论英国退还庚款之用途，并称该会已于 3 月 8 日在伦敦成立，一面请朱兆莘代使探询英政府意向，一面致书英国学者、教育家，并公请蔡元培由法到英接洽。

△ 江苏财政厅就卷烟特税问题电复上海总商会，谓南市、闸北烟商销售凭证准照五折缴款，已属体恤周至，未便再持异议。

△ 唐山煤矿塌顶，压死工人 53 名。

3 月 26 日 国民党中央执行委员会宣传部以香港报纸散布广东将于 4 月 1 日实行共产谣言，是日发布辟共产、赤化等谣诼文告。指出："吾人希望国人祛除对于'赤俄'、'共产'所怀之恐怖。当知世间一切新发现之思想或主义，苟能在日光底下，与世人共相研究者，决无危险，决非可怖。"并申明国民党此次改组，以苏俄革命党为师法，旨在救济中国，非必实行共产。

△ 孙中山分令广东首长杨庶堪、粤军总司令许崇智、广东省警卫军司令吴铁城，将东路第一路司令所部改编为广东省警卫军，归广东省长节制调遣。

△　广州大本营大元帅府决定各县设立民团，并可备价向兵工厂购领枪械。

△　北京政府驻苏代表李家鏊收到苏联政府节略，内容为：协定大纲应速批准，交涉停顿责在中国政府；苏联对外蒙、中东路等问题迭次退让，放弃权利；如中国不察实情，将协定大纲推翻，则中国将迫使苏联在外蒙之地位及在中东路权利之扩张。

△　赵恒惕电告萧耀南，谓该省多数军官不赞成废弃省宪、取消自治，请暂缓附北。萧复电仍令劝告军民，实行附北；并致电曹锟、吴佩孚，谓赵既背约，请改定收湘计划。

3 月 27 日　北京国务院会议讨论中苏交涉案，决定对加拉罕 25 日照会暂不置复，暂将交涉停顿，并令驻苏代表李家鏊访莫斯科当局接洽。顾维钧、孙宝琦称病未出席会议。

△　孙宝琦因吴佩孚、萧耀南等迭电催签中俄协定大纲，并责当局误国，而加拉罕态度强硬，顾维钧无法与之续商，特宴请议员何雯、饶孟任、陈铭鉴、张益芳，希望何等出为调人，继续进行中苏交涉。28 日，何雯等四人与加拉罕会见，加谓：此协定为他人从中破坏，但本人仍当遵守苏联历次宣言及政府训条。

△　陈炯明军洪兆麟部声言“入闽援漳”，令李云复、尹骥二部自汕头开拔。30 日抵闽边。

△　周荫人军姚建屏部攻入泉州，民军高义出城迎降。29 日，周军前锋 300 人进泉州城。

3 月 28 日　顾维钧通知加拉罕举行会谈，加以病为辞，派秘书访顾。顾竭力声明北京政府并无推翻协定草案之意，但要求废弃俄蒙协定。加声明：“《解决中俄悬案协定大纲》内容，绝难再事讨论。”

△　曹锟令免甘肃省长林锡光职，特任陆洪涛兼署甘肃省长。

△　北京学生联合会因中苏交涉停顿，在北京大学开紧急会议，北大、师大、女高师、中大等 40 余校代表参加。议定 29 日下午 1 时游行请愿，要求承认苏联。军警侦知，包围北大、师大，阻止游行。

△ 沈鸿英军邓右文部由砰石取道湘边临武、江华回桂。邓临行时通电称:因陆荣廷断其饷源,决先回师平陆,后定粤。

△ 上海《泰晤士报》馆昨晚大火,至是日下午始息,延烧三洋行及所贮之酒类、茶叶、生丝等,损失350余万元。

3月29日 曹锟特派袁祖铭为川黔边防督办;任命李树勋为四川陆军第二师师长,刘文辉为四川陆军第九师师长。

△ 驻京法使傅乐猷照会北京政府外交部,声明中苏两国关于汉口俄国租界交涉,须得法国同意。

△ 广东省财政厅布告,将银市买卖捐暂时撤销。30日,广东银业行店对财厅布告之"暂时"二字仍表不满,一律罢市。同日,财厅再次布告,将买卖捐永远撤销。31日,银业行店一律复业,并要求严惩承办此捐之陈伟业。按:陈向财政厅承包此捐,年纳银五万,凡银业行店买卖金钱、外国纸币等,每万元抽五角。

△ 日本政府派赤羽偕同工程师筹建齐洮铁路(齐齐哈尔至洮南)。

△ 杨树庄率舰赴金门,迫臧致平照前约交出厦门与海军。

△ 北京八校推举教员八人,赴教育部索欠薪。教育总长罗鸿年表示中央财政拮据,筹措困难,当竭个人绵薄。4月1日,八校又有教员300余人赴教育部索薪,教部允于3日发数成。

3月30日 孙中山致电何成濬,告由臧致平统辖指挥闽南联军。又促粤省东江前敌各军克日下总攻击令。

△ 北京外交团开特别会议,讨论北京政府外交部所提收回上海会审公廨问题,决定以扩展公共租界为中国收回会审公廨之条件,要求将自靶子路以北,河南路、黄浦江及虹口公园北界以内之一段,划入租界范围。

△ 旅京江西同乡会因该省督理兼省长蔡成勋专卖及勒种鸦片,议定四项办法倒蔡:一、向参众两院提质问案;二、向法庭控告;三、向府、院请愿;四、组织委员会专办反对蔡勒种鸦片。

△　胶澳督办高恩洪以青岛电话局向日商押借日款100万元，25年为期；除以50万元直接拨充驻青岛海军费外，余额汇吴佩孚。高此举引起舆论攻击。

△　全国地方自治协进会联合会在南京成立，程克为会长，孙丹林、黄以霖为副会长。

3月31日　西江联军黄绍竑、李济深、郑润琦合围都城桂军刘玉山部陈天太第三师，陈部被缴械。残部数百人由都城西南方突围，逃至粤桂交界之大阪山附近。

△　杨树庄率海军陆战队抵金门，扬言将攻厦门，臧致平一面派方声涛等向杨疏通，一面布防。

△　北京政府内务、司法、外交三部举行联席会议，决定对外国在华教堂不动产，可承认其永租权。

△　上海大学决定组织平民学校，是日召开筹办平民教育大会，邓中夏阐明提倡平民教育的必要性。公举卜世畸、刘华、王秋心等八人为委员。参加平民学校工作的师生有41人，以共产党员、青年团员为骨干。

3月下旬　国民党中央农民部制定农民运动计划，规定分别组织自耕农协会、佃农协会、雇农协会、农民自卫团等农民团体，并在此基础上设立农民联合会，举办农民夜校、农民短期学校、农民讲演团，积极开展农民运动。

△　苏联代表鲍罗廷电孙中山，说明与北京政府交涉破裂之经过，请国民党注意。孙复电谓，北廷不能代表中国，须待合于民意之政府成立后，中苏方能提挈进行。

4　月

4月1日　北京政府外交部驳复苏联代表3月25日照会，略谓：一、王正廷系奉大总统令筹办中俄交涉事宜，并无可使贵代表臆定中国代表有签字之权。王与贵代表原系协商性质，非正式谈判；二、中国政府认为贵代表限期签订之举，实有未当；三、贵代表所称有他国出而阻挠中俄恢复邦交一节，与本案毫不相涉；中国政府对中俄协商方针，不容任何外力干涉；四、关于所签之件，贵代表曾认为协定草案之预稿，倘贵代表不允商议修正，而回复王督办谈判以前之原状，则可证明延宕之责者为苏俄而非中国政府；五、草约预稿内关于各项修正之三点予以贯彻，中国政府即可准备核准签定；六、承认可以王、加协定为基础，将中国所争三点参照修正，或附加换文声明，则自可恢复中俄邦交。

△　驻京英、法两使分别照会北京政府外交部，不同意召开关税预备会议。法使并声明金法郎案如不履行协定，法国决不批准华盛顿会议条约。

△　孙中山召集军事会议，解决西江联军黄绍竑、李济深等与桂军刘玉山部陈天太师冲突之处理办法。翌日令西江联军黄绍竑、李济深驻守原防，所有收缴刘玉山部之枪支悉数发还，所拘刘部游击司令叶式其等即释放。

△　孙中山因大理院长兼管司法行政事务赵士北主张"司法无党"，违反"以党治国"主张，令免赵本兼各职，特派吕志伊继任。

△　上海全国学生联合总会、青年学社、全国各界联合会等10余团体通电主张速签中俄协定，承认苏联。

△　国会议员叶夏声以苏联代表加拉罕于中苏交涉停顿后，迭与日使芳泽谈判，违反国际惯例，当局竟不予以阻止，特向北京政府提出质问，唐宝锷等20余人连署。

△　国际联盟第四届大会开幕，北京政府派遣驻意公使唐在复、驻法公使陈箓、驻英代办朱兆莘为中国全权代表出席。

△　孙传芳电委高义为福建陆军第二师师长。

△　广州市政厅公布统一马路两旁铺业权办法，并定6月1日开始抽收铺底捐。商民以此案困商贫民，乃联合商店数百家请善后委员会转请市政厅收回成命。广东总商会亦以此事影响商场，呈请省长取

消。市政厅一面布告解释，一面派人向市内绅商婉劝勿反对政府。

△ 孙中山重申禁令，严禁奸商承办杂捐，略谓：查军队擅抽杂捐，早经明令禁止，并声明奸商承办者应一体从重治罪在案。至原有各项税捐，自应由各主管机关主持，有奸商敢向别机关瞒承者，事与向军队承办杂捐无异，自应一律严惩，以免紊乱财政。

△ 国民党创办中央通讯社，在广州正式成立。

△ 山东地方自治促进会在济南开成立大会，到80余人，通过简章，规定加入者暂以议员为限，推宋传典为委员长。

△ 日本外务省对华文化事业局参赞朝冈健到上海，拟以庚子赔款182万元与中国合办研究所、图书馆等。5日，朝冈健及教育参观团30余人到北京。

△ 顺直省议会通电改组为直隶省议会，与原兼领之京兆、热河、察哈尔、绥远四特区分别独立。

△ 京兆区议会正式成立。

△ 武汉贵州学生会印发宣言，分发黔省旅鄂各界人士，呼吁驱逐滇军，实行黔省自治。并电云南省长唐继尧，请率师回滇，听任黔省自治。

4月2日 驻京法使傅乐猷致牒北京政府外交部，声明汉口租界如有变更，须先得法国同意；若中俄自行解决，法国决不承认。

△ 北京外交团照会北京政府外交部，要求速偿临城劫车案损失35.4万元。

△ 曹锟令准免督理安徽军务善后事宜马联甲之陆军第一混成旅旅长兼职，以倪朝荣继任。

4月3日 戴季陶在上海国民党执行部第七次执行会议上提议搜集30年来中国政治、经济、教育、文学及社会思想等各种文献，上海、广州各备一份总目。孙中山同意，并允拨5000元作为开办费。

△ 唐努乌梁海副盟长达克丹通电主张唐努列入中苏交涉事项，略谓：外蒙地方范围之解释，中、俄观念向不相同。中国所谓之外蒙系

包括唐努而言，俄人则反是，竟将唐努归为俄国领土。外蒙曾提出唐努归蒙之要求，俄人予以拒绝。此次对俄交涉，务必将唐努特别提出。

△　曹锟特派齐燮元兼任督办导淮事宜。同日，苏、皖、鲁、豫四省议员丁铭永等见孙宝琦，要求取消该项命令。

△　章太炎复叶德辉书，斥叶反对湘省自治为“甘作谯周”。叶曾寄书章氏，有“湖南费百万金钱，糜百万尸骸者，皆为省宪为之厉阶”等语。

△　上海公共租界工部局公报宣布16日召集纳税外人会议，讨论：一、加征码头捐案；二、证券及物品交易所注册案；三、取缔印刷附律案。华人强烈反对，尤反对钳制言论自由之取缔印刷附律案。该案规定，凡印刷报纸、小册、传单、招贴、新闻消息、评论意见等等，须于事前向工部局注册，否则处以300以下之罚金，或三个月以下之监禁。28日，北京政府外交部就工部局增收码头捐案指令交涉员许沅向工部局提出抗议。

△　张孝若抵横滨，考察日本纺织业。张于19日回国后，在南通发表《关于日本纺织业之报告》。

4月4日　曹锟令准内务总长程克呈请续行《修正义赈奖励章程》。章程第二条规定“凡捐助义赈银一万以上，或经募五万以上者，应由内务部呈请特奖”。随后，北京政府根据该项规定发表大量简、荐任职衔之官员，无异变相捐官。

△　曹锟任命刘眷藩为四川暂编陆军第十师师长。

△　孙中山在广东女子师范学校创办十七周年纪念会上发表题为《女子要明白三民主义》的演说，指出民权主义包括“要全国男女的政治地位一律平等”。

△　孙中山令大本营军政部长程潜通令各军，一律禁止设卡抽费。

△　臧致平在同安召集杨化昭等开军事会议，讨论对付周荫人进攻方略，决定在同城附近掘壕筑垒，以杨化昭旅守中路，张贞部叶旅及闽军五、六两团为左、右翼。6日，周荫人、高义、张毅进驻水头，向马

巷、同安进发。9 日，周部前锋抵达苏厝山下，力攻同安不下，战争亘六昼夜。

△ 北京外交团议决，对关税会议问题采取推延手段予以拒绝。30 日，北京政府外交部又照会使团促开关税会议。

4 月 5 日 孙中山任命湘军六将领：方鼎英为第一军第一师师长，张辉瓒为第一军第九师师长，戴岳为第二军第二师师长，谭道源为第三军第三师师长，王得庆为第三军第六师师长，吴家铨为第四军第四师师长。

△ 湖北随县土匪刘心惠在应山平林抢劫，全镇被焚 145 家，占全镇三分之二，损失近 30 万元。

4 月 6 日 孙洪伊抵洛阳晤吴佩孚，谋议由孙组阁事，吴认为时机尚未成熟。

△ 沈鸿英军邓右文部由道县进攻陆荣廷部，进占灌阳，翌日克文市，陆部由全州、兴安退向桂林。

△ 上海卷烟同业公会决定先行复业，特税问题经总商会调停，官厅许以四折半计算解决。

4 月 7 日 孙中山趁洪兆麟部赴闽南，下令东江各军总攻陈炯明。各军遵令分三路长驱直进：中路湘军宋鹤庚第一军及滇军攻博罗，右路刘震寰桂军攻樟木头，左路湘军陈嘉祐第六军攻响水、龙门。

△ 曹锟任命周荫人为帮办福建军务善后事宜。

△ 蔡元培为英国退还庚子赔款用途问题，在伦敦访晤英工商大臣韦伯夫妇、内务大臣亨特生夫妇及中国驻英代理公使朱兆莘，并与留英学生退款兴学研究讨论会讨论退款用途意见七条，主要为：设科学博物院；补助著名大学及专门学校，作建设扩充生物、纺织、机械、化学、医学、农林学等特种学术之用；各大学设立研究英国文化机关，派遣大学及专门学校教员与毕业生留英研究；交换教授。

△ 湖南学生联合会通电全国，吁请一致督促北京政府迅予承认苏联，并要求对英、美、法、日等国按苏联先例收回领事裁判权，撤销协

定税制及一切不平等条约。

△ 洪兆麟抵汕头，次日赴闽边督师。

△ 议员唐宝锷、叶夏声赴洛阳为孙宝琦内阁向吴佩孚求救，力言内阁不宜动摇。吴表示迭次对中俄交涉案等所发各电，系对一二阁员而言，不但无关孙宝琦，且不涉及其他人，请速促孙销假。是日，孙宝琦销假视事。

△ 苏、皖旅沪同乡集会，反对北京政府任齐燮元为导淮督办。谓："赞成导淮民办或官督绅办，不赞成带兵者办，因带兵者必就饷于导淮费。就饷犹小，万一移导淮费于内争事大。"

4月8日 赵恒惕在吴佩孚催促下决定附北，但又恐各方攻击，遂商定避去取消自治之名而行附北之实。是日与吴佩孚代表马济等秘密签定《湘军北归草约》，双方各作如下让步：取消省宪问题，赵允修改省宪与国宪抵触部分；直军驻防湘西，洪江改设禁烟督办，不影响湘军税收。

△ 齐燮元电曹锟，主张王正廷协助顾维钧办理中俄交涉。

△ 四川熊克武省军龙尚文部由綦江北上，余际唐部攻至江津，谋进窥重庆，是日，黔军袁祖铭下令反攻，夺回江津、南川。熊克武部万余人退入贵州仁怀县。唐继尧为防袁祖铭回黔，即令滇军在坡斗河、綦江等地布防。

△ 臧致平部杨化昭旅缩短防线对付周荫人等之进攻，下令放弃小营岭、马巷一带，谋诱周军入同安与之苦战，而令民军乘虚进军泉城、安海，断其后路。同日，周荫人部不战入马巷。

4月9日 北京国务院会议，陆军总长陆锦提议分兵三路接收外蒙，并报告吴佩孚之庞大用兵计划。众人意见不一，未决议。财政总长王克敏在会上以"政令扞格"及财政困难提出辞职。次日，曹锟亲批"勉为其难，勿庸固辞"，退回辞呈。12日王仍以"财政定有方针"为复职条件。

△ 曹锟接见内蒙阿拉善旗旗长、郡王塔旺布里甲拉，嘱即回旗慎

选蒙兵，以备接收外蒙。

△　东江陈炯明部因抽调部队援漳，兵力单薄，乃自动退出博罗、樟木头、龙门等处。留杨坤如部守惠州，黄任寰、黄业兴等守老隆、紫金，作潮梅屏障。10 日，中路滇军范石生部入博罗，右路桂军刘震寰部占樟木头，左路湘军占龙门。11 日右路桂军攻占惠州城外飞鹅岭。

△　上海装订工人 2000 余罢工，要求增加工资四成。19 日，厂方被迫允加工资二成，工人复工。

△　留日私费生联合总会在驻日公使馆学务处开全体大会，到 200 余人，讨论庚款分配问题，并到驻日使馆质问公使汪荣宝，要求公私费生一律待遇。汪拒绝，发生争吵，以至动武。

4 月 10 日　苏联代表伊凡诺夫致电孙中山，告以拟将中苏交涉案卷携粤进行协商，与广州革命政府先行相互承认。

△　曹锟任命孙震为陆军第二十七混成旅旅长。

△　北京政府外交部答复驻京法使傅乐猷，拒绝上月 12 日关于中东铁路道胜银行法人权利要求之牒文。略谓：道胜银行虽属俄籍，但开办时中国曾出资银 500 万两，中东铁路之组织与管理委托该银行而受中国总理之节制。俄行纯系俄国之事业，他国无权干涉。如因俄国政局紊乱，该银行已置于法国政府保护之下，对此，外交部曾于 1920 年向法使署声明不能承认。总之，中东铁路乃中俄两国事业，历来合同均作规定。中国政府依合同行事，不容置辩。

△　吴佩孚在洛阳庆五十寿辰，各方往贺者数以千计。吴趁此举行军事会议，与苏、皖、赣、鄂、豫、陕、鲁七省代表及长江舰队人员密议长江联防事宜，拟以南京、洛阳两处为南北总防区，各设联防总司令一员，由吴佩孚、齐燮元分别担任；另在汉口设置联防总交际处，萧耀南兼处长，办理各防区联络事宜；并由杜锡珪派出两舰往来宁、汉，以备差遣。会议又讨论川、湘、粤军事及接收外蒙等问题，主张以武力统一全国。

△　萧耀南在督署召集军事会议，讨论对湘办法，决定派参谋林其勋赴湘，劝赵恒惕解散省议会，宣布附北；密电长沙、岳阳北军，严防湘

军异举，并监视赵之行动；电促赴洛祝寿之陈嘉谟师长迅速回岳布置防务。

△ 赵恒惕召集政、学、商、绅各界人士在省公署讨论取消省宪问题。会上意见不一，争吵而散。11 日，赵恒惕提出辞职，省议会议决慰留。

△ 日本舰队在长江示威，在黄石港撞破民船，溺毙 10 余人，扬长而去。

△ 山东平民教育促进会在济南成立。

4 月 11 日 孙中山明令设置法制委员会，派戴季陶、古应芬、曹受坤、杨宗炯、陈国榘、何启丰、陆巨恩为委员，戴季陶为委员长。21 日加派廖仲恺、吕志伊、陈融、林云陔为委员。

△ 北京外交团因北京政府交通部拟增收各铁路外人运送货物之运费，向北京政府外交部提出抗议。

△ 北京外交团照会北京政府外交部，略谓：中国收回上海会审公廨管理权事，须与扩大上海租界、外人增加对市政厅之参预权等问题同时开议。

△ 北京国务院裁员，凡非官制人员，一律停发薪水。22 日，再下裁员令多道，裁撤参事、秘书、办事及分发甄用人员等 230 余人。

△ 新疆督军兼省长杨增新电请北京国务院核准该省与苏联所订局部通商条约，废止 1920 年 5 月 27 日在伊犁所订通商条约。17 日，北京国务院会议讨论《新疆与苏俄局部通商条约》，决交各部会核。30 日，司法部函复国务院认为该约可行。北京政府决定待中俄交涉解决后一并办理。

△ 孙中山令广州市公安局长吴铁城查明各省留寓广州之招抚使招募之军队，派出军队前往分别解散，并令嗣后不得在省城招兵。同日，孙中山令豫鲁招抚使赵杰、粤闽湘军招抚使刘毅、抚河招抚使马晓军即行解散在省城所招之兵员。

△ 孙中山以中央直辖滇军第一独立旅何克夫部在连江口车站设

出入口货捐厂，勒抽军费，激起商民罢市，指令滇军第三军军长蒋光亮转饬所部立即撤销。

△ 陈炯明部洪兆麟、尹骥、李云复通电服从北京政府。

△ 武汉学生联合会通电警告北京当局，倘犹不速承认苏俄，而充当列强之傀儡，视国权为弁髦，则惟有联合各民意团体，以“五四”对付曹、章、陆之手段作斗争。

△ 各地日本领事30余名在北京日使馆会议，日使芳泽、参事官太田参加，讨论：一、保护日人在华工商业及侨民；二、“不正当课税”之对抗办法；三、对“满洲方面之意见与要求”。17日会议结束。

4月12日 孙中山公布手书《国民政府建国大纲》，凡25条，要旨为：国民政府本革命之三民主义，五权宪法，以建设中华民国。建设之首要在民生，其次为民权，其三为民族。建设之程序分为军政、训政、宪政三个时期。

△ 孙中山任命叶恭绰兼盐务督办；郑洪年兼盐务署署长。

△ 张作霖召东三省各要员开中俄交涉会议，决定：一、收回中东路管理局；二、松花江航权收回后之对外办法；三、驱逐苏俄共产党及白党出境；四、封锁俄人共产党机关；五、禁止俄人在东三省秘密结社；六、俄党所占华产，勒令偿还；七、收回中东路附属地之处置法：八、东三省卢布一律收回；九、准俄恢复东三省领事；十、准俄向东三省通商。

△ 江西旅京同乡会以江西省长蔡成勋假借筹饷名义开设拒毒局，公卖鸦片、勒种罂粟，派出代表百余人分赴总统府、国务院请愿，要求撤蔡。15日，北京国务院电江西省长蔡成勋将设局贩卖毒品事即日撤销，以顺舆情而重烟禁。

△ 印度诗人泰戈尔应北京大学之聘来华讲学，一行六人是日抵沪，徐志摩、张君劢、郑振铎、殷芝龄、刘湛恩往迎。次日在蒋方震沪寓与欢迎者会见。14日转住杭州。16日仍返沪上。

△ 广州举行平民教育运动大会，万余人整队游行。

4月13日 沈鸿英军包围桂林。陆荣廷在城内独秀峰架设巨炮，沈部以东郊斗鸡岗为炮兵阵地,双方炮战激烈。

△　上海闸北各团体为反对以扩展闸北租界为收回会审公廨之条件,在沪组织“国土维护会”。

△　蒋光亮在佛山抽出入口货税,船渡费加二成,印花税加二成,爆竹印花加四成。是日佛山罢市抵抗,派代表至省谒孙中山,请饬蒋取消苛捐。

4月14日　国民党中央执行委员会举行第二十一次会议,孙中山主持,决议准谭平山辞去常务委员一职,专任组织部工作,由彭素民接任常务委员;准林祖涵辞农民部长职,调办汉口党务。

△　苏联驻华副代表德夫金携中苏交涉全案离京回莫斯科报告。15日,途经哈尔滨晤哈特区长官朱庆澜,希朱促成中苏会议。

△　湘军谭延闿部克复河源,陈炯明部陈修爵、李易标及黄业兴军纷纷向古坳及石公神墟退走,据险固守。

△　瞿秋白在上海国民党执行部会议上提出组织委员会编辑《列宁文集》。戴季陶修正为先全力编苏俄法制全集,然后编《列宁文集》。胡汉民、汪精卫、叶楚伧等以单独编译上述两种,范围过狭,乃于5月10日以上海执行部常委名义,呈请中央批准设置国民党图书室和编辑丛书办法,编辑政治、经济著作及俄、德、法、美等国革命及各弱小民族反抗运动之历史等。

△　直隶省议会讨论北洋大学学生要求撤校长冯熙运案,结果一致赞同撤冯。

△　平民教育四川分会于成都成立,选杨伯钦等12人为董事。

4月15日　孙中山复电东江前敌右翼代总指挥、滇军第七师师长李根沄,勉其鼓励将士先攻下惠州城。

△　北京政府陆军部卫兵李义元前于10日至使馆界欲登城墙游览,遭巡捕驱逐,发生互殴,事后被陆军部笞责。是日又登城堞与英人康培尔斗殴,被英兵捆交使馆界巡捕房。英使麻克类向北京政府外交部严重交涉。翌日,北京政府陆军部派员向英使道歉。同日,驻京荷使

欧登科照会北京政府外交部对李义元案提出抗议；英使致函北京政府外交部要求观审与赔偿；意使亦致函要求观审。17日，美使要求告知审讯办法。

△ 长沙举行军事会议，主席赵恒惕，唐义彬、贺耀组、刘铏、叶开鑫、唐生智等出席，讨论：一、修改省宪，使不与国宪冲突；二、改编军队，将非正式编制之军队一律裁撤；三、民政以省务院为枢纽；四、组织资政院。

△ 福建帮办周荫人军配合张毅部突破臧致平军防线，进至同安城西南截断同美汽车道。是日，杨化昭部在血战数日后终因弹械不济被迫退出同安。同日，民军杨汉烈由溪尾攻泉州，陈国辉由官桥攻安海。周荫人不等其逼近即调大部队反击，杨、陈与周军激战二日，因其他民军不及应援，遂即败退。

△ 全国银行公会联合会在北京举行第五届年会，张公权主席，各省代表30人参加。会议连日讨论币制、公债、银行共同利益等各案。

4月16日 征讨陈炯明之滇、粤、桂军15日合围惠州城后，是日分兵攻淡水。陈炯明部钟景棠、练演雄等部由淡水败退平山。

△ 驻京法使傅乐猷致牒北京政府外交部，谓法国尚未承认苏俄，凡中国与苏俄缔结关于华俄银行及中东路之条约，应商诸第三方面。

△ 上海公共租界工部局发表印刷附律后，上海商界及出版、印刷、报业、书业各界激烈反对，一面函请纳税西人协同力争取消该案，一面由工部局华籍顾问四人向工部局总办磋商。是日，纳税外人特别会议开会，讨论印刷附律等。28日，北京政府外交部根据各公团函电饬交涉员许沅征集材料，以便向外交团交涉印刷律案。

△ 杨树庄部两舰驶入厦门港，臧致平军退往漳州。

4月17日 国民党中央执行委员会第二十二次会议决定彭素民为农民部长，通过组织部所提临时省执行委员会工作分配案，工人部所提《工人党团组织通则》和组织广州市青年工人俱乐部案。青年工人俱乐部设电影部、音乐部、书报部、工人产品陈列所、演说室；附设青年劳工夜校由宣传部派员负责教授及管理。

△ 臧致平部第三旅旅长李崇寅自称奉孙传芳命任保安司令，镇慑厦门，收编闽军。杨树庄以未接命令为名拒绝，当即下令开炮轰击。当晚李请降。18 日，李部千余人全被缴械。

△ 孙中山令"江顺"等四舰轰击惠州城陈炯明军。

△ 王克敏再次请辞财政总长职，曹锟慰留。

△ 北京外交团密议：一、列强在华联合组织三大舰队，分区驻防，第一舰队任辽东、直、鲁沿海警备；第二舰队任长江一带警备；第三舰队任浙、闽、粤三省警备；二、各地领事征集精壮外侨组织商团。

△ 奉天教育会通电倡议向日本收回教育权，略谓："日本在旅大所设之公立学校，提倡中国女生裹足，不准中国教员讲爱中国。故学生毕业，但知有满清、有日本帝国，而不知有中华民国。"

4 月 18 日 北京国务院为众议员李燮阳质问陈宝琛、郑孝胥串同清室盗卖历代古物事咨复众议院，略谓：内务部已决定阻止清室盗卖古物，已咨行清室内务府，非经核准均不得随意售卖移运，并令有关当局查明陈宝琛变卖古物事。

△ 孙中山令免赵士觐两广盐运使职，以邓泽如继任。

△ 与臧致平联合之杨化昭部 3800 余人由灌口退至漳州，洪兆麟由云霄进迫，至距漳州 15 里处与臧军发生战事。臧军向南靖撤退，以杨化昭部断后。次日，洪部入占漳州。

△ 直隶省议会推派代表六人会见省长王承斌，要求：一、撤去监视北洋大学之武装警察；二、撤教育厅长张谨职；三、撤换北洋大学校长冯熙运，以平息北洋大学学潮。

△ 上海 20 余团体假商务印书馆集会欢迎泰戈尔，由世界教育会亚洲部主持，中、西、印约 1200 人参加。泰戈尔在欢迎会上发表《东方文明的危机》之演说，呼吁勿再迷信西方之物质文明，而忽视东方之精神文明。

△ 顾维钧与驻京英使麻克类在外交部会晤，顾允将丰台殴白赛

尔案之军人陈国贤重审，并许英方派员旁听。6月23日，北京军法裁判处以被殴洋人不能指认陈国贤，故认陈无殴打洋人实据，判决陈无罪释放，即由外交部转告英使。

4月19日 豫军樊钟秀部奉孙中山令，自北江、南雄开往江门，参加两阳之战。由于西江南路陈炯明部图占罗定以扑都城，而沿西江直下，威胁广州；而西江联军形同割据，去年授第四军军长梁鸿楷以南路总指挥，令其进攻两阳，梁按兵不动，而五邑财政不容当局过问，孙遂派豫军前往。次日，豫军抵江门。西江联军力挡，以防豫军强进，并要求孙中山收回调樊南征命令。时东江杨希闵又请孙中山檄调豫军参加右翼，联同西路军进攻海陆丰。孙中山乃于23日令樊调先头部队回省。

△ 孙中山电惠州陈炯明部招降，表示陈部苟能悔罪输诚，本大元帅必予容纳。

△ 曹锟特派直隶省长兼督理直隶军务善后事宜王承斌、督理山东军务善后事宜郑士琦、督理河南军务善后事宜张福来、山东省长熊炳琦、署河南省长李济臣会办各该省汽车道路事宜。

△ 曹锟任命张俊峰为陆军第二十四混成旅旅长。

△ 北京国务院清理欠薪事务处成立，各部均派员列席成立会。

△ 北京政府蒙藏院总裁贡桑诺尔布召集内蒙六盟王公开蒙事会议，决定分旗添练劲旅，以便将来接收外蒙。

△ 北京政府外交总长顾维钧令警察厅将李义元自使馆界巡捕房领回，并允许英使观审。但又恐招致外人干涉司法之责难，决定将该案交付大兴县办理，以便符合清末中英、中美等条约中“地方官与领事会同办理”之规定。

4月20日 国民党北京执行部成立，组织部长李大钊，秘书蔡和森；宣传部长马叙伦，秘书邹德高；青年部长于树德，秘书邓飞黄；工人部长丁惟汾，秘书张昆弟；农民部长谭仲逵，秘书张伯根；调查部长王法勤，秘书潘云超；妇女部长褚松雪，秘书缪伯英。即在北京织染局二十九号租房一处办公。

△　班禅喇嘛受英人和达赖之夹迫，率亲信及卫兵百人离藏赴京。

△　废帝溥仪召集近支王公内府各大臣会议，应付国会提案取消帝号及优待条件办法。

4月21日　国民党中央执行委员会推定广西省临时执行委员会成员：施正甫、李丹山、苏无涯、蒙卓凡、李济深、马晓军、吴兴、许绍奎、陈季川为执行委员，黎工佽、陆涉川、雷在汉、徐启祥、李天和为候补执行委员。

△　孙中山任命郑洪年兼广东财政厅厅长，邓泽如为财政委员会委员。

△　许崇智偕蒋介石由沪抵广州。孙中山以江门问题交许解决，并令许统率粤籍各军进攻南路之两阳、高雷。

△　奉天《东报》对取消“二十一条”、收回旅大等问题态度激烈；又因支持奉人收回南满沿线教育权甚力，与日人《盛京时报》针锋相对。是日，日本驻奉天总领事船津谒张作霖，要求惩戒《东报》，又至交涉署抗议。东北当局于24日勒令《东报》停刊数天，报界大愤。30日，该报复刊。

△　中国青年党在巴黎召开首次全体大会，李璜等52人到会，选举曾琦为中央执行委员会委员长，张子柱、何鲁之、李荫侬为委员，何鲁之为内务部长，李璜为外务部长。

△　参议院议员籍忠寅、胡源汇等组织之宪治社在北京成立。该社以研究系为基础。

△　北京政府司法部对上海会审公廨主无条件收回，咨外交部向外交团严重交涉。

4月22日　在京国会议员胡鄂公等248人集会议决：通电抗议英国公使非法拘捕李义元，电请英政府召回英使，并要求英使道歉。

△　北京政府外交部为临城劫车案赔偿损失问题复北京外交团领袖荷使欧登科，请转关系各国：共组委员会调查损失。

△　全国教育会联合会、退还庚子赔款事宜委员会、中国科学社等教育学术团体在北京中华教育改进社开会，讨论日本外务省拟以庚子赔款合办中日文化事业问题。27日，发表联合宣言，主张中日设文化事业理事会主持一切，理事人数中日各半，理事长一人由中方担任，否则决不参加合办。

△　全国银行公会联合会第五届年会发表闭幕宣言，希望速开关税会议，整理财政。

△　上海对日本外交市民大会通告各省团体：定于5月7日至5月9日联合各界召开国耻纪念大会，并建议全国一起举行。

△　奉天省教育会召开临时会议，抵制日本历年在"满铁"沿线设立学校，招收学生，实施殖民教育，决定组织收回教育权委员会。28日该委员会成立，定名为研究外人对华文化委员会，冯子安、张镜玄为正副委员长，分设总务、调查、研究、宣传四部进行工作。

4月23日　孙宝琦在参议院宣称：维护宪法，进行和平统一。并表示处理中法金法郎案交涉，当尊重国会意见办理。

△　齐燮元派代表谒顾维钧，主张允许美商在苏州设无线电台，以导淮借款作为交换。

△　吴佩孚第八次电北京政府外交部，请速筹中俄交涉办法。

△　沈鸿英军邓瑞瀓部在桂林城外象鼻山架设重炮，向城中射击，居民中弹者甚多。30日，旅粤桂人通电呼吁沈军勿用开花弹轰击桂林城，并请网开一面，使敌人勿作困兽之斗。5月3日，邓电复旅粤桂人称："昨已让出利泽门、西门两路，促其（陆荣廷军）速退，然彼方仍欲死守待援，毫无退意。"

△　东江左路湘军第五军陈嘉祐率十五旅进占回龙，陈炯明军分两路退义合、南湖等处。24日，陈嘉祐部在回龙被黄业兴、李易标部包围，损失千人、枪700杆，后得宋鹤庚部由河源移师赴援，始将黄、李部击退。

△　英商韦德培违章冒挂汽车牌号向邮局取件，因漏税而殴伤警

察刘奎元。28 日，北京政府外交部照会英使：审办韦德培时，我国将派员观审。6 月 25 日，驻京英使审判，仅处韦以 25 元之罚金。

△　印度诗人泰戈尔一行在蒋方震、徐志摩等陪同下由上海至北京，梁启超等在车站欢迎。泰戈尔在北京讲学、访问计 28 天。5 月 8 日胡适、梁启超等为其 64 岁诞辰祝寿。

4 月 24 日　孙中山函吴忠信称，俟粤境肃清东江陈炯明叛军后，一面整饬广东内政，一面出师北伐。函谓："皖、奉两系……如能……与吾党合作，则尤为大局之幸。"9 月 12 日，孙中山复派吴忠信为代表，携函往晤段祺瑞。

△　章太炎函复赵恒惕反对修改省宪，略谓：省宪果有不善，则平日自应讨论修改，如处武力压迫之下，以省宪不良为借口，隐示屈服，是不啻城下之盟。

4 月 25 日　决定复职之王克敏，晋谒曹锟，曹谕王先办德国之债票事（按：中国欠德国的债票，欧战起后，按战时通例应宣告无效）；倘关连金法郎案，由其疏通，促王放胆到部。王称正在预备端节费用，俟有成数，即到部。

△　北京众议院通过查办蔡成勋公卖烟土勒种罂粟案及审查议员兼任官吏案。后者规定如有议员兼任文武官吏者，应尊重宪典，一律解职。

△　湖南省政府交涉司长杨宣诚偕外交部秘书熊垓至日使馆，与日参事太田交换解决长沙"六一"案意见。太田态度强硬，并谓"六一"事件系中国排外所致，中国不将此种原因除去，日本不能开议。杨答若日本取消"二十一条"，则排日原因自即消除。太田语塞，始允将"六一"案与其他中日间各悬案同时解决，俟向日政府请训后，再行开议。5 月 19 日，杨宣诚因日政府久延无结果而回省。

△　吉林督军孙烈臣病卒。27 日，张作霖委张作相继任。

△　孙中山令滇军军长蒋光亮停止抽收芳村、花地等处筵席捐，略谓：省河水陆筵席捐，既经指定全数拨充省市教育经费，而芳村、花地等

处均在原定承抽区域之内，自不能另由滇军招商揽收，致妨教育。

4 月 26 日　孙中山令饬各军不得加抽盐斤附捐，即日撤销所设之抽收机关，以恤商艰而维正税。

△　蒋介石到黄埔军校视事。

△　北京国务院会议通过试办京师警捐案，规定根据北京 14 万户居民之房价多寡，每户每月征收警捐一角至 15 元不等。北京各界闻讯纷纷反对，众议院亦认为此举违反宪法。

△　臧致平自溪口出发至连城，并令何成濬赴连城合攻汀州。28 日，臧、何于连城会合。

4 月 27 日　吕烛庆等发起之藏事促进会在北京成立，临时主席徐曾在成立大会上报告称：现川事已渐底定，而班禅已由藏北来，发起此会拟催促利用此机迅速解决藏事，并促民众注意，借为外交后援。

△　北京外交团会议提出川、湘战事外侨“损失案”，计 220 余万元，照会北京政府外交部请速“赔偿”。

△　讨伐陈炯明之湘军扫清锡场北岸之敌，总指挥宋鹤庚率第二、三、五军渡新丰河。陈炯明部 6000 人分扼各险要，湘军屡攻不克。5 月 2 日，湘军组敢死队冒枪林弹雨进攻，午后占领新丰河北岸陈军阵地。

△　江苏松江各团体 500 余人举行追悼列宁大会，恽代英等在会上发表演说。大会致电加拉罕，请其南下与广州革命政府缔结邦交。

△　北京市民具呈北京政府内务总长程克反对警捐，要求提前成立自治会。

4 月 28 日　孙中山主持国民党中央执行委员会第二十五次会议，讨论中央监察委员会审查柏文蔚被控案。柏文蔚谓自己对政治无多研究，向未主张联省自治，以后当然亦不主张。孙云：“只要以后服从本党的主张，柏案就算了结。”

△　曹锟任命赖心辉为四川陆军第一师师长兼四川边防军司令，杨春芳为四川陆军第四师师长。

△　国民党广州特别市党部宣布执监委员选举结果，吴铁城、孙科、潘歌雅、马超俊、陈其瑗、黄季陆、罗迈、陈兴汉、方瑞麟当选为执行委员，赵锦雯、阮啸仙、伍智梅、曾西盛、邝达生为候补执行委员；黄隆生、刘芦隐、陈树人为监察委员，张民达、林云陔、邓演达为候补监察委员。

△　刘震寰桂军及滇军二、四、五、六、七各师总攻惠州。杨希闵亲往督战，中午占馒头岭，猛攻西门，战事甚烈。29日，联军用地雷炸惠州西、北二门。30日续攻，陈炯明军杨坤如部坚守。

4月29日　曹锟派颜惠庆为中国红十字会会长，蔡廷幹、杨晟为副会长。

△　张学良代张作相为第二十七师师长。

△　督办直隶军务善后事宜王承斌电曹锟辞职。

△　中日青盐会议双方因盐价主张不一，又因日方要求中方提出永裕公司之组织内容及一切关系文件，中方认为此系农商部所管事务，非盐务署可以干预。日方认为无诚意，会议遂决裂。

△　齐燮元通电声明并无将借美款，以允许美国费德拉公司在江苏设立电台作为条件之事。

△　北京国务院会议讨论纸烟特税问题。顾维钧以此事因英、美公使迭提抗议，询问财政部能否废止。财政部次长苏锡第认为，各省征收该项特税，系由吸者负担，与英、美烟商无关。讨论无结果。

4月30日　驻美公使施肇基电告北京政府，称美政府抗议中国各省征收纸烟特税，并称“如无法制止，恐影响二五附加税”。

△　北洋大学学生200余人到北京教育部请愿，要求：一、撤换校长冯熙运；二、被开除之同学全部回校。教育部司长范鸿泰接见，劝先回校，教部当尽力调停。学生以教育部无具体办法，拒绝回校，夜宿教部礼堂。

△　上海闸北水电厂官商争办多年，是日双方订立合同，划归商办。

是月　北京政府交通部京绥路局与日本三井物产会社成立“京绥路三井扬子借款”4.474948 万元，年息一分二厘。

△　同益房产股份有限公司在京兆宛平县成立，资金 30 万元，先招股 10 万元。董事王治记、夏郁峰等。

△　同润钱庄总庄在天津设立，董事长王伯元，总经理裴云卿。

△　泉元记股份有限公司在厦门开设，从事营造或转运中外物品，资金银 90 万元。董事蒋报察、蒋以守等。

△　国会议员王迪成对英、日、美设无线电台交涉向北京政府提出质问，略谓：一、我国海外电报交通原与英国大东、大北两公司订立合同，专用水线通报，并明文规定于 1930 年以前，不准陆上电局与日本及欧美各国通报。何以 1914 年及 1918 年先后与英国马可尼公司订立在西北一带建筑内地交通无线电台三处，又许以将来设置无线电台之优先权；1918 年又与日本三井物产会社订立合同，在北京附近建筑无线电台，并许以 30 年专利权；1921 年又与美国费特拉公司订立正、附合同，于上海、北京、哈尔滨等处建筑无线电台，引起国际纠纷；二、中、美无线电合同及英国马可尼公司两次借款约国币 3400 余万元，除实用建筑费外，其盈余之数约一千数百万元，究拨作何用。连署者有廖宗伯、胡鄂公等 30 人。

△　商务印书馆向北京政府请准筹印之文渊阁四库全书 400 部，已装箱准备启运上海影印。因总统府收支处长李彦青索贿未遂，由国务院电令内务部阻运。

5　月

5 月 1 日　广东各界举行国际劳动节纪念大会，广州市工人代表会同时开幕，与会代表及旁听工人一万余人，国民党中央工人部长廖仲恺主持。孙中山在会上演讲《中国工人所受不平等条约之害》，指出：中国工人所受的最大痛苦是由于外国的经济压迫，受外国资本家的压迫。

所以中国工人要对外国资本家去宣战，打破外国经济的压迫，解除条约上的束缚。中国工人要学习英国、俄国工人的好榜样，奉行三民主义，废除不平等条约，做全国的指导，做国民的先锋。会后万人游行，沿途高呼“参加国民革命”等口号。

△ 上海工人八万余集会庆祝国际劳动节，汪精卫、叶楚伧、邵力子等莅会演讲。

△ 南越华侨总工会成立，以谋互助团结及增进华侨工友福利为宗旨。

△ 安源工人二万多人示威游行，纪念“五一”。

△ 上海公共租界工部局派马队一排，印捕、西探37人，荷枪实弹随同泰利洋行大班白兰特越界拆毁宜乐里房屋，驱逐房客并击伤二人。3日，又越界拘捕宜乐里房客联合会代表冯明权。

△ 征讨东江陈炯明之联军右路黎鼎鉴、廖湘芸等部由深圳、平湖进攻淡水，陈炯明部练演雄率兵2000余人取道淡水左侧，偷渡沙头角、横岗，直趋深圳，陈部钟景棠亦由淡水向深圳反攻。2日，陈炯明部攻下平湖。3日晚，黎鼎鉴部、滇军第三军一部、豫军樊钟秀部克平湖。4日，联军在深圳与陈军激战，陈军纷向横岗、沙头角等处退却。5日，联军克平湖、深圳一带及广九路车站。

△ 北京参议院院会决议：凡兼任政府官吏之议员，视为非法，概予取缔之。

△ 陇海铁路观音堂至陕州段48公里竣工，通行客车。

5月2日 广州各界公祭黄花岗七十二烈士，参军长张开儒代表孙中山致祭。晚，孙中山、廖仲恺在岭南大学为史坚如烈士像揭幕并黄花岗七十二烈士殉难纪念发表演说。廖称：史坚如与七十二烈士均为我民国先驱，史烈士“实在是一个大智，我们应在大智之下，低首下心，以他为模范”。孙中山称：“纪念烈士们以死唤醒国民，为国服务的志气”，“希望发奋读书，研究为人类服务的各种学问。”

△ 曹锟任命王秉钧为滇军第三师师长。

△ 冯玉祥因既无地盘,又欠饷17个月之久,继王承斌后又向曹锟辞陆军检阅使职,曹慰留。

△ 因受英国勾结达赖夹迫离藏之西藏班禅喇嘛经新疆到甘肃,表示决赴北京请援。曹锟令派李迺棻为迎护班禅专员前往迎护;又派达寿会同蒙藏院准备招待。

5月3日 孙中山任命蒋介石为陆军军官学校校长兼粤军总司令部参谋长。

△ 北京国务院会议,顾维钧报告驻京英使麻克类迭次照会外交部,催问李义元、陈国贤案办理情形,议决催促主管机关迅速办理;程克提出增设专管户籍、国籍机关案,决交内、外两部先拟办法再议;孙宝琦报告直隶各团体挽留王承斌文电,议决由秘书厅分别函慰直隶各团体。

△ 驻京美使舒尔曼照会北京政府外交部,声明美国维护各国在中东铁路之利益,警告中国勿缔结取消外人利益之片面条约。法使傅乐猷亦于7日以同一内容致牒外交部。

△ 王承斌再次电曹锟辞职。6日,曹慰留,允王改请病假10天。

△ 中美通讯社披露,英、美、法、日四国驻京公使秘密组织四国委员会,凡有重大之共同事务,均由该委员会处理,然后提交外交团全体大会。该委员会已就中国外债整理及旅华外人保护等问题会商两次。

△ 上海《新闻报》载文揭露日本自上年9月1日东京、横滨大地震后,正发动“移民中国大陆”论,志在侵我满蒙,惊呼:“中国大难,已在目前”,“愿国人深戒慎之。”

△ 北京政府航空署规定英国国际航行飞机过境临时办法,并电令各处交涉员分别保护,协助招待。法、美国际航行过境,亦将照该项办法招待。

△ 山东省长熊炳琦奉吴佩孚令咨郑士琦派两团前往青岛,将驻青岛附近招安之孙百万匪军包围缴械遣散。

5月4日 广州大本营令樊钟秀部受第一路军杨希闵指挥,开往平山进攻陈炯明部,肃清海陆丰沿海地区。

△ 南京学生会举行纪念“五四”大会，杨杏佛演讲《学生运动之过去与未来》，呼吁学人展开救国运动。

5月5日 国民党中央执行委员会第二十六次会议通过农民部所提《组织农民运动委员会案》。提案略称：农民运动实为国民革命的主力军，亦为吾党当前重要的问题，应有充分的研究及神速的进行，故提出组织斯会。该会辅助中央执行委员会农民部进行农民运动，委员除由农民部全体加入外，必须经农民部之介绍，中央执行委员会之任命。农民部并提出聘请法兰克为该部顾问及介绍廖仲恺、戴季陶、谭平山、法兰克参加农民运动委员会案，亦经会议通过。

△ 曹锟因清室图谋售卖古物，派冯玉祥、颜惠庆、程克、蔡廷幹、薛笃弼、薛之珩、聂宪藩等10人为保存国有古物委员，会同清室所派人员共筹保管办法，规定除金银珠宝属于溥氏外，其他作为国宝，不许出售。

△ 黄埔军校第一期新生350人入校，编为第一、二、三队；7日，备取生120名入校，编为第四队。军校对学生施以革命训练，军事与政治教育并重，为国民革命军的建立奠定基础。

△ 众议院议员廖劲伯以张志潭前在交通总长任内，于1921年7月利用国会中断期间秘密签订中美无线电借款续约，债额增多几近两倍，折合国币2600余万元，不惜将交通部全部财源作为抵押，丧权误国，借以自肥，特向众议院提出查办案。

△ 众议院议员林绳武、林树椿等以财政总长王克敏违反院议，阴谋承认金法郎案，营私卖国，向众议院提出不信任案，要求将王免职。

△ 德华银行总理斐格至京，商办德债案。

△ 广州船商拒绝航运保卫处征收省河加二军费，轮渡一律停驶，省城与各乡交通断绝，百货停滞。

△ 驻京日公使芳泽照会北京政府外交部称，长江各地正在筹划5月7日举动，请电地方官禁止。北京政府即通令全国，严禁人民召开“五七”、“五九”国耻纪念会。

△ 国民党中央执行委员会议决准夏鸣复请辞代理加拿大总干事及《晨报》总编辑职，由何葆仁继任；补助北京《民生周刊》、汉口《大汉报》、太原《晓报》；接收《香港晨报》为党报，黄应公为总经理。

5月6日 曹锟令准杨树庄兼摄闽口厦门警备司令。

△ 曹锟任命郭汝栋为四川陆军第一混成旅旅长，何金鳌为第二混成旅旅长，白驹为第三混成旅旅长。

△ 曹锟任命孙润宇继易宗夔为国务院法制局局长。

△ 北京政府教育、交通二部委任朱炎为中法国立工业专门学校校长。

△ 北京农业大学自去冬起，因校长问题发生暗潮，后教育部派沈步洲为校长，学生分赞成、反对两派，4月4日曾争执动武。是日，沈步洲偕多名武装到校，学生与之辩论，沈即授意左右动武，伤多人，激起学生公愤，遂即开大会，议决起诉，并发表宣言，宣布沈之罪状。拥沈教员同被驱逐。

△ 北洋大学学生为撤换校长事在北京教育部礼堂坚持斗争，是晚开会决定，非如愿以偿，不出部门。京中各校学生相继派代表前往慰问，并警告当局勿任意摧残学生。13日，北京学生联合会代表在中央公园招待北京新闻记者，一致声援。

△ 臧致平军杨化昭部及何成濬部占领汀州，直军王献臣部700余人被缴械，蔡成勋部千余人亦几全被缴械。王部向赣边瑞金溃退。臧、杨及何所部获弹极丰，即趋上杭。22日，何部经武平入赣之寻邬、虔南抵粤东和平县，与湘军联合。

△ 张毅被曹锟委为厦门镇守使，是日电海军杨树庄要求移交厦门。8日，杨树庄下令厦门特别戒严。13日，厦门商会及各团体发表宣言拒绝张毅去厦，略谓：张毅在漳，苛派义捐多至10余万，漳人痛苦难言，一旦抵厦，恐其行诸漳州者施于厦，故坚决拒绝。

△ 沈鸿英以陆荣廷之援军陆福祥、谭浩明等师距桂林仅数十里，乃于是日在将军桥开军事会议，变更作战计划，以全军十分之三兵力围

桂林，十分之二兵力防御马济由湘入桂，十分之五兵力向柳州方面进攻，截断敌援兵后路。

△ 广州大本营财政部布告撤销广东航运附加军费，航运保卫处同时撤销。布告发表后，船商即照常营业。

5月7日 北京各校学生上街纪念“五七”国耻，政府密派军警分赴天安门及北大、法大、中大、医大、工大、师大、朝大各校戒备，阻止学生出校。下午1时半，东、西长安街聚集学生达8000人，手执“勿忘国耻”等小旗。军警用武力驱散，受伤、被捕多人。各校学生旋赴师大集会，议决以北京市民“五七”国耻纪念善后委员会名义通电全国，历述军警打伤、逮捕参加国耻纪念集会群众惨状，表示抗议。

△ 天津各界民众二万余人在南开大学开“五七”国耻纪念大会，一致通过取消“二十一条”、收回旅大、反对外人观审李义元案、取消一切不平等条约、收回租界等项要求。会后游行。同日，南昌召开“五七”国耻纪念会，会后1.3万余人游行。

△ 留日学生数百人在东京集会并游行，慷慨悲歌，要求日本废除对华不平等条约。

△ 上海南洋、中国、同济、复旦、东南等大学学生决议从经济上、舆论上支持北洋大学学生。南洋学生会、东南学生自治会各汇款百元支援。8日，中国公学学生每人捐款一元，并电慰北洋同学。

△ 驻美公使施肇基电告北京政府外交部，美国会已通过第二次退还中国庚子赔款本利合计1254.5437万元。

△ 黎元洪偕其夫人在日本游历各地后自门司乘船回国，10日到天津。

5月8日 北京国务院会议讨论北洋大学学潮，决请王正廷从速代为调解。旋张国淦与王正廷商议，派代表赴津见王承斌，磋商解决办法。

△ 曹锟任命孙宗先继郑士琦为陆军第五师师长。

△ 曹锟任命傅铜为西北大学校长。西北大学已于1月间成立。

△　众议院议员李有忱继林绳武等之后，又对财政总长王克敏提出不信任案，谓王虽屡上辞呈，但仍进行金法郎案与德发债票两事。金法郎案绝不能承认，而德发债票一经办理失当，贻害国家非浅。

△　孙中山严令各军长官约束所部，不得包庇设赌，以清祸害。

△　张作霖接受奉天地方爱国工商界自办铁路的要求，宣布成立东北交通委员会，任命王永江为委员长，下令筹备修筑开丰（开原至西丰）轻便铁路和奉海（奉天至海龙）、打通（打虎山至通辽）铁路。

△　广州市工人代表会决议设立广州工人代表会执行委员会，由国民党中央执行委员会工人部部长担任会长；并提出："商团不得干涉工会事情及有侵犯工人自由之事"；"凡属工人不得充当商团军，一经查出即行驱逐出境"；"如商团压迫工人时，凡加入工代会之工会及工人须一致对付并援助"；"工人得组织工团军自卫"。11 日闭会。

△　北京国务院会议议决：湖南育群学会与美国雅礼大学合办之湘雅医校及医院合办十年之约已满，准予续办十年。

△　奉天省立各校校长会议，决定采取措施收回日人在南满铁路沿线所办之公学堂，改为各该地方之中国国民小学校，所用教科书及教授法、训练法，均应按奉天小学校施行规则办理，校长及教职员应由奉天教育厅遴选任用。日本南满铁路公司表示反对。

5 月 9 日　孙中山特派廖仲恺为驻陆军军官学校国民党代表。同日，南堤陆军军官学校筹备处改为军校驻省办事处。

△　孙中山任命何克夫为中央直辖第一混成旅旅长。

△　孙中山以虎门威远、沙角两炮台借口伙食不足，擅向往来货船勒抽费用，贻害商旅，令军政部查明，饬将所收款项退还，并严令以后不得再行滥征。

△　广州铺底维持会在商团第九分团开会，议决通禀各衙署，请取消统一马路两旁业权办法，如无效，即实行全城罢市。

△　上海对日市民外交大会继续举行提倡国货会，到一万多人。下午举行国耻纪念会。

△ 济南商界反对熊炳琦滥发纸币，吸收现金筹办地方银行，扰乱金融市场，是日开会议决，由济南总商会、商埠商会、银行公会三团体具呈熊炳琦请取消筹办地方银行成议，以维护商业；否则所发纸币，商号将一律拒绝使用。

△ 洪兆麟为进攻恩平、四邑粤联军，委徐汉臣为陈炯明部第二师师长，并派徐乘江门联军内部倾轧，四邑空虚之际，赴阳江收编粤梁鸿楷部七、八两团（按：该两团原为徐之旧部）。是日，徐抵那龙，次日至合山，梁部七、八两团经徐利诱，决意归徐，于11日晚开赴阳江城，经徐改编为两旅，并招募新兵补充。

△ 王正廷邀北洋大学学生谈话，说明王承斌已允被开除学生回校上课，校长冯熙运可以撤换，但此属于用人行政范围，学生不能强求，嘱学生回校。学生要求书面保证，王只允以个人信用担保。

5月10日 江西省议会议长戴秉清等自沪电北京政府请撤蔡成勋，略谓蔡业经国会两次提案查办，旅外同乡迭电呼吁，中外报纸先后宣腾，其是非曲直尽人皆知，政府自当早予罢撤，请当机立断，拯垂危之赣局。

△ 陈炯明在汕头召开军官会议，除林虎、洪兆麟、尹骥外，北京政府代表唐宝锷、关澄芳等亦与会。陈认为滇、湘军不睦，孙中山卧病，正是反攻时机。林虎提议拍发赞助统一之通电，请陈炯明领衔，陈婉词拒绝，因陈不愿公开投北，放下联省自治招牌。11日，陈返潮安。

△ 湘军左翼一纵队协同赣军李明扬部2000余人向河源西北之新丰县城等地追击陈炯明部。陈军开城伪降，俟湘、赣军入城后，即以3000余人内外夹攻。直至14日，湘、赣军始突围而出。湘军总指挥宋鹤庚据报，即调集第一军增援反攻，17日克新丰城。

△ 北京政府外交部再次照会北京外交团，商洽收回上海会审公廨事，并驳复外交团前此复牒之要求。

△ 驻京法使对中、苏两国自行解决中东路事，再次向北京政府外交部提出警告。

△　全国银行公会第五届联合会议为维持国币币制事致函上海总商会，略谓：年来各省滥铸不合国币条例之银元，上年复滥铸银铺币，打破十进法价；近且发现安徽造币厂之银元，其成色分量均不及法定原额，必至扰乱金融市面，物价腾贵。为保全市面起见，共同议决维持国币办法五条，其主要内容有：请各埠商会、银行公会及中外银行遇有违反币制条例之造币厂，不得代购生银及代售银元；随时调查其铸造数目及检验其银元之成色，登报公告。

5 月上旬　广州商人因财政局布告开抽特种药品等捐与发起统一马路旁铺业权，酝酿总罢市，七十二行商会领袖、英商汇丰银行广州分行买办陈廉伯趁机操纵商界领导权。

△　北京政府教育部历史博物馆派馆员裘善元、顾问董光忠在信阳游河镇发掘到大批古物，计王坟洼地方掘得东汉墓一座，获有殉葬陶器及镍币等物；擂鼓台（距镇半里）掘得宋墓一座，获得宋代瓷瓶、瓷碗等物；在该台东部获得刀斧及陶鼎等残片，悉为新石器时代遗物，内多考古家前所未见之珍品。

5 月 11 日　孙中山令许崇智迅即改编各路粤军，统一组织，整顿饷务。

△　北京政府教育总长张国淦、次长罗洪年因无法应付京津各地迭起之学潮，提出辞职。

5 月 12 日　曹锟任命张孝若为驻智利特命全权公使，岳昭燏为驻墨西哥特命全权公使。

△　广东省教育会等八团体为协助创设广东大学，发布《请争广东关余及欧美各国退回庚子赔款为广东大学经费宣言书》。

△　北京政府外交部派曹云祥为清华学校校长。

△　湖南省议会选举李剑农为省务院长。

△　海军总司令杜锡珪到厦门，召集海军军官会议讨论防守事宜，并调解舰队司令杨树庄与陆战队旅长杨砥中间之矛盾。14 日，厦门各界欢迎杜锡珪、杨树庄、杨砥中及各舰长，杜谓：海军决不轻让厦门，厦

门由海军担负捍卫全责，不准张毅以一卒至厦。

△ 胶澳督办高恩洪组织之青岛地方银行开幕，高自兼总理，隋石卿任经理。高利用东莱银行资财，号召巨商投资，东莱银行商股刘子山不愿被利用，潜行赴京。其他商号亦取观望态度。

5月13日 加拉罕通过华俄通讯社发表关于中苏谈判停顿敬告中国国民之宣言，并严斥美、法等国干涉中苏谈判。

△ 曹锟特派孙传芳为闽粤边防督办，周荫人督理福建军务善后事宜。

△ 曹锟任命常耀奎为全国水利局总裁兼扬子江水道讨论委员会委员长。

△ 黄居素发起调和孙中山、陈炯明运动，并邀汪精卫、吴稚晖共同进行。黄持吴稚晖函偕陈秋霖至汕头见陈炯明，请重与孙中山合作，陈以吴函出示潮梅粤军总指挥林虎，林未表示同意。是日，陈复吴函，称“但求对于双方行得通的办法，自无不唯命是听”。

△ 湖南沅江县议会电长沙县议会，请求修改省宪。16日，湘省益阳、常德等22县县议会电县议会联合会，促各县一致赞助修改省宪，俟县议会署名足数，即邀省议会署名提案。

△ 北京市民组织之“五七”国耻纪念善后委员会派代表高周等12人，持函至国务院质问孙宝琦：“五七”军警暴行，不但剥夺人民爱国自由，且残民媚外，何不加以惩办？被捕者虽已释出，但受伤者究将如何安置？

△ 苏淮水利研究会与皖淮水利协会开联席会议，决议：一、赞成费礼门治淮计划，惟必须勘测后进行；二、苏、皖入淮支河宜修浚，工费列入导淮预算中；三、力争美国退回之庚款作为导淮之用，并于14日分电美政府及国会请求。

△ 拥戴孙洪伊之“民治社”在北京开会，商讨组织孙洪伊内阁，到王湘、牟琳、王乃昌、李燮阳等40余人。15日，孙洪伊派牟琳等大宴各派议员，助其组阁。

△　捷克斯洛伐克请与中国互派驻使，北京政府外交部以中捷尚未订约，复暂缓行。

5 月 14 日　孙中山派邵元冲、刘芦隐、黄季陆为法制委员会委员，邵元冲为法制委员会副委员长。

△　北洋大学学生 213 人回津。王承斌因冯熙运反对，突改变态度，不准第一次被开除之四学生代表回校，并令后开除之学生 186 人具写悔过书。学生以当局无诚意，决定不回校。

5 月 15 日　孙中山任命李济深兼梧州善后处处长。

△　众议院议员胡鄂公、黄功素等 40 余人为英人进兵西藏事向国务院提出质问：据本月 13 日报载，英兵已由不丹经猓猃出波密而达白马岗，欲窥四川。又据川西人民电告，谓英兵已进驻西藏，迫令藏人用英语。查英人谋藏图川之心固非一日，政府对此，事前是否闻知，事后何以应付，限五日内答复。

△　顾维钧宅有人送去木箱一只，诈称箱内皆顾私用物品。25 日，顾命仆启视，箱内炸弹爆炸，重伤三仆。

△　"民治社"牟琳、"民宪社"廖劲伯等联合 27 名议员，柬请各政团重要分子讨论政局。牟琳谓："近日政府不要国会之存心渐次表现，同人等当觉悟，不为所利用而解体。"

5 月 16 日　北京众议院通过请曹锟令内阁将德发债票案，依法先交由国会核议，政府不得擅与德国缔结关于本案之任何协约。

△　华北运动会在开封举行，直、鲁、豫、晋、陕、奉、吉、黑八省 600 余人参加。

△　安徽凤阳第五师范学校校长何汇东利用私党，虐待学生，激成众怒，月初全体学生出校。是日，何商请该县知事派卫队三四十人搜挟学生回校，又派卫队捕拿学生三人送监收押。18 日后继续搜捕学生共达 70 人。县教育会及绅、商、学各团体致电泗县等 10 县各界，指斥何汇东压迫学生，请各团体速派代表来凤会商解决。

5 月 17 日　苏联代表团致牒北京政府外交部催促取缔白党，略谓:苏联代表团对于满洲当局庇护白党,助其成军,劫掠边境,曾迭致牒外交部请予取缔。中国当局不独未设法取缔,反援助白党愈力,任其欺侮满洲境内苏联侨民。苏联政府已决定改与地方当局直接交涉,但希外交部对前此各次通牒详细答复。

△　北京政府内务部因京师警饷无着,经曹锟批准,拟试办警捐。是日,北京市二十区市民代表开会反对。

△　江西旅京同乡赴国务院请愿罢免蔡成勋,孙宝琦表示已令苏皖赣巡阅使齐燮元查办。

5月18日　曹锟特派沈鸿英为粤桂边防督办,林虎督理广东军务善后事宜,叶举为广东省长;任命洪兆麟为潮梅护军使。

△　北京国民对英外交协会电英国工党内阁,要求放弃中英不平等条约,并撤回保守党所派公使麻克类。

△　赖心辉就任北京政府所任师长兼边防司令职,令所部遵袁祖铭所划防区移驻资州、内江。原驻各军即让出驻地,四川各军移防问题解决。

△　山东平民教育促进会在济南开成立大会,到会者50余团体二万余人。会后大游行。

5月19日　顾维钧趁苏联代表要求答复取缔白党牒文之机,派外交部参事朱鹤翔与加拉罕商谈恢复中俄邦交问题。加允诺,但提出不得以4月1日中国之通牒为约束,谈判内容要求严守秘密。

△　曹锟令准九江地方自辟商埠。

5月20日　孙中山派罗镇湘为大本营军事委员,准免蒋尊簋中央军需总监职。

△　印度诗人泰戈尔一行由徐志摩陪同,由北京转赴太原访问,受到阎锡山接见。

5月21日　美国总统柯立芝批准交还中国庚子赔款余额议案,并说明此款作为发展教育文化事业之用。6月14日,美国国务卿休斯照会中国驻华盛顿公使施肇基,悉数退还庚子赔款余额。

△ 孙中山身感不适，移居广州白云山养病，大本营事务交由胡汉民代理。

△ 京师警察厅饬侦察队于凌晨4时在北京腊库十六号逮捕张国焘及法政大学预科女生杨子烈、彭子均等五人。

△ 驻京英、法、意、瑞四使到外交部与顾维钧谈关税会议事，英、法、意三使托辞“华会条约尚未完成”，表示不欲先开关税预备会议。

△ 正太铁路工人在工会领导下，怠工24小时，要求路局发10天特别工薪，作为每年红利，结果取得胜利。

△ 旅欧华人第一次中国美术展览会在法国史太师埠开幕，由蔡元培主持典礼。

5月22日 湖南省议会以驻省县议会联合会派往桃源之谭铁耕、常德之杨云鹤等强求同意修改省宪，且向各县议会勒索旅费，议决请省府查办。是晚12时，驻长沙直鲁豫巡阅使署顾问郭向阳赴各报馆，禁止登载此项省议会议事录，遭拒绝。23日拂晓，郭又带兵四名赴各报馆印刷厂毁版。24日，省议会通电各县议会，如有胁迫修改省宪之人，就地拿办。

△ 第三届全国运动会在武昌举行，参加者13省运动员及马尼拉华侨篮球队，共400余人。总成绩以华北第一，华东第二，华中第三；江苏为各省之冠。24日闭幕。

5月23日 孙中山令准广东革命纪念会主持人林森呈请重振会务。按：该会系民国二年孙德彰、邓泽如等为表彰先烈发起，对革命史料之搜集及保存，颇有贡献。嗣以政变纷繁，会务停止。

△ 上海各界推司法改良促进会代表董康、总商会代表赵锡恩等三人赴京分见外交、司法两总长，吁请无条件收回上海会审公廨。

5月24日 长沙各报馆联席会议讨论郭向阳带兵到各报馆印刷厂毁版，禁刊新闻报道问题，议决：一、立即致函省长赵恒惕质问郭之行为是否出诸政府意旨，如无此意旨，应即予制止，否则一致停刊；二、仍将22日省议会之议事录及24日之通电，登载于25日日报。

△　赵恒惕函复长沙各报馆质问，谓郭向阳冒充命令，钳制舆论，殊属不合，已电郭予以斥责。

△　库伦活佛哲布尊丹巴逝世。

5月25日　北京政府前以英兵侵藏窥川，令驻英代使朱兆莘向英政府交涉。是日朱复电称：英政府不承认英兵有意外行动，谓拉萨所驻英兵，实系护侨，对我要求撤兵一项，仍无明白答复。英称西藏谈判问题，须将威海卫问题解决后方能开始接洽。

△　北京政府财政部向日本中华汇业银行借款日金70万元，以盐税余款作担保，月息一分二，用作发放参众两院、教育部、国立八校之经费及陆军检阅使、步军统领衙门、京畿卫戍司令部饷项。

△　长沙美领致函赵恒惕，要求取缔长沙外交后援会。各界甚愤，函请该会据理力争。

△　赵恒惕据叶开鑫电称，湘西土匪猖獗，各路招安军明索暗抢，恳从速改编调离湘西，并令各军不再招安。是日，赵电令各军严切办理。

△　中华职业教育会在武昌举行第七届年会，到280人，开会三天。同日，汉口举行第三届全国各省职业教育出品展览会，展品共1.2万余件，为鄂、湘、陕、豫、川、直、奉、晋、皖、苏等11省110所学校之出品。参观人数达11.5万余人。

△　晚，广州市财政局长陈其瑗赴沙面商请七十二行商会会长陈廉伯制止商界罢市，同时发出紧急布告，将统一马路铺业权案缓办，并派人与商民会商，商民坚持非将该案永远取消不可。

5月26日　广州全市七十二行商界代表议决28日总罢市，以对抗市政厅统一马路业权及抽取铺底捐，并调商团、乡团陆续集中广州。同日，广东省长杨庶堪布告取消统一马路业权案。

△　广州中、西药商借口市财政局所订特种药品捐苛细，一律罢业。

△　广东学生赴日考察团26人离粤赴日，指导员为广东师范学院

教授柳金田。除私费生10余人外，每人由日本从退回庚款项下拨给日金500元。

△ 孙传芳在福州赴宴归途中遇炸，司机、卫士、副官炸死，卢香亭受伤，孙无恙。27日，省防司令李生春、警务处长张藻宸布告悬赏缉凶。

△ 厦门大学校长林文庆通知该校注册主任傅式说、商科主任王毓祥、教育科主任欧元怀、英文科主任林天兰等，于本年8月20日解职。学生要求宣布解职原因，并请撤回解职成命。林悍然拒绝。29日，全校学生罢课。

5月27日 广州大本营派徐绍桢、伍朝枢、郑洪年、陈树人等与各行商集议，调停罢市风潮，决定：一、永远取消统一铺底捐；二、约在座药商同往市财政局磋商取消药品捐办法；三、取消28日罢市。

△ 孙中山令任顾忠琛为北伐讨贼联军第四军军长。

△ 曹锟裁撤四川督军一缺；特派杨森督理四川军务善后事宜，任命田颂尧帮办四川军务善后事宜，邓锡侯为四川省长。

△ 曹锟特派刘存厚为川陕边防督办，刘湘为川滇边防督办。

△ 曹锟令准督办接收威海卫事宜梁如浩辞职，所有交涉事宜即由外交部接收办理。6月7日，山东外交协会、省议会先后致电北京政府，以外交部部务殷繁，责任难专，请收回成命，另行简派专员办理此项交涉。

△ 北京国务会议讨论参议员雷殷所提地方制度何日实行，并主张实行宪法应从恢复县议会始的质问案。内务总长程克说明县议会停办已久，是否可以恢复，须责成内务部致电各省询问后，再斟酌办理。

△ 北京政府教育部委任陈延龄暂充国立北京美术专门学校校长。

△ 莫荣新前曾向美商罗拔洋行订购大批制造军械机器，已交款百万，机器久存白蚬壳安兴货仓，粤军回粤后续缴款百余万。孙中山欲将机器提取，为扩充兵工厂用，因议价不成，该商于是日雇日轮“高知

丸”来粤，欲运该机他往。孙中山据报后，令郭泰祺赴沙面向美领交涉。29日，海陆理货员工会函日领，请下令制止“高知丸”搬运，否则不代日本船起卸货物。

△　桂林城内陆荣廷军由邓定邦率千余人冲出利泽门，与沈鸿英军剧战数小时，陆荣廷亲率卫队在鹿念门策应。战事激烈，沈军仍保持原防。

5月28日　廖仲恺召集彭素民、马超俊、罗绮园、杨匏安、施卜、彭湃、西人法兰克等多人在中央执行委员会开会，讨论创设广东合作发展社，以谋广东乡村市镇合作事业之发展，当即议决草拟社章。

△　广州及其附近县镇龙江、桂州、河村、水藤、东莞、佛山等地之98个商团代表196人集中广州，在西瓜园开“团务会议”，决定成立联防总部，举陈廉伯为联防总长，邓介石、陈恭受为副总长，李颂诏为参事长。并议决扩充实力，筹备款项，购买军械，推陈廉伯主办。会后阅操。各团总计有常备、后备军8000人，枪械精良。

△　顾维钧等在宅讨论德发债票案。孙宝琦坚决主张提交国会通过，与阁员冲突，次日提出辞职。

△　曹锟传见王怀庆，赞扬其取缔共产宣传，并即令内务部制订单行条例。同日，内务部召集治安会议，军警长官均到，商议取缔“赤化”办法。

△　长沙美领事会晤湖南省交涉司长杨宣诚，对外交后援会“干涉”外交深致不满，口头要求“从严取缔”。同日，长沙各公团开会，认为美领事侮辱中国团体，议决要求交涉司提出抗议并以公团名义通电全国。

△　粤军东路总指挥何成濬率部离闽后，绕赣南返粤，是日抵翁源。

△　广东财政厅向日本台湾银行借毫银26万元，年息一分二厘，期限半年，以财厅收入及造币厂余利作为担保。

5月29日　广东佛山农民组成佛山南浦农团军，共300人，团长吴劲、副团长李江。是日行开幕礼，商团及各界均往贺。国民党中央农民部长彭素民揭幕，彭素民、廖仲恺、冯菊坡、施卜、杨匏安、罗绮园、杨殷、钟地等演说。

△ 孙中山任命卢兴邦为东路讨贼军留闽第一师师长，孙本戎为东路讨贼军留闽第二师师长兼一、二师总指挥。

△ 广州大本营政务会议复会，胡汉民任主席。谭延闿、程潜、徐绍桢、林森、陈树人、古应芬等出席。

△ 曹锟派刘焕臣继王为蔚兼任苏皖鲁豫四省剿匪副司令。

△ 曹锟授刘湘为陆军上将。

△ 北京国务会议决议，派驻瑞士公使陆徵祥为出席国际保工大会第六次大会第一委员，驻瑞士使馆秘书萧继荣为第二委员，就近与会。

△ 臧致平、杨化昭所部1.17万余人在闽被孙传芳、周荫人部战败后由上杭入赣，是日抵贵溪。该县第二十三混成旅王麟庆不敌，挽绅商调停，请由县北门经过，赠米300石。6月1日，臧、杨部到弋阳，与王部孙团接触，孙团不敌，败退北门王家碓，臧部于是晚开赴横峰。

△ 湖南攸县赵恒惕湘军唐生智部第四师第十四团一营一连哗变，击毙营长、连长、连附，抢劫县公署，破坏电局电机，县知事逃逸。30日，该团团长率军队至攸县镇慑。

△ 江苏县议会联合会致电省长韩国钧，以厦门海军在苏省购米10万石，违背民国八年(1919)禁采军米成案，攘夺民食，请政府维持成案。次日，上海各路商界联合会等各团体亦电韩请重申米禁。

△ 印度诗人泰戈尔结束在华访问，在徐志摩陪同下由沪乘“上海丸”赴日本。

5月30日 孙中山应《上海晚报》记者沈卓如之请，作《同胞都要奉行三民主义》之留声机录音讲演计四片，谓只有三民主义才能救中国，勉励大家研究三民主义，宣传三民主义，立志救国，使中国跻于富强；指出“革命党要学从前真革命先烈这个样，要肯牺牲性命，要舍身来救国”。

△ 上海各路商界联合会电顾维钧，反对以扩大租界为收回会审公廨之条件，略谓：收回会审公廨之交涉，乃基于华府会议议决案，本无所谓交涉，更无所谓推广租界。如收回公廨而推广租界，则将来收回领事裁判权又将以何者为条件？请依法力争，达到无条件收回之目的。

△ 厦门大学学生致电陈嘉庚，请从速撤换校长，以挽危局；并电北京政府教育部、上海全国学生联合会及江苏教育会，谓林文庆不学无术，无故斥退学术经验俱富之三主任及一教员，逼得教员纷纷辞职，学生全体罢课。

△ 浙江省议会选举高尔登等 37 人为省自治会议代表。

△ 九江日商日清公司码头工人五六百人，抗议日人走狗袁阿发将工人刘财明推入江中淹死，举行罢工，要求惩办凶手，抚恤死者家属。斗争未获结果。

△ 顾维钧在宅开特别阁议，报告中俄交涉经过。同日，曹锟特派顾维钧为签订《中俄解决悬案大纲协定》全权代表。

△ 日本清浦内阁外务、陆军、海军、大藏四省协定《对华政策纲领》，主要内容为："维护中国独立，杜绝各国在华势力的渗透增长，确保日本在华地位"；"开发其无尽资源，以谋日本经济实力之发展"；"对东三省张作霖继续按既定方针，给予好意的援助，以维护其地位"。

△ 英外交部照会北京政府驻英代办朱兆莘，指责中国卷烟特税尚未停征，实属扰乱外商营业，违背国际条约。是日，朱电告外交部。

5 月 31 日 顾维钧与加拉罕正式签订《中俄解决悬案大纲协定》15 条、《暂行管理中东铁路协定》11 条，及与上述协定有关之《声明书》七种。主要内容为：帝俄与中国所订一切旧约、协定、议定书等概行废止；帝俄与第三者所订有碍中国主权及利益之一切条约、协定概为无效；苏联政府承认外蒙为中国之一部分，尊重中国主权；允诺中国赎回中东铁路；归还中国一切租界；放弃庚子赔款；取消治外法权及领事裁判权；平等协商关税等。同日，中苏两国互换建立邦交照会，恢复正常外交关系。

△　中国国民党为北京、汉口逮捕党人事发表《敬告国民书》，略谓：旬日以来，汉口、北京相继发生党狱，捕去刘芬、杨德甫、张国焘等人。"本党宣言及章程，性质公开，与所谓过激主义绝非同物"；"本党党员为主义而活动，亦绝无轨外之行为可以供人罗织"；"军阀此举非仅向中国国民党而挑战，乃向中国国民而挑战"；"本党党员以国民之前驱自任……无时无地不为主义与政纲之宣传，即亦无时无地不与军阀为敌，经一次之挫折，得一次之进步，必期于成功而后已"。

△　孙中山任命潘文治为海军练习舰队司令。

△　曹锟特派刘湘兼筹办川边防务事宜。

△　北京国务会议讨论金法郎及德发债票两案，主张同时解决。孙宝琦未出席。

△　北京大学等国立八校教职员发表宣言，要求政府应先声明庚子赔款全数作为教育经费，不得挪用，并应脱离政治、外交、宗教等关系，由学者共同处理。

△　洪兆麟自福建漳州回师东江。

5 月下旬　湖北省教育厅奉督署密令，严防工农革命活动，略谓："此间过激党禀承孙文联络苏俄，实行共产主义，派遣党徒分往内地及长江各省，组织农民夜校，以期农民反抗业主，与路工一致演成农工过激主义。"

△　赵恒惕派马济、叶琪旅援助陆荣廷返桂，吴佩孚尚感不足，必欲湘军大队应援。赵乃派省议员陈焕南赴全州见沈鸿英，劝其与陆言和，以免出兵之苦。

是月　邓中夏、瞿秋白、恽代英、李立三等在上海沪西纱厂地区开办补习学校。不久在小沙渡成立"沪西工友俱乐部"，在杨树浦成立"工人进德会"。

△　上海女子商业储蓄银行总行在南京路成立，董事长姚慕莲，总经理严叔和。

△　大成油漆颜料股份有限公司于天津成立，资金 30 万元，董事

倪幼丹等。

△　国民党湖南省党部成立。

6　月

6月1日　广州大本营财政部发行军需库券24万元，专备拨付军费之用，月息一分二厘，7月1日抽签还本，以印花税、造币余利充本息基金。

△　北京政府财政部发行民国十三年八厘特种库券，定额现银100万元，年息八厘，至民国二十一年(1932)11月30日还清，指定以庚子赔款俄国部分之缓付款项，为还本付息基金。

△　国民党广州市党部执行委员孙科、黄季陆向中央党部提案，请制止共产党活动。

△　厦门大学校长林文庆因学生质问三主任解职理由，唆使建筑部主任陈延庭、教师林幽率400余人围打学生，经海军制止。学生会主席罗士清等均受重伤。林即布告提前放暑假，并限学生五日内离校。

△　湖南各界在长沙纪念“六一”惨案，约10万人参加游行，全市举行罢工、罢市、罢课。同日，北京之“六一”纪念游行被军警阻止。

△　美国来华海军先锋两舰入青岛。18日，续有美舰14艘开到，停泊10日即驶往天津大沽。同日，美亚细亚舰队司令华盛顿偕驻京美使馆参赞裴克施美德等见曹锟。

6月2日　华俄道胜银行及驻京法使为中苏协定允诺中国赎回中东路事向北京政府提出抗议，要求保留中东路既得权利。驻京美使亦提出警告。6日，日使芳泽提出同样照会，要求保留日本在中东路权利。

△　北京众议院开紧急会，到会317人，杜树勋主席，胡祖舜质问德债何不交国会。孙宝琦答称：此事由财政、交通两部负责办理，应由该两部答复，本人并未签字，但担保将此案交国会，决不保密。

△ 北京国会议员胡鄂公、王文璞等 181 人致电苏联政府及人民，庆祝中苏恢复邦交，并认为此举乃反帝国主义的胜利。

△ 曹锟传见鲍贵卿，请鲍赴奉征求张作霖对中俄正式会议意见。7 月 20 日，曹又派周孟贤至奉谒张，疏通中俄协定事。

△ 京畿卫戍总司令王怀庆将张国焘口供咨送北京政府内务部，并请拿办李大钊等，略称：张供出“伊等私组铁路总工会，即为实行共产主义之通讯机关。陈独秀为南方首领，李大钊为北方首领。辅助进行党务者，南方有谭铭三（按：应为谭平山）等，北方有张昆弟等”。各铁路均有工人在党，日前搜获名册，即系各路工人通信地点。除李大钊等业经咨请严缉外，相应抄录各路工人姓名，咨行贵部查照，希即转令一体严查拿办。9 日，内务部咨各地省长、都统、镇守使、护军使拿办李大钊、张昆弟、黄日葵、范体仁、李骏、高君宇、刘仁静、方洪杰、陈佩兰（女）、缪佩英（女）等。下午 6 时，《新国民》杂志范体仁在北京被捕。

△ 上海总商会为金法郎案及德发债票案通电全国，略谓：金法郎案碍难承认，全国舆论可谓一致。北京政府外交部近且以法国将拒开关税会议为词，作得不偿失之承认，不惜牺牲庚子条约上之正当主张以为交换，甘自负担数千万元之损失，以博此不可必得之关税会议，则外交悬案何止金法郎一案，应请全国国民否认。又我国对德要求赔款，当局为一时便利，商提德华银行管有部分之债票基金，不惜将以前议案尽数推翻，而将商人希望补偿之损失暗中断送。希望全国国民群起抗争。

△ 爪哇华侨巨富糖业大王黄仲涵于新加坡逝世，黄之遗产共值荷币二亿盾。

△ 留日华侨代表郝兆先受驻日华侨联合会会长林文昭之托，到沪报告日政府排斥华侨详情。

△ 法国驻安南总督梅尔林由日本抵北京，3 日见曹锟，4 日出席顾维钧宴，9 日赴宁转沪。

6 月 3 日 北京政府各总长因孙宝琦两次呈辞后，仍出席国会允将德债案交议，全体向孙辞职，以示反抗。曹锟密示各总长勿逼孙过急，宜与孙周旋，俟德债票办妥再作处理，并于孙辞呈上亲批“恳切慰留”字样。

△ 国民党广州市党部成立，第一次会议推定黄季陆、方瑞麟、陈其瑗为党务委员，孙科为组织部长，吴铁城为宣传部长，马超俊为工人部长，陈兴汉为实业部长，陈其瑗为青年部长，伍智梅为妇女部长。

△ 湘西辰州警备司令田义卿率部哗变，诱杀乾州巡防军统带兼代湘西镇守使张云龙。张之参谋长马名骧率部包围田义卿司令部，激战一日两夜，田不支，将监狱署囚粮、银元及西门商店洗劫一空后，退往辰州下游柳林汊一带。

△ 臧致平、杨化昭部抵玉山。4 日，王麟庆率队 4000 人抵玉山，与臧、杨军开火。6 日，王军大败，向广信退走。9 日，臧、杨率部约五六千到常山，旋即赴杭州谒卢永祥。19 日，臧、杨通电愿归浙收编。

△ 济南各界联合会电北京政府海军部，要求禁止日船在龙口越海捕鱼。19 日、25 日，北京政府外交部两次照会日使馆，要求禁止日渔船侵入鲁境捕鱼。29 日，日代理公使太田复牒竟谓日船系在公海捕鱼。

△ 孙中山派刘侯武赴越南协办党务。

△ 张作霖、朱庆澜、吴俊陞等在奉天商议《中俄解决悬案大纲协定》问题，主张苏联代表未与奉天接洽以前不予承认该协定，中东铁路也不能变动。12 日，张作霖在奉天召集官民集议此案，说明此次不承认该项协定，系因顾维钧、加拉罕秘密订约，事前不令奉代表知悉。众议东三省属自治，应守原定主旨，不予承认。14 日，东三省各团体电北京政府，竭力反对《中俄解决悬案大纲协定》，声称生命财产皆可牺牲，此协定断难承认。

6 月 4 日 北京政府交通部与华比银行签订借银元 70 万元合同，月息一分三厘五毫，以盐余及正太铁路余利作担保，用作财政部拨借款项。

△ 国民党中央执行委员会派农民部秘书彭湃前往广宁调查农运情况。18 日，彭湃向中共广东区委员会农民运动委员会阮啸仙等报

告,略谓:广宁农会现已成立八个区农会,加入者六万余人,竟招劣绅之忌,本月10日利用地痞民团围攻农会,焚毁会所,逮捕农会职员。花县农会虽未成立,但加入者亦有600余户,近日劣绅也利用流氓向农会办事处肆行谩骂,侮辱备至。

△ 苏联代表加拉罕致牒北京政府外交部,要求移交在上海由白俄操纵之俄舰四艘。

△ 孙中山令饬各机关裁减预算,民国十年(1921)已成立之机关,应参照该年度预算切实减除,不得超过;其成立于十年以后者,亦应力加节省。令限10日前将所拟减省之数呈报核夺。

△ 曹锟授孙传芳为陆军上将。

△ 北京国会参议院通过恢复县议会案,其未成立或议员不足数者,限两月内补选成立。未经议定县自治法之各省,迅由该省议会自定县自治法或县议会暂行法以及议员选举法,克期公布,限三月内选举完成。

△ 北京政府内务部通令,依据新宪法,7月1日起实行裁撤各省道尹。

△ 北京政府各总长在孙宝琦宅商量德债案提交国会问题,决定5日由国会开一紧急会议,由阁员出席报告而不讨论议决,以免国会反对,并决由财、交两部共同呈交总统,再由总统指令准如所呈办理,即行签约。众议妥后,将本次会议改为国务院正式会议。

△ 曹锟以北京政府财、交两部所拟解决中德战争赔偿及债务办法,饬外交部与驻京德使换文。

△ 吴毓麟、王毓芝等举行宴会,疏通各派议员赞助德发债票案,并许事成后补发800元,为二月欠费之一部分。议员经疏通后,已不反对。

△ 美国“世界飞行队”飞机三架,由斯密斯中尉带领飞抵上海,中外官绅及领事80余人前往迎迓。北京航空署特派厉汝燕代表政府欢迎。7日,由上海飞往厦门,转香港飞印度、安南等处。

△ 北京外交团会议讨论：一、召开关税会议事，认为未到时机；二、交还俄使馆，原则上同意，但手续与时间尚须研究，九国保管之俄使馆文件与财产，不能即依中国请求交付加拉罕；三、对交还上海租界公廨案，中国法律尚未见信于外人，似宜先交还公廨民事。次日，外交团致北京政府外交部照会两件：一、临城劫车案赔偿问题拒绝重行调查；二、上海会审公廨收回问题允交还民事部分。

6月5日 北京国会众议院开会，到323人。孙宝琦、颜惠庆、顾维钧、吴毓麟、苏锡第等均出席。孙报告德发债票案由政府签字后再交众院。李载赓、彭汉遗等反对甚力。

△ 孙中山令无论何项军队均不得擅行在广九铁路加收各费，以利商旅而维路政。

△ 北京前国务总理钱能训在北京病逝。12日，曹锟令国务院从优议恤，给予丧银2000元，并派程克致祭。

△ 孙中山令饬各军不准在南雄各属招募新兵，以重防务。

△ 东江右路豫军樊钟秀部与桂军刘震寰部由平湖进至龙岗，与陈炯明之练演雄、马永平、钟景棠部激战。

△ 英国文学博士兰顿抵洛阳面见吴佩孚，要求官方协助其考察在河南淮阳之伏羲庙及伏羲墓地，吴慨然应允；惟对其西藏筑路事，则请英国尊重主权而加以拒绝。

△ 汉口交涉署函日本领事馆，就日商前田一二洋行于2日杀伤华工三人事提出抗议，要求迅予办理见复。8日，日领函复交涉署，反谓系华人闯进该行殴击日人、毁坏器具，要求惩犯与赔偿。

6月6日 北京各界在中央公园开中苏邦交恢复庆祝大会，王家襄主席，加拉罕、沈瑞麟等演说。大会致苏贺电，谓："中俄两国国交，从此益加敦厚，实两国国家及人民前途之幸。"

△ 北京学生联合会干事会在北大三院开中俄邦交恢复庆祝大会，到各校学生5000人。北大校长蒋梦麟致词，略谓：中俄邦交恢复为外交上开一新纪元，今后中俄两国当维持正义，与世界帝国主义奋斗。

苏联代表加拉罕及北大教职员代表马叙伦及北京学生联合会代表周达文等相继演说。

△ 北京政府外交总长顾维钧与驻京德使博郎签定《解决德华银行事务换文》,其中规定:中国政府交还德华银行在北京、汉口之不动产,连同建造之房屋,并同意以津浦、湖广铁路债票195万元付与银行;德华银行付清中国政府之各种索偿;中国政府拟将德华银行恢复至战前地位,连同其各种借款合同内发行银行之职务,但湖广铁路借款合同内各项职务现仍中止。

△ 英、法、美、日、意、荷、比、葡八国驻京公使是日及翌日先后照会北京政府外交部,以应待法国批准华会条约后再开议为辞,拒开关税预备会议。

△ 北京政府外交总长顾维钧会见苏联代表加拉罕,谓两国交涉在精神不在形式,仍拟互派公使而非大使。

△ 驻英代表朱兆莘报告中智商约已在伦敦签字。

△ 东江豫军樊钟秀部占领龙岗,并续向淡水进攻。叶举、钟景棠、练演雄各部集中淡水向龙岗反攻。洪兆麟、李云复等在平山一带集合。

6月7日 北京政府外交总长顾维钧照会驻京德使博郎,同意将扣留之德侨私人财产约7000万元全部放还,德国将其半数作为赔偿费付给中国,用下列方法行之:一、三种德债计津浦铁路借款、津浦铁路续借款、湖广铁路借款共1500.0065万元;二、三种铁路借款之到期息票及中签债票共1583.9909万元;三、1921年所付现款400万元。同日,又签订《结束放发中国扣留之德侨私人财产换文》。9日中德双方正式换文。北京政府财政部人员与德华银行总理斐格等,往复磋商四五月,至是将德发债票及德国赔偿问题在秘密中解决,共收回约1100余万元。

△ 孙宝琦出席国务院会议,拟商妥德发债票之善后办法,王克敏、苏锡第等未出席。孙乃邀全体阁员会议于中央公园来今雨轩,痛斥

王克敏相欺，并要求曹锟免王财政总长职。曹未准，孙消极。

△　日、法、美三国公使向北京政府外交部声明：对于中东铁路之发言权，不受中苏协定之拘束。

△　曹锟授周荫人为陆军上将，姚建屏加陆军上将衔。

△　曹锟派蒯寿枢为驻日留学事务总裁。

△　南京造币厂向三菱洋行借款银 23.6 万两，月息一分二厘，作购铜之用。

6月8日　张作霖在奉天召开司法会议，决在东三省行政委员会内组织最高法院，统辖东三省司法机关。嗣后三省案件即归该院，不再送北京大理院。

△　厦门大学全体学生因校长林文庆措施失当，唆使纵容教工殴打同学，演出流血惨剧，复停膳、停电、停茶水，以逼学生离校，是日举行离校宣誓典礼，誓言"林文庆一日不去，我等决不再来厦大"。被解职之王毓祥、傅式说各发宣言，驳林所举解职理由。后厦大离校学生团专函离校教员，请求另行筹办大学。

6月9日　北京政府外交部正式照会驻京九国公使，声明中苏邦交业经恢复，所有前俄使馆及其附属财产，应照中苏协定交还苏联政府代表。10 日，北京外交团再次开会反对交还。

△　孙中山任命邹鲁为国立广东大学校长。

△　孙中山令准林森所请，改革民间葬埋习俗，以天葬（火葬）代替土葬，并饬军政部长程潜、省长杨庶堪将永济药库废址拨为天葬场所。

△　孙中山函苏联驻华代表加拉罕，请其在苏联退还庚款中，分拨一部分作为广东大学经费。加拉罕复函表示愿意助成此事。

△　中国科学社胡适、天文学会高鲁、远东生物学会李石曾、考古学会沈兼士、史地学会陈垣、地质学会翁文灏、气象学会蒋丙然等代表各学术团体，是日及 10 日两度在北京集会，讨论美国退还庚款事，议决如下：一、退款中酌提相当成数发展科学研究；二、退款应作为固定基金，以维久远，基金之保管及其利息用途之具体支配，成立基金委员会

负其全责；三、基金委员会组织中之中国委员，应由有经验、有声望之人充任。

△ 沈鸿英电孙中山谓：8 日何才杰部抵柳州东门，邓右文部抵柳州喇塔三隍，断敌人桂、柳交通，柳州指日可下。桂城入软困之境，各路敌援已绝，可不战自溃。

6 月 10 日 孙中山任命范石生为中路总指挥，督率各军围攻惠州。

△ 曹锟特派刘存厚兼四川陆军检察使；任命孟昭月为闽北镇守使，闽北护军使缺裁撤。

△ 北京政府交通总长吴毓麟与中英有限公司在北京签订《解决政府应分沪宁铁路余利办法合同》。按：沪宁铁路系 1903 年向中英银公司借款修筑，1908 年通车后按合同分配铁路余利，该项合同系解决在余利分配实施中尚未解决的问题。

△ 孙中山因滇军杨希闵、桂军刘震寰等横行无忌，对党之决议咸置不理，乃下令广州各军移驻郊外，借收安定地方、避免摩擦之效。12 日，孙又严令驻广州各军限 10 天移郊外，否则缴械遣散。

△ 新疆督办杨增新电告北京政府：喀什噶尔提督马福兴叛国殃民，已将马及其子马继武一并击毙，请明令宣布其罪状。

△ 浙江省财政调查会函督办卢永祥及省长张载扬，请截留全部盐余年 400 万两，以救济浙省财政。

△ 上海对日外交市民大会电日本新首相加藤高明，敦促取消“二十一条”，改变侵略政策。并通电全国，略谓：旅大租借逾期年余，日人犹假“二十一条”抗不交还。近更勒死田(仲香)、贾(邦敏)，刺伤贫民，驱逐华工。更闻当年一手造成“二十一条”之加藤高明出而组阁，大敌当前，国人当注意及之。本会重申一面厉行经济绝交，一面提倡国货。苟能坚持到底，何虑日人。志士仁人，愿速图之。

△ 平山陈炯明军 7000 余人袭击龙岗樊钟秀军。樊因不谙地势，且滇桂两军又坐视不救，受挫退集平湖。至此东江战事又呈相持态度。

△　陆荣廷调柳州之谭浩明解桂林之围。谭向雒容、鹿寨方面移动，沈鸿英命何才杰部攻鹿寨，邓瑞徵部攻雒容。6日，沈、谭两部在雒容、鹿寨间交战，是日谭军大败，退柳州。

6月上旬　张作霖在哲里木盟召开蒙王会议，讨论经营蒙古政策。张派总司令顾问王家桢、张寿增参加。内蒙各旗王公、各重要官长、各团体首领均到。外蒙数旗及库伦亦派遣代表出席会议。

6月11日　北京外交团复照北京政府外交部，拒绝中国所提交还俄使馆之要求，声称："当中国停止俄国使领待遇时（民国九年9月23日），关系辛丑和约各国公使曾议决：该俄国使署迄各关系国均经承认之俄国代表未驻北京之前，应由各关系国公使共负保管责任。故关于移交前俄使署一节，应由俄国正式派遣中国之外交代表前来请求移交时，始能予以考虑。"

△　曹锟召顾维钧、颜惠庆、吴毓麟、陆锦、张国淦、王毓芝调停孙宝琦、王克敏间矛盾。

△　黄绍竑奉孙中山命出师援助沈鸿英，2000余人由梧州出发至贵县，联合李宗仁部会攻南宁。南宁陆荣廷急电柳州谭浩明求援，谭前后受敌，决意退兵。沈鸿英军何才杰、邓瑞徵部乘虚占柳州。

△　东方文化学社在北京成立，王正廷演说谓将东方文化宣传普及于欧美，为东方民族之责任。

6月12日　北京国务会议，顾维钧报告外交团11日照会拒交俄国使馆各情，决定由外交部再向使团交涉。

△　曹锟传见冯玉祥，研究"收蒙"准备。

△　孙中山令准杨庶堪辞广东省长职，以廖仲恺继任。

△　国民党中央执行委员会第三十六次会议准廖仲恺辞去中央常务委员职，以邵元冲补常务委员。

△　东江陈炯明军林虎部到回龙，邀宴湘军总指挥宋鹤庚商谈和议条件。24日，林又往湘军总指挥部行营晤宋，以示诚意。

△　上海国民对日外交会为反对德发债票签字事，通电呼吁国民

速起否认此丧权辱国债案。

6 月 13 日　苏联政府代表加拉罕照会北京政府外交部，谓苏联在各国均派大使，与中国自应互派大使以示平等。北京政府以此事牵涉外交团，不敢遽允。驻苏代表李家鏊因苏联外交部之催促，迭电促顾维钧从速解决。北京政府乃非正式向使团提出将各国公使一同升为大使。

△　北京外交团复照北京政府外交部，允交还沪租界公廨民事部分，但望速扩充租界与开辟码头。外交部派参事张煜全与外交团洽商收回上海会审公廨办法。

△　孙中山任命李济深为陆军军官学校教练部主任，王柏龄为教授部主任，戴季陶为政治部主任，何应钦为总教官。

△　孙中山派大本营建设部长林森继姚雨平兼理广东治河督办事宜。

△　吴佩孚电曹锟，请以俄退之庚款筑路，略谓："虽中俄协定有举办教育之说，然赔款筑路，更以路款兴学，功用益大，宗旨无殊。"

△　周荫人部与民军高义部在马巷、安海间开战。厦门至安海交通断绝。

6 月 14 日　孙中山任命梁鸿楷为粤军第一军军长，李福林为粤军第三军军长，李济深为粤军第一师师长，张民达为粤军第二师师长，郑润琦为粤军第三师师长。邵元冲为粤军总司令部秘书长。

△　上海各丝厂工人罢工，抗议厂商借口丝价跌落，减低每日工资三分和延长工时。参加者 14 个厂工人 1.5 万余名。工人两名被捕。经市政当局仲裁，每工加给工资一分；关押之两女工交保释放；允许正式组织工会。27 日，各丝厂女工复工。

△　闽督周荫人由漳州回福州视事。

△　美国务卿照会北京政府驻华盛顿公使施肇基，悉数退还庚子赔款余额。

6 月 15 日　国民党中央执行委员会及广州特别市党部联合公宴

黄埔军校师生。主宴者胡汉民、汪精卫、廖仲恺、孙科等出席，蒋介石率将士600余人入席。汪精卫代表中执委会致词，强调相依为命之精神；蒋介石代表师生致谢词，宣誓为党作牺牲，不负厚望。

△ 张作霖召开东三省金融会议，决定：一、合并东三省官银号、奉天兴业银行、东三省银行；二、取消各处货币交易所。

△ 中国社会党在沪通电，声称以江亢虎主张之“新民主主义”、“新社会主义”重建中国社会党，“使政治活动走上轨道，预防社会革命之‘危险’”，“用和平方法促进政治和经济制度之改造”。

6月16日 黄埔军校举行开学典礼，到学生499人。孙中山偕夫人宋庆龄莅会。孙中山致开会词，指出中国革命有了13年，只有民国之年号，无民国之事实，就是由于只有革命党之奋斗，没有革命军之奋斗。创办军官学校“独一无二的希望，就是创造革命军，来挽救中国的危亡”。强调要学俄国十月革命成功的经验，建立革命军队。胡汉民代孙中山训词，词曰：“三民主义，吾党所宗，以建民国，以进大同。咨尔多士，为民先锋；夙夜匪懈，主义是从。矢勤矢勇，必信必忠；一心一德，贯彻始终。”下午举行阅兵礼。

△ 国民党中央执行委员会第三十七次会议议决增设实业、联络两部，汪精卫任实业部长，胡汉民任联络部长。

△ 驻京日本公使芳泽奉日政府电召回国。

△ 广州举行大总统蒙难二周年纪念，1922年陈炯明叛乱时随孙中山蒙难诸人均参加，孙中山颁给会费300元。午后至大本营摄影纪念，并假两广盐运使署宴叙，旧话重提，并出示当时实录，备革命史之参考。

△ 北京政府外交部为驻京日、美、法各使通牒干涉关于中东路问题致各使照会，声明：中俄协定成立后，中东路既系中俄两国之所有，自应由中俄处置，不受第三国干涉；至于各国所投资本，未有拒不承认之意。

△ 吉林省城成立平民学校14所共17班，是日开学。

6月17日 北京国务会议，由顾维钧代理主席。王克敏、苏锡第未出席。议决:一、通过外交部所拟中俄会议办事处组织大纲,并简派刘镜人为中俄会议办事处秘书长;二、加拉罕交来孙中山电,派邹鲁为俄国退还赔款委员会委员长,未到任前派李石曾代理,议决置之不理;三、陆锦提川边镇守使陈遐龄辞职案,议决去电慰留。

△　王克敏辞财政总长职,辞呈内附任内收支表。

△　北京国会议员胡鄂公等 135 人发表《维持中俄协定宣言》,略谓:此次协定之成立,即中俄两国人民反抗列强帝国主义奋斗之结果。协定规定中东路由中国赎回,自不容第三国无理要挟。深望中俄两国政府及人民,应视此协定为中俄永久关系之要纲,中国外交之砥柱。

△　孙中山任命林振雄为陆军军官学校管理部主任,周骏彦为军需部主任,宋荣昌为军医部主任,俞飞鹏为军需部副主任,张崧年为政治部副主任,邓演达为教练部副主任兼总队长,梁广谦、钱大钧、胡树森、陈继承、顾祝同、文素松、沈应时、陆福廷、严重、王俊、刘峙为教官。

△　李大钊代表中国共产党到莫斯科参加共产国际第五次代表大会,并代表中国共产党在大会上就中国民族革命问题发表声明。

△　北京外交团会议,九国以外公使亦被邀参加,加拉罕发言,表示"本代表依法律向中国政府要求交还使馆,无与使团直接交涉之必要"。

△　广州各界讨论筹款向美商罗拔洋行购买兵工厂制械机案。决定由善、商、工、政各界组织广东兵工厂机器还款委员会,发行有价证券港币 150 万元,由本省商会、慈善团体签字担保分八个月偿还,签字之日先交 15 万元。此项证券可以由商会代商团、民团、工团向兵工厂购买步枪子弹。

△　援陆荣廷之马济部会同湘军叶琪旅进占全州,沈鸿英部向桂林方向撤退。旋赵恒惕出面武装调停,一面阻马济穷追,一面负责全州治安。

△　北京国立八校发表宣言,略谓:八校经费积欠已阅十月,无法维持,要求政府在德国赔款项下先拨经费五个月,使学校不至停办。

△ 湘省湘、资、沅诸水自是日起至下旬更迭涨退，全省46县遭灾，为30年来最大之水灾，灾情以宁乡县为最重。长沙各商店损失巨万，衡阳全城皆水，浮尸满河。至7月4日水势稍平。

△ 上海台湾青年会集会反对台湾举行始政纪念日典礼，并发布讨日檄文。上海台湾自治协会亦参加上海青年会，反对台湾始政纪念日之活动。

6月18日 国民党中央监察委员邓泽如、张继、谢持具呈孙中山弹劾共产党，并致函中央执行委员会，声称共产党员及社会主义青年团员之加入国民党，“确于本党之生存发展有重大妨害”，主张国民党内“绝对不宜党中有党”。

△ 曹锟任命陈洪范为四川陆军第八师师长。

△ 山东省议会讨论青岛督办高恩洪拟拍卖青岛全部公产以充吴佩孚军费问题，决议通电全省反对，并通电各省协同力争。

△ 江苏特派交涉员许沅以中智条约并无领事裁判权之规定，而驻沪领事团妄称智利领事享有领事裁判权，主张智利领事派员到会审公廨陪审，是日致函领袖领事抗议，并致函智利领事，迅将派员到廨陪审一事取消，以重约章。

6月19日 法国驻安南总督梅尔林在广州沙面英租界宴会时，有安南人范鸿泰向之抛掷炸弹，梅尔林受伤，旁座死五人，伤七人。范被追捕至法界跃入海中溺毙。次日，驻广州英领事函广东省政府称，此案粤政府应负重责，应严定规章，限制华人进入沙面。广东省府复函英领，谓：沙面治安权向操之英、法两领，不容华官参预，此案不能归咎粤官吏。本省长特此提议，如遇必要时，大本营政府得派警入沙面协同维持。至于严订限制华人入沙面规章，有损华人利益，本政府难以首肯。

△ 美籍英商郝莱由重庆运桐油至万县，17日抵埠时，因招揽脚夫搬运，不慎落水毙命。是日，英舰鸣炮示威，威迫万县知事及该地军警将船夫向国源等二人斩首，并勒令当地官绅厚恤郝莱，郝出殡时官绅须从江面起至万县墓地执绋送葬，以示道歉。万县知事一一照办。7

月 2 日，北京政府外交部照会英使麻克类，抗议 19 日万县英舰发炮胁迫知事枪毙船户。

△ 沈鸿英在谭延闿处得子弹 10 万发运桂，甫经梧州，即被黄绍竑截留；又见黄绍竑、李宗仁将袭取南宁，故与陆荣廷停战。是日，沈电赵恒惕，略谓：吴佩孚已允负责该部军饷，已饬前方将士先解桂围，余事听候解决，请转告陆荣廷、马济饬部暂就原地驻扎，以免冲突。22 日，赵复电沈请饬部回驻平乐，将灌阳、阳朔两县划为中立地点，以免两军冲突。

△ 由闽至浙之臧致平、杨化昭部，被浙督卢永祥收编为边防军，驻开化、淳安一带。卢以臧为边防训练处处长，杨为第二十四混成旅旅长。

6 月 20 日 孙中山命谭延闿赴前敌督师，以胡汉民兼任大本营参谋长。

△ 北京政府外交部成立中俄会议办事处，以刘镜人为秘书长。

△ 粤省南路阳江陈炯明军进迫恩平，杨锦隆奉许崇智命调陈慎荣团谭茹汉、陈才林两连赴恩平防御。是日，该两连甫离白沙圩 20 里即叛投陈炯明。

△ 驻京日代使太田闻北京政府有令驻美公使施肇基签字于中美电台债券之说，即提出抗议。7 月中旬，顾维钧命交通部向美国费德理公司驻华代表商办中美电台债票。日本政府训令太田再向华抗议，阻止发行电台新债券。

6 月中旬 段祺瑞、卢永祥促张继、谢持等赴粤磋商孙中山与陈炯明和议事。谭延闿、杨希闵相继赴东江前敌主持和议，并向各军长征求同意。

6 月 21 日 赵成樑电告广州大本营：方本仁以援粤总司令名义在赣州召开军事会议，决定 7 月 1 日开始攻粤，以高凤桂部为前锋，邓如琢等四旅由信丰、南安、新城分三路进行，兵力约二万。次日赵又电告：方本仁部向南安进兵，前锋已有一旅之多到达南安，数日后即犯粤。

△ “江大”舰水兵愤欠饷过多,上官克扣,串同香山匪首林才骑劫持该舰,将正、副舰长绑缚,勒令驶往香山河面,遇船必劫,共劫丝艇十余艘,货船五六艘,得赃七八十万。最后遇英舰,恐不敌,林才骑将“江大”舰所有武器及子弹携走,并掳去舰长陈杰,转乘所掳小轮逃走,该舰即驶回黄埔。

△ 台湾议会请愿委员蔡培火、蒋渭水、洪元湟、李岭四人抵达日本东京,请愿台湾应行自治,东京台湾青年会会员200余人欢迎。当晚同记者见面,次日在拓殖大学演讲。

6月22日 孙中山电令梧州李济深、黄绍竑、迅将扣留之沈鸿英代表解运桂子弹10万发验放,以利沈部围攻桂林。

△ 晚,福州大水,为25年来所未见,全城淹没四分之三。灾区波及闽江沿岸28县,仅尤溪一县死伤即达8000人,损失1000万元以上。盖因连日大雨,山洪暴发,江水猛涨,复有台风海啸,泛滥成患。

6月23日 广西讨贼军第七军总指挥黄绍竑通电声讨陆荣廷。谓:“绍竑仰承帅令,用伸挞伐之威,环顾乡邦,意切澄清之愿,谨于六月东日(1日)誓师梧郡,直指邕龙。左右两军,业经先后克复横州、永淳、宾阳、迁江等处,南宁即在包围,龙州亦指日可下。”

6月24日 孙中山批准国民党中央农民部拟定的《农民协会章程》,凡15章83条。

△ 曹锟令皖北镇守使兼第二混成旅旅长李传业到京供职,马联甲暂行兼署第二混成旅旅长。

△ 东三省陆军步兵第一旅旅长阚朝玺接通辽县知事李新榜电话报告:盘踞河套纵横北方之匪首卢占魁,窜至通辽县九家子、车子花等处。阚当夜赶至通辽,将卢及匪众120人诱至,捕匪首卢占魁,匪众120人被缴械,内有日人六名。除将日人送交县署寄押外,余均枪毙。

6月25日 国民党中央监察委员谢持、张继等在广州就“共产党加入国民党,而在党内作党团活动”一事向鲍罗廷提出质问。

△ 孙宝琦谒见曹锟。曹力言王克敏无劣迹可指,为今日难得之

财长，即德发债票事亦办得不错，断不能以有功无罪之人而行罢免。孙见曹祖王，乃请准其出洋，曹力劝不必。

△ 黄绍竑、李宗仁在贵县会师后，分水陆两路进攻南宁。23 日，右翼占宾阳，左翼由水路直扑南宁。南宁陆荣廷部北上援桂林，林俊廷移兵钦廉，守军不满 1000 人。是日，黄、李两部下南宁。次日，李入驻南宁城，黄回梧州。

△ 北京八校教职员、中华教育改进社、北京教育基金委员会联席会议发表宣言，声明："俄庚款清偿债务之后，悉用于教育，惟管理并分配该项赔款之中国委员二名，必须以教育界有资望、经验，而为一般人所信仰者充任。倘以不明教育事业或无资望，不为一般人信仰者滥竽斯席，同人等为国家教育计，惟有反对到底。"

△ 淞沪警厅在上海横浜路破获所谓中国三 K 党七名，其中有两名为美国人。自称该党顾问之美国人凯南事后投函《字林西报》，妄称目下部分华人及外人宣传排外实为错误，于中国有害，三 K 党为辟其谬，负有阻止排外宣传之义务。

6 月 26 日 广州大本营会议决定：陈炯明倘愿媾和，则须全部开赴北伐。陈如照办，可由联军担任后方供应；声明悔过一事，亦可让步。后陈炯明代表金章、马育航、陈觉民在香港向汪精卫、李福林表示，陈必欲回占广州握军政大权。和议未成。

△ 出席蒙王会议之王家桢、张寿增回奉向张作霖报告会议经过，称重要决议有：一、由东省选拔两混成旅，分遣蒙境要隘驻扎，兵力与直方在蒙兵力相当，以保均势；二、就地招募蒙人入伍，编成后协同奉军驻扎；三、蒙军给以新式训练，易以奉天兵工厂制造之新械，由蒙出相当代价；四、设立航空处；五、设立银行；六、设立实业公司举办屯垦、开矿、畜牧、毛织等业；七、建筑铁路，可自洮南直达兴安岭；八、设立邮电；九、振兴教育；十、设立讲演所，启发蒙民知识。

△ 日本船"海鲁布丸"船员在天津塘沽击毙驳船公司工人郑连仲，击伤陈德奎、张顺、张德。28 日，日领署派马野弓男等到塘沽会同

警局调查。7月9日,驻津日领致函天津交涉署表示歉意,并告已电请上海日领馆设法将已开往上海之该船及凶犯扣留拘提讯办。

6月27日 北京政府外交部照会北京外交团,驳复11日照会,谓旧俄使馆及文件等,应照中国要求全部移交,并声明:"使馆界虽由使团管辖,但仍系中国领土,故俄使馆不受他国管束……。中国请交还俄使馆给苏俄代表,乃对友邦尽国际应有之礼遇。"

△ 沈鸿英军总指挥邓瑞澂派旅长邓右文与援桂湘军叶琪接洽,和议告成。是日沈军撤围桂林,退至六塘、良丰;驻兴安、全州之沈军退至大墟。

6月28日 北京国务会议,顾维钧主席。苏锡第报告德债手续完竣,陆续提取现款。顾报告中俄会议本应一个月内开幕,因故须稍缓数日。又请秘书长王继曾劝孙宝琦出席阁议,讨论英、美、日、法、俄改升大使案。

△ 国民党中央执行委员会妇女部在广州举行妇女党员大会,百余人出席。

△ 天津各界为提倡平民教育,有256团体约四万人举行游行。

△ 粤省东、西江久雨成灾,西江之水灾受湘省大水之影响,因湘、桂之水实以粤之西江为尾闾之泄,桂之梧州,东江之肇庆、佛山,西江之石龙、增城各属悉被淹没,是日水势稍定。

△ 湖南大雨成灾,遍及全省,长沙、宁乡、湘潭、衡山等县之灾情尤为惨重,损失达数千万元。

6月29日 国民党讲习所在广州开学,学员360余人。孙中山勉励学员以语言文字去宣传民众,为本党之主义作和平奋斗。

△ 汉口法国领事照会交涉署,俄界毗连法界江岸马路,未得法国同意,不能遽行收回。

△ 晚,天津日兵大久广次等在南门新华里殴打人力车夫姚庆顺,并毁其车。岗警干涉,日兵出利刃行凶,岗警将日兵带赴东六区。未及讯问,忽有日兵四五十人,在南市集益里一带捆绑华人数名,押送日军

兵营。警厅派司法科长与日武官交涉。

△　盛竹书、吕静斋、赵南公、周伯尧、项松茂、史量才等九人当选为上海纳税华人会新理事。

6 月 30 日　国民党中央执行委员会第三十九次会议通过汪精卫任中央执行委员会实业部部长，谭平山兼常务委员，刘芦隐暂代宣传部长，戴季陶任上海执行部常务委员兼宣传部长。又通过《农民运动第一步实施方案》，规定："组织农民运动讲习所，以一个月为讲习期间。讲习完毕后，选充为农民运动特派员。"

△　北京政府商标局布告：现据中外各商呈请注册种类甚多。其在外国者，现时正在函电商量一切办法。现规定住居外国及边远地区者，将商标法第四条规定之期限，展至本年 12 月 31 日止。商标法案乃结束。

△　晚，英驻广州领署召集会议，借口安南总督梅尔林被炸事件乃华人仇外行为，特制订限制华人出入之沙面新警律和交通新律例，规定华人出入沙面须持有执照，晚 9 时后即使持有执照亦不得出入。

△　前广州大本营司法总长徐谦到沪，专事办理上海法政大学校务。

△　北京国务院总理孙宝琦因曹锟偏袒王克敏而避往京郊逾半月，是日被劝回京。同日，"民治社"首领孙洪伊抵京活动组阁，曹锟代表徐文采、军警当局聂宪藩及国会议员等约 200 余人到车站迎接。

△　山东匪首高二虎率领悍匪百余人闯入安丘东北之戴家埠，抢掠烧杀，焚房屋 200 余间，击毙村民 10 余名，伤 20 余名，援军受伤者 10 余名。

△　安徽大刀会约 3000 人攻占六安县城，自称"民生救济自治军"，以谢筱陆仔为总司令，架走中国银行行长傅麟、商会会长董复初，软禁法国教士三人，挟使商民要求官军勿攻城。

是月　晋华纺织公司第一厂在山西省榆次县北关设立，资金 200 余万元。

△ 胶澳商埠督办高恩洪倡办私立青岛大学，聘蔡元培、黄炎培、张伯苓等为董事，李贻燕为筹备主任，招收文、商、工三科学生。

△ 太平洋运输工人会议在广州举行，到会有中国、印度、日本、菲律宾、爪哇、新加坡等地铁路和海员代表及赤色职工国际代表。会议决定充分发展、巩固各国运输工人组织，使之成为东方反抗资本主义的主要力量。

△ 全国道路建设协会再次通电全国，请各省长一致赞成以庚款筑路，余利兴学。马福祥、孙传芳等人表示赞成，吴佩孚亦复电表示支持。

△ 商务印书馆刊行瞿秋白所著《赤都心史》一书。该书于1921年11月完稿，为最早记述苏俄之著作。

△ 武汉学生联合会发表宣言，力争以日本退还庚款在鄂设文化事务所。

△ 京师学务局归并男女小学35处，裁减校长及教员十分之三。

△ 日本排斥华工，3月来已有500余人被拒登岸，上海、广州及旅日华侨向日人力争。

7 月

7月1日 孙宝琦主持北京国务会议，决定全体总辞职，并于翌日向总统府递送辞呈。

△ 曹锟令准热察绥巡阅使王怀庆辞去热河都统兼职；任命米振标署热河都统；帮办热河军务一缺即行裁撤。

△ 孙中山令广九铁路护路司令周自得兼广九铁路局局长。

△ 驻阳江之陈炯明军开始向联军防地恩平县攻击。联军郑润琦急调所部迎击，一面电请驻梧州之李济深增援。3日，陈军占领恩平。11日，广州大本营命梁振楷、林树巍、杨锦隆部向恩平反攻，陈炯明军陈章甫等部不支，退向阳江。

△ 汉口交涉署派移交委员李子英将前俄领馆移交苏联代表季赛耶夫。同日，汉口俄租界收回，将“大俄工部局大俄护卫衙门”（即巡捕房）之名义取消，另在旧工部局内成立收回俄租界临时管理处，捕警均改换中国之肩章、帽徽。

△ 北京政府外交部裁撤各埠俄侨事务局，并通知外交团。

△ 英、美、法、日、意、比、西、荷八国使团为交还前俄使馆问题复照北京政府外交部，称使团虽愿将前俄使馆交还俄国代表，但必须在俄国派出正式代表向使团接洽，并须俄国代表切实表示愿服从使馆界一切规章之后，方能交还。

△ 日本外相币原向日本第四十九届国会作外交演说时，述及对华政策为：一、尊重中国主权，不干涉中国内政；二、中国国民之合理要求，以诚意与同情接受之；三、日本在中国之权益，以合理方法保护之；四、日中两国经济提携，共存共荣。

△ 北京政府外交部再次照会法使傅乐猷，驳复法国所提保留中东路权利的要求。

△ 李义元案由大兴县判处四个月零三日徒刑。北京政府外交部将此项判决通知英、美、意三国驻京公使。

△ 上海宝山青年谭翼鹏独资创办之半月刊《翼报》出版。《翼报》宣称以“发扬民意，改革社会”为主旨，请何世桢、邵力子为顾问，李剑虹、陈冰伯、朱大可、刘孤鹤等在第一期撰文。

△ “外蒙古人民政府”宣言成立“蒙古人民共和国”，公布“宪法”。

7月2日 曹锟令准免国务总理孙宝琦本职，特任顾维钧暂行兼代国务总理；各总长则均挽留。

△ 北京国务院电杨增新，告以阁议已通过新俄商约。旋外交部电杨称，我国现已与苏俄恢复国交，订立条约宜用中央名义，应由本部特派新省交涉员署名。

△ 北京参议院通过张我华所提《政府当局交涉德国赔款及德发债票，丧失权利，损害国库，急图补救决议案》，主要内容为：一、政府对

德国赔款应根据前政府所提清单交涉，不得减少。其赔款延期之息金，亦应由德政府负之；二、我国前此所负德国债款，除其债票曾依前政府所布期限在驻英使署注册，证明为非德人所持有者外，其余一切德国所有之债权，无论为德政府所持有，或为德国人民所持有，应尽数抵充赔款；三、政府应根据所提各条向德政府交涉，未经依法同意前不得签约。

△　中国科学社在南京开十周年纪念大会，到军民长官来宾百余人。范源濂主席，任鸿隽报告建社经过，马君武演说，主张利用西方科学，改良生产事业，救济人民生计。

△　四川官钱总局开市，发200、500、1000三种钱票，以铜圆局所出铜圆为兑换基金，纳税通用，票面加盖商会章。

7月3日　国民党中央执行委员会举行第四十次会议，讨论邓泽如、张继、谢持所提"弹劾共产党案"，决议：一、须有表示态度之宣言，二、开中央执行委员全体会议讨论办法；三、呈请孙中山决定。推定汪精卫、邵元冲担任起草宣言。

△　国民党中央执行委员会农民部所办第一届农民运动讲习所在广州开学，彭湃为主任。

△　国民党为反对北京政府德发债票案发表宣言，略谓：北京政府办理德发债票，其行为之诡秘，方法之糊混，用途之叵测，皆足以构成其卖国殃民之罪状，对此实不宜漠视。全国国民团体，宜组织合议机关直接公开处理一切，庶几国民利益不致为少数军阀垄断。类似之金法郎案、各国退还庚子赔款案，国民亦当以同一态度处理之。

△　广州大本营开政务会议，讨论北江防务，决筹设北江前敌兵站，责成财政部副部长郑洪年负责。郑即先办军米5000石，令各县摊解。

△　孙中山据陆军军官学校校长蒋介石、驻校党代表廖仲恺呈，称学生队第一队长吕梦雄私开会议，要求加薪，并欲联名要胁，引起同盟罢职之举动，拟即免除职务，永除党籍，驱逐出境，以儆效尤，而肃军纪等情，指令照准。

△　安徽督理马联甲电令驻蚌埠第一旅长倪朝栋率队往舒城、霍山剿大刀会，并令皖北镇守使史俊玉速往合肥指挥。8 日，马联甲召驻省第三旅团长吴大鹤、军署参谋长田锦长及各厅道讨论进剿办法。因六安商民要求保全城池，安庆天主教士因六安教士被掳，亦要求勿操之过急，吴大鹤主张招抚，给资遣散。马乃电史俊玉相机办理。

△　中华教育改进社在南京召开第三届年会，到会 20 余省区之会员 1040 人。董事长熊希龄致开会辞谓，今年希望于本会者：一、开展科学之调查与研究；二、推广平民教育；三、提倡华侨教育。主任干事陶行知作报告，希望创造合乎国情之中国式教育。该会学术会议议决研究蒙古教育之方针，反对日本对华文化事业及收回教育权等重要议案。7 日，该会议决请政府迅与日本交涉，取消“对支”文化事务之协定。9 日，年会闭幕。

△　赣南山洪暴发，南昌城大半被水淹没，南昌以下沿赣江各县及鄱阳湖附近各县遭水灾，九江灾情亦重，为赣省 20 年来最大之水灾。

7 月 4 日　驻京法使傅乐猷照会北京政府外交部，抗议中德协定关于德发债票之协定违反国际赔偿委员会之各项规定。7 日，法使再次照会外文部，声称处置德产事违背《凡尔赛和约》。9 日，法使第三次照会外交部，声明德华银行房产已由中国抵押于中法实业银行，在未赎回前，不能复业。

7 月 5 日　曹锟向国会提出颜惠庆组阁，咨请同意。

△　众议院开会，廖劲伯、叶夏声动议变更议事日程，先议咨请大总统速提继任国务总理，交本院同意，并否认违法派代国务总理案。政府派代表李燮阳则请先议决议员兼任官吏案，众反对，致发生争吵。

△　西北边防督办冯玉祥向北京政府提出西北边防计划。

△　滇军范石生、蒋光亮将广州士敏土厂交大本营财政委员会接收。

△　奉系代表杨大实偕奉天留粤议员徐清和谒孙中山，询对于中俄协定之态度。孙中山表示：苏俄此次与北廷缔约，不过表面上之敷衍

手段，吾辈与苏俄既然为精神上知交，不必拘于形迹，否则不免时生误会。

△　中华全国体育联合会在南京成立，张伯苓、郭秉文、陈时、聂云台、沈嗣良等九人当选为董事。

7月6日　内蒙因张作霖反对中俄协定，奉俄局部会议即将举行，特派代表包景南到奉晤张作霖，要求将蒙俄问题附带于奉俄问题中进行谈判，所提要求主要为：一、要求撤退在蒙俄军；二、要求苏联将俄蒙私订条约一律废止；三、数年来俄人毁坏界标，任意侵占蒙土，要求将侵土让出；四、商订奉俄通商条约时，酌量蒙古与内地行省不同之情势，加以特别规定等。张作霖表示当与苏俄代表力争。

△　国民党广州市党部开成立大会，孙中山派林森出席，并代致训词。

△　国民党东京支部开成立大会，提出党员纪律案、宣传事务案等，选举雷昺、李人一、费哲民、郭汉鸣、马念一等七人为执行委员。

△　国民党旅法党员180多人在巴黎举行大会，决议设立总支部，并筹设华工义务学校及募集基金等。

△　旅日华侨代表郝兆先谒广州大本营外长伍朝枢，报告日本取缔华侨苛例经过。伍允即提出抗议。7日，郝与日总领事天羽协商侨工问题。天羽接受郝所提三条件：一、即日取消现定之苛例；二、另定厨师、理发师、裁缝师等入国保证办法，但须得华侨联合会同意；三、劳工上陆条例须以自由平等精神订之。天羽允即日致电日政府，陈述解决意见，候复示到粤再行谈判。

7月7日　国民党发表党务宣言，申明容共原则。略称：三民主义之革命，为中国革命运动中惟一之途径。革命之基础，自以联合全民共同奋斗，始能益显其效力。故凡有革命勇决之心及信仰三民主义者，不问其平日属何派别，本党无不推诚延纳，许其加入。惟数月以来，党内党外间多误会，以为已加入本党之共产党人，其言论行动尚有分道而驰之倾向，于是反对派得肆其挑拨，同志间遂由怀疑而发生隔阂。中央执行委员会郑重声明:本党既负有中国革命之使命,即有集中全国革命分子之必要。故对于规范党员,不问其平日属何派别,惟以其言论行动能否一依本党之主义政纲及党章为断。如有违背者,本党必予以严重制裁,以整肃纪律。

△ 中华民国大学联合会在南京成立。选出会长范源濂、副会长郭秉文,并通过组织大纲六条,规定该会以联合各大学共谋学术上之合作及课程上之联络,促成全国高等教育之进步为宗旨。

△ 国民党中央执行委员会会议决定,汉口执行部暂告结束,所有湘、鄂、陕各省党务统归上海执行部办理。

△ 孙中山任命蒋介石兼长洲要塞司令,原任马伯麟辞职。

△ 厦门大学去职教授欧元怀、傅式说等九人和学生团总代表罗士清、孙亢曾等 14 人,在上海设立大夏大学筹备处,租定宜昌路前南方大学校舍为秋季开学之用。30 日,在上海召开大夏大学筹备会议,决开办文、理、教、商、预五科。8 月 2 日,招考新生。8 日,吴稚晖、汪精卫、张君劢、王伯群、叶楚伧、邓萃英、邵力子、林支宇、陈树霖 9 人允任大夏大学董事,成立董事会。

△ 留日中国同学会发表宣言,谴责日本政府一意孤行,倒行逆施,任意分配庚款,并谴责驻日公使汪荣宝等处理不当。宣言并称军阀专横,祸国殃民,以致庚款未得公平处理。

7 月 8 日 北京国务会议讨论吴佩孚请以俄庚款筑路、以路款兴学案,决定由外交、财政、教育、内政、交通五部开联席会议研究具体实行办法。

△ 苏联代表因北京政府外交部对 6 月 4 日所提移交俄舰要求未作答复,是日再次提请中国政府移交此项俄产。外交部于 16 日答称:各船中白党长官水手 600 名甚难制服,故移交事宜迟延未办。22 日,加拉罕复向外交部抗议吴淞口俄轮迟不移交,要求北京政府下令解除 600 匪军武装,移交船舰。

△ 英、日、法三国公使因广州大本营另组盐税局征收盐税,向北

京政府外交部联合提出抗议，并令广州领事团向大本营外交部抗议。

△　陆荣廷与沈鸿英议和息战，约定抚河以上属陆，抚河以下属沈。

7月9日　北京八校教职员代表许绳祖等14人赴北京政府外交部谒顾维钧，继访颜惠庆，由外交部参事朱鹤翔及颜之秘书吴炳南分别接见。许等申述三点：一、反对张国淦为俄款特别委员；二、各校经费积欠10月之多，学校与个人均不能维持，请设法补救；三、反对张国淦、罗文幹蝉联教育总、次长。

△　六安大刀会一部攻占霍山，宣称驱逐马联甲。马联甲电调第一旅等往剿，总计各路援兵有七八营之多。10日，江苏督理齐燮元令陈调元率一团至蚌埠及宿县协剿。马联甲严令皖省各军速克六安，以拒外省军队入援。

7月10日　中国国民党就各国退还庚子赔款事发表宣言，反对以庚款筑路导淮、再以筑路导淮之收入兴学之说，主张应由教育团体组织委员会保管庚款，审定其用途，务合振兴文化之旨。

△　冯玉祥宴孙洪伊及民治社议员，疏通颜惠庆组阁案，劝与当局合作。其他反颜派亦多数被邀。

△　顾维钧就庚款用途事函复吴佩孚，略谓："美庚款已指定专用，英款亦以文化事业为主，日款自行支配，俄款已切实规定，如变更原议，另指用途，转恐易生枝节。惟教育基金既需生利，可投资我国铁路事业，不妨设一总公司，发行债票，保障较固利率，届时不难劝委员动用基金，购买股票。"吴佩孚乃致电曹锟，主张俄款委员须以赞成筑路者担任。吴之驻京代表劳之常向顾维钧、吴毓麟等建议，请以王正廷为委员。

△　北京政府外交部照会北京外交团，略谓：为实施商标法，中国已向瑞士万国商标联合会延聘专门人员，以备咨询。

△　江苏特派交涉员许沅就智利领事要求领事裁判权事函复智利领事，略谓：前奉外交部训令，中智条约并无领事裁判权之规定，至于函

开《中瑞条约》签字在中智缔约之后，而彼享有治外法权。殊不知《中瑞条约》五款外，另有附件专条，声明瑞士享有领事裁判权。中智条约无此项附件声明，当不得强为比拟。22 日，北京政府外交部令驻美公使施肇基与智利驻美公使交涉，将中国意见转达智利政府。

7 月 11 日 孙中山决定成立国民党中央政治委员会，“以辅助总理，应付时局，策划政治之方针”，指派胡汉民、汪精卫、廖仲恺、谭平山、伍朝枢、邵元冲为委员，孙中山自任主席，聘俄人鲍罗廷任该会高级顾问。是日举行首次会议，议决：一、指定伍朝枢为秘书；二、决定关于摒除排外宣言之大旨；三、派许崇智、杨希闵、刘震寰、谭延闿、樊钟秀、胡汉民、廖仲恺、蒋介石、伍朝枢九人为军事委员，俄人高和罗夫为顾问；四、派古应芬、甘乃光、彭湃为农务调查委员，鲍罗廷为顾问；五、派廖仲恺、汪精卫、伍朝枢为商务调查委员。14 日，中央执行委员会第四十三次会议通过胡汉民所提“政治委员会对中央执行委员会之权限”一案，规定：一、关于党事对中央执行委员会负责，按照性质由事前报告或事后请求追认；二、关于政治及外交问题，由总理或大元帅决定办理。

△ 孙中山明令重申兼差不兼薪之规定：凡在大本营及大本营直辖各部、处、署、局、司、会兼职人员，除原职仍照现支额数支薪外，其所兼职之薪水，应即以二成发给，以节公帑。

△ 曹锟特派叶举兼任督办广东治河事宜。

△ 曹锟派驻美公使施肇基、驻荷公使王广圻、驻英代办朱兆莘为出席于日内瓦召开之国际禁烟会议全权代表。

△ 北京国务会议，王正廷提出 5 月份军政费支配修正清单，决定军警费照原经费八成、国会七成、教育七成、普通机关五成发放。顾维钧报告，吴佩孚及各方面一再来电，要求公布德债内容，决于 12 日公布中德协定全案及换文等件。据马联甲报告大刀会攻陷六安，决令马督饬前方军队限期扑灭。

△ 顾维钧宴外交委员会部分议员，代颜惠庆疏通同意案。12 日，程克邀宴议员疏通颜阁同意案，并为本人疏通留任。

△　经营胶澳盐业之永裕公司在青岛成立。

△　日商明治制糖会社以资本日金3715万元，在上海杨树浦设立明华制糖厂，要求中国免税，以与香港糖竞争（按：当时中国所用糖只香港与日本二种）。上海对日外交市民大会就该厂要求免税事，于是日及8月10日二次分电北京政府农、财、外三部，认为此例一开，关税主权丧失殆尽，要求政府严行驳复日商。

△　鄂省教育会教职员联合会及小学教职员联合会等五团体合组湖北教育基金委员会，决定向中央催索财政、交通两部积欠鄂省原充教育经费之米厘股本，并争回盐斤附捐，进而争摊庚款一部拨作鄂省教育基金，并由每团体各推代表二人，组织请愿代表团北上。

7月12日　北京国务会议通过中苏两国互派大使。

△　北京政府外交、财政、交通三部根据国务会议11日决定公布部分中德交涉文件11种。

△　驻京荷使欧登科代表《辛丑条约》签字国答复北京政府外交部6月27日关于交还俄使署之照会，略谓：《辛丑条约》规定，在使馆界内之各种资产，皆隶属于国际的地役权之束缚下，中国政府及《辛丑条约》签字国皆受此束缚。且1920年起各国代表负保管俄国使团及各项财产之责。故请外交总长居间转邀苏联代表与外交团领袖直接交涉，以便维持外交团内各种规则。24日，顾维钧请美使舒尔曼以签字于《辛丑条约》中最老之外交团资格，与苏联代表加拉罕直接会谈交还俄使馆问题。

△　驻京法使傅乐猷离京转沪回国述职，临行前照会北京政府外交部催促解决金法郎案。

△　前皖督倪嗣冲于天津英租界本寓病卒。8月9日，曹锟令褒恤之，追赠倪为安武上将军，派员致祭。众议员李燮阳闻悉提案质问，列举倪之祸国罪状。

△　天津“中华坚决救国团”等对塘沽日船“海鲁布丸”殴毙华人案进行实况调查后，召集30余团体代表40余人开会，组织“天津塘沽外

交后援会”，并决议：一、请交涉署向日领严重交涉，引渡凶犯；二、通电全国请予一致援助；三、致电日本各机关、各报馆促醒日人，嗣后对华不得再有藐视行动。13日，沪日领派人将殴毙华人之吉本、濑户口、宫本三犯自大连解押至天津，交天津日领署司法科预审。22日，天津日本副领事田岛暨司法官宇佐美称，“根据日司法程序，领事馆预审重伤罪，须将案犯送交长崎复审”。又称，“此案现未查阅，予审期未能宣布”。

7月13日 湘军宋鹤庚部第六师长王德庆率部由横芙头驻地经锦场渡河，投附林虎。宋电请谭延闿将王德庆免职通缉。21日，谭在广州召开湘军将领会议，决发联衔通电拥护孙中山，停止与林虎议和。22日，孙中山令各军长官饬属严办王德庆。

△ 北京学生联合会、北京大学等京内外50余团体及在京国会议员等各界人士230余人，在中央公园举行反帝国主义运动大联盟成立大会，选雷殷、王文璞、胡鄂公、周道文、谢复初等15人为执行委员，通过大联盟成立通告书，宣言向列强要求废除一切不平等条约。会后，50余团体为英舰逼万县知事枪毙船户华人案，联名致函外交使团领袖公使欧登科转英、美、日、法公使，要求凡扬子江一带不得再舶外国兵轮，至于万县寻衅，责在英、美，英、美公使应向我国政府道歉，对被害者家属负责抚恤赔偿。

△ 闽省各县旅京联合会开紧急会议，议决：一、反对军阀兼省长；二、请中止军事善后借款；三、请禁止厦门海军公卖烟土；四、赞助闽省水灾赈济事务。并将决议通电闽、厦当局。

△ 广东省教育会通电反对齐燮元、吴佩孚所倡以庚款导淮筑路，以其赢利为教育经费之说。

△ 世界佛教联合会在江西庐山召开，到会者计有日、英、德、法、芬等国，太虚法师主持。议决下次大会以“东亚佛教大会”名义，于明年在日本举行。

7月14日 广州沙面租界华工为要求取消华人出入须备执照之苛例，除选派代表与沙面当局交涉外，于13日及是日集会，决定如15

日下午6时前不撤销苛例，一概离去沙面；并组织沙面苛例大会事务处，举委员21人部署一切。同日，以“洋务联合工团”名义发出传单，声称：“本日由各界联合取消沙面苛例大会公决，准15日下午前一律离职，静候解决。”

△　北京政府外交部照会加拉罕，并电驻苏代表李家鏊转告苏俄政府：决定中苏互派大使。上海俄领事署定7月24日交与苏俄代表，烟台领事署业已移交。

△　国民党为“中俄协定”发表宣言，指出：“中俄协定之成立，其中俄国对于中国放弃其从来获得之特权，及废止从来破坏中国主权之条约，皆俄国根据其革命主义所自愿抛弃，绝非北京政府所交涉而获得。”

△　北京政府外交、财政、交通、教育四部联席会议，讨论吴佩孚主张以俄庚款筑路问题，因顾虑使团及教育界反对，未有结果。

△　英、美、日、法四国新银行团在伦敦开会，决定对华借款合同再续五年；19日讨论对华铁路投资，英主张不受合同拘束，可就固有路线收入投资展线部分。美与英默契，法则反对。又英主张四国投资中东路使成国际性质，美则表示资力不等国家不能合作。

△　“蒙古政府首领会议”在库伦举行，与会者主张对中国宣言独立，“陆军总长”丹反对，并谓实力亦不足以自立。丹被疑为北京政府潜伏之内奸，即遭捕杀。库伦戒严。

7月15日　下午2时，沙面华工800余人相继离开沙面，赴西瓜园住宿。英国水兵登陆维持自来水工作，但洗扫煮食及照料幼儿等事无人侍役，粮食无人运输，餐食无人供给。各银行、洋行完全停业。英、法两领事急函广州大本营，请向华人疏通。大本营派兵工厂厂长马超俊前往调解，工人正在西堤茶居工会开会，当即向马表示，苛例不撤销，无磋商余地。下午，孙中山派陈友仁赴沙面，向英领等要求取消苛例。

△　北京国务会议讨论直隶、福建、江西、湖南赈灾案，议决由政府发急赈，并明令劝捐。会议并通过王正廷所提自民国十四年（1925）1月1日起改换新印花税票案。闽省长萨镇冰辞职，议决慰留。

△　苏联代表加拉罕照会北京政府外交部称："本人业经苏联政府特任为驻华全权大使，请定期递呈国书。"

△　孙中山派蒋介石为各军军事训练筹备委员会委员长，汪精卫为各军政治训练筹备委员会委员长，许崇智为筹划广州防务委员会委员长。

△　国民党中央执行委员会委孙镜亚为广州《民国日报》总编辑，是日孙接事。

△　冯自由离粤，临行前致函要求孙中山："一请公毅然向党员引咎道歉，以平多数党员之公愤；二应将共产党员一律除名，并将引狼入室之汉民、仲恺、精卫等严重惩办，以为徇私害公者戒。"

△　东三省官银号、奉天兴业银行、东三省银行合并，改为东三省官银号，发行奉票。

△　北京八校教职员于是日、18 日、25 日在法大三次集会，议决庚款应专充教育基金，反对用以筑路，请全国教育界一致力争；催促政府迅速发表俄款特别委员；教育经费及积欠问题再向顾维钧、王正廷交涉；反对张国淦长教育；定期召集教育基金委员会；对于召开四部会议讨论庚款筑路的办法根本反对。

△　会商青岛盐输日问题之中日委员会议决裂已近三个月。是日，北京政府外交部以永裕公司注册问题已解决为理由，照会驻京日本使署，请其转达日本盐专卖局速令前此列席委员到京续开会议。但日方认为中日盐务会议决裂之根本原因，在于工业盐输出税率等问题，不能轻表同意。

△　京津附近数百里间，自 3 日起久雨不止，永定河水大涨，决口溃堤 300 余丈，沿岸尽成泽国，京津市街漫水，交通一时阻断。永定河下游及子牙河、运河等先后水涨，沿京汉、京绥、津浦各路皆遭水灾，保定遭灾尤重；张家口平地水没丈余，5000 余人无家可归。京兆、直隶灾区 50 余县。

7 月 16 日　国民党中央政治委员会第二次会议，议决政治委员谭平山辞职照准，派瞿秋白递补；决定命令因抗议贿选南下之国民党籍议员回北京奋斗。

△　国民党中央执行委员会全体会议，解释近时党内外各种误会，宣言以三民主义为革命惟一途径。

△　李宗仁在南宁旧督办公署就定桂联军总指挥职。以张一气为广西临时省长。同日并在南宁通电，请陆荣廷辞广西边防督办职，即日宣告下野。

△　孙中山令大本营财政部长叶恭绰、广东省长廖仲恺，将士敏土厂拨归省署管理，以所得余利连同前拨北江石矿收入，悉数拨充广东大学经费。9 月 24 日，又令两广盐运使邓泽如在省河盐税项下，以盐每包附收大洋四角，拨充该校经费。

△　北京政府就中德协定事驳复法使馆，略谓：中德协定之实施，因我国既未加入国际赔偿委员会，自不受该委员会之约束，也不受德国对协约国担任义务之影响。

△　北京参议院讨论金法郎案，决定由今日到会人全体署名，致电法国国会拒绝赔款用金。

7 月 17 日　广州沙面华工联合会通电全国，略谓：沙面英领以炸弹案向我国政府交涉，无理要索，藐视我国体如无物，又迁怒华工，颁布苛例 12 条，视我华工如俘虏，故忍痛牺牲，全体罢工。倘英领仍不取消苛例，则誓不回沙面复业，以争国体而全人格。

△　晚，广州沙面方面派于仁燕梳公司大班罗鲁士，偕英国领事私人代表谭礼廷谒大本营外交部长伍朝枢，声明新例有磋商余地。伍召工会代表 11 人会商，工人提出四条件：一、永久取消沙面 12 条新例；二、恢复华人原职，不得借故开除；三、因新例而离工时，工薪不得扣除；四、东西二桥须晚 12 时方得关闸。18 日，谭礼廷到工会答复工人所提条件，表示英领对一、二、三条可照办，第四条所提关闸时间太晚，只允照向日办法。工人认为须有英领签字方能复工，拒绝以私人名义调停。

△ 国民党中央执行委员会第四十四次会议以日本苛待华侨订有苛例，决交政治委员会办理，予侨胞以援手。

△ 湖北教育界要求加薪改发现洋，教厅召集各校校长及教联代表，议决三项办法分途进行：一、积极进行加薪改现；二、派代表晋京，力争盐斤加价及米厘公股；三、由校长团、教育厅各团体组织基金委员会。

△ 皖军史俊玉对六安县大刀会下总攻击令，各路援军齐向六安城进攻。大刀会在码头集及木厂埠进行抵抗，又陷距舒城县 50 里之梅河镇，官军后防危险，进军迟缓。城内的商会会长集现款 2.5 万元送给大刀会，要求退出县城。晚，大刀会首领夏云峰等携款出城，一股西向霍丘，一股南向霍山及豫境。18 日皖军入城。

7 月 18 日　曹锟任命何光烈为四川陆军第五师师长。

△ 北京政府财政部向汇丰银行借款三万元，拨充永定河抢险费。

△ 北京国立八校教职员代表联席会议发表废约宣言，表示愿以和平友谊的手段，联合我国民并世界同志，要求帝国主义国家速将国际一切不平等条约全部撤销，并声明我国国民之言论自由，绝对不受无理的干涉。

7 月 19 日　北京政府外交总长顾维钧在京招待外国记者，答复各项外交问题：一、中东路外国债权在中俄协定签字之前为正当合法，现时依然；二、俄国使馆问题正在考虑外交团最近送来之照会，将尽力使此项问题圆满解决；三、关于奉俄交涉，迄未接有正式报告，一切外交事件应由外交部与各国办理，各地方政府虽有奉中央政府之训令而与外人订立地方协定者，但如不经北京政府之认可，亦决不能发生效力；四、中暹派领考虑已有十余年之久，目前尚未切实决定进行方法；五、西藏问题政府迄未接驻藏委员之正式报告，中、英间尚未开始西藏问题之交涉；六、威海卫接收交涉无进展，中国正筹从速了结之办法。

△ 法国驻广州领事出面调停沙面事件，与沙面工部局长高路士、马超俊、谭礼廷会商办法。马谓华人只有要求将 12 条例取消而已。下午法领事访马，云领事团开会，各领事允许取消 12 条例。

△　国民党中央执行委员会致函廖仲恺、汪精卫、戴季陶、邵元冲、刘芦隐，请在两星期之内提出工会条例草案。

△　孙中山令准廖湘芸辞虎门要塞司令职，任命陈肇英继任。

△　陇秦豫铁路督办赵德三为修筑陕州至西安一段铁路，与比国铁路公司代表柯鸿年签订《陇秦豫海铁路借款合同续订附件》。

△　香港陈炯明之机关报《新闻报》社长陈秋霖及报社同人黄居素、陈孚木、古爱公发表宣言，表示非与国民党合作不可，悔为陈军效力多年，"决以今日之我与昨日之我挑战"。21 日以红字易名为《中国新闻报》。

△　美国旧金山华侨电上海《民国日报》并转工、商、学、报各团体，谓美国苛禁侨民入境，昨"林肯"船新来华人男女学生、商人均被批驳回籍，望设法援助。

△　国民党墨西哥支部踊跃筹饷援粤和北伐，是日署理支部长麦兴华汇粤港银 954 元，计自 4 月份以来共汇 4872 元。

△　北京政府通知各地邮局，禁止寄递以下书刊：《自治旬刊》、《陈独秀讲演录》、《上海工会报告》、《劳动旬刊》、《工人周刊》、《青年工人月刊》、《劳动周刊》、《中国青年》、《新建设》。

7 月 20 日　沙面华人代表马超俊、邝达生、施卜、邓汉兴、黄汉泉偕英领私人代表谭礼廷等，赴英领事署会商取消新例。马等提出五条：一、永远取消沙面 12 条新例及其他不平等之待遇；二、恢复华人离职前之原有职守，不得借故开除；三、因新例离职华人薪金于离工期内得继续支付，毋得扣除；四、夜间须 11 时关闸，如过 11 时须由东家负责工人得自由出入；五、凡在沙面作工时间最迟不得过下午 9 时。如遇宴会不在此例，不得过 10 点半钟收工。英领事允将新例 12 条取消，惟坚持华人应领照；对其余各条均持异议。华方代表认为未得完全解决，匆匆辞出。21 日续议，英领提五条件。华方代表认为此五条件与 12 条苛例相比，换汤不换药，当即声明决不承认。

△　北京反帝国主义运动大联盟通电声明联盟之宗旨及任务：一、

反对帝国主义之侵略政策，废除一切不平等条约；二、凡愿加入本联盟反帝国主义者，本联盟即认为同志；三、本联盟若发现帝国主义走狗，充作帝国主义之汉奸者，本联盟亦必用扑灭帝国主义之手段以扑灭之；四、除反帝国主义之工作外，其他任何事务概不与闻。同日发表致世界被压迫民族联合声讨列强书，号召全世界被压迫弱小民族联合起来共同斗争。

△　北京国会议员 95 人联名电法国总理，请废除中法之间之不平等条约，并请召回现驻华公使，另派适当人员使华，以改善中法关系。又电法国左翼联盟党，请抛弃金法郎要求，善意退还庚子赔款。

7 月中旬　加拉罕所派代表自奉回京，将《奉俄协定草案》面呈加拉罕。奉方亦派史俊民等三人至京协商。加拉罕表示须将草案电呈苏联政府复核后，再与奉方进行正式会谈。

△　国民党直隶省党部、山东临时省党部分别成立。

7 月 21 日　国民党中央执行委员会第四十五次会议通过农民部所提组织广州市四郊农民协会案及青年部所提组织学生军案，并通过对上海党员训令，禁止排外举动。

△　加拉罕为退还庚款事照会顾维钧，略谓按照 5 月 31 日订定之声明书规定，中、苏须选派三人组织特别委员会，管理及分配俄国部分庚子赔款，请从速选派该会中国委员。

△　北京政府外交部派员访北京外交团，商请各国公使一同升格为大使。各使表示请示本国政府。

△　东三省陆军整理会议开会，张学良主席，杨宇霆、姜登选、韩麟春等副之，各师旅团长等 60 余人出席，讨论划一军制、野外战斗、举行检阅、严守军纪、整顿骑兵炮兵等问题。

7 月 22 日　李宗仁、白崇禧分别率部进攻柳州沈鸿英部。适驻柳州之沈部师长何才杰由柳返阳朔为母祝寿，途中被陆荣廷溃军击毙，李、白乘机全力进攻，8 月 6 日攻占柳州。

△　英、法驻粤领事谒见大本营外交部长伍朝枢，要求解决沙面罢

工事件。25 日，伍朝枢函促英、法两国领事让步，以期早日解决沙面罢工事件。

△　广州反对沙面苛例大会代表召开紧急会议，宣布与英领接洽之经过，决定沙面当局如不无条件撤销苛例，决不复工。又决定：一、经济绝交，联络华人资本家请其援助；二、联络香港工人一致进行。23 日，广州各工团决定演戏筹款，救济沙面离职华工。

△　颜惠庆组阁一案自提出以来已及五旬，国会因意见分歧，尚未予以同意。是日，北京国务会议决定报告曹锟，并再备咨文催请国会早日议决。

△　北京政府教育部布告：中央政法专门学校、通才商业专门学校、新华商业专门学校、朝阳大学、中国大学、民国大学、平民大学、华北大学等私立专门以上学校，均经先后核准立案。

△　直、鲁、豫等省议会在天津成立省议会联合会，发表宣言反对国会代制省议员选举法。

△　武汉 97 个团体以日本驻汉总领事林久治郎徇日侨之意，至汉不及一年，日人逞凶杀人屡见，有恃无恐，虽经国人抗议警告，均无解决之途，是日通电要求将该日领撤除。

△　吴佩孚派遣“援粤”之胡景翼陕军指挥官马献章率千余人为先锋队，开至大庚岭，27 日袭击南雄。广州大本营分路迎战，诱至九渡水触地雷，马始率部退去。

△　陈炯明南路军在高州开军事会议，邓本殷主席，吕春荣、申葆藩、苏廷有列席，八属联军军务督办林俊廷亦派代表与会，决定维持八属地盘，高、雷、钦、廉、琼崖各军一致合作互救，脱离陈炯明范围，固守八属，待机发展。

△　驻粤东河源、连平迤北之林虎各部拟由河源取道连平，冲出北江，以与吴佩孚所派由赣入南雄之“援粤军”夹攻大本营联军。许崇智命张民达师由北江河头站取道翁源，攻击连平。是日张民达部抵达连平之坡头，分三路进击林虎之李易标路。24 日，张部占连平城外 20 里

之密溪山峰，林虎即由回龙抽调王定华、黄任寰、黄业兴等部 6000 余人反攻，何成濬部增援张民达部，两军在密溪山血战二昼夜，张、何始突围退至坡头。是役张部损失 300 人，连平战事暂停。

△　驻粤南海属九江镇之滇军蒋光亮部保荣光旅，屡向商民勒抽苛捐，洗劫百姓，商民乃召北江吴三镜民团与该镇商团共抗滇军。是日，吴三镜部向滇军猛攻，滇军退沙口，死伤 500 人。23 日，旅广州南海属九江公会议决请孙中山饬滇军克日离防；筹款请商团总部派商团军到九江镇压。25 日，蒋光亮由广州调大队往援。29 日，九江滇军分 11 路向民团攻击，纵火焚烧六约、太平民房，30 日战犹未息，九江商民因大火损失甚巨。8 月 3 日，旅沪九江人士电孙中山请立撤滇军，并电请商团总部陈廉伯派队入境。7 日，滇军离九江开回佛山。11 日，旅穗九江人推举代表谒孙中山请示善后，孙中山准九江自卫，永不驻防。

△　皖大刀会围攻合肥县城，自次晨 5 时起至 24 日上午 9 时，与马联甲部徐涟营血战一昼夜，后向西、北两路溃退。

7 月 23 日　北京参议院开会，盛时要求先议“咨请政府明令撤销颐维钧暂行代理国务总理之违法命令，以保宪典而符法治决议案”，并说明提案理由。因会场引起纷扰，无结果散会。

△　广州大本营为 18 日在广州落水遇难之苏联顾问高和罗夫将军举行追悼大会，孙中山偕夫人宋庆龄、鲍罗廷、廖仲恺等和各界群众万人到会志哀。

△　汇丰、汇理、道胜、正金四行联名致函北京政府财政总长王克敏称：“民国七年李思浩财长任内曾有函声明，将来不许德华银行恢复战前状态。中、德所订德华银行复业换文，违反民国七年中政府声明，四行应将应交回中政府款全部留置，以促中政府之反省。”

△　吴佩孚派方本仁为“援粤军”总司令，以支持陈炯明。

△　杭州《新浙江报》因登载外籍传教士梅藤更汽车横冲直撞新闻，于是日深夜被警厅封闭，主笔朱采真被捕。次日，该报代电各团体要求声援。

7 月 24 日　广州沙面华工继续罢工。租界当局经日本领事调解，英领允即取消新例，惟仍坚持晚 10 时后华人必须持用贴有照片之通行证。罢工工人坚不承认。是日，香港太古、渣甸、亚细亚三洋行华工数千人声援沙面华工，均离职。26 日，各工团电英国工党，声明沙面苛例违背国际平等与公道，并向英首相抗议。27 日，湖南工、农、商、学各团体呼吁一致反抗沙面事件，并致电沙面罢工团表示声援。28 日，海员工会通告，渣甸、太古各轮之海员一律罢工声援。29 日，上海总工会筹备处、上海金银工人互助会、上海店员联合会分别通电声援沙面罢工案，并电请广州当局力予援助。

△　国民党中央执行委员会第四十六次会议准张静江辞中央执行委员职。

△　沪俄领署由交涉员陈世光移交苏联代表依勒德及帮办司克罗夫。烟台及天津俄领事馆亦先后移交苏联领事馆代表接管。

△　厦门交涉署咨领事团，以国民党人方声涛、张贞等七人潜匿鼓浪屿，集党人 50 余，希图煽惑泉州高义部队，扰乱闽局，奉督理周荫人令要求引渡。领事团长美领拒绝引渡，但允饬工部局监视。是日，鼓浪屿会审公堂据交涉署再次咨请，会同工部局至林知渊家搜捕方声涛，方避厦门五洲旅社。

△　全国教育会联合会退还庚款委员会通电主张庚款悉数作扩充教育及文化事业之用，吁请国民一致主张，以为后盾。8 月 17 日，中华民国学生联合总会第六届代表大会通电声明主张庚款兴学，倘有野心家垂涎攫取，即以国贼视之，誓死反对。19 日，全国教育联合会、国立八校教职员联合会、广东大学等发表宣言，指出以庚款筑路不啻奖励军阀穷兵黩武，表示坚决反对，强调庚款应直接用于全国教育事业。

△　江苏交涉署函告上海总商会及国货维持会，称日本通告奢侈品进口税值百抽百。上海总商会、苏州总商会等各团体认为该项税则与日货进口税值百抽五者相去悬殊，乃迭电当局及驻日公使汪荣宝反对该项税则，请日磋商修改。日本无视中国方面之反对，于 31 日起实

行奢侈品值百抽百之税则。

△　华洋义赈会以公共捐款不敷赈灾，是日召开紧急会议，通过海关赈灾附税议案送达北京政府及北京外交团，提议：一、海关征收附税以充赈款；二、附税收入拨交本会经营；三、此款由政府、外交团及本会以同数代表所组织之联合委员会支配之；四、赈务由本会办理之，以证明赈款之国际监督；五、本会前已采行之以工代赈原则仍当照办。

7 月 25 日　北京众议院讨论颜阁同意案，反颜之孙洪伊派民治社、吴景濂派民宪同志会议员吕复、陆昌烺等事先商定先发制人，开会后即临时动议，变更议事日程，提出先议全体国务员弹劾案，颜阁同意案未获结果。

△　北京国务会议，顾维钧表示，对于国务总理一席，原已声明作极短时间之兼代，正式内阁必能依法产生，已嘱瞿代秘书长赶速预备交代。旋议赈灾附捐案，议决为救济长江各省区水灾，先办路、邮、电三项附捐，以六个月为期，航政附捐应由税务处决定。关于加拉罕催派庚款委员事，因吴佩孚有移庚款筑路计划，决缓选派。

△　熊炳琦所设山东省银行、高恩洪所设青岛地方银行均请发行钞票，北京国务会议准分别发行 500 万、300 万。8 月 8 日曹锟批准。

△　孙中山以军饷浩繁，度支奇绌，令自 8 月 1 日起，大本营各直辖机关以及各民政、财政机关所有职员薪俸，除已经减成发给者仍照旧支给外，职员薪俸凡在 500 元以上者概以七成发给，在 300 元以上者以八成发给，在 200 元以上者以九成发给。

△　法国驻京公使就中德协定向北京政府外交部又提通牒，谓德国违反德、法成约，中国不得以未加入国际赔偿委员会为词而擅与德国处理德发债票之问题。

△　日本驻奉领事船津告张作霖：日使芳泽即将由日返任，届时将与张商洽下述诸事：一、芳泽即将与加拉罕开始交涉，有与东省问题关连者，拟预先交换意见；二、日本拟扩大驻京公使及“满铁”社长之权限；三、东省及日本与俄将同时举行会议，于日、奉间政治“提携”事件，必多

涉及，拟详加讨论，分别存废。

△ 江苏省议会通过省自治法案、省议员延长任期案及县议会延长任期案。

△ 曹锟授王汝勤为陆军上将。

△ 湘省第二师师长叶开鑫电促省议会从速成立修宪会议，修改省宪。

7月26日 北京政府为筹措赈救灾款，由交通部训令路、电、邮于8月1日开征附加赈捐，至明年2月止。

△ 北京政府教育部公布改订《管理自费留学生规程》，凡16条。其中规定自费留学生资格须具中学以上学校毕业者或办理教育事务二年以上者；凡经本部认为合格之自费生，毕业回国后得与官费毕业生受同等之待遇。28日又公布发给留学证书规程11条。

△ 北京八校教职员因教育经费等问题访顾维钧，顾对教育经费及积欠问题允与王正廷商量设法接济；对俄款特别委员人选问题催促教育、财政二部从速办理；对反对张国淦长教育问题无确实办法。28日，又访王正廷，王对教育经费问题除诉穷外，则谓拟筹较大款项，以资根本上整顿。

7月27日 广州大本营召开政务会议，讨论8月1日起各机关减薪案、维持省纸币案、造币厂暂停铸案，均照原提案通过。

△ 北京反帝大联盟在中央公园开欢迎新闻记者大会，到120余人，胡鄂公主持，雷殷委员致欢迎词，略谓：今为救国计，拟联合被压迫、被宰割之各邦互为声援，以解放、平等、自由为目的，以稳健和平手段进行，希望新闻界予以援助。周达文委员代表该盟表示欢迎新闻界加入。全体到会记者，一致加入反帝大联盟为宣传委员，并成立宣传部，推举方梦超、龚德柏等12人为宣传部书记委员。

△ 外蒙青年党领袖罕喀贝子到奉见张作霖，要求：一、协助青年党建设自治政府，废除王公制；二、苏联速撤驻蒙军队，派奉军赴蒙接防；三、在奉设立蒙政府办事处，以利蒙事接洽，并由奉派专使驻库伦，

以便对蒙政府随时支持。张作霖表示满蒙原属一家，应互相援助，并聘罕喀贝子为东三省保安司令部蒙事咨议。

△ 厦门商店为抗纳公安济用捐，一律罢市。商会召集会董开会，海军警备司令部派副官及支应局长到会，表示减轻公安济用捐率。30日商店复业。

7月28日 国民党中央农民部在广州举行农民党员联欢会及市郊农民协会成立大会，到广州近郊农民2000人，由彭湃主席。孙中山、廖仲恺演说，详述中国农民之地位及国民党与农民之关系，希望农民觉悟团结。

△ 联省自治会在沪召开第三次筹备会，章太炎主席，汤漪、潘大道、黄云鹏等10余人出席，决定致函各省长及致电各省议会。致各省议会电略谓："欲谋民国之统一，首在打破蹂躏省权之势力，而以各省为同流共进之单位。欲谋国宪之成立，首在消灭谬托法统之国会，而以联省会议为根本解决之枢纽。欲得联省自治之实际，首在却还伪宪赋予之自治，而以人民自决为特立独行之主张。由是集合同志，共筹联治社之发起，以贯彻上述政策为职志。"并提出"打破旧有一切团体，以联治主义为结合之中心，或就当地筹备支部之发起，或推代表参加本部筹备之进行，庶几保持国民正谊，造成有力政党"。

△ 胡景翼抵赣州开军事会议，决定8月5日攻粤，以陕军6000人任前锋。蔡成勋及高凤桂部为后方警备。

△ 上海市民对外协会、上海市民协会、机器工人俱乐部、店员联合会、各马路联合会、工团联合会、中国学生联合总会等30余团体发表宣言，要求废除不平等条约。8月13日，又成立上海废约运动大联盟。

7月29日 北京国立八校教职员代表10余人，因往访顾维钧与王正廷未得良好结果，是日在法大开联席会议，议决：30日同往教部，要求教育总长或次长偕赴财部索款；即日电英政府及国会，建议将英庚款用于教育事业；并电蔡元培赴英伦力争实现此主张。8月2日，北京教育界在北大开会欢迎加拉罕，加致答辞，谓主张俄庚款用于教育事业及对农民问题的研究。

△ 北京政府财政部印刷局向三井物产会社借款日金 23.5348 万元，年息一分，期限二年，用以垫付 1918 年 1 月 5 日借款利息。

△ 粤省署财政会议通过禁用港币案，规定港币不能直接行使，交易不得以港币为本位，以抗议英领事坚持沙面苛律。

7 月 30 日 北京政府外交总长顾维钧偕同苏俄大使加拉罕往访北京外交团代理领袖公使美使舒尔曼，会商收回前俄使馆房产事。当日顾并正式照会舒尔曼。

△ 广州沙面租界各洋行大班出面调停罢工事件，推代表到反苛例会询问意见。答称：如英领取消第五条，允华捕复职，则其他四条有磋商余地。8 月 4 日，英领召各大班会议，坚持不能全数用原华捕。

△ 旅德中国国民党通讯处改组支部完竣，执行委员廖焕星、李育九、夏秀峰、高语罕，候补执行委员朱德、郑太朴、连瑞琦。

△ 湖北襄河上游于上旬告灾，武昌汉阳门江岸已没，汉口市街多成泽国。17 日，夏口长丰堤决门两丈，淹没万余家，嘉鱼、圻水、黄梅、黄冈等均报灾。24 日，沔阳平坊决堤，冲没抢险工人百余名，武昌西北湖堤决口两丈余，淹没田庐甚多，损失极重。是日，汉口水势有涨无退，沿江街道多淹没于惊涛骇浪之中。31 日，汉口成立邻省水灾赈济筹办协会，推萧耀南为会长，定湘、赣、直、闽、鄂五省为赈济地区。

7 月 31 日 苏联首任驻华全权大使加拉罕在北京怀仁堂向曹锟呈递国书。

△ 国民党发表反对金法郎案宣言，略谓：本党主张从根本上反对金法郎案，勿使北京伪政府得所凭借，以纵其祸国殃民之欲。以全体国民之力，锄北京伪政府而去之，庶内政外交得以昌顺。

△ 国民党中央执行委员会推派常务委员邵元冲、广州市党部工人部长马超俊慰问沙面罢工工人。

△ 中华学生废约同盟会第一次执行委员会在北京工业大学开

会，议决与反帝大联盟通力合作，并函北京外交团警告不能在我国境内继续侵凌同胞，并迅速取消不平等条约。

△ 北京银行公会开会，认为财政部以用新废旧办法整顿印花税票，使各银行遭受损失，决请财部撤销，并通电全国商会拒用新票。

△ 广州大本营政务会议审查通过《中央银行条例》草案，规定资本第一次定为毫银 1000 万元，由募集国外债款充之，俟将来业务推行，再呈请政府继续增加。

△ 美国哥伦比亚大学孟禄博士为美国退还庚款事离美来华。

△ 江苏省教育会、省立学校联合会、省教育经费委员会三团体就全国烟酒署增加二五税，停止卷烟特税事电北京政府表示反对，并通电江苏各县教育会一致力争，谓将我省征收营业税之主权，听受外人干涉，误国丧权，将伊胡底。

是月 北京政府财政部允将交通部所借日本电信借款展期二年，年息八厘改为九厘。

△ 萃蚨昌银号总号在山西太原设立，董事长郭进臣，总经理曹铭。

△ 上海艺术师范学校改称上海艺术师范大学。

△ 我国瓷器运往日本，被指为奢侈品，值百抽百，征收苛税。上海瓷业公所函请县商会转呈江苏省公署速向日本抗议，取消苛税章程。

8 月

8 月 1 日 北京众议院第二次讨论颜内阁同意案，反颜派以弹劾全体阁员案抵制，会议争吵不已，一哄而散。

△ 皖大刀会占英山。萧耀南因英山与鄂省罗田接壤（英山当时属皖），宣布戒严，并于 3 日晨派鄂军刘佐龙部第四旅第七团团长陈尧鉴直逼英山县城，缒城而入。大刀会不支，向太湖方面逃去。

△ 上海、天津等地商民自是日起纷纷集会，通电反对日本政府对

我实行奢侈品入口税律，认为其结果无异于经济侵略，要求北京政府向日本政府严重交涉。

△ 日使芳泽由日回任，道经奉天，晤张作霖商量重要事务。

△ 上海总商会、上海机器面粉公会、上海华商粮食公会、苏州总商会、杭州总商会等团体纷纷通电，要求北京政府取消征收路、电、邮、航关税附捐。

△ 浙江省自治法会议开幕，代表百余人出席。2 日，选出褚辅成为主席，叶焕华、莫永贞为副主席。11 日，选举起草委员沈钧儒等 49 名，成立省自治法起草委员会，以殷汝骊为委员长。

8 月 2 日 孙中山任命宋子文为中央银行行长，黄隆生、林丽生为副行长；派胡汉民、叶恭绰、廖仲恺、邓泽如、林云陔、孙科、宋子文为中央银行董事。7 日孙中山核准公布《中央银行条例》，凡 15 条。

△ 北京国立八校代表集会欢迎加拉罕，会后发表宣言，要求庚款用于教育事业，反对移充筑路。

△ 上海机器工人俱乐部、上海市市民对外协会、武汉国民对外同志会、松江国民外交会等，自是日至 23 日，先后通电声援沙面反苛例大会。

△ 江苏省教育经费委员会、江苏省教育会、江苏省立学校联合会、上海总商会、无锡纸烟公会、南京各团体、杭州总商会等团体自本日至 21 日纷纷发电，反对北京政府烟酒署与英美烟草公司密议停止卷烟特税，增加卷烟地方营业税。

△ 天津红桥被水冲断塌陷，堤岸塌崩。3 日，子牙河千里堤决口 70 余丈，文安等县灾情甚重。4 日，海河浮桥冲塌，抢护工人溺毙 20 余名。6 日，涿州山洪暴发，直冲永定河，丰台左近之浑河东岸堤溃决 300 英尺。涿州四乡水深逾丈。

8 月 3 日 北京反帝大联盟开第四次执行委员会，通过以 9 月 3 日至 9 日为中国反帝运动周，并致电上海市民对外协会等 30 余团体，请组织上海反帝大联盟。8 月 23 日，上海反帝大联盟成立。

△　国民党中央执行委员会常务委员兼农民部长彭素民病逝。广州市各党部下半旗志哀。彭家贫无担石储，医药费及治丧费悉由廖仲恺所赠。

△　赵恒惕通电赞成用庚款筑路，并主张先从粤汉、川汉两路兴筑，然后以两路逐年收入余利拨作教育基金。

△　滇军第三军军长蒋光亮自与第四师王秉钧启衅后，自知众叛亲离，且年来截收广三路款百万余元，乃退居香港，嘱军部总参谋长李根沄代军长职。7 日，该军第五师师长胡思舜奉杨希闵命接任该军军长职，随即带兵前往石围塘武装接事。10 日，李根沄率部退至石围塘对岸之芳村、花地一带。11 日，孙中山以蒋光亮通敌，将其撤职，任命胡思舜为滇军第三军军长。

△　山东省外交协会电北京政府，反对日本在鲁省土地悬案解决前开设胶济路沿线商埠。

△　胡政之在上海创办《国闻周报》，以报道时事、分析政治为主旨。

8 月 4 日　北京国会议员谷嘉荫等致电法国国会及内阁反对金法郎案，略谓："前承贵国总理在华盛顿时向我国代表面许退还庚子赔款未经付清之年金，作为振兴教育事业之用。不料所分配者不满总数十五分之一，其大多数乃抵偿中法实业银行欠款及恢复该行之用。且又欲变更辛丑换文，并违反向来汇兑用纸币计算之惯例，要求用金付给而增加国库负担 7000 万以上之巨。群情愤激，国会遂一致议决，咨达政府绝对拒绝改纸用金之办法。即有一二当局因与中法实业银业关系密切，不惜违反公意，亦决无实现之可能。希从速抛弃赔金之主张。"

△　曹锟任命费东明为四川陆军第六混成旅旅长。

△　全国学生联合会总会第六届年会在上海复旦中学举行开幕式。恽代英演说谓："学生会之重大责任，即在唤起全国农、工、商三界之注意，共起为监督政府之行为，以图根本上杜绝卖国之行动，使当局者欲卖而不能。"吴稚晖、于右任、施存统、邵力子亦演说。

△ 熊克武部川军汤子模、贺龙由黔边援助蔡巨猷，占领芷江。叶开鑫派蒋锄欧旅、贺耀组派郑鸿海旅向蔡总攻击。9日，蒋锄欧旅收复芷江县城，并向晃县进击。蔡、贺两部向玉屏退去。

△ 上海商办闸北水电公司举行创立会，到股东193人，沈联芳主席致开会词，说明该公司收足股本131.194万元，已超过四分之一以上。陆伯鸿、朱孔嘉、沈联芳等11人被选为董事。

△ 永定河决口600丈，危及京津一带。

△ 辽河决口，水势浩大，通辽县城全被水浸，淹死200人。8日，辽河又泛滥，水没四平街。

8月5日 中华国民拒毒会在上海举行成立大会，通过简章，宗旨为联合全国各团体设法肃清国内鸦片之种植、国外鸦片及一切复制毒品之输入。

△ 曹锟令北京政府内务、财政两部电商鄂、川、察、绥省长、都统查勘各种水灾，拨款赶办急赈，并特派高凌霨充赈务督办。

△ 北京政府军事处与洛、宁、闽、皖代表商定攻浙办法，以孙传芳、齐燮元为中坚，由中央拨款150万元，接济子弹百万发，为攻浙之用。

△ 中国童子军代表团14人，到丹麦哥本哈根参加第三次万国童子军大会。9日入营，参加急救、视察、手工、制面包、觅径等比赛。救护比赛中国名列第六。

8月6日 国民党中央政治委员会举行第四次会议，孙中山、胡汉民、邵元冲、瞿秋白、伍朝枢及鲍罗廷六人出席。决议设立统一训练处，将陆军军官学校、滇军干部学校、陆军部讲武堂、西江陆海军讲武堂、警卫军讲武堂、警卫军学兵营及航空局归训练处训练管理。训练处由孙中山任主席，委员为杨希闵、许崇智、蒋介石、宋子文、程潜及鲍罗廷。

△ 北京政府为外蒙古在乌金斯克组织政府选举总统事，训令驻苏全权公使李家鏊向苏联政府交涉制止。

△ 天津交涉署交涉员祝惺元奉省长王承斌令宣布接收俄租界，

改称特别三区，委丁宏荃为该区主任，接管界内事宜。

△ 驻广州各国领事由伍朝枢陪同谒孙中山，表示愿调停沙面事件，劝英、法让步，但望孙中山先谕令华工复职。孙答以复职乃工人自由，政府不能强迫。9日，反对沙面苛例大会通电全国，表示苛例不完全取消，誓不复业，呼吁全国同胞共赐援助。

△ 孙中山令饬各军不得截留新增商捐加二专款，以供拨支要需。

△ 北洋大学学生以校长冯熙运被迫辞职，由刘振华继任，决一致回校。历时半年之北洋学潮至此结束。

8月7日 李宗仁挥兵北进，占领柳州，即联合沈鸿英部进攻桂林。陆荣廷退驻全州。

△ 国民党中央执行委员会第四十九次会议议决，准妇女部长曾醒辞职，以廖冰筠继任；通过汪精卫、廖仲恺等提出的工会法草案，并以大元帅名义公布。

△ 国民党发表忠告日本国民宣言，劝喻日本国民制止虐杀华工和取缔华工入境，致力于亚洲人民团结。

△ 广东陈炯明部徐焕臣旅投归梁鸿楷，编为第一旅。

△ 南京下关日轮"千早丸"水手将卖水果人杨家寿殴伤，推入江心淹毙。11日，下关人民组织杨案后援会，要求军、民两长饬令交涉员向日领严重交涉。18日，上海对日外交市民大会为下关杨案特电江苏省当局催促严重抗议。

8月8日 众议院会议第三次讨论颜惠庆内阁同意案，反颜之诸议员又借攻击金法郎案阻止投票。

△ 北京国务会议通过王克敏所提关税附加赈捐办法：全国海关进出口税征收附加税一成，全国常关各路货捐局及其他税局亦加征一成，征收期为半年或一年。惟海关附加税须经驻京使团承认再实行。

△ 日本加征奢侈品关税值百抽百案公布实施后，北京政府外交部接全国商民抗议文电日有数十起，乃于是日向驻京日使芳泽提出照会，略谓：此项税率至不平等，违反华会九国关税协定，我国商业所受影

响很大,商民愤慨异常,要求分别品目予我国以豁免或减轻。

8月9日 广州商团团长陈廉伯受英帝国主义分子教唆,托言商民自卫,由香港德商顺全隆洋行从欧洲购定枪械9000余支(其中滇军范石生搭购1000支)、子弹300万发,4日向大本营军政部朦领购枪护照一张,越四日以"哈辅"轮装运入口。孙中山据报,令许崇智密查,是日并令蒋介石查办此事。是晚,蒋率同大本营副官邓彦华乘"江固"舰赴沙角弋缉。次日晨,发现"哈辅号"已进泊广州市区白鹅潭。孙中山即令蒋介石饬"永丰"、"江固"两舰监押"哈辅号"驶至黄埔,并将查获全部械弹封存于军官学校。

△ 北京政府外交部将所拟收回上海会审公廨办法送致北京外交团代理领袖公使美使舒尔曼,内容要点为:定名为上海特别法厅;民刑诉讼纯属中国人者,完全归法厅审理;如牵涉外人,照条约有领事裁判权者,适用陪审制度,无条约国及放弃领事裁判权者,亦归法厅审理;犯罪处罚10年以上及命、盗等案,应报法部批准。

△ 汕头商店为反对税契登记新章全体罢市。10日晚,洪兆麟由潮州至汕头,宴请文武长官及商民代表,即席议决商会担任筹饷36万,分六个月摊缴,税契登记新章取消。11日,汕头商店复业。

8月10日 湖南反帝大联盟开成立大会,通过《致世界被压迫民族书》,略谓:全世界被压迫民族应该认清谁是敌谁是友,而毫不犹豫地集合到反帝国主义旗帜之下,与帝国主义者决最后胜负。12日,天津学生联合会等26团体组成反帝大联盟分会,并发表宣言,谓天津当帝国主义侵略者之冲,受害更烈,故成立分会,誓与全国取一致行动。24日,山东反帝大联盟在济南成立。9月1日,杭州反帝大联盟成立。3日,武汉反帝大联盟在武昌成立、以陈时、董必武、陈潭秋等15人为执行委员。

8月上旬 国民党中央执行委员会致函反帝大联盟,略谓:"幸诸君于军阀与帝国主义相勾结之压迫环境中,有此决心抵抗之大同盟,不独令为虎作伥之徒丧其魂魄,亦足令磨牙吮血者知我国尚有人在","所望努力不懈，以求奋斗之成功”。

△ 张作霖因曹锟来电征询对中俄会议意见，特派中东路监察、总司令部参谋杨卓晋京，了解北京政府对奉俄协定及遏止苏联操纵外蒙问题之意见，并与加拉罕商讨奉俄协定等问题。

△ 上海部分青年重组“非基督教同盟”，借《民国日报》副刊《觉悟》出一周刊，以指导和联络此项运动。不久，湘、鄂、川、赣、鲁、晋、粤、浙、直隶等省先后成立同样组织，协力进行。

8 月 11 日 国民党中央执行委员会第五十次会议议决：中央农民部部长彭素民病逝，由李章达继任中央农民部部长。

△ 广州商团团长陈廉伯与副团长邓介石、李仲韶面见吴铁城，要求发还枪械，未获结果。

△ 驻京各关系国公使开会讨论关税附加赈款一案。不久，复照北京政府外交部表示可办。

△ 中国科学社在南京举行第九次年会，发表宣言力主庚款用于科学研究，反对用于筑路、导淮。

8 月 12 日 广州商团举行紧急会议，陈廉伯、陈恭受等向众提出辞职。会上推派代表八人偕商团军 2000 人到大本营请愿，索取被扣枪支，并以罢市相威胁。孙中山接见，表示枪械待查明后发还，并指出商团不待政府查清便欲罢市，“那便是居心要反对政府”。蒋介石宣布长洲要塞区域内戒严。

△ 驻广州英、法领事与伍朝枢、陈友仁商定，命沙面工部局布告取消苛例 12 条，重颁双方同意之解决办法七条：一、取消苛例，修改旧通行证章程，外人、华人一律平等；二、通行证一年有效者附相片；三、临时通行证不附相片；四、每晚 10 时以前通行无阻；五、私家雇役一律复工，罢工期内薪金照发；六、公役一律复职，补发薪金，巡捕许其自动辞职；七、双方不得有报复诸事。旋即举行反对苛例大会，由伍朝枢报告交涉经过。大会认为满意，议决于 16 日开始复工。

△ 北京政府外交部照会北京外交团，为展开各地救灾，决定由

路、电、邮、航、关税征收赈灾附捐，要求同意。

△　吴佩孚电全国道路建设协会，力陈庚款筑路兴学之主张。13日，吴佩孚坚主用庚款建筑粤汉、川汉两路，与美技师加乐尔估价1900万镑，并要求北京政府与美政府交涉以美庚款做筑路之用。如美庚款不敷，将英庚款1100万镑并充该两路之用。

8月13日　孙中山令广州中央银行自8月15日起发行壹圆、伍圆、拾圆、伍拾圆券四种货币；并饬财政机关与商民一律收用。

△　国民党中央政治委员会第五次会议议决设立联络部，由国民党、共产党、第三国际各推代表一人组成，以解决国共联合战线内部纠纷。

△　广州工界万人欢送沙面英、法捕房华捕复工。下午4时，华捕返沙面复职时，英、法领事忽推翻原议，拒绝华捕复工。次日又发出布告，谓各罢工员役如不于15日下午4时前返工者，作为弃职，补用新人；所有遗下之行李等概不负责。工人愤激异常。工商联合会议决对付办法：一、劳工绝交；二、经济绝交；三、海员总罢工；四、断绝沙面水陆交通。

△　广东商团定于是日成立"联防总部"，一面具呈省政府立案，一面在各街搭造牌楼，准备庆祝。省长廖仲恺洞悉联防总部为各种反动势力的堡垒，未予核准。但花县、三水、佛山等十四埠商团均于是日携械麇集广州，在西瓜园举行成立典礼，副团长李颂韶任主席，全市商店休业一天以示庆祝，晚间举行提灯大会。

△　廖仲恺令文素松率黄埔学生军第三、四队至广州市区维持治安。19日，广州戒严，廖仲恺调北路湘军进驻沙基一带。20日，又调部分滇、桂、豫军分驻西关一带，以防商团叛乱。

△　孙中山公布《大学条例》，凡八条，规定大学之旨趣，以灌输及研究世界日新之学理、技术为主，而因应国情，力图推广其应用，以促社会道义之长进、物力之发展。

△　孙中山公布《中央督察军组织条例》，凡九条，由滇、湘、粤、桂、

豫五军各派一团编成,以巩固中央威信为主旨。

△ 广东省政府训令教育厅:教育机关人员须加入国民党。

△ 驻京美使舒尔曼离京回国。临行照会北京政府外交部谓:中国不履行中美无线电合同,对于中美邦交颇有影响。

△ 北京政府交通部公布《交通附收赈捐规则》,规定以六个月为期,由路政、电政、邮政分别办理;电政、邮政均援照民国九年成案办理。

△ 湘省叶开鑫部刘旅及邹旅向蔡巨猷部猛攻。14日,占领湘西蜈蚣关、便水司、波州等要隘。

8月14日 国民党中央执行委员会第五十次会议议决,汪精卫任宣传部长,甘乃光代实业部长;准妇女部部长廖冰筠辞职,推何香凝代理。

△ 孙中山任命梁龙为大理院院长。

△ 黄埔军校继续招收第二期学生450人,编为第五、六、七队,合称第二总队,以及炮兵队、工兵队、辎重兵队、宪兵队,概属第二期。

△ 广东省政府布告扣留商团所运枪械,理由为事先未将购运枪械理由、数目呈奉核准,以及护照上日期与枪支到岸日期不符。省属各地商团代表再次赴大元帅府"请愿",要求发还枪械。

△ 陆荣廷派韩彩凤攻柳州,与李宗仁部战于古化(今并入永福县)、中渡,被李击败。

△ 我国学生赴美国留学,受美国新定移民律影响被拒。是日,美政府训令驻上海美领事,指定该国14大学准我国学生就学,赴其余各校留学之学生,概遭拒绝。16日,美政府续发表哈佛等22大学准中国学生入学。

8月15日 广州中央银行正式开幕。孙中山亲临致开幕词,勉励各界共同维持中央银行信用,促成中央银行发展,"使中国商场上的经济力,不致为外国银行所操纵"。

△ 广州油业工会、农会函孙中山痛斥商团阴谋推翻政府罪行。油业工会并在通电中要求大元帅即将所扣商团枪械全数没收,发给工

人组织工团军，以利国民革命之进行。同日，广州农会发表宣言，号召“快些解散商团，惩办商团，工人们快武装起来，我们农民已准备和你们大联合，作政府的后盾”。

△　曹锟特派江苏省长韩国钧、安徽省长马联甲、河南省长李济臣兼会办导淮事宜。

△　北京国务会议决定特派唐在礼为外蒙宣慰使，谢国梁为西藏宣抚使。为免蒙、藏误会，均不发明令。

△　王正廷以道路协会会长名义访苏俄大使加拉罕，要求以庚款为筑路之用，加拒绝。20日，王派代表往见八校代表许绳祖等，声言如教育界赞成筑路，加拉罕可考虑改变协定。许等一笑置之。

△　北京国立八校教职员代表8日在法大开紧急联席会议，讨论庚款用途问题。许绳祖报告连续两日往访法、荷代使之经过情形，法代使称法国亦愿将庚款退还中国，惟因金法郎案及预备恢复中法实业银行之关系，一时未能决定。会议决定即日致函驻京英使馆，询问英国议会对于中国庚款之议决案及庚款委员会如何组织等。

8月16日　齐燮元召各师、旅长、镇守使及其他重要军官在南京秘密开军事会议，决定对浙江卢永祥用兵。苏军四万余人编为八个支队，以宫邦铎、卢凤书、李殿臣、黄振魁、朱熙、杨春普、白宝山、马玉仁为各支队司令；齐自任总司令，驻节苏州，刘玉珂为总参谋长；陈调元留南京，备作各路接应；王桂林为南京卫戍司令，维持省城治安；吴鸿昌为徐州守备司令兼代徐海镇守使；设总兵站于下关，刘同春为总兵站司令；镇江、无锡、常州、苏州、昆山分设五兵站。

△　张作霖代表杨卓由北京返奉天复命，加拉罕亦派代表同往，接洽奉俄协定事。

△　班禅喇嘛之两名代表抵京，接洽藏事。

△　驻京英、美、法、日四使照会北京政府外交部，略谓：有约国在江、浙、上海及附近外人之生命财产，北京政府应负保护责任；倘不能保护，惟有自卫。

8 月 17 日　驻粤英、法领事慑于沙面工潮转剧，工界团结甚坚，亲访孙中山，为拒绝华捕复工和 14 日布告事道歉，并请离工华人早日践约返工；旋又函孙中山，为迅速解决此次风潮，建议全体罢工工人最好于 18 日依 12 日所订七条办法，切实履行。孙即将原函交马超俊转沙面苛例会与各罢工代表磋商，决定 19 日复工。

△　曹锟派陆锦赴天津，与王承斌商洽防奉南下援浙事。18 日，曹召见第九师师长董政国，嘱速往洛阳听吴佩孚调遣。20 日又召见冯玉祥，拟以防卫东北重任委冯，冯答称："力不胜任，愿卫京师。"

△　江苏县议会联合会电齐燮元、卢永祥、何丰林呼吁江、浙和平，略谓："报载江、浙时事紧张，谣言滋炽，人心浮动，谈虎色变，若大祸之将临。故再行吁请，务乞重申《江浙和平公约》(按：该公约于 1923 年 8 月 20 日订立)，宣示和平，勿再有萁豆相煎之事，而安人心。"

8 月 18 日　齐燮元续开重要军事会议，决定分四路对浙作战：第一路向上海取攻势，由宫邦铎、马玉仁等担任，其战略又分三路：中路沿沪宁线由昆山安亭直趋黄渡、南翔；左路由浏河、太仓以拊吴淞之背，而以海军攻其腹；右路由安亭分兵攻朱家角、青浦，横趋松江，以断浙、沪连络。第二路驻宜兴取守势，由陈调元等担任，亦分张渚、蜀山、乌溪三路防守。第三路向广德取攻势，由皖省旅长王普等担任，从泗安直趋吴兴，北断长兴归路，南断杭州。以上三路总司令由齐燮元担任。第四路向仙霞关取攻势，由闽省孙传芳军及赣军之一部担任，以攻浙江之后，司令由孙担任。

△　海军总司令杜锡珪密令厦门杨树庄率领"应瑞"、"海容"、"永健"、"楚同"、"楚观"各舰由闽驶沪，以助苏省攻浙。杨于是日晚入福州，集合各舰驶向浙海，31 日抵浙东镇海附近。

△　曹锟任命王陵基为陆军第二十八混成旅旅长。

△　熊克武部川军由遵义移铜仁，委但懋辛为第一军军长，余际唐为第二军军长。

△　广州商团煽动罢市，是日银钱业拒收中央银行发行之纸币。

商团声称如19日无还械答复，20日罢市。

△　胡汉民同商团代表谈判，主张每支枪交纳60元捐税后发还。

△　驻京日使芳泽代表美使照会加拉罕，承认交还俄使馆，但声明并非美国政府承认苏联行为。19日，加拉罕将芳泽所交美国不承认苏联之附件退还，并指斥美使对苏仇视，有失国际礼貌。

△　北京外交团代理领袖公使、日使芳泽照会加拉罕，声明《辛丑条约》各国决定将前保管之俄使馆交还；将来苏联放弃《辛丑条约》利益，不得影响其他国利益。

8月19日　国民党中央执行委员会在广州举行第二次全体会议，讨论"国民党内之共产派问题"。监察委员张继、谢持对国民党内之共产分子提出弹劾书。候补中央执委瞿秋白作重要发言云：从主义、性质上，马克思主义与三民主义有合作之可能；从组织上，国民党有与共产派合作之必要；至于国民党内之共产党团作用，则自是客观存在，关键是看以个人资格加入国民党之共产分子，其行动有否违反国民党之宣言及章程，概以党之纪律为准。翌日，全体会议继续讨论。

△　孙中山派林直勉、连声海、邓彦华携亲笔函到商团总所答复扣械解决办法，凡前经缴款领取收条者（依商团总所存根为据），步枪每支向政府缴60元领取；未缴款者，则照民团领枪办法，每杆缴160元。孙函略谓：陈廉伯所私运之军火，其一部分为商人集资而购者，政府可承认，当令省长按照民团条例交还。近日发现陈廉伯欲借商团之力以倾覆政府，定于8月14日起事，政府宽大为怀，除陈一人外，不谋株连。要求：一、知情而悔悟者，能自行检举，不事深究；二、倘有执迷不悟，仍欲图谋不轨者，则责成各代表自行指出，送交政府惩办。

△　张作霖召开东三省军民长官会议，议决：一、对江、浙问题非时局大起变化，决不轻易有所表示；二、对奉直和议，似不必多此一举；三、加拉罕要求修改奉俄协定，断难承认；四、对蒙协助问题，先了解蒙古对奉之信从程度再定；五、东三省军队现有40余万，不再扩充，惟各军空额须一律补足；六、巩固葫芦岛与营口海防；七、整顿交通事业与扩充航

空事业；八、开发实业，维持金融等。

△ 苏省军事会议结束，各师、旅长、各镇守使均回防次，调动所部开往前线：齐燮元部第六师驻防昆山、平望、苏州一带，由旅长宫邦铎、卢凤书指挥；第四混成旅吴恒瓒部驻防江阴一带；第三混成旅李殿臣部驻防吴江太湖一带；暂编第三师马玉仁之第五团协防第六师，第六团协防第三混成旅；第十九师杨春普部驻宜兴一带；第二混成旅黄振魁部驻防常州一带；第一师白宝山部及马玉仁各抽一混成团协防十九师及二师；第五混成旅陈调元部调徐州集中。此外募有输送队 3000 余名随军赴前线。

△ 江、浙士绅张一麐、黄以霖、沈恩孚、黄炎培、史量才等电齐燮元称，近日报章披露，人心惶惶，似确有征调运兵之事实，请明白示复，以息谣言。20 日，齐复电称队伍均驻原防，并无军事动作。

△ 姚公鹤等发起的东南五省弭兵会在上海成立，通电苏、浙、闽、赣、皖五省省议会、省农会、省教育会、各总商会及各法团，请一致加入，以期实现弭兵。22 日，该会发表宣言，要求弭战，建议卢永祥将收容臧致平、杨化昭之经过事实交五省人民公判，以息群疑。

△ 瑷珲公民代表王纯乐等三人到奉谒交涉署长钟世铭，探询奉俄协约情形，并请主持向苏索还瑷珲江东六十四屯。20 日，该代表又向张作霖呈请愿书，略谓：六十四屯者，向隶我国版图而为瑷珲管辖之区，有清开国即置黑龙江城于其地。康熙二十八年曾驻兵于此以防俄。咸丰八年订立瑷珲条约，帝俄谬指黑龙江为界，据其地为己有，从此海兰泡改称布拉果维什臣斯科，瑷珲城遂迁移于黑龙江之西岸，而六十四屯之领土竟为俄罗斯阿穆尔省所属矣，庚子之年帝俄尽驱该地华人，死子江中无数。迨民国成立，江省议会及瑷珲之民，曾作呼吁而无效。今者苏俄政府已成立，自应悉数交还所有侵略我国之疆土，以符苏俄国际平等之方针及中俄协定之精神。

△ 曹锟令准出席国际联盟全权代表陈箓辞职，遗职派驻瑞典公使戴陈霖兼任。

△ 陈炯明军撤出惠州开向潮汕，因潮汕洪兆麟部入闽，图再攻漳州。

△ 北京政府财政、交通、外交、教育四部又召集会议讨论庚款筑路问题。财、交两部不敢主张筑路或办教育，外交部云有外交上之困难，教育部仍持慎重，讨论无结果。

8月20日 国民党中央政治委员会举行第六次会议，孙中山、胡汉民、廖仲恺、瞿秋白、伍朝枢及鲍罗廷出席，通过关于《国民党内之共产派问题》及《国民党与世界革命运动之联络问题》两草案，前案之主旨，在以国民党之纪律约束共产分子，后案则主张设立国际联络委员会，直接与第三国际及各国革命组织联络。两草案作为中央政治委员会的意见，向中央执委会第二次全体会议提出。

△ 广东省政府以陈廉伯阴谋内乱，查有确据，下令通缉。所举谋乱事实为：一、派刘焕与吴佩孚密谈，勾结为患；二、在香港攻击大元帅府，并定于8月14日起而推翻政府，投降北方；三、私运军械被发觉后潜逃香港；四、煽动罢市，诋毁政府。同日，陆军军官学校300余人在长堤游行示威，散发传单，声讨陈廉伯。

△ 未经广州大本营批准擅自成立的商团联防总部移至佛山，由陈恭受主持，召开紧急会议，决定在全省范围内宣布总罢市。21日，决定渐次集中全省商团军，并运动股匪袁带之党羽千余人，改扮民团至佛山，同时准备各属罢市。此外，并大肆诬蔑广州政府“赤化”，实行“公夫公妻主义”，竭力蒙蔽商民。

△ 广东省政府布告，劝商店勿罢市。

△ 广东工农群众积极支持孙中山组织工团军、农民自卫军，以防商团叛乱。是日，广州工代会决议组织工团军。26日，工团军300人开始组编训练，施卜为正团长，刘公素、苏菲真为副团长。27日，省署准工团军立案，即日工团军出巡博罗。广州附近各属农民纷纷组织军民自卫军，广东农民运动讲习所学员也建立农民自卫军，警卫省长公署。

△ 孙中山令饬财政、建设、盐务、省政各机关收入，应解由中央银行存储，随时提用。

△ 张謇为江、浙和平通电呼吁两省军政长官止战释争。

△ 上海银行公会、钱业公会、上海总商会于是日及次日先后电苏、浙当局呼吁和平，谓上海钱庄已有三家停业，公债一落千丈，恐战事牵动金融，大局不堪设想。25日，卢永祥复电声称“始终抱人不犯我，我不犯人之旨”。

8月中旬 华洋义赈会报告全国水灾情况，略谓：各省淹毙者约计1.4万余人，被灾人数共达2000万左右，其中湖南476万，京兆80万，直隶510万，江西24万，福建13万，广东259万，山东310万，河南310万。

8月21日 国民党中央执行委员会全体会议继续讨论“国民党内之共产派问题”。胡汉民主席。会议决定按照政治委员会所拟《国民党内之共产派问题》及《国民党与世界革命运动之联络问题》两草案解决。会后，中央执行委员会根据两决议对全体党员发表关于容共之训令。

△ 广州农民运动讲习所举行第一届学员毕业暨第二届学员入学典礼大会，中央农民部长李章达主持。孙中山出席并作演讲，勉励学员到乡村去，“要联络全体的农民来同政府合作，慢慢商量解决农民同地主的办法。让农民可以得到利益，地主不受损失。这种办法可以说是和平解决。……我们解决农民的痛苦，归结是要耕者有其田”。

△ 苏州丝业木机职工万余人，要求增加工资举行罢工，被警察捕去数人。工人坚持斗争，结果工资增加，于24日复工。铁机工人千余，也因要求增加工资举行罢工，坚持至9月25日，工资有所增加。

△ 浙江余姚盐户万人，因反对盐运使设立公仓，举行罢工，遭军队镇压。经盐商调停，公仓取消，25日复工。

△ 北京金融因江浙战谣发生恐慌，公债暴跌，投机家均将破产，即组金融维持会，要求政府设法维持。

△ 冯玉祥与黄郛在北京南苑谈时局，冯认为直、奉军再战，直系

势力稍差，如第十五师、二十三师、二十五师皆不足撄锋；江浙风云，谣传甚大，将来战起，东三省及地方恐有响应，本军要准备待命。

△ 旅沪皖绅余诚格、李经方等电马联甲，请勿加入江浙战争，力践和平，以靖人心。30日，全皖旅沪公民弭兵会亦电马联甲，请依照皖民公意，脱离江浙战潮而维皖局，所有调动之军队，须速遣归原防。

8月22日 在陈恭受及商团军胁迫下，商团总部所在地佛山镇罢市。陈恭受以佛山无险可守，率商团、乡团数千集合石湾及佛山对岸之墩头乡，并纠集土匪冒称商团、乡团，陈自称攻城总司令，准备进攻广州。陈又以商团副总长名义发表宣言，要挟广州大本营作出全面妥协，取消陈廉伯通缉令。23日，陈以广东省商团名义函孙中山提出三条件：一、成立商团联防总部；二、商团总、副团长安全就职；三、无条件发还枪械。同日，东莞县响应佛山宣告罢市。

△ 孙中山派代表邓彦华答复商界和绅士代表：商团必须对19日亲笔函所提解决办法作出答复，推派代表同政府接洽；对佛山等地罢市，商团应负责任。

△ 北京众议院讨论四届省议会选举办法，决定：一、由国会就省议会议员选举法中抵触宪法之条文加以修正；二、第三届省议会议员如未选出，或选举无效时，第二届省议员得适用之；如第二届未选出，第一届得适用之。

△ 反帝国主义运动大联盟发表宣言书，以签定《辛丑条约》之9月7日为国耻日，呼吁全国同胞届时降半旗吊国耻、全国大示威、不买帝国主义各国之货物。

△ 总税务司发表公债现状文告，略谓：近今整理公债市价大落，致市情恐慌，实因准备金由总税务司保管，已足付息而有余，但尚不足按照预定办法实行还本，于是投机家乘机操纵。整理公债现甚稳固，无暴落暴涨之理由，持债券者无庸恐慌。

8月23日 曹锟召开紧急会议，筹防东北，阁员及军事处厅长牛向辰、穆文善等武官参加。随后，连日密议，26日、27日会议决定曹锳第二十六师开驻九门口，彭寿莘第十五师驻守山海关，董政国第九师一部及王怀庆第十三师一部驻守喜峰口及古北口一带，王维城第二十三师及毅军全部驻守朝阳，张锡元之两混成旅驻守林西，冯玉祥拱卫京师，吴佩孚主持东北，齐燮元主持东南，陆锦为京畿戒严总司令。28 日，王承斌到京，偕同王毓芝谒见曹锟，陈述此次主战之非计，曹未予采纳，嘱王承斌速筹军饷百万元。

△　孙中山派湘、豫、桂、滇军千余人赴佛山，在市区及铁路沿线驻防，同时劝告商店复业，但被商团阻止。同日，江门商团长赵秀石因在会上陈述罢业损失，散会后在门首被杀。24 日，滇军通知佛山各商店，限 24 小时内一律复业，否则立派军队入店驻扎。多数商店勉强开门营业。

△　广东省政府下令通缉陈恭受。大本营派豫军两营约 600 余人，向佛山对岸之墩头乡进发，抵该乡时即与商团、乡团步哨接触半小时，商团、乡团退却。豫军入乡，搜索陈恭受不获。

△　孙中山令蒋介石将所扣商团枪械内检交驳壳枪 175 支、手提机关枪 18 支及上述两项足用之子弹交李糜，为铁甲车队之用。

△　曹锟令航空署从速组织飞机队，连同机具由铁路运往南京。是日，由队长蒋逵率带飞机 10 架，自北京出发。

△　江苏军队续开前线，陈调元部第四旅由徐州开赴浦口，所遗防地由鲁军、豫军及省警备队填驻。淮扬镇守使马玉仁部向南通集中，准备开向江南。驻扬州之黄振魁混成旅过镇江开向昆山，其原驻地调清江浦之第三师接防。

△　原驻常山、开化、江山之浙江边防军臧致平、杨化昭所部奉卢永祥令西调，是日到杭，所遗防地决定由浙军第一师和第二师接防。同日，衢防总指挥兼第一师师长潘国纲自杭赴防。张载阳留杭任省长。

8 月 24 日　广州二万余工人集会，声讨陈廉伯、陈恭受，反对罢市，表示誓作政府后盾。同日，广州戒严。

△　卢永祥召开会议，部署军事，分为两路：一为北路，卢自为总司

令,该路又分三路:上海,松江方面为右路,取守势,司令为何丰林,杨化昭、朱广声、臧致平等部属之,负责黄渡、浏河、青浦、嘉定一线;中路向宜兴取攻势,司令陈乐山;左路泗安方面由王宾担任,以拒广德方面之皖军。二为南路,防备赣、闽,以张载阳为总司令,潘国纲为副。其军队除原有四个师外,加上边防及沪方各军,共七万之众。

△ 张一麐、黄以霖、史量才、黄炎培、宋汉章、朱绍文等分别电齐燮元、卢永祥,请划边境为缓冲地带。25日,齐复电谓:上年《江浙和平公约》,议定两省同时撤防,苏即遵行,浙则至今失信,臧致平、杨化昭西调,浙省征调频仍,人心惶惶,诸公拟定缓冲地线,即希转商浙方迅予规定,俾资遵守。27日,卢永祥复电极表赞同,惟谓两省防地,增兵兴众,肇自何方,务请注意,以为根本解决。

△ 上海市民协会举行成立大会,通电反对江、浙开战。

△ 各国驻沪领事团讨论江、浙问题,决定:一、请北京外交团照会外交部设法保障苏、浙及上海一带外人之生命财产;二、如决裂后未能保障,各国将自行派舰保护;三、设法阻止沪宁路运兵;四、临时维持上海治安,并召集商团、外舰人员为万一准备。

△ 北京政府农商总长颜惠庆因北京金融风潮紧急,公债暴跌,在国务会议上主张发布"交易所暂缓交割令"。王克敏因自己投机公债,借口此令将使北京金融益陷于危险境地,竭力阻止。

△ 北京反帝大联盟执行委员会开第六次执行委员会议,议决:发行反帝运动周特刊;9月7日各界放假一日,并下旗志耻;举行游行示威,揭布反帝国主义旗帜;在北京及各地散发传单,讲演帝国主义之罪恶;主张废除《辛丑条约》及一切不平等条约;不买帝国主义各国货物等。

8月25日 广州商团强迫广州商店罢市,大商店全罢,小商店半闭门。大新、先施等大公司罢市,并悬出英、法旗帜。全省已有138个城镇陆续罢市。广州商团发出一种"共产在即……应即起而自卫"内容的传单。

△　孙中山以管理粤汉铁路事务许崇灏有牵涉陈廉伯私运军械案嫌疑,下令停职听候查办;另派陈兴汉管理粤汉铁路事务。

△　孙传芳编组闽赣联军,自为总司令,离福州赴延平,26 日抵水口。所部分三路入浙,共计兵力六混成旅另五个团,以卢香亭为前敌总指挥,陆续向浙边开拔。

△　海军总司令杜锡珪令司令李景曦率同“楚有”、“楚泰”等六舰由南京开往镇江,会集闽队各舰合力助攻上海。

△　卢永祥第十师自杭州开赴松江驻防,29 日自松江开抵浏河。

△　陈调元部自南京开往常州等地。30 日,陈令搜罗船只,运送该部开向宜兴。

△　三合会成立上海临时组织,并发表宣言,通告南洋及美洲各埠。略称:“爰复旧日精神,约为统一活动,公定‘反抗列强侵略,打倒武人政治,铲除贪官污吏,拥护穷苦农工’为信条。并与革命团体提携并进。”“望治情殷,或有过量之行为。适应潮流,非若义和团之盲动。所幸四海兄弟,共喻斯言。”

8 月 26 日　广州大本营召开军政联席会议,讨论对付罢市问题。孙中山主张武力解决,强制开市;伍朝枢、许崇智、孙科等力主“和平审慎”。范石生反对强制商团复市,主张调停。

△　孙中山接见广州商界代表冯星垣等,揭露陈廉伯勾结帝国主义和直系军阀,阴谋组织“商人政府”,并表示:“目下枪械一支亦难先发还,须明日开市始有商量之余地。倘仍恃顽弗恤,我当遣派大队军队拆毁西关街闸,强制商店开市。”

△　孙中山明令公布考试院法规三项:《考试院组织条例》,凡 26 条;《考试条例》,凡 16 章 64 条;《考试条例试行细则》,凡 18 条。

△　北京国务会议,内务总长程克报告警察饷项积欠过久,生活困难情形。陆军总长陆锦报告近畿军饷需索甚急。海军总长李鼎新报告杜锡珪迭电催发海军军饷。财政总长王克敏表示:近畿军警饷七成可于明日先发,海军协饷略为减发,其余各项政费至迟 29 日开发支票。

后因吴佩孚来电索饷，王克敏以筹得之款280万元移付之，致军警饷改发支票，分四期付款。

△ 浙省战机已迫，浙军潘国纲第一师陆葆群营由杭州赴温州转龙泉，加强防务。与闽省福鼎接壤之平阳亦已布防就绪。陈乐山第四师大部开赴长兴、吴兴。27日，臧致平、杨化昭军一部自杭开赴长兴、吴兴，次日有小部开赴嘉兴。

△ 江苏下全省动员令，齐燮元第六师自南京陆续运往苏州、昆山、青阳港等地。28日，在昆山、青阳港间安雷布网。29日，又令运大炮约30尊赴昆山。飞机两架已抵达昆山，该地驻军约二万余人。

△ 南京城厢内外自24日起均有拉夫现象，不论男女，甚至敲门搜索，连及孕妇、学生，是日南京罢市。扬州、苏州亦因拉夫相继罢市。

△ 北京国立八校教职员代表举行联席会议，议决五项：一、催促全国教育、学术团体成立大联合会；二、派代表访比利时、葡萄牙、西班牙、瑞典、挪威等国公使，表示教育界对于庚款之主张；三、即日召集八校教育基金委员会；四、请八校校长出席本会议，共同讨论教育经费问题；五、27日齐集法大赴财部交涉教育经费。

△ 重庆大火，延烧四日，焚毁商店、居民2000家，损失千万元以上。

8月27日 孙中山分饬滇、桂、粤、湘、豫五军总司令及广东省长转饬所属，严密保护复业商民。同日，广东省长廖仲恺布告：罢市商店如仍执迷不悟，则将以军法处置。吴铁城以炮置装甲车巡视市区，威迫商民开市。

△ 齐燮元就江浙战争事答《字林西报》记者问，指责卢永祥破坏《江浙和平公约》，使“叛徒（指臧致平、杨化昭）于浙军中享有优崇地位”，利用来侵犯江苏。又称：江浙战争为政府及邻省之同僚所赞成，允共合作。“余非意在攫取土地，仅在使上海再入江苏版图后，可绝内争破坏中国之行动”。

△ 孙中山任命黄建勋为盐务署署长。

8月28日 英舰九艘集结广州白鹅潭，并将炮口指向中国军舰。当晚领事团向廖仲恺提出质问和警告，声称如政府开炮轰击市民，当以实力加以制止。29日，英国驻广州总领事向广州大本营发出最后通牒，干涉广州政府镇压商团，声称："奉香港舰队司令之命，如遇中国当局有向城市开火时，英国海军即以全力对待之。"

△ 曹锟传见王怀庆，议热河防奉问题；又传见口北镇守使谭庆林，谕口北戒备防务。

△ 厦门海军警备司令杨树庄继27日"应瑞"等六舰抵三都澳后，又于是日续派"普安"等三舰赴沪助苏攻浙。联浙之驻沪独立舰队"海筹"等舰均升火。

△ 上海总商会召集上海律师公会、粮业公会、省教育会等30余法团开会，讨论时局和粮食问题。决定即日通电江、浙两省当局划两省为永远中立区域，撤退军队，各不相犯，如有违反公意者，两省人民均视为戎首，所有地方直接间接之损失，均应以其私产负赔偿之责任。粮食问题，决定由商会会同银行、钱业两公会采办大宗粮食，接济民食。

△ 吴佩孚电曹锟，主张增兵广德及宜兴方面，一举破浙，然后举全力对奉。

8月29日 国民党对广州罢市事件发表宣言，略谓：陈廉伯、陈恭受及其党羽，乘隙破坏政府，对商民借端渔利。商民迩年战争负担加重，对于现状倍感苦痛，陈廉伯等企图利用。须知广州最近政治上、军事上不良现状，决非主义所招致，乃不能实行主义之故。须知本党为代表各阶级之利益而奋斗，对于工人、农民两阶级素与其他阶级平等而视。至于实行共产主义云云，则本党主义政纲俱在，无须误会。

△ 滇军军长范石生、师长廖行超出面调解广东罢市风潮，与商团代表订定六项调停条件：一、全部发还扣械；二、商团联防总部"改组"后，批准立案；三、政府撤出新驻广州市内驻军；四、陈廉伯、陈恭受通电拥护大元帅；五、省政府撤销通缉令；六、商团报效政府军费50万元。范、廖并以"宣布独立"和调兵入省为要挟，胁迫孙中山接受。广州市郊

各商店乃于是日相继复市，等候政府发还所扣枪械。

△　廖仲恺因严办商团的主张受到阻挠，向孙中山面辞广东省长职。

△　工团军和农民自卫军800余人向大元帅府请愿，要求明令讨伐商团。

△　张作霖召开时局会议，奉军司令、师长等20余人参加，决定：一、对江浙问题先函曹锟作善意劝告，希曹制止侵浙之军，曹如一意孤行，则率兵长驱入关，作武装调停；二、派梁秀芳于翌日赴天津与段祺瑞商量，江浙开火后与段同张义声；三、江浙未开战前，不作表示；四、檄文露布后分三路进兵；五、31日起密作军事筹划。

△　曹锟以吴佩孚来电要求冯玉祥军分一部南下援苏，大部开拔东北，并予冯东北前敌总司令空衔，乃派王毓芝征冯同意。冯表示欠饷未清，碍难调动。曹又命王承斌向冯说服，王因吴佩孚解除其二十三师师长职，有夙怨，同情冯。是日，王告曹称：冯不愿分调辖军，亦不敢任前敌总司令。同日，曹召集全体阁员暨王毓芝、王承斌、冯玉祥、王怀庆等会议，商冯玉祥统率所部驻山海关、王承斌移驻洛阳，冯、王均不同意。

△　北京众议院议决：请曹锟制止江浙战事。

△　驻京英、美、法、日四使照会北京政府外交部，请注意去年8月11日使团警告：各国人民如因江浙战争而受损害，应由中国政府负完全赔偿责任。晚，驻京英使麻克类照会外交部称：沪宁路系向英国抵押借款，请即严令江、浙两方之军事长官勿干涉沪宁铁路，以免损害英国之债权。

8月30日　曹锟令航空署督办兼署长赵玉珂装配全部飞机，准备作战。

△　苏军第一师白宝山部自徐州开抵常州、苏州、昆山前线。

△　上海市民自卫大会通电，反对列强供给军阀饷械，并致电齐燮元、卢永祥，要求迅将各军撤回原地，以维和平。

△　驻京英、日、美、法四公使见顾维钧，催问北京政府保护江、浙各省外侨办法，提出以下要求：一、请划上海为中立地点，附近 30 里以内双方不准作战；二、吴淞口为中外轮出入之地，亦应划出战线之外，有必要时，各国军舰得自由至长江巡弋，保护侨民。

△　孙中山令准鲁涤平辞禁烟督办兼职，另派湘军第三军军长谢国光兼任。

8 月 31 日　孙中山召开国民党中央执行委员会全体会议，谴责范石生等“阳拥政府，阴护商团”，坚决否认六项条件，并表示应“存一点天地间的正气”。

△　孙传芳抵福鼎，令第三支队司令卢香亭为前敌指挥，进攻浙江平阳，直趋温、台；令第四支队司令谢鸿勋率所部二师四混成旅及骑、炮兵各一团，由政和入浙江庆元，集中永嘉；浦城及后方防务则令第十混成旅孟昭月及第二十四混成旅张俊峰负责。

△　英、美等驻京公使因江、浙局势紧急，电饬泊驻青岛、威海卫、北戴河、九江等处各该国军舰至沪，黄浦江已泊外舰七艘。

△　广东省东莞县自 22 日起罢市以来迄未复业。是日，桂军第二师师长严兆丰自石龙率部至东莞城劝告复业。下午，原驻城内之严部团长罗星枢因严入城，遣所部百余人出驻城外，强借居民铺板炊具，与当地商团冲突，双方遂开火。次日，近处乡团 8000 余人赴援，将桂军围困城内。9 月 3 日，桂军司令刘震寰赴东莞调停，商团、乡团坚持桂军必须离防。

是月　江苏、浙江因军事关系经费无出，苏省署 19 日通令各校展缓开学，浙省署令教育厅径行停办教育。

△　私立青岛大学推高恩洪为校长，在旧德兵营开课。

△　直隶发行省公债，金额 480 万元，九三实收，年息一分，六年还本，用以整理省债及还短期外债，咨北京政府财政部备案。

9 月

9月1日 孙中山为抗议英帝国主义支持商团叛乱，发表《对外宣言》，指出："自广州汇丰银行买办开始公然叛抗我政府后，我即怀疑他的叛国行动是得到英国帝国主义支持的"；英国工党"曾屡次表示对被压迫民族的同情"，故我仍希望工党政府至少应抛弃对中国之炮舰政策；不意英总领事 8 月 29 日对我政府之通牒，末段数语则无异宣战，予觉此项挑战实欲企图破坏我革命之国民党政府。《宣言》并指出："曾有一时期，其时要办的是推翻满洲征服者；而扫除完成革命历史任务的主要障碍——帝国主义对中国的干涉，以此为其议事日程的时期已经到来。"

△ 孙中山决定乘江浙战争爆发进行北伐，令湘军、豫军、赣军全部、张民达师、中央直辖一军朱培德部等，于半个月内集中韶关，以备入赣。

△ 张作霖在奉天召开会议筹备军饷，定战费为 5000 万。同日，又下令陆军整理处从速举行秋操，务于本月 15 日完毕。2 日，张作霖据卢永祥电告齐燮元举兵侵浙，乃召开军事会议决定：一、假秋操之名，陆续向山海关进发；二、第二、第六两旅先行开拔，分据锦州、绥中，观察形势。3 日，奉军开始出动。

△ 吴佩孚在洛阳集议御奉援苏，参加者有张福来、杨清臣、靳云鹗、王汝勤、田维勤、胡景翼，曹锟、冯玉祥、王承斌、马联甲、刘镇华等亦派代表列席。会上吴主张：一、先调靳云鹗部东下，暂驻浦口为苏声援，续派杨清臣一部驻防徐海道属，巩固后方；二、电令常德盛等赣军牵制粤军助浙；三、援苏御奉并重，除分电驻滦州之彭寿莘第十五师特别戒备，檄调第二十六师一旅布防外，并集合第二十六师、第十三师、第四混成旅及第三师同时御奉。

△ 英文《京津时报》载文论北京政府之战费，谓："直派于其管辖

境内所有之财源既已榨取殆尽，而此次所需之战费就可以征收者，无论现洋公债，皆无实在把握，由是北京政府与法国交涉欲从速解决金法郎问题，可得一千万以上之收入。”望列国对北京政府直接或间接供给财源之处置必须慎重考虑，“希望法国政府拒绝中国之提议，因金法郎问题之解决，使其增长内乱故也”。

△ 卢永祥派其子卢小嘉至奉天谒张作霖，请接济款械，借给飞机。张均首肯。

△ 昆山苏军对浙取攻势，第二师混成一团前进至陆家浜。浙军第十师第四十团出发至安亭，两军相距10华里。苏军安亭前敌司令朱熙、宜兴前敌司令陈调元、太仓前敌司令宫邦铎均亲往前线督战。

△ 皖军第三混成旅调往广德、宣城一带援苏，旅长王普任前敌总司令。

△ 李宗仁通电声讨陆荣廷。10日，李又与赵恒惕等电促陆荣廷下野，以利广西自治。

△ 虞洽卿继宋汉章就任上海总商会会长。

△ 张作霖任鲍贵卿为中东铁路督办；原督办王景春因与张意见分歧，已称病出洋。

9月2日 曹锟总统府密议军事，并电吴佩孚“通盘布置”。同日，阁议讨论江浙问题，顾维钧谓和平之局面业已绝望，善后问题殊可注意。决定京畿治安由内务部函军警机关加以防范；四使要求划上海30华里以内为中立区域一节，暂按住不提，可由外部照复；对于外侨生命财产，当负责保护等。

△ 苏军第二师前敌司令部移驻陆家浜车站，浙军之第四十团、第三十九团开至黄渡车站。沪宁路交通断绝，昆山至安亭间铁轨被苏军拆去，安亭至黄渡间铁轨亦被浙军拆毁。当夜，臧致平、杨化昭率部自杭抵沪，次日上午至高昌庙、龙华，下午即开往黄渡、浏河。4日，臧致平补充旅全部开往南翔。5日，杨化昭部又有3000由杭州开至南翔。浙军扼守南翔，以拒昆山之敌。

△ 驻沪领事团因江、浙局势紧张，由代理领袖美领事克银汉邀请英、法、日三国领事商议租界治安办法，决定：一、通告江、浙当局，不得将军队开入租界；二、严防败兵窜入租界；三、请万国义勇队下令准备随时出防；四、请各国驻沪军舰编练海军陆战队严重警戒，必要时登陆防护。

△ 日内瓦国际联合会第五届议会选出副议长六人，中国代表唐在常被选为副议长。

△ 驻京法使傅乐猷照会北京政府外交部，声明取消前次拒交汇理银行所存盐余之抗议，德债案内之汇理经手款项即可交付。

9月3日 齐燮元命宫邦铎进兵昆山，以窥上海。上午10时余，苏军以一旅多之兵力向黄渡浙军林兰亭团一营发炮进攻，浙军司令朱声广下令发炮还击，江浙战争爆发。下午3时余，臧致平率兵二营至前线作战，毙苏军400余人，毁炮九尊；浙军亦死40人，毁炮一尊。浙军防线自黄渡西展至14里外之安亭，前哨至昆山附近之陆家浜。

△ 卢永祥通电江、浙两省人民，略谓：四省攻浙，重兵压境。9月2日5时，苏军强占安亭车站。是日苏军已由安亭向黄渡方面进攻，势甚猛烈，当即电饬我军尽力防御。彼方已明白挑战，和平希望业经断绝，自当整我军旅，为国锄奸。推厥祸始，实由齐燮元为赞助曹锟贿选最力之人，故不惜残民以逞，助桀为虐。大憝不除，国难奚宁。

△ 卢永祥通电成立浙沪联军，并在上海龙华设立联军司令部，以驻沪第六混成旅、第二十旅、补充旅为第一军，何丰林为司令，臧致平为副司令，约三万余人；以第四师及第二十四混成旅为第二军，陈乐山为司令，杨化昭为副司令，约二万人；以第一师及第二师为第三军，张载阳为司令，潘国纲为副司令。4日，卢永祥就任浙沪联军总司令。

△ 国民党中央政治委员会举行第七次会议，孙中山、瞿秋白、伍朝枢、苏联顾问鲍罗廷四人出席，议决：一、发表北伐宣言及大本营移驻韶关宣言；二、裁汰闲散机关，裁撤苛细杂捐；三、韶关大本营特设政治训练团；四、本月7日国民运动大会宣传之宗旨为“反对帝国主义”、“反

对北方军阀”、“助浙救粤”，是日为反帝国主义运动周之开始。

△ 卢永祥通电号召江、浙一致讨伐曹锟。略谓：苏、浙人民反对曹锟贿选，志趣吻合，向义最早；苏、浙唇齿相依，安危与共。此次奋力讨贼，基于正义防卫。苏民如能赞助义军，共驱曹党，浙军对苏决不以一矢相加。

△ 蒋介石派黄埔军官学校总教官何应钦等筹备组织教导团，组织及训练采用苏联新制；是日并派总队长邓演达代理教练部主任。

△ 八国驻京公使会议讨论移交旧俄使馆问题，要求加拉罕承允遵守《辛丑条约》及使馆界内一切章程，不得自由宣言废弃。加拉罕不允。10日，八使会议决定将俄使馆交与加拉罕接收。

△ 北京政府交通部向南满铁道株式会社借款日金1292万元，年息九厘，用作包工建造洮昂铁路用费，内省署提用200万元，以洮昂铁路收入为担保。

△ 湖北教育界代表赴北京请交通部拨还米厘公债本息以充教育基金，交通部不仅拒不接受，且对代表进行侮辱。是日，湖北省教育会等六团体集议应付方法，群情激愤，全体赴省署请愿。

9月4日 江浙战争展开。苏军马玉仁部分路进攻浏河；同时由太仓之陆渡桥往击嘉定，与浙军前哨交火，战于朱家桥。浙军寡不敌众，退守离嘉定县城三里之竹篠弄待援。未几，南翔、罗店、澄桥、唐行之浙军均遣援兵至，分途应敌，战火激烈。

△ 孙传芳军孟昭月旅进攻仙霞岭。浙军第二师四旅炮队团团长张国威暗与孙通款，并将仙霞关险要炮台上之机器卸下。8日，孙部卢香亭派先锋队随张国威入关侦察如实，乃遣大队由张引导自间道入仙霞关。守军仓猝应敌，全军覆没。孟昭月旅韩团占仙霞岭。

△ 张作霖通电讨伐曹锟、吴佩孚。斥责曹、吴“稔恶山积”，贿买议员，以窃大位；豢养爪牙，以祸邻疆；破坏自治，蹂躏和平；卖国丧权，穷兵黩武，流毒颇多，舆情共愤。宣布“谨率三军，扫除民贼，去全国和平之障碍，挽人民已绝之生机”。

△ 齐燮元抵昆山指挥，并通电声讨卢永祥，称卢“反抗中央，招聚乱党”，“自应悉力捍御，以期达保安之宗旨”。

△ 孙中山在大本营召开筹备北伐会议，决定：一、湘、赣、豫军全部参加北伐，滇、粤军抽调一部随行；二、迁大本营于韶关，亲督各军，驻节于此，命各军分路入江西、湖南；三、命胡汉民留守广州，代行大元帅职权并兼代广东省长，以巩固后方；四、委廖仲恺为财政部长，兼广东财政厅长、军需总监；五、任命谭延闿为北伐军总司令，督率各军前进。

△ 卢永祥电孙中山、许崇智、廖仲恺等，略谓：“曹锟既为国民之公敌，则诸公宁忍作壁上之旁观？尚希诸公分道出师，兼程并进，庶几正谊有获伸之日，大局有复安之望。”

△ 但懋辛、石青阳受唐继尧等派遣，以川滇黔三省总司令部代表名义到达广州谒孙中山，表示愿一致行动，讨伐曹、吴；并建议孙中山与陈炯明议和，令陈出兵攻闽。孙中山表示赞许。

△ 豫、鲁、鄂援苏军队陆续开往江苏前线助战。豫军郭振才一团到达徐州东部，京汉路保安队调津浦路南段护路。5日，豫军第三混成旅陆续开赴宜兴、常州等地。6日，鲁军张培荣部张烈一团抵徐州西部驻防。9日，鄂军第七十四混成旅抵达南京，转赴常州、宜兴。

△ 英、法、日三国公使照会北京政府外交部，抗议江、浙两省扣留盐税，请设法制止。12日，曹锟令告各省军民长官暨各师、旅长等严饬所属保护盐务，毋任有干涉税款、侵越权限情事。

△ 日使芳泽照会北京政府外交部，声称中国如在国际联盟提出“鲁案”，须先征日本同意。

△ 曾琦、李璜、罗世嶷（元叔）等一行结束留欧，返国抵沪。

9月5日 孙中山发布《讨伐曹吴告军民文》，宣布“克日移师北指，与天下共讨曹、吴诸贼”，“务使曹、吴诸贼次第伏法，尽摧军阀，实现民治”。同日，又发表《大元帅出师对粤宣言》，指出“假使曹吴得逞于浙江、上海，则广东将有噬脐之祸”，鼓励全粤人民“蹈厉奋发，为民前驱，扫除军阀，实现民治”。

△　孙中山电卢永祥，允派飞机师往助，谓："此间日内有精练而熟于战斗之飞机师四人由欧洲到粤，如尊处需此项人才，可先派来应用，信其必能收大效果。"

△　苏、浙两军前锋对峙于嘉定城郊。杨化昭奉何丰林令以精锐3000自南翔驰援，与苏军激战于高升桥，屡进肉搏，苏军不敌而退。另一支苏军第十九师杨春普之一部进攻青浦，由泗港向离安亭12里之白鹤港总攻，浙军不支，退守重固镇，苏军以大炮轰击，浙军掘壕固守。同日，沪宁线上之浙军占安亭车站，至傍晚，苏军增援进攻，浙军仍退守黄渡。

△　张作霖召杨宇霆、沈鸿烈、张学良、李景林、郭松龄等开海路防务会议，决定责成第二十七师之一旅由连山湾迄葫芦岛扼要驻守，并派炮兵一至二团驻岛附近，以厚势力；在紧要处设置大炮、机关枪、探照灯、高射炮、无线电台、水上飞机等，紧急时日夜巡察。

△　张作霖向军事顾问本庄繁探询日本政府对直奉战争的态度：一、直军打到东三省时，是否予张帮助；二、张希望以亲日派之手统一中国，日对此有何想法；三、张腹背受直军和俄国的压迫，日本有何想法。15日，奉军参谋长杨宇霆设宴招待驻奉日总领事船津和驻天津日总领事吉田茂等，请求在直奉战争中援奉。

△　浙江省长公署布告发行金库券兑换券50万元，委托浙江地方银行收付，并饬将基本金筹备足数，以昭信用。此项兑换券准抵缴赋税，发放军政各费及一切公项出入之用。发行后无论何人，均各一律收用。

△　日本加藤内阁讨论干涉中国内战问题。外务相币原作关于"中国动乱之经过"报告。决定采取措施"保护满洲方面日侨之生命与财产"，"上海、南京方面须有相当准备，以防万一"。

△　中国兴业银行在汉口开创立会，举孙丹林等九人为董事，蔡葵雨等七人为监察。9日正式成立，孙丹林兼任总理。

9月6日　孙中山手谕蒋介石：扣留商团之枪械如何发落，俟汪精卫交涉后而定。函谓:“商人有愿筹北伐费而讨回枪械者,此事现交精卫交涉。如得完满结果,当要给回一大部与服从政府之商团。故欲沽其一部分为练兵费一节,不可施行。”

△　孙中山令饬广东省长、财政委员会核议蠲免苛细捐税。略谓:“着财政委员会将从前所有征收各项税捐及附加军费,逐案核议,其涉于苛细者,均一律蠲免,由广东省长转饬各主管征收机关竭力举行。”

△　粤省东莞十二坊商团暨附城各乡乡团复向驻东莞城之桂军严兆丰等部攻击,城破,桂军被缴步枪600杆,军官数名被擒。其他友军即会衔电总司令刘震寰,要求以武力围剿商团。刘复电所部制止妄进,听候调停。7日,旅广州东莞同人推举容万里、何梦生回城,邀德国牧师茂理作调人,双方签约和解。规定原驻之罗星枢军队除省渡头外,照旧驻扎;十二坊内照旧不得驻兵,自归商团保卫;新来之兵即拔队回防,不得以别师名目,复增兵驻莞;商团、乡团报效军费4.5万元。

△　集结在嘉定之浙军分三路进攻:北出皇庆以规娄塘;西北出朱家桥以攻陆渡桥;西至外冈,与沪宁线浙军相呼应。杨化昭在前线督战,何丰林派飞机两架助战,追击苏军马玉仁部。同日,臧致平率队进攻安亭站,苏军不支退却;旋苏军又得援兵反扑,双方各有精兵逾万在安亭、黄渡间激战。

△　北京外交团因江浙战事影响,照会北京政府外交部,请缓办海关附加赈捐。7日,驻京英使麻克类见顾维钧,声明江浙战争未了前海关附加赈捐暂停办。

△　北京政府以江浙战争爆发后时局趋紧,钳制新闻言论,不准登载不利直系之新闻,世界新闻社被查封;北京《民德报》社长何海鸣、总编辑萧一鸣亦因发表宜兴不守之谣被捕,报纸被勒令停刊。

9月7日　曹锟据齐燮元、吴佩孚等电呈,对卢永祥下讨伐令。令称:卢永祥“公然首先破坏治安,违背全国人民爱护和平宗旨。本大总统为戢暴安民起见,实万难听其诪幻,徒苦吾民,卢永祥、何丰林均着褫夺官勋并免去本兼各职。由齐燮元督率部队,相机剿办。”

△ 在安亭、黄渡间与浙军激战竟日之苏军，死伤千人后于中午退至陆家浜及青阳港一带。同日，进攻浏河之苏军马玉仁部，在浙军阻击下损失400人，退至河北二里，与浙军隔河对峙。

△ 浙军第二路陈乐山令所部自长兴向宜兴进攻，第四师十三团越过宜兴怀脚岭，十四团占父子山、青石山诸要隘，苏军退守蜀山。

△ 张作霖宴请驻奉英、美、日、德各国总领事，声明对直出兵之原因，谓直系已命四师六混成旅向山海关、喜峰口、热河方面三路出发侵奉，故决举三省精锐，尽力防卫，事出万不得已，请予谅解：对于在东三省之外侨可负完全保护责任。

△ 驻京英、法、日、美、意五国公使联名两次照会北京政府外交部，请将上海及吴淞划为中立区，否则将来各项损失，悉由中国政府担负。

△ 国民党为"九七"国耻发表宣言，略谓：《辛丑条约》丧权辱国，是中国人民之奇耻大辱。我们要昭雪国耻，就要认清压在我们头上的帝国主义，团结一致，与国民党合作，负荷起打倒帝国主义的责任。

△ 广州各界在第一公园举行纪念"九七"国耻反对帝国主义大会，到工、农、学、军百余团体计七万余人，谭平山主持，甘乃光、瞿秋白等演讲，并推学生联合会、工人代表会、海员工会、女界联合会、民族解放协会、新学生会、黄埔军校、市郊农民协会等12团体筹备组织反帝大联盟。

△ 山东各界在济南召开大规模国耻纪念会，通过山东反帝大联盟"九七"纪念宣言，会后游行示威。同日，武昌各界集合阅马场举行示威；天津、杭州、太原、常德等地亦举行纪念活动。北京纪念活动被警厅武力制止，仅半数报馆停工纪念。

△ 赵恒惕迫于美领事压力，6日晚令军警以武力制止长沙"九七"国耻纪念游行大会。是日，长沙各团体代表开紧急会议，议决改游行为露天演讲大会，

△ 滇军军长范石生等仍促广州大本营与商团妥协，并由商人持

陈廉伯、陈恭受通电稿谒见孙中山，内容为拥护孙中山及服从政府。孙基本上接受范之调停，但要求两陈增加“勾结英国，图危政府”彻底表示悔过等句，方能发还扣械。商人不允，转向范等责难。

9月8日 国民党中央执行委员会第五十三次会议，执委于树德提出《重申本党纪律决议案》，主要内容为：一、凡本党机关日报、杂志及受本党津贴之日报，不得发表违反本党章程、宣言及政纲之言论；二、不得无故拒绝发表同情于本党章程、宣言及政纲之文电；三、不得发表本党内部尚未解决之议案或问题；四、凡服务于本党政府之党员实施其职权时，不可违反章程、宣言及政纲。会议议决由宣传部及工人部分别训令各关系人。

△ 进攻青浦重固（离安亭24里）之苏军第十九师一部，在离安亭八里之杜村与浙军杨化昭援军接战后不支，败走陆家浜。

△ 上海南洋烟草公司工人7000人因反对资方苛例，无理开除女工两名和阴谋解散职工同志会，一致罢工。上海各界于11日、19日相继开大会声援，并在11月间组织失业救济会，募捐救济被开除的1700多名工人。后罢工失败，2000余工人仍坚持斗争，积极恢复工人组织，并派代表到广州、香港等地请求各兄弟工会援助。

△ 大本营驻广东之湘、豫、赣各军纷集南雄，准备北伐。湘军自是日起陆续由东江开回广州转赴韶关。豫、赣各军亦于同日先后开拔赴韶关。至13日，集中于韶关者有滇军赵成梁部约2000人、中央直辖第一军朱培德部约3000人、何成濬部约2000人、湘军约2000人、赣军约1500人、桂军约1000人。19日，路孝忱部亦由东江调回广州转赴韶关。25日，东江中路刘玉山部由莀兰、广和圩回韶关。

9月9日 孙中山函复蒋介石，指出在粤有英国之压迫、东江敌人之反攻及滇、桂客军之贪横造孽，广州不能一刻再居，宜速舍去一切，以北伐谋生路；并谓：“况现在奉军入关，浙可支持，人心悉欲倒曹、吴，武汉附近我有响应之师，乘此决心奋斗，长驱直进，以战场为学校，必有好果也。”

△ 广州商团乘孙中山率师北伐之际，是日复发表宣言，要挟政府克日发还扣械，否则将举行第二次罢市，以断政府之税收。

△ 驻沪各国舰队之陆战队千余人登陆，与万国商团合作分驻租界各要隘，各国海军联军总司令英人安特生为领袖总司令。同日，公共租界工部局贴出布告，严禁江、浙两军进入租界。

△ 钦廉八属联军军务督办林俊廷通电拥护孙中山。表示今后钦廉八属以内军民两政仍以钦城八属联治会议决案为依归，八属以外军事行动则服从孙中山之命令。林俊廷脱离邓本殷，广东南路形势为之一变。中旬，归附陈炯明之吕春荣亦输诚孙中山，退驻高州。

△ 苏军马玉仁、吴恒瓒督率所部由陆渡桥进攻娄塘，浙军陈熙春、杨化昭部竭力防御，战斗甚烈。

△ 浙军第四师十三团猛攻宜兴城，苏军杨春普在城外督战，指挥所部抵御。浙军第四师钟士秀团围攻兰山，与陈调元部激战二日后攻克兰山、乌溪关。

△ 段祺瑞通电孙中山、唐继尧、陆荣廷、唐绍仪、赵恒惕、张敬尧等，表示声援卢永祥、张作霖，谴责曹锟“令四省攻浙，排除异己，连累无辜，贪一己之尊荣，造弥天之罪孽，倒行至此，岂能幸存”。

△ 曹锟加李济臣、胡景翼陆军上将衔。

△ 日本第一遣外舰队司令官野村吉三郎至洛阳访吴佩孚，谈中国交通及副总统问题。吴告野村：日本舰艇在内河调动，务必与地方官协调，免生事端。

9 月 10 日 中国共产党发表第三次对于时局宣言，指出此次齐燮元兴师攻浙，是直系与反直系军阀间大战之开始；也是英、美和日、法两派帝国主义者在中国斗争之开始。直胜，则美国将扶助直系在中国的统治；直败，则为日本势力结合安福、奉张支配中国的政治经济。呼吁全国人民组织起来，在国民革命的旗帜下推翻直系，解除一切军阀的武装，在根本上推翻外国帝国主义在中国一切既得的权利与势力。

△ 国民党中央政治委员会举行第八次会议，孙中山及胡汉民、廖

仲恺、瞿秋白、伍朝枢、鲍罗廷、宋子文、王法勤、丁惟汾、白云梯 10 人出席，讨论北伐问题。

△　孙中山发表《告广东民众书》，宣布将实行三事：一、“在最短时期内悉调各军，实行北伐；二、以广东付之广东人民，实行自治；广州市政厅克日改组，市长付之民选，以为全省自治之先导；三、现在一切苛捐杂税，悉数蠲除，由民选官吏另订税则。”并谓：“惟我广东人民，对于革命之主义，当以热诚扶助革命政府，使之早日实现……十三年来革命未就之绪，于以告成。”

△　孙中山复卢永祥 4 日电，同意合作讨伐曹、吴，略谓：“曹、吴祸国，稔恶贯盈，除暴锄奸，咸同斯愿。文已宣布国人，一致声讨，躬率师旅，以为前驱。”

△　广东省长廖仲恺布告辟谣。略谓：“近日有人散布谣言，谓政府将实行共产。……为此特行布告各界人等一体知悉。对于此等谣言，切勿轻信；如有造谣生事者，定行严惩不贷。”

△　孙中山致电英国政府，指出英总领事就商团事所提之最后通牒乃干涉中国内政，提出严重抗议。

△　晚，曹锟以百万火急电召吴佩孚赴京，主持对奉战事。吴声称能于 48 小时内檄调各师旅集中，并即电令靳云鹗十四师、杨清臣二十四师停止南下，听候调遣。

△　曹锟召见冯玉祥，仍请负责山海关军事，冯表示不能胜任，并谓去年不应解除王承斌、张福来兵柄。

△　冯玉祥与孙岳在北京南苑秘密约定联络胡景翼共倒曹、吴。

△　皖军派王普、史俊玉两旅由广德进击浙江泗安，并分史俊玉部步兵一团赴宜兴助苏军防守。

△　赣东镇守使杨以来部奉北京政府令协同攻浙，6 日移驻广信，是日至玉山。

9 月上旬　张作霖在奉天召集军事紧急会议，决定分兵六路对直作战，兵力约 15 万人，并组镇威军总司令部，张作霖自任总司令，设大本营于锦州。第一军司令姜登选、副司令齐恩铭，进攻喜峰口；第二军司令李景林、副司令张宗昌，进攻朝阳、建平、承德，到达凌源以西地区，协同一、三军攻击山海关，并拟进入冷口，向滦州挺进；第三军司令张学良、副司令郭松龄，进攻山海关转趋京、津一带；第四军司令张作相、副司令丁超，驻兴城、绥中及锦县一带为预备队；第五军司令吴俊陞、副司令汤玉麟；第六军司令许兰洲、副司令吴光新，五、六两军以大半之骑兵队在彰武一带集合后分攻开鲁、赤峰，与李景林等部协作。又分飞机为三队，第一队驻山海关，队长张学良；第二队赵玉中，驻喜峰口；第三队哀烈坡，驻葫芦岛。其整个战略，对山海关暂取守势，对热河将急进。

△　汪精卫、吴稚晖等致电孙中山劝与陈炯明和解，以争取陈参加北伐。孙中山在批示中指出："陈逆阴险，非至势穷力竭，岂肯宣布攻曹？"

△　广东全省民团统率处成立，其组织要点如下：一、全省区内之民团、乡团、商团及各县各乡联团皆归该处指挥；二、全省民团统率处设督办一员，由省长兼任；三、各县民团、商团之编制法及联团组织章程概归该处制定颁布之；四、各民团局长、商团团长、联团局长概由该处加委。李福林为民团统率处督办。

△　江浙战争爆发后，吴佩孚在洛阳召开直系部队参谋长会议，决定对奉作战方略为："诱致奉军主力部队于山海关方面而抑留之，另以有力部队由海军掩护自海面迂回，在绥中、葫芦岛一带登陆夹击奉军而歼灭之。""奉直间将来如有军事行动时，山海关险要由十五师负责占有而巩固之，以掩护大军向山海关方面集中。"

9 月 11 日　孙中山在广州召集大本营政务军事联合会议，推唐继尧为副元帅，并电促唐就职，率师北伐。同日，再电唐请兼任川滇黔军总司令。

△　孙中山在广州欢宴熊克武代表但懋辛、石青阳席上演讲称："如果西南能够联成一气，共同出兵北伐，很快就可以得武汉，得了武汉之后，便可以恢复民国元年的力量。"

△ 直军陆续向山海关出动，布防地点分配已定，第十五师及第十三混成旅分防山海关至秦皇岛附近，葛树屏之第十二混成旅及时全胜之第十四混成旅驻扎昌黎附近。13日，第二十三师从廊坊、马厂开往芦台。14日，第十四混成旅由保定、长辛店等处运天津。

△ 进攻宜兴之浙军第二路进逼蜀山镇，常州隐闻炮声。

△ 曹锟与冯玉祥、王承斌商议出兵开鲁。

△ 日本外相币原发表声明称，对中国之内争持旁观态度，并无采取对华干涉一类的措置之意思。

△ 苏联大使加拉罕派员接收旧俄使馆。25日开始在旧俄使馆办公。

9月12日 孙中山特任胡汉民兼广东省长，廖仲恺为大本营财政部长兼军需总监及广东财政厅长。原任大本营财政部长叶恭绰免职。

△ 孙中山令将所扣枪械分给军官学校长枪600杆，教导团长枪1000杆，干部学校、讲武学校长枪各200杆，滇军第二军军长范石生长短枪各500杆，桂军总司令刘震寰、豫军总司令樊钟秀长枪各500杆。同日，谕蒋介石取消分械之前令，称："据汝为（许崇智）兄言，如果将长短枪交回商团，当能得百万，以为出发费。果尔，当可取消今日各令，除益之（范石生）之枪外，可悉数还之，如何？请与汝为酌夺可也。"

△ 吴敬恒应邹鲁、汪精卫之请调停孙中山、陈炯明和议事，自港到广州偕汪跪谒孙中山，请恕陈既往，许以北伐自新。旋即偕港商莫纪彭由港赴海丰劝陈炯明协讨曹、吴，并言孙中山决意对东江退兵，陈军如能同时入闽北伐，孙即放弃广东，尽率客军北伐。陈炯明表示如孙中山能率各客军北伐，以粤还粤民，他事尽可商量。

△ 北京众议院开会，延搁两月有余之颜阁同意案第六次列入议事日程，终于以291票对100票通过颜惠庆组阁案。

△ 北京政府财政部向中华汇业银行借款日金30万元，月息一分二厘，用以发放参众两院经费。

△ 山海关之中立地带全由直军占领，北京开赴奉天之火车被扣

留，山海关车站之奉军宪兵稽查等被驱回（按：山海关车站依 1922 年 5 月第一次直奉战争之停战条款定为联合车站）。张作霖即派交涉署科长高鸿文赴各领署，告以直方业已扣车，奉方车辆亦惟有不再开往北京，并声明此次开战之责任在直方。

△ 江浙战争爆发后，外舰借口护侨，源源驶进黄浦江，至是日止，已有 27 艘之多；其中美舰几占一半。13 日后，美舰有六艘陆续由上海驶至南京，日舰亦有二艘驶至镇江。

9 月 13 日 孙中山亲率警卫队、军官学校学生第一队、吴铁城警卫军、赣军、滇军各一部，移大本营于韶关，指挥北伐。随行者有第一军军长柏文蔚、第二军军长杨虎、行营秘书长古应芬、警卫军司令吴铁城、卫士队长邓彦华、秘书朱和中等。临行曾于车中语东方通讯社记者称："苟有反对直隶派者，现今不起，更无再起之机会。现下形势，是重大且绝好之机会。予为顺应大局之趋势计，赴中原逐鹿，纵一方放弃广东，亦在所不辞。"

△ 孙中山发布东江撤兵命令，略谓："东江叛军抗命经年，此时若能深思顺逆之辨，幡然悔悟，相率来归，本大元帅当许其自新；否则，径率所部驰赴福建，以为浙江声援，亦必许其以功自赎。兹特命东江征讨诸军，撤惠州之围，并停止各路进攻，以示网开三面之意。"此令下后，驻东江联军分三路撤退，中路范石生自飞鹅岭、博罗等地调回省城，防守白云山一带；龙门左翼湘军退守增城，右路退守石龙。15 日，三路联军先后集中石龙者，计有滇、桂、湘、豫、粤各军，数达二万以上。

△ 孙中山特派大本营总参议胡汉民留守广东，代行大元帅职权。

△ 冯玉祥与胡景翼之代表李仲三密议共倒曹、吴。19 日，冯与李约定，胡、冯取一致行动。

△ 京奉路交通全断，奉方一、三两军向榆关出发，前锋至万家屯，张学良部第二十七师、李振声第五混成旅、高维岳第十九混成旅担任守备。第二军李景林部自北镇分三路向朝阳进军：张宗昌率第三旅由通裕铁路经大窑沟北上，李景林率第二十三旅李爽垲部由锦朝支路向北

票，第二十四旅邢士廉部由北镇攻阜新。

△ 黑龙江督军吴俊陞率部到达奉天，任榆关第二线防务。同日，张作霖召张作相至奉天面商机宜。镇威军第四军已成立，由张作相任司令，丁超为副司令。

△ 苏军进占嘉定。先是苏军朱熙率队向石冈进攻，浙军第四师及杨化昭部力战，不支，退入嘉定城内。入夜，朱熙以敢死队在重炮轰击之际梯城而入，自内与主力夹攻，浙军自东门退出。

△ 鲁、豫、鄂援苏军队二万余自南京入宜兴。

△ 北京政府财政部向日本兴业银行借款日金528.682051万元，年息九厘五，用以拨付满蒙、山东、吉会各铁路利息。

△ 北京政府财政部向中华汇业银行借款日金760.822654万元，月息一分二，以关税余款担保，用以拨付电信、林矿借款利息。

△ 孙传芳电闽督理周荫人，略谓：自佳(9)日全队进攻，谢(鸿勋)旅长攻克庆元、龙泉；卢(香亭)旅长攻克保安桥、洪口(均在仙霞关北)。敌向衢州方面溃退。现正分令各路纵队猛力攻击。

9月14日 曹锟令准外交总长兼代国务总理顾维钧、内务总长程克、财政总长王克敏、陆军总长陆锦、海军总长李鼎新、司法总长王宠惠、教育总长张国淦、农商总长颜惠庆、交通总长吴毓麟辞职。特任颜惠庆为国务总理兼内务总长，顾维钧为外交总长，王克敏为财政总长，陆锦为陆军总长，李鼎新为海军总长，张国淦为司法总长，黄郛为教育总长，高凌霨为农商总长，吴毓麟为交通总长。任命孙润宇为国务院秘书长。

△ 王承斌奉曹锟召至北京密商军事，王允任讨逆军副司令，即日回津。

△ 吴佩孚在洛阳宣示对东北用兵，准备离洛北上，并决定带胡景翼师余部、靳云鹗师一旅及驻龙门之张治公师同赴廊坊。15日，曹锟又催吴到京主持对奉作战事务。下午，吴专车北上，参谋长张方严及政务处长白坚武等同行，随带卫队及第三师一部共2000余人。

△ 防守宜兴之苏军陈调元、杨春普等部，得昆山、南京之增援，并有鲁、豫、鄂军来到宜兴，势益振，遂与浙军第二路陈乐山部激战。浙军不敌，是日退守乌溪关。

△ 广州党政军及农工各界集会追悼原中国国民党中央执行委员会常务委员彭素民。孙中山为追悼大会送挽联："吾党惜斯人，应有注海倾江泪；廿年共患难，未遂乘风破浪心。"

△ 卢永祥致电孙中山，请粤师早日进攻赣南。

9月15日 第二次直奉战争爆发。奉军李景林第二军第二十三旅李爽垲部在义州九官台门与直系毅军米振标部四营接战，战至午刻，直军不支，奉军改守为攻，占朝阳寺及大凌河左岸。

△ 张作霖致曹锟最后通牒，略称："余尝进言讨浙之不可，足下亦有力主和平之回答，然墨沈未干，战令已发。同时又进兵奉天，扣留山海关列车，杜绝交通，是果何意哉！足下近年为吴佩孚之傀儡，致招民怨，武力讨伐之不可能，征诸苏军之连战连败而可明。余本拟再行遣使来前，徒以列车之交通已断，不克入京，因此，将由飞机以问足下之起居，余今枕戈以待最后之回答。"

△ 唐继尧在滇通电就任川滇黔三省联军总司令职，表示与孙中山取一致行动。

△ 苏军大举进攻浏河，分路包围浙军。傍晚浙援军至，猛力反攻。

△ 苏、浙两军在安亭、黄渡间激战，互用大炮猛轰。

△ 孙传芳军孟昭月旅抵广丰，15日与卢香亭旅会攻江山，浙军第一师第二旅旅长伍文渊令余团迎敌。潘国纲得讯，即命第二师四旅汪镐基部胡团增援，汪因与孙传芳通款，不应。孟、卢以三倍兵力分路进攻江山，伍部寡不敌众，弹尽力竭，16日江山遂失。不二日衢州亦失，潘国纲率部退桐庐。

△ 陈廉伯、陈恭受通电表示拥护革命政府，否认利用商团图危政府。20日，胡汉民取消对陈廉伯、陈恭受通缉令，并发还其被封财产。

关于枪械问题，胡汉民承孙中山意，商团必须依照政府条例进行改组，并直接备价向大本营领回。

△ 国民党中央执行委员会第五十五次会议，决定丁惟汾、王法勤返北京后，组织国民党议员在国会之党团，公推一秘书直接与中央联系，接受中央之一切训令。

△ 大本营代理大元帅胡汉民任命李文范继陈树人为广东政务厅厅长，李福林为警务处处长及广州市政厅长，商团军干事李朗如为公安局局长。

△ 驻广德直系皖军第五旅一部进攻泗安，浙沪联军湖嘉镇守使王宾命李廷美团迎战于半边塘，皖军退。16日，皖军团长张洪德带队至，王普率炮兵一营为后援，浙军败退大环桥。

△ 上海独立舰队领袖林建章等通电，声称与段祺瑞、孙中山、卢永祥、张作霖共讨曹、吴。

△ 江浙战争发生后，上海日人借口保护侨民，派兵约一营在闸北五区地段华界蜀商公所一带驻扎，荷枪实弹出巡并游行示威。是日闸北五区商业联合会致函商界联合总会请设法制止。19日，商总会致函交涉员许沅，请抗议日兵越界侵驻华界。

9月16日 吴敬恒与陈炯明晤谈后，于是日至韶关谒孙中山。孙表示：一、陈如悔过，许其自新；即不为悔过之表示，而能出兵福建为浙江声援，也许其以功自赎；二、已令诸军撤惠州之围，并停止各军进攻，以待陈之自决。翌日，吴即赴港拟再往海丰劝陈。林虎之代表极力煽动在港陈军要员否认此议，不使调解人莫纪彭见吴。吴知调停有阻，即日离港返沪。

△ 北京政府外交部照会英、美、法、日、意五国驻京公使，表示容纳淞沪中立之要求，并附有四项条件：一、何丰林军退出中立区；二、炮台及沪海军卸除武装；三、上海制造局须停止工作；四、浙军不得在中立区域有任何军事行动。五使集议后，于19日复北京政府外交部称，所附四项条件应由苏、浙两方自行商定，并另提出：一、上海附近作战危害

外侨生命财产时，各国实行武力对付；二、黄浦发生海战时亦同；三、吴淞口出入之各国船舶有危害时亦当谋自卫之策。

△　苏军全力进攻浏河，并由迫近浏河之闽舰放炮助攻。惟因瞄准不确，反有两炮击中苏军。

9 月 17 日　曹锟下令讨伐张作霖。略称：张作霖“野心未戢，复乘东南多事之秋，为扰乱中原之计”，“破坏大局，蓄谋已久，实难再事容忍，不得不以国家权力强行制止。除明令总副司令并分派各司令外，即责成各该将领督率所部相机剿办，克日肃清”。

△　曹锟特派吴佩孚为讨逆军总司令，王承斌为副司令兼直省后方筹备总司令；彭寿莘为第一军总司令兼第一路司令，王维城为第一军副司令兼第二路司令，董政国为第一军副司令兼第三路司令；王怀庆为第二军总司令，米振标为副司令，刘富有为前敌总指挥；冯玉祥为第三军总司令，张之江为第一路司令，李鸣钟为第二路司令；张福来为援军总司令，曹锳、胡景翼、张席珍、杨清臣、靳云鹗、阎治堂、张治公、李治云、潘鸿钧、谭庆林分别为第一、二、三、四、五、六、七、八、九、十路援军司令；杜锡珪为海军总司令，温树德为副司令。

△　曹锟特派李济臣为豫省后方筹备总司令，郑士琦为直鲁海疆防御总司令，熊炳琦为鲁省后方筹备总司令，刘梦庚为京兆后方筹备总司令，李炳之为豫省后方筹备副司令，迟云鹏为直鲁海疆防御总指挥，刘富有帮办热河军务。

△　晨，吴佩孚抵北京就任讨逆军总司令，即在总统府四照堂召开军事联席会议，部署对奉作战，前线分三路，后援为十路，兵力约 20 万。第一路以彭寿莘为总司令，担任山海关方面，以彭寿莘之第十五师、王维城之第二十三师、董政国之第九师对奉军之张学良、齐恩铭等部作战，拟由山海关向绥中攻击，绝奉入关之路，司令部设滦州；第二路以王怀庆为总司令，担任朝阳方面，以王怀庆之第十三师、米振标之毅军等与奉方之李景林、郭松龄等部相对抗，据朝阳进攻义州及北镇，设司令部于朝阳；第三路以冯玉祥为总司令，担任赤峰方面，以冯玉祥、张之

江、李鸣钟等部与奉方之阚朝玺、穆春等部相对抗，据热河窥锦西，以断在绥中及山海关一带之奉军后路。

△ 张作霖出发锦州指挥榆关、朝阳、赤峰三路战事，省城治安由副司令吴俊陞、省长王永江、警备司令陈兴亚、警务处长于珍担任。张临行时声称：此次直奉交兵决不至如前次之失败，因奉军飞机、重炮之战斗力强，军士有20余万，粮饷充足，决可取胜。“要求曹锟退位，以谋南北统一，至于继任人选，应请段祺瑞出任”。

△ 吴佩孚延请之日人顾问冈野随吴抵京，由冈野在京引进小谷，吴请小谷赴日联络日本各界，以表善意。21日，吴又聘请日人坂西又八为顾问。

△ 卢永祥闻江山失守，又闻潘国纲退出衢州，疑潘国纲等浙军全变，乃在省署召开会议，宣布将浙省交还浙人治理，本人移沪督师。张载阳声明卸职，委警务处长夏超代理省长，所兼第二师师长委警备队总参议周凤歧代理，浙江督办关防交王锡等接收，浙江地区战争遂告结束。

△ 浙军进攻宜兴之第二路陈乐山部在陈调元及鲁、豫、鄂援军反击下连战不利，撤出乌溪关退至兰山；次日放弃宜兴阵地，率部退驻嘉兴，调往淞沪战场。

△ 东江方面联军分三路撤退后，陈炯明部洪兆麟即分三路推进，右路进至龙门、永清之间，中路进至博罗，左路进至樟木头。19日，洪发表讨伐卢永祥通电，陈派主张联治将领皆不签名。至是陈附北已证实，联军责成滇军全力对付之。

△ 石青阳赴汕头劝陈炯明部将林虎、洪兆麟一致北伐。

△ 曹锟据外交总长顾维钧、教育总长黄郛呈请，指令设立中华教育文化基金董事会，派颜惠庆、张伯苓、郭秉文、蒋梦麟、范源濂、黄炎培、顾维钧、周诒春、施肇基及美籍人士孟禄（万国教育协会理事长）、杜威（哥伦比亚大学哲学教授）、贝克尔（北京政府交通部顾问）、噶理恒（协和医学院董事）、白纳脱（花旗银行经理）为董事。18日，该会在北

京外交大楼开成立大会，推范源濂为会长，孟禄为副会长。

△ 廖仲恺因各军长不肯交还财权，更借北伐巧立名目，加抽各种捐税，是日向孙中山电请辞职。23日，孙中山准财政部长廖仲恺辞本兼各职，任命古应芬为大本营财政部长兼广东财政厅长及军需总监。

△ 英舰通知江、浙两方海军称：吴淞之海道航线至高昌庙一带不得作战，由英、美、日、法、意、葡驻沪各舰分段担任防区。

9月18日 中国国民党发表《北伐宣言》，指出“十三年来之战祸，直接受自军阀，间接受自帝国主义”。此次北伐之目的，“不仅在推倒曹、吴，尤在推倒军阀所赖以生存之帝国主义。盖必如是，反革命之根株乃得永绝，中国乃能脱离次殖民地之地位，以造成自由独立之国家也”。宣言最后列举政纲六条，作为推倒北洋军阀实行三民主义之第一步。

△ 卢永祥、张载阳等抵沪，在龙华开军事会议，决定放弃浙江，发表移沪督师通电。淞沪方面仍由臧致平、杨化昭及何丰林负责作战，总司令部自杭州移驻松江。

△ 苏军又攻浏河，闽海军发炮助攻，浙军扼守。

△ 李福林赴海丰见陈炯明，提议：一、潮梅由陈炯明军留驻；二、任陈炯明为援闽总司令，全军向闽发展；三、东江划为不驻兵地区。19日，杨希闵、谭延闿、许崇智、刘震寰、范石生、宋鹤庚、李福林等联电陈炯明，促其“凛遵帅令，长驱入闽”；“若仍意存观望，甚则包藏祸心，欲乘间窃发，惟有先清余孽，再事远征”。

△ 冯玉祥之先头部队张之江旅出发去热河，宋哲元、刘郁芬、李鸣钟、鹿钟麟各旅陆续开拔。23日，开拔完竣，冯亦离京，另派步兵一营留守，以蒋鸿遇为留守司令。由河南招募来的新兵万人留后方训练，以孙良诚、张维玺、蒋鸿遇分任旅长。又分派刘治洲、刘之龙、张树声等秘密联络各方，侦察军政情形。

△ 直军彭寿莘部与奉军张学良部在山海关外万家屯之西接触，奉军仅放一排枪后即退，直军急迫，中地雷。奉军飞机是日起，连日在

榆关、昌黎、滦州投弹。

△ 孙中山派大本营参谋部长李烈钧赴日，以争取日本各界支持北伐事业。

9月19日 孙中山为讨伐曹、吴电卢永祥，略谓："曹、吴祸国穷兵，残民以逞，甘为戎首，举国痛心。文已移驻韶关，宣告邦人，出师入赣，期与浙、奉义军，一致讨贼。"

△ 晨3时，齐燮元乘孙传芳进入杭州下总攻击令，限24小时内占龙华。援苏之皖军、豫军攻黄渡、袭南翔，浙军臧致平派兵抵抗，激战经日，皖、豫军退出马陆。黄渡、嘉定、南翔、浏河均有剧战。宁、闽舰六艘分三队连续猛攻浏河，均未得逞。苏军遂集中兵力自白鹤港进攻青浦，直扑松江。

△ 上海公共租界万国商团总部因苏军进逼南翔，下紧急出防令。法租界义勇队出防，法舰陆战队千余人登陆。虹口北四川路一带日本海军登陆巡逻。杨树浦一带均由美舰兵士担防。静安寺大西路直至华界法华镇一带由英海军士兵担防。后因苏军失利，23日，万国商团等撤防。

△ 湖北省议会通电声明对各方战事严守中立，不承认鄂省接济各方战事所耗之公帑。山东省议会亦发起同样运动。

△ 温树德令"海圻"舰开赴山海关。

9月20日 孙中山在韶关举行北伐誓师典礼。驻韶各军旋分二路出发：第一路军由朱培德、何成濬、赵成梁、李明扬、樊钟秀等军组成，樊为攻赣先锋总指挥，率所部4000余人先入江西。第二路军又名援鄂军，由湘军谭延闿部、皖军柏文蔚部、赣军胡谦部及李国柱部等组成，程潜为总司令，进军湖南。

△ 唐继尧召集川、滇、黔三省联军将领成立川滇黔建国联军，以胡若愚为滇军总司令，熊克武为川军总司令，刘显世为黔军总司令，准备经川省参加北伐。22日，建国联军总司令部在昆明五华山开始办公。旋分任唐继虞、胡若愚、石青阳、吴醒汉、龙云、何海清、刘显潜、周

西成为第一至八军军长。

△ 奉军第六军军长许兰洲、副军长吴光新至通辽，令穆春、阚朝玺两旅向开鲁出发。22日，穆旅等占开鲁。

△ 张作霖邀见英、美等国驻奉领事，请将停泊山海关及秦皇岛之外舰撤离，声称将轰炸秦皇岛站及北京，但必保护在东北之外侨生命财产。

△ 曹锟裁撤闽粤边防督办及浙江督军两缺，特任孙传芳督理浙江军务善后事宜兼闽浙巡阅使。

△ 曹锟据吴佩孚呈请，将陆军第四师师长陈乐山褫职查办，任命夏兆麟暂代第四师师长职。

△ 曹锟特任王克敏兼盐务署督办。

△ 曹锟任命朱声广暂代陆军第十师师长；派杨树庄为海军副司令，李景曦为淞沪海军司令。

△ 卢永祥派王宾为第三军总司令，主持松江方面防务。

△ 孙中山令广东“工团军”、“农民自卫军”赴韶关训练，以备维护后方。22日，“工团军”及“农民自卫军”由谭平山带领自广州至韶关谒见孙中山，表示极愿参加北伐。孙中山即命在大本营设立政治训练部，以谭平山专任政治宣传与训练任务。

△ 广东全省工团军发表《北伐宣言》，称定于今日出发韶关，参加国民革命，本着为自身利益与国家利益而组织工团军的初旨，“宣传于数万少壮穷苦兵士之中”，使皆能为国民革命而战，为打倒全体民众惟一大仇敌之军阀与帝国主义而战，为全体人民利益而冒死杀贼，“进而号召全国农友、工友、穷苦兵士齐起赞助北伐，以期革命彻底实现”。

△ 农民自卫军发表《北伐宣言》，略谓：此次大元帅移师韶关，实行北伐，“在此时刻，我们变更在城市中的固定训练，跑到前锋，散之各地，作我们响应革命的武装训练，武装宣传”；“要使每个军队经过的乡村农民都懂得起来自卫，起来赞助革命政府，起来反抗军阀之压迫。更要使革命军士明白共同的敌人乃是反革命的军阀和帝国主义”。“宣传

各地农民要参加国民革命，谋工农兵的大联合，这便是农民自卫军同着工团军出发的要义”。

△ 由厦门大学离校师生筹设于上海之大夏大学举行开学典礼。22日正式上课，文、理、商、教、预五科并举，新旧学生240余人。

9月21日 吴佩孚在京宴请各银行经理商筹军费，各行皆婉言拒绝。

△ 吴佩孚之第三师自廊坊、丰台开赴滦州。

△ 陆荣廷宣布下野，所部入湘由马济改编。赵恒惕应桂军李宗仁等之请，将湘军叶琪旅撤回湘境，让出全州。沈鸿英部旋入全州一带，愿候命出发北伐。

△ 北伐军攻赣先锋总指挥樊钟秀令第一混成旅旅长阎凤岗、第七团团长赵天清由仁化出动。

△ 旅法华人在巴黎地理学会集会，到200余人，一致主张：一、打倒军阀；二、推翻国际帝国主义；三、实行国民革命；四、拥护国民革命首领孙中山。并通过通电和宣言，支持国民革命。

△ 浙军自重固退至青浦城内，陈乐山率援军两团至，力战竟日，收复重固。苏军退驻白鹤港。

△ 援苏之皖军王普部乘浙军陈乐山部转赴淞沪前线之机，进占泗安；次日占吴兴，并向嘉兴进攻。

△ 浙军第一师师长潘国纲以卢永祥疑其通敌，报端亦有所风传，于是日及次日两次电卢自白，表示服从。

△ 蒙古达尔罕王、宾图王等组织旗兵助奉作战，每旗出兵5000，共二万余人，是日由司令官包吉达鲁率领到达通辽，加入奉军第五军吴俊陞部之右翼助战。

△ 北京政府逮捕已辞职之参议员丁佛言后，是日又捕众议员彭养光。次日，多数议员认为宪法规定现任议员除现行犯外不得逮捕，现行犯被逮，政府亦应向参众两院报告理由。当经众院行政委员会决定24日开紧急会议，请颜惠庆出席答复。

9月22日 苏联全权代表库兹聂佐夫与东三省代表郑谦、吕荣寰、钟世铭签订《中华民国东三省自治省政府与苏维埃社会联邦政府之协定》(即《奉俄协定》),凡七条,规定:中东铁路60年后由中国无条件收回;中东铁路理事会由奉、俄会商解决,使中东铁路之权安然由旧俄董事移交苏联董事之手。该协定于1925年3月12日经段祺瑞核准为《中俄解决悬案大纲协定》的附件。

△ 国民党中央执行委员会通告,以青天白日旗为党旗及军旗,以青天白日满地红旗为国旗。

△ 孙传芳军孟昭月、卢香亭两旅入杭州。

△ 曹锟令免浙江省长张载阳职,特任夏超为浙江省长。

△ 张作霖在奉召集高级军事人员30余人会议,决定:一、积极扩充前线兵力,并整备后援队;二、印刷劝降书500万张散发直军各营。其降服奉军者,军官则破格升用,携大炮一尊赏1000元,步枪一支赏100元至150元,兵士除赐银元,并量才升为下级军官;三、军事紧急时即由张作相任代理总司令,张作霖至前线督战。

△ 日本外务省亚洲局局长出渊发表声明称:日本对直奉战争"采取不干涉的方针,严持公正态度"。但日本国内舆论对币原的不干涉政策提出种种责难,要求采取"积极的强硬政策";驻奉天总领事船津也要求"发相当强硬的警告",并主张如战争中张作霖胜利,则尽量促使段祺瑞出山,引导张援段。

△ 上海独立海军"海筹"等四舰受杜锡珪运动,归附江苏。杜原允发七个月饷项,后只发三个月,因此除"海筹"仍泊原处外,其他三舰于25日开赴浏河归队。后"海筹"开往通州,上海独立海军领袖林建章、舰队司令周兆瑞被士兵围在舰中。

9月23日 孙中山电许崇智查办商团勾结陈炯明谋乱,电称:"宜速将陈贼电沪全文发表各报,并为严重质问商团,限即日有完满答复。并限陈廉伯三日内回省辩明。否则,取消令无效。款要即日交足,然后陆续还枪于改组之商团。如不能办,则六日内当尽缴商团已有之枪,并分别查办通陈之人。”

△ 曹锟下令褫夺张作霖官勋，并称：“东三省各军官长有自拔来归者，一律录用，其有率队来归者，考查确实编为国军，所有率队各级官长即予从优奖叙，以昭激劝。”

△ 奉军李景林部攻朝阳，与直军谭庆林部战于尖山子，败之，是日李部占朝阳。奉军旋即分两路筹攻建平、凌源。

△ 援直军第六路司令阎治堂率第二十师离丰台前往芦台，旋赴山海关。

△ 浙沪联军虑孙传芳军接踵追至，将沪杭路嘉兴车站东之七十八号桥及嘉善、嘉兴间之七十一号铁桥炸毁。25 日，孙军卢香亭旅占嘉兴。

△ 齐燮元令陈调元部、杨春普部至昆山以厚主力，并令白宝山、史俊玉等部经吴兴、嘉兴向淞沪迅速跟追。

△ 北京京畿卫戍司令部改为京畿警备总司令部，以赵玉珂为总司令，孙岳、聂宪藩、刘梦庚、薛之珩、车庆云为副。

△ 曹锟特派张怀芝为讨逆军军政执法总长。

△ 直系各军枪弹不足，除向汉阳、巩县两兵工厂尽量调拨外，是日又向阎锡山索得子弹 60 万发，吴佩孚即电阎奖励并请调兵一万。

9 月 24 日 孙中山发表《制定建国大纲宣言》，谓：“夫元年以后，所恃以维持民国者，惟有《临时约法》。而《临时约法》之无效如此，则纲纪荡然，祸乱相寻，又何足怪！本政府有鉴于此，以为今后之革命，当赓续辛亥未完之绪，而力矫其失。即今后之革命，不但当用力于破坏，尤当用力于建设。且当规定不可逾越之程序。爰本此意，制定《国民政府建国大纲》25 条，以为今后革命之典型。”并谓：“革命为非常之破坏，故不可无非常之建设以继之，积十三年痛苦之经验，当知所谓人民权利与人民幸福，当务其实，不当徒袭其名。”“本政府郑重宣布：今后革命势力所及之地，凡秉承本政府之号令者，即当以实行建国大纲为唯一之职任。”

△ 冯玉祥奉命出发讨奉，是日到怀柔县暂设第三军司令部。28 日到密云县。29 日，冯电召留守司令兼兵站总监蒋鸿遇到密云密商准备班师回京事。10 月 1 日到古北口，以筹措给养为名停止前进，一面督饬沿途各县加紧修筑公路，预作回京准备，一面令鹿钟麟旅朝北京方面练习行军。

△ 浙军第一师师长潘国纲自衢州退回五夫，将司令部及所部移居宁波。孙传芳因潘态度未明，并盛传其独立，乃呈请北京政府惩办。26 日，曹锟据孙传芳呈请，下令将潘国纲免职，褫夺官勋，通缉严办。

△ 孙中山电告卢永祥拟即出师北伐，谓："此间先遣队已出发数日，拟以二旬突袭敌人要害，以为沪军之声援。现在有志北伐而向赣边集中之军队约二万人枪，10 日可以到达。刻正一面赶筹一月之粮食费，倘能如意，则旬日后便可进攻赣南。此外尚有滇、粤、桂各军，本拟陆续出发，忽闻陈炯明有反攻羊城之举，遂被牵制，暂留后方。"

△ 孙中山函国际联盟议长莫达，揭露英国首相麦克唐纳仍欲以帝国主义之干涉行为以行在华政策。

△ 吴佩孚聘前财政总长张英华为高等财政顾问，告以预算军费约 5000 万元，决先筹 1000 万元。

△ 众议院行政委员孙钟等见吴佩孚，谓国会对于中央军事均表同意，今因逮捕议员彭养光使国会与政府分歧，为计非得，应请主持释放。吴即令警察总监薛之珩将彭交保释放。众议院原定是日举行之紧急会议因到会议员不足法定人数，改开谈话会，由胡思舜报告彭被捕保释经过。

9 月 25 日 北京外交团因奉天声言飞机将袭北京，乃由荷兰公使欧登科照会北京政府外交部及张作霖，抗议掷弹于毫无设防之城市，谓北京或任何通商口岸外人生命财产如因轰炸而受到损害，两军则应负完全之责任。

△ 曹锟特派齐燮元暂行兼领松沪护军使，萧耀南为鄂豫湘防务总司令，刘镇华为陕西后方筹备总司令；派方本仁督办赣粤边防事宜，

李英殿、杨以德为直隶后方筹备副司令，张殿如为独立骑兵总司令，谭庆林为独立骑兵前敌总指挥，丁长发、马鸿逵为独立骑兵前敌副指挥。

△ 北京国务总理颜惠庆在国务院宴日使芳泽，吴佩孚及其日本顾问冈野增次郎等出席，商谈东北战事。吴要求日方予以“十分之同情及各种便宜”，勿以“不遵中央政府命令之张作霖为谋及东北事宜之交涉对象”。芳泽则谓：北京政府威令不及东北，“我日本对于东北事宜之交涉，自以张作霖为对手”。

△ 卢永祥、何丰林、陈乐山、臧致平由沪抵南翔，谋攻苏军。苏军吴恒瓒以南翔不可急下，改攻方泰，激战一日，无进展。

△ 陈调元率苏、皖军自宜兴入占嘉兴；孙传芳率闽军一旅亦至嘉兴，布置进攻松江。

△ 顾维钧为《奉俄协定》事照会加拉罕，声明此项局部协定签字倘系事实，当提严重提议。10月1日，加拉罕复北京政府外交部谓，为防止列强侵略中东路之野心，不得不如此，且与《中苏协定大纲》毫无抵触。

△ 北伐军攻赣之樊钟秀豫军3000多人攻占仙霞岭风(封)门坳要境。第二路入湘之柏文蔚、胡谦、李国柱部8000人抵湘边砰石。26日，朱培德部王均师由连州开抵乐昌、砰石，其前锋向宜章警戒。

△ 直方毅军3000人由建平潜行东进，图反攻朝阳，为李景林部所察，即截击于中途，直军退青山。翌日直军援至，复战不敌，退大青山。

△ 广州兵工厂工人致函《向导》周报，揭发国民党广州市党部工人部部长、兵工厂厂长马超俊破坏工人俱乐部、包庇工头、无故开除工人70名、纵容兵士殴打工人、虐待徒工、破坏消费合作社等十大罪状，要求将马撤职，开除党籍。10月20日，孙中山令免马超俊兵工厂厂长职，听候查办，任命黄骚代理广东兵工厂厂长。

△ 杭州西湖胜景雷峰塔，于下午1时半轰然巨响中自行倾圮。

9月26日 闽军卢香亭旅在嘉兴与苏、皖军会合进占枫泾。浙沪联军退驻离枫泾18里之石湖荡，将枫泾与松江间之沪杭线三十一、三十四号桥炸毁，以阻苏、闽二军之进攻。27日，孙传芳任总指挥，以苏军白宝山部为中路，皖军史俊玉部为右翼，闽军孟昭月部为左翼，迫向石湖荡。

△ 吴佩孚与曹锟等讨论军事，决定：一、分三路轮流攻击山海关奉军之最精锐部队，敌败则追击，勿留后患；二、喜峰口奉军李景林、吴俊陞部尽属骑兵，不时挑战，直军宜按剿匪方法设防；三、朝阳敌军出没无常，宜增加后路，取大包围。

△ 曹锟派张锡元为察区防务总司令，马福祥为绥区防务总司令。

9月27日 曹锟特派曹锳兼讨逆军第四军总司令，殷本浩、曹士杰为副司令。

△ 曹锟下令将对海军将领林建章、许建廷、蒋斌、曾以鼎、朱天森、张日章、陈时珍七人褫职通缉。

9月28日 段祺瑞派代表许世英、李少川调解孙中山、陈炯明和议，携有段致陈函，劝陈出师援闽及联络孙中山共讨曹、吴。是日，李少川赴海丰见陈，许世英抵广州。29日，廖仲恺宴许世英，但懋辛、胡汉民、伍朝枢、古应芬等作陪。许表示此次来粤，一为表段愿与粤、奉、皖共讨曹、吴；二为促出师；三为劝与陈炯明合作。10月2日，陈炯明将驻海丰粤军总司令行营取消，表示已无军职，借以阻止许、李之调停。

△ 东江方面联军由石龙退至石滩，以石滩为第一门户，与左翼之增城、右翼之虎门成一平行线，以备有事时易于进退联络。中路石滩由范石生部布防，左路增城由滇军胡思舜部布防，右路虎门一带由桂军刘震寰部扼守，三路军事由范石生负责指挥。

△ 苏军自赵屯桥及白鹤港进攻青浦，与浙军在重固、章堰激战。

△ 曹锟特派陆洪涛为甘肃后方筹备总司令。

△ 孙中山电许崇智、蒋介石：范石生所购之驳壳枪1000支并子弹，可即发还。

△ 中华国民拒毒会各地20余分会举行拒毒大会。上海拒毒大

会对日内瓦禁烟大会提出请愿书，请贯彻主张，邀请各国订立公约，互相遵守；并向北京政府提出请愿书，略谓：我国去岁鸦片产额增至1.5万吨，烟禁废弛，不惟大损国际信用，且危及邦本，请下令各省军民长官实行禁烟法令，并训令全权代表在日内瓦大会与各国代表通力合作，设法限制鸦片及一切毒物之出产。

△　直军以长城前之旧俄国炮台为中心，右至海岸，左抵觉山，设防御阵地。29日晚，奉军以大炮猛击该阵地之右翼，进入战斗，拟冲向铁路线。30日，直军第九师、第二十三师、第二十六师开入榆关增防。

9月29日　广东各界在韶关举行赞助北伐大会，工团军、农民自卫军、陆军军官学校、广东警卫军、第三师范、开明中学等各团体数千人参加。孙中山演讲《北伐之原因》，指出此次提师北伐，便是要将西南军队联络奉、浙军队，扫除北洋军阀官僚，以建设新国家，希望全国国民共起努力。会毕游行。

△　深夜，北伐豫军前锋总指挥樊钟秀率豫军第二、第三混成旅由封门坳出发，取道粤之仁化，绕道大庾岭之西，避去南安大庾岭之险要，进至崇义县境，防军方本仁部团长马龙标毫无戒备，遭豫军左右夹攻，纷纷退却，豫军乘胜追击，马团降者过半，马及官兵600余人被俘，余部向赣州方面退却。

△　孙中山电杨希闵、许崇智、刘震寰称：东江防务专责滇、粤、桂三军担任，滇军除赵成梁、朱世贵部已在北江外，其他滇、粤、桂之部队，暂时概不调动，务期引敌就近一鼓而扑灭之，乘胜收复潮梅，以固根本。次日，又电令杨、许、刘，称东莞、宝安既撤防，虎门必当固守，不可疏虞。

△　孙中山特任张开儒为大本营高等顾问。

△　段祺瑞派贾德耀持亲笔信到密云晤冯玉祥，希望冯对贿选政府加以自处。

△　曹锟派冯玉荣为第一军第一路副司令，葛树屏为第二路副司令，时全胜为第三路副司令。

△　国民党人张镇乘江南战事，江北防守空虚之际，率众300余人

在苏北阜宁起事，攻据八滩，驻阜宁荣管带率领警队暨盐城、阜宁游击队等抵御。10 月 2 日，齐燮元令代淮扬镇守使兼淮泗守备司令刘汉民派大队进剿，限七日肃清。

9 月 30 日 奉军第六军副军长吴光新、梯队长李爽垲率部克建平，直军死伤 2000 余人，被夺军械无数。张宗昌率第三旅攻凌源，与直军董政国部战于叶柏寿，董败退，复增援兵，遭奉军第二旅邢士廉部猛攻，董部几全覆没，邢遂与张宗昌会师攻凌源，占领之，董败退喜峰口。

△ 北京政府财政部向安利洋行借行平银 167.908121 万两，用以偿付瑞记德奥借款利息。

△ 何丰林在沪发行淞沪公债 200 万元，指定以松江、上海、青浦、南汇四县丁漕作抵，上海市则以一月房租募作公债之用。同日，又征收军需善后米捐，规定甲地产米运销乙地者，每石须纳军需善后捐大洋一元。

9 月下旬 侨港工团总会代表 18 万余工人会员致电孙中山，拥护出师北伐。

是月 张作霖之驻京办事人员马炳南会见冯王祥的交际处长张树声。张密告马：冯部一师三旅已奉命日内移防，分驻高丽营、怀柔、密云、石匣镇、古北口，冯因吴在第一次直奉战后行赏不公，不拟与奉军作战，并转达冯意，请奉军万勿入关，嘱马立即回沈阳报告。10 月初，马由沈回京，与张树声等同去古北口见冯，并携张作霖函，大意谓：只要达到和平，奉军可以不入关内。冯阅后即写一大“成”字作复。马返回时途遇毅军，被截回南苑，所携冯之复信托人带往沈阳。

△ 北京政府交通部招商轮船局向花旗银行借规平银 100 万两，年息八厘，以招商总局地产作担保。

△ 溥益纺织公司第二厂在上海劳勃生路（今长寿路）设立，资本银 150 万两。

10 月

10 月 1 日 广州商团自恃有备，并有范石生、廖行超等为后盾，拒不依政府颁布条例实行改组，也未筹北伐战费 50 万元。是日，全省商、乡团代表在佛山开会，商议索还枪械事，决定于“双十节”在广州及各属一致大罢市，停止纳税，宣称“与械同存亡”。

△ 孙中山公布《工会条例》，凡 21 条。

△ 唐继尧电孙中山告以川滇黔建国联军已于上月 20 日在滇成立，并称“惟副元帅一职，名分较崇，愧无以应”，表示不就。又电驻粤滇军杨希闵、范石生、蒋光亮“请捐前嫌，共同对敌”。

△ 浙军自重固向白鹤港进攻。次晨因松江战事启，改取守势。

△ 苏、闽军袭取距松江南 12 里之佘来庙。2 日，驻石湖荡孙传芳之闽军孟昭月部向卢永祥、何丰林之浙沪联军进攻，双方互开大炮轰击，联军退守石湖荡第三十一号桥。3 日，闽、苏军由佘来庙猛攻三十一号桥，未果，于 4 日改变战略，移军转战浦南之松隐、米市渡、叶榭一带。

△ 吴佩孚宴请北京外交团，争取各国对其讨奉战事之谅解。

△ 奉军飞机轰炸山海关、昌黎间之直军营房及运兵火车，直军伤亡甚大。3 日，又在万家屯一带掷弹 40 余枚。

△ 日本各政党成员结伙到外务省谴责币原外相“优柔误国”，提出必须保障满蒙既得利益，否则日对朝鲜统治也将受到影响。10 日，日本军人、政党组织所谓“对支国民大会”，督促日本政府采取独立自主的外交政策（不与西方国家协调），以实力援助张作霖。13 日，日本政府对直、奉双方提出护侨要求。

△ 直军独立骑兵前敌副指挥马鸿逵筹饷 30 万元，抽调骑兵四个团 3000 人，陆续分批搭京绥路车经张家口、围场开往赤峰。

△ 湖南省长赵恒惕颁布修正省宪法令，并公布经省议会议决之

《省宪法会议组织法》13 条和赞同修正首宪提案之议员 130 人名单。

△　上海对日市民外交大会议决，电告中外银行团不得私借款项助长内战。中旬，南洋华侨工会、美国芝加哥中华会馆等通电反对北京政府大借外债。

10 月 2 日　北京国务总理颜惠庆与各部总长，政府秘书长公宴吴佩孚，席间讨论发行"四二库券"400 万元。同日，吴佩孚为此宴请总税务司安格联，安同意发行，并主张库券用于行政及治安费，偿还北京警察及步军统领衙门欠饷。该款用途由安监督。

△　北京政府外交部就法国售与张作霖飞机 20 架事向驻京法使馆提出抗议。同日，又致函日使馆，请于此项飞机运抵大连时予以扣留。7 日，法机 20 架由香港运抵大连。晚，法使馆复北京政府外交部谓：法国无禁止商用飞机出口之法律，惟军用飞机则可加以取缔。

△　山海关奉军骤增，战线至万家屯、黄家场、龙王庙、孟姜女庙等处，战况更烈。同日，援直军第五路司令靳云鹗率第十四师离郑州北开山海关。

10 月 3 日　胡汉民就任广东省长兼职，宣示贯彻讨贼与自治之目的。时广州商团正酝酿第二次大罢市，故派李福林向商团再次商议发还所扣枪械办法。

△　中东铁路于《奉俄协定》签字后改组，华方新董事为鲍贵卿、袁金铠、刘哲、范其光、吕荣寰，苏方新董事为伊万诺夫、拉基金、塞列卜利亚可夫、库尼列夫斯基、克莱士可夫。鲍贵卿为中东路总董兼督办，伊万诺夫为新局长。是日接收全路事务，即开董事会议，决免旧局长沃斯特罗乌莫夫及地亩局长关达基、经济调查局长米哈依洛夫职，并因吞款嫌疑将三人逮捕。

△　吴佩孚以冯玉祥借口交通不便停顿不前，派王承斌至承德前线，以副司令代行总司令职权指挥第二、三军，后援军张殿如、胡景翼归其调遣，借以监视冯之行动。吴又派车庆云、陈德修等为前敌执法官赴热河督师。

△　第二路入湘援鄂北伐军宋鹤庚、鲁涤平部各一旅及陈嘉祐一部由韶关向湘边出发。4日，援鄂军总司令程潜偕第三军军长胡谦由广州出发赴湘边指挥。5日，宋鹤庚率第一师方鼎英、第二师戴岳、第三师谭道源集合湘边待命，准备入湘。

10月4日　吴佩孚因朝阳、凌源等地先后失守，免去第二军前敌总指挥刘富有、副指挥龚汉治本兼各职；以第二十五旅旅长陶经武、热河第一混成旅旅长张林分别继任总、副指挥。

△　曹锟以孙传芳督师进兵全浙，渐已底定，夏超翊戴中央，力维大局，其余浙省文武官吏或躬冒锋镝，或保境安民，特下令奖励，并责成孙传芳、夏超办理军事收束、地方绥抚事宜。

△　吴佩孚召见海军总司令杜锡珪，酌派苏、闽舰队协攻东北。杜决定派"海筹"、"海容"、"应瑞"、"华乙"四舰驶往秦皇岛以北。

△　许世英抵韶关谒孙中山，劝孙与陈炯明和解，共讨曹、吴，并转告段祺瑞对奉、粤、浙、皖、滇联合讨直计划。事毕即返穗经港北上复命。

△　孙中山特任方声涛代理大本营参谋长。

△　冯玉祥与王承斌密议时局。冯知王被吴佩孚解除二十三师师长职心怀怨恨，即将倒曹、吴秘密计划告王，王对冯的主张表示同情，声明愿守中立，不向吴告密，但亦不肯背吴助冯。同日，冯又与胡景翼之代表李仲三密谈，主张队伍开拔宜拖慢，以待战局变化。

△　驻京法使傅乐猷向北京政府外交部声明：《奉俄协定》若有损法国在中东铁路之权利，法国不能承认。

△　《申报》载文云，近一个月之南北战事，损失国力在五亿元以上，非10年不能回复。

10月5日　齐燮元又下最后总攻击令，命所部对浙沪联军总攻击。

△　曹锟特派王占元为讨逆军检察使。

△　苏联大使加拉罕移居旧俄使馆，并举行升旗礼。上海、天津、

广州苏联领事馆亦升旗。

10 月 6 日 孙中山特任谭延闿兼建国军北伐总司令，程潜为建国军攻鄂总司令；任命孔绍尧为赣南善后委员会委员长。

△ 广州饭馆、轮渡、茶居等数业罢市，反对滇、湘、桂军需筹备处借口筹划北伐军费，加抽杂捐。

10 月 7 日 奉军第一军姜登选、韩麟春部与第三军张学良、郭松龄部共三万人合力向山海关直军彭寿莘第十五师阵地总攻。奉军分左右二翼，旅团长皆身先士卒，以山野炮、迫击炮掩护步兵冲锋，右翼于上午占领山海关外旧俄兵营、小林、姚家山；左翼攻下黄土岭、无名口，继攻山海关侧面要隘九门口。直军第十三混成旅冯玉荣部在九门口设防严密，奉军第二、第六旅冲锋数次，死伤甚众，终因直军兵力单薄，奉军奋勇登城夺取战壕，冯部军心动摇，临阵脱逃，至傍晚奉军孙旭昌第十混成旅攻入九门口，冯于次日晨服毒自杀，残部退石门寨，所剩不及半数。同日，奉军吴光新、李景林、许兰洲三部分路进逼赤峰。直军王承斌乘奉军远来疲惫之际先行突击，双方死伤甚众。后奉军炸弹队加入攻击，终于攻占赤峰。奉军俘获毅军统领一名、营长二名，士兵千余名。

△ 曹锟核准发行“四二库券”，总额银元 420 万元，自 10 月 1 日起生效，按九四折发行，年利八厘，每年分 3 月 31 日及 9 月 30 日两次付息。但民国十三年 10 月 1 日以后所募款项按照日数加扣利息，10 月 1 日起还本付息，用德国庚子赔款拨付四年特种公债及五年公债利息后之余剩款项为担保。

△ 胡汉民以大元帅名义下令裁撤战时军需筹备处机关，并将该处创立之各种捐款名目一律撤销。

△ 凌晨，孙传芳军四营以木筏先后从叶榭暗渡黄浦江，伏于明星桥，图袭松江后路，对石湖荡则仍取攻势；又以主力由浦南之佘来庙等地趋松江车站，以分浙沪联军之力。上午 10 时，明星桥伏兵尽发，直捣浙沪联军后方，同时复由金山卫、叶榭、张泽等处猛击松江，联军四面受敌，据城力抗。

△　曹锟令派杨桑为锡林郭勒盟联防警备总司令。

△　福建因教育经费无着，中等以上各学校一律停课；因财厅无人负责，各校教职员捣毁财厅。

10月8日　曹锟特任马鸿宾为璞威将军，裴建准为揄威将军，谭道南为将军府将军。

△　曹锟任命蓝世钲为四川陆军第十一师师长，张成孝为第十二师师长，李凤翔为福建陆军第三师师长，刘国孝为四川陆军第四混成旅旅长，蓝文彬为第七混成旅旅长，郑世斌为四川陆军第八混成旅旅长，陈兰亭为第十混成旅旅长。

△　防守松江之浙沪联军第三军司令王宾，以松江石湖荡为天险，无严密防御工事，闽军少数偷渡之敌得以乘隙而入。孙传芳军猛轰松江城垣，并攀墙而入。王宾携眷逃上海，孙传芳军进占松江。

△　宁波士绅李徵五、一师旅长郝国玺、伍文渊等在宁台镇守使署会议，一致主张浙江实行自治，草定浙江临时自治政府组织大纲，决定组织浙江自治委员会，推蒋尊簋为委员长，吕公望为自治军总司令，屈映光为自治民政长。

△　苏联巡洋舰"波罗夫斯基号"运炮、机枪、长短枪（约8000支）及各种弹药400万发抵达黄埔，即时起卸。广州各界举行盛大欢迎会。孙中山在韶关撰词赞扬苏联"以推翻强暴帝国主义，解除弱小民族压迫为使命"。9日，苏舰海军将校团赴韶关谒孙中山。10日，苏联海军官兵在韶关参加"双十节"阅兵典礼。

10月9日　广州商团用广东全省商业联合会名义发出总罢市通牒，内称："自卫团械已亡，苛虐敲剥无阻，全省商人罢市，冀促政府觉悟，双十国庆举行，表示国民痛悼，千祈齐心协力，免犯全省众怒。"10日晨，部分商店次第罢市，以西关一带为最多，约十分之四。

△　胡汉民向孙中山转呈民团督办李福林所拟发还商团枪械办法三条：一、由李福林担任召集殷实商人筹借20万元，由租捐项下拨还；二、枪械交民团统率处发还，其数在5000支以上，发还之数须商团负责

人签字；三、枪械发还之日，由商团通电解释以前误会，表明自卫心迹。孙中山据呈后，于下午 5 时半令蒋介石将商团枪械交李福林发还商团。

△　广州未加入罢市的商民拟组织“广州营业维持会”，派代表往见李福林，请李见孙中山商议发械手续，务于日内解决。李完全允诺，并即召集各商于中午散发劝勿罢市之传单，谓政府发还枪械已有办法，各项苛杂亦已完全取消。下午李福林等商诸孙中山后，当晚即至黄埔运枪 4000 杆，子弹 2.5 万发，次晨 3 时运到西濠口码头。商团军于中午分队至码头起运。

△　孙中山命令迅即在广州成立革命委员会，予商团以断然之处置。鲍罗廷到黄埔军校和蒋介石商量革命委员会人选问题，鲍不欲使胡汉民、汪精卫参加，蒋即函请孙中山应准胡、汪加入革命委员会。孙复函谓：“革命委员会当要马上成立，以对付种种非常之事，汉民、精卫不加入未尝不可。盖今日革命非学俄国不可，而汉民已失此信仰，当然不应加入。……精卫本亦非俄派之革命，不加入亦可。我党今后之革命，非以俄为师，断无成就，而汉民、精卫恐皆不能降心相从。且两人性质俱长于调和现状，不长于彻底解决。现在之不生不死局面，有此两人，当易维持，若另开新局，非彼之长，故只好各用所长，两有裨益。”

△　孙中山免大本营军政部长程潜本职，特任许崇智兼任；免郑洪年财政次长兼盐务署长职，任林云陔兼代；免叶恭绰兼盐务督办，特任古应芬兼任。

△　广州商团利用部分行业反抗滇、桂军等加收捐税而罢业的机会扩大事态，要求发还被扣枪械，蒋介石两次函韶关告急。孙中山电复蒋介石，略谓：“以我推测，或不至如此危急，然我来韶之始，便有宁弃广州为破釜沉舟之北伐，今兄已觉得广州有如此危险，望即舍去黄埔一孤岛，将所有枪弹并学生，一齐速来韶关，为北伐之孤注。”蒋函孙表示“决死守孤岛”。

△　直军第一军总司令彭寿莘从山海关阵地转道秦皇岛赴石门寨督战，将山海关第十五师阵地交第二十九旅旅长郭敬臣指挥，将司令部

移向滦州，命张治公陕军第二师反攻九门口。奉军居高临下，陕军不能取胜。

△ 卢永祥改任何丰林为第三军总司令，第十师十九旅旅长郑俊彦任前敌总指挥，责以恢复松江。10日，何丰林亲自督战于明星桥，与孙传芳激战，孙军挫败。11日，两军相战于明星桥之正南方，浙沪联军进展数里。

△ 冯玉祥电曹锟直系各将领及段祺瑞暨段系各要员，惟不及吴佩孚，略谓：曹锳、李彦青、王毓芝、王克敏诸人朋比为奸，致兵革遍于全国，人民沦于水火，欲靖国事，非将此辈小人一律驱逐不可。

△ 吴佩孚和驻天津日总领事吉田茂会谈，表示直军进入东北后，将尊重条约中规定之日本在满权益。

△ 著名小说翻译家林纾(琴南)在北京病故。

10月10日 广东工农各界群众及军校学生在广州第一公园集会纪念辛亥革命十三周年，声讨帝国主义和封建军阀的罪行，揭露商团的反革命面目。周恩来代表民族解放协会讲话，指出："团结全中国的革命群众向反革命派进攻"，就能够实现"真正独立，真正共和"。会后，数千群众举行示威游行，行至西濠口，遭预伏的商团军突然袭击，当场死亡20多人，落水淹毙工团军13人，被俘多人，造成"双十惨案"。孙中山获悉后，即电胡汉民、许崇智、李福林严行查办。

△ 广州"双十惨案"发生后，参加游行的16团体成立"工农兵学革命同盟"，发表宣言，指出这次屠杀事件是英帝国主义、买办阶级、商团军、陈炯明以及在广州的反动军阀联合制造的，号召大家"速起与反革命派决此最后死战"。同日，中共广州地方委员会发表告广州市民书，号召工农群众通过商团叛乱事件进一步肃清反革命派的阴谋，坚决打击反革命派以保卫革命，并要求国民党"扫除向日妥协的空气"，领导群众奋斗，"解除商团武装，实行国民革命"。

△ 孙中山为处理商团问题在广州成立革命委员会，自任会长。次日，孙特派廖仲恺、汪精卫、蒋介石、许崇智、陈友仁、谭平山为全权委

员。13 日，又任命鲍罗廷为顾问，规定鲍“遇本会长缺席时得有表决权”。

△　孙中山严电胡汉民、杨希闵、许崇智、刘震寰、古应芬、蒋介石、李福林、李朗如等应付商团，称：“商人罢市与敌（按：指陈炯明）反攻同时并举，是叛迹显露，万难再事姑息。生死关头，惟有当机立断。如果确有其事，则用干部及其他学生协同福军忠勇之士临门劝告。如有不从，即日将货铺充公。”

△　孙中山电示范石生、廖行超处理谋叛商团办法，谓：“商人不肯就政府所定条例领枪，且供给陈逆（按：指陈炯明）以 150 万，约定罢市、反攻同时并举，此非叛逆，尚何为叛逆？我当当机立断，为严正之解决，先将著名最反对政府之团店警告。如再不从，则先将逆商货屋悉行充公，以警效尤。若犹不能制止，则仰两兄出示令西关居民限三日内迁移出西关，免遭意外。”

△　孙中山在韶关各军庆祝武昌起义十三周年集会上发表演说，勉励各军将领立即出发，指出这次北伐是从新筹备革命，以竟过去斗争未了之功；并称：商团与陈炯明勾结，广州已陷于危险中，因此必须出发北伐，能攻下赣州、南昌，便开拓一个新局面。

△　吴佩孚命军事参议处财政组主任参议谢宗陶在总统府与中、交两行总经理张公权、钱新之谈判，筹索军饷 120 万元，并由财政、交通两部凑足 300 万，充作一月之军费。晚 9 时，吴即携款赶往榆关前线督战。

△　吴佩孚以王正廷筹款不力，命令警备司令部以泄露机密罪名将王之亲信秘书程锡庚拘押，以示警告。

△　北京警备司令部实行新闻检查。18 日，英人辛博森所办之英汉合璧《东方时报》因记载东北战事未能尽道直军胜利，有时且直揭其败况，被北京政府警察厅查封，华人经理史俊明被捕。20 日，《世界晚报》因载路透社电东京所传奉军消息，被查封。

△　胡景翼部岳维峻旅抵喜峰口，胡率所部抵遵化，饬李乾三开拔

前线待命。

△ 曾琦、左舜生、李璜、陈启天、余家菊等在上海创办《醒狮》周报，作为青年党的喉舌。该刊宣传国家主义，反对马克思列宁主义，鼓吹“全民合作”，反对阶级斗争；标榜“内除国贼，外抗强权”，实行反共反苏。

△ 上海各界假总商会召开纪念国庆国民大会。国民党右派喻育之、童理璋在会上提出帮助卢永祥、打倒齐燮元，遭到与会进步学生的反对。上海大学林钧等发表反对一切军阀、反对一切帝国主义的演讲，竟被诬为齐的“奸细”，遭到毒打。该校学生黄仁上台质问，竟被童、喻收买的数名暴徒殴打，并从台上推下而致死。当天，瞿秋白奉中共中央命令，组织反对国民党右派暴行的行动委员会，号召全上海人民起来抗议此种法西斯流氓行为。

△ 湖南修改省宪之宪法会议开幕。23 日讨论修改司法制度部分。24 日讨论修正行政部分。30 日讨论修正立法部分。

△ 北京政府外交部照会驻京日使，去年在四川被熊克武川军汤子模部所掳日船“宜阳丸”船员，现已由汤释放，该案完全了结。

10 月上旬 中共主办的《中国工人》创刊，每隔一两个月出版一期，后改为周刊。1925 年中华全国总工会成立以后，该刊成为总工会的机关刊物。

10 月 11 日 孙中山令革命委员会用会长名义便宜行事，用种种方法打消商团罢市，并立即设法收回关余。12 日，孙电令胡汉民宣布广州戒严，并将政府全权付托于革命委员会，以应非常之变；各军既觉悟纵容商团之非，着令一致服从于革命委员会命令，不得再加犹豫。

△ 商团收到 4000 枪械后，立翻前约，拒绝签名领收枪械字据，且提出无条件全部发还枪械要求，是日继续煽动、胁迫商民罢市。李朗如以商团反复，辞公安局长职。李福林亦于次日电孙中山自请处分。12 日，商团在西关等处布防，荷枪实弹如临大敌，并张贴“驱逐孙文”、“打倒孙政府”等标语。13 日起西关商团即大加戒严，以铁栅门分锁各街

区，构筑炮垒等工事，准备作战。

△ 吴佩孚令驻长辛店、丰台之第三师悉开赴山海关前线。

△ 曹锟特派阎锡山为山西后方筹备总司令；派李厚基、王廷桢、张敬尧为援军副司令。

△ 孙中山函蒋介石迅将俄械运至韶关，“用以练一支决死之革命军，其兵员当向广东之农团、工团并各省之坚心革命同志招集，用黄埔学生为骨干，练兵场设在韶关。”蒋介石以广州局势危急，电请孙调驻韶关兵力南下平乱。

△ 孙中山令派陈友仁、宋子文、罗桂芳为收取关余全权委员；免傅秉常海关监督兼职。

△ 北伐豫军樊钟秀部占万安、泰和。各属民军纷起响应，永新、莲花、宁冈相继攻克，前锋进至离吉安 40 里之大庙地方。当晚，赣督蔡成勋闻豫军进至大庙，特开军事紧急会议，决令冯绍闵率所部全旅及骑兵团乘夜赴吉安应援，并令原驻赣东之暂编第三旅及第二十三混成旅各抽调一部，增防宁都、广昌、抚州等处。

△ 广州大本营外交部长伍朝枢电北京外交团，不承认外国资本团或国民对北京政府之贷款。

△ 广州卫戍司令部布告，劝商店开市，未还团械 14 日点交；又以民团统率处督办名义布告，劝工团“捐嫌”，“勿听人挑拨”。

△ 冯玉祥与参谋长刘骥、熊斌及段祺瑞代表贾德耀等至滦平，与奉军协议停战。攻热之奉军李景林、张宗昌部乃于 13 日自赤峰等地秘密转移到榆关及秦皇岛西之平山营作战。

△ 胡景翼应米振标之请，令岳维峻部开抵平泉，岳即率领邓、康等四团前往。是日，胡部李乾三旅开抵喜峰口，胡又令后方田玉洁、冯敏东、李云龙三旅次第前进。

△ 苏军齐燮元部大举进攻青浦，浙沪联军以子弹不敷，退北簳山及陈坊桥，次日苏军入青浦。联军向莘庄、南翔、上海撤退。

△ 英、美、日、法公使集议扬州盐税被齐燮元挪用事。同日，英、

法、日三使致牒北京政府外交部抗议各督任意截留盐税。

10月12日　孙中山以广州情势紧急，急电胡汉民“即宣布戒严”。

△　孙中山手谕蒋介石，令与许崇智磋商，坚决镇压商团叛乱，“立即起义杀贼，绝无反顾”；“必尽灭省中之奸兵奸商，以维持革命之地盘”。如许崇智“不能决断，则无论如何艰难危险，仍将械运来韶关，以练我之卫队”。

△　孙中山函廖行超、范石生务必拥护革命委员会。范、廖知孙决心镇压商团叛乱，估量商团不能敌，且商团罢市，范、廖每日损失赌税万元，故允协同合作。傍晚，范致书广州商团、商会，劝告于13日复业。

△　胡汉民召集紧急会议，决定限商团13日一律开市，并作下列准备：一、布置各军分区防务；二、调湘军保卫粤汉铁路；三、保卫水电；四、调吴铁城警卫军回省。

△　深夜，陈廉伯指使其弟陈廉仲在沙面租界召集关楚璞、李颂韶、邓介石、何盈光等开会，策划扩大商团叛乱，决定新老城团友一律于14日下午5时集中西关待命，以便15日拂晓开始行动，占领省署、公安局及各财政机关。

△　陈炯明驱石龙土匪袭攻石滩。刘震寰率队驰往堵剿。

△　吴佩孚抵榆关亲自指挥战事，并调集大批援军，吴佩孚第三师、杨清臣第二十四师、曹锳第十六师、靳云鹗第十四师、张治公陕军第二师均加入战线。奉方亦由热河方面调兵增援，李景林部之第二军抽调一部由张宗昌率领参加石门寨之战，吴光新部骑兵自赤峰开抵秦皇岛西北30里之平山营附近。吴佩孚决定自石门寨经沙河寨反攻九门口。13日，吴佩孚乘“海圻”舰率“楚豫”、“永翔”两舰开往葫芦岛、营口，筹划由海道袭击奉军后路。

△　奉军得九门口、王冈子后乘胜进迫沙河寨，以重炮轰击直军第三师一部之炮弹阵地，第三师步队被迫退却。是日，奉军攻占沙河寨。

△　上午，冯玉祥在滦平与王承斌所派之直隶督署参谋长李竟容密谈。下午，冯对段祺瑞之亲信、前陆军部军学司司长贾德耀、田雄飞

谈称：大局糜烂，拟请段祺瑞、张绍曾诸位重出维持大局，并特请贾往天津疏通段，派田回京探询各方情形。

△ 苏军朱熙部向嘉定石岗门进攻，被浙沪联军夏兆麟部击退。夜，朱熙率队猛烈反攻，联军夏兆麟、杨化昭两部力战不敌，败退入嘉定城中。苏军敢死队架梯登城，联军知不可守，即自东门退出。13 日晨，苏军入嘉定。

△ 浙沪联军何丰林部在明星桥南与孙传芳军对峙，孙军一部突由颛桥至，联军竭力抗御，弹尽后继以肉搏，终因寡不敌众，退守莘庄西五里余之曹家庄。13 日，孙传芳军入龙华。

△ 曹锟派宋锡金为京畿警备副司令，曹景桐为第四军第一路司令，敖景文为讨逆军航空司令。

10 月 13 日 浙沪联军总司令部晨 1 时在上海高昌庙开军事会议，杨化昭、陈乐山等表示不愿再战。卢知大势已去，即电召何丰林自莘庄前线回沪，草拟下野电稿。当日，卢永祥通电下野，偕何丰林、臧致平登日本“上海丸”舰东渡。卢临行将龙华防务交由二十旅旅氏朱声广担任，第六混成旅及松沪扩军使之关防交上海防守总司令刘永胜；并令各师、旅长自行收束各路军队。

△ 下午，安亭苏军向黄渡猛攻，浙沪联军闻卢永祥等出走，悬白旗停战，次日退真如及上海。防守浏河之联军闻卢、何出走，不敢再战，退出浏河。苏军追击数十里，联军死伤甚众。15 日，苏军占领南翔。

△ 浙军第一师各军官与宁台镇守使王桂林等举行紧急军事会议，决定组织浙江自治军，谋宁、绍、台三属自治。15 日，浙江自治军通电，推吕公望为自治军总司令。同日，被原师长潘国纲任命为代师长的旅长伍文渊通电称养病沪上，凡事概不与闻。自治军前敌总指挥郝国玺亦于 17 日通电辞职。

△ 孙中山电革命委员会，令胡汉民将广州商团机关一律解散并缴械；令李福林宣布商团叛乱罪状；令警卫军吴铁城全部、湘军一部、粤军张民达师全部星夜回师广州戡乱。14 日，电令胡汉民及驻广州各

军，迅速收缴商团枪支，“不可一误再误”，以免后患。

△ 孙中山令改北伐“讨贼靖国军”为“建国联军”；任命宋鹤庚为建国军北伐中央总指挥，朱培德为建国军北伐左翼总指挥，卢师谛为建国军北伐右翼总指挥，樊钟秀为建国军北伐先遣队总指挥，何成濬兼建国军北伐总司令部参谋长，张翼鹏为建国军北伐中央总指挥部参谋长。孙并正式任命唐继尧为副元帅兼滇川黔建国联军总司令，熊克武为建国川军总司令。

△ 孙中山电嘱李烈钧仍留日本为发起亚洲大同盟进行宣传。略谓：“兄为发起亚洲大同盟以抵抗白种之侵略而往，今忽有回命之请，想彼政府不敢接纳吾人之大亚洲主义，果尔，则兄万不宜自行离日，当久驻而为积极之宣传，必待日本政府有明令下逐客而后行，方足揭破日本之真面目。”

10 月 14 日 广州商团下紧急戒严令，所有老城各分团一律集中西关，准备作战。下午，粤军总司令部紧急会议，拟定平定商团叛乱进军计划，决由吴铁城、张民达、李福林等部包围西关。是夜，蒋介石率黄埔军校第二、三队协同由韶关调回之湘军 3000 人及吴铁城、张民达、李福林各部分向西关、西瓜园、太平门、普济桥迎击，长堤，沙基、黄沙等地以滇军扼御之。吴铁城所部经高第街前进时，遇商团军，经三小时战斗后占领商团公所。深夜，商团军将西关一带理发店焚烧，并杀害理发工人二三十人。

△ 孙中山令警备军、工团军、农民自卫军、飞机队、甲车队、兵工厂卫队、陆军讲武学校及滇军干部学校学生统归蒋介石指挥。

△ 胡汉民准李朗如辞广州公安局长职，以吴铁城继任。

△ 奉军第四、十六旅及十二旅经猪熊峪在沙河寨以东地区向陕军第二师张治公部猛攻，陕军不敌。奉军直攻石门寨。午间，彭寿莘部从石门寨退到柳江，随即沿轻便铁路南行抵小不老附近建立据点，奉军旋即占领石门寨。彭向吴佩孚报告石门寨之严重情况，吴即改变海道袭奉敌后登陆计划，将控制在手中的精锐部队第三师第六旅于次日晨

增援小不老；派十四师靳云鹗部占领安民寨；又派第三师第十团援助十五师左翼防守三道关、山海关之北等高山地带。

△ 直军第三路张连同、张殿如部得谭庆林、丁长发等部自察哈尔驰援，全力反攻赤峰，奉军大部已暗调山海关作战，第六军许兰洲部势孤不能敌，战斗数小时后直军即占领赤峰。

△ 川滇黔建国联军前敌总司令熊克武电湘当局，声明假道北伐之主旨。其出兵计划分数路，大队由芷江出麻阳；蔡巨猷部折入洪江，以汤子模部为接应；各军在辰州集合，直趋桃源、常德，经澧州入鄂西。16日，汤子模部贺龙旅自铜仁一带移入麻阳，30日到达辰州。

△ 孙中山请叶恭绰、郑洪年转电张作霖，称："到韶已一月，军队集中亦毕。惟自樊部出发之后，财政竟陷于绝地，其他部队因此不能继出。而樊部独力奋斗，已致敌人疲于奔命，若我大军一出，江西直唾手可得也，其奈十日行粮亦不可得，坐失时机，深为抱愧。倘能即接济30万，则江西不足平，而长江可牵动，子嘉（卢永祥）虽败，不足虑也。"

△ 顾维钧第二次照会加拉罕，声明地方长官非中央特别授权不能与他国签订任何协定，奉俄局部交涉曾经外交部一再切实警告，今值中央声讨奉张之时，苏联代表与张作霖乘机签定《奉俄协定》，殊与5月31日协定宗旨背驰。加拉罕对此未作正式答复。

△ 鄂军援苏总指挥张允明率部抵上海，声言为齐燮元先锋，占领龙华及兵工厂。

10月15日 广州商团叛乱弭平。晨4时，工团军、农民自卫军、黄埔学生军与滇、桂、湘、豫、粤各军分五路进攻西关商团，先由张民达部攻西门，迭次冲锋均为商团军击退，乃从观音山开炮向西门射击，一弹击中来安押当楼，商团失据，纷纷溃退，各路军分头追击。下午，商团军全部溃散。是役，各军伤亡达400余人，商团军据险扼守，死伤不及百人。陈廉伯，陈恭受等逃沙面。滇军在浆栏门缴截商团枪械。

△ 广州各军总司令通电平定商团，略谓：商团公然反叛作乱，14日晚竟向各军袭击。15日晨遂即下令还击，该团不支，始逃窜。查该

团原有枪械约3000杆，此次领回枪械4000杆，共7000，全数没收，以防滋事。陈廉伯、陈恭受等事前主使教唆，临事远逸，应分别通缉。

△ 吴佩孚率部强行登陆秦皇岛，设大本营指挥对奉作战。奉军派飞机空袭。

△ 徐树铮、陈乐山、杨化昭等20余人在上海闸北会议，主对齐燮元再战。上海附近卢部约四万人无人统率，众推徐树铮为总司令。会后，徐乘汽车至公共租界，被工部局逮至英国驻沪总领事署软禁。

△ 孙中山任命罗桂芳为粤海关监督。23日，罗偕同武装人员接任，英、美、葡等国派舰八艘进泊白鹅潭，进行恫吓。孙中山即命广东交涉员传语："如果外舰胆敢开炮，我即命陆军占领沙面，收回主权，使逞强者无立足之地。"后由北京外交团出面调停，将关余如数交付，事始寝息，罗亦未接任海关。

△ 曹锟下令嘉奖齐燮元、孙传芳底定浙、沪，着查明出力各员呈候奖叙，并派李厚基、王瑚南下宣慰，妥筹善后。

10月16日 孙中山函促蒋介石鼓励各军即速出兵北伐，略谓："北伐志在必行"，"江西敌甚无斗志，亦无斗力，大军一出，必得江西全省"，"望兄鼓励各人速出，一由东江击破陈逆而出福建，一出江西，则川、湘各军必争先而出武汉，而中原可为我有"。

△ 北京政府设财政委员会总揽全国财政，委高凌霨、王克敏、吴毓麟、王毓芝、曹锐、蔡廷幹、项骧、薛笃弼、苏锡第、林步随等15人为委员，推曹锐为委员长。

△ 北京临时参政院参政丁搏霄赴古北口与冯玉祥晤谈，称此次直奉作战，除涂炭生民，争权夺利外，别无他意，建议冯先回北京，以拥曹为名，发号施令，征求各要人及各省意见，借以倒吴。冯谓："此事我已筹之熟矣。"

△ 奉军集结重兵连日猛攻山海关，直军据势构筑阵地固守，调集援军增防，顽强反击。是日郭松龄指挥三个团分三线猛攻直军第十五师五眼城附近阵地，直军以机关枪密集扫射。奉军连日攻击山海关，死

伤逾万，终未能下，遂转移兵力，攻击长城内各据点。

△ 孙传芳委苏军第一师师长白宝山为上海防守总司令，办理地方善后及收抚事宜。

△ 唐继尧通电讨曹，略谓："曹锟称兵黩武，沪杭之兵祸既开，东北之战端复启。为今日计，非有摧陷廓清之功，仍无彻底解决之望。继尧义难坐视，谨即简派部伍，克期出发，并亲出督师，期与各友军会师武汉，直捣幽燕，剪灭凶残，奠安国本，成败利钝，在所不计。"

△ 胡汉民下令通缉陈廉伯、陈恭受、关楚璞、邓介石、何盈光、李颂韶等九人。晚，陈恭受至黄埔军校求赎罪。西关外商店咸开市。

10月17日 曹锟令各省区严缉惩治卢永祥、何丰林、陈乐山、臧致平、杨化昭，并着褫夺杨化昭官勋。

△ 孙传芳、白宝山由梅家弄(位于沪西南)到沪主持收束卢、何军队，即邀请总商会会长虞洽卿商谈。孙、白并与齐燮元之代表商洽收编与遣散浙沪联军之条件。

△ 奉、直两军在山海关、九门口、石门寨等处大战，姜登选第一军、张学良第三军猛烈进攻，占九门口。吴佩孚令斩守将冯玉英，自往督师，击破奉军第六旅。奉军以重炮轰城，倾其一角，石屑四散若雾弥空，直军大乱，坠城死者甚众。双方搏战死伤逾万。

△ 奉军猛烈攻击小不老，吴佩孚所派之援军赶到，小不老据点始巩固。19日，彭寿莘将小不老阵地交第三师旅长张席珍负责，经秦皇岛回山海关司令部。

△ 渤海舰队司令温树德抵秦皇岛与吴佩孚商议海陆军会同作战计划，旋即率"海圻"等舰驶向葫芦岛等处，以威胁奉军后路，中途被奉军飞机袭击，又乏炮弹，乃于19日返回秦皇岛。21日，再驶葫芦岛炮击奉军。

△ 北京政府外交部就苏联驻华大使加拉罕请派中国军队保护使馆事复加拉罕称，派兵保护苏联大使馆与使馆界禁例冲突，须得各使同意。

10 月 18 日 冯玉祥闻悉吴佩孚将长辛店、丰台一带所驻之第三师悉调前方，认为时机已成熟，但为慎重计，密派刘子云商于黄郛。黄以亲笔复书交刘携归，以坚冯之心而速其决计。是日，黄又电冯，谓："吾侪立志救国，端在此时。"冯复电称："来电遍示同人，众意佥同，准十九晚起程。"

△ 段祺瑞派宋子扬至滦平语冯玉祥："检阅使同段督办三造共和，现在乃最须改造之时。若能办到，即当一共和国民于愿已足。"冯答："若团结力量，可以为之。"

△ 奉军郭松龄部约一个团通过高山山麓袭击山海关背后，与附属直军第十五师之骑兵营在二郎庙接战，营长张春雨战死。第十五师二十九旅、三十旅各由前线抽出步兵一营反击，奉军退入深山。

△ 浙军第二师师长周凤岐率队进攻宁波，浙江自治军总司令吕公望等离宁波逃往上海，取消独立。19 日，周抵宁波，将自治军撤销。

△ 孙中山函胡汉民、许崇智嘱筹北伐军费 10 万元。

△ 菲律宾发生排华暴动，击毙华侨数人，侨商被抢百余家。20 日晨，排华暴动又起，华侨死伤 385 人，大量钱财被抢劫。

10 月 19 日 冯玉祥在滦平召集张之江，鹿钟麟、李鸣钟、刘郁芬、刘骥、邓宝珊及胡景翼之代表等会议，确定班师回京计划。会后，冯即发布命令：一、命鹿钟麟率部自密云县秘密兼程回京，会同孙良城、张维玺两旅驰抵北苑，再与蒋鸿遇旅会合入城，分任警戒；二、命李鸣钟旅自古北口直趋长辛店，截断京汉、京奉交通；三、电停兵于喜峰口之胡景翼部南旋，占领滦州、军粮城一带，截断直军之联络，并防吴佩孚率兵西向；四、通知孙岳秘密监视曹锟的卫队及吴佩孚的留守部队；五、命承德之张之江、宋哲元等旅克期返京。冯并派员联络热河都统米振标取一致行动。

△ 冯玉祥率利郁芬旅自滦平直趋北京。

△ 张福来率第二十四师及靳云鹗之第十四师共三个旅约 1.5 万人突攻沙河寨，鏖战终夜，奉军防线几被突破，石门寨奉军一旅开到应

援，遂转危为安。20日晨，奉军佯作退却，直军右翼追击，中奉军地雷，受创甚巨，遂放弃攻势，向后溃退。

△ 蔡成勋军冯绍闵部抵吉安，即逐樊钟秀军出莲花，岳兆麟、方本仁等部又对樊取包围形势。是日，樊部主力突围，向湘边退却。26日，樊部退至湘境桂东待援。

10月20日 冯玉祥命张之江第二十一旅当晚退回北京。又命所部严加警戒，为防止泄漏班师回京消息，所有往来京、热者，均行扣留。

△ 齐燮元、孙传芳之全权代表白宝山至上海北站，会见浙沪联军代表朱声广及各将校，旋即同赴北浙江路联军总司令部商定将所有军队悉数收编：联军第十师及臧、杨军队归齐燮元收编为苏军，暂驻吴淞附近，听候改编；第四师及第六混成旅残部由孙传芳收编为浙军，驻松江、枫泾，青浦一带，夏兆麟仍任第四师师长，刘永胜仍任旅长。不愿接受改编者，则发给川资遣送回籍。

△ 吴佩孚调集援军增援前线各军：杨清臣第二十四师增步兵一旅、炮兵两营及河南李治云部第一旅；林起鹏部第二旅布防在第十四师(安民寨)及第三师第六旅(小不老)中间地带；田维勤部第二十六混成旅布防于第三师第十团与第十四师之间的高地区域；曹锳部第二十六师及程希圣部新一旅等布在左翼山羊寨附近。

△ 国民党中央执行委员会第五十六次会议决定：农民部长李章达辞职照准，以黄居素代；实业部改为商民部，以伍朝枢为部长；邵元冲代理海外部长。廖仲恺复任常务委员。

△ 苏联大使馆向华俄通信社记者声明谓：《奉俄协定》纯为地方性质，不独未抵触中国主权，且对中国完全尊重。中东路因改组理事会，苏联人员得与旧俄人员更换，以避免帝国主义对该路之干涉。

10月中旬 北京政府交通部密电津浦路局长孙凤藻，据称奉方以重金勾结孙美瑶之弟孙美松等，啸聚悍匪，复占抱犊山，希图大举，扰害治安，以冀牵动直军，仰督饬警队严防。孙接电后立派该路武装保安队及护路警数百人驰往抱犊山，协同兖州镇守使张培荣部围剿。

10月21日　北京宪兵司令兼前敌执法监车庆云由热河回北京，冯玉祥命张之江派张瑞堂营长将其扣留。9时半，冯亲率刘郁芬旅由滦平秘密开至密云，布置入京措施。晚，同贾德耀、刘骥、熊斌、李鸣钟、张玉衡、王乃模商议到京后对各方之处置及断绝各路线事。

△　奉、直两军在长城内各据点展开最猛烈之攻击，安民寨炮火密集，双方死伤极大，直军旅长王乔被击毙，但十四师阵地仍未动。吴佩孚亲自督战，并出重赏，谋夺回石门寨、沙河寨，终不果。

△　孙中山令免古应芬军需总监兼职。

△　曹锟特派马德润为修订法律馆总裁；调任赵翰纶为行政研究会会长。

△　徐树铮被上海租界当局迫令乘轮出洋去伦敦，陈乐山离上海赴日本。次日，孙中山为徐被捕事，向广州领事团提出抗议。24日徐至香港居留。

△　段祺瑞在津语《顺天时报》记者称："东北战争大势已决，四五日后当可结束。自战争发生以来，我与吴佩孚之间，绝无信使往还，故对于调停奉直战争亦未予以考虑。至若予之出山，果出海内一致之希望，则余第一应令各方一律停战，战争结束后之办法，首先召集国内军民长官讨论善后办法，次应召集代表国内舆论之各省民间代表开国民会议来决定国事。"

10月22日　冯玉祥、胡景翼、王承斌抵密云县高丽营。同日9时，冯军第二十二旅全部抵北苑，旅长鹿钟麟与蒋鸿遇、孙良诚、张维玺等旅长会商，即于是晚8时率所部由北苑出发，12时鹿率所部抵安定门，孙岳即令守兵开城门，次日1时余即占车站、电报、电话等交通通讯机构。

△　驻京日使馆武官林弥三吉电召在山海关前线观察军事之松室孝良少佐回京，称冯军将班师倒直，命即赴古北口以军事观察员身份与冯军一道回京，借以掌握冯军动态。

△　黄郛以外出访友为名，深夜到达高丽营会晤冯玉祥，与冯共商

政府过渡办法，决定由黄负责组织摄政内阁，并对迎请孙中山北上问题进行筹划。冯出示预拟之主和通电，请黄加以修改，黄以措辞不妥，乃重行草拟。当晚，黄赶回北京。

△ 奉军张宗昌率骑步军二万人进攻滦州，李景林派骑步军1.5万人由界岭口进攻昌黎。是晚，冷口及界岭口驻军胡景翼部助奉军入关。24日，李部占据界岭口附近之抬头营，张部占据冷口附近之建昌营。

△ 国民党中央政治委员会举行第十次会议，胡汉民、汪精卫、廖仲恺、邵元冲、伍朝枢、鲍罗廷等出席，决定廖仲恺兼任黄埔新组军队之党代表，另以孙中山名义公布《工会法草案》。

△ 上海工部局派千余工人到法华镇越界筑马路四条，将法华镇悉行圈入租界区域之内。

10月23日 北京政变。晨1时，冯玉祥抵北苑召集会议，胡景翼、王承斌等出席，一致主张和平停战，并议及维持现政府或另筹过渡办法、停战后收拾大局、宪法及国会有否修正改组之必要等问题。又邀京畿警备副司令兼陆军第十五混成旅长孙岳前往，面商北京治安等问题。晨2时余，冯军遍布北京内城各城门及东、西四牌楼交通要道，景山上有大炮瞄准中南海，新华门前有重兵驻守。入城士兵均袖缠白布臂章，上书“不扰民，真爱民，誓死救国”十字。城内秩序，安堵如恒。鹿钟麟部重兵包围延庆楼总统府，曹锟被幽禁。蒋鸿遇部在前门外，孙良臣、张维玺在南城，分任警戒，禁止行人通行各大道。总统府卫队及曹士杰旅均被解除武装，给饷遣散。军需兵站副监李彦青被冯军捕押至北苑。王克敏避东交民巷。同日，冯玉祥、胡景翼、孙岳、李鸣钟、宋哲元、鹿钟麟等联名发出主和通电，略谓：“国家建军，原为御侮，自相残杀，中外同羞。”“执政者苟稍有天良，宜如何促进和平，与民休息。”“玉祥等受良心驱使，为弭战之主张，爰于十月二十三日决意回兵，并联合所属各军，另组中华民国国民军，誓将为国为民效用。如有弄兵而祸吾国，好战而殃我民者，本军为缩短战期起见，亦不恤执戈以相周旋。”“至一切政治善后问题，应请全国贤达急起直追，会商补救之方，共开更新之局。”是为冯玉祥“北京政变”，亦称“首都革命”。

△ 日本天津驻屯军司令官吉冈显作以先遣军司令官名义发出通告，谓直军总退却不得使用秦皇岛码头。吴佩孚闻悉愤然。

△ 段祺瑞在天津获悉冯玉祥班师回京成功，即晚举行会议，商讨处置北京政治办法。段并电上海曾毓隽、李思浩、马良暨浙沪联军各师旅团长，告以冯玉祥等班师举义，尤当保护上海闸北数万久经战阵之皖系浙沪联军士兵，勿任零星散去。

△ 孙中山电令胡汉民称：“前日占领之商团总所、分所各机关房屋，当悉行充公，纵将来商团改换名目，亦永不发还。”

△ 国民党中央执行委员会第五十七次会议讨论商团在叛乱中杀戮理发工人数十名事，决函省长饬公安局严缉行凶之商团，并函理发工会抚恤。

△ 孙中山令沈鸿英将所部编为广西建国军。

△ 李宗仁、黄绍竑、沈鸿英在浔州(今桂平)开全省善后会议，决推李宗仁为广西军务善后督办，邓瑞澂为会办。会议29日结束。

△ 京奉铁路局长周梦贤下令尽裁唐山京奉路机器工厂全体工人4000余名。26日，经工人一再交涉，仍被裁3000余人。后经工人继续斗争，于12月底全数复工。

10月24日 颜惠庆往北苑征求冯玉祥意见，决定由冯派薛笃弼谒曹锟，请下令停战，并免吴佩孚各职。颜亦入府见曹，详陈利害，谓惟有依冯之要求。后孙岳至，谓曹之安全可以担保，对吴佩孚个人，业商之冯，给予一名义下台。曹乃谓颜：“责任内阁一切可负责办去。”颜乃召各阁员在私宅会议，决下停战令，以青海垦务督办名义予吴。

△ 曹锟据北京政府国务院会议决议发布四令：一、自下令之日起，两方军事着即停止进行，各守原防，听候中央筹议结束办法；二、撤销讨逆军总副司令等职，所有山海关一带军队，着督理直隶军务王承斌、帮办直隶军务彭寿莘妥为维持，遵照前令办理；三、直鲁豫巡阅使兼

陆军第三师师长吴佩孚着免去本兼各职;四、特派吴佩孚督办青海屯垦事宜。

△ 晨 2 时,张作霖得京、津关于冯、王回京之加急电,立转各军长向各所部宣传,谓:冯玉祥、王承斌已率兵返京,京、津已被冯、王军队占据,胡景翼率军东来截断吴佩孚后路,我军正宜乘胜猛攻,一鼓可破。

△ 上午,吴佩孚在山海关视察督战,直军尚未知北京政变消息。下午 1 时,直军得知政变消息,战斗力锐减,惧后路为冯军截断。晚 6 时,奉军战线遽行展开,将龙王庙方面之直军第二十三师包围,并散发劝降传单,谓冯玉祥、王承斌助奉反曹,已率兵占据京、津。直军知大势已去,又被重围,遂有部分缴械投降,计长枪 5000 余支,炮 36 门,枪炮弹 800 余箱,大车 300 辆,皆满载行李粮食。

△ 冯玉祥等通电陈述建国大纲五条:一、建设清廉政府;二、用人以贤能为准;三、对内实行亲民政治;四、对外讲信修睦;五、信赏必罚,财政公开。

△ 绥远都统马福祥通电响应冯玉祥推翻曹、吴行动。

△ 北京外交团向北京政府外交部提出三项要求:一、恢复京、津间铁路交通;二、东交民巷西口外之冯军减少至 15 名以内;三、通讯机关恢复原状。对国民军停战主张表示好感。

△ 孙中山令胡汉民曰:各商团除通缉陈廉伯等 11 名外,一经遵照商团名册每名缴足毫银 100 元,即均免深究;其各属商团尚无附乱行为,并免予处罚。各县商团与广州、佛山商团并无关涉,既未附乱,应予一体保护,如有未奉命令擅缴团械者定以违令扰民论罪。次日孙又令保护各处乡团。

10 月 25 日 冯玉祥、胡景翼、孙岳在北苑召开军事政治会议,出席者有王承斌、鹿钟麟、王芝祥、张之江、孙连仲、贾德耀、刘骥、何遂及黄郛、薛笃弼等,决定组织国民军,公推冯玉祥为国民军总司令兼第一军军长;胡景翼、孙岳为副司令分兼第二、第三军军长。对于政局,冯主张立电请孙中山北上主持大计,孙岳则以为应同时请段祺瑞出山以对吴佩孚作战。决定由冯派马伯援赴粤迎孙，并电请段入京；在孙、段未到京以前，曹锟贿选政府不容继续存在，由黄郛组织摄政内阁，行使大总统职权。

△ 吴佩孚在滦县通电否认曹锟之停战令及撤销其讨逆军总司令之命令，声称该令"显系伪造"，现奉密谕，贯彻戡乱。

△ 吴佩孚率直军第三师及第二十六师余部共万余人自秦皇岛经滦县去天津，声称率师回京戡伐冯玉祥。临行前令张福来、彭寿莘、靳云鹗坚守秦皇岛、昌黎、滦县，山海关前线之军队陆续撤回。

△ 吴佩孚在秦皇岛通电讨伐冯玉祥，自称奉曹锟密令，剪除凶逆，不使法统和政府任一二人颠覆。27 日，章士钊、林长民、彭养光等未参加贿选议员 279 人通电严斥吴电"意在假借法纪，肆意寻仇"。

△ 直系将领王怀庆、胡景翼、彭寿莘、张福来等 36 人通电服从吴佩孚调度，共讨冯玉祥，略谓："冯玉祥擅率所部，闯入京师，围逼总统，妄发通电，希图阻挠讨逆大计，遂启阴图。""吴总司令已奉宣密渝，承制讨贼，一切征讨事宜，均听吴总司令调度，职责所在，不敢中弃，惟各竭谋力，继续奋进，用竟全功。"

△ 冯玉祥电卢永祥从速离日赴沪。29 日，卢永祥由日本到达沈阳，张作霖请卢恢复浙沪联军总司令头衔。

△ 前司法总长徐谦通电，主张解散非法国会，废总统制，行委员制，召集和平会议（由现在维持北京之领袖、各省农工商学团体代表及全国负重望而有功于民国之人组织之），由此会议产生委员，并主张扫除前清帝制之余孽。

10 月 26 日 冯玉祥、胡景翼、孙岳等电请段祺瑞出任国民军大元帅，即日就职来京主持。30 日，张作霖、卢永祥以及镇威军各将领联名通电，推段祺瑞为联军统帅，就近主持；并谓凡吾友军"倘荷赞同，即祈径电津门，一致敦劝"。

△ 夜，冯玉祥自北苑移居北京城内，设国民军司令部于旃檀寺，指挥对吴军残部作战事宜，并令国民军分京奉、京汉两路布防。冯军张

之江、刘郁芬各一旅及胡景翼军李虎臣一旅开至廊坊布防，胡部亦有三个混成旅在京奉路驻防，统由胡指挥，攻击杨村方面之吴军。孙岳军一旅及冯军李鸣钟旅于 27 日向保定前进，以阻京汉路鄂、豫、苏、浙军北上应援。冯派重兵把守通县至丰台一线。

△　胡景翼、孙岳通电，略谓："如冯（玉祥）、王（承斌）两公者，密谋挽救，共举义旗，冀停盲目之内争，期竟革命之全功，将邀请召集元老大会、国民大会解决一切政法问题。不论地位，不分党派，统以创造新国家，改进新社会为唯一目标"，"则景翼、岳首先解甲归田，长为农夫"。

△　吴佩孚自秦皇岛至天津，设临时司令部于新车站。所率第二十六师及暂编第一旅之一小部共 800 人抵津，除留驻军粮城外，皆开往杨村。吴命曹士杰部第十六混成旅由保定进驻高碑店，以便会攻丰台。吴拟自任东路杨村方面之指挥，派李济臣任西路保定方面之指挥。

△　吴佩孚通告驻天津领事团，斥冯玉祥为叛逆，伪称奉曹锟命集大军 10 万，扫除冯军，挽回时局。27 日，驻天津领事团警告吴佩孚，按《辛丑条约》不得在天津市附近 20 里内驻兵作战。

△　奉军张宗昌与胡景翼部合力击破董政国指挥之第九、二十师，攻占迁安县。

△　直军财政组主任参议谢宗陶随吴佩孚到天津，向直隶省银行行长王子杰强提直隶省钞 50 万元。王交出二万元，即逃入租界避而不见。吴佩孚随即组织战时经济委员会，以曹五为会长，白坚武、张月笙、潘馨航、杨敬林、卞月庭、刘子青为副会长，谢宗陶为总务主任，负责筹划施行。规定筹集军费办法数项：一、由长芦盐运使张直卿于原在北京派定盐商报效 150 万元项下就地催缴，当交到 23 万元；二、由天津造币厂提用铜元一万元；三、由津浦路每月协饷 20 万元；四、由张月笙设法提用河东盐款 40 万元等。

△　陈调元奉齐燮元令将第五混成旅扩充为第四师，指挥所部自常州、昆山等地至徐州，准备北上援吴。31 日，陈令毕化东旅第一营于 11 月 1 日开拔赴津，后因山东郑士琦宣布武装中立，阻止援吴军通过

鲁境而未成行。

△ 孙中山函饬蒋介石将3000支枪械运韶关，以便促使赵成梁出师北伐，交回韶关防地，为大本营练兵之用。

△ 陈炯明致冯玉祥电，略谓：回师首都，除共和之障碍，为国欢迎，无间南北。务请秉持宏愿，廓清凶残，并联合明达同胞，力促合肥出山，维持局面。同日又电段祺瑞，务请毅然出山，谋统一之坦途。

△ 直系在鄂将领萧耀南、王汝勤等通电讨伐冯玉祥。同日，赣督蔡成勋亦通电讨冯，称冯之举动“通敌忘仇，国法所不容”。

△ 唐绍仪、徐谦、钮永建、褚辅成在上海开会，决请段祺瑞入京解决时局，废总统制改行委员制。

△ 但懋辛在香港致滇军总司令杨希闵函，略称：陈炯明不赞成收受陈廉伯运动东江陈军反攻广州政府经费150万元，此款早在9月初陈廉伯已交金章手收50万元。当时陈尚犹豫，后鉴于广州商团军械已为政府收缴，态度遂变，拟将50万元退回。但洪兆麟竭力反对，并与林虎合作商定反攻计划，如陈炯明不赞成，即请陈下野。

△ 留日工人、学生在东京召开对日国民大会，举行示威游行，赴使馆请愿，要求日本废除“二十一条”，取消排斥华工条例，并警告日政府不得援助任何军阀。队伍在中途遭到日警无理阻挠，复遭日警非法干涉，捕去何炳坤、李德钊等九人。

10月27日 孙中山分别电复冯玉祥、段祺瑞，允即北上。复冯电谓：“义旗聿举，大憝肃清，诸兄功在国家，同深庆幸。建设大计，亟应决定，拟即日北上，与诸兄晤商。”复段电谓：“大憝既去，国民障碍从此扫除矣，建设诸端亦当从此开始，公老成襄国，定有远谋，文拟即日北上，晤商一切。”

△ 孙中山特任胡谦为中央军需总监。

△ 熊克武、石青阳、但懋辛联名分别致电冯玉祥、段祺瑞，响应冯之义举，拥段出山，赞成南北贤豪共商建国之方，并请电约孙中山莅北共筹国计。

△　奉军下总攻击令，张学良、张宗昌、李景林、吴光新各路直指秦皇岛；彭寿莘等直军在四面炮火包围中。

△　移沪国会议员通电全国国民暨讨曹、吴各军，要求明正贿选之罪，略谓："贿选罪名不予揭明，贿选罪人不予惩创，即此次战争未能彻底"，"深恐扰乱循环，建设国家终多阻碍，务望坚持正义，根本廓清"。

△　直系将领齐燮元、孙传芳、蔡成勋、周荫人、马联甲、杨树庄、李景曦联名通电讨伐冯玉祥。

△　吴佩孚急电山东督军郑士琦，征调孙宗先第五师及潘鸿钧中央第一混成旅赴援。郑仅遣潘旅应之。

△　各国驻京使馆以北京政变需保护使馆为辞，调各国联合军队直至北京。

10 月 28 日　冯玉祥、胡景翼、孙岳致电南北要人，主张召集和平会议。略谓："祥等以为此后一切政治善后问题、国家建设计划，非一二人所能集中，亦非一二党派所能把持，必须一国贤豪同集京师，速开和平统一会议，将一切未决问题悉数提出，共同讨论，以多数人之主张为指归，以最公平之办法为究竟，期得最良结果。""惟此和平会议究应如何组织为妥善，如何产生为适宜，海内贤豪、南北硕彦，匡时共切，宏划应多，务祈不吝谠言，迅予指导。"

△　冯玉祥派鹿钟麟为京畿警卫总司令，张璧为警察厅总监，以维持北京一带治安。

△　直军彭寿莘部不敌奉军之围攻，退昌黎。奈因奉军张宗昌部攻占滦州，直军被截成两段，与天津之交通亦断。退至唐山之董政国第二十师溃部亦遭奉军追击。

△　河南省长李济臣任陕豫鄂援吴军总司令，在郑州集合部队，准备北上助吴作战。

△　阎锡山派兵二旅占领石家庄，截断京汉铁路，阻止援吴军北上。29 日，袭击北上鄂军，并解除其武装。

△　四川将领刘湘、刘成勋、赖心辉、陈洪范、刘文辉联名通电冯玉

祥、胡景翼、孙岳，略谓："吾民苦兵祸久矣！得诸公返辔止戈，义昭日月"。"尚祈于祸国者勿稍予姑容；于运置之方，务征诸公论"。又电段祺瑞请早日入京，俾一指挥；并请电约孙中山、民党领袖及东北、东南、西南诸同志，开诚协商国是。

△ 萧耀南通电，略谓：冯玉祥既主张停战议和，则冯军亦应迅速退出北京，力避与吴佩孚军冲突。

△ 龙华援苏鄂军张允明通电讨伐冯玉祥。次日，张接吴佩孚自天津转来密电，催促其北上。30 日，张旅一部北上。

△ 前北京政府司法总长徐谦迭接冯玉祥电请北上商议善后，于是日离沪乘轮启程。临行致电天津段祺瑞报告行程，并请派员来沪与各代表磋商善后意见及收束浙沪联军旧部。

10 月 29 日 段祺瑞电冯玉祥、胡景翼、孙岳等，略谓："诵漾(23日)电，所称请全国贤达速商补救之方共开更新之局数语，所见远大，洞中机宜。溯自纪元十三年来兵衅迭起，民不堪命，推原其故，盖政府未能守法，大法亦未尽当，始于束缚，终于横决，循环起伏，以迄于今，非有彻底改革之决心，焉得民国本来之面目。窃谓庶政公诸舆论，舆论务返本以求；安危须仗群才，群才务推诚相与。法善人得，何政不平，所有乱源，根株可尽。"

△ 北京未参加贿选议员汤漪分别电段祺瑞、冯玉祥，请明正曹锟及贿选议员之罪，必使曹锟受公开之审判，贿选议员除自己引咎辞职外，宜以其名籍宣示国人，以昭炯戒。

△ 吴佩孚派王荫棠到杭州与孙传芳商议出师计划，先由东南七省会商共出十混成旅，浙省担任一混成旅。孙即令闽军第十混成旅旅长孟昭月为浙江援军总司令，先率第二团附炮兵一营、机关枪 16 挺共 2000 余人援吴。30 日，孟旅北上援吴，途中为鲁督郑士琦所阻，于 11 月 4 日开回上海。

△ 张绍曾调停冯、吴和平无效，是日发表和平救国大纲五条：双方即日停战；召开最高军事会议，解决兵额、国军配备、军制、裁兵等问

题；修改宪法，开国民会议，改善政治；贿选案法律解决；和平救国大纲，由双方及国民共决。

△　萧耀南任陈嘉谟为鄂军援吴总司令，并设法由正金等外国银行陆续汇津 20 万元。鄂省议会于同日召开紧急会议，决定重申严守中立，保境安民，并通电各军，无论何方战争，概不参加。30 日，萧又成立临时军事总办公处，专办讨冯事宜。

△　河南省长李济臣任陕豫鄂援吴军总司令，宣言亲率豫军第三混成旅马灿林部、鄂军第二混成旅寇英杰部、第二十七旅王为蔚部、陕军田玉洁旅、豫军第四混成团李有才部、补充团吴文铠部与国民军作战。是日，由郑州乘车北上，但阎锡山已派兵二旅占领石家庄。11 月 1 日，北上之援吴军一部被阎解除武装。

10 月 30 日　奉军第三军副司令郭松龄部由石门寨至海阳镇，炮击秦皇岛，张学良率部由长城低处冲入，张宗昌又由滦州直下，直军被包围。山海关直军第三、第九、第十四、第十五、第二十四、第二十六各师纷退秦皇岛栈桥附近，秦皇岛、山海关遂被奉军完全占领。直军一部约 2000 人运回塘沽，其余不及撤退者二万余人，于次日在秦皇岛附近悉被奉军缴械。

△　国民党中央政治委员会举行第十一次会议，胡汉民、汪精卫、廖仲恺、邵元冲、伍朝枢、鲍罗廷及卜士畸出席，通过拟向北方会议所提出之条件，如北方会议不能通过该条件，国民党代表团则脱离会议。

△　孙中山决定北上，由韶关返广州。

△　吴佩孚在津备战，冯、吴战事开始。是日东路吴军曹锳部由张庄发动进攻，即被冯、胡军击退，冯、胡军遂由廊坊反攻，进占落垡，并向杨村追击。同日，西路孙岳军进攻保定，吴军曹士杰部不战自退，后全部投降孙岳。

△　吴佩孚通电，声称：“对敌军当次第削平，政治问题愿放弃成见，听海内贤豪各省代表为公平之解决。”

△　日本驻津总领事吉田茂与王揖唐面商，佥认由段祺瑞出山可

挽危局。次日王士珍与直隶道尹吴履观访吉田茂，请日方向奉天交涉停战。

△ 驻京日本公使芳泽照会北京政府外交部，声称王克敏之房屋财产早经抵押日人，应请中国政府顾全日人借款之约，对于王氏产业，勿得没收。

10月31日 曹锟下令改组内阁，准颜惠庆辞国务总理职，特任黄郛兼代国务总理。准免外交总长顾维钧、兼内务总长颜惠庆、财政总长王克敏、陆军总长陆锦、海军总长李鼎新、司法总长张国淦、农商总长高凌霨、交通总长吴毓麟本兼各职。特任王正廷为外交总长兼财政总长，王永江为内务总长，李书城为陆军总长，杜锡珪为海军总长，张耀曾为司法总长，王迺斌为农商总长，黄郛兼交通总长。准孙润宇辞国务院秘书长兼职，以袁良继任。

△ 孙中山在广州主持大本营军政联席会议，讨论北方局势之应付方策，议决：一、认曹、吴为今最狠毒最无耻之军阀，其勾结帝国主义、祸国殃民最甚。故无论何人何系，能有反直举动，以倒曹逐吴为职志者，革命政府当认为同情之友军，加以援助；二、鉴于段祺瑞、张作霖、冯玉祥等迭次来电请大元帅入都主持国是，先生俟后方部署略定，即行北上，与段、张共商统一建国方略；三、主张分电段、张、冯，勖其乘势铲除曹、吴根本势力；四、同时着力北伐，攻下赣、湘，并肃清东江陈炯明叛军。

△ 段祺瑞复电孙中山，谓："公元勋照耀，政想宏深；命驾北来，登高发响，此天下之所想望，尤南北合力统一之先声。"

△ 京奉路奉军三路进攻直军：中路张宗昌沿京奉路进攻芦台，左翼吴光新循陵河攻古塘，右翼胡景翼由唐山进攻宁河。吴佩孚以奉军迫近芦台，将司令部迁于军粮城，并召集彭寿莘、张福来等开军事会议，决定继续作战，惟取守势，俟长江各省援军到后再取攻势。

△ 张作霖电冯玉祥谓：如曹锟不走，则奉不停战。同日，冯警告曹锟，限其24小时内辞职。

△ 英军强行进入丰台冯玉祥部队警戒线，殴打哨兵，并拘留冯军团长冯治安，几经交涉始放回。

是月 张作霖批准日商与吉林地方合办修筑的天图(天宝山至图们江岸)轻便铁路全部修通。

△ 大生第一纺织公司分厂在南通江家桥设立，有 1.672 万枚纱锭。

11 月

11 月 1 日 国民党中央政治委员会举行第十二次会议，孙中山主席，胡汉民、汪精卫、廖仲恺、伍朝枢、邵元冲、鲍罗廷、谭延闿出席，议决孙中山“离粤北上，宣言为统一中国。先往上海发表主张，如北方能同意，然后与之合作”。

△ 鲁督郑士琦宣布“中立”，派兵至沧州、马厂一带扼守津浦路，阻止败退吴军假道鲁境，并毁利国驿、韩庄间铁路，阻止齐燮元等援师由徐州北上。6 日，逐走熊炳琦，委任龚积炳代理山东省长，熊被监视。

△ 冯玉祥、王承斌、孙岳、胡景翼等再电请孙中山早日莅都，指示一切，共策进行。

△ 安徽督理马联甲通电讨冯，谓刻已委任本署参谋长兼补充旅旅长田锦章率兵一旅，准于 3 日由蚌埠北上应援。

△ 湘省长赵恒惕以省议员何绍元作蔡巨猷企图会合川、黔各军图谋湘西之内应，加以逮捕。

△ 鄂省议会咨文鄂督萧耀南，略谓：本会于上月 29 日全体紧急会议，认为目前仍应确守保境安民之旨，妥筹具体办法；凡各军队原驻防地不可轻动，凡以前欠发饷项不可再缓，汉阳兵工厂所制器械，精制之品应储为自用，不宜远输示人以弱。至于他省军队，尤宜严定界限，不许擅自入境。

△ 鄂省议会通电全国宣言中立，保境安民。并通电本省各军严守中立。同日，致函商会、银行团，告以已咨请当局无论何方战事均不

参加，嗣后若有向贵行会接洽借款而增加人民负担者，本会决不承认。

△　湖北全省自治筹备处通电主张严边守御，保境安民，静待大局之解决，任何方面不予接济，吁请各省军民长官休战言和，并请各省省议会等一致主张“民治救国”，以作鄂省保境安民之援助。

△　冯玉祥创办之西北银行成立，在张家口、丰镇、归绥、汕头、北京、天津、郑州等地设立分行。

11 月 2 日　北京国务院令：“本日曹大总统宣告辞职，令由国务院依法摄行大总统职务。所有各官署公务均仍照常进行。京师地方治安关系重要，应由警卫司令会同步军统领、京兆尹、警察总监妥慎办理。”

△　曹锟通电全国，宣布辞大总统职。谓：“本大总统谬承国民付托之重，莅职以来，时切兢兢，冀有树立，以慰国人之望，无如时局多艰，德薄能鲜，近复患病，精力不支，实难胜此艰巨之任，惟有请避贤路以谢国人。除咨参众两院辞职，并将大总统印玺移送国务院，自即日起依法摄行大总统职务外，特此通告。”

△　国民军占领杨村，俘鲁军旅长潘鸿钧，又占领北仓。航空司令何遂派飞机四架由京飞津、沽散发传单，宣布国民军和平主张，劝告吴军投顺，市民安业。

△　日驻津总领事吉田茂赴天津总站访晤吴佩孚，主张拥段祺瑞出山收拾政局，吴表示决不背弃曹锟。晚，吴之日籍顾问冈野奉吉田茂之命请吴入日租界，吴拒，而于夜半离津转往塘沽候船。

△　在津国会议员 40 余名协议今后之方针，焦易堂主张淘汰贿选议员，维持国会；林长民提出旧约法、旧国会与民心趋向不一致，当谋民国根本改造。焦之主张得多数赞成。

△　建国第四军军长顾忠琛及杨化昭会同汪精卫面请孙中山北上。

11 月 3 日　国民军追击吴军至天津郊外，将其缴械，并占领天津。奉军攻下芦台，占领军粮城。直军前后受敌，吴佩孚率第三师残部在塘沽登轮南下。

△ 黄郛以国务院摄行大总统名义特任财政总长王正廷兼盐务署督办；派鹿钟麟为京畿警卫司令。

△ 孙中山令准大本营内政部长徐绍桢辞职，派内政部次长杨西岩代理部务。

△ 孙中山莅临黄埔军校作告别讲话，述及北京政变经过及北上目的，并指出："借这个机会可以做宣传的工夫，联络各省同志，成立一个国民党部，从党部之内成立革命基础。"

△ 冯玉祥召集军政要人在北京旃檀寺开会，决恢复王承斌第二十三师师长职，驻津收束军队，办理善后。

△ 皖督马联甲电请齐燮元、萧耀南、孙传芳、蔡成勋、赵恒惕、周荫人、刘湘、杜锡珪等长江各督实行联盟，保守长江各省局势，以抗冯玉祥、张作霖。

△ 陈炯明致电方本仁，询及合作攻粤事宜。4日，方复电将与林虎、洪兆麟、叶举等合作。

△ 日内瓦国际禁烟第一次会议讨论禁止远东各国鸦片吸食问题，中、日、暹罗、荷、葡、法、英、印八国参加。5日，中国代表施肇基在会上发言，略谓：鸦片本非中国土产，乃自外输入，虽欲取缔私运，但未获经营鸦片业者诸国之合作，尤因治外法权之故，不能监督。施建议宣布吸食烟膏为有害及非法，除医学与科学用途外应禁止鸦片进出口。各国对施发言纷起诘难，尤以印度和英国为烈，称世界鸦片多数产于中国，中国之出产鸦片乃远东时局之主因。7日，施又发言称：中国种烟盖因军人需款购械，中央不易制裁，现中国明达之士正在北京讨论改革事宜。

11月4日 黄郛于深夜主持国务会议，通过由冯玉祥提出之修改清室优待条件，共五条：一、永远废除皇帝尊号，溥仪与国民在法律上享有同等权利；二、每年补助清室家用50万元，并特支200万元开办北京贫民工厂，尽先收容旗籍贫民；三、清室应按照原优待条件即日移出宫禁，自由选择住居，但民国政府仍负保护责任；四、清室之宗庙陵寝，永远奉祀，由民国酌设卫兵，妥为保护；五、清宫私产归清室完全享有，民国政府当特别保护，其一切公产应归民国政府所有。次日由摄政内阁通电公布。

△ 孙中山分别电复冯玉祥、张作霖等，谓数日后即轻装北上。同日，冯等派马伯援为代表赴粤迎孙。

△ 孙中山为启程北上，是日明令："除仍由大本营总参议胡汉民留守广州代行大元帅职权外，所有大本营关于北伐事宜，着由建国军北伐总司令谭延闿全权办理，北伐各军概归节制调遣。"同日，通令军民长官肃清余孽，绥靖地方。

△ 黄郛令免陆军第二十三师师长王维城职，由王承斌兼任。又令撤销京畿警备总司令一职及裁撤京畿卫戍总司令部。

△ 段祺瑞通电全国称：希望各界诸公痛抒谠见，共挽时艰，俾集群言，彻底改造国家。11 日，岑春煊复电称：彻底改造之根本，固在治人治法，尤重在各方悲痛忏悔之精神，图公道诚心之协作。统兵将帅，急宜除嫌怨，从今携手，庶几公开会议，可期建设之有成。移军殖边，可复政治之轨道，其他自可迎刃而解。

△ 四川刘湘、刘存厚、邓锡侯、杨森通电援吴讨冯，声称："除恭承大总统传谕整军待命，并恪遵吴巡帅电令，先派川中第一师师长赖心辉率领全师克日北上，会师讨伐外，更乞袍泽诸公，同申义愤，分兵驰援。"

△ 冯玉祥派员将驻故宫及景山之守卫士兵 1200 余人缴械，调驻北苑听候改编，以统一军权，维持治安。

△ 夜，奉军张宗昌、吴光新占塘沽。段祺瑞及天津各公团为避免奉军与国民军冲突，请奉军停止前进。奉军不理，前锋 3000 人 5 日由塘沽抵津。

△ 在沪之鄂、赣、闽、皖、苏、浙六省要员章太炎、褚辅成、汤漪、史家麟、张静江等 30 余人召开紧急会议讨论时局，通过：一、反对六省军阀投诚冯玉祥、段祺瑞，借以保全其原有势力而祸人民；二、无论北方暨西南出兵讨伐，解除曹、吴在长江势力后，不许何方军队仍在六省驻防；

三、六省人民筹谋自治并废除巡阅使、督军、镇守使种种名目。7日，章太炎、张静江等17人联名发表上述内容之六省人民宣言。

11月5日 清废帝溥仪移出故宫。上午，北京国民军当局撤换驻清宫与景山一带之守卫兵士及驻神武门护城河营房之警察；并由京畿警卫司令鹿钟麟、警察总监张璧、直隶士绅李石曾前往清宫，与清室内务大臣绍英交涉，告以摄政内阁已修正优待条件，要求溥仪即日废去尊号，交出宫殿及印玺，并商改优待费为每年50万元。绍英当即报告溥仪，溥仪对修改优待条件全部接受，并允移出宫禁，将国玺及宫殿全座交还民国政府。下午3时，溥仪及其妻妾并少数太监宫女，在鹿钟麟、张璧陪同下分乘汽车五辆出宫，移居后海德胜桥载沣之醇王府，由鹿派兵保护。旋鹿即将所接收之国玺送国务院，由黄郛及陆军总长李书城点收，交第一科妥存。黄郛以溥仪愿意取消帝号，与国民一体享受民国政府之法律待遇，特传谕警察厅通知市民于次日一律悬挂国旗一日，以志庆祝。

△ 驻京外交使团领袖、荷兰公使欧登科及英使麻克类、日使芳泽，就修改清室优待条件、溥仪移出故宫事，向北京政府外交总长王正廷提出抗议。王答：政府保证溥仪等人的生命财产安全。

△ 黄郛令准参谋总长张怀芝辞职，特任李烈钧为参谋总长；任命何遂继赵玉珂为航空署长，王芝祥为京兆尹，张璧为京师警察总监；步军统领衙门、军警督察处、京师一带稽查处着即一律裁撤；特任王正廷继王毓芝暂兼全国烟酒事务署督办。

△ 甘肃督军陆洪涛等电请段祺瑞早日入京主政。同日，陕军刘镇华等电段出任艰巨。次日，张謇亦电促段入京主政。

△ 上海女子参政会、上海工商友谊会分电孙中山、段祺瑞、冯玉祥等，要求率师穷追，肃清长江以南诸省之直系爪牙。

△ 代理皖北镇守使、安徽陆军第四混成旅长高世读、第一混成旅旅长倪朝荣等为反对马联甲附和齐燮元，在蚌埠通电宣告独立，拥护段祺瑞复出。高等拆毁津浦路东葛站附近铁轨，阻苏军北上援吴，并划区

实行防务：东葛、乌衣等处归倪朝荣防御；南宿州等处归被马联甲撤职之原第二旅旅长、皖北镇守使李传业防御。同日，马联甲部第五旅旅长史俊玉被迫通电辞职。6日，李传业在沪通电"召集旧部，宣誓追随冯检阅使"。7日，高世读通电在蚌埠就安徽国民军总司令。15日，李传业旧部在寿州通电推李为国民军第四军总司令。

△ 孙中山特任刘震寰为广西省长。24日，孙中山特任李宗仁为广西省绥靖处督办，黄绍竑为会办。

△ 国民军孙岳部第十五混成旅攻占保定。

11月6日 黄郛令民国九年7月29日至十三年11月2日间，所有因政治行为而褫夺官勋通缉各员之命令，一律撤销。

△ 段祺瑞电冯玉祥责问修改清室优待条件事。7日，冯复电略称："清室为帝制余孽，复辟之祸，贻羞中外，张勋未伏国法，废帝仍保旧号，均为民国之耻，留此余孽，于清室为无益，于民国为不祥。此次移入私邸，废去无用之帝号，除却和平之障碍，人人视为当然，除清室少数人仍以帝号为尊荣者外，莫不欢欣鼓舞，谓尊重民国，正所以保全清室也。"

△ 天津前清遗老闻溥仪出宫消息颇为震骇，当推定铁良、升允、袁大化、罗振玉等入京抗议。同日，段祺瑞接到北京东交民巷日本兵营竹本大佐转去郑孝胥的求援电报，即致电摄阁，谓："要知清室逊政，非征服比，优待条件，全球共闻。虽有移住万寿山之条，缓商未为不可。迫之，于优待不无刺谬，何以昭大信于天下乎？望即从长议之可也。"

△ 黄郛准免陆军第二十师师长阎治堂职，以孙积孚继任。

△ 孙中山指令准广东警务处处长李福林辞职，以吴铁城接充。

△ 冯玉祥再次电促孙中山早日北上。

11月7日 黄郛命令国务院组织清室善后委员会，会同清室近支人员协同清理公产、私产，昭示大公，所有接收各公产暂责成该委员会妥慎保管，俟全部结束，即将宫禁一律开放，备充国立图书馆、博物馆等项之用。

△　鹿钟麟、张璧、李石曾与清室代表绍英、耆龄、载润、宝熙、罗振玉会商接收宫中古物及办理清室善后事宜，决设清室善后委员会，由委员会聘考古家审查宫中各物，辨别公私。同日，交收历代国玺 23 颗、皇后印五颗封存于原处，遣散太监、宫嫔千余名，每名发遣散费 10 元。

△　黄郛令着内务次长薛笃弼于内务总长王永江未到任前暂行代理部务；农商总长王迺斌未到任前，着次长刘治洲暂行代理部务。

△　黄郛令免张福来督理河南军务善后事宜职，特派胡景翼前往河南办理军务收束事宜；免河南省长李济臣职，特任孙岳为河南省长。

△　北京政府外交部呈请在俄属恰克图设立领事馆，并将伯力升为总领事馆，赤塔改为领事馆。8 日，黄郛指令准如所请。

△　黄郛任张允明为松沪护军使。

△　北京政府外交总长王正廷访苏联大使加拉罕，商中俄正式会议事，并取消中俄会议办事处，由部直接办理。

△　孙中山任命刘成勋为建国川军总司令。

△　上海英文《字林西报》载文，主张阻止孙中山在上海登岸进入租界。略谓："因孙毕生精力皆专注于引起中国骚乱之目的，若准其在此进行彼之目的，殊为不当，且不免破坏上海之中立。"

△　阎锡山电转刘镇华、吴新田、憨玉昆之 5 日电，请段祺瑞出山，以维大局。同日，山东郑士琦电请段入京主持大计。9 日，孙传芳通电请段出山维持大局；赵恒惕亦通电请段入京，主张组织临时联省政府，收拾时局。

△　吴佩孚乘华甲舰率"永翔"、"楚豫"、"肇和"三舰及运送船四艘，到达山东海域。郑士琦派第五师旅长王翰章率部赴青岛，拒吴在鲁境登陆，并将胶澳督办高恩洪拘捕至济南。8 日，吴率舰抵烟台，欲假道入豫，郑士琦不许，乃续南下。

△　川、鄂间驻军师，旅长王汝勤、卢金山、宋大霈等通电宣布中立，保境安民，阻川军东下援吴。

△　鄂省议会以连日报载川军熊克武部行将假道鄂西，粤军亦欲

进入湖北，是日通电声明，外省军队或南北各军事要人擅入鄂境而为军事之运动者，即为妨害鄂省安宁，鄂民誓必认为公敌，吁请本省军事长官合力防御。

△ 江浙战事之善后事宜办理完毕，齐燮元回南京，发表升迁军官命令：代理松沪护军使白宝山回海州原防，任江苏海疆防御总司令，节制第一、第十师；江宁镇守使兼第六师师长宫邦铎改任第十九师师长兼淞沪镇守使，所遗第六师师长职由齐自兼；朱熙升任江宁镇守使兼军务帮办；原第十九师师长杨春普继任苏常镇守使；原江苏第四混成旅等改编为两师，吴恒瓒任第二师师长，陈调元任第四师师长。

11月8日 张作霖入关，共开车五列：一为前卫队；二为步兵队；三为总司令部；四为张之官车暨外宾席；五为军需车。鲍贵卿、卢永祥、钟世铭、汤玉麟及驻奉日、英、德三国领事等随行，声势煊赫。

△ 黄郛通电全国，说明溥仪移出故宫之原委以释误会。略谓："北京为政治策源之地，而宫禁又适居都会中心。今名为共和，而首都中心之区，不能树立国旗，依然沿用帝号，中外观国之流，靡不列为笑柄。""故当百政刷新之会，得两方同意，以从事优待条件之修正。""而在溥仪方面，既得自由向学之机，复苏作茧自缚之困，异日造就既深，亦得以公民资格，宣勤民国，用意之深，人所共喻，缅怀荩虑，定荷赞同。"

△ 章太炎致电黄郛、王正廷等，主张收回清室畿辅庄田。略谓："畿辅庄田，豪夺已久，虽似私产，其实非以金钱买取，即仍袭明代勋戚庄田者，其始孰非吾民之有？事实既为强占，土田应还人民。苟利百姓，岂宜屯泽？愿诸君勿恤遗臣謷言，而亏国家大义。"

△ 胡适致函黄郛、王正廷，声称清室优待条件有关国际信义，不宜任意变更。

△ 孙中山电北京中俄庚款委员会主席徐谦，指出旧国会须解散，宪法须改订，革除弊政宜严，"北京政治污浊，应充分洗涤，勿以苟且瞻徇，转遗后累"。

△ 孙中山令北伐军总司令谭延闿及会计司司长林直勉，前方大

本营经费着定为每月限支一万元为度，所有前方参军处着即裁撤，参谋各员酌予裁减。

△ 湘省议会通电发起召开各省省议会联合会，并提出以联省自治为解决时局和促成统一之方案。

△ 上海国立自治学院院长张君劢在该院演说《此次北京政变中之见闻》，略谓：此次战争内幕中实有日本与英、美之暗争，日本早有握东亚霸权之野心，欲使中国陷入混乱状态，直军之后方布置，日人常以无线电报知奉方；英舰愤日人所为，则乱发无线电以乱电浪，使日人不能发电。冯玉祥入京，日本市民开会庆祝；而吴之返津，先为之传布消息者，则为美人所办之《华北明星报》。

11月9日 广州大本营代大元帅胡汉民谋为其弟胡毅生作广州市长，是日突然宣布实行市选，并通告本月17日为提选举人名之截止日期。伍朝枢、谢英伯、林云陔等立即掀起争选市长风波。

△ 北伐军谭延闿部于占领新城后乘胜北进，一举攻克赣州，并向吉安前进。

△ 未参加贿选之在沪议员高振霄、康汝耜、张凤九等20余人开会，议决即日北上，向各方接洽解决时局办法。并于次日致章士钊并京、津同志电，谓：同人公决：一、贿选分子及伪国会应即驱除；二、在津设反对贿选议员办事处；三、同人当陆续北行。

△ 上海日文《日日新闻》载文《论段、张、冯的外交战》，略称：段祺瑞知在东南诸省形势未定之前遽行轻动，将自陷于不利。冯玉祥虽一时入京握有中央政权，然拥兵数万，仅限近畿地方而无地盘，知难长久维持，乃求段氏出山，权依其名以号令天下，俾早日收拾时局。张作霖之目的，在于歼灭直系势力，不与吴佩孚以再起之余地，其所惧者为吴纠合长江之势力，出于拥段之态度，而贻留他日之祸根。冯等欲利用段氏以固本派之地位，奉张亦欲利用段以收战胜之全功。而段则乘张、冯之拥戴，而握天下之实权，表面均标榜和平妥协，而实则角智以竞取权势。

△ 浙省自治军办事处致电段祺瑞，谓："长江流域余孽犹存，务恳先派劲旅星夜南下，扫清妖氛，敝军誓为后盾。兹推敝军总裁吕公望总司令等代浙人就近迎驾入都，主持一切大计。"

△ 陈宝琛将由日本兵营转来之段祺瑞密电交与溥仪，内称"皇室事余全力维持，并保全财产"。

△ 旅沪皖人田为霖、毛凤悟、李寿亭等64人集议皖省重要问题，决定：一、致电李传业、高世读等速予开释上年因反对贿选及主持正义被马联甲监禁之王振武、王金林、管曙东、陈紫枫等；二、马联甲搜括民脂民膏达3000余万，决电请段祺瑞令李传业等将马扣留，彻查其所搜括之民财以发军饷，并电皖南王普严加看管，倘马潜逃则惟王普是问；三、被马联甲非法封闭的反对贿选之安庆各法团主张自由恢复。

△ 江苏省地方自治协进会及省议会议长徐果人各致电齐燮元，切望顺从舆情，保境安民。

11月10日 孙中山发表《北上宣言》，主张速开国民会议及废除不平等条约。宣言重申"北伐之目的，不仅在推倒军阀，尤在推倒军阀所赖以生存之帝国主义"，提出"第一步使武力与国民相结合；第二步使武力为国民之武力"。对于时局，"主张召集国民会议，以谋中国之统一与建设"。在国民会议召集以前，主张先召集预备会议，决定国民会议之基础条件及召集日期、选举方法等事。预备会议由下列团体之代表组织之：一、现代实业团体；二、商会；三、教育会；四、大学；五、各省学生联合会；六、工会；七、农会；八、共同反对曹、吴之各军；九、政党。

△ 张作霖偕卢永祥等抵达天津。冯玉祥于前一日晚至天津。下午，段祺瑞、张作霖、冯玉祥在段宅晤商时局，段谓非俟孙中山北上不商建国大政，对联军统帅及国民军元帅均不便就职，非受全国推戴不受任何名义；张、冯主张对长江各省用兵。

△ 晚，奉军李景林突然解除北仓冯玉祥以所缴直军武器装备之国民军第三、第四两混成旅之武装，谓此系奉军在滦州以西与直军战斗之结果，直军败兵之武器应为奉军之掳获品。

△ 齐燮元、萧耀南、孙传芳、刘镇华、杜锡珪、周荫人、蔡成勋、马联甲、李济臣、李炳之自南京联名通电拥护段祺瑞出山以维大局。12日，齐燮元在南京召集苏、浙、皖、赣、鄂、豫、陕、闽、川、湘十省大同盟会议（按：川、湘并未正式加入，实际为八省及海军联防会议）。议决：一、保境安民；二、不承认摄阁；三、一致拥段。次日又联名通电，声称："中央政府中断，在正式政府未成立前，北京所发伪令，概不承认。"同日，松沪护军使张允明、安徽国民军总司令高世读、江西蔡成勋、方本仁等分别通电请段出山，以维时艰。

△ 清室善后委员会开始查封故宫。13日，查封完竣，估计宝物价值10亿元以上。

△ 黄郛特任易培基署教育总长；准全国烟酒署署长钱锦孙辞职，任命张我华继任。

△ 北伐军右翼朱培德部继7日克崇义后向东北方向进攻，本日攻占上犹。

△ 福建建国军总司令方声涛奉孙中山命出师北伐，即委张贞为该军总指挥，统率所部克日动员。是日，第二师师长陈国辉、第五师师长叶定国、第六师师长杨学良自永春出师讨伐周荫人。

11月11日 孙中山出席广州各界欢送会，演讲《北上之意义与希望》，称：这次到北京去，"宣传主义，组织团体，扩充党务，我想极快只要半年，便可达到实行三民主义、五权宪法的主张；极慢也不过是要两年的工夫，便可以成功"。要求"同心协力，把广东的基础弄得很巩固，做一个革命的好策源地"。当晚各界联合举行提灯游行大会，二万余人参加。

△ 孙中山令新军改为党军，任命廖仲恺为所有党军及各军官学校、讲武堂党代表并兼农民部长，许崇智为军事部长，蒋介石为军事部秘书；任命谢适群代理大本营内政部次长，代理部务；着黄居素代理海外部长。

△ 孙中山致电冯玉祥，嘉许逐溥仪出宫行动，并谓"复辟祸根既除，共和基础自固"。

△　段祺瑞、冯玉祥、张学良、卢永祥、袁良等在天津日租界非正式会商善后，确定议题为：一、对南方针；二、国会问题；三、疆吏人选；四、将来各军驻地及改编，等等。

△　晚，奉军李景林将王承斌新编二十三师缴械，王避入天津英租界。同日李又将冯玉祥收编之孙积孚第二十师缴械。至此，奉军李景林、吴光新共补军队四个混成旅，较抵津之初增加一倍半，达七万人，分布天津及津浦、京奉两线。

△　李济臣通电拥护段祺瑞、吴佩孚合作，声称段、吴合作，"国难悉平"。同日，浙江省长夏超、代理甘州镇守使马绍先分别通电拥段入京主政。

△　张作霖到天津后，以六个混成旅约三万人分驻津浦路北段，前锋部队进抵泊头镇。鲁督郑士琦大为震动，一面令驻德州胡翊儒第七旅、张建功第四旅等严加戒备，一面致电段祺瑞询奉军南下目的，力陈鲁省维持中立之苦衷。

△　黄郛令免热察绥巡阅使兼陆军第十三师师长王怀庆本兼各职，所部由热河都统米振标收束，热察绥巡阅使一职裁撤；京师宪兵司令车庆云免职，由刘文翰继任。

△　四川安县红灯教千余人分三路攻城，官军退却，红灯教于翌晨始退回山中。

11月12日　上午，张作霖、冯玉祥分别访段祺瑞，表示愿听指挥。下午段宅设宴款待奉军各将领，张作霖未参加，议及京奉、津浦两线完全归奉军驻守，企图以李景林代替鹿钟麟之京畿警卫司令职。

△　南京地方公会、下关商会电请段祺瑞、张作霖、冯玉祥制止奉军南下，并请信守宣言停战宗旨，分饬各省军队各归原防。

△　直隶省议会及各公团在李景林授意下，以直人治直为标榜，推举李景林为直隶保安司令并继王承斌任省长职。18日，李就直隶保安司令职，以省长让杨以德，杨称病辞谢。

△　吴佩孚率五舰南下抵吴淞口，以驶入长江。

11月13日 孙中山偕宋庆龄乘“永丰”舰离粤北上，邵元冲、黄昌谷、陈友仁、朱和中等人随行。汪精卫先一日赴港，在港会同下船。胡汉民、许崇智、杨希闵、刘震寰、谭延闿、邹鲁等乘“江固”等舰送至黄埔。

△ 孙中山电湘军将领，谓长江余孽犹存，非摧陷肃清无根本解决之望，盼急以最短期间先定赣，会师武汉。

△ 黄郛公布《办理清室善后委员会组织条例》，凡八条，善后委员15人，为李石曾、汪精卫（易培基代）、蔡元培（蒋梦麟代）、范源濂、俞同奎、沈兼士、鹿钟麟、张璧、载润、绍英、宝熙、耆龄、罗振玉、陈垣、葛文濬，李石曾为委员长。

△ 黄郛派蔡元培、徐谦为俄国庚子赔款委员会中国委员，蔡未就职前，着李石曾暂行代理。

11月14日 段祺瑞、张作霖、冯玉祥在天津召开紧急会议，讨论齐燮元领衔通电长江各省独立之形势，决定划京奉路廊坊至奉天及津浦路归奉军布防，拟由奉军沿津浦路入鲁、皖攻苏；廊坊至北京及京绥、京汉两路归国民军，由国民军沿京汉路入豫扫荡吴之残部。冯主张电催黄郛通缉吴佩孚；段则主派员南下疏通，如能服从和平即停止用兵，缓下缉吴令。

△ 前湘省议长林支宇从沪回省，运动其旧部常澧镇守使唐荣阳对赵恒惕独立。是日，唐拥林为建国军湘西援鄂总司令，唐为总指挥，集中军队于澧州，设司令部于常德，由唐委其部下第一旅旅长吴汉镔为卫戍司令。

△ 黄郛令准免熊炳琦山东省长职，以龚积炳暂兼。

△ 黄郛商准安格联以“四二库券”二次款发北京治安费及行政费。安格联亲临监放，为外人直接监督中国财政之始。

△ 黄郛摄政内阁设宴柬邀北京外交团。除苏联外，各国使节因对冯玉祥的所谓“赤化”深怀戒心，对摄阁地位尚难承认，故表示拒绝，黄临时自动取消宴会。

△ 章太炎发表政治改革意见书，仍主行委员制，略谓：“反对者有

谓试验学者说,有谓一国三公莫适为主者,不知事有必然"。"今者人情所向,亦不过为扑灭曹、吴,曹、吴既败,而合法政府无自产生。又观曹、吴所以能为乱者,则北洋派之武力统一主义为根本,今不去其根本,而徒以解决曹、吴为快,后有北洋派继之,则仍一曹、吴也。是故归之行政委员制,以合议易独裁,则一人不能独行其北洋传统政策。"

11月15日 张作霖、卢永祥、冯玉祥、胡景翼、孙岳通电推戴段祺瑞为临时执政。略谓:"国是未定,中枢无主,合肥段公,耆勋硕望,国人推戴,业经一致从同","当此改革绝续之交,非暂定一总揽权责之名称,不足以支变局,拟即公推合肥为中华民国临时执政,即日出山,以济艰危而资统率。"

△ 吴佩孚抵南京,齐燮元率领参加十省大同盟会议的各省代表登舰迎接,吴对各省组织同盟表示赞成,但反对齐等拥段,主张维持法统,出兵讨伐;并谓冯玉祥假借摄阁名义发号施令,难免不受宰割,应从速组织政府,采取对抗行为。吴出示所拟之《护宪军政府组织大纲》,齐虽签名,但主张须先布置军事,待军事上有把握时再予发表。

△ 吴佩孚电驻沪鄂军第五混成旅旅长张允明,称皖军一部中立谋变,事关重大,请统率全部,克日开赴浦口,会同防堵。

11月16日 郑士琦通电推戴段祺瑞为临时执政。

△ 黄郛闻张作霖、冯玉祥于天津集议改推段祺瑞为临时执政,遂于是日派袁良赴津晤段祺瑞,听取意见。

△ 皖南镇守使王普迭电马联甲,谓李传业在寿州组织国民军第四军,已率二旅分两路进迫省城,省署警备营索饷哗变。马联甲知大势已去,遂通电宣布退职离皖去沪,将军、民两印咨交王普。17日,王普就任皖督理兼省长。

△ 奉军张宗昌率所部由津浦线南下,占德州兵工厂。鲁督郑士琦调第五师等部力守德州,并毁铁路以阻。经段祺瑞调解,张作霖令所部退驻沧州。

11月17日 吴佩孚抵汉口,发出"组织护宪军政府"通电,苏、浙、鄂、陕、皖、赣、闽、豫、川、粤10省代表齐燮元、孙传芳、萧耀南、刘镇华、吴佩孚、萨镇冰、黄毓成、金汉鼎、林虎、洪兆麟等21人列名，声称“冯玉祥反戈称叛，合法之国会、政府不能行使职权，宪法完全失效，亟应联合建立护宪军政府，当讨贼戡乱之大任”。并附组织大纲10条，宣称在武昌组织护宪军政府，代表中华民国执行对内对外的一切政务。

△　齐燮元通电10省：组织“联省海陆军训练总司令部”，推吴佩孚为总司令。

△　孙中山抵上海，万余人热烈欢迎。中午在莫利爱路（今香山路）寓所接见各界人士，宣传召集国民会议及废除不平等条约的主张，并指出：“《字林西报》日前著论拒绝余入租界，以外人而发为是言，实太不自量。上海为中国之领土，吾人分明居主人之地位……倘租界当局有意阻碍我在租界之居住，则我对之有出坚决手段之决心。”

△　江苏省教育会副会长黄炎培复电段祺瑞，对时局提出六点主张：一、应正曹锟贿选之罪，永垂大戒；二、贿选之罪，与受同科，稔恶议员，急宜惩治，庶几挽救全国各级议会贿赂公行之恶习；三、今之国会久为民意所不属，非根本改造不可；四、吴佩孚所拥非人，然其人格未尝堕落，为国家爱惜人才，宜有以善处之；五、今后全国统一问题，宁以政治解决，万勿再凭武力；六、凡居全国重心者，不宜身当政治之冲，如其人非重要，不过变易政局而已，否则国家元气，澌丧随之。鉴此前车，愿公善以自处。

△　国际禁烟大会在日内瓦开幕，古巴代表阿察罗为会长，中国代表施肇基当选为副会长。

△　《语丝》周刊创刊于北京，刊载鲁迅之杂文、周作人之小品等。

11月18日　武汉各法团会议善后办法，阻止吴佩孚、齐燮元、萧耀南等在鄂组织护宪军政府。21日，鄂省议会通电反对组织护宪军政府。次日，湖北各法团亦发通电反对。

△　段祺瑞、冯玉祥、张作霖、卢永祥在天津会议，对吴佩孚及长江各省组织“护宪军政府”一致主张讨伐，并决定：一、俟有全国过半数之

省区赞成，即请段入京执政，组织临时政府；二、军队指挥，由冯玉祥率国民军担任京汉路方面，卢永祥率奉军一部及鲁、皖、沪、浙各军，担任津浦路方面；三、为贯彻和平起见，静待南下代表疏通，望吴、齐悔悟，否则将褫吴、齐各职并下讨伐令；四、军费由奉方筹集，交由段祺瑞分配。

△ 段祺瑞于天津致电黄郛，略谓："执事苦心孤诣，力任其难，殊深欣慰。当此国事未定之时，务望坚持镇定，勉维现状为盼。"

△ 湘西川军熊克武部占常德，解散林支宇司令部，并与唐荣阳开战，俘唐部旅长吴汉镲。林、唐退保澧州。20 日，川军总指挥汤子模抵常德，发表谈话称：本军由川经黔入湘，系假道通过，地方用人行政均请湘政府主持。俟熊克武抵常德，即会师荆沙。目前地方治安，暂负全责。

△ 驻墨西哥华侨团体总会致电段祺瑞，略谓：读孙中山 11 月 10 日宣言，"由农、工、商、学、教育、实业、大学、政党及反对曹、吴各军九团体派代表组织预备会议，以产生国民会议，解决国是"等语，法良意美，为救国惟一之方针，请速执行，以解纠纷。

△ 吴佩孚 17 日组织"护宪军政府"的通电与 10 日长江各省拥段电截然相反，引起直系内部慌乱，孙传芳电询齐燮元。齐即于是晚召开同盟紧急会议，决定先授意韩国钧发出通电表示反对吴之 17 日通电，又电段请阻奉军南下，并再通电拥段，以扫除段之怀疑。

11 月 19 日 新疆、江苏、陕西、山西四督理、热、察、绥三区都统等均复电拥段为临时执政。同日，齐燮元、萧耀南、孙传芳、刘镇华、杜锡珪、周荫人、蔡成勋、王普、李炳之再次联名电请段早日出山，解决国是。

△ 江苏省长韩国钧发出反对吴佩孚设立"护宪军政府"之通电。略谓："前诵齐抚帅暨各帅蒸（10）日通电，吁恳段公出山，维持大局，极表赞同。顷阅武昌筱（17 日）电，复有护宪军政府之组织，天下人民不免惊疑。若仅组织各省联合机关，仍按抚帅蒸电，辅助段公，收拾时局，实为大局之幸。如仍藉以战争，则国事分裂，民不堪命。国钧在苏言苏，恐地方既不愿受此牺牲，经济尤不能供此担负，尚祈各帅审慎执

行。”22 日，吴佩孚复电赞成拥段，谓组织护宪政府亦系促段出山之意。

△　浙江驻沪劳工总会致电段祺瑞，吁请速令孙传芳离浙，还政于浙人。该会又发表敬告浙民书，要求“浙民治浙”，实现民治主义。

△　段祺瑞电请唐绍仪即日北上主持外交。同日，许世英致电接近唐之欧阳荣，请其就近劝驾。22 日，唐复电婉辞不就。23 日，段又派齐俊民及许世英赴沪敦请，唐亦未允。24 日唐复电段，仍表示不就。

△　吴佩孚离汉口抵郑州，旋赴洛阳，在郑、洛两地布置军事，在郑设护宪军前敌总司令部，并将留豫各军加以整顿，偕同回豫部队共三万余人，赶赴新乡一带布防，扼守彰河，抵抗胡景翼军入豫。

△　中共中央在是日出版的《向导》第九十二期上发表《第四次对于时局的主张》，支持孙中山关于召开国民会议的号召，希望速在北京召开国民会议预备会，其任务不仅是筹备国民会议，且应是“在正式政府未成立以前，即为临时国民政府——号令全国的唯一政府”。这个政府应执行如下的政策：一、打破各派军阀勾结帝国主义者分裂中国的势力；杜绝帝国主义者勾结军阀借口援助中国统一实行其“道威斯计划”（即帝国主义共管中国经济的计划）的阴谋；二、至少采用国民党政纲为施政方针，以取得工农兵等民众的同情。

△　孙中山在沪莫利爱路寓所招待新闻记者，并发表谈话，谓此次北上，“就是以极诚恳的意思，去同全国人民谋和平统一”。要召开国民会议，使全国人民能够“在会议席上公开的来解决全国大事”。并谓：“在国民会议席上，第一点就要打破军阀，第二点就要打破援助军阀的帝国主义者。打破了这两个东西，中国才可以和平统一。”

△　孙中山任命任应岐为建国军豫军第一师师长兼第二旅旅长、兼建国豫军总指挥；陈青云为建国军豫军第二师师长兼第三旅旅长。

△　孙中山任命卢兴邦为福建上游指挥官。

11 月 20 日　段祺瑞、张作霖、冯玉祥等在天津举行会议，磋商直系长江各省问题，决定：一、请段祺瑞先行入京，主持一切；二、对于长江各省，为贯彻和平起见，决定先取防卫状态，静候各南下代表接洽结果报告到津，再于必要时施以进一步骤，以符和平本旨；三、关于以后长江应付方针，悉听段指挥。

△ 段祺瑞通电定于24日就临时执政，组织临时政府，谓不愿称总统，不设国务总理。并称期于一个月内召集各省区代表善后会议，再由善后会议产生国民会议，解决一切根本问题。

△ 赣粤边防督办方本仁于上旬向广东输诚，谭延闿委方为赣南督办，约定驱逐赣督兼省长蔡成勋之后，北伐军假道赣境。是日，方本仁通电讨蔡。

△ 黄郛指令将京畿警卫司令改为京畿警卫总司令，仍以鹿钟麟充任。

△ 四川第三军刘成勋部蓝文彬旅与川边镇守使陈遐龄部孙涵旅发生战斗，陈部先由天全、洪雅两路进攻雅州，败蓝旅。刘成勋急下令第四师师长蓝世钲为援川边总指挥，蓝文彬为右翼司令，洪璧为左翼司令，直取川边。16日，蓝文彬攻克马鞍山，17日克泸定桥，是日占领泸定城。第三军乃控制川边。28日，刘成勋通电委蓝世钲兼任川南屯殖军总司令，蓝文彬兼任泸边安抚司令，筹办善后事宜。

△ 湖南省宪法会议闭幕。省宪修正案全部在昨日会议上通过，对立法、行政、司法及其他与国宪相抵触之处有所修改。改宪问题待公民投票表决。

11月21日 岑春煊电段祺瑞并转张作霖、冯玉祥、吴佩孚等，望各方当事者，务宜恩仇两忘，实行建国主义，裁兵废督，或移军殖边，或兵工筑路，与民更始，俾乱源永绝。25日，岑又电段谓："欲结一乱局，根本革新，必须胜者首示谦退，力持让德。雨亭（作霖）、焕章（玉祥）分任东、北两方，开拓富源，为全国倡；子玉（佩孚）复煊箇（21日）电中亦已明言移兵殖边，为其素志，开拓西北，岂不可能。兵气既消，恩仇悉泯，然后集各省区代表而议改定军制，裁兵理财，势可迎刃，其他新治，亦得应运而开。"

△ 齐燮元按段祺瑞入京执政消息，在督署召开长江10省代表暨

海军联防紧急会议，应付时局，议决：一、由齐燮元领衔联电贺段就执政职；二、段就职后联防各省一致服从执政政府；三、对“护宪军政府”暂取搁置态度；四、电段阻止任何方面军队南下，如有侵犯十省境界者，一致同盟对付。

△ 北京外交团领袖欧登科照会北京政府外长王正廷，阻止对长江各省用兵，并请注意外侨损失。

△ 上海总商会通电全国商会，请一致要求以职业团体加入孙中山之国民会议。谓政治隆污为国民休戚所系，商人握经济中枢，所受恶政治之摧残较其余各界影响犹巨，如仍处旁观地位，不以国民资格要求，恐重蹈甲兴乙仆之故辙。南京、汉口、九江、长沙、烟台等各地商会先后复电赞同。

△ 孙中山离沪，乘“上海丸”轮船取道日本转赴天津。

11 月 22 日 段祺瑞由天津入京，冯玉祥与段同行，张学良、吴光新、许世英、陈宧、马良等十余人随行。

△ 《中国青年》第五十四期发行，刊有该刊记者 15 日所写《最近的政局》一文，谓：冯玉祥原想拥段祺瑞为傀儡以号令天下，但段、张嫉忌他的地位，都想迫他离开北京，到南方自开一个巡阅使的地盘，摄政内阁的命令也不能生效，这使冯不得不与国民党及北京大学之一部分人通气，冀增声势。张作霖主张扑灭直系势力，他想以南方巡阅使冯玉祥、卢永祥去打南方，他便可拥段独握中枢政权，他不愿冯、段有主和之议，故他的军队已沿津浦路南下。段祺瑞是不愿做傀儡的，他只责吴佩孚拥戴非人，暗予长江直系各督自新之路，这就唤起了八省联防拥段，为自己造成一种可与张、冯抗衡之力。

△ 孙中山在“上海丸”船上接见日本记者，指出：“中国频年内乱，多半为外人直接或间接造成，过去如广州商团事件，现在如吴佩孚南下事件，暗中均有外人从中指使，无非欲达其侵略政策耳！”又谓：“中日两国，就目前世界大势言，非根本提携不可；两国人民尤应亲善携手，共御他人侵略政策。近年中国人民对于日本颇多怀疑，此后日本上下应切

实表明对华亲善政策。”

△　反贿选议员279人通电宣告在北京成立国会非常会议。王家襄、童杭时、范熙壬、彭养光、韩玉宸等代表于23日往谒段祺瑞，由许世英代见。王家襄谓：当此政变之际、应有一民意机关，将来临时政府与国民会议组织法希望有国会非常会议之制定。许谓允段考虑后再答复。23日，该会继续开会，由童杭时等提出《国会非常会议组织大纲》，凡11条。25日通过该大纲及议事细则。

11月23日　黄郛摄阁通电总辞职，略谓：“临时执政莅京就职，大政已有所归……职责已尽，即于24日宣告辞职。”次日，黄郛又以个人名义发表长电，表示“即日归田，遂我初服”。

△　北京反帝大联盟在中央公园开会，议决对时局发表宣言，号召全国人民奋起废除不平等条约，制止未来的政府与帝国主义各国相勾结。

△　孙中山抵日本长崎，在船上分别接见长崎新闻记者和中国留学生代表。在与记者谈话中强调中国国民已有能力解决全国一切大事。对留学生谈话中，指出国民会议的目的是解决国内的民生问题和打破列强的侵略，废除一切不平等的条约，希望大家赞成力争要开国民会议。

△　广州市郊农民因胡汉民公布的市选条例中只有士、工、商三界有选举权，农民被排斥在外，是日400余人举行游行示威。

△　冯玉祥在旃檀寺总司令部召集参谋长刘骥及熊斌、蒋鸿遇、鹿钟麟、张之江、刘郁芬、孙良臣等师、旅长九人开军事会议，讨论张作霖违约派大批奉军入关，威胁日急，如何动员舆论迫奉出关，主张采取以退为进策略。冯谓：此次回兵京师，主张和平，完全达到目的。国事主持有人，余早有俟达到目的后即行解除兵柄之宣言，现正求去之良机，所有军队请各主管之师、旅长妥为统属，直接属陆军部，成完全之国军，以打破军阀私蓄军队、培植势力之恶习。

△　黄绍竑因商讨刘震寰回广西任职事抵广州。建国桂军第三师

师长陈天太率领便服兵士 20 人至东亚酒店袭击黄绍竑，黄避入许崇智司令部得脱。26 日，胡汉民下令将陈天太革职。27 日，孙中山令第七军军长刘玉山严惩陈天太。

△ 胡汉民以吴佩孚拟在武昌组织扩宪军政府，经迭电孙中山请示后，于是日在留守府集议：一、决以大本营名义宣言讨伐武昌护宪军政府；二、对陈炯明军主守；三、对北伐主速攻赣，捣武汉，破长江联盟局面。

△ 建国军攻鄂总司令程潜部 2000 人攻克宜章，守军唐生智部团长张元达战死。25 日，唐生智率队反攻。26 日，程潜部向坪石后退。27 日，唐部进占宜章，29 日抵坪石附近，程部退向乐昌。

△ 援助周荫人之民军高义联合吴威、杨汉烈分三路进攻永春之北伐军陈国辉等部。25 日占领永春、德化。30 日，陈国辉、杨学良部反攻，占领安溪。

△ 北京政府财政部向日本大仓组借款日金 50 万元，月息九厘，以盐税余款担保，用作拨交中国实业银行兑换纸币。

△ 上海中华国货维持会、江浙丝绸厂联合会电段祺瑞，略谓："近闻中山先生在沪宣言，北上后拟修改一切不平等条约，旨哉言乎！我国受不平等条约之束缚，痛苦已历数十年之久。伏恳我公俟中山北上后协力合作，期底于成，藉臻国家于强盛之域。"

11 月 24 日 中华民国临时政府在北京成立。段祺瑞就任"临时执政"，就职宣言声称："誓当巩固共和，导扬民志，内谋更新，外崇国信。"同日，任命唐绍仪为外交总长，龚心湛为内务总长，李思浩为财政总长，吴光新为陆军总长，林建章为海军总长，章士钊为司法总长，王九龄为教育总长，杨庶堪为农商总长，叶恭绰为交通总长。

△ 临时执政段祺瑞发布三项命令：一、京外文武官吏仍旧供职，共济时艰；二、所有从前行政司法各令除与临时政府制抵触，或有明令废止者外，均仍其旧；三、公布《中华民国临时政府制》，凡六条：第一条，临时执政总揽军民政务，统帅海陆军；第二条，临时执政对外代表中华

民国；第三条，临时政府设置国务员赞襄临时执政处理国务；第四条，临时执政命国务员分长外交、内务、财政、陆军、海军、司法、教育、农商、交通各部；第五条，临时执政召集国务员开国务会议；第六条，本制俟正式政府成立即行废止。

△ 张作霖偕卢永祥、鲍贵卿等入京，由李景林先到京布置，奉军第一军驻丰台，第二军驻马厂。在津浦线自天津至德州驻军约有六万人。

△ 冯玉祥因张作霖不践约，大批军队开入关内，且皖、奉相结，奉军源源开入京城，乃通电宣布解除兵柄，决心下野，所有部下军队如何编制之处，完全听命于国家。同日，又电吴佩孚请将所统部队完全交付国家，"与弟共游欧美，为异日效忠民国之备，牺牲一人之政见，服从多数之民愿，解除兵柄，为废督裁兵之倡"。翌日，冯亲将辞呈递交段祺瑞，并即赴北京西郊天台山僧寺静养。

△ 王揖唐通电取消安福俱乐部。略谓："过去之国会与政团，情势既已推移，自当除旧布新，别筹途辙。"

△ 李景林辞直隶保安总司令兼省长职，声言专治军旅，不视省政。

△ 河南绅民张钫等发起组织之弭兵会在郑州开成立大会，开封各团体、全省法团及军、政、绅、商、学各界均派代表参加。

△ 孙中山抵神户，对新闻记者谈日本应帮助中国废除不平等条约。指出：统一是中国全体国民的希望，中国革命以来，所以不能统一的原因，完全是由于外国人在中国捣乱。外国人在中国不只是利用不平等条约，并且滥用不平等条约为所欲为。如果日本帮助中国废除了不平等条约，可以得中国的人心，日本完全得到了中国的人心，以后的大权利，便无可限量。

△ 俄国庚子赔款委员会在北京苏联大使馆开第一次会议。出席委员中方徐谦、李石曾，苏方伊法尔（裴盖满代），推举蔡元培为委员长。

11月25日 建国军北伐总司令谭延闿在韶关开军事大会，宣布北伐军费有着，中央军需总局成立。各将领皆主张乘赣省内乱，刻日出发攻赣。乃议决由北伐联军总司令下令各军，限文到五日内一律开至南雄及赣边集中，听候命令出发。

△ 孙中山在神户出席东京、大阪、神户各埠国民党人联合举行的欢迎会，并发表题为《中国内乱之原因》的演说，略谓：中国历次内乱，皆由帝国主义援助军阀与军阀依附帝国主义所致。吴佩孚即获得帝国主义之援助；广州商团事变，亦为英国所唆使者。故阻遏乱源，必须废除一切不平等条约，收回租界、海关与领事裁判权，使外人无力在中国活动，方克有济。“我这次到北京去的任务，就是要废除中外不平等的条约”。

△ 段祺瑞令：外、财、海、教、农五部总长未到任前，着各该部次长沈瑞麟、张训钦、徐振鹏、马叙伦、刘治洲暂行代理部务；刘汝贤代参谋总长。

△ 北京临时政府财政部向中华汇业银行借银元八万元，以盐税余款担保，作拨放行政经费及垫款借款利息之用，月息一分三厘。

△ 驻丰台之冯玉祥军第十一师由京汉路南下，孙岳部由石家庄南下，国民军约四万人分布于京汉路石家庄与磁县之间。

△ 萧耀南、齐燮元联名电请段祺瑞释放曹锟，任命吴佩孚为陆军训练总监，并责成奉、冯两军退回原防。

△ 齐燮元致电段祺瑞改革军制。略谓：解决国是之根本方略，应采用农、工、商、军事政策。陆军则编练常备军40师，以两师编成之军团为战略单位，按国防计划，划分军团管区，军区与政区分开，本此收束逾额之军队，渐次为新式国军之转移。愚见于善后会议之先，须将各省区各军驻地调查明确，宣告此时期内维持现状，一面由善后会议产生一军事委员会，由各省区各军派出全权代表组织之，专办改革军制及收束军队事宜，限期实行，以弭乱源。否则燮元在苏决按本省财力，自行办理改革及收束事宜，以维地方秩序之度为限。

△ 江西教育经费无着，省会南昌各校教职员实行全体罢教，赴财厅请愿。

△ 鄂军王汝勤、卢金山电熊克武，略谓：段祺瑞已经就职，国是解决即在目前，请停止军事行动。

△ 全国地方自治协进会联合会通电，请一致电京力争加入国民代表会议。

11月26日 滇川黔建国联军总司令唐继尧集合第四军总司令龙云、一、二路指挥官卢汉等在滇誓师，并作演说，重申联省自治主张。

△ 杜锡珪电段祺瑞辞海军总司令职。29日，阁议挽留。

△ 上海筹备欢迎孙中山之27公团代表53人集会通过组织国民会议促成会，以维护孙中山之主张，并推定筹备委员七人，成立筹备会。

△ 上海总商会电促吴佩孚接受冯玉祥劝告，与冯同时下野。

△ 全国学生联合总会通电号召全国学生拥护孙中山召开国民会议的主张，并表示将在国民会议中提出废除不平等条约、实行废督裁兵及确定教育基金不得挪作军政费用等要求。

11月27日 齐燮元在南京召集苏省军事紧急会议，宣布即日下野，并指出收束军队办法：一、在未奉执政令以前，督军一职暂委陈调元署理，苏皖赣巡阅使着即裁撤；二、江苏原驻各军队听候陈调元节制，其收束改编应服从中央；三、自24日起苏省取消独立，通饬各属知照；四、电饬淞沪镇守使宫邦铎照旧供职，听候中央处置。

△ 段祺瑞下令慰留冯玉祥。令曰："据陆军检阅使冯玉祥呈请开去本兼各职，游学欧美俾遂素愿等语。此次该使维持京畿秩序，军民翕服，功在国家，现在大局粗安，岂容高蹈，尚期勉尽职责，共济时艰，所请开去本兼各职之处，应毋庸议。"同日，段派宋壬东会同鹿钟麟等赴西山劝冯回京。28日，冯上第二次辞呈，段仍慰留。

△ 段祺瑞特任财政总长李思浩兼盐务署督办；派丁士源继张志潭任财政整理会副会长。

△ 胡景翼与吴佩孚军在彰德接触，胡军大捷，是日占新乡。吴军向黄河以南退却。

△ 留日学生致电段祺瑞、冯玉祥、张作霖，略谓：冯玉祥入都以

来，仅驱逐三数阁员、黜陟一二胥吏而已，对于贿选祸国之曹锟不予依法惩办，反挟之以为发号施令之工具，藏污纳垢之国会不速予解散，虽削除溥仪帝号，改正优待条件一举尚属差强人意，而道路传闻，段、张犹不忘故主，从中龁龁，致令复辟余孽野心不死。张乘战胜之余威，叱咤入关，不问国家根本大计，而且惟争编军队，分占地盘是谋，嗾使部曲，取直图鲁，力争经营，不可一世。诸公近日之所为，贿选虽殊，黩武则一。吾民诚不愿诸公之覆辙相寻，诸公应本和平统一之旨，作真正救国之谋，速召集国民会议，筹商救国方策。

11月28日 驻京各国公使经日本公使芳泽斡旋，分别谒段祺瑞祝贺出任临时执政，对临时政府表示非正式之承认。

△ 孙中山应神户商业会所等五团体邀请，在神户高等女子学校演讲《大亚细亚主义》，强调亚洲民族如果不能团结，就无法摆脱西方帝国主义的枷锁，尤其希望日本以世界强国的资格，要做“东方王道的干城”，而不可做“西方霸道的鹰犬”，并指出：“我希望在将来，地处亚洲的中日两国将为确保东洋而充分携手合作。我希望得到日本全体国民各位的援助。”同日晚，孙中山在神户各团体欢迎宴会上讲演《日本应助中国废除不平等条约》，谓日本若能真心与中国亲善，务先助中国废除不平等条约，争回主人之地位，复中国人之自由，两国于是方可以言亲善。宋庆龄亦应神户兵库县立高等女校的邀请，发表男女平权的讲话，表示希望中日两国妇女提携，共为文明平和之努力。

△ 溥仪之“内务府”致函北京临时政府内务部，声明：“所有摄阁任意修正之五条件，清室依照法理不能认为有效”，并否认清室善后委员会。同日，溥仪函各国公使求援，并对《顺天时报》记者发表谈话称：“此次国民军之行动，以假冒国民之巡警团体，武力强迫余之签字，余决不如外间所传之欣然快诺。”

△ 担任守卫载沣宅前看顾溥仪之国民军卫队奉令撤离。

△ 上海大学代理校长邵力子召全体教职员学生会议，一致赞成孙中山所提出召集九团体之预备会议产生国民会议之建议，议决发表

宣言,并推邵力子、彭述之、施存统、张太雷等七人为代表,与国内各大学联络,促进预备会议之产生。

△ 段祺瑞令免督理安徽军务善后事宜兼省长马联甲本兼各职,安徽督理一职着即裁撤;特任王揖唐为安徽省长暂兼督办军务善后事宜;吴炳湘为京师警察总监。

△ 驻京法代办祁毕业访北京临时政府外交部次长沈瑞麟,催促履行金法郎案。

△ 蒋作宾衔段祺瑞命南下劝熊克武、汤子模等罢兵,是日到汉口。30日离汉赴长沙,与赵恒惕接洽后再赴常德。

△ 郑士琦与张宗昌妥协,张部一旅二营由天津到达济南。陈调元是夜抵徐州。

△ 上海总商会电赞冯玉祥勇退,略谓:“方今乱源全在拥兵者以爵禄为私产,视封疆为汤沐,遂致人民水深火热,堕入泥犁。此举公倡其先,群帅踵其后,纠纷立解,政治可渐入于正轨,开民国十余年来拨乱反正之局面,垂之史册,公实功首。”

△ 段祺瑞令准南洋大学校长陈杜衡辞职,以凌鸿勋继任。

11月29日 北京临时政府首次国务会议议决:一、组织参政院案,先成立法制院,以姚震为院长,由院议订参政院组织法;二、改革官制案,取消总统府、国务院,余暂仍旧;三、下令整理内外债;四、对杜锡珪辞职慰留。

△ 段祺瑞特派内务总长龚心湛兼扬子江水道讨论委员会会长。

△ 段祺瑞电前国务总理孙宝琦北上复任税务督办,并征询对时局之意见。

△ 清废帝溥仪经清室遗老郑孝胥等与天津日驻军司令部及北京日本兵营大佐竹本多吉、日使芳泽之策划,于是日下午5时逃入北京东交民巷日使馆。芳泽一面电告各国使馆,一面派书记官池部赴北京临时政府外交部,说明溥仪入馆之始末,并请转达段祺瑞,以免有所误会。段答复“极为谅解”。

△ 孙中山因匆遽离沪，请谢持、居正、周佩箴、叶楚伧、邵力子为代表，于是日招待上海实业团体、商会、教会重要人物，详述发起国民会议之旨趣，谓国民会议为今日解决国是之惟一方法。上海总商会会长虞洽卿、商界叶惠钧等发言表示赞同孙中山召开国民会议之主张。

△ 张作霖会见美国驻京代办梅尔、英国公使麻克类、荷兰公使欧登科，要求各国修改不平等条约，并攻击共产党及苏俄在华之活动。

△ 方本仁军攻占万安、泰和后又占吉安。

△ 皖北镇守使兼第四旅旅长高世读、宪兵司令程文沅、旅长倪朝荣等通电取消国民军总副司令名称。12 月 2 日，国民军第四军司令李传业通电称："高世读等通电取消国民军名义，未及通知，遽列贱名，且第四军早经郑重声明与国民军第一、二、三军一致，第五、六两军方在组织，未敢擅自取消。"

△ 山东曹州第三旅参谋长吕秀文得胡景翼、孙岳支持，率部逼该旅旅长曹州镇守使徐鸿宾去职，自称国民军第五路司令，据曹州。该省督理郑士琦调解无效，12 月 7 日乃请准段祺瑞任命第二十混成旅旅长吴长植为曹州镇守使，自济宁率师赴曹，并于 8 日令兖州镇守使张培荣、第五旅李森等助之。

△ 汉冶萍公司假上海宁波同乡会开股东大会，到会 329 人，董事会长孙宝琦主席。大会决定发八厘股息，并通过续借日债 850 万元。湘公股代表张秉文反对无效，复于 30 日通电段祺瑞等反对，谓公司主持非人，坐令日益腐败，积欠日债达 3000 万元之多，近三年内损失又增 800 万元。此次股东大会议决续借日债 850 万元，外债愈多，公司愈危，国权损失愈大。同日，又电湘省政府，请将萍乡煤斤全数截留，以促公司觉悟。

△ 班禅额尔德尼通电呼吁和平，谓："自维自受国封，与同休戚，年来受外界之刺激，沿途感闾里之萧条，知战祸不可再延，元气亟宜休养，所望彻底觉悟，共保和平，免阋墙之纷争，谋根本之建设。"

11 月 30 日 广州投票选举市长，初选结果，胡毅生因事前暗中勾结几个工会首领，又得邹鲁暗助，票数最多。广东民族解放协会投票前曾发表宣言，指出“市选条例完全失掉普通选举意义”，农民被列为“化外之民”，工界市选完全为只包括少数工会的广东总工会所把持，士界由极少数学生组织的民权社强各学校一致选伍朝枢。宣言提出市选要加入农民，反对包办，市民要直接选举，反对收买，主张自由投票。

△ 全国各界均主惩办贿选议员。贿选议员犹发宣言，借口维持法统，与临时政府对抗。北京临时政府司法总长章士钊于29日阁议中提出检举国会贿选事件。是日，北京地方检察厅奉司法部令，分各检察官为11班，遵照所开90余人之名单向各宅及有关各银行搜查贿选帐簿等证据。贿选议员纷纷逃避。

△ 陈炯明军进占宝安、东莞、石龙等地。

△ 梧州大火，自午刻至翌日，全城繁华悉付一炬，损失约3000万元。电线被焚，全城黑暗无光。

△ 上海全浙公会开干事会议，要求段祺瑞明令撤孙传芳。次日，上海全浙公会通电促孙下野。

11月下旬 退守桂东之豫军樊钟秀部，自方本仁投诚后，即与方部联络反攻赣省，樊军赵杰（前亲奉豫督赵倜之弟）部连克营前、左安、藻林，遂川，常德盛部大败，向赵杰示意输诚。同时樊部在宁冈附近与蔡成勋部激战五昼夜，不得手，乃绕道砻头圩夹攻宁冈。蔡军措手不备，樊部遂占宁冈城。时方军向吉安进迫，蔡部冯绍闵旅无力他顾，樊部乃克莲花，进迫萍乡。

是月 胡汉民和粤军总司令许崇智、滇军总司令杨希闵举行会议，讨论东江战事情势。苏联军事顾问加伦建议立刻东征，与会人员原则上同意，但因东征军费无着，滇军第二军军长范石生态度游移，东征计划因此延搁。

△ 德诚银号总号在山东济南设立，董事长张吉庵，总经理刘瑞符。

△ 交通部广九路局向中英公司借银元21.6293万元，年息九厘，

以沪宁路余利作为担保，用作垫付借款本息之用。

△ 私立青岛大学举宋传曲为校长。

12 月

12 月 1 日 孙中山自神户乘日轮“北岭丸”赴天津，是日途经门司，在船上与新闻记者谈废除不平等条约问题。指出：北上目的在于废除不平等条约，其中也包括日本同中国所订的“二十一条”。关于南北统一问题，关键“就在北方政府能不能够赞成我们南方的主张；废除不平等的条约，争回主人的地位，从此以后，再不听外国人的话，来残害南方的人民”。并称废除不平等条约不单纯是对外问题，“因为中国近来的兵和督，都是外国条约造成的”。

△ 段祺瑞电吴佩孚，望“只身引退，勿碍统一”。4 日，吴复电谓：“自津南下，遄返洛阳，未问外事。……数月来忧劳成疾，现拟遵命赴鸡公山暂息，调养病体，当世之事，不敢复问。”

△ 张作霖、张宗昌、卢永祥等在北京开会，主张从速对长江各省用兵。但段祺瑞主张从缓。

△ 陕西督军刘镇华趁吴佩孚与胡景翼两军在彰德对垒，派镇嵩军第三十五师师长憨玉昆出兵潼关。是日憨师向东进军，限吴 24 小时内让出洛阳。吴遂于 2 日离洛阳赴郑州。

△ 北京贿选议员通告国会已不能行使职权，于本日移津。次日，北京临时政府国务会议讨论国会移津事，认为政府并未妨碍两院职权，检举贿选事属法庭，国会应否存在，待善后会议解决。

△ 国民党中央农民部特派员彭湃前往广宁领导农民减租运动。是日地主武装进攻潭埇，次日又从潭埇进攻社岗，被农民自卫军击退。自卫军并打退螺岗区地主武力收租，多数中小地主开始按照农会决定的数额收租。5 日，彭湃向中共广东区委农委会报告称：从广宁、花县等地的事件中证明，“不建立农民的武装队伍，不把好的武器给他们，我

们的工作就得不到必要的结果”。

△ 湖南省39校教职员600余人集会，以教育经费积欠累年，一致决议2日罢课。省财政司允发一个月经费，请复课。

△ 上海总商会、上海县商会致电段祺瑞，谓上海弹丸之地，既有北京简任之护军使，又有南京委任之镇守使，分兵列戍，为前所未有，请顺从民意，裁撤驻沪之护军使及镇守使两职。

△ 旅沪闽同乡会、泉漳会馆等闽驻沪六团体电请段祺瑞下令裁撤闽督，并调驻防军队及海军陆战队离闽，一面简派闽人中声誉卓著众望共孚者收束民军，以杜军阀争夺地盘之源，而树闽人实行自治之基。

12月2日 段祺瑞主持北京临时政府国务会议，通过《善后会议组织法大纲》，拟以善后会议替代参众两议院。许世英提议待征求孙中山同意后再公布，众同意。

△ 张作霖接受段祺瑞之调停，率奉军5000人离京赴津，一部返奉，另部经山东向南进展。

△ 汪精卫、邵元冲、孙科、徐谦、吴敬恒等往北京西山旃檀寺访冯玉祥，未晤。

△ 段祺瑞据蒙藏院总裁贡桑诺尔布转陈蒙古王公联合会等呈询，指令该院宣示满、蒙、回、藏各族待遇条件暨蒙古待遇条例昭然有效无疑。

△ 段祺瑞令免蔡成勋兼署赣省长职，由胡思义署理。

△ 吴佩孚由洛阳至信阳后，是日自鸡公山电湖北督军萧耀南欲率部去鄂。萧恐吴入鄂引起鄂省战祸，当即致电婉谢，并即召鄂各军磋商阻吴来鄂对策。当夜，萧电吴请通电宣言下野，所部军队听候中央改编。3日，吴乘车赴汉，因中途路轨为河南民军袁英所毁，遂返鸡公山，并复电萧称养病数日再行去鄂，无宣言下野必要。

△ 彰德前方援直鄂军寇英杰部后退50里，对胡景翼表示退让。4日，胡部占领彰德。

△ 上海各路商界联合会致电段祺瑞请注意五事：一、抛弃武力政

策,召集会议,熟商善后;二、实行废督裁兵,务使武人不得再行割据地盘;三、审察用人行政,以天下之贤才治天下之政治;四、慎重对外交涉;五、召集国民会议解决国是。

△ 上海总商会会长虞洽卿致电段祺瑞请急办四事:一、废督裁兵;二、财政应严定量入为出,破各省把持截留之积习,再与各国商加二五关税,然后举全国之收入,先以整理债务,次以支配政军费;三、振兴实业,移民屯垦,裁兵实边;四、许职业团体加入选举。

△ 皖驻沪劳工总会因段祺瑞起用倪道烺为凤阳关监督,陈策为浦信路督办,特电段祺瑞,谓:倪系姜案(按:指1921年6月2日安庆学生代表姜高琦因请愿增加教育经费被倪杀害案,该案后移江西法院审理)要犯,通缉有令;陈策之贿选罪行,劣迹昭彰。请速将倪、陈解职,依法惩处。3日,京、津两地皖籍同乡亦具呈段,请收回成命。

12月3日 段祺瑞特任卢永祥督办直隶军务善后事宜,以杨以德暂代直隶省长。

△ 河南督理张福来宣布下野,所部交寇英杰。寇奉萧耀南命退回武胜关北,阻豫军溃兵入鄂。李济臣率鄂、豫军退守许昌。

△ 方本仁占吉安后继续前进,又攻克峡江。

△ 章太炎接段祺瑞函聘为高等顾问,不就,是日将原聘书退还。

△ 孙中山特派范石生为广东全省筹饷总局监督,罗翼群、梅光培分别为筹饷总局总办、会办。

△ 上海国民会议促成会筹备会致电段祺瑞,请放弃善后会议,采行国民会议预备会,还政于民。

△ 上海妇女运动会等10团体发起组织女界国民会议促成会,反对段祺瑞的善后会议,力争孙中山主张的国民会议早日召开。5日,湖南省国民会议促成会成立。

12月4日 孙中山自日本抵天津,下榻张园行馆。二万余人赴码头热烈欢迎。市民悬国旗三日。下午,孙赴曹园访张作霖,与张作简单谈话。张问:“现在时局之收拾,合肥(段祺瑞)能当此任否?”孙答:“现在除合肥外，实无第二者可当此任，今后可全委诸合肥办理。”旋黎元洪来张园访。晚，肝病骤发。

△ 许世英受段祺瑞命至天津访孙中山于病榻旁，出示改名为《善后会议条例》之《善后会议组织法大纲》征求意见，孙不同意。

△ 北京外交团以孙中山主张废除不平等条约，在荷使馆会议，讨论采取干涉孙中山入北京措施。同日，天津法租界捕房武力禁止京汉路总工会散发欢迎孙之传单，拘捕总工会代表、工人、学生、国民党人多名。次日，天津英租界工部局突然搜去迎孙之传单及旗帜，并传讯国民党中央候补执行委员、直隶省党部委员于方舟等。

△ 湖北省议会、汉口总商会、省教育会等14团体在省议会开联席会议，决阻吴佩孚来鄂；并赴军署请愿拒吴，声言如吴来鄂，将实行罢市、罢工、罢税。同日14团体联电吴佩孚，表示吴如率部来鄂，决率全省人民誓死抵制。

△ 段祺瑞公布临时法制院官制，并以姚震为法制院院长。

△ 赵恒惕致电各省省议会，盼速定省宪。9日，湘议会又电请各省制宪自治。12日，萧耀南电赵恒惕赞成联省制宪。25日，鲁省议会复湘省议会赞同联省自治。

△ 上海东亚同文书院、中华学生自治会通电力争早日召开国民会议。5日，芜湖学生联合会通电赞助孙中山之国民会议。6日，广州工人代表会等百余团体通电赞同孙中山召开预备会议及国民会议之主张。8日，安徽旅沪同乡会发表宣言，号召促成国民会议。

12月5日 张作霖电段祺瑞称，巡阅使之职为军阀之祸本，应请裁撤，并愿从自身做起，首先解除东三省巡阅使。6日又通电宣布将镇威军名义暨战斗组织一并取消，沿线驻军准备分期撤回防地，嗣后东三省军事进止悉听中央命令。

△ 镇嵩军憨玉琨师占开封、郑州，阻拒胡景翼军渡黄河南下。9日，孙岳派何遂率军取道柳园渡河攻入开封城。10日，胡军进抵郑州，憨部退洛阳，宣言服从段执政命令。同日，刘镇华电段祺瑞，谓已令憨

师退至京汉路以西，静候命令回陕。11 日，胡景翼至开封，次日通电就督办河南军务善后事宜职。

△ 法国政府外交部照会中国驻法公使陈箓，催速解决金法郎案，并以断绝邦交相要挟。11 日，法外长普恩加赉请各国驻法公使电本国催段祺瑞速承认庚款用金币计算。12 日，北京临时政府外交部电陈箓，赔款用金币或纸币，主交国际法庭"公决"。

△ 北京外交团会议，以上海宫邦铎、张允明两军预备开战，决向北京临时政府切实声明请担保上海和平，饬令双方停止军事行动，并请迅速正式任命上海镇守使，使宫、张两人无所借口。

12 月 6 日 汪精卫、丁惟汾、邵元冲、张继、戴季陶、李石曾、孙科、马伯援、焦易堂、王用宾、王法勤共 11 人在天津张园举行会议，讨论北京政局诸问题，主张：实现全国统一应付之国民会议；一切善后问题应由国民会议解决，无另行召集善后会议之必要；临时执政无法律根据，只能认为系临时发生之事实政府；必须惩办此次主战祸首曹锟、吴佩孚、齐燮元、孙传芳、萧耀南五人；应依法惩办贿选议员；清室问题应依照摄政府所定修正优待条件由清室善后委员会继续办理。

△ 段祺瑞令：曹锟贿选窃位，祸国殃民，着内务部、陆军部严行监视，静候公判。

△ 段祺瑞特任胡景翼督办河南军务善后事宜。同日，李济臣在信阳另组河南省政府，自称省长。8 日，刘镇华以憨玉昆驱吴与胡同样居功，电段请授憨相当名义。

△ 段祺瑞派曲同丰赴日使馆慰问溥仪，允予自由行动，加以特别保护。

△ 冯玉祥三上辞呈请免本兼各职。10 日，段祺瑞令准病假一月，假满速即视事。

△ 广州大本营为前外交总长兼财政总长、广东省长伍廷芳举行国葬，胡汉民代表孙中山主祭，各界送葬者数千人，炮舰鸣炮致敬。

△ 谭延闿下令北伐军三路向赣南进攻，以樊钟秀为前敌总指挥。

中央军总指挥宋鹤庚率建国湘军第一、二、三军由韶关、梅岭、大庾、青龙圩、南康之线攻击前进，图速占赣州；左翼军总指挥陈嘉祐率建国湘军第四、五军、建国豫军之一部由石化、城口、聂群镇向崇义、上犹、遂川之线攻击前进；右翼军总指挥朱培德率中央直辖一军、赣军、鄂军全部由乐昌、仁化经南雄以东之地区向小江口、信丰、古陂圩之线会攻赣州。

△ 晚，北伐中央军宋鹤庚部占领大梅关、马鞍山、仙人岭、广头坟、大庾城，北伐军右翼朱培德部占领新城。次日，宋部克青龙圩，鲁涤平军会同湘军第三军占领南安县城。8日，各路军占领南康，宋鹤庚之先遣部队进至赣州附近。

△ 方本仁部邓如琢旅进占樟树镇。南昌大震。

△ 蔡成勋宣告退职，走九江去上海，将督理印交赣西镇守使岳兆麟；省长胡思义尚未到任，省长一职咨交豫章道尹曹本章暂行护理；所兼暂编第一师长职令第一旅长杨以来代理。

12月7日 段祺瑞对日本东方通讯社记者发表谈话，略称：一、列国正式承认临时政府不过时间问题；二、孙文所说之废除不平等条约殊不能赞同；三、对清废帝驱之出宫，殊难同意，其避难于日使馆似出于自动，无法如何之；四、财政虽非常困难，“现无担保借款虽有六亿，然若将归还之年限延长，实不足忧”，以输入之外国资本作开垦、交通、畜牧等事业，自可发展而增财富；五、吴佩孚已电告决意下野；六、金法郎案因国民一致反对，难以解决。

△ 北京临时政府司法总长章士钊在北京宴新闻界说明检查国会贿选情形，并谓此举目的在防止贿选议员对抗临时政府，至于起诉与否，无关紧要。

△ 张作霖在天津召集卢永祥及奉军将领会议，段祺瑞派吴光新参加，讨论解决齐燮元问题，决请段先下令免齐职，齐如反抗，即令奉军六万人南下，并推张宗昌以津浦路警备总司令名义先行率部由津南下。10日，张宗昌赴马厂检阅军队，准备开拔。

△ 段祺瑞分电上海宫邦铎、张允明制止军事行动。

△ 黎元洪在天津午宴李烈钧、许世英等，表示不参加善后会议。

△ 杜锡珪赴沪养病，海军总司令职交杨树庄代理。同日，海军将领电段祺瑞反对林建章任海军总长。

△ 熊克武派川军第四师师长余际唐至湘，与赵恒惕商谈贯彻联治建国主张。

△ 上海商帮公会再电段祺瑞请准将上海护、镇两使一并裁撤，上海20里内永不驻兵。

△ 段祺瑞令内务总长兼赈务督办龚心湛妥商地方长官，迅筹直、赣、闽、湘、浙、鄂、川、察、绥等省区水、旱灾黎赈抚。

12月8日 冯玉祥致电段祺瑞称，即日取消国民军及总司令名义，俾队伍直隶中央以资统辖。

△ 旅汉江西同乡会召集紧急会议，决即电请段祺瑞照安徽办法，特任李烈钧为赣省长兼理军务善后事宜，并电请北京江西同乡会一致主张，就近向段请愿，俾得赣人治赣。

△ 陈炯明赴兴宁，劝林虎与洪兆麟、叶举修复旧好。11日，林通电拥陈。

12月9日 驻京领袖公使荷使欧登科至北京临时政府外交部面递美、比、日、英、意、法、荷七国公使署名之联合照会，声明承认北京临时政府；各国政府愿在最短期内设法履行华盛顿会议有关中国问题的各项决议，惟要求尊重条约，不得任意变更。24日，北京临时政府外交部正式复照；声明中国政府尊重一切既成条约，并望各国早日实现华会有关中国的决议。

△ 方本仁率部进入南昌，通电维持治安。同日，岳兆麟通电取消保安总司令，督理印信交方本仁。

△ 北伐军朱培德部首先攻占赣州，湘军宋鹤庚部旋亦入赣，赣军蔡成勋部退万安、雩都。10日，赣南善后委员会会长孔绍尧抵赣州支配民事。

△ 段祺瑞令免张景惠督办全国国道筹备事宜，由黄郛继任。

△ 上海总商会电请张作霖以身作则，实行废督。

△ 孙中山派余和鸿为财政委员会委员。17日，又派范石生、谢国光、韦冠英、梅光培为该会委员。

△ 孙中山电促齐燮元自新，并截拿南下之吴佩孚，以造福国家。

△ 旅沪浙人30余人为驱逐孙传芳事在全浙公会举行临时会议，褚辅成主席，决定：一、即日组织驱孙大会；二、推定徐建侯等五人北上联合旅居京、津浙人一致行动；三、全浙公会即日发出五电：一电段祺瑞、张作霖赞成废督裁兵；二电段祺瑞，告以旅沪各团体公决驱孙，并推代表来京面呈；三电孙传芳，请自动下野；四电北京全浙公会，告以请一致进行驱孙；五电浙省各县各团体，告以孙祸浙不已，惟有鼎力鼓吹驱孙，将所有已缴未解各款设法扣留，俟浙局底定后再行解缴。

△ 上海英文《字林西报》著文攻击冯玉祥"赤化"，声称冯拥护布尔什维克，企图设立赤化委员制政府。

12月10日 段祺瑞令裁撤各省巡阅使；并令张作霖仍节制指挥东三省军政。同日又任命张作霖督办奉天军务善后事宜，张作相督办吉林军务善后事宜，吴俊陞督办黑龙江军务善后事宜。

△ 山东督理郑士琦经段祺瑞之侍从武官冉捷三说项，通电声明取消中立，服从临时执政命令，允奉军过境。

△ 南京传闻奉军将南下，齐燮元调兵遣将布置防务，居民逃难离城者甚多。是日驻沪日总领事矢田商准海军武官急电驻泊镇江、九江等处各日舰驶南京护侨。

△ 北京临时政府司法总长章士钊邀议员林长民、汤漪、范熙壬等10余人晚餐时谓：检察厅侦查贿选，查出确有受贿证据之议员共480余人，鄙见不如请政府下令解散国会，以减少纠纷。11日，范熙壬在国会非常会议谈话会上报告章之谈话，咸认为不当，决定推沈钧儒、王用宾、吕复等六代表谒见段祺瑞。13日，沈等见段问：国会问题是否留待国民会议解决？段答："此次纯粹革命，约法、国会一同消灭。"又谓："曹锟贿选告成，宣布宪法，约法即已失效。故此次革命成功，约法当然取

消。至于拒贿选议员,曾合作讨贼,国会解散,政府当然负责安置。”

△ 方本仁电请段祺瑞与孙中山磋商,制止谭延闿入赣北伐。14 日,段径电谭,略称:“贵军进攻江西,原为驱蔡,今蔡出走,方早已率队入省,赣省秩序,亟待维持,请即制止进攻,徐商解决。”

△ 赣南原赵倜毅军常德盛部,经豫军招抚使赵杰、赣南善后委员会委员长孔绍尧先后疏洽,是日通电输诚北伐军,谓:“蒙我大元帅委以建国奉军总司令,遵于即日就职,努力杀贼。”当日,移驻雩都。驻大庾一带之鲁军雷长禄师亦随常响应北伐军,归常指挥。

△ 上海工团联合会、中华海员工会等 14 团体联席会议分电北京、广州、汉口各公团,请推派代表来沪,商量组织工界国民会议促成会。12 日,安徽救国会、省教育会等通电,声明为召开国民会议而奋斗。

12 月上旬 湘西蔡巨猷部随熊克武假道湘西入鄂北伐至辰州,其部第三师师长刘承烈率部进占溆浦。该地驻军第一师贺耀组部第七、十两旅退驻东坪、新化一带。刘部邓赫绩支队由溆浦直趋东坪,并向益阳进逼,占领马迹塘。贺耀组闻讯,率军开至益阳,邓部被击败退桃源,蔡率余众自辰州开向常德。

△ 沪南青年协进会宣言,主张:一、速行召集国民会议预备会议,以期真正之国民会议早日实现;二、反对军阀官僚之善后会议,以绝假国民会议产生之路;三、国民会议成立之日,应促临时政府立即还政于民。

△ 浙江旅沪工会、上海青年工人互助社、金银工人互助会、中国青年救国团少年俱乐部四团体联名致函孙中山,表示准备牺牲一切以实现孙中山为民造福之主张。

△ 上海南市市民对外协会通电主张召集国民会议:一、民国十四年(1925)1 月内召集人民团体组织之国民会议预备会议;二、预备会议成立后临时政府应将政权立刻交出;三、国民会议组织法由预备会议产生;四、半年内召集国民会议。

△　广州商民协会、江苏吴江县新盛泽报社、上海履业工会、上海工界救国同志会等团体各通电赞成召集国民会议，反对段祺瑞提出的善后会议。

12 月 11 日　北京临时政府国务会议讨论江苏问题，咸以齐燮元不肯遵命，决定明令罢免齐本兼各职；如齐不遵命交卸，即由卢永祥率兵南下，从事讨伐，吴光新率一军为卢作后应；并决定善后会议日期至迟不出明年 1 月。

△　段祺瑞令免江苏督军齐燮元职，江苏督军一缺着即裁撤，以江苏省长韩国钧暂兼督办江苏军务善后事宜；特派卢永祥为苏皖宣抚使；以李景林暂行署理督办直隶军务善后事宜。

△　段祺瑞明令参加榆关热河战事之直系第三、九、十三、十四、十五、二十、二十三、二十四、二十六等师及第十二、十三、十四、十六、二十五、二十六等混成旅，屡经败阵逃散，溃不成军，所有各该师旅番号一律取消。

△　段祺瑞令热河都统米振标到京供职，所辖军队交阚朝玺妥为收束，热河都统由阚朝玺署理。

△　驻京法代办祁毕业照会北京临时政府称：段执政就职时曾宣言“外崇国信”，金法郎案前经中国政府承认，静待解决已两年，亦使华会各决议长此延宕无从批准，应速即承认原案，俾早结束。次日又照会催促。驻京日使芳泽出任调停，以华会条约亟待批准为由，劝中国让步。段祺瑞因民意反对，一时不敢承认。

△　广东省广宁、花县、香山、顺德、南海、番禺、新会等市郊 14 县 47 区农民协会 18 万会员发表宣言，拥护孙中山所主张之预备会议产生国民会议。

△　胡适致函章士钊请将倪道烺依法逮捕，略谓：倪为杀死皖学生姜高琦、周肇基案之要犯，江西高等检察厅呈请京师总检厅下令通缉在案，倪犯逃匿无踪。今见执政任命倪犯为凤阳关监督，可见倪犯尚在人间，请将倪犯捕送江西高等检察厅，并呈请执政府取消此任命。

△　山东曹州吕秀文以郑士琦宣布取消中立，允奉军过境南下，电郑表示服从。20 日，吴长植赴曹州接镇守使任，并与段祺瑞代表冉捷三、吕秀文等共同办理改编国民军事宜，并决定任吕为第三混成旅旅长。

12 月 12 日　张作霖、张学良、张宗昌、杨宇霆、李景林、吴光新、梁鸿志、叶恭绰、李烈钧、马良等在天津曹园会商对江苏用兵计划，决定由卢永祥率兵南下，张宗昌担任前锋，会同张允明和皖军攻苏，联合江西断苏、鄂联合，胡景翼出兵砀山、铜山响应。

△　齐燮元电段祺瑞，本日将巡署印信及一切军务事宜交由韩国钧接收办理。同日，齐又自行发表宫邦铎回任第六师师长，督署参谋长刘玉珂继任第十九师师长，由刘朝彦先行代理，依然霸占宁、沪，作拒卢准备。

△　江苏议员朱绍文等 40 余人、东南大学苏籍教员 68 人、苏省 31 校校长、上海留日学生会等是日至 17 日纷电段祺瑞和卢永祥，反对卢南下"宣抚"，并拒奉军南下，以免引起第二次战祸。

△　李烈钧在天津代表孙中山举行记者招待会，谓孙中山患胆囊炎症，横腹时痛，目下正在静养中，暂时难以入京。又谓孙绝不主张共产。

△　孙中山特派谢国光为粤赣边防善后督办；由陈青云代理建国豫军总指挥；任命林支宇为建国军湘西援鄂第一路总司令。

△　京师地方检察厅托天津地方检察厅票传避居天津租界之曹锟贿选涉嫌行贿人王承斌、王毓芝、边守靖、吴景濂等，并搜查吴景濂住宅。

△　参议院议员谷嘉荫等 48 人集会，否认国会非常会议。

△　上海大学全体教职员与学生发表宣言，拥护孙中山主张召集九团体之预备会议产生国民会议，并指出段祺瑞虽亦有召集国民会议之表示，惟孙中山主张由九团体产生之国民会议比较能代表民意，希能辨别真假，不受军阀利用，并真能代表民意以解决国是。

△　长沙人力车工人2600余人反对车业加租改洋，实行罢工。18日，湘省议会议决咨行政府，维持车租原案，不得改洋。罢工取得胜利，23日复工。

12月13日　北京临时政府国务会议决定方本仁督赣，李烈钧长赣，原省长胡思义免职。拟就三令，14日段祺瑞又主暂搁。

△　北伐军由赣州分三路北上：中路宋鹤庚、鲁涤平，由赣州、丰塘向吉安前进；左翼朱培德、李明扬掩护；右翼常德盛督率建国鲁军第一师雷长禄、建国奉军第一师常锡荣、第二师李象山等部自雩都经赣东前进。

△　胡景翼军占信阳，李倬章所率之吴佩孚第三师被击败，仅剩3000人；豫军王为蔚统率之第二十四师溃散至砀山等处，被陈调元收编。胡即电吴限14日离鸡公山。15日，胡军李纪才部自信阳分两路南逼，包围李倬章第三师残部，李败退新店，被缴械2000人，胡部占领双河、柳林，豫省长李济臣潜逃，部下被胡收编一部，余溃散。萧耀南因接段祺瑞密令，派员劝吴只身到汉，并电胡暂缓前进。

△　驻京美使舒尔曼照会北京临时政府外交部，要求速即执行费德尔公司与交通部所订之无线电合同，一面电令驻华盛顿中国公使将无线电债券签字发行，一面将上海电台之地基拨定。16日，日使芳泽赴交通部访叶恭绰，声明日本三井物产会社与海军部之无线电合同应完全有效，持有30年独占权，交通部与美国费德尔公司之合同应废止。交通部认为按照华会原则，日本取得之专利均应取消，三井无线电专利应请日本抛弃。

△　陈调元致电卢永祥，表示愿为前驱，惟请谢绝客军入苏，以定人心。14日卢复电谓："南下系奉命宣示德意，除带少数卫兵外，并无率大队入苏之意，希广为宣布，以释群疑而定人心。"

△　湖北各法团电促吴佩孚下野，略谓：吾鄂之精华被将军频年之私争搜刮殆尽，以致商敝民困，怨声载道。今为将军将来计，应早决意表示下野，将军纵不慕时流之宣言，亦应在报纸登启事，光明磊落，矢勿

来鄂，泯众惶惑。

12月14日 北京临时政府国务会议决定三令：一、解散国会；二、取消宪法；三、取消约法。15日，议员杨永泰等87人开紧急会议，谋阻止发表上述三令，请王印川等奔走，一面派代表向国民党求援。16日，临时政府召集临时法律会议，决定三令因国民党坚决反对而暂搁，并主张派人向国会非常会议表示，希望与政府合作，改易非常会议名称，不再坚持约法有效之论，将组织国宪起草委员会。18日，国民党国会议员彭养光致函段祺瑞，指出取消《临时约法》之举谬极，略谓："有约法而后有中华民国，有中华民国而后有国会，有国会而后有将来之宪法，系统相承，不容或间，一有所议，动摇国本。"

△ 方本仁得段祺瑞任为暂行督办江西军务善后事宜电后，乃践其参谋长贺守中（陈炯明代表）关于湘、粤、赣三省同盟武力驱谭延闿之议，约定林虎从东江右翼直趋赣之三南（龙南、定南、虔南），与方军前后夹攻北伐军，请赵恒惕出兵支援，并相商萧耀南运子弹500箱来赣。

△ 齐燮元召集南京各界茶话会，声明15日卸职后离宁。嗣见苏省军民反对奉军南下，又变卦拟用武力抵抗卢永祥南下，并联络萧耀南、孙传芳等准备作战。

△ 齐燮元部下朱熙等师、旅长20余人通电拥韩（国钧）拒卢（永祥），略谓："顷奉齐督12日电开，将一切军务事宜交韩省长接办，嘱即服从指挥。熙等对韩省长夙所钦崇，特此宣言服从我齐帅电示，共负江苏全省治安责任，倘有危害苏境或另有军事大员来苏，希图总揽军政破坏现状者，定当剑及履及，惟力是视。"16日，段祺瑞复电谓："奉军南下不过假道，诸公位置，决予维持，请勿骇疑，转滋纷扰。"

△ 上海国民会议促成会成立，选举向警予、邵力子、刘清扬等21人为委员，向临时政府要求三个月内召集国民会议，立即恢复被曹、吴等解散之工会、农会、学生会，立即取消钳制人民之《治安警察条例》。同日，湖北省国民会议促成会成立。

△ 全国学生联合会发出促成国民会议、整顿学生团体之紧急通

告，略谓：全国同学须竭力赞助中山先生提倡之国民大会，使底于成，各地学生联合会于接到通告后一星期内应即召开当地各校代表会议，筹划如何促成国民会议，并切实整顿各校之学生会，使学生会与学生有密切之联系，成为强有力的团体。

12月15日 驻京日使芳泽访晤北京临时政府财政总长李思浩，劝早日解决金法郎案。次日，驻京意使翟录第闻讯，向芳泽表示谢意，并请斡旋。驻京比使艾维兹亦作如是之表示。芳泽更积极进行，往返于法公使傅乐猷、李思浩之间。19日，中法实业银行管理公司贝代表提出解决方案。30日，李思浩亦命财政部库藏司长提出个人试案。

△ 国民党负责宣传国民会议主张之十三省区宣传人员30余人在北京集训，吴敬恒讲述宣传性质及方法。17日集训结束。19日孙中山委派受训人员为北方十三省促进国民会议宣传委员。

△ 晚，张锡元部第四混成旅三个营在张家口哗变，劫掠全市。北京临时政府即饬张锡元赴张家口办理善后事宜；并任原冯玉祥部暂编第一师师长张之江署察哈尔都统，率兵前往弹压，旋即敉平。

△ 北京警备司令部将原任曹锟总统府收支处长之直军军需兵站副监李彦青枪毙，宣布其罪状为：窃权纳贿，克扣军饷。

△ 西贡华侨电段祺瑞，请实现孙中山所主张之国民会议。下旬，留日学生总会、侨港工团总会及菲律宾、加拿大、墨西哥、美国费城等地华侨团体亦先后通电赞成国民会议，反对善后会议。

△ 苏绅张一麐通电段祺瑞、卢永祥，反对卢永祥南下“宣抚”。略谓：“今政府免职之令与齐燮元辞职之电同时见告，目标既达，则师出无名”，“苏人闻卢公宣抚之命，滋生疑惧，若以师来，是示人以不信也。”17日卢复电谓：“此次奉命南下，职责所在，原系不得已而有此行，况齐督构难，罪在一人，对于一切将士并无疑间，惟不能不带卫队以供驱遣，请代为宣示，勿惑闲言，致自疑惧。”

12月16日 北伐军占领万安，中路湘军张辉瓒师与朱培德、李明扬会师城内。时林虎之先遣队王得庆一部已至赣东之寻邬，谭延闿即令赣西之陈嘉祐全部、朱培德之一部开赴三南（龙南、定南、虔南），并令右翼卢师谛部赶至龙南，又令在粤桂军伍毓瑞师加入北伐军右翼。

△ 孙中山任命韦冠英为建国桂军第一军军长，伍毓瑞为第二军军长，刘震寰为第三军军长。

△ 吴佩孚派员向胡景翼、孙岳表示决心下野，请准其在鸡公山养病，胡饬部对吴优遇。

△ 广州反对市选大会开会，推代表携市选黑幕呈词赴津谒孙中山陈述。孙中山闻知市选黑幕及工界、市民等反对风声后，电命廖仲恺等查办。31 日，孙科由天津回粤，制止广州市长复选。

△ 北京外交团以上海无驻兵之必要，且江南制造局及龙华火药厂为内争时攘夺之原因，特推荷公使欧登科向北京临时政府外交部建议裁撤护军使、镇守使及江南制造局、龙华火药厂。

△ 苏州人力车工人 4000 余人为反对加征车租举行罢工。次日，警厅令先放车复工，增加车租缓议，18 日全部复工。

12 月 17 日 段祺瑞电孙中山，称："方本仁已抵南昌，当可收拾一切。南军师出无名，务请设法制止，俾赣事得以早日奠定。"18 日，孙复电略谓：方本仁奉吴佩孚之命前后攻粤四次，今年夏秋间，复与陈炯明约期夹攻，进窥南雄。自吴败后，方始变计，要求与建国北伐军共逐蔡成勋。当蔡未走，对北伐军招之惟恐不来，及蔡既走，则挥之惟恐不去。北伐军将士积愤于前，复被卖于后，愤慨自在意中。且观方之所为，何尝体念国事，拥戴段公，不过因利乘便而已。孙在复电中主张派李烈钧回赣斡旋。

△ 驻京德使博郎派参赞师谋至北京临时政府，表示德国政府正式承认执政府。

△ 《中国玻利维亚通好条约》由中国驻智利代办欧阳庚在智利与玻利维亚政府代表互换。

△ 奉天省长王永江派姚庆祝协同直隶省委员将直属之临榆、昌黎、滦县、卢龙、乐亭、迁安、抚宁七县划归奉省管辖，并通令各该县嗣后

概改用奉币。

△ 北京电车在天安门举行通车典礼，中外来宾200余人参观。市民对车票定价太高表示不满。

12月18日 孙中山在病榻上接见段祺瑞代表叶恭绰、许世英，怒斥段祺瑞所谓之"外崇国信"，厉声曰："我在外面要废除那些不平等条约，你们在北京偏偏要尊重不平等条约，这是什么道理呢？你们要升官发财，怕那些外国人，要尊重他们，为甚么还来欢迎我呢？"是日，孙肝病加剧。

△ 方本仁将所部第三混成旅改编为第二师，第九混成旅改编为第一师，是日率部开往赣南，与北伐军作战。同日，林虎令驻东江右翼之黄业英部调回河源、老隆趋赣边援方本仁，拟由连平、翁源袭北伐军后路，然后入三南。

△ 段祺瑞据陆军总长吴光新呈请，将陆军检阅使冯玉祥所部军队改编为两个师，任命鹿钟麟为暂编第一师师长，刘郁芬为暂编第二师师长。

△ 段祺瑞令准察哈尔都统张锡元辞职，以张之江继任。

△ 齐燮元召开紧急会议，准备脱离北京临时政府，自任江苏保安司令。

△ 张作霖以齐燮元恋宁不走，决派奉军南下。南下奉军分三军，集中马厂，一军张宗昌，二军姜登选，三军吴光新，均归卢永祥节制。张并调汲金纯部入关，布防京奉沿路，以免后顾之忧。

△ 卢永祥代表刘世杰、张亚盛、艾庆镛等抵徐州与陈调元接洽，请陈劝齐燮元离宁。20日，陈调元专车到南京，劝齐离宁，免启战祸，齐遂宣布暂不就任保安司令职。

12月19日 汪精卫、邵元冲、孙科代表国民党发表重要声明，称：一、民国十一年中山先生晤俄使越飞于上海，主张中俄亲善，同时声明共产主义不适宜于中国。十三年第一次全国代表大会宣言阐明平均地权、节制资本之民生主义，并宣布政纲对内保护农工商，对外解除帝国主义压迫,实已无可发生疑议;二、国民党对共产党之服从党纲、党纪者,一律同等待遇。但市侩劣绅不得志于广州政府者,乃以香港为根据地,兴讹造讪,宣传广州政府将于4月1日、后又改称将于5月1日实行共产。今中山先生移节京、津,谣言接踵而至,以极平常之废约运动,引起"赤化"、"过激"之风说。一切反动余孽、猪仔议员,更趁此行其挑拨离间之能事,望识者勿为所惑。

△ 热河都统米振标所部毅军万余人集中古北口,要求回豫,或派员收编,反对由奉军接收。是日,胡景翼电段祺瑞,保举米为帮办河南军务。

△ 孙中山致电豫督胡景翼,请容纳经湘、鄂转入豫境之建国豫军樊钟秀部。

△ 廖仲恺先后派出大元帅府铁甲车队和第三师一个营赴广宁地区支援彭湃对抗地主武装进攻,开展减租运动。是日,广宁举行农兵联欢会,彭湃在大会上演说称:"农兵必定要联合,才能得到最后之胜利。"

△ 孙中山命北京国民党执行部派周至、于树德、延瑞祺等分赴各省开展宣传,促成国民会议。

△ 上海公共租界巡捕搜查上海大学,搜去各种书籍300余册。是日,会审公堂传讯代理校长邵力子到案,指控他出售《向导》周报,内含仇洋词句,犯刑律第一百二十七条,又不将主笔姓名刊明报端,犯刑律第八条。上海大学委托克威律师出庭辩护,指出会审公堂的控告"主体错误",不能成立。但会审公堂仍蛮横判决"将抄获各书一并销毁,被告交1000元保,担保嗣后上海大学不得有共产计划及宣传共产学说"。

12月20日 北京临时政府国务会议,秘书长梁鸿志报告赴津与张作霖、卢永祥晤商经过,谓卢尚未确定南下日期,须俟苏省各将领明白表态后再酌带护卫队南下,一两日内分出部分护卫队先行开拔,对齐燮元讨伐令须待相当时期再发表。会议讨论最近所接文电:一、胡景翼来电保荐米振标帮办河南军务善后事宜,段谓俟米部开入关内后再定;二、孙传芳来电遵令裁撤闽浙巡阅使,段嘱复电嘉慰;三、张锡元来电请速饬新任察区都统张之江赴任，并谢本人治军不严之罪，段嘱照例电慰；四、海军司令杜锡珪因病电请辞职，议决照准。

△ 齐燮元在南京召集军事会议，孙传芳、宫邦铎、陈调元、白宝山、吴恒瓒、朱熙、马玉仁均派代表列席，决定：一、徐州归陈调元部防守；二、海州归白宝山部防守；三、吴恒瓒部调驻南京，听候指挥；四、宫邦铎部抽调12营移驻苏、常；五、由孙传芳监督张允明之行动；六、朱熙部驻守省城各要塞并巡游各处；七、马玉仁部充后备队。但宫邦铎、白宝山、马玉仁等均不愿为齐作战，请病假推避，除驻沪第二师之一部约千余人调宁外，其余均未动。

△ 清室善后委员会举行第一次会议，通过点查清宫物件规则18条，决定23日起点查清宫物件。22日，清室向段祺瑞呈诉，谓摄政内阁欺侮清室，欲将宫中所藏古物归作民国所有，请设法援助；并请日使芳泽向段说项。段遂令内务部、警卫司令部查止。李石曾召集会议，反对段祺瑞违反民意之命令。24日起开封点查。

△ 广州举行国民会议促成会，通电主张召集国民会议及预备会，反对段祺瑞之善后会议。会后大游行，参加者达10万人。21日，上海、天津、杭州女界国民会议促成会分别成立，向警予、邓颖超被推为上海、天津促成会主席。

12月21日 卢永祥代表杜纯南下与韩国钧接洽，希冀和平收拾苏局。是晚，杜等自蚌埠抵南京，代卢转达决不挟私忿重祸苏人之意旨。22日，卢接杜报告，称南京态度强硬，决暂中止南下。

△ 熊克武川军与林支宇、唐荣阳部冲突。经孙中山代表覃振等调解，决定将唐部缩编为两个混成旅，归林支宇统辖，以唐振铎、汤直衷为旅长，免唐荣阳军长职。是日，熊克武在常德召集军事会议，部署北伐；林支宇部改组，林改任赣鄂宣抚使，与川军一致北伐。

△ 徐世昌因其亲信前总统府秘书长吴汲孙在津被奉军逮捕，是日潜离天津。

△ 上海总商会发三电：一电韩国钧请制止苏省军官勿再听齐燮

元命令；二电第十九师师长宫邦铎请专保障上海治安，其他行动一概谢绝参加；三电齐燮元即日离宁，以消弭战祸。

△ 江苏省教育会、上海县商会发三通电：一致齐燮元，请即日离宁，以纾兵祸；二致段祺瑞，谓齐宜速去，卢勿再来，庶两方消释前嫌；三致卢永祥，请移宣抚地点，庶东南问题较易解决。

12 月 22 日 北伐军宋鹤庚占领吉安，继占峡江。谭延闿下令将韶关北伐总司令部移设南雄。次日谭率豫军千余赴赣州。

△ 胡汉民在大本营召集军事扩大会议，商讨对付陈炯明蠢动之策，决定推滇军总司令杨希闵为联军总司令以展开东征行动。24 日又与廖仲恺、加伦将军举行会议，决定成立军事委员会，以胡汉民、廖仲恺、蒋介石、许崇智、杨希闵为委员，加伦将军为顾问，策划指导东征事宜。

△ 湖北驻京代表胡龙骧电萧耀南，谓：胡景翼、孙岳军队集中郑州，米振标亦率两旅入豫，将借搜吴佩孚为名侵鄂，段祺瑞表示无力干涉，应请鄂省自行解决。同日，萧耀南宴请孙中山代表郭泰祺、刘成禺，请分向胡、孙斡旋，鄂、豫各以保境为重，制止入鄂。

△ 段祺瑞令准陆军总长吴光新呈请将陆军第四混成旅旅长张金标免职，任命宋玉珍继任。

△ 旅沪浙人驱孙（传芳）运动会开代表会议，到 30 余人，决定以驱孙同盟会名义再电段祺瑞，请罢免孙。次日，又致电赴京代表顾子才、徐建侯等，望努力进行，无论如何困难，总宜达到驱孙目的而后已。

12 月 23 日 唐继尧、袁祖铭达成滇、黔和议，议定在滇黔军悉数回滇，在川之黔军由第二师师长彭汉章以清乡司令名义统率回黔。

△ 吴光新、张宗昌至济南与郑士琦接洽奉军假道南下，晚开济南会议，江苏第四师师长、徐海镇守使陈调元亦至。陈谓：齐燮元集重兵于南京，购得大批枪弹，决意阻奉军南下；齐与鄂萧、浙孙间有联络。陈与吴、张商议奉军驻兵地点，微有异议。次日，陈与吴、张同至天津，取决于张作霖。

△ 孙中山电樊钟秀，慰勉其由粤转战抵豫，谓已电胡景翼量力接济；嘱其率部赴鸡公山歼吴佩孚。

△ 鄂省议会以报载川、粤各军有会师武汉之说，豫军樊钟秀部有南下图鄂之意，是日电段祺瑞请求制止。同日，鄂省商联会、武汉两商会电段祺瑞，请制止胡景翼军入鄂，否则鄂人罢市罢税，誓死抗拒。

△ 北京临时政府外交部复照七国公使，声明继续尊重前政府与各国所订之一切条约。

12 月 24 日 段祺瑞公布《善后会议条例》，《条例》规定善后会议以下列各员组织之：一、有大勋劳于国家者；二、此次讨伐贿选制止内乱各军最高首领；三、各省区及蒙、藏、青海军民长官；四、有特殊资望学术经验由临时执政聘请或派充者。

△ 驻苏州第二师各军官议决不服从齐燮元之调遣，决不开拔赴宁，推炮兵营长秦洸为驻苏州军队临时总指挥，对该师进行改组，由全体军官彭启鹏等署名通电服从北京中央，维持苏州地方治安。同日，孙传芳、萧耀南通电劝齐下野。

△ 晚，南京军署接驻苏州第二师第三旅全体军官来电，拒绝旅长陈孝思回任。齐燮元当即开军事会议，到朱熙、吴恒瓒、刘玉珂、陈孝思、王飞、王桂林等 20 余人，咸以此时兵士既不用命，乃大难事，拟请朱熙去苏疏解。齐以苏州驻军独立，后路断绝，且知陈调元与张作霖暗通声气，乃表示退离。25 日，齐电韩国钧请维持城中治安，筹发本月军饷，并告今夜即走，以免外间惊疑。

△ 陈乐山通电赴松江复任第四师师长职。第四师军官皆陈旧部，不愿为孙传芳所委之夏兆麟所用，一致拥陈就职。

△ 冯玉祥四上辞呈，请开去西北边防督办及第十一师师长各职，并请明令废除陆军检阅使，第十一师师长暂委第二十五混成旅旅长宋哲元暂行代理。

△ 四川刘成勋部第三军与川边镇守使又起冲突，是日段祺瑞令任刘为川边督办。

△ 建国闽军总司令方声涛、总指挥张贞拟由闽入赣助北伐。是日夜，所部第二师师长陈国辉会同杨学良、叶定国部攻浦南（漳州北），周荫人军第一师张毅部不支，于26日败退天宝（浦南之西南）。27日，陈国辉部过天宝猛攻漳州，被张毅击退。30日，张贞令叶定国、杨学良、陈国辉分左中右三路再攻漳州。时赣南北伐军处于被林虎、方本仁前后夹攻之势，建国闽军由闽入赣计未能实现。

12月25日 方本仁通电向北伐军下总攻击令，即日以邓如琢部从正面进攻，置精锐于峡江、新淦、临江三县。北伐军左中右三路与邓部在吉水附近激战数小时，邓佯败退至峡江，左右两路连夺10余山头；中路前队张辉瓒师不知敌计，贸然深入，邓复退新淦；追其进薄临江时，忽受方军四面包围，遂向峡江、吉安方面突围。次日，方本仁军进入吉安，蒋镇臣、邓如琢两部兼程追袭，北伐军退守泰和苍岭一带。时林虎部已分向寻邬、翁源出动至塘江；赵恒惕令夏斗寅部自修水附近进至万载；萧耀南又助方军子弹。北伐军腹背受敌，饷弹缺乏，陷入困境。

△ 孙传芳召开军事会议，以陈乐山复职为卢永祥进逼浙江之先声，决定以卢香亭为司令，集中军队于嘉兴，谋攻陈部。26日，陈乐山部自嘉善退至枫泾一带，让出浙境以示不争。27日，孙传芳等一面通电严行拿办陈乐山，一面即令卢香亭部进攻枫泾。陈军由枫泾退至石湖荡，严守三十八号桥。松嘉战事乃起。

△ 广州掀起非基督教运动，在广东大学开会，请周恩来、廖仲恺等讲演，听众约3000人。同日，上海非基督教同盟召开反基督教大会，到300余人，主席唐公宪报告称：国际资本帝国主义利用基督教作为侵略中国之工具，本同盟自8月成立后，各处响应者甚多，已有杭州、温州、宁波、河南、安徽、湖南、苏州、山东、广东及本埠法政大学、南方大学等十多个支部成立，有会员5000余人，东京亦有中华侨日非基督同盟。

△ 段祺瑞特派许世英筹备善后会议事宜。

△ 唐继尧派代表黄天石去湘，与赵恒惕商讨联省自治之具体办法。

△ 驻京日使馆转交日外务省致北京临时政府外交部照会，希望中日两国交换大使；并拟现任驻华公使芳泽升为大使，征求同意。

12月26日 中国国民党通电反对段祺瑞召开善后会议。

△ 国会非常会议在参议院举行，反对段祺瑞废止约法，通过《约法护宪宣言书》。

△ 李景林以直隶督办名义要求孙岳之国民军退出保定。孙岳调河南所部回保定以事抵制；同时国民军要求段祺瑞任孙岳为直隶省长。

△ 齐燮元通电离宁。次晨3时登轮离宁赴沪，刘玉珂、吴恒瓒等随行。

△ 奉军假道山东南下。先锋队第十九梯队第二营长俄人卜克司率炮兵60名先经济南南下；中午奉军第三旅旅长褚玉璞率部过济南南下，徐州镇守使陈调元随行。27日，奉军第二军军长张宗昌率兵10列车过济赴徐，28日又有10列车南下，到徐兵力约在二万以上。驻徐陈调元部让防。

△ 察哈尔都统张之江诱杀张家口变兵300余名，内有团、营长军官多人。

△ 广州军事委员会举行第一次会议，建议联军总司令杨希闵向各军索取东征战斗准备的报告和制定东征计划。会议规定广州总预备队为5000至6000的兵力，并建立一支特舰队，以备迎击陈炯明叛军来犯。

12月27日 北京临时政府国务会议，决议同意明年中日两国互派大使，即日由段祺瑞命外交部照会日本驻京公使芳泽转知日本政府。

△ 段祺瑞致电孙中山，促驾入京。谓："现时局未定，庶政待商，务祈速驾，以慰众望。"

△ 吴佩孚、李济臣率卫队500人由鸡公山南下，将双河及柳林站铁轨拆卸两段，以阻胡景翼军追击。吴原拟乘车至汉，因广水至杨家寨间的路轨被萧耀南下令拆毁，被阻于广水，遂下车住寇英杰师司令部。赶至广水接待吴之西南代表刘泗英转赶武昌与萧商洽，萧提出三条件：

一、请吴勿驻岳州，改赴黄州（黄冈）；二、吴之卫队以两营为限；三、所乘“决川号”和“浚蜀号”两舰上之武装，以交通和自卫为限。吴接受三条件，继续入鄂，于翌年元旦抵汉口。

△　陈炯明在汕头自称“救粤军总司令”，命令各部分赴前方。

△　全皖 18 公团在安庆召开国民会议促成会筹备会。28 日，山西、宜兴、宁波成立国民会议促成会。29 日，上海国民会议促成会通电提议组织全国国民会议促成会。31 日，江西国民会议促成会成立。

12 月 28 日　段祺瑞在官邸会议松嘉战事，决由秘书厅电孙传芳。29 日，执政府秘书长梁鸿志电孙即停止军事行动。略谓：第四师易长本系出于曹锟任内之伪命，此次政局粗定，仍令陈乐山前往接充，并非假借名义，不得以镇抚为词，轻开战衅。

△　孙中山自天津复电段祺瑞，告早拟入京，只因肝病缠身，“尤虞冒寒，是以不果。国事未定，固惓惓于心，而病状如此，只能暂屏万虑，从事疗养。容俟告痊，再图承教。”

△　奉军先遣部队褚玉璞第三旅进抵浦口。

△　杨希闵召开军事会议，许崇智、刘震寰、范石生等 20 余人出席，杨谓陈炯明就职犯粤，军事急变，应商办法。决定：一、东江、北江、南路一律戒备；二、赶制子弹；三、请胡汉民等即筹巨款。

△　孙传芳、夏超、陈仪、卢香亭通电，略称：陈乐山假借命令，威逼第四师师长夏兆麟攻浙，自称师长，传芳等即酌派队伍前往镇抚，藉遏乱萌。同日，孙又通电称：“据卢香亭二十七日电告，已于该日下午一时在枫泾西方遇敌，激战三小时，我军第一路谢总指挥鸿勋率队猛力进攻，敌军退往松江方面，敌被毙数十名，伤百余名，渡桥落水溺死者不计其数，获械弹无数，于六时占领枫泾。”

△　卢永祥致电韩国钧及苏省各师、旅、团长，称：“今岁淞沪战役，发纵指使负责者自有其人，即抚帅（齐燮元）亦在被动之列，诸君守服从之天责，更无连带关系可言”；“永祥奉令南下，专为宣布中央德意，既无畛域之见，尤不存恩怨之心”，尚望祛此疑虑，推诚相与，共济时艰。

12月29日 孙中山电告段祺瑞,“定于31日入京。惟养病期内仍当暂屏一切,以期速愈。”

△ 孙中山免陈兴汉管理粤汉铁路事务职,派林直勉继任。

△ 萧耀南闻熊克武所率川军,谭延闿所率北伐军、樊钟秀之豫军及胡景翼之陕军谋会师武汉,形势紧急,于是日通电保境安民,声称如有人犯及鄂疆,决率师周旋。

△ 孙传芳军分兵沿黄浦江由汆来庙攻浦南,袭松江后路,是晚至次日,金山、泖泾、汆来庙、叶榭等处战事甚烈,陈乐山军力御,孙军未逞。30日,张允明以战事迫近松江,派其暂编第一师一混成团开赴莘庄、新桥,防守淞沪门户。陈军西路阵线未动,仍扼守石湖荡三十八号桥。

12月30日 段祺瑞通电宣布于明年2月1日前在北京召集善后会议。

△ 北京临时政府陆军部以齐燮元业经免职,电令宫邦铎接充第六师师长职,所遗第十九师师长以何丰林继任。

△ 广州军事委员会举行第二次会议,决定东征之三路进兵计划:一、左翼军(北路)经过河源沿东江方向攻击,由粤军许崇智部一万人组成;二、右翼军(南路)沿海岸进击,由滇军杨希闵部1.5万至1.8万人组成;三、中路经惠州向河婆攻击,由桂军刘震寰部约6000人组成。

△ 北京临时政府军务厅两电湖北军务署,先谓:吴佩孚、李济臣入鄂境,应令只身他去,不得再拥有兵权,退至武胜关之卫队应一律解除武装;又谓:“奉执政谕,以吴既入鄂,勿任其入湘,致生他虑。”段祺瑞并另派张学颜至鄂传面谕,严阻吴佩孚前往岳阳,劝其克日来京,当另有任命。

12月31日 孙中山自天津扶病入京,受到北京各界群众数万人热烈欢迎。孙在北京车站发表书面谈话,下榻北京饭店后又发表《入京宣言》,略谓:“此次来京,曾有宣言,非争地位权利,乃为救国。十三年前,余负推倒满洲政府,使国民得享自由平等之责任。惟满清虽倒,而国民之自由平等，早被其售与各国。故吾人今日仍处帝国主义各国殖民地之地位。因而吾人救国之责，尤不容缓。”

△　唐继尧通电主张速开国民会议，反对善后会议。

△　段祺瑞令免侨务局总裁毕维垣职，由王芝祥继任；又任薛笃弼为京兆尹。

△　北京临时政府教育部颁布专门学校暂设预科办法。

△　北京临时政府交通部京汉路局向华比银行借款 1.2 万镑，年息一分二，以正太及道清两路联运余款作担保，用以开支员工薪金及其他费用。

△　广东省议会通电，反对广州当局以粤汉铁路向外商押借巨债。

12 月下旬　国民党汉口市党部电段祺瑞，要求释放在汉被逮捕、关押在洛阳、汉口监狱之工人刘芬、许伯豪、陈式模、杨德甫、罗海月、周天光、黄子章等人。

是月　冯玉祥设航空司令部于北京，委王乃模为司令、邓建中为副司令，共有飞机六架。

是年　年初，日本政府批准《加速修筑满蒙铁路方案》，并指派“满铁”理事松冈赴奉天与张作霖举行会谈。松冈提出由日本借款修筑吉林至敦化、洮南至昂昂溪、长春至大赉、开原至朝阳镇四条铁路。张为获得日本军费军械援助，答应日方要求，并指定王永江为代表与日本谈判。后因日本阻挠奉天自办铁路计划，交涉遂停。

△　张作霖自国外购到各种类型新式飞机 120 余架，成立飞虎、飞鹰、飞豹、飞龙四个大队，任张学良兼东北空军总司令。

△　北新书局在北京开办，光华书局在上海开办。

△　商务印书馆在上海建立东方图书馆，又开办国语师范学校，并开始出版《中国年鉴》。

△　瑞隆新记钱庄总庄在汉口设立，董事长周维之，总经理周纯之。

△　信通钱庄总庄在重庆设立，董事长马绍周，总经理卢仲良。